Großes Lehrbuch der Statistik

Von

Professor Dr. Karl Bosch

o. Professor für angewandte Mathematik
und Statistik an der
Universität Stuttgart-Hohenheim

R. Oldenbourg Verlag München Wien

Die Deutsche Bibliothek - CIP-Einheitsaufnahme

Bosch, Karl:
Großes Lehrbuch der Statistik / von Karl Bosch. - München ;
Wien : Oldenbourg, 1996
ISBN 3-486-23350-5

Druck: Grafik + Druck, München
Bindung: R. Oldenbourg Graphische Betriebe GmbH, München

ISBN 3-486-23350-5

Inhaltsverzeichnis

Teil II: Wahrscheinlichkeitsrechnung

Teil III: Beurteilende (induktive) Statistik

Vorwort

Dieses Buch wendet sich an alle Studierenden, die während ihres Studiums Vorlesungen über Statistik oder Wahrscheinlichkeitsrechnung hören bzw. in wissenschaftlichen Arbeiten statistische Methoden anwenden müssen. Der Rahmen des Buches geht über eine kurze Einführung in die Statistik hinaus. Neben der ausführlichen Behandlung der wichtigsten Grundlagen der Statistik und Wahrscheinlichkeitsrechnung soll das Buch auch einen Einblick in Gebiete geben, die im späteren Studium und im Berufsleben Anwendung finden.

Ziel des Autors ist es, Interesse zu wecken, den Stoff möglichst klar und verständlich darzustellen. Dabei sollen viele Beispiele zum besseren Verständnis beitragen. Zur Übung des Stoffes sind am Ende eines jeden Kapitels zahlreiche Übungsaufgaben angegeben. Um vor allem die Anwender anzusprechen, wurde bei vielen Sätzen auf die Beweise verzichtet. Gelegentlich wurden Beweise durch Plausibilitätsbetrachtungen ersetzt. Quellenhinweise auf vollständige Beweise werden im Text angegeben. Im Literaturverzeichnis sind die zitierten Werke zusammengestellt.

Das Buch gliedert sich in drei Teile. Im ersten Teil wird die beschreibende (deskriptive) Statistik behandelt. Der zweite Teil beschäftigt sich mit Wahrscheinlichkeitsrechnung, ohne die keine sinnvolle Statistik möglich ist. In der beurteilenden (induktiven) Statistik im Teil III werden schließlich die statistischen Verfahren behandelt. Zur Aufstellung der entsprechenden Formeln und vor allem für die Interpretation der damit gewonnenen Ergebnisse ist die Wahrscheinlichkeitsrechnung unentbehrlich. Gleichzeitig werden dabei Grundlagen aus der beschreibenden Statistik benutzt.

Es dürfte kaum möglich sein, in einer zweisemestrigen Vorlesung den gesamten Stoff dieses Buches zu behandeln. Aus diesem Grunde müssen Schwerpunkte gesetzt werden. Als Schwerpunkt könnte z. B. die beschreibende Statistik oder die Wahrscheinlichkeitsrechnung gewählt werden. Der eine oder andere Abschnitt kann durchaus übersprungen oder erst später nachgearbeitet werden. Es ist nicht möglich, auch in einem ausführlichen Buch sämtliche Verfahren der Statistik zu behandeln. Das Buch erhebt also keineswegs den Anspruch auf Vollständigkeit. In der Anwendung werden immer wieder Verfahren benötigt, die hier nicht behandelt wurden. In einem solchen Fall muß auf die Spezialliteratur zurückgegriffen werden.

Zur Vorbereitung auf Prüfungen sei auf das ebenfalls im Oldenbourg-Verlag erschienene Buch KLAUSURTRAINING STATISTIK (Bosch) verwiesen. Dort sind zahlreiche prüfungsrelevante Aufgaben mit vollständigen Lösungen zu finden.

Bezüglich der benötigten Mathematik sei auf zwei im selben Verlag erschienene Bücher hingewiesen:
Eine elementare Darstellung mathematischer Grundlagen ist in Bosch K.: MATHEMATIK FÜR WIRTSCHAFTSWISSENSCHFTLER, 10., erweiterte Auflage, 1995 zu finden.
Eine ausführlichere Darstellung enthält das Lehrbuch Bosch K./Jensen U.: GROSSES LEHRBUCH DER MATHEMATIK FÜR ÖKONOMEN.

Für die sorgfältige Durchsicht des Manuskripts sowie die wertvollen Hinweise und Verbesserungsvorschläge bedanke ich mich bei meinen Mitarbeitern Herrn Dipl. math. oec. D. Reepschläger, Herrn Dipl. math. T. Severin und Herrn Diplom-Betriebswirt (BA) C. Frank.

Karl Bosch

Teil I:

Beschreibende (deskriptive) Statistik

Ziel der beschreibenden Statistik ist es, umfangreiches Datenmaterial aus statistischen Erhebungen übersichtlich darzustellen. Dazu werden oft graphische Darstellungen benutzt, die eine "optische Information" über das gesamte Datenmaterial ergeben. Ferner werden aus dem Datenmaterial Kenngrößen berechnet, welche über das gesamte Stichprobenmaterial möglichst viel Informationen liefern sollen. Durch die Angabe solcher Kenngrößen findet allerdings im allgemeinen eine Datenreduktion statt. In der Regel gehen dabei Informationen über das in der statistischen Erhebung gewonnene Datenmaterial (Urmaterial) verloren.
Mit Hilfe dieser Kenngrößen (Parameter) können zunächst nur Aussagen über die Grundgesamtheit gemacht werden, welche im vorliegenden Datenmaterial untersucht wurde. Aus diesem Datenmaterial abgeleitete Aussagen dürfen nicht ohne weiteres auf größere Grundgesamtheiten übertragen werden. Dazu müssen bestimmte Voraussetzungen bezüglich der Stichprobenentnahme erfüllt sein. Es muß sich um sogenannte repräsentative Stichproben handeln. Diese Thematik wird in der beurteilenden Statistik (Teil III) behandelt.

Nach der Kassifikation von Merkmalen in Kapitel 1 beschäftigt sich Kapitel 2 mit eindimensionalen Stichproben bzw. Häufigkeitsverteilungen. Dabei werden verschiedene Lage- und Streuungsparameter angegeben, die über die Häufigkeitverteilung möglichst viel Information liefern sollen. Ferner werden in Abschnitt 2.6 Konzentrationsmaße und in Abschnitt 2.7 Indexzahlen untersucht.

In Kapitel 3 werden zweidimensionale Beobachtungsreihen behandelt. In der Korrelationsrechnung (Abschnitt 3.4) wird nur der Zusammenhang zweier Merkmale untersucht, während man in der Regressionsrechnung (Abschnitt 3.4) von einem Merkmal auf das andere schließem möchte. Hier interessiert also die Ursache der Abhängigkeit.

Abschnitt 3.5 beschäftigt sich mit Zeitreihen. Neben der Trendbestimmung werden dort Komponenten geschätzt und Saisonbereinigungen durchgeführt.

In Kapitel 4 werden schließlich p-dimensionale Stichproben untersucht. Im Vordergrund steht dabei die multiple lineare Regression sowie die Korrelationsrechnung.

Kapitel 1: Merkmale und Skalierung

1.1 Merkmale

In einer statistischen Erhebung werden in der Regel bei verschiedenen Merkmalsträgern (Individuen oder statistischen Einheiten) ein oder auch mehrere **Merkmale** gleichzeitig festgestellt. Die verschiedenen Ergebnisse, die bei der Beobachtung eines bestimmten Merkmals auftreten können, nennt man **Merkmalsausprägungen**.

Beispiel 1.1:

a) Das Merkmal "Geschlecht" besitzt die beiden Merkmalsausprägungen männlich und weiblich.

b) Bei einer Qualitätskontrolle interessiere nur, ob ein untersuchtes Werkstück fehlerhaft oder brauchbar ist. Bezüglich dieses Beobachtungsmerkmals gibt es nur die beiden Ausprägungen fehlerhaft und brauchbar.

c) Das Merkmal "Farbe eines Gegenstands" besitzt die Ausprägungen rot, weiß, grün, blau, schwarz,... . Als mögliche Merkmalsausprägungen kommen sämtliche Farben in Frage.

d) Das Merkmal "Beruf einer Person" besitzt sehr viele verschiedene Ausprägungen, z. B. Verkäuferin, Kaufmann, Automechaniker oder Lehrer. Sämtliche Berufe vollständig aufzuzählen, dürfte kaum möglich sein.

e) Der Handelspreis für eine bestimmte Obst- oder Gemüsesorte hängt im allgemeinen von der Handelsklasse ab. Falls vier Handelsklassen zugelassen werden, bezeichnet man diese mit I, II, III, IV bzw. mit A, B, C und D. Dabei ist I (A) die beste und IV (D) die schlechteste Klasse. Hier gibt es also vier Merkmalsausprägungen.

f) Auf verschiedenen Feldern werde der Ernteertrag pro Hektar festgestellt. Die Merkmalsausprägungen sind reelle Zahlen in einem bestimmten Bereich (Intervall).

In diesem Beispiel wird bereits deutlich, daß bei den Beobachtungsmerkmalen verschiedene Typen auftreten können. Beim Zählen, Messen oder Wiegen sind die Merkmalsausprägungen unmittelbar reelle Zahlen, die in bestimmten Einheiten gemessen werden. Die einzelnen Merkmalsausprägungen unterscheiden sich durch ihre Größe. Durch die vier Handelsklassen in Beispiel e) kommt nur ein Qualitätsunterschied zum Ausdruck. Dabei wird jedoch keine Aussage darüber gemacht, um wieviel eine Handelsklasse besser oder schlechter ist als eine andere. Im Gegensatz zu e) und f) können in a) bis d) die einzelnen Merkmalsausprägungen nicht miteinander verglichen werden. Zwischen den einzelnen Ausprägungen gibt es keine Rangordnung.

Wir wollen nun verschiedene Merkmalstypen klassifizieren. Unterschieden wird dabei nach der Art des Merkmals und nach der Anzahl der möglichen Merkmalsausprägungen.

Quantitative (zahlenmäßige) Merkmale sind solche, deren Ausprägungen in bestimmten Einheiten gemessen werden können. Sie werden durch reelle Zahlen dargestellt. Zwischen verschiedenen Ausprägungen eines quantitativen Merkmals besteht immer eine Rangordnung (Reihenfolge), also eine Größer-Kleiner-Beziehung. Die Ausprägungen unterscheiden sich durch ihre Größe. Bei quantitativen Merkmalen muß der Unterschied zwischen zwei Merkmalsausprägungen stets quantifiziert (gemessen) werden können. Beim Zählen, Messen oder Wiegen werden Ausprägungen quantitativer Merkmale festgestellt.

Qualitative (artmäßige) Merkmale sind Merkmale, welche nicht quantitativ sind. Solche Merkmale können nur qualitativ (verbal) beschrieben werden. Sie lassen sich nicht direkt durch Zahlen kennzeichnen, zwischen denen eine natürliche Reihenfolge (Größer-Kleiner-Beziehung) besteht. Die Ausprägungen eines qualitativen Merkmals unterscheiden sich nur durch ihre Art. Der Unterschied zwischen zwei Ausprägungen eines qualitativen Merkmals kann nicht gemessen werden. Qualitative Merkmale sind z. B. Geschlecht, Familienstand, Beruf, Konfession, Haarfarbe, Handelsklasse oder Steuerklasse. Formal könnte man zwar allen Ausprägungen eines qualitativen Merkmals Zahlen zuordnen. Durch eine solche formale Quantifizierung geht das qualitative Merkmal jedoch keineswegs in ein quantitatives über, es bleibt weiterhin qualitativ. Nur die Bezeichnungen für die Ausprägungen werden geändert.

Beispiel 1.2:
Bei den üblichen Zensuren für Leistungen in der Schule oder Universität "sehr gut, gut, befriedigend, ausreichend, mangelhaft, ungenügend" handelt es sich um ein qualitatives Merkmal. Dabei ist zwischen den Ausprägungen zwar eine Rangordnung vorgegeben, denn "sehr gut" ist besser als "gut", "gut" besser als "befriedigend" usw. Die genauen Unterschiede zwischen den einzelnen Noten liegen im allgemeinen aber nicht fest und sind meistens auch nicht gleich. Insbesondere gilt dies bei der Bewertung von Aufsätzen in Deutsch oder Geschichtsarbeiten. In der Regel werden den Zensuren zwar die Zahlen $1, 2, 3, 4, 5, 6$ zugeordnet. Dadurch findet eine Quantifizierung statt. Das Merkmal wird also formal quantifiziert. Durch diese Quantifizierung entsteht allerdings der Eindruck, daß die Unterschiede zwischen zwei aufeinanderfolgenden Zensuren jeweils gleich sind, was im allgemeinen aber nicht der Fall ist.

Diskrete Merkmale sind solche, die nur endlich viele oder höchstens abzählbar unendlich viele verschiedene Merkmalsausprägungen besitzen. "Endlich viele" bedeutet dabei, daß die Merkmalsausprägungen von 1 an bis zu einer endlichen ganzen Zahl durchnumeriert werden können. "Abzählbar unendlich" bedeutet, daß es zwar unendlich viele verschiedene Merkmalsausprägungen gibt, die jedoch wie die natürlichen Zahlen von 1 an ohne Ende durchnumeriert werden können. Beim Zählen werden diskrete Merkmale untersucht.

Stetige Merkmale sind Merkmale, deren Ausprägungen ein ganzes Intervall der Zahlengeraden bilden. Ihre Ausprägungen gehen also im Gegensatz zu diskreten Merkmalen fließend ineinander über. Beim Messen oder Wiegen werden im allgemeinen Ausprägungen stetiger Merkmale festgestellt.

1.2 Skalierung

Um die verschiedenen Ausprägungen eines Merkmals nach den gleichen Kriterien angeben oder messen zu können, muß zuerst eine **Skala** vorgegeben werden. Durch die **Skalierung** werden den Merkmalsausprägungen einzelne Werte (Plätze) der Skala zugeordnet. Die jeweilige Skala hängt dabei vom Typ des Merkmals ab.

Nominalskala: Eine Nominalskala liegt vor, wenn durch sie nur die Verschiedenheit der Ausprägungen eines Merkmals zum Ausdruck gebracht werden kann. Merkmale, deren Ausprägungen nur in einer solchen Skala dargestellt werden könnnen, heißen **nominale Merkmale.** Nominalskalen sind Skalen qualitativer Merkmale, bei denen es keine natürliche Rangordnung gibt. Nominalskalen sagen am wenigsten über die Merkmalsausprägungen aus. Sie stellen die niedrigste Stufe einer Skala dar.

Beispiel 1.3:
Die Ausprägungen der Merkmale Geschlecht, Konfession, Beruf, Farbe oder Steuerklasse sind nicht miteinander vergleichbar. Es handelt es sich um nominale Merkmale. Durch die Zuordnung: männlich$\leftrightarrow$0; weiblich$\leftrightarrow$1 entsteht auch nur eine Nominalskala. Durch diese Zuordnung wird das Merkmal Geschlecht zwar formal quantifiziert, es bleibt trotzdem nur qualitativ. Man hätte auch die Zuordnung: weiblich$\leftrightarrow$0; männlich$\leftrightarrow$1 oder eine andere Zahlenzuordnung wählen können.

Ordinalskala (Rangskala): Eine Ordinalskala (Rangskala) liegt vor, wenn die unterscheidbaren Merkmalsausprägungen in eine natürliche Rangordnung (Reihenfolge) gebracht werden können. Ordinal skalierte Merkmale heißen **ordinale Merkmale.** Abstände zwischen verschiedenen Ausprägungen ordinaler Merkmale sind jedoch nicht quantifizierbar (nicht interpretierbar). Durch die Rangordnung können den Ausprägungen zwar Zahlen zugeordnet werden, doch sagen diese Zuordnungszahlen nichts über die Abstände der einzelnen Merkmalsausprägungen aus.

Im Gegensatz zu qualitativen können quantitative Merkmale immer angeordnet werden. So besteht bei den Merkmalen Güteklasse bei Lebensmitteln, Tabellenplatz einer Fußballiga oder Intelligenzquotient eine natürliche Rangordnung. Ihre Ausprägungen lassen sich anordnen, obwohl es sich um kein quantitatives Merkmal handelt.

Metrische Skala (Kardinalskala): Man spricht von einer metrischen Skala oder Kardinalskala, wenn zwischen den Merkmalsausprägungen nicht nur eine Reihenfolge (Rangordnung) besteht, sondern auch die Abstände zwischen den Merkmalsausprägungen miteinander verglichen werden können. Metrische Skalen sind Skalen quantitativer Merkmale. Merkmale mit einer metrischen Skala nennt man **metrisch skaliert** oder **kardinal**.

Beispiele für metrisch skalierte Merkmale sind: Börsenkurse, Gewinne, Verluste, Erträge, Längen, Gewichte, monetäre und physikalische Größen. Die metrischen Skalen sind im allgemeinen bis auf die Wahl der Maßeinheit eindeutig bestimmt.

Beispiel 1.4:
In einer statistischen Erhebung sind verschiedene Fragen zu beantworten. Für einige Merkmale sollen die entsprechenden Typen angegeben werden:
Wohnort: nominales diskretes Merkmal. Ausprägungen sind alle Städte und Ortschaften des Landes.
Geschlecht: nominales diskretes Merkmal mit den beiden Ausprägungen "weiblich" oder "männlich".
Beruf: nominales diskretes Merkmal mit den Angaben "nicht berufstätig", "angestellt", "Arbeiter", "Landwirt", "selbständig" oder "freiberuflich".
Konfession: nominales diskretes Merkmal. Die Ausprägungen sind die verschiedenen Religionsgemeinschaften.
Alter (ganze vollendete Jahre): metrisch skaliertes diskretisiertes Merkmal mit den Ausprägungen $0, 1, 2, \ldots$.
Körpergröße in cm: metrisch skaliertes diskretisiertes Merkmal.
Körpergewicht in kg: metrisch skaliertes diskretisiertes Merkmal.

Bemerkung: Alter, Körpergröße und Körpergewicht sind zunächst stetige Merkmale, da jede reelle Zahl aus einem bestimmten Intervall als Merkmalswert möglich ist. Durch die Angaben "in ganzen Jahren, in cm und in kg" findet eine Diskretisierung statt. Im Gegensatz zur Altersangabe ist die Rundung bei der Körpergröße und beim Gewicht nicht eindeutig festgelegt. Manche Personen werden im mathematischen Sinne korrekt runden, andere prinzipiell ab- bzw. aufrunden.
Bei der Feststellung eines stetigen Merkmals (z. B. beim Messen oder Wiegen) findet durch das Runden eine Diskretisierung statt.

Kapitel 2 : Eindimensionale Darstellungen

In diesem Abschnitt soll nur ein einziges Merkmal untersucht werden. An n Merkmalsträgern aus einer bestimmten Grundgesamtheit wird jeweils die Ausprägung des Merkmals festgestellt. Die Merkmalsausprägung beim i-ten Merkmalsträger bezeichnen wir mit x_i für $i = 1, 2, \ldots, n$. Man nennt x_i die i-te **Beobachtungseinheit.** Alle n Merkmalswerte zusammen bilden das n-Tupel $x = (x_1, x_2, \ldots, x_n)$. Dieses n-Tupel heißt **Beobachtungsreihe** (**Urliste** oder **Stichprobe**) vom **Umfang** n. Falls die Merkmalswerte sämtlicher Individuen einer Grundgesamtheit festgestellt werden, spricht man von einer **Total**- oder **Vollerhebung**, andernfalls von einer **Teilerhebung.** Bei Volkszählungen finden in der Regel Totalerhebungen, bei Meinungsumfragen Teilerhebungen statt.

2.1 Häufigkeitsverteilungen bei diskreten Merkmalen

Ein diskretes Merkmal besitze die verschiedenen Ausprägungen $a_1, a_2, \ldots$. Die Anzahl der verschiedenen Ausprägungen kann dabei endlich oder abzählbar unendlich sein. Der Merkmalswert x_i stimmt dann mit einem dieser Merkmalsausprägungen überein. Falls es nur m verschiedene Ausprägungen gibt, können in der **Beobachtungsreihe** höchstens m verschiedene Werte x_i auftreten.

2.1.1 Absolute und relative Häufigkeiten

Die Anzahl derjenigen Beobachtungseinheiten aus der Urliste vom Umfang n, welche die Merkmalsausprägung a_j besitzen, nennt man die **absolute Häufigkeit** von a_j. Wir bezeichnen sie mit $h_n(a_j)$. Dabei gibt der Index n den Umfang der Urliste an. Es ist also

$$h_j = h_n(a_j) = \text{Anzahl der Beobachtungswerte, die gleich } a_j \text{ sind.} \quad (2.1)$$

Die absolute Häufigkeit 28 ist bei einem Versuchsumfang $n = 30$ groß, während sie bei einem Versuchsumfang $n = 100$ klein ist. Aus diesem Grund muß die absolute Häufigkeit in Relation zum Versuchsumfang n gesetzt werden. Division der absoluten Häufigkeit $h_n(a_j)$ durch den Stichprobenumfang n ergibt eine Größe, die vom Versuchsumfang n unabhängig ist. Den so erhaltenen Wert

$$r_j = r_n(a_j) = \frac{1}{n} \cdot h_n(a_j)\,, \quad j = 1, 2, \dots, m \tag{2.2}$$

nennt man die **relative Häufigkeit** von a_j in der Urliste.

Weil $100\, r_n(a_j)$ % der Beobachtungswerte die Ausprägung a_j besitzen, beschreibt die relative Häufigkeit den prozentualen Anteil (**prozentuale Häufigkeit**) der Merkmalsausprägung a_j. Die relative Häufigjkeit liegt immer zwischen Null und Eins unabhängig vom Stichprobenumfang n. Je größer sie ist, um so öfter ist der Merkmalswert eingetreten. Die relative Häufigkeit beschreibt damit die absolute Häufigkeit unabhängig vom Versuchsumfang n. Die prozentuale Häufigkeit liegt zwischen 0 und 100.

Allgemein gelten für die absoluten und die relativen Häufigkeiten die Eigenschaften:

$$\begin{aligned} &0 \le h_n(a_j) \le n \quad \text{für jedes } j\,; \quad \sum_{j=1}^{m} h_n(a_j) = n\,; \\ &0 \le r_n(a_j) \le 1 \quad \text{für jedes } j\,; \quad \sum_{j=1}^{m} r_n(a_j) = 1\,. \end{aligned} \tag{2.3}$$

Die absoluten und relative Häufigkeiten können sowohl bei qualitativen als auch bei quantitativen Merkmalen bestimmt werden.

Definition 2.1 (Häufigkeitsverteilung):
In einer Stichprobe vom Umfang n sollen die Merkmalsausprägungen $a_1, a_2, \dots$ die absoluten Häufigkeiten $h_n(a_1), h_n(a_2), \dots$ und die relativen Häufigkeiten $r_n(a_1), r_n(a_2), \dots$ besitzen. Dann heißt die Gesamtheit der Paare

$$(a_j\,, h_n(a_j))\,, \quad j = 1, 2, \dots$$

die **absolute Häufigkeitsverteilung** und

$$(a_j\,, r_n(a_j))\,, \quad j = 1, 2, \dots$$

die **relative Häufigkeitsverteilung** des diskreten Merkmals.

2.1.2 Strichliste und Häufigkeitstabelle

In der Urliste sind die Beobachtungswerte im allgemeinen völlig ungeordnet und damit - vor allem bei großen Stichprobenumfängen n - nicht übersichtlich. Aus diesem Grund versucht man, die Beobachtungswerte in einer Tabelle übersichtlich darzustellen.

Dazu trägt man in der ersten Spalte der Häufigkeitstabelle (vgl. Tabelle 2.1) alle Merkmalsausprägungen ein. Falls es sehr viele oder gar abzählbar unendlich viele verschiedene Merkmalswerte gibt, müssen Merkmalswerte zusammengefaßt werden, am besten solche, die in der Urliste selten vorkommen.

Für jeden Beobachtungswert der Urliste wird in die zweite Spalte hinter dem entsprechenden Merkmalswert ein senkrechter Strich | eingetragen. Der Übersicht halber werden fünf Striche durch den Block 𝍸 dargestellt. Jeweils der fünfte Strich wird waagrecht durch die vorangehenden vier Striche gezogen. Dadurch entstehen Fünferblöcke mit einem Rest.
In zwei weiteren Spalten werden die absoluten Häufigkeiten (Anzahl der Striche) und die relativen Häufigkeiten der jeweiligen Merkmalswerte eingetragen. Die Häufigkeitstabelle enthält also die absolute und die relative Häufigkeitsverteilung.

Durch die Übertragung der Urliste in eine Häufigkeitstabelle gehen allerdings wesentliche Informationen über die Urliste verloren, da die Reihenfolge, in der die Beobachtungswerte auftreten, in der Tabelle nicht mehr feststellbar ist.

Beispiel 2.1:
In einem Verein kandidierten die drei Personen A, B und C für den Posten des ersten Vorstands. Bei der Abstimmung waren 75 Personen stimmberechtigt. Nach der Satzung ist derjenige Kandidat gewählt, welcher die meisten Stimmen erhält. Bei der Auszählung der Stimmzettel wird für jede Stimme in der Tabelle 2.1 an der entsprechenden Stelle ein | eingetragen (2. Spalte). In der dritten Spalte sind die absoluten Häufigkeiten als Anzahl der Stimmen (Striche) aufgeführt. Der Kandidat B erhielt die Mehrheit der Stimmen und wurde damit gewählt. Division der absoluten Häufigkeiten durch den Stichprobenumfang n = 75 ergibt die relativen Häufigkeiten in der 4. Spalte. Multiplikation der relativen Häufigkeiten mit 100 ergibt die prozentualen Stimmenanteile.

Kandidat	abgegebene Stimmen	absolute Häufigkeit	relative Häufigkeit	prozentualer Anteil
Kandidat A	𝍸 𝍸 𝍸 |	16	0,213	21,3
Kandidat B	𝍸 𝍸 𝍸 𝍸 ||||	24	0,320	32,0
Kandidat C	𝍸 𝍸 𝍸 𝍸 ||	22	0,293	29,3
Enthaltungen	𝍸 𝍸 |||	13	0,173	17,3
ungültig		0	0	0
Summe		n = 75	0,999	99,9

Tab. 2.1: Strichliste und Häufigkeitstabelle

In der letzten Zeile stehen die Spaltensummen gebildet. Die Summe aller relativen Häufigkeiten müßte eigentlich 1 ergeben. Die hier aufgetretene Abweichung ist auf das Runden der relativen Häufigkeiten zurückzuführen. Genauso müßten alle prozentualen Anteile zusammen gleich 100 sein.

Beispiel 2.2:
In 50 Familien wurde jeweils die Anzahl der Kinder festgestellt und in der Tabelle 2.2 eingetragen.

Anzahl der Kinder $a_j = j$	Anzahl der Familien	absolute Häufigkeit $h_{50}(a_j)$	relative Häufigkeit $r_{50}(a_j)$	prozentualer Anteil $100 \cdot r_{50}(a_j)$
0	~~IIII~~ ~~IIII~~ II	12	0,24	24
1	~~IIII~~ ~~IIII~~ ~~IIII~~ II	17	0,34	34
2	~~IIII~~ IIII	9	0,18	18
3	~~IIII~~ I	6	0,12	12
4	IIII	4	0,08	8
5	II	2	0,04	4
mehr als 5		0	0	0
Summe		$n = 50$	1,00	100

Tab. 2.2: Strichliste und Häufigkeitstabelle

2.1.3 Graphische Darstellungen

Eine in einer Häufigkeitstabelle dargestellte Beobachtungsreihe kann in einer graphischen Darstellung übersichtlicher dargestellt werden. Bei der Wahl der graphischen Darstellung wird zwischen quantitativen und qualitativen Merkmalen unterschieden.

2.1.3.1 Graphische Darstellungen von Häufigkeitsverteilungen quantitativer diskreter Merkmale

Bei einem quantitativen Merkmal sind die Ausprägungen reelle Zahlen und können somit auf dem Zahlenstrahl (x-Achse) dargestellt werden. Senkrecht nach oben trägt man die absoluten bzw. relativen Häufigkeiten ab.

In einem **Stabdiagramm (Balkendiagramm)** werden über den einzelnen Merkmalswerten senkrecht nach oben Stäbe angetragen, deren Längen die absoluten bzw. relativen Häufigkeiten sind. Im Stabdiagramm der absoluten Häufigkeiten haben alle Stäbe zusammen die Länge n (Anzahl der Stichprobenwerte). Diese Eigenschaft muß bei der Maßstabsfestsetzung berücksichtigt werden. Im Stabdiagramm der relativen Häufigkeiten ist die Gesamtlänge aller Stäbe zusammen immer gleich Eins unabhängig vom Stichprobenumfang n. Aus diesem Grund kann bei Stabdiagrammen für die relativen Häufigkeiten immer der gleiche Maßstab gewählt werden.

In einem **Häufigkeitspolygon** werden die (oberen) Endpunkte der einzelnen Stäbe geradlinig miteinander verbunden.

In einem **Histogramm (Säulendiagramm)** stellt man die absoluten bzw. relativen Häufigkeiten durch Flächeninhalte von Rechtecken senkrecht über den einzelnen Merkmalsausprägungen dar. Nur wenn alle Rechtecke gleich breit sind, können als Höhen jeweils die Häufigkeiten bzw. das gleiche Vielfache davon benutzt werden (**flächenproportionale Darstellung**).

In Bild 2.1 ist die relative Häufigkeitsverteilung aus Tab. 2.1 (Beispiel 2.2) in einem Stabdiagramm, Häufigkeitspolygon und Histogramm graphisch dargestellt. Weil jeweils zwei benachbarte Merkmalsausprägungen (Anzahl der Kinder) voneinander den Anstand 1 besitzen, kann im Histogramm als Höhe direkt die relative Häufigkeit gewählt werden. Die Bilder für die absoluten und relativen Häufigkeiten unterscheiden sich nur durch den Maßstab auf der y-Achse.

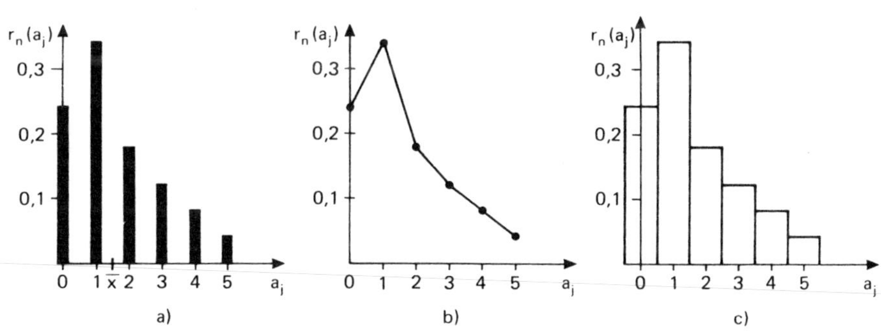

a) Stabdiagramm b) Häufigkeitspolygon c) Histogramm

Bild 2.1: Verteilung der relativen Häufigkeiten eines quantitativen Merkmals

2.1.3.2 Graphische Darstellungen von Häufigkeitsverteilungen qualitativer diskreter Merkmale

Bei qualitativen Merkmalen sind die Ausprägungen im allgemeinen keine reellen Zahlen. Formal könnte man die abstrakten Ausprägungen zwar auf der Zahlengeraden darstellen und die Graphiken wie bei quantitativen Merkmalen anfertigen. Dieses Vorgehen ist jedoch nicht sinnvoll. Bei einer Darstellung auf dem Zahlenstrahl besteht nämlich die Gefahr, daß durch die willkürlich gewählte Anordnung fälschlicherweise eine Rangordnung zwischen den Ausprägungen hineininterpretiert wird. Aus diesem Grund benutzt man hier andere graphische Darstellungen.

In einem **Rechteckdiagramm** wird die Fläche eines Rechtecks proportional zu den Häufigkeiten aufgeteilt. Bei dieser flächenproportionalen Darstellung verhalten sich die Häufigkeiten zweier Merkmalswerte wie die Inhalte der ihnen zugeordneten Flächen.

Oft benutzt man ein **Kreisdiagramm**. In einem Kreis wird zu jeder Merkmalsausprägung ein Kreissektor gebildet, wobei die Flächen der Sektoren und damit auch die Innenwinkel proportional zu den Häufigkeiten gewählt werden. Auch hier verhalten sich die Flächeninhalte der Kreissektoren wie die Häufigkeiten der den Sektoren zugeordneten Merkmalsausprägungen.

Anstelle eines Kreises könnte man aber auch eine **beliebige Fläche** oder einen **dreidimensionalen Körper** wählen und die Fläche (das Volumen) im Verhältnis der Häufigkeiten aufteilen.

In Bild 2.2 ist die Häufigkeitsverteilung des in Tab. 2.1 (Beispiel 2.1) dargestellten qualitativen Merkmals skizziert. Da die Innenwinkel proportional zu den Stimmenzahlen sind, entspricht jeder einzelnen Stimme ein Winkel von $\frac{360}{75} = 4{,}8^{\circ}$. Damit erhält man folgende Winkel:

Kandidat A: $16 \cdot 4{,}8 = 76{,}8^{\circ}$; Kandidat B: $115{,}2^{\circ}$; Kandidat C: $105{,}6^{\circ}$; Enthaltungen: $62{,}4^{\circ}$.

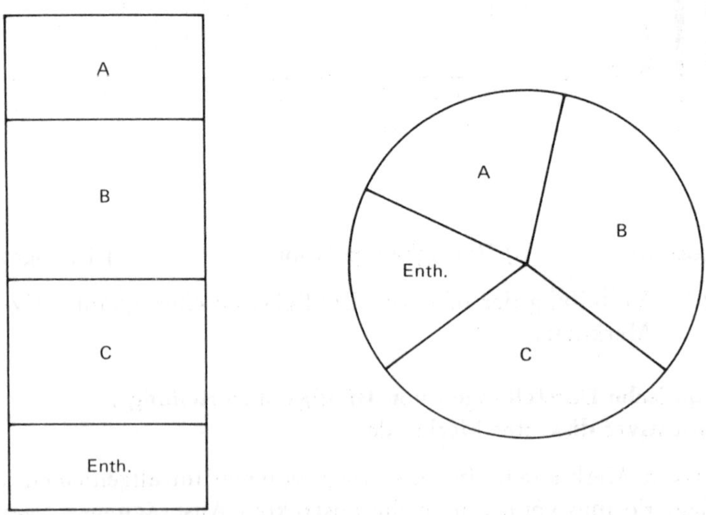

a) Rechteckdiagramm b) Kreisdiagramm

Bild 2.2: Häufigkeitsverteilungen eines qualitativen Merkmals

2.2 Häufigkeitsverteilungen bei Klassenbildungen

Falls ein stetiges Merkmal erhoben wird, sind die in der Urliste vorkommenden Beobachtungswerte in der Regel alle voneinander verschieden, wenn nur genau genug gemessen wird. Die Häufigkeitsverteilungen sind dann nicht übersichtlich. Das gleiche Problem tritt bei diskreten Merkmalen mit sehr vielen verschiedenen Ausprägungen auf. In einem solchen Fall ist es sinnvoll, Merkmalswerte zusammenzufassen.
Falls bei qualitativen Merkmalen Werte zusammengefaßt werden, sind die so entstehenden Ausprägungen (Klassen) wieder qualitativ. Dann können die Häufigkeitsverteilungen dieser Merkmalsklassen wie in Abschnitt 2.1 dargestellt werden.

Bei quantitativen stetigen Merkmalen wird die **Klasseneinteilung** auf einem Intervall vorgenommen, das alle Beobachtungswerte enthält. Dazu wird das Intervall in mehrere Teilintervalle zerlegt. Diese Teilintervalle nennt man **Klassen** oder **Gruppen**. Jede Klasse ist durch eine linke und eine rechte Klassengrenze bestimmt, wobei eindeutig festgelegt sein muß, zu welcher der beiden angrenzenden Klassen der entsprechende Grenzpunkt gehört. Als Klassenintervalle wählt man im allgemeinen halboffene Intervalle. Eine ideale Klasseneinteilung wäre eine mit lauter gleichen Klassenbreiten. In einem solchen Fall sind die Klassengrenzen äquidistant. Oft sind jedoch bei einer äquidistanten Einteilung Klassen, vor allem die Klassen an den Rändern sehr schwach besetzt. Dann ist es sinnvoll, diese Randklassen breiter zu machen. Die Anzahl der Klassen bezeichnen wir mit m und die einzelnen Klassen der Reihe nach mit

$$K_1, K_2, K_3, \ldots, K_{m-1}, K_m .$$

Die zugehörigen **Klassenbreiten** seien $b_1, b_2, \ldots, b_m$.

Aus einer Klasseneinteilung lassen sich allerdings die Beobachtungswerte nicht mehr genau feststellen. Man weiß nur, zwischen welchen Grenzen sie liegen. Daher ist eine Klassenbildung mit einem **Informationsverlust** verbunden. Man kann nur noch feststellen, wie viele Beobachtungswerte in der jeweiligen Klasse liegen. Die genauen Zahlenwerte können aus der Klasseneinteilung nicht mehr abgelesen werden.
Ein einfaches Beispiel einer Klasseneinteilung findet man bei den Portokosten eines Briefes. Für sämtliche Briefe bis zu 20 Gramm müssen die gleichen Portokosten entrichtet werden. Die nächste Klasse geht von 20 bis 50 Gramm, danach von 50 bis 100 Gramm usw. Die einzelnen Gewichtsklassen mit konstanten Portokosten sind verschieden breit.

Die Anzahl der Beobachtungswerte, welche in der Klasse K_j enthalten sind, heißt die **absolute Klassenhäufigkeit**. Wir bezeichnen sie mit

$$h_j = h_n(K_j) = \text{Anzahl der Beobachtungswerte in der Klasse } K_j.$$

Division durch den Versuchsumfang $n = h_1 + h_2 + \ldots + h_m$ ergibt die **relative Klassenhäufigkeit**

$$r_j = r_n(K_j) = \frac{1}{n} \cdot h_j \quad \text{mit} \quad \sum_{j=1}^{m} r_j = 1.$$

Die Klasseneinteilung wird in einem **Histogramm** graphisch dargestellt. Dazu wird über jeder Klasse ein Rechteck gebildet, dessen Flächeninhalt proportional zur absoluten bzw. relativen Klassenhäufigkeit ist. Nur wenn sämtliche Klassen die gleiche Breite besitzen, dürfen als Höhen unmittelbar die Klassenhäufigkeiten benutzt werden. Sonst müssen andere Höhen gewählt werden. Für die relativen Klassenhäufigkeiten erhält man die

$$\text{Rechteckshöhe für die Klasse } K_j: \quad \frac{r_j}{b_j} = \frac{\text{relative Klassenhäufigkeit}}{\text{Klassenbreite}}.$$

Oft ist man gezwungen, auf beiden Achsen verschiedene Maßstäbe zu wählen. Das gesamte Histogramm besitzt dann den Flächeninhalt Eins.

Beispiel 2.3:
Bei 50 Aggregaten des gleichen Typs wurde die Betriebsdauer in Stunden festgestellt:

1366	647	864	1815	33	2503	1	2790	5	1040
1207	740	27	1618	476	702	566	1625	1562	1902
483	2128	238	1095	205	374	750	180	1153	1673
270	1228	118	206	194	1675	1558	671	363	27
2936	1855	550	362	48	1244	299	579	255	291

Für diese Meßwerte ist in Tabelle 2.3 eine Klasseneinteilung angegeben mit den Klassengrenzen 200, 400, 800, 1200, 1600, 2000, 3000.

Klasse	h_i = absolute Klassenhäufigkeit	r_i = relative Klassenhäufigkeit
$K_1 = (0;200]$	9	0,18
$K_2 = (200;400]$	10	0,20
$K_3 = (400;800]$	10	0,20
$K_4 = (800;1200]$	4	0,08
$K_5 = (1200;1600]$	6	0,12
$K_6 = (1600;2000]$	7	0,14
$K_7 = (2000;3000]$	4	0,08
Summe	$n = 50$	1,00

Tab. 2.3: Klasseneinteilung

Im flächenproportionalen Histogramm in Bild 2.3 für die relativen Klassenhäufigkeiten dürfen als Höhen der Rechtecke nicht unmittelbar die relativen Klassenhäufigkeiten gewählt werden, weil die Klassenbreiten verschieden sind. Die relativen Häufigkeiten müssen durch die Klassenbreiten dividiert werden. Dadurch erhält man der Reihe nach die Rechteckshöhen

$\frac{0{,}18}{200} = 0{,}0009\,;\ \frac{0{,}20}{200} = 0{,}001\,;\ \frac{0{,}20}{400} = 0{,}0005\,;\ \frac{0{,}08}{400} = 0{,}0002\,;\ \frac{0{,}12}{400} = 0{,}0003\,;$
$\frac{0{,}14}{400} = 0{,}00035\,;\ \frac{0{,}08}{1000} = 0{,}00008\,.$

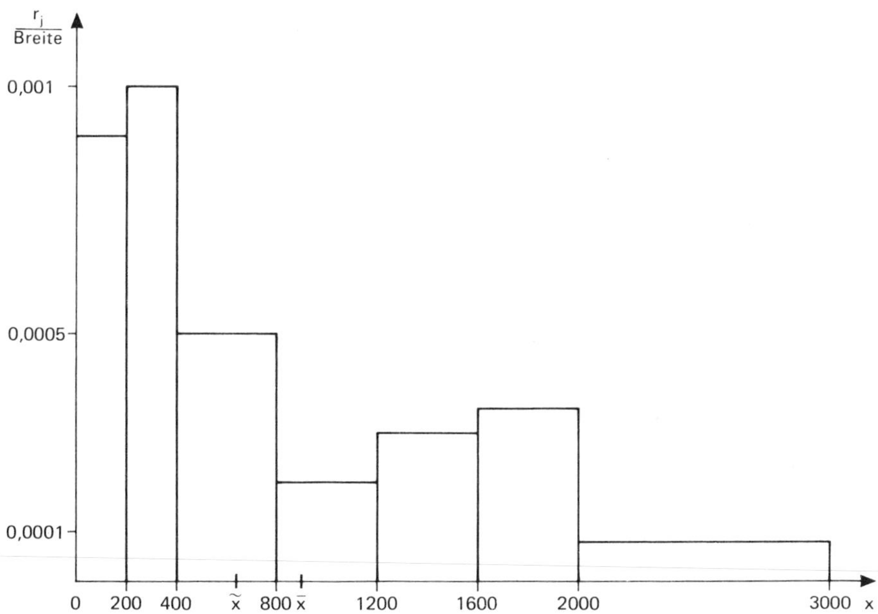

Bild 2.3: Histogramm einer Klasseneinteilung

Bemerkung: Würde man in diesem Histogramm als Rechteckshöhen unmittelbar die absoluten Häufigkeiten der jeweiligen Klassen wählen, so hätte das zweite und dritte Rechteck die gleiche Höhe 10. Das dritte Rechteck ist aber doppelt so breit wie das zweite. Dann wäre der Flächeninhalt des dritten Rechtecks aber doppelt so groß wie der des zweiten Rechtecks. Da man aber unweigerlich Flächeninhalte mit den Häufigkeiten in Zusammenhang bringt, würde man daraus vermutlich den falschen Schluß ziehen, die Häufigkeit der dritten Klasse sei doppelt so groß wie die der zweiten. Nur wenn alle Klassen gleich breit sind, dürfen als Höhen unmittelbar die Häufigkeiten benutzt werden.

2.3 Die empirische Verteilungsfunktion

Bei vielen Problemen möchte man wissen, wie viele der Beobachtungswerte eine bestimmte Grenze nicht überschreiten. Beispiele dafür sind: Die Anzahl der Betriebe, die einen Jahresumsatz von höchstens einer Milliarde DM haben, die Anzahl der Studierenden, die für das Studium nicht mehr als 10 Semester benötigen oder der Bevölkerungsanteil, dessen Monatseinkommen höchstens 5 000 DM beträgt. Eine solche allgemeine Fragestellung ist nur bei **quantitativen Merkmalen** sinnvoll, deren Ausprägungen reelle Zahlen sind.

Ausgangspunkt ist ein **quantitatives Merkmal**, dessen Ausprägungen der Größe nach geordnet werden können.

2.3.1 Die empirische Verteilungsfunktion einer Stichprobe

Wir bezeichen mit $H_n(x)$ die Anzahl der Beobachtungswerte x_i, die kleiner oder höchstens gleich dem festen Zahlenwert x sind, also

$$H_n(x) = \text{Anzahl der Stichprobenwerte } x_i \text{ mit } x_i \leq x. \tag{2.4}$$

Die für jedes $x \in \mathbb{R}$ definierte Funktion H_n heißt die **absolute Summenhäufigkeitsfunktion** der Stichprobe.

Division des Funktionswertes $H_n(x)$ durch n ergibt die Funktion

$$F_n(x) = \frac{1}{n} \cdot H_n(x) = \frac{\text{Anzahl der Stichprobenwerte } x_i \text{ mit } x_i \leq x}{n}. \tag{2.5}$$

Die Funktion F_n nennt man die **relative Summenhäufigkeitsfunktion** oder **empirische Verteilungsfunktion** der Stichprobe (Beobachtungsreihe).

An jeder Stelle $x \in \mathbb{R}$ stellt der Funktionswert $F_n(x)$ den relativen Anteil derjenigen Stichprobenwerte dar, die kleiner oder gleich, also höchstens gleich x sind. Zur Bestimmung der Funktionen H_n und F_n und für deren graphische Darstellungen müssen die n Stichprobenwerte der Größe nach geordnet werden.

H_n und F_n sind monoton wachsende (nicht fallende) Treppenfunktionen. Sie springen an den einzelnen Stichprobenwerten um die absolute bzw. relative Häufigkeit des Stichprobenwertes nach oben. Die empirische Verteilungsfunktion F_n steigt von Null auf Eins an. Links vom kleinsten Stichprobenwert verschwindet F_n, vom größten Stichprobenwert an nimmt sie immer den Wert 1 an. Die Summenhäufigkeitsfunktion steigt von Null auf den Stichprobenumfang n an. Beide Treppenfunktionen sind an den jeweiligen Sprungstellen (Unstetigkeitsstellen) noch rechtsseitig stetig.

2.3.2 Die empirische Verteilungsfunktion bei diskreten Merkmalen

Wir betrachten ein diskretes Merkmal mit den Merkmalsausprägungen a_j, $j = 1, 2, \ldots$. Mit Hilfe einer Häufigkeitstabelle können die Häufigkeitsfunktion und empirische Verteilungsfunktion sehr einfach bestimmt werden. Dazu benötigt man nur absolute bzw. relative Häufigkeiten. Es gilt

$$H_n(x) = \sum_{j:\, a_j \leq x} h_n(a_j)\,; \qquad F_n(x) = \sum_{j:a_j \leq x} r_n(a_j)\,. \tag{2.6}$$

Nur an den Merkmalsausprägungen können die Funktionen H_n und F_n Sprünge haben. Sprungshöhen sind die absoluten bzw. relativen Häufigkeiten der zugehörigen Ausprägungen.

Beispiel 2.4 (vgl. Beispiel 2.1):
In Beispiel 2.1 gibt die empirische Verteilungsfunktion $F_{50}(x)$ an der ganzzahligen Stelle j den relativen Anteil derjenigen Familien an, die höchstens j Kinder haben für $j = 0, 1, \ldots, 5$. Bis zur nächsten Sprungstelle ist die Treppenfunktion konstant. Aus der Tabelle 2.2 erhält man die Verteilungsfunktion:

$F_{50}(x) = 0$ für $x < 0$;
$F_{50}(x) = 0{,}24$ für $0 \leq x < 1$;
$F_{50}(x) = 0{,}58$ für $1 \leq x < 2$;
$F_{50}(x) = 0{,}76$ für $2 \leq x < 3$;
$F_{50}(x) = 0{,}88$ für $3 \leq x < 4$;
$F_{50}(x) = 0{,}96$ für $4 \leq x < 5$;
$F_{50}(x) = 1$ für $x \geq 5$.

Die empirische Verteilungsfunktion ist in Bild 2.4 graphisch dargestellt.

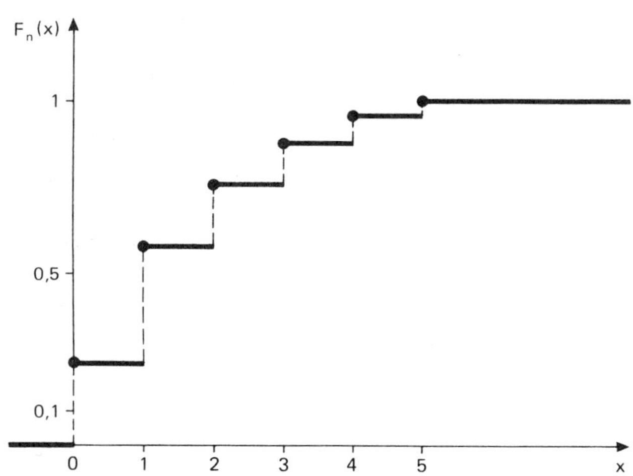

Bild 2.4: Empirische Verteilungsfunktion

2.3.3 Die klassierte empirische Verteilungsfunktion

Aus einer Klassenbildung können die Beobachtungswerte x_i nicht mehr genau festgestellt werden. Man sieht nur, wie viele der Werte in den einzelnen Klassen liegen. Daher kann der vollständige Verlauf der empirischen Verteilungsfunktion nicht exakt angegeben werden.
Man kann allerdings die genauen Werte der empirischen Verteilungsfunktion an den Klassengrenzen berechnen, weil aus der Klasseneinteilung ja feststellbar ist, wie viele Stichprobenwerte die rechte Klassengrenze nicht übersteigen. Wir nehmen an, alle m Klassen seien links offen und rechts abgeschlossen mit der Darstellung

$$K_j = (u_{j-1}, u_j] = \{x \mid u_{j-1} < x \leq u_j\}; \quad j = 1, 2, \ldots, m.$$

Die Klasseneinteilung wird also durch die Randpunkte $u_0, u_1, \ldots, u_m$ festgelegt. Die Anzahl der Beobachtungswerte, welche die Grenze u_k nicht übersteigen, ist dann gleich der Summe der absoluten Häufigkeiten aller Klassen bis zur Stelle u_k. Mit den relativen Klassenhäufigkeiten r_j kann der Wert der empirischen Verteilungsfunktion an der Grenzstelle u_k berechnet werden durch

$$F_n(u_0) = 0; \quad F_n(u_k) = \sum_{j=1}^{k} r_j \quad \text{für } k = 1, 2, \ldots, m. \tag{2.7}$$

Setzt man die Funktion zwischen diesen Stellen konstant fort, so erhält man zwar eine Treppenfunktion als Näherung für die empirische Verteilungsfunktion. Diese Näherung ist umso besser, je feiner die Klasseneinteilung gewählt wird. Bei diesem Vorgehen legt man allerdings sämtliche Werte einer Klasse an den rechten Randpunkt.
Die Verteilungsfunktion der nicht klassifizierten Stichprobe stimmt an allen Klassengrenzen u_k mit dieser Treppenfunktion überein. Zwischen zwei Klassengrenzen treten in der exakten Verteilungsfunktion allerdings weitere Sprungstellen auf. Man könnte nun die in einer Klasse liegenden Stichprobenwerte auf den gesamten Klassenbereich gleichmäßig verteilen und davon die empirische Verteilungsfunktion berechnen. Die so erhaltene Funktion dürfte im allgemeinen besser mit der empirischen Verteilungsfunktion der Urliste übereinstimmen. Die Konstruktion dieser Näherungsfunktion ist jedoch bei großen Klassenbesetzungen sehr mühsam. Aus diesem Grund ist es naheliegend, die exakten Punkte auf der Verteilungsfunktion an den Klassengrenzen geradlinig miteinander zu verbinden. Dadurch entsteht eine stetige Funktion. Man nennt sie **klassierte empirische Verteilungsfunktion.** Verschiedene Klasseneinteilungen ergeben verschiedene klassierte Verteilungsfunktionen. Bei einer sehr feinen Klasseneinteilung stellt die klassierte Verteilungsfunktion eine gute Näherung der empirischen Verteilungsfunktion der Urliste dar. Die klassierte empirische Verteilungsfunktion ist diejenige Integralfunktion des Histogramms der entsprechenden Klasseneinteilung, welche am linken Grenzpunkt u_0 verschwindet.

Für die Klasseneinteilung in Tab. 2.3 ist die empirische Verteilungsfunktion in Bild 2.5 dargestellt. Sie ist die Integralfunktion des in Bild 2.3 dargestellten Histogramms, welche an der Stelle 0 verschwindet.

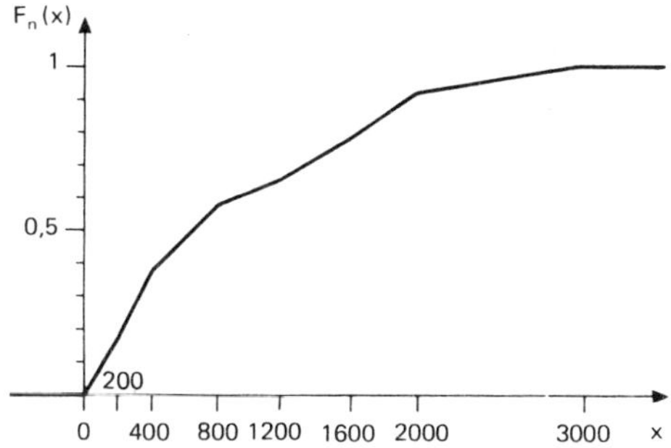

Bild 2.5: Klassierte empirische Verteilungsfunktion

2.4 Lageparameter von Häufigkeitsverteilungen

Bei vielen Problemstellungen ist es nicht sinnvoll, die ganze Beobachtungsreihe bzw. deren Häufigkeitsverteilung anzugeben. Man wird daher versuchen nur eine oder wenige Größen zu berechnen, welche die Beobachtungsreihe gut beschreiben. Solche Größen nennt man **Parameter** oder **Kenngrössen** der Stichprobe. In diesem Abschnitt werden Parameter angegeben, welche nur die Lage der Beobachtungsreihe beschreiben.

2.4.1 Der Modalwert (häufigster Wert)

Eine Merkmalsausprägung, welche in der Beobachtungsreihe die größte absolute Häufigkeit besitzt, heißt **Modalwert** (**Modus** oder **häufigster Wert**). Wir bezeichnen einen Modalwert mit x_{Mod}. Falls die maximale Häufigkeit gleichzeitig von mehreren Ausprägungen angenommen wird, gibt es mehrere Modalwerte. Für die absoluten Häufigkeiten des Modus gilt

$$h_n(x_{Mod}) \geq h_n(a_j) \quad \text{für alle Merkmalsausprägungen } a_j \,. \tag{2.8}$$

In Beispiel 2.1 hat der Kandidat B am meisten Stimmen bekommen. Er stellt also gewissermaßen bei dem Wahlvorgang den Modalwert dar. In Beispiel 2.2 ist "ein einziges Kind" der Modalwert. In Beispiel 2.3 sind die beiden Klassen K_2 und K_3 Modalklassen.

Der Modalwert kann bei sämtlichen Merkmalen bestimmt werden. Er ist bei nominal skalierten Merkmalen, bei denen es keine Rangordnung gibt, der einzige sinnvolle Lageparameter. Falls es nur einen einzigen Modus gibt, nennt man die Verteilung **eingipflig**.

2.4.2 Das arithmetische Mittel (Mittelwert)

Das Gesamteinkommen einer bestimmten Personenschicht allein enthält nicht viel Information, falls nicht gleichzeitig mitgeteilt wird, um wie viele Personen es sich handelt. Division des Gesamteinkommens durch die Anzahl der entsprechenden Personen ergibt das Durchschnitts- oder das Pro-Kopf-Einkommen, das wesentlich mehr Information enthält. Bei der Berechnung des durchschnittlichen Zuckerverbrauchs wird der gesamte Zuckerverbrauch durch die Anzahl der Personen dividiert. Dieser Durchschnittswert allein läßt jedoch keine Aussage über den Verbrauch der einzelnen Personen zu. Manche werden viel mehr, manche wesentlich weniger Zucker konsumiert haben.

Bei metrisch skalierten Merkmalen heißt der Zahlenwert

$$\overline{x} = \frac{1}{n}\sum_{i=1}^{n} x_i = \frac{1}{n}\sum_{j=1}^{m} h_j \cdot a_j = \sum_{j=1}^{m} r_j \cdot a_j$$

das **arithmetische Mittel (Mittelwert** oder **Durchschnittswert)** der Beobachtungsreihe. Oft nennt man $\overline{x}$ *den* Mittelwert und läßt den Zusatz arithmetisch weg.
Falls die Werte nur in Form einer Urliste gegeben sind, wird zur Berechnung des Mittelwertes die erste Gleichung benutzt. Die zweite oder dritte Darstellung verwendet man bei Häufigkeitsverteilungen. Wegen

$$n \cdot \overline{x} = x_1 + x_2 + \ldots + x_n = \sum_{i=1}^{n} x_i \tag{2.9}$$

beschreibt das arithmetische Mittel immer die Gesamtsumme. Bei vielen Problemstellungen wird nur der Durchschnittswert $\overline{x}$ angegeben, z.B. der Pro-Kopf-Verbrauch oder das Durchschnittseinkommen. Multipliziert man diesen Durchschnittswert mit der Anzahl, bezüglich derer der Durchschnitt gebildet wurde, so erhält man den Gesamtverbrauch bzw. das Gesamteinkommen. Würde z. B. die gesamte Lohnsumme eines Betriebs unter allen Betriebsangehörigen gleichmäßig aufgeteilt werden, so müßte jede Person diesen Durchschnittswert erhalten.

Beispiel 2.5 (vgl. Beispiel 2.2):
Für die Anzahl der Kinder pro Familie in Beispiel 2.2 erhält man das arithmetische Mittel

$$\overline{x} = \frac{1}{50}(12 \cdot 0 + 17 \cdot 1 + 9 \cdot 2 + 6 \cdot 3 + 4 \cdot 4 + 2 \cdot 5) = 1{,}58\,.$$

Bei diesen 50 Familien beträgt die mittlere Kinderzahl 1,58. Im Stabdiagramm in Bild 2.1 ist der Mittelwert $\overline{x} = 1{,}58$ ebenfalls eingetragen.

Allgemein stellt in einem Stabdiagramm das arithmetische Mittel den Abszissenwert des **Schwerpunkts** der Stäbe dar.

Beispiel 2.6 (vgl. Beispiel 2.3):
Die 50 Aggregate aus Beispiel 2.3 hatten zusammen eine Betriebsdauer von 44 497 Stunden. Division durch 50 ergibt die mittlere Betriebsdauer

$$\overline{x} = \frac{44\,497}{50} = 889{,}94 \approx 890 \text{ Stunden.}$$

Beispiel 2.7 (Durchschnittspreis beim Kauf gleicher Mengen zu verschiedenen Preisen):
Von einer Ware werde n-mal die gleiche Menge M, allerdings zu verschiedenen Preisen gekauft. Die Preise je Mengeneinheit seien der Reihe nach $p_1, p_2, \ldots, p_n$. Der Preis für die Gesamtmenge $n \cdot M$ beträgt damit

$$G = M \cdot \sum_{i=1}^{n} p_i \,.$$

Den Durchschnittspreis pro Mengeneinheit bezeichnen wir mit $\overline{p}$. Die Bedingung $G = n \cdot M \cdot \overline{p}$ ergibt den Durchschnittspreis als

$$\overline{p} = \frac{1}{n} \sum_{i=1}^{n} p_i \,.$$

Falls zu verschiedenen Preisen jeweils die gleiche Menge gekauft wird, ist das arithmetische Mittel der Einzelpreise der Durchschnittspreis.

Der Mittelwert ist sehr empfindlich gegenüber sog. **Ausreißern**, die entweder viel größer oder viel kleiner als die übrigen Stichprobenwerte sind. Durch den Mittelwert werden die Beobachtungswerte zwar in zwei Gruppen zerlegt, die im speziellen Fall verschieden groß sein können. Im Extremfall kann es sogar vorkommen, daß auf der einen Seite vom Mittelwert nur ein einziger Beobachtungswert liegt, während alle übrigen auf der anderen Seite sind (vgl. Beispiel 2.10).

Lineare Transformation

Die Beobachtungswerte x_i werden durch

$$y_i = a + b x_i \,, \quad a, b \in \mathbb{R}$$

linear transformiert. Dann lautet der Mittelwert der transformierten Stichprobe $y = (y_1, y_2, \ldots, y_n)$

$$\overline{y} = \frac{1}{n} \sum_{i=1} y_i = \frac{1}{n} \sum_{i=1}^{n} (a + b x_i) = \frac{1}{n} \cdot n \cdot a + b \cdot \frac{1}{n} \sum_{i=1}^{n} x_i = a + b \cdot \overline{x} \,.$$

Damit transformiert sich auch der Mittelwert $\overline{y}$ nach dem gleichen Gesetz:

$$\overline{a + b x} = a + b \overline{x} \,; \quad a, b \in \mathbb{R}. \tag{2.10}$$

Aus einer **Klasseneinteilung** allein kann der Mittelwert nicht mehr exakt berechnet werden. In diesem Fall identifiziert man alle Werte einer Klasse mit der Klassenmitte und berechnet davon den Mittelwert. Dadurch erhält man einen Näherungswert für den tatsächlichen Mittelwert.

Beispiel 2.8 (vgl. Beispiele 2.3 und 2.6):
Für die mittlere Betriebsdauer der 50 Aggregate soll ein Näherungswert allein aus der Klasseneinteilung berechnet werden. Mit den Klassenmitten erhält man

$$\bar{x} \approx \frac{1}{50}(9 \cdot 100 + 10 \cdot 300 + 10 \cdot 600 + 4 \cdot 1000 + 6 \cdot 1400 + 7 \cdot 1800 + 4 \cdot 2500)$$
$$= 898 \text{ Stunden.}$$

Nach Beispiel 2.6 ist der genaue gerundete Wert $\bar{x} = 890$ Stunden. Im Histogramm in Bild 2.3 ist dieser Näherungswert für $\bar{x} = 898$ ebenfalls eingetragen.

Im Histogramm einer Klasseneinteilung stellt der aus den Klassenmitten berechnete Näherungswert für $\bar{x}$ den Abszissenwert vom **Schwerpunkt** des Histogramms dar.

Bemerkung: In einer Stichprobe eines diskreten Merkmals mit m verschiedenen Merkmalsausprägungen stimmt das Stichprobenmittel nur dann mit dem arithmetischen Mittel der m Ausprägungen überein, wenn alle m Häufigkeiten gleich groß sind. Es gilt also

$$\bar{x} = \frac{1}{n}\sum_{i=1}^{n} x_i = \bar{a} = \frac{1}{m}\sum_{j=1}^{m} a_j \Leftrightarrow h_n(a_1) = h_n(a_2) = \ldots = h_n(a_m). \quad (2.11)$$

2.4.3 Gewichtete (gewogene) arithmetische Mittel

Gibt man sich allgemein n Zahlen (**Gewichte**) $w_1, w_2, \ldots, w_n$ vor mit

$$0 \le w_i \le 1 \quad \text{für alle } i \quad \text{und} \quad \sum_{i=1}^{n} w_i = 1,$$

so heißt

$$\bar{x}^w = \sum_{i=1}^{n} w_i \cdot x_i$$

ein **gewichtetes (gewogenes) arithmetisches Mittel** der Stichprobe.

Mit $w_1 = w_2 = \ldots = w_n = \frac{1}{n}$ erhält man das gewöhnliche arithmetische Mittel. Das gewöhnliche arithmetische Mittel ist also ein gewichtetes arithmetisches Mittel, bei dem alle n Gewichte gleich sind.

Der **Mittelwert** $\bar{x}$ ist das arithmetische Mittel aller n Beobachtungswerte $x_1, x_2, \ldots, x_n$, jedoch das mit den einzelnen relativen Häufigkeiten gewichtete arithmetische Mittel der m Merkmalsausprägungen $a_1, a_2, \ldots, a_m$.

Beispiel 2.9 (Durchschnittspreis beim Kauf verschiedener Mengen zu verschiedenen Preisen):
Von einer Ware werden M_i Einheiten zum Preis p_i pro Mengeneinheit gekauft für $i = 1, 2, \ldots, n$. Dann erhält man

$$\text{Gesamtmenge: } \sum_{i=1}^{n} M_i; \quad \text{Gesamtpreis: } G = \sum_{i=1}^{n} M_i \cdot p_i.$$

Division des Gesamtpreises durch die Gesamtmenge ergibt den Durchschnittspreis

$$\overline{p}^w = \frac{\sum_{i=1}^{n} M_i \cdot p_i}{\sum_{k=1}^{n} M_k} = \sum_{i=1}^{n} w_i \cdot p_i \,.$$

Der Durchschnittspreis ist hier das gewichtete arithmetische Mittel der Einzelpreise mit den Gewichten

$$w_i = \frac{M_i}{\sum_{k=1}^{n} M_k} \quad \text{für } i = 1, 2, \ldots, n \,; \quad \sum_{i=1}^{n} w_i = 1.$$

Die Gewichte sind also proportional zu den Mengen.

2.4.4 Der Median (Zentralwert)

Beispiel 2.10:
Neun Personen erhalten folgende Gehälter in DM:

2 200 ; 2 250 ; 2 480 ; 2 700 ; **2 750** ; 2 930 ; 3 000 ; 3 100 ; 16 480 .

Die Gehälter sind also bereits der Größe nach geordnet. Der Mittelwert $\overline{x} = \frac{37\,890}{9} = 4\,210$ liegt nicht im Zentrum der Stichprobenwerte. Links von ihm befinden sich 8 Werte, rechts davon nur ein einziger. Der **Ausreißer** 16 480 zieht den Mittelwert stark nach oben.

Wir suchen nach einem Wert, der die Stichprobenwerte in zwei ungefähr gleich große Gruppen zerlegt.
Weil der Stichprobenumfang ungerade ist, gibt es genau einen Stichprobenwert, welcher in der Mitte der (der Größe nach) geordneten Stichprobenwerte liegt, nämlich der fünfte Wert 2 750. Dieser Wert ist der sog. **Median** oder **Zentralwert** $\tilde{x}$ der Stichprobe, also $\tilde{x} = 2\,750$.

Wir nehmen noch einen weiteren Wert dazu und erhalten die Stichprobe

2 150 ; 2 200 ; 2 250 ; 2 480 ; **2 700 ; 2 750** ; 2 930 ; 3 000 ; 3 100 ; 16 480

vom Umfang $n = 10$ (gerade). Bei geradem Stichprobenumfang n gibt es keinen Einzelwert, sondern gleichzeitig zwei Stichprobenwerte, die in der Mitte der geordneten Stichprobe liegen.
Bei geradem Stichprobenumfang nennt man die beiden in der Mitte der geordneten Stichprobe stehenden Stichprobenwerte **Mediane (Zentralwerte)**. Man kann aber auch jeden zwischen diesen beiden Stichprobenwerten liegenden Zahlenwert als Median bezeichnen. Dann spricht man vom **Medianintervall** $[2\,700; 2\,750]$.
Um den Median eindeutig festzulegen, gibt man oft die Intervallmitte an, hier also den Wert $\tilde{x} = 2\,725$.

Der **Median** oder **Zentralwert** $\tilde{x}$ einer Beobachtungsreihe kann jeweils durch eine der beiden nachfolgenden gleichwertigen Eigenschaften erklärt werden:

a) Mindestens die Hälfte der Beobachtungswerte sind kleiner oder gleich und mindestens die Hälfte größer oder gleich dem Median $\tilde{x}$.
b) Höchstens die Hälfte der Beobachtungswerte sind kleiner und höchstens die Hälfte größer als der Median $\tilde{x}$.

Der Median kann nur von **ordinal** oder **metrisch skalierten Merkmalen** berechnet werden. Weil die Merkmalsausprägungen zur Bestimmung des Medians in einer Reihenfolgen angeordnet werden, muß eine Rangordnung (Größer-Kleiner-Beziehung) vorgegeben sein.

Zunächst werden die Beobachtungswerte der Größe nach geordnet. Diese geordneten Werte bezeichnet man der Reihe nach mit

$$x_{(1)} \leq x_{(2)} \leq x_{(3)} \leq \dots \leq x_{(n)} \,.$$

Bei **ungeradem n** ist der **Median (Zentralwert)** $\tilde{x}$ der in der Mitte der geordneten Reihe stehende Beobachtungswert, also

$$\tilde{x} = x_{\left(\frac{n+1}{2}\right)}\,, \quad \text{falls n ungerade ist.}$$

Bei **geradem n** erfüllt jeder Wert zwischen $x_{\left(\frac{n}{2}\right)}$ und $x_{\left(\frac{n}{2}+1\right)}$, die Grenzen eingeschlossen, die Bedingung eines Medians. Dann ist jeder Wert zwischen diesen beiden Merkmalswerten **Median (Zentralwert)**.
Bei **metrisch skalierten** Merkmalen wählt man häufig das arithmetische Mittel der beiden mittleren Stichprobenwerte als Median, also

$$\tilde{x} = \frac{1}{2} \cdot \left(x_{\left(\frac{n}{2}\right)} + x_{\left(\frac{n}{2}+1\right)} \right) \quad \text{für gerades n.}$$

Diese Mittelwertbildung ist allerdings bei ordinalen Merkmalen nicht möglich.

Bestimmung des Medians aus der Häufigkeitstabelle

a) Springt die relative Summenhäufigkeit bei einem Merkmalswert von unter 0,5 auf über 0,5, so ist dieser Merkmalswert der Median.
b) Ist die relative Summenhäufigkeit eines Merkmalswerts gleich 0,5, so ist jeder Wert zwischen diesem und dem nächst größeren Merkmalswert Median.

Beispiel 2.11 (vgl. Beispiel 2.2):
In der nachfolgenden Tabelle 2.4 springt beim Merkmalswert 1 die relative Summenhäufigkeit erstmals auf über 0,5. Daher lautet der Median $\tilde{x} = 1$.

Anzahl der Kinder	relative Häufigkeit	relative Summenhäufigkeit	
0	0,24	0,24	
1	0,34	0,58	← Median
2	0,18	0,76	
3	0,12	0,88	
4	0,08	0,96	
5	0,04	1,00	

Tab. 2.4: Bestimmung des Medians aus einer Häufigkeitstabelle

Beispiel 2.12:
In der nachfolgenden Häufigkeitstabelle ist beim Merkmalswert 20 die relative Summenhäufigkeit gleich 0,5. Daher sind 20 und 25 gleichzeitig Mediane.

a_j	relative Häufigkeit	relative Summenhäufigkeit	
10	0,18	0,18	
20	0,32	0,50	← Median
25	0,41	0,91	← Median
30	0,09	1,00	

Tab. 2.5: Bestimmung des Medians aus einer Häufigkeitstabelle

Bestimmung des Medians aus der empirischen Verteilungsfunktion

Die Bestimmung des Medians aus der Häufigkeitstabelle ergibt unmittelbar die folgende Eigenschaft:

a) Falls die empirische Verteilungsfunktion auf einer Treppenstufe den Wert 0,5 annimmt, sind dieser Merkmalswert und der nächst größere Mediane.
b) Wenn die empirische Verteilungsfunktion den Wert 0,5 nicht annimmt, ist der Median gleich dem kleinsten Merkmalswert, an dem die Verteilungsfunktion größer als 0,5 ist.

Beispiel 2.13:
In der nachfolgenden empirischen Verteilungsfunktion auf der linken Seite erhält man die Mediane 3 und 4. Rechts ist der Median $\tilde{x} = 3$ eindeutig bestimmt.

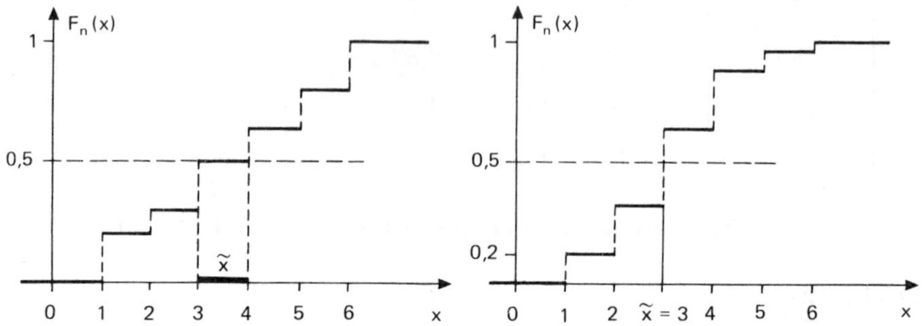

Bild 2.6: Bestimmung des Medians aus der Verteilungsfunktion

Median einer transformierten Stichprobe

Bei einem **metrisch skalierten** Merkmal werden die Stichprobenwerte x_i durch die Funktion g abgebildet auf $y_i = g(x_i)$ für $i = 1, 2, \ldots, n$. Falls die Funktion g **streng monoton wachsend** oder **fallend** ist, besitzt die transformierte Stichprobe $(y_1 = g(x_1), y_2 = g(x_2), \ldots, y_n = g(x_n))$ den Median

$$\tilde{y} = g(\tilde{x}) . \tag{2.12}$$

Diese Eigenschaft ist allerdings nur dann richtig, wenn man bei geradem n sämtliche Werte zwischen den beiden in der Mitte der geordneten Stichprobenwerte oder nur diese beiden als Mediane zuläßt. Benutzt man jedoch als Median nur das arithmetische Mittel dieser beiden mittleren Stichprobenwerte, so gilt die Eigenschaft (2.12) im allgemeinen nicht mehr.

Jede lineare Transformation $y = a + bx$ mit $a, b \in \mathbb{R}$ ist streng monoton.

$$\text{Aus } y_i = a + b x_i , \; a, b \in \mathbb{R} \quad \text{folgt} \quad \tilde{y} = a + b \tilde{x} . \tag{2.13}$$

Diese Eigenschaft gilt bei geradem n auch für das arithemische Mittel aus den beiden mittleren Stichprobenwerten.

Bemerkung: Nach (2.10) wird bei linearen Transformationen der Mittelwert ebenfalls linear transformiert. Bei streng monotonen Funktionen g ist im allgemeinen $g(\bar{x})$ nicht mehr der Mittelwert der transformierten Stichprobe. Falls man z. B. die Stichprobenwerte quadriert, besitzt die Stichprobe $y_i = x_i^2$ im allgemeinen nicht mehr den Mittelwert $\bar{x}^2$, obwohl die Quadratfunktion streng monoton wachsend ist.

Aus einer Klasseneinteilung allein läßt sich der Median nicht mehr exakt bestimmen. Man kann nur diejenige Klasse K_l feststellen, in welcher der Median enthalten ist. Als Näherungswert für den Median wählen wir denjenigen Wert, an dem die klassierte Verteilungsfunktion (vgl. Abschnitt 2.3.3) den Wert $\frac{1}{2}$ annimmt. Das ist diejenige Stelle, die das Histogramm der relativen Klassenhäufigkeiten in zwei gleich große Teile mit dem jeweiligen Flächeninhalt 0,5 teilt.

Die Medianklasse K_l besitze den linken Randpunkt $u_l - 1$ und die Breite b_l. Der gesuchte Flächenhalbierungspunkt sei $u_{l-1} + c \cdot b_l$. Im Histogramm beträgt dann der Fächeninhalt links von diesem Punkt

$$\sum_{j=1}^{l-1} r_j + c \cdot r_l = 0{,}5 \quad \text{mit} \quad c = \frac{0{,}5 - \sum\limits_{j=1}^{l-1} r_j}{r_l} . \tag{2.14}$$

Damit erhält man für den Median den Näherungswert

$$\tilde{x} \approx u_{l-1} + \frac{0{,}5 - \sum\limits_{j=1}^{l-1} r_j}{r_l} \cdot b_l . \tag{2.15}$$

Für $\sum\limits_{j=1}^{l} r_j = 0{,}5$ erhält man $\tilde{x} \approx u_l =$ rechte Klassengrenze. In diesem Fall liegen in der l-ten Klasse oder links davon die Hälfte der Stichprobenwerte.

Beispiel 2.14 (vgl. Beispiel 2.3):
Allein aus der Klasseneinteilung von Beispiel 2.3 soll ein Näherungswert für den Median bestimmt werden. Der Median liegt in der dritten Klasse. Einen Näherungswert erhält man nach (2.14) und (2.15) als

$$\tilde{x} \approx 400 + \frac{\frac{1}{2} - 0{,}38}{0{,}2} \cdot 400 = 640 .$$

Diesen Näherungswert erhält man auch aus der in Bild 2.5 dargestellten klassierten empirischen Verteilungsfunktion. Sie nimmt an der Stelle 640 den Wert $\frac{1}{2}$ an. Im Histogramm in Bild 2.5 ist dieser Näherungswert $\tilde{x} = 640$ ebenfalls eingetragen. Links und rechts von dieser Stelle liegt jeweils eine Fläche mit dem Inhalt 0,5. In der sortierten Orginalstichprobe vom Umfang $n = 50$ lautet der 25. Wert 647 und der 26. ist 671. Alle Zahlen zwischen diesen beiden sind die tatsächlichen Mediane.

Bemerkungen:
Im Gegensatz zum Mittelwert liegt der Median immer im Zentrum der geordneten Stichprobenwerte. Er ist unempfindlich gegenüber Ausreißern.
Der Median kann nicht nur bei metrisch skalierten, sondern auch bei **ordinalen** qualitativen Merkmalen berechnet werden, bei denen die Berechnung des arithmetischen Mittels gar nicht möglich ist. Zur Bestimmung des Medians benötigt man nur eine Anordnung (Rangreihenfolge).

2.4.5 Quantile und Quartile

Der Median einer Stichprobe ist dadurch charakterisiert, daß mindestens 50 % aller Beobachtungswerte diesen Wert nicht übersteigen und mindestens 50 % der Werte diesen nicht unterschreiten. Bei vielen Problemen möchte man jedoch wissen, wie viele der Beobachtungswerte zu den 10 oder 20 % kleinsten bzw. größten Beobachtungswerten gehören. Falls jemand in einer Prüfung zu den 10 % besten gehört, liegt dessen Leistung unter den 10 % größten Werten der Zensuren. Eine schlechtere Note müssen dann mindestens 90 % der Teilnehmer haben. Bei der Untersuchung der Studiendauer interessiert man sich oft für die maximale Semesteranzahl der 90 % Studierenden, die das Studium zuerst beenden, also für die maximale Studienzeit der 90 % "am schnellsten Studierenden".

Allgemein werden Zerlegungen der geordneten Beobachtungsreihen durch sogenannte **Quantile** oder **Fraktile** beschrieben.
Ein **α-Quantil (α-Fraktil)** $\tilde{x}_\alpha$ wird durch die beiden gleichwertigen Eigenschaften definiert:

a) Mindestens $100 \cdot \alpha$ % der Beobachtungswerte sind kleiner oder gleich $\tilde{x}_\alpha$ und mindestens $100 \cdot (1-\alpha)$ % größer oder gleich $\tilde{x}_\alpha$.

b) Höchstens $100 \cdot \alpha$ % der Beobachtungswerte sind kleiner als $\tilde{x}_\alpha$ und höchstens $100 \cdot (1-\alpha)$ % größer als $\tilde{x}_\alpha$.

Falls ein α-Quantil mit keinem Beobachtungswert übereinstimmt, teilt es die aufsteigend geordnete Beobachtungsreihe im Verhältnis α zu $1-\alpha$.

Wie der Median können Quantile nur von **ordinal** oder **metrisch skalierten** Merkmalen berechnet werden.

Die Beobachtungswerte seien der Größe nach geordnet durch

$$x_{(1)} \leq x_{(2)} \leq x_{(3)} \leq \ldots \leq x_{(n)} .$$

Dann kann das **α-Quantil** oder das **$100\,\alpha$ %-Quantil $\tilde{x}_\alpha$** folgendermaßen bestimmt werden:

1. Fall: $n \cdot \alpha$ sei **nicht ganzzahlig.** Es sei k die auf $n \cdot \alpha$ folgende ganze Zahl, d. h. die kleinste ganze Zahl, welche größer als $n \cdot \alpha$ ist. Dann gilt

$$\tilde{x}_\alpha = x_{(k)}\,;\ k = \text{kleinste ganze Zahl mit } k < n \cdot \alpha \text{ (nicht ganzzahlig).}$$

2. Fall: $n \cdot \alpha = k$ sei **ganzzahlig.** Dann sind sowohl $x_{(k)}$ als auch $x_{(k+1)}$ und jeder dazwischen liegende Wert α-Quantile. Bei **metrisch skalierten** Merkmalen benutzt man oft das arithmetische Mittel dieser beiden Stichprobenwerte, um das Quantil eindeutig festzulegen, also

$$\tilde{x}_\alpha = \frac{1}{2} \cdot \left(x_{(k)} + x_{(k+1)}\right) \quad \text{für} \quad k = n \cdot \alpha \text{ (ganzzahlig).}$$

Bei **ordinalen** Merkmalen ist die Mittelwertsbildung nicht möglich.

Bestimmung der Quantile aus der empirischen Verteilugsfunktion

1. Fall: Die empirische Verteilungsfunktion F_n nimmt den Wert α nicht an. Dann ist das α-Quantil $\tilde{x}_\alpha$ der kleinste Merkmalswert, an dem die empirische Verteilungsfunktion größer als α ist.

2. Fall: Die empirische Verteilungsfunktion F_n ist auf einer ganzen Treppenstufe gleich α. Dann sind alle Abszissenwerte dieser Treppenstufe α-Quantile. Zur eindeutigen Darstellung wird manchmal der Abszissenwert der Stufenmitte als Median gewählt.

Das 0,5-Quantil ist der Median, es gilt also

$$\tilde{x}_{0,5} = \tilde{x}\,. \tag{2.16}$$

Das 0,25-Quantil $\tilde{x}_{0,25}$ nennt man auch **unteres Quartil** und $\tilde{x}_{0,75}$ **oberes Quartil.**

Beispiel 2.15 (vgl. Beispiele 2.2 und 2.4):
Für die in Beispiel 2.2 (Tab. 2.2) dargestellte Stichprobe sollen die 0,25-; 0,5- (Median); 0,75- und 0,96-Quantile bestimmt werden.

$\alpha = 0{,}25$: $50 \cdot 0{,}25 = 12{,}5$ ist nicht ganzzahlig. Damit ist in der geordneten Stichprobe der 13. Wert das Quantil, also $\tilde{x}_{0,25} = x_{(13)} = 1$.

$\alpha = 0{,}5$ (Median): $50 \cdot 0{,}5 = 25$ ist ganzzahlig mit

$\tilde{x}_{0,5} = \tilde{x} = x_{(25)} = x_{(26)} = 1$.

$\alpha = 0{,}75$: $50 \cdot 0{,}75 = 37{,}5$, also $\tilde{x}_{0,75} = x_{(38)} = 2$.

$\alpha = 0{,}96$: $50 \cdot 0{,}96 = 48$. Dann sind $x_{(48)} = 4$ und $x_{(49)} = 5$ α-Quantile.

Diese Quantile können auch mit Hilfe der Verteilungsfunktion in Bild 2.7 (vgl. Bild 2.4) bestimmt werden.

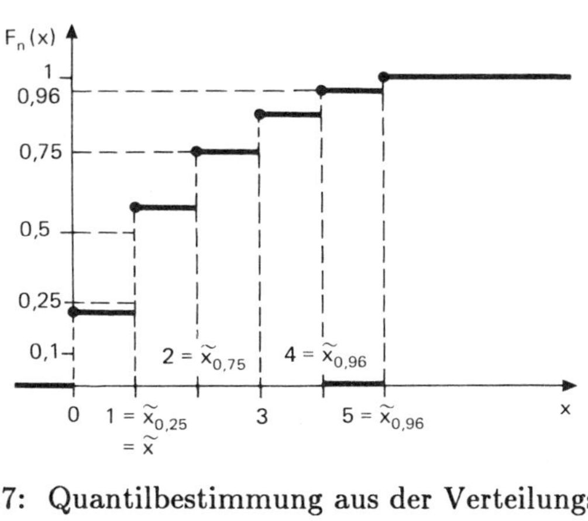

Bild 2.7: Quantilbestimmung aus der Verteilungsfunktion

Bei einer **Klasseneinteilung** lassen sich die Quantile nicht mehr genau feststellen, sondern nur noch diejenige Klasse K_l, in der das entsprechende Quantil liegt. Für die Quantilklasse K_l gilt

$$\sum_{j=1}^{l-1} r_j < \alpha \quad \text{und} \quad \sum_{j=1}^{l} r_j \geq \alpha \quad \text{mit} \quad \sum_{j=1}^{0} r_j = 0 . \tag{2.17}$$

Als Näherungswert kann ähnlich wie beim Median diejenige Stelle der Medianklasse bestimmt werden, von welcher die Gesamtfläche des Histogramms der relativen Häufigkeiten so zerlegt wird, daß links von ihr der Flächeninhalt α und rechts davon der Flächeninhalt $1-\alpha$ entsteht. Mit der linken Klassengrenze u_{l-1}, der Klassenbreite b_l und der relativen Klassenhäufigkeit erhält man für das α-Quantil den Näherungswert

$$\tilde{x}_\alpha \approx u_{l-1} + \frac{\alpha - \sum_{j=1}^{l-1} r_j}{r_l} \cdot b_l . \tag{2.18}$$

Für $\sum_{j=1}^{l} r_j = \alpha$ ergibt $\tilde{x}_\alpha \approx u_l =$ rechte Klassengrenze. In diesem Fall liegen in der l-ten Klasse oder links davon genau $100 \cdot \alpha$ % der Stichprobenwerte.

Aus der klassierten empirischen Verteilungsfunktion können Quantile sehr einfach graphisch bestimmt werden. Diejenige Stelle ist der Näherungswert für $\tilde{x}_\alpha$, an der die klassierte Verteilungsfunktion den Wert α annimmt.

Beispiel 2.16 (vgl. Beispiele 2.3 und 2.4):
Allein aus der Klasseneinteilung in Tab. 2.3 sollen Näherungswerte für die 0,25-, 0,75- und 0,92-Quantile bestimmt werden.

$\underline{\alpha = 0{,}25}$: aus (2.17) und (2.18) erhält man $l = 2$ und

$$\tilde{x}_{0,25} \approx 200 + \frac{0{,}25 - 0{,}18}{0{,}20} \cdot 200 = 270 ;$$

$\underline{\alpha = 0{,}75}$: $l = 5$; $\tilde{x}_{0,75} \approx 1\,200 + \frac{0{,}75 - 0{,}66}{0{,}12} \cdot 400 = 1\,500$;

$\underline{\alpha = 0{,}92}$: $\sum_{j=1}^{6} r_j = 0{,}92$ ergibt $\tilde{x}_{0,92} \approx 2\,000$ (rechte Klassengrenze).

Die Näherungswerte für die Quantile $\tilde{x}_\alpha$ können auch direkt aus der in Bild 2.5 skizzierten klassierten Verteilungsfunktion abgelesen werden. Es sind diejenigen Stellen, an denen die klassierte Verteilungsfunktion jeweils den Wert α annimmt.
Sortiert man die Werte der Urliste in aufsteigender Reihenfolge, so erhält man nach dem oben beschriebenen Verfahren folgende exakte Quantile
$\tilde{x}_{0,25} = x_{(13)} = 255$; $\tilde{x}_{0,75} = x_{(38)} = 1\,558$.

Wegen $50 \cdot 0{,}92 = 46$ sind $x_{(46)} = 1\,902$ und $x_{(47)} = 2\,128$ und alle dazwischen liegenden Werte 0,92-Quantile. Mit dem arithmetischen Mittel dieser beiden Stichprobenwerte erhält man $\tilde{x}_{0,92} = 2\,015$.

2.4.6 Das harmonische Mittel

Falls ein Autofahrer immer die gleichen Zeiten mit jeweils konstanten Geschwindigkeiten fährt, ist die Durchschnittsgeschwindigkeit das arithmetische Mittel der Einzelgeschwindigkeiten. Diese Mittelwertbildung darf jedoch nicht mehr benutzt werden, wenn gleich oder gar verschieden lange Strecken mit verschiedenen Geschwindigkeiten gefahren werden. Dazu das

Beispiel 2.17:
Ein Autofahrer möchte eine Strecke von 450 km fahren. Für die Zeitplanung geht er von folgender Vorstellung aus: jeweils ein Drittel der Strecke möchte er mit den konstanten Geschwindigkeiten (in km/h) $x_1 = 150$, $x_2 = 100$ und $x_3 = 75$ fahren. Gesucht ist die Durchschnittsgeschwindigkeit bei Einhaltung dieser Bedingungen. In der nachfolgenden Tabelle 6 sind die für die einzelnen Strecken benötigten Zeiten angegeben.

Streckenlänge	Durchschnittsgeschwindigkeit in $\frac{\text{km}}{\text{h}}$	benötigte Zeit in Stunden
150	150	1
150	100	1,5
150	75	2

Tab. 2.6: Tabelle zur Berechnung des harmonischen Mittels

Für die Gesamtstrecke 450 km werden 4,5 Stunden benötigt. Daraus erhält man die Durchschnittsgeschwindigkeit

$$\bar{x}_h = \frac{450}{4,5} = 100 \text{ km/h}.$$

Dieser Durchschnittswert ist kleiner als das arithmetische Mittel der drei Einzelgeschwindigkeiten

$$\bar{x} = \frac{1}{3}(150 + 100 + 75) = \frac{325}{3} \approx 108,33\,.$$

Die Durchschnittsgeschwindigkeit kann folgendermaßen dergestellt werden:

$$\bar{x}_h = \frac{450}{4,5} = \frac{450}{\frac{150}{150} + \frac{150}{100} + \frac{150}{75}} = \frac{1}{\frac{150}{450}\left(\frac{1}{150} + \frac{1}{100} + \frac{1}{75}\right)}$$

$$= \frac{1}{\frac{1}{3}\left(\frac{1}{150} + \frac{1}{100} + \frac{1}{75}\right)}\,.$$

Im Nenner des letzten Bruches steht der Mittelwert der reziproken Stichprobenwerte $\frac{1}{x_1}$, $\frac{1}{x_2}$ und $\frac{1}{x_3}$.

Man nennt $\bar{x}_h$ das **harmonische Mittel** der Beobachtungswerte.

Das **harmonische Mittel** der Stichprobe $(x_1, x_2, \ldots, x_n)$ soll (kann) nur berechnet werden, wenn die n Beobachtungswerte entweder alle positiv oder alle negativ sind. Es ist erklärt durch

$$\bar{x}_h = \frac{n}{\sum\limits_{i=1}^{n} \frac{1}{x_i}} = \frac{1}{\frac{1}{n}\sum\limits_{i=1}^{n} \frac{1}{x_i}}$$

$$= \frac{n}{\sum\limits_{j=1}^{m} \frac{h_n(a_j)}{a_j}} = \frac{1}{\sum\limits_{j=1}^{m} \frac{r_n(a_j)}{a_j}}.$$

Das harmonische Mittel ist der Kehrwert (reziproke Wert) des arithmetischen Mittels der reziproken Beobachtungswerte $\frac{1}{x_i}$, $i = 1, 2, \ldots, n$.

Beispiel 2.18 (Durchschnittspreis beim Kauf für gleiche Beträge zu verschiedenen Preisen):
Von einer Ware werde n-mal zu verschiedenen Preisen für den gleichen Betrag c gekauft. Zwischen den gekauften Mengen M_i und den zugehörigen Preisen p_i pro Mengeneinheit gilt also die Beziehung $M_i \cdot p_i = c$ (konstant). In Abhängigkeit vom Preis betragen die Kaufmengen $M_i = \frac{c}{p_i}$.
Damit gilt:

Gesamtpreis: $n \cdot c$

Gesamtmenge: $M = \sum\limits_{i=1}^{n} M_i = \sum\limits_{i=1}^{n} \frac{c}{p_i}.$

Hieraus erhält man den Durchschnittspreis

$$\frac{n \cdot c}{M} = \frac{n}{\frac{1}{p_1} + \frac{1}{p_2} + \ldots + \frac{1}{p_n}} = \frac{n}{\frac{1}{n}\left(\frac{1}{p_1} + \frac{1}{p_2} + \ldots + \frac{1}{p_n}\right)} = \bar{p}_h.$$

Beim Kauf zu verschiedenen Preisen für **jeweils gleiche Beträge** ist der Durchschnittspreis das **harmonische Mittel** der n Einzelpreise.

2.4.7 Gewichtete harmonische Mittel

Beispiel 2.19 (vgl. Beispiel 2.17): ein Fahrzeug fahre 150, 200 und 100 km jeweils mit den konstanten Geschwindigkeiten (in km/h): $x_1 = 150$, $x_2 = 100$, $x_3 = 50$. Gesucht ist die Durchschnittsgeschwindigkeit (in km/h) für die gesamte Strecke. Für die Strecke 450 km werden

$$\frac{150}{150} + \frac{200}{100} + \frac{100}{50} = 4 \text{ Stunden}$$

benötigt. Die Durschnittsgeschwindigkeit $\frac{450}{4} = 112{,}5$ kann berechnet werden durch

$$\bar{x}_h^w = \frac{450}{\frac{150}{150} + \frac{200}{100} + \frac{100}{50}} = \frac{1}{\frac{150}{450}\cdot\frac{1}{150} + \frac{200}{450}\cdot\frac{1}{100} + \frac{100}{450}\cdot\frac{1}{50}}.$$

Auf der rechten Seite steht im Nenner das gewichtete arithmetische Mittel der reziproken Stichprobenwerte $\frac{1}{x_1}, \frac{1}{x_2}, \frac{1}{x_3}$. Die Gewichte sind die relativen Streckenanteile. Man nennt diesen Wert **gewichtetes harmonisches Mittel.**

Mit den Gewichten w_i, $0 \leq w_i \leq 1$ für alle i und $\sum_{i=1}^{n} w_i = 1$ heißt

$$\bar{x}_h^w = \frac{1}{\sum_{i=1}^{n} \frac{w_i}{x_i}}$$

ein **gewichtetes (gewogenes) harmonisches Mittel.**

$w_1 = w_2 = \ldots = w_n = \frac{1}{n}$ ergibt das gewöhnliche harmonische Mittel.

Das harmonische Mittel aller n Beobachtungswerte $x_1, x_2, \ldots, x_n$ ist nach Abschnitt 2.4.6 das mit den relativen Häufigkeiten gewichtete harmonischen Mittel der m verschiedenen Merkmalsausprägungen $a_1, a_2, \ldots, a_m$.

Beispiel 2.20 (Durchschnittspreis beim Kauf für verschiedene Beträge zu verschiedenen Preisen, vgl. Beispiel 2.18):
Von der gleichen Ware werden für die verschiedenen Beträge b_i zu den jeweiligen Preisen p_i (je ME) für $i = 1, 2, \ldots, n$ gekauft. Dann erhält man:

$$\text{Gesamtpreis:} \quad b = \sum_{i=1}^{n} b_i; \qquad \text{Gesamtmenge}: M = \sum_{i=1}^{n} \frac{b_i}{p_i}.$$

Der Durchschnittspreis

$$\bar{x}_h^w = \frac{\sum_{k=1}^{n} b_k}{\sum_{i=1}^{n} \frac{b_i}{p_i}} = \frac{1}{\sum_{i=1}^{n} \frac{w_i}{p_i}} \quad \text{mit } w_i = \frac{b_i}{\sum_{k=1}^{n} b_k}; \; \sum_{i=1}^{n} b_i = 1$$

ist das gewichtete harmonische Mittel der Einzelpreise, wobei die Gewichte die relativen Anteile der einzelnen Beträge am Gesamtbetrag sind.

2.4.8 Das geometrische Mittel

Beispiel 2.21 (mittlere Preissteigerung):
Während n Jahren stiegen die Preise für eine bestimmte Ware der Reihe nach um $p_1, p_2, \ldots, p_n$%. Prozentuale Preissteigerung bedeutet dabei, daß der zu Beginn des i-ten Jahres gültige Preis am Ende des Jahres mit dem Preissteigerungsfaktor $q_i = 1 + p_i/100$ multipliziert werden muß. Mit dem Ausgangspreis A erhält man damit nach n Jahren den Endpreis $E_1 = A \cdot q_1 \cdot q_2 \cdot \ldots \cdot q_n$. Die durchschnittliche (mittlere) Preissteigerung p ist diejenige jährlich konstante Preissteigerung, die nach n Jahren zum gleichen Endpreis geführt hätte wie die verschiedenen Preissteigerungen. Mit dem Steigerungsfaktor $q = 1 + p/100$ erhält man den Endpreis

$$E_2 = A \cdot q^n = A \cdot \left(1 + \frac{p}{100}\right)^n .$$

Gleichsetzen von E_1 und E_2 ergibt

$$q^n = q_1 \cdot q_2 \cdot \ldots \cdot q_n ; \quad q = \sqrt[n]{q_1 \cdot q_2 \cdot \ldots \cdot q_n} .$$

Der mittlere Preissteigerungsfaktor q ist das sog. **geometrische Mittel** der einzelnen Preissteigerungsfaktoren. Hieraus erhält man die mittlere prozentuale Preissteigerung als $100 \cdot (q - 1)$ %.

Allgemein kann das geometrische Mittel nur für positive Beobachtungswerte erklärt werden, d. h. $x_i > 0$ für $i = 1, 2, \ldots, n$.

Das **geometrische Mittel** der n positiven Beobachtungswerte $x_1, x_2, \ldots, x_n$ ist erklärt durch

$$\begin{aligned} \overline{x}_g &= \sqrt[n]{x_1 \cdot x_2 \cdot \ldots \cdot x_n} \\ &= \sqrt[n]{a_1^{h_1} \cdot a_2^{h_2} \cdot \ldots \cdot a_m^{h_m}} = a_1^{r_1} \cdot a_2^{r_2} \cdot \ldots \cdot a_m^{r_m} . \end{aligned}$$

Hier sind $a_1, a_2, \ldots, a_m$ die Merkmalsausprägungen, h_i die absoluten und r_i die relativen Häufigkeiten der jeweiligen Ausprägungen.
Mit Hilfe der ersten Zeile wird das geometrische Mittel aus einer Urliste, mit der zweiten aus einer Häufigkeitstabelle berechnet.

Mit Hilfe des geometrischen Mittels können durchschnittliche Wachstumsfaktoren berechnet werden.

2.4.9 Gewichtete (gewogene) geometrische Mittel

Beispiel 2.22 (mittlere Preissteigerung; vgl. Beispiel 2.21):
Für ein bestimmtes Produkt betrug in 4 Jahren die mittlere Preissteigerung 3,1 %, während der nachfolgenden 5 Jahre 3,45 % und in den letzten 6 Jahren 3,61 %. Gesucht ist die mittlere Preissteigerung in den gesamten 15 Jahren.
Für den gesuchten mittleren Preissteigerungsfaktor erhält man die Bedingung

$$q^{15} = 1{,}031^4 \cdot 1{,}0345^5 \cdot 1{,}0361^6 \approx 1{,}65614$$

mit der Lösung

$$\begin{aligned} q_g^w &= \sqrt[15]{1{,}031^4 \cdot 1{,}0345^5 \cdot 1{,}0361^6} \\ &= 1{,}031^{\frac{4}{15}} \cdot 1{,}0345^{\frac{5}{15}} \cdot 1{,}0361^{\frac{6}{15}} \approx 1{,}0342. \end{aligned}$$

Die mittlere Preissteigerung betrug somit während der 15 Jahre ungefähr 3,42 % pro Jahr.

q_g^w ist das **gewichtete geometrische Mittel** der drei Werte $q_1 = 1{,}031$; $q_2 = 1{,}0345$; $q_3 = 1{,}0361$. Die Gewichte sind die relativen Anteile der jeweiligen Jahre an der Gesamtzeit.

Mit den Gewichten w_i, $0 \leq w_i \leq 1$ für alle i und $\sum_{i=1}^{n} w_i = 1$ erhält man das **gewichtete (gewogene) geometrische Mittel** der Beobachtungsreihe als

$$\bar{x}_g^w = x_1^{w_1} \cdot x_2^{w_2} \cdot \ldots \cdot x_n^{w_n} \quad \text{für } x_i > 0 \text{ für alle i.}$$

$w_1 = w_2 = \ldots = w_n = \frac{1}{n}$ ergibt das gewöhnliche geometrische Mittel.

Das gewöhnliche geometrische Mittel $\bar{x}_g$ sämtlicher n Werte $x_1, x_2, \ldots, x_n$ der Urliste stimmt überein mit dem gewichteten geometrischen Mittel der verschiedenen Merkmalsausprägungen $a_1, a_2, \ldots, a_m$. Die Gewichte sind dabei die relativen Häufigkeiten.

2.4.10 Vergleich der verschiedenen Mittelwerte

Das arithmetische Mittel und der Median können nicht miteinander verglichen werden, einmal kann der eine Wert, ein anderes Mal der andere größer sein. Der Grund dafür ist die Empfindlichkeit des Medians gegenüber Ausreißern.

Falls alle Stichprobenwerte positiv sind, können das arithmetische, das geometrische und das harmonische Mittel miteinander verglichen werden.

Wenn alle n Stichprobenwerte übereinstimmen, sind diese drei Mittelwerte gleich, also

$$\bar{x}_h = \bar{x}_g = \bar{x} = x_1 \quad \text{für } x_1 = x_2 = \ldots = x_n > 0 . \tag{2.19}$$

Falls nicht alle n Werte der Beobachtungsreihe gleich, also mindestens zwei voneinander verschieden sind, gilt allgemein

$$\bar{x}_h < \bar{x}_g < \bar{x}, \tag{2.20}$$

falls nicht alle Beobachtungswerte gleich sind mit $x_i > 0$ für alle i.

Die Beziehungen (2.19) und (2.20) sind auch für die entsprechenden gewichteten Mittelwerte richtig, falls bei allen drei Mittelwertsbildungen jeweils dieselben Gewichte benutzt werden.

2.5 Streuungsmaße (Streuungsparameter) von Häufigkeitsverteilungen

Die Lageparameter aus Abschnitt 2.4 liefern ohne Zusatzinformationen nicht genügend Information über die Häufigkeitsverteilung der Beobachtungsreihe. Bei quantitativen metrisch skalierten Merkmalen lassen die Mittelwerte allein keine Aussage darüber zu, ob alle oder wenigstens die meisten der Beobachtungswerte in ihrer Nähe oder weiter weg liegen. Oft möchte man gerne wissen, wie stark die Werte der Beobachtungsreihe um diese Lageparameter streuen. Die Abweichungen der Beobachtungswerte von einem Lageparameter werden durch sogenannte **Streuungsparameter (Streuungsmaße)** beschrieben. Diese können allerdings nur von Beobachtungswerten quantitativer Merkmale berechnet werden, deren Ausprägungen metrisch skaliert sind (reelle Zahlen). Je kleiner diese Streuungsmaße sind, umso besser wird die Häufigkeitsverteilung durch den entsprechenden Lageparameter beschrieben.

2.5.1 Die Spannweite

Die **Spannweite (Range)** R einer Beobachtungsreihe ist der Abstand des größten vom kleinsten Beobachtungswert, also

$$R = x_{(n)} - x_{(1)} = \text{größter minus kleinster Beobachtungswert.}$$

Die Spannweite beschreibt den gesamten Streubereich der Beobachtungsreihe und ist für Maßstabsbetrachtungen auf der x-Achse wichtig. Sie hängt nur vom kleinsten und größten Beobachtungswert ab. Daher ist die Spannweite sehr empfindlich gegenüber Ausreißern.

In Beispiel 2.2 lautet die Spannweite $R = 5 - 0 = 5$. In Beispiel 2.3 erhält man die Spannweite $2\,936 - 1 = 2\,935$; aus der Klasseneinteilung allein ergibt sich für die Spannweite nur der Näherungswert $3\,000 - 0 = 3\,000$ (Länge des Gesamtintervalls).

2.5.2 Der Quartilsabstand und Quantilsabstände

Zwischen dem oberen Quartil, dem 75 %-Quantil und dem unteren Quartil, dem 25 %-Quantil befinden sich mindestens 50 % aller Beobachtungswerte. Daher beschreibt der **Quartilsabstand**

$$\tilde{x}_{0,75} - \tilde{x}_{0,25}$$

die Länge des Bereichs, der mindestens die Hälfte aller Beobachtungswerte enthält.

Zwischen dem 5 %- und dem 95 %-Quantil liegen mindestens 90 % der Beobachtungswerte. Daher beschreibt die Differenz

$$\tilde{x}_{0,95} - \tilde{x}_{0,05}$$

die Länge eines Bereichs, in dem mindestens 90 % der Werte liegen.

$$\tilde{x}_{1-\alpha} - \tilde{x}_{\alpha} \quad \text{mit} \quad 0 < \alpha < 0{,}5$$

stellt als **Quantilsdifferenz** die Länge eines Bereichs dar, der mindestens $100 \cdot (1-2\alpha)$ % der Beobachtungswerte enthält.

2.5.3 Mittlere Abstände

Mittlere Abstände lassen sich nur bei kardinalen Merkmalen bestimmen. Von einem festen Zahlenwert c hat der Beobachtungswert x_i den Abstand $|x_i - c|$. Der **mittlere Abstand (mittlere absolute Abweichung)** von c ist

$$d_c = \frac{1}{n} \sum_{i=1}^{n} |x_i - c| = \frac{1}{n} \sum_{j=1}^{m} h_j \cdot |a_j - c| = \sum_{j=1}^{m} r_j \cdot |a_j - c|$$

mit h_j = absolute, r_j = relative Häufigkeit der Merkmalsausprägung a_j.

Für $c = \bar{x}$ erhält man den **mittleren Abstand vom Mittelwert $\bar{x}$** als

$$d_{\bar{x}} = \frac{1}{n} \sum_{i=1}^{n} |x_i - \bar{x}| = \frac{1}{n} \sum_{j=1}^{m} h_j \cdot |a_j - \bar{x}| = \sum_{j=1}^{m} r_j \cdot |a_j - \bar{x}| .$$

$c = \tilde{x}$ ergibt den **mittleren Abstand vom Median**

$$d_{\tilde{x}} = \frac{1}{n} \sum_{i=1}^{n} |x_i - \tilde{x}| = \frac{1}{n} \sum_{j=1}^{m} h_j \cdot |a_j - \tilde{x}| = \sum_{j=1}^{m} r_j \cdot |a_j - \tilde{x}| .$$

Allgemein kann folgende Ungleichung bewiesen werden

$$d_{\tilde{x}} \leq d_c \quad \text{für jedes } c \in \mathbb{R} . \tag{2.21}$$

Der mittlere Abstand ist also bezüglich des Medians am kleinsten. Insbesondere gilt

$$d_{\tilde{x}} \leq d_{\bar{x}} . \tag{2.22}$$

Beispiel 2.23 (vgl. Beispiele 2.2, 2.5 und 2.11):
Für die Kinderzahl in den 50 Familien erhält man den mittleren Abstand vom Mittelwert $\bar{x} = 1{,}58$

$$d_{\bar{x}} = \frac{1}{50} (12 \cdot |0 - 1{,}58| + 17 \cdot |1 - 1{,}58| + 9 \cdot |2 - 1{,}58| + 6 \cdot |3 - 1{,}58| + 4 \cdot |4 - 1{,}58| + 2 \cdot |5 - 1{,}58| = 1{,}1528 .$$

Der mittlere Abstand vom Median $\tilde{x} = 1$ beträgt

$$d_{\tilde{x}} = \frac{1}{50} (12 \cdot |0 - 1| + 17 \cdot |1 - 1| + 9 \cdot |2 - 1| + 6 \cdot |3 - 1| + 4 \cdot |4 - 1| + 2 \cdot |5 - 1|) = 1{,}06 .$$

2.5.4 Varianz und Standardabweichung

Die mittleren absoluten Abweichungen $d_{\overline{x}}$ und $d_{\tilde{x}}$ lassen sich zwar einfach berechnen und beschreiben die Abweichungen der Beobachtungswerte vom jeweiligen Mittel auch ganz gut. In der beurteilenden Statistik sind diese Parameter jedoch für Hochrechnungen auf umfangreichere Grundgesamtheiten nicht geeignet. Aus diesem Grund ist das wohl am häufigsten benutzte Streuungsmaß die Varianz bzw. die Standardabweichung. Diese Streuungsparameter haben in der beurteilenden Statistik große Bedeutung.

Die **Varianz** s^2 einer Beobachtungsreihe $x_1, x_2, \ldots, x_n$ ist erklärt durch

$$s^2 = \frac{1}{n-1} \sum_{i=1}^{n} (x_i - \overline{x})^2 = \frac{1}{n-1}\Big(\sum_{i=1}^{n} x_i^2 - n\,\overline{x}^2\Big)$$

$$= \frac{1}{n-1} \sum_{j=1}^{m} h_j \cdot (a_j - \overline{x})^2 = \frac{1}{n-1}\Big(\sum_{j=1}^{m} h_j \cdot a_j^2 - n\,\overline{x}^2\Big),$$

$$\overline{x} = \text{Mittelwert};\quad h_j = \text{absolute Häufigkeit von } a_j\,.$$

Die Gleichheit der beiden Ausdrücke der ersten Zeile läßt sich durch Ausquadrieren und Zusammenfassen beweisen. Der Vorteil bei der Benutzung des Ausdrucks auf der rechten Seite besteht darin, daß zur Berechnung der Varianz mit einem Rechner die Beobachtungswerte nicht gespeichert werden müssen. Es genügt, die Werte der Reihe nach einzugeben und nur ihre Summen und Quadratsummen zu bilden. Die Summe der Beobachtungswerte wird anschließend durch n dividiert, was den Mittelwert $\overline{x}$ ergibt. Mit Hilfe der Quadratsummen berechnet man dann nach der rechten Seite der ersten Zeile die Varianz. Die Berechnung nach der zweiten Zeile erfolgt bei Häufigkeitsverteilungen.

Die Varianz verschwindet nur dann, wenn alle n Beobachtungswerte übereinstimmen, also nur für $x_1 = x_2 = \ldots = x_n$.

Bemerkung: Zunächst wäre es naheliegend, im Ausdruck für die Varianz nicht durch $n-1$, sondern durch n zu dividieren, also die mittlere quadratische Abweichung

$$\hat{s}^2 = \frac{1}{n} \sum_{i=1}^{n} (x_i - \overline{x})^2 = \frac{n-1}{n}\, s^2 < s^2 \tag{2.23}$$

zu benutzen. In der beurteilenden Statistik hat jedoch s^2 eine größere Anwendungsmöglichkeit als $\hat{s}^2$. Wegen $s^2 > \hat{s}^2$ verwendet man zwar einen Ausdruck, der etwas größer ist als die mittlere quadratische Abweichung. Bei umfangreichen Beobachtungsreihen ist der Unterschied allerdings gering.

Anstelle der Abstandsquadrate vom Mittelwert $\overline{x}$ könnte man auch Abweichungsquadrate bezüglich einer beliebigen reellen Zahl c wählen, also den Ausdruck

$$\frac{1}{n-1}\sum_{i=1}^{n}(x_i - c)^2. \tag{2.24}$$

Für jede beliebige Zahl c gilt allgemein

$$\begin{aligned}\sum_{i=1}^{n}(x_i-c)^2 &= \sum_{i=1}^{n}[(x_i-\bar{x}) + (\bar{x}-c)]^2 \\ &= \sum_{i=1}^{n}(x_i-\bar{x})^2 + 2\underbrace{\sum_{i=1}^{n}(x_i-\bar{x})\cdot(\bar{x}-c)}_{=0} + n\cdot(\bar{x}-c)^2 .\end{aligned}$$

Es gilt also der

Steinersche Verschiebungssatz

$$\sum_{i=1}^{n}(x_i-c)^2 = \sum_{i=1}^{n}(x_i-\bar{x})^2 + n\cdot(\bar{x}-c)^2 \quad \text{für jede Konstante c.} \tag{2.25}$$

Für $c = \tilde{x}$ erhält man hieraus

$$\frac{1}{n-1}\sum_{i=1}^{n}(x_i-\tilde{x})^2 > \frac{1}{n-1}\sum_{i=1}^{n}(x_i-\bar{x})^2 = s^2 \quad \text{für } \tilde{x} \neq \bar{x}. \tag{2.26}$$

Die mittleren quadratischen Abweichungen sind also bezüglich des Mittelwerts $\bar{x}$ minimal im Gegensatz zu den mittleren absoluten Abweichungen, bei denen das Minimum beim Median $\tilde{x}$ angenommen wird.

Die **Standardabweichung (Streuung)**

$$s = \sqrt{\frac{1}{n-1}\sum_{i=1}^{n}(x_i-\bar{x})^2}$$

ist die Quadratwurzel aus der Varianz. Sie besitzt die gleiche Dimension wie die Beobachtungswerte x_i und der Mittelwert $\bar{x}$.

Beispiel 2.24 (vgl. Beispiele 2.2 und 2.5):
In Beispiel 2.2 erhält man die Varianz

$$\begin{aligned}s^2 &= \frac{1}{49}(12\cdot 0 + 17\cdot 1^2 + 9\cdot 2^2 + 6\cdot 3^2 + 4\cdot 4^2 + 2\cdot 5^2 - 50\cdot 1{,}58^2) \\ &\approx 1{,}9629\,; \quad s \approx 1{,}401.\end{aligned}$$

Lineare Transformation

Die Beobachtungsreihe $x_1, x_2, \ldots, x_n$ besitze den Mittelwert $\bar{x}$ und die Varianz s_x^2. Die linear transformierte Reihe $y_i = a + b x_i$ für $i = 1, 2, \ldots, n$ hat dann wegen $\bar{y} = a + b\bar{x}$ die Varianz

$$\begin{aligned}s_y^2 &= \frac{1}{n-1}\sum_{i=1}^{n}(y_i-\bar{y})^2 = \frac{1}{n-1}\sum_{i=1}^{n}(a + b x_i - a - b\bar{x})^2 \\ &= b^2\cdot\frac{1}{n-1}\sum_{i=1}^{n}(x_i-\bar{x})^2 = b^2\cdot s_x^2 .\end{aligned}$$

Damit gilt allgemein

$$s_{a+bx}^2 = b^2\cdot s_x^2\,; \quad s_{a+bx} = |\,b\,|\cdot s_x\,;\ a, b \in \mathbb{R}. \tag{2.27}$$

Eine Parallelverschiebung (a beliebig, b = 1) ändert also die Varianz und Standardabweichung nicht. Falls alle Werte mit b multipliziert werden, ändert sich die Varianz um den Faktor b^2 und die Standardabweichung um den Faktor $|b|$, also um den Betrag von b.

Aus einer **Klasseneinteilung** allein läßt sich die Varianz nicht mehr exakt bestimmen. Wie bei der Mittelwertbildung könnte man für sämtliche Werte einer Klasse die Klassenmitte wählen und die Varianz $\tilde{s}^2$ dieser Werte als Näherungswert für die Varianz der Urliste benutzen. Im allgemeinen erhält man bei dieser Näherung jedoch zu große Werte, d.h. die Varianz der Urliste wird hierdurch überschätzt. Bei gleichen Klassenbreiten b kann diese Überschätzung jedoch korrigiert werden durch die sogenannte

Sheppardsche Korrektur

$$s_{korr}^2 = \tilde{s}^2 - \frac{b^2}{12}, \tag{2.28}$$

b = konstante Klassenbreite, $\tilde{s}^2$ = Varianz mit den Klassenmitten.

Mit diesen korrigierten Varianzen dürfen jedoch **keine statistischen Tests** durchgeführt werden.

Allgemein kann man zeigen, daß für $s > 0$ die mittlere absolute Abweichung $d_{\bar{x}}$ kleiner als die Sandardabweichung s ist, also

$$d_{\bar{x}} = \frac{1}{n} \sum_{i=1}^{n} |x_i - \bar{x}| < \sqrt{\frac{1}{n-1} \sum_{i=1}^{n} (x_i - \bar{x})^2} = s\,. \tag{2.29}$$

Deswegen stellt die Standardabweichung s ein geeignetes Abweichungsmaß dar. Nur wenn alle Stichprobenwerte gleich sind, verschwinden s und $d_{\bar{x}}$.

2.5.5 Der Variationskoeffizient

Die Standardabweichung s wird bezüglich des Mittelwertes $\bar{x}$ berechnet. Sie beschreibt, wie stark die Beobachtungswerte um den Mittelwert schwanken. Die tatsächliche Größe des Mittelwertes spielt dabei keine Rolle. Jede Parallelverschiebung der Beobachtungswerte ergibt die gleiche Standardabweichung, auch wenn dabei der Mittelwert noch so groß wird. Daher ist es manchmal sinnvoll, die Standardabweichung in Relation zum Mittelwert zu setzen. Für positive Merkmalswerte nennt man den Quotienten

$$v = \frac{s}{\bar{x}}$$

den **Variationskoeffizienten** der Stichprobe.

Der Variationskoeffizient bleibt als dimensionslose Größe von Maßstabsänderungen unberührt.

Für Beispiel 2.2 erhält man den Variationskoeffizienten $v \approx \frac{1,401}{1,58} \approx 0,887$.

2.5.6 Die Momente einer Verteilung

$$m'_r = \frac{1}{n}\sum_{i=1}^{n} x_i^r = \frac{1}{n}\sum_{j=1}^{m} h_j \cdot a_j^r = \sum_{j=1}^{m} r_j \cdot a_j^r \quad , r = 1, 2, \ldots$$

heißt das r-te (**empirische**) **Anfangsmoment** und

$$m_r = \frac{1}{n}\sum_{i=1}^{n} (x_i - \bar{x})^r = \frac{1}{n}\sum_{j=1}^{m} h_j \cdot (a_j - \bar{x})^r = \sum_{j=1}^{m} r_j \cdot (a_j - \bar{x})^r, r = 1, 2, \ldots$$

das r-te (**empirische**) **zentrale Moment** der Verteilung.

Wegen $\frac{1}{n}\sum_{i=1}^{n}(x_i - \bar{x})^1 = \frac{1}{n}\left(\sum_{i=1}^{n} x_i - n\,\bar{x}\right) = 0$ verschwindet das erste zentrale Moment immer, für jede Beobachtungsreihe gilt also $m_1 = 0$.

Beispiel 2.25:

Das Stabdiagramm der relativen Häufigkeitsverteilung

a_j	1	2	3	4	5	6
r_j	0,1	0,15	0,25	0,25	0,15	0,1

ist in Bild 2.8 graphisch dargestellt. Es ist achsensymmetrisch. Die vertikale Symmetrie-Achse geht durch den Mittelwert $\bar{x} = 3{,}5$. Jeweils die beiden von der Symmetrie-Achse gleich weit entfernten Merkmalsausprägungen besitzen die gleiche relative Häufigkeit.

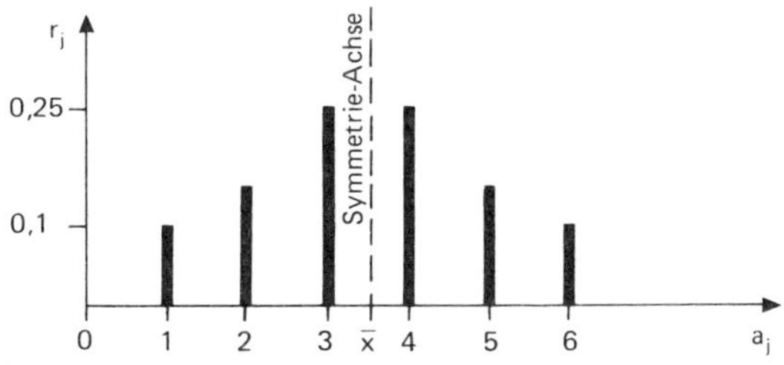

Bild 2.8: Symmetrische Verteilung

Bei **symmetrischen Verteilungen** ist die Symmetrie-Stelle der Mittelwert (Schwerpunkt) und gleichzeitig der Median. Sind in einer symmetrischen Verteilung die beiden Merkmalswerte a_k und a_l von $\bar{x}$ gleich weit entfernt, so ist $r_k = r_l$. Für ungerades r gilt ferner $(a_k - \bar{x})^r = -(a_l - \bar{x})^r$. Dann heben sich in der Summe $\sum r_j \cdot (a_j - \bar{x})^r$ jeweils 2 Summanden paarweise auf, weshalb die Summe verschwindet.

Bei symmetrischen Verteilungen verschwinden alle zentralen Momente ungerader Ordnung r, d.h.

$$m_r = \frac{1}{n}\sum_{i=1}^{n} (x_i - \bar{x})^r = 0 \quad \text{für} \quad r = 1, 3, 5, \ldots .$$

Bemerkung: Momente können auch bezüglich einer beliebigen Zahl $c \in \mathbb{R}$ erklärt werden durch

$$m_r(c) = \frac{1}{n}\sum_{i=1}^{n} (x_i - c)^r \qquad \text{mit} \quad m'_r = m_r(0)\;;\; m_r = m_r(\bar{x}).$$

2.5.7 Die Schiefe einer Häufigkeitsverteilung

Bei symmetrischen Häufigkeitsverteilungen verschwinden alle zentralen Momente ungerader Ordnung. Das erste zentrale Moment verschwindet auch bei asymmetrischen Verteilungen. Daher könnte man das dritte zentrale Moment m_3 als Maß für die Abweichung von der Symmetrie, also als Maß für die "Schiefe einer Verteilung" benutzen. Diese Größe ist jedoch maßstabsabhängig. Division durch

$$\hat{s}^3 = \left(\sqrt{\frac{n-1}{n}s}\right)^3 = \sqrt{\left(\frac{1}{n}\sum_{i=1}^{n}(x_i - \bar{x})^2\right)^3}$$

ergibt eine vom Maßstab unabhängige Größe

$$v_1 = \frac{\frac{1}{n}\sum_{i=1}^{n}(x_i-\bar{x})^3}{\hat{s}^3} = \frac{m_3}{\hat{s}^3} = \frac{\frac{1}{n}\sum_{i=1}^{n}(x_i-\bar{x})^3}{\sqrt{\left(\frac{1}{n}\sum_{i=1}^{n}(x_i-\bar{x})^2\right)^3}}.$$

Man nennt v_1 die **Schiefe** der Verteilung. Bei symmetrischen Verteilungen verschwindet die Schiefe. Je größer der Betrag $|v_1|$ ist, umso "schiefer" ist die Verteilung.

Für $v_1 < 0$ nennt man die Verteilung **linksschief**, für $v_1 > 0$ **rechtsschief**. Bei linksschiefen Verteilungen hängt das Stabdiagramm nach links, bei rechtsschiefen nach rechts durch.

Beispiel 2.26 (vgl. Beispiel 2.2):
Die Häufigkeitsverteilung aus Beispiel 2.2 besitzt nach Beispiel 2.24 die Varianz $s^2 \approx 1{,}9629$; nach (2.23) erhält man

$$\hat{s}^2 = \frac{49}{50}s^2 \approx 1{,}9236.$$

Das dritte zentrale Moment lautet

$$\sum_{j=1}^{m} r_j \cdot (a_j - \bar{x})^3 = 0{,}24 \cdot (0-1{,}58)^3 + 0{,}34 \cdot (1-1{,}58)^3 + 0{,}18 \cdot (2-1{,}58)^3$$
$$+ 0{,}12 \cdot (3-1{,}58)^3 + 0{,}08 \cdot (4-1{,}58)^3 + 0{,}04 \cdot (5-1{,}58)^3 \approx 2{,}0778.$$

Hieraus erhält man die Schiefe $v_1 = \frac{2{,}0778}{\sqrt{1{,}9236^3}} = 0{,}7788.$

Die Verteilung ist also rechtsschief, das in Bild 2.1 dargestellte Stabdiagramm "hängt nach rechts durch".

Bei **symmetrischen** Verteilungen verschwindet die Schiefe. Es gilt $\bar{x} = \tilde{x}$. Falls die Verteilung auch noch eingipflig ist, gilt auch noch $\bar{x} = \tilde{x} = x_{Mod}$.

Eingipflige Häufigkeitsverteilungen sind
rechtsschief (linkssteil), falls $\bar{x} > \tilde{x} > x_{Mod}$,
linksschief (rechtssteil), falls $\bar{x} < \tilde{x} < x_{Mod}$,
symmetrisch, falls $\bar{x} = \tilde{x} = x_{Mod}$.

2.6 Konzentrationsmaße

Falls zu einem bestimmten Zeitpunkt ein kleiner Anteil der Bevölkerung einen hohen Anteil an einem Gesamtbestand (z. B. Einkommen, Vermögen oder Wertpapierbesitz) hat, spricht man von einer Konzentration. In diesem Abschnitt untersuchen wir die Aufteilung der Summe von n Beobachtungswerten $x_1, x_2, \ldots, x_n$ auf die verschiedenen Merkmalsträger. Dabei interessiert uns, ob die Gesamtsumme ungefähr gleichmäßig verteilt oder auf wenige Merkmalsträger konzentriert ist. Die einzelnen Beobachtungswerte dürfen dabei nicht negativ sein.

Die m Ausprägungen eines metrisch skalierten Merkmals seien geordnet:

$$0 \le a_1 < a_2 < \ldots < a_m .$$

In der Beobachtungsreihe $(x_1, x_2, \ldots, x_n)$ seien die Werte bereits der Größe nach geordnet, d.h.

$$0 \le x_1 \le x_2 \le \ldots \le x_n .$$

In der (der Größe nach) geordneten Beobachtungsreihe besitze die Merkmalsausprägung a_j die absolute Häufigkeit h_j und die relative Häufigkeit r_j . Die Gesamtsumme soll positiv sein, also

$$\sum_{i=1}^{n} x_i = \sum_{j=1}^{m} h_j \cdot a_j > 0 .$$

2.6.1 Die Lorenzkurve

Ein wichtiges graphisches Hilfsmittel zur Feststellung einer Konzentration ist die sogenannte **Lorenzkurve.** Sie soll in den nachfolgenden Unterabschnitten für eine Beobachtungsreihe, Häufigkeitsverteilung und Klasseneinteilung behandelt werden.

2.6.1.1 Die Lorenzkurve bei Einzelwerten (einer Beobachtungsreihe)

Die Beobachtungswerte seien bereits der Größe nach geordnet mit

$$0 \le x_1 \le x_2 \le \ldots \le x_n \quad \text{mit} \quad \sum_{i=1}^{n} x_i > 0 .$$

Die Träger der ersten k Beobachtungswerte besitzen an der Gesamtmenge der n Merkmalsträger den kumulierten relativen Anteil

$$u_k = \frac{k}{n} \quad \text{für } k = 1, 2, \ldots, n .$$

Die Merkmalsträger mit den ersten k Beobachtungswerten haben an der Gesamtsumme $\sum_{i=1}^{n} x_i$ den kumulierten relativen Anteil

$$v_k = \frac{\sum_{i=1}^{k} x_i}{\sum_{i=1}^{n} x_i} \quad \text{für } k = 1, 2, \ldots, n .$$

Multipliziert man die Werte u_k und v_k mit 100, so erhält man jeweils den prozentualen Anteil.

In einem Koordinatensystem mit der Abszisse u und der Ordinate v werden die Punkte (u_k, v_k) eingetragen. Zusätzlich wird noch der Koordinatenursprung $(u_0, v_0) = (0, 0)$ hinzugenommen. Wegen $u_n = v_n = 1$ erhält man $n + 1$ Punkte mit den Koordinaten

$$(u_0, v_0) = (0, 0), (u_1, v_1), (u_2, v_2), \ldots, (u_{n-1}, v_{n-1}), (u_n, v_n) = (1, 1).$$

Diese $n + 1$ Punkte werden jeweils durch einen Streckenzug verbunden. Den so erhaltenen Polygonzug nennt man die **Lorenzkurve** (vgl. Bild 2.9).

Beispiel 2.27:
An einer AG mit dem Nominalkapital 100 Millionen DM sind 5 Personen mit folgenden Beträgen (in Millionen DM) beteiligt:

5 10 20 20 45.

Wir erhalten

$$\sum_{i=1}^{5} x_i = 100; \quad u_k = \frac{k}{5} = 0{,}2\,k; \quad v_k = \frac{1}{100} \sum_{i=1}^{k} x_i \quad \text{für } k = 1, 2, \ldots, 5.$$

Die 6 Punkte, welche die Lorenzkurve bestimmen, lauten

$$(0; 0), (0{,}2; 0{,}05), (0{,}4; 0{,}15), (0{,}6; 0{,}35), (0{,}8; 0{,}55), (1; 1).$$

In Bild 2.9 sind diese Punkte sowie die Lorenzkurve als Polygonzug durch diese Punkte eingezeichnet.

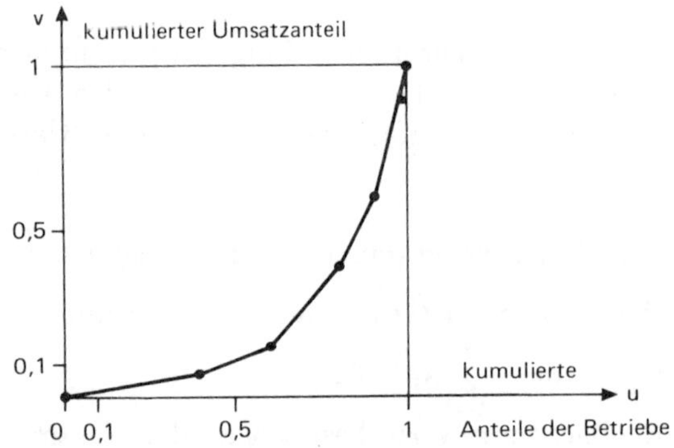

Bild 2.9: Lorenzkurve einer Beobachtungsreihe

Die Lorenzkurve verläuft zunächst sehr flach und steigt am Ende steil an. Der Grund dafür ist die Tatsache, daß bei den drei Personen mit den größten Beteiligungen eine Konzentration vorliegt. Zusammen besitzen diese drei Personen 85 %, der letzte allein gar 45 % des Kapitals. In Bild 2.9 stellt man fest, daß (0,6; 0,35) keine Knickstelle ist. Dieser Punkt liegt auf der durch die beiden benachbarten Punkte gehenden Geraden. (0,6 ; 0,35) ist keine Knickstelle, weil die beiden benachbarten Beobachtungswerte x_3 und x_4 übereinstimmen. Diese Eigenschaft gilt allgemein.

Falls in der geordneten Beobachtungsreihe $x_1 \leq x_2 \leq \ldots \leq x_n$ der Stichprobenwert x_k vom Nachfolger x_{k+1} verschieden ist, hat die Lorenzkurve an der Stelle u_k eine Knickstelle. Nur für $x_k \neq x_{k+1}$ ist an der Stelle u_k kein Eckpunkt (Knickstelle).

Der Punkt (u_k, v_k) der Lorenzkurve bedeutet, daß auf die $100 \cdot u_k$ % ersten Merkmalsträger $100 \cdot v_k$ % der Gesamtsumme entfällt.

Falls alle n Werte gleich sind, also für $x_1 = \ldots = x_n$ haben sämtliche n Merkmalsträger den gleichen Anteil. Dann liegen alle Punkte (u_k, v_k) auf einer Geraden. Die Lorenzkurve ist dann die Diagonale von (0,0) nach (1,1). In diesem Fall liegt **keine Konzentration** vor (vgl. Bild 2.10 a)).

Wenn nicht alle Beobachtungswerte gleich sind, liegt die Lorenzkurve unterhalb dieser Diagonalen. Bei großer Konzentration ist die Lorenzkurve am Anfang sehr flach und steigt am Ende stärker an. Je mehr sie von der Diagonalen abweicht, umso größer ist die Konzentration.

Für $x_1 = x_2 = \ldots = x_{n-1} = 0$ und $x_n > 0$ ist die Gesamtsumme beim letzten Merkmalsträger konzentriert. Bei dieser vollständigen (maximalen) Konzentration ist die Lorenzkurve bis zur Stelle $u_{n-1} = \frac{n-1}{n}$ identisch gleich Null und steigt danach geradlinig auf 1 an. Je größer der Wert n ist, umso größer wird v_{n-1}. Bei vollständiger Konzentration nähert sich die einzige Knickstelle bei wachsendem n dem Punkt (1 ; 0) (s. Bild 2.10 b)).

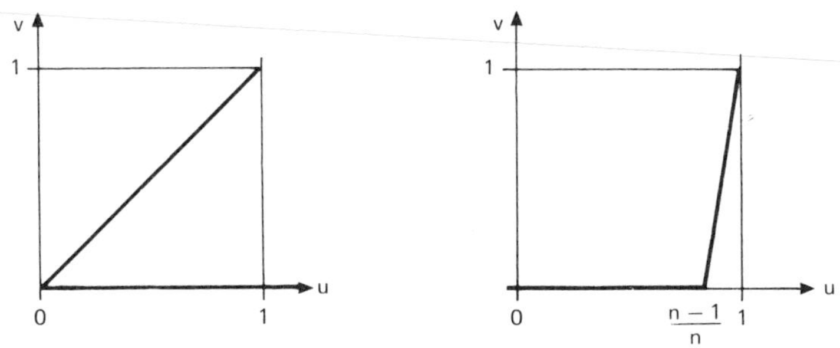

Bild 2.10: Lorenzkurven a) keine b) vollständige Konzentration

Die Lorenzkurve ist **konvex.** Verbindet man zwei Punkte der Lorenzkurve geradlinig miteinander, so liegt jeder Punkt auf der Verbindungsstrecke oberhalb bzw. auf der Kurve. Die von der Lorenzkurve und der ersten Winkelhalbierenden aufgespannte Fläche ist konvex. Mit zwei Punkten gehört auch die gesamte Verbindungsstrecke zu dieser Fläche.

2.6.1.2 Die Lorenzkurve bei Häufigkeitsverteilungen

Aus einer Häufigkeitstabelle könnte die Lorenzkurve prinzipiell nach dem in Abschnitt 2.6.1.1 angegebenen Verfahren bestimmt werden. Dazu müßte allerdings jede der m Merkmalsausprägungen in Abhängigkeit von der absoluten Häufigkeit öfters in der Stichprobe dargestellt werden. Wenn aber in der sortierten Beobachtungsreihe ein Wert mit dem Nachfolger übereinstimmt, liefert dieser Wert nach Abschnitt 2.6.1.1 keine Knickstelle der Lorenzkurve. Eine Knickstelle kann daher nur der letzte Wert der Wiederholungen einer Ausprägung ergeben. Durch die Knickstellen ist die Lorenzkurve eindeutig bestimmt. Die Knickstellen können somit allein aus der Häufigkeitsverteilung bestimmt werden.
Die Merkmalsausprägungen seien der Größe nach geordnet

$$0 \leq a_1 < a_2 < \ldots < a_m .$$

a_j besitze die absolute Häufigkeit h_j und die relative Häufigkeit r_j.

$\sum\limits_{j=1}^{k} h_j$ ist die Anzahl der Träger der k kleinsten Merkmalsausprägungen. Sie besitzen an der Gesamtmenge aller Merkmalsträger den relativen Anteil

$$u_k = \frac{1}{n} \sum_{j=1}^{k} h_j = \sum_{j=1}^{k} r_j \quad \text{für } k = 1, 2, \ldots, m .$$

Diese Merkmalsträger haben an der Gesamtsumme den relativen Anteil

$$v_k = \frac{\sum\limits_{j=1}^{k} h_j a_j}{\sum\limits_{j=1}^{m} h_j a_j} = \frac{\sum\limits_{j=1}^{k} r_j a_j}{\sum\limits_{j=1}^{m} r_j a_j} \qquad \text{für } k = 1, 2, \ldots, m .$$

Die **Lorenzkurve** verläuft dann durch die $m+1$ Punkte (Knickstellen)

$$(u_0, v_0) = (0, 0), (u_1, v_1), (u_2, v_2), \ldots, (u_{m-1}, v_{m-1}), (u_m, v_m) = (1, 1).$$

Beispiel 2.28:
Zehn verschiedene Betriebe stellen von einem Produkt jährlich folgende Mengen (in Millionen Tonnen) her:

5 5 5 5 10 10 30 30 50 100 .

Die fünf verschiedenen der Größe nach sortierten Merkmalsausprägungen

$$a_1 = 5; \quad a_2 = 10; \quad a_3 = 30; \quad a_4 = 50; \quad a_5 = 100$$

besitzen die absoluten Häufigkeiten

$$h_1 = 4; \quad h_2 = 2; \quad h_3 = 2; \quad h_4 = 1; \quad h_5 = 1$$

und die relativen Häufigkeiten

$$r_1 = 0{,}4; \quad r_2 = 0{,}2; \quad r_3 = 0{,}2; \quad r_4 = 0{,}1; \quad r_5 = 0{,}1 .$$

Damit erhalten wir die kumulierten relativen Anteile

$$u_1 = 0{,}4\,;\quad u_2 = 0{,}6\,;\quad u_3 = 0{,}8\,;\quad u_4 = 0{,}9\,;\quad u_5 = 1\,.$$

Mit $\sum_{j=1}^{5} h_j a_j = 250$ erhält man

$$v_1 = \frac{20}{250}\,;\quad v_2 = \frac{40}{250}\,;\quad v_3 = \frac{100}{250}\,;\; v_4 = \frac{150}{250}\,;\quad v_5 = 1.$$

Damit lauten die Knickstellen der Lorenzkurve

$$(0\,;0)\,,\ (0{,}4\,;\ 0{,}08)\,;\ (0{,}6\,;\ 0{,}16)\,;\ (0{,}8\,;\ 0{,}4)\,;\ (0{,}9\,;0{,}6)\,;\ (1\,;1)\,.$$

In Bild 2.11 ist die Lorenzkurve graphisch dargestellt.

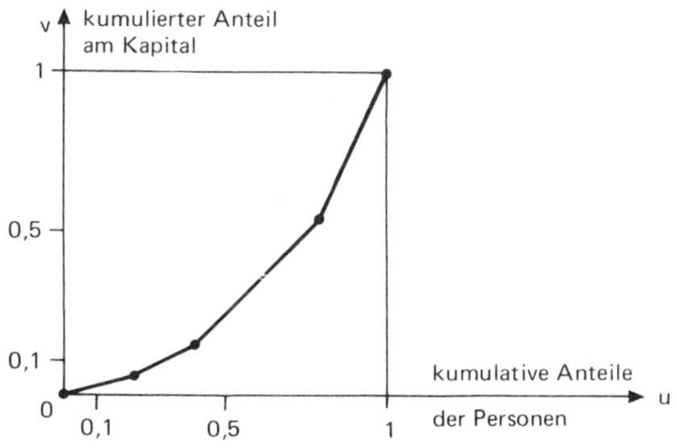

Bild 2.11: Lorenzkurve einer Häufigkeitsverteilung

2.6.1.3 Die Lorenzkurve bei Klasseneinteilungen

In der amtlichen Statistik werden oft Klasseneinteilungen bekanntgegeben, die neben Klassenhäufigkeiten auch noch die Summen der Werte (Merkmalssummen) der einzelnen Klassen enthalten. Mit Hilfe der absoluten bzw. relativen Klassenhäufigkeiten kann für jeden Klassenendpunkt (rechter Randpunkt) der Wert der Lorenzfunktion berechnet werden. Dazu benötigt man folgende Werte

$$u_k \;=\; \text{Summe der ersten k relativen Klassenhäufigkeiten}\,;$$

$$v_k \;=\; \frac{\text{Summe der Beobachtungswerte der ersten k Klassen}}{\text{Summe sämtlicher Beobachtungswerte}}\,.$$

Mit diesen Größen wird die Lorenzkurve wie in Abschnitt 2.6.1.2 gezeichnet.

2.6.2 Der Gini-Koeffizient

Je stärker die Lorenzkurve von der Diagonalen abweicht, je mehr sie also "durchhängt", umso größer ist die Konzentration. Damit hängt die Konzentration vom Inhalt der von der Lorenzkurve und der Diagonalen aufgespannten Fläche ab. Diese Fläche heißt **Konzentrationsfläche.** Den Inhalt der Konzentrationsfläche bezeichnen wir mit F.
Bei einer vollständigen Konzentration (s. Bild 2.10 b)) liegt zwischen der Diagonalen und der Lorenzkurve eine Fläche mit dem Inhalt

$$F = \frac{1}{2} - \frac{1}{2}\cdot\left(1 - \frac{n-1}{n}\right) = \frac{n-1}{2n}. \tag{2.30}$$

Für $n \to \infty$ geht dieser Flächeninhalt gegen $\frac{1}{2}$.
Der Inhalt einer beliebigen Konzentrationsfläche ist höchstens gleich 0,5.

Als **Konzentrationsmaß** wählt man nicht den Inhalt der Konzentrationsfläche, sondern setzt diese Fläche in Beziehung zur Gesamtfläche unterhalb der Diagonalen (Inhalt = 0,5). Der so erhaltene Quotient

$$\begin{aligned} G &= \frac{\text{Inhalt der Fläche zwischen der Diagonalen und der Lorenzkurve}}{\text{Inhalt der Fläche unterhalb der Diagonalen}} \\ &= 2F\ ,\ F = \text{Flächeninhalt zwischen Lorenzkurve und Diagonalen} \end{aligned}$$

heißt **Gini-Koeffizient (Lorenzsches Konzentrationsmaß).** Er wird benannt nach **G. Gini.** Gini hat diese Größe erstmals im Jahre 1914 benutzt.
Bei einer vollständigen Konzentration erhält man nach (2.30) den maximalen Gini-Koeffizienten

$$G_{max} = \frac{n-1}{n} \quad (n = \text{Stichprobenumfang}). \tag{2.31}$$

Bei einer vollständigen Konzentration kann der Gini-Koeffizient beliebig nahe an 1 herankommen, wenn der Stichprobenumfang n nur groß genug gewählt wird. Falls keine Konzentration vorhanden ist, also bei einer gleichmäßigen Verteilung, stimmt die Lorenzkurve mit der Diagonalen überein. Dann verschwindet der Gini-Koeffizient. Allgemein gilt daher

$$0 \le G \le \frac{n-1}{n}. \tag{2.32}$$

Falls die Lorenzkurve aus einer Häufigkeitsverteilung bestimmt wird, werden zur Berechnung des Ginikoeffizienten zuerst die m Flächeninhalte T_j der Trapeze unterhalb der Lorenzkurve berechnet (vgl. Bild 2.12). Das j-te Trapez besitzt die Breite $u_j - u_{j-1}$. Die Höhen an den Rändern lauten v_{j-1} und v_j. Nach der Trapezformel erhält man

$$T_j = \frac{1}{2}(u_j - u_{j-1})(v_{j-1} + v_j).$$

$F = \frac{1}{2} - \sum_{j=1}^{m} T_j$ ist dann der Inhalt der Konzentrationsfläche zwischen der Diagonalen und der Lorenzkurve und $G = 2F$ der Gini-Koeffizient.

Der Gini-Koeffizient kann aber auch direkt aus den Beobachtungswerten x_i berechnet werden. Durch elementare Rechnung erhält man die folgenden Darstellungen für den Ginikoeffizienten:

$$G = \frac{2\sum_{i=1}^{n} i\,x_i}{n\sum_{i=1}^{n} x_i} - \frac{n+1}{n}$$

$$= 1 - \sum_{j=1}^{m} \left(u_j - u_{j-1}\right)\cdot\left(v_{j-1} + v_j\right) \tag{2.33}$$

$$= \sum_{j=1}^{m} \left(u_{j-1} + u_j\right)\cdot\left(v_j - v_{j-1}\right) - 1 \quad \text{mit } u_0 = v_0 = 0\,;\; u_n = v_n = 1.$$

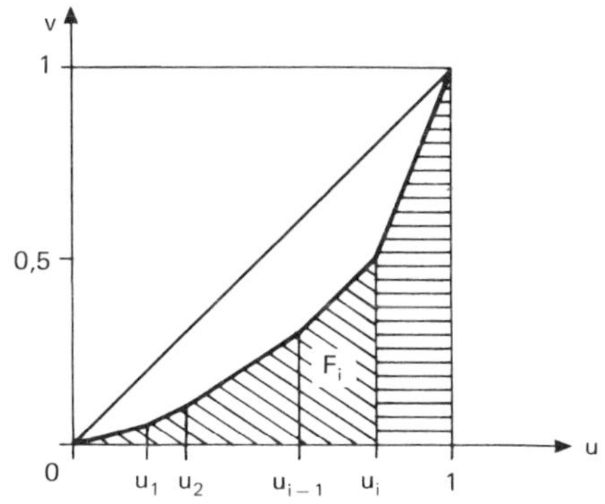

Bild 2.12: Zur Berechnung des Gini-Koeffizienten

Beispiel 2.29 (vgl. Beispiel 2.28):
Für die Stichprobe aus Beispiel 2.28 erhält man mit den dort berechneten u- und v-Werten den Gini-Koeffizienten
$G = 1 - 0{,}4 \cdot 0{,}08 - 0{,}2 \cdot 0{,}24 - 0{,}2 \cdot 0{,}56 - 0{,}1 \cdot 1 - 0{,}1 \cdot 1{,}6 = 0{,}548.$

Zur Kontrolle berechnen wir G nach der 1. Formel aus (2.33) direkt aus den Stichprobenwerten:

$$n = 10\,;\; \sum_{i=1}^{10} x_i = 250\,;\; \sum_{i=1}^{10} i\,x_i = 2\,060\,;\; G = \frac{2 \cdot 2\,060}{10 \cdot 250} - \frac{11}{10} = 0{,}548.$$

Beispiel 2.30:
Für die Beobachtungsreihe

5 5 5 10 10 20 25 30 50 90

erhält man den Gini-Koeffizienten $G = \frac{2 \cdot 2005}{10 \cdot 250} - \frac{11}{10} = 0{,}504.$

Der normierte Gini-Koeffizient

Da der gewöhnliche Gini-Koeffizient einer Beobachtungsreihe vom Umfang n höchstens gleich $\frac{n-1}{n}$ sein kann, ist es sinnvoll, diesen Koeffizienten so zu normieren, daß er bei jeder vollständigen Konzentration den Wert 1 annimmt. Dies gewährleistet der **normierte Gini-Koeffizient**

$$G_{norm} = \frac{n}{n-1} \cdot G\,; \qquad G = \text{gewöhnlicher Gini-Koeffizient.}$$

Dabei gilt

$$0 \leq G_{norm} \leq 1\,. \tag{2.34}$$

Dieser Konzentrationsindex ist bei jeder vollständigen Konzentration gleich 1 unabhängig vom Stichprobenumfang n.

2.6.3 Der Herfindahl-Index

O. C. **Herfindahl** (1950) und unabhängig **L. Cahen** (1951) haben das folgende Konzentrationsmaß vorgeschlagen:

$$H = \frac{\sum\limits_{i=1}^{n} x_i^2}{\left(\sum\limits_{i=1}^{n} x_i\right)^2} = \frac{\sum\limits_{i=1}^{n} x_i^2}{n^2 \bar{x}^2}\,.$$

Man nennt H daher den **Herfindahl-Index**. Beim Ausquadrieren des Nenners treten neben der Summe der Quadrate noch gemischte Produkte auf. Wegen $x_i \geq 0$ für alle i und $\sum x_i > 0$ kann keines dieser gemischten Produkte negativ sein. Daher ist der Nenner mindestens so groß wie der Zähler, woraus allgemein $H \leq 1$ folgt.

Bei vollständiger Konzentration mit

$$x_1 = x_2 = \ldots = x_{n-1} = 0\,; \quad x_n > 0$$

erhält man $H = \frac{x_n^2}{x_n^2} = 1$. Falls in der Beobachtungsreihe mindestens zwei Werte x_k und x_l von Null verschieden sind, tritt im Nenner neben den Quadraten der Summand $2\,x_k x_l > 0$ auf. Dann ist aber $H < 1$. Der Herfindahl-Index H nimmt also nur bei vollständiger Konzentration den Wert 1 an.

Unter der Nebenbedingung $\sum\limits_{i=1}^{n} x_i = K > 0$ nimmt die Funktion H nur für $x_1 = x_2 = \ldots = x_n = \frac{K}{n}$ ein Minimum an und zwar den Wert $\frac{1}{n}$. Damit gilt

$$\frac{1}{n} \leq H \leq 1\,. \tag{2.35}$$

Genau dann ist $H = \frac{1}{n}$, wenn alle n Werte x_i gleich sind, also keine Konzentration vorliegt.

Aus

$$s^2 = \frac{1}{n-1} \sum_{i=1}^{n} (x_i - \bar{x})^2 = \frac{1}{n-1}\left[\sum_{i=1}^{n} x_i^2 - n\bar{x}^2\right]$$

erhält man

$$\sum_{i=1}^{n} x_i^2 = (n-1)s^2 + n\bar{x}^2 ;$$

$$H = \frac{\sum_{i=1}^{n} x_i^2}{n^2\bar{x}^2} = \frac{(n-1)s^2 + n\bar{x}^2}{n^2\bar{x}^2} = \frac{(n-1)s^2}{n^2\bar{x}^2} + \frac{1}{n},$$

also

$$H = \frac{1}{n}\left[\frac{n-1}{n} v^2 + 1\right] \quad \text{mit} \quad v = \frac{s}{\bar{x}} \quad \text{(Variationskoeffizient).} \qquad (2.36)$$

Der Variationskoeffizient $v = \frac{s}{\bar{x}}$ wurde in Abschnitt 2.5.5 erklärt.

Beispiel 2.31 (vgl. Beispiel 2.30):
Für die Beobachtungsreihe aus Beispiel 2.30 soll der Herfindahl-Index berechnet werden.

$$\sum_{i=1}^{10} x_i = 250 ; \quad \sum_{i=1}^{10} x_i^2 = 12\,800$$

ergibt unmittelbar den Herfindahl-Index

$$H = \frac{12\,800}{250^2} = 0{,}2048 .$$

H soll auch nach der Formel (2.36) bestimmt werden.

$$\bar{x} = 25 ; \quad s^2 = \frac{1}{9}(12\,800 - 10 \cdot 25^2) = \frac{6\,550}{9} .$$

Daraus erhalten wir den Variationskoeffizienten

$$v = \frac{s}{\bar{x}} = \frac{\sqrt{6\,550}}{3 \cdot 25} \approx 1{,}079 .$$

$$H = \frac{1}{n}\left[\frac{n-1}{n} v^2 + 1\right] = \frac{1}{10}\left[\frac{9}{10} \cdot \frac{6\,550}{9 \cdot 625} + 1\right] = 0{,}2048 .$$

Der Herfindahl-Index ist wesentlich kleiner als der in Beispiel 2.31 berechnete Gini-Koeffizient G = 0,504.

Weitere Konzentrationsmaße werden bei **W. Piesch** [1974] behandelt.

2.7 Indexzahlen

Zum Zeitpunkt $t = 0$ koste ein bestimmtes Produkt p_0 (je ME), zum Zeitpunkt $t > 0$ betrage der Preis p_t. Nach Abschnitt 2.4.8 beschreibt der Quotient

$$\frac{p_t}{p_0}$$

die Preisveränderung im Intervall $(0; t]$. Dieser Quotient heißt **Preismeßzahl** oder **elementarer Preisindex.** Er beschreibt als Verhältnis des End- zum Ausgangspreis die relative Preisänderung eines Einzelprodukts.
Die prozentuale Preisänderung wird dargestellt durch

$$100 \cdot \frac{p_t}{p_0} \ \%.$$

Falls der Preis (in DM) je ME eines Produkts innerhalb eines Jahres von 2,5 auf 2,6 ansteigt, ist die Preismeßzahl $\frac{2,6}{2,5} = 1,04$. Die prozentuale Preiserhöhung wird durch $100 \cdot \frac{2,6}{2,5} = 104$ beschrieben. Der Preis ist um 4 % gestiegen.

Theoretisch könnte jeder Verbraucher die Preismeßzahlen sämtlicher Produkte, die er konsumiert, von Jahr zu Jahr berechnen. Doch diese Zahlen sind in ihrer Gesamtheit nicht übersichtlich. Andererseits sind Preiserhöhungen bei Produkten, von denen viel gekauft wird, von größerer Bedeutung als bei Produkten, von denen sehr wenig gekauft wird. Aus diesem Grund sucht man nach einem **Preisindex**, der gleichzeitig Auskunft über die Preisveränderung verschiedener Güter gibt.

Allgemein sollen mit Hilfe von **Indexzahlen** zeitliche Veränderungen mehrerer Größen durch eine einzige Zahl beschrieben werden. Ein Beispiel dafür ist der vom Statistischen Bundesamt jährlich bekanntgegebene Preisindex für einen Warenkorb, der verschieden stark gewichtet bestimmte Waren und Inanspruchnahmen von Dienstleistungen enthält. In diesem Warenkorb sind Waren und Dienstleistungen für einen typischen Durchschnittshaushalt enthalten. Daraus wird die jährliche Inflationsrate berechnet. Oft haben starke Mietpreissteigerungen oder wegen einer Mißernte stark gestiegene Lebensmittelpreise einen großen Einfluß auf die Inflationsrate.
Im Statistischen Jahrbuch werden laufend Preisindizes für verschiedene Bereiche veröffentlicht z. B. Erzeugerpreise für landwirtschaftliche und forstwirtschaftliche Produkte, Grundstoffpreise, Erzeugerpreise gewerblicher Produkte, Großhandelsverkaufspreise, Einzelhandelspreise, Verbraucherpreise, Einfuhr- und Ausfuhrpreise oder der Preisindex für die Lebenshaltung.

Allgemein betrachten wir einen **Warenkorb** mit n verschiedenen Gütern zu zwei verschiedenen Zeitpunkten (Perioden). Dabei sei $t = 0$ die **Basisperiode** (Ausgangszeitpunk) und $t > 0$ die **Berichtsperiode** (Endperiode, Endzeitpunkt). Die Güter seien von 1 bis n durchnumeriert. Wir setzen

p_{i0} = Preis (je ME) des i-ten Gutes in der Basisperiode 0

q_{i0} = Menge des i-ten Gutes in der Basisperiode 0

p_{it} = Preis (je ME) des i-ten Gutes in der Berichtsperiode t

q_{it} = Menge des i-ten Gutes in der Berichtsperiode t.

Der **Wert des Warenkorbes** in einer Periode τ beträgt dann

$$\sum_{i=1}^{n} q_{i\tau} \cdot p_{i\tau} .$$

Ein Vergleich der Werte des Warenkorbs in der Berichtsperiode $\tau = t$ und der Basiperiode $\tau = 0$ liefert den **Wertindex**

$$W_{0t} = \frac{\sum_{i=1}^{n} q_{it} \cdot p_{it}}{\sum_{i=1}^{n} q_{i0} \cdot p_{i0}} ,$$

der die tatsächliche Preisänderung des jeweiligen Warenkorbs von der Basisperiode bis zur Berichtsperiode beschreibt. In diesem allgemeinen Wertindex können sich in der Zwischenzeit sowohl die Mengen als auch die Preise ändern. Eine Erhöhung des Wertes des Warenkorbs kann durch Mengenerhöhungen (höherer Konsum) oder durch Preiserhöhungen bzw. durch beides entstanden sein. Möchte man nur die Auswirkungen von Preisänderungen auf den Warenkorb untersuchen, so müssen die Mengen festgehalten werden. Einflüsse der Mengenänderungen stellt man fest, indem die Preise festgehalten werden.

Hält man die Mengen fest und läßt nur reine Preisänderungen zu, so ergeben sich die Indizes:

Preisindex nach Laspeyres

$$P_L = \frac{\sum_{i=1}^{n} q_{i0} \cdot p_{it}}{\sum_{i=1}^{n} q_{i0} \cdot p_{i0}} ;$$

Preisindex nach Paasche

$$P_P = \frac{\sum_{i=1}^{n} q_{it} \cdot p_{it}}{\sum_{i=1}^{n} q_{it} \cdot p_{i0}} .$$

Der Preisindex nach Laspeyres orientiert sich an den Mengen der Basisperiode, der Paasche-Preisindex an den Mengen der Berichtsperiode. Der Preisindex nach Laspeyres gibt an, wie sich der Wert des Warenkorbs geändert hätte, wenn die Mengen des Warenkorbs zur Basisperiode auch in der Berichtsperiode gleich geblieben wären, wenn also der mengenmäßige Konsum sich in der Zwischenzeit nicht ändert. Der Preisindex nach Paasche gibt die Änderung des Wertes des Warenkorbs an, wenn die Mengen in der Berichtsperiode auch in der Basiperiode benutzt worden wären. Mit diesem Index kann man ausrechnen, um wieviel der in der Basisperiode berechnete Warenkorb bei den gleichen Konsummengen im Vergleich zur Berichtsperiode billiger gewesen wäre.

Bei gleichen Preisen ergeben sich analog die Indizes:

Mengenindex nach Laspeyres

$$M_L = \frac{\sum_{i=1}^{n} q_{it} \cdot p_{i0}}{\sum_{i=1}^{n} q_{i0} \cdot p_{i0}};$$

Mengenindex nach Paasche

$$M_P = \frac{\sum_{i=1}^{n} q_{it} \cdot p_{it}}{\sum_{i=1}^{n} q_{i0} \cdot p_{it}}.$$

Beim Mengenindex nach Laspeyres findet eine "Vorwärts-" beim Paasche-Mengenindex eine "Rückwärtsrechnung" statt.

Preisindex nach Drobisch

$$P_D = \frac{1}{2}(P_L + P_P);$$

Mengenindex nach Drobisch

$$M_D = \frac{1}{2}(M_L + M_P)$$

sind die arithmetischen Mittel der entsprechenden Indizes nach Laspeyres und Paasche.

Preisindex nach I. Fisher

$$P_F = \sqrt{P_L \cdot P_P};$$

Mengenindex nach I. Fisher

$$M_F = \sqrt{M_L \cdot M_P}$$

sind die geometrischen Mittel der entsprechenden Indizes nach Laspeyres und Paasche.

Im **Preisindex nach Marshall-Edgeworth**

$$P_{ME} = \frac{\sum_{i=1}^{n} (q_{i0} + q_{it}) \cdot p_{it}}{\sum_{i=1}^{n} (q_{i0} + q_{it}) \cdot p_{i0}}$$

werden die Preise jeweils mit den Mengen der Basis- und Berichtsperiode gewichtet. Entsprechend erhält man den

Mengenindex nach Marshall-Edgeworth

$$M_{ME} = \frac{\sum_{i=1}^{n} q_{it} \cdot (p_{i0} + p_{it})}{\sum_{i=1}^{n} q_{i0} \cdot (p_{i0} + p_{it})}.$$

Die Indizes nach Lowe

Bei der Indexbildung nach Laspeyres stammen die Gewichte aus der Basisperiode, bei den Indizes nach Paasche-Preisindex aus der Berichtsperiode. Die Indizes nach Marshall-Edgeworth benutzen als Gewichte das arithmetische Mittel der Mengen bzw. Preise aus der Basis- und Berichtsperiode. **Lowe** dagegen benutzt in seinen beiden Indexformeln Gewichte q_i bzw. p_i, die als arithmetisches Mittel der Mengen bzw. Preise aus allen Perioden zwischen 0 und t gebildet werden.

Mit den über die t + 1 Jahre gemittelten Gewichten

$$q_i = \frac{1}{t+1} \sum_{\tau=0}^{t} q_{i\tau} \qquad \text{bzw.} \qquad p_i = \frac{1}{t+1} \sum_{\tau=0}^{t} p_{i\tau}$$

erhält man die beiden Indizes:

Preisindex nach Lowe

$$P_{Lo} = \frac{\sum_{i=1}^{n} q_i \cdot p_{it}}{\sum_{i=1}^{n} q_i \cdot p_{i0}}, \qquad q_i = \frac{1}{t+1} \sum_{\tau=0}^{t} q_{i\tau};$$

Mengenindex nach Lowe

$$M_{Lo} = \frac{\sum_{i=1}^{n} p_i \cdot q_{it}}{\sum_{i=1}^{n} p_i \cdot q_{i0}}, \qquad p_i = \frac{1}{t+1} \sum_{\tau=0}^{t} p_{i\tau}.$$

Bemerkung:

Für $t = 1$ stimmen die Indizes nach Lowe mit den entsprechenden nach Marshall-Edgeworth überein.

Hinweis zur praktischen Berechnung der obigen Indizes

Bis auf die Indizes nach Lowe treten in den Zählern und Nennern der anderen Preis- und Mengenindizes nur vier verschiedene Summen auf. Wir setzen

$$A_{\rho\nu} = \sum_{i=1}^{n} q_{i\rho} \cdot p_{i\nu} \quad \text{für } \nu, \rho \in \{0, t\}. \tag{2.37}$$

Mit diesen vier Werten lassen sich die Indizes folgendermaßen darstellen

$$\begin{aligned} &W_{0t} = \frac{A_{tt}}{A_{00}}; \; P_L = \frac{A_{0t}}{A_{00}}; \; P_P = \frac{A_{tt}}{A_{t0}}; \; P_{ME} = \frac{A_{0t} + A_{tt}}{A_{00} + A_{t0}}; \\ &M_L = \frac{A_{t0}}{A_{00}}; \; M_P = \frac{A_{tt}}{A_{0t}}; \; M_{ME} = \frac{A_{t0} + A_{tt}}{A_{00} + A_{0t}}. \end{aligned} \tag{2.38}$$

Für die Indizes nach Lowe müssen die in Intervall $[0, t]$ gemittelten Mengen bzw. Preise bekannt sein.

Beispiel 2.32:
Ein Warenkorb bestehe aus nur fünf verschiedenen Gütern. Die Preise und Mengen zur Basiperiode 0 und zur Berichtsperiode t sind in der nachfolgenden Tabelle zusammengestellt:

Gut	1	2	3	4	5
p_{io}	28	45	18	71	100
q_{io}	1000	800	950	600	150
p_{it}	30	49	21	70	98
q_{it}	1100	805	980	590	160

Tab. 2.7: Tabelle zur Bestimmung der Preis- und Mengenindizes

Die vier Hilfsgrößen aus (2.37) lauten

$$A_{tt} = 1100 \cdot 30 + 805 \cdot 49 + 980 \cdot 21 + 590 \cdot 70 + 160 \cdot 98 = 150\,005$$

$$A_{t0} = 1100 \cdot 28 + 805 \cdot 45 + 980 \cdot 18 + 590 \cdot 71 + 160 \cdot 100 = 142\,555$$

$$A_{0t} = 1000 \cdot 30 + 800 \cdot 49 + 950 \cdot 21 + 600 \cdot 70 + 150 \cdot 98 = 145\,850$$

$$A_{00} = 1000 \cdot 28 + 800 \cdot 45 + 950 \cdot 18 + 600 \cdot 71 + 150 \cdot 100 = 138\,700.$$

Wertindex: $W_{0t} = \frac{A_{tt}}{A_{00}} = \frac{150\,005}{138\,700} \approx 1{,}0815$ (Steigerung um etwa 8,15 %);

Preisindex nach Laspeyres : $P_L = \frac{A_{0t}}{A_{t0}} = \frac{145\,850}{138\,700} \approx 1{,}0516$;

Preisindex nach Paasche: $P_P = \frac{A_{tt}}{A_{t0}} = \frac{150\,005}{142\,555} \approx 1{,}0523$;

Preisindex nach Drobisch: $P_D = \frac{1}{2}(P_L + P_P) \approx 1{,}0519$;

Preisindex nach I. Fisher: $P_F = \sqrt{P_L \cdot P_P} \approx 1{,}0519$;

Preisindex nach Marshall-Edgeworth: $P_{ME} = \frac{A_{0t} + A_{tt}}{A_{00} + A_{t0}} \approx 1{,}0519$;

Mengenindex nach Laspeyres: $M_L = \frac{142\,555}{138\,700} \approx 1{,}0278$;

Mengenindex nach Paasche: $M_P = \frac{150\,005}{145\,850} \approx 1{,}0285$;

Mengenindex nach Drobisch: $M_D = \frac{1}{2}(M_L + M_P) \approx 1{,}0280$;

Mengenindex nach I. Fisher: $M_F = \sqrt{M_L \cdot M_P} \approx 1{,}0281$;

Mengenindex nach Marshall-Edgeworth: $M_{ME} = \frac{A_{t0} + A_{tt}}{A_{00} + A_{0t}} \approx 1{,}0281$.

2.8 Aufgaben

Aufgabe 2.1:
Eine kleine Pension verfügt über 10 Betten. Während eines Jahres wurde registriert, wie viele Betten täglich belegt waren. Dabei ergaben sich folgende Häufigkeiten:

belegte Betten	0	1	2	3	4	5	6	7	8	9	10
Häufigkeit	0	3	9	15	31	39	49	47	54	57	61

a) Zeichnen Sie ein Stabdiagramm.
b) Skizzieren Sie die empirische Verteilungsfunktion.
c) Bestimmen Sie den Modus, den Mittelwert und den Median.
d) Berechnen Sie die Standardabweichung.
e) Bestimmen Sie die Schiefe.

Aufgabe 2.2:
Gegeben ist die Klasseneinteilung

Klasse	Klassenhäufigkeit
$K_1 = (0;200]$	10
$K_2 = (200;400]$	21
$K_3 = (400;500]$	21
$K_4 = (500;600]$	20
$K_5 = (600;800]$	19
$K_6 = (800;1\,000]$	9

a) Zeichnen Sie ein flächenproportionales Histogramm für die relativen Klassenhäufigkeiten.
b) Zeichnen Sie die klassierte Verteilungsfunktion.
c) Bestimmen Sie Näherungswerte für den Mittelwert und den Median.
d) Bestimmen Sie Näherungswerte für das 10 %- und das 95 %-Quantil.

Aufgabe 2.3:
In einem Kleinbetrieb sind nur 10 Personen beschäftigt mit den Monatseinkommen (in DM):

$$3\,950;\ 4\,580;\ 3\,150;\ 4\,000;\ 5350;\ 4\,000;\ 6250;\ 5\,200;\ 4\,800;\ 7\,250.$$

a) Skizzieren Sie die Lorenzkurve.
b) Berechnen Sie den Gini-Koeffizienten.
c) Berechnen Sie den Herfindahl-Index.

Aufgabe 2.4:
Eine Stichprobe besitzt die empirische Verteilungsfunktion

$$F(x) = \begin{cases} 0 & \text{für } x < 1 \\ 0{,}2 & \text{für } 1 \leq x < 2{,}5 \\ 0{,}5 & \text{für } 2{,}5 \leq x < 5 \\ 1 & \text{für } x \geq 5. \end{cases}$$

a) Berechnen Sie den Mittelwert und die Standardabweichung.
b) Bestimmen Sie den Median.
c) Bestimmen Sie den Stichprobenumfang n, falls der kleinste Wert in der Stichprobe ganau 200 mal vorkommt.

Aufgabe 2.5:
In einer Großbank wurden bei den einzelnen Überweisungen nach der Höhe der Beträge untersucht. Dabei ergab sich folgende Klasseneinteilung (in Tausend DM):

Betrag	unter 2	2 – 5	5 – 10	10 – 20	20 – 50	50 – 100	100 – 200
Anzahl	1620	2580	1923	1324	1015	825	713

a) Bestimmen Sie Näherungswerte für den Mittelwert und den Median.
b) Bestimmen Sie näherungsweise die beiden Quartile.
c) Skizzieren Sie die Lorenzkurve.
d) Bestimmen Sie einen Näherungswert für den Gini-Koeffizienten.

Aufgabe 2.6:
An der Aktienbörse wurde ein Index für nur 5 Automobilwerte eingeführt. Kurse (in DM) und Grundkapital (in Millionen DM) sind in der nachfolgenden Tabelle zusammengestellt:

Aktie	A	B	C	D	E	F
Grundkapital	3 500	2 500	2 300	4 000	2 200	5 500
Kurswert	720	549	820	423	560	629

a) Weshalb ist das gewöhnliche arithmetische Mittel der sechs Aktienkurse als Indexkurs nicht geeignet?
b) Welcher Durchschnittswert ist zur Bestimmung des Durchschnittskurses sinnvoll? Berechnen Sie den Durchschnittskurs.
c) Am nächsten Börsentag erhöht sich der Durchschnittskurs um 14,075 DM. Um wieviel DM ist die Aktie F gestiegen, wenn A um 20, B um 10, C um 15, D um 5 und E um 10 DM angestiegen ist?

Aufgabe 2.7:
In einem bestimmten Land betrug die Inflationsrate (in %) während 10 Jahren

3,6; 4,5; 5,2; 4,8; 4,7; 3,9; 3,2; 3,5; 3,9; 4,2.

Berechnen Sie die mittlere Inflationsrate.

Aufgabe 2.8:
Ein Spekulant kaufte eine Aktie zum Kurswert von 500 DM. Nach einem Jahr stieg sie um 20 Prozent auf 600 DM, in nächsten Jahr fiel sie um 10 Prozent auf 540 DM, danach fiel sie um 15 Prozent auf 459 DM, im letzten Jahr stieg sie um 10 Prozent auf 504,9 DM.
a) Berechnen Sie das arithmetische Mittel der prozentualen Steigerungen.
b) Um wieviel Prozent ist die Aktie im Mittel pro Jahr gestiegen?

Aufgabe 2.9:
Auf je einer von vier unterschiedlich modernen Maschinen werden Werkstücke gefertigt. Die Bearbeitungszeiten (in Minuten pro Stück) sind in der nachfolgenden Tabelle zusammengestellt:

Maschine	A	B	C	D
Bearbeitungszeit [min./Stück]	15	20	30	30

Berechnen Sie durch eine geeignete Mittelwertsberechnung die durchschnittlichen Herstellungszeiten, falls
a) auf jeder Maschine die gleiche Anzahl hergestellt wird;
b) jede Maschine gleich lang im Einsatz ist;
c) auf Maschine A 300, auf Maschine B 250, auf Maschine C 250 und auf Maschine D 200 Stück hergestellt werden.

Aufgabe 2.10:
Ein Autofahrer möchte die Strecke Stuttgart-München mit der konstanten Geschwindigkeit 150 km/h fahren. Die Rückfahrt möchte er konstant mit 120 km/h fahren. Bestimmen sie die Durchschnittsgeschwindigkeit, falls auf beiden Strecken die geplanten Geschwindigkeiten eingehalten werden.

Aufgabe 2.11:
Ein Konzern besteht aus drei Betrieben. Im ersten Betrieb sind 1 000 Personen beschäftigt mit einem Durchschnittsgehalt von 3 500 DM, im zweiten Betrieb haben 1 500 Beschäftigte ein Durchchnittseinkommen von 3 750 DM. Im dritten Betrieb verdienen 2 500 Beschäftigte durchschnittlich 3 900 DM. Bestimmen Sie das Durchschnittseinkommen im gesamten Konzern.

Aufgabe 2.12:
In einer Studie wurde bei einer großen Anzahl von Männern das Nettojahreseinkommen festgestellt:

Einkommen in Tsd. DM	prozentualer Anteil
unter 10	5
10 bis unter 20	10
20 bis unter 30	14
30 bis unter 40	24
40 bis unter 60	22
60 bis unter 80	15
80 bis unter 120	10

a) Zeichnen Sie ein flächenproportionales Histogramm.
b) Bestimmen Sie Näherungswerte für den Mittelwert und den Median.
c) Bestimmen Sie Näherungswerte für die 0,15- und 0,80-Quantile.
d) Zeichnen Sie die Lorenzkurve.
e) Berechnen Sie den Gini-Koeffizienten.

Aufgabe 2.13:
Eine Firma benötigt zur Produktion eine bestimmte Ware. In den vier Quartalen des Jahres betrugen die Preise je ME 100 DM; 105 DM; 106 DM und 110 DM. Berechnen Sie den Durchschnittspreis, falls
a) in jedem Quartal von der Ware die gleiche Menge gekauft wird;
b) in jedem Quartal für den gleichen Betrag von der Ware gekauft wird;
c) die gekauften Mengen von Quartal zu Quartal jeweils um 10 Prozent erhöht werden.

Aufgabe 2.14:
Ein Warenkorb bestehe nur aus vier verschiedenen Gütern. Preise und Mengen zur Basis- und Berichtsperiode sind in der nachfolgenden Tabelle zusammengestellt:

	Gut	1	2	3	4
Basis-	Preis	40	32	58	120
periode	Menge	100	150	180	200
Berichts-	Preis	45	38	73	140
periode	Menge	95	160	200	200

Berechnen Sie jeweils den Mengen- und Preisindex nach Laspeyres, Paasche, Drobisch, Fisher und Marshall-Edgeworth.

Kapitel 3: Zweidimensionale Darstellungen

In diesem Abschnitt betrachten wir gleichzeitig die Ausprägungen zweier Merkmale am gleichen Individuum. Dabei interessieren wir uns dafür, ob die beiden Merkmale voneinander abhängig sind, ob sie sich also gegenseitig beeinflussen oder nicht. Die Abhängigkeit zweier Merkmale wird in der **Korrelationsrechnung** untersucht. In der **Regressionsrechnung** soll festgestellt werden, ob ein vorhandener Zusammenhang in funktionaler Form beschrieben werden kann.

3.1 Zweidimensionale Beobachtungsreihen

An n verschiedenen Merkmalsträgern werden die Ausprägungen zweier verschiedener Merkmale festgestellt. Das erste Merkmal bezeichnen wir mit X oder A, das zweite mit Y bzw. B. Beim i-ten Merkmalsträger besitze das Merkmal X die Ausprägung x_i, das Merkmal Y die Ausprägung y_i. Bei jedem Merkmalsträger erhält man also ein Ausprägungspaar

$$(x_i, y_i) \text{ für } i = 1, 2, \ldots, n.$$

Da beide Merkmalsausprägungen x_i und y_i jeweils am gleichen Merkmalsträger gemessen wurden, gehören sie zusammen. Man nennt sie auch **verbundene Werte.** Die Gesamtheit aller n Paare zusammen bilden die **zweidimensionale Beobachtungsreihe** (**Urliste** oder **Stichprobe**)

$$(x_1, y_1), (x_2, y_2), \ldots, (x_n, y_n)\,.$$

Die n Wertepaare der Beobachtungsreihe können in einer Tabelle übersichtlich dargestellt werden

Beobachtungseinheit	1	2	...	i	...	n
x_i (Ausprägung des Merkmals X)	x_1	x_2	...	x_i	...	x_n
y_i (Ausprägung des Merkmals Y)	y_1	y_2	...	y_i	...	y_n

Beide Merkmale können qualitativ (nur verbal beschreibbar) sein, wie z. B. Beruf oder Konfession einer Person. Daneben kann aber auch ein Merkmal qualitativ, das andere kardinal (metrisch skaliert) sein. Ein Beispiel dafür ist der Beruf und das Jahreseinkommen einer Person. Falls beide Merkmale kardinal sind, können die Paare (x_i, y_i) als Punkte in der Zahlenebene graphisch dargestellt werden. Dazu das folgende

Beispiel 3.1:
Von 20 Personen wurde die Körpergröße x (in cm) und das Körpergewicht y (in kg) festgestellt. Die auf ganze Zahlen gerundeten Meßwerte sind in der nachfolgenden Tabelle zusammengestellt.

Person	1	2	3	4	5	6	7	8	9	10
Größe	170	162	171	178	175	165	169	173	182	176
Gewicht	74	61	68	81	73	62	71	73	83	78

	11	12	13	14	15	16	17	18	19	20
	160	167	171	163	179	170	173	168	177	166
	59	69	72	65	76	75	71	72	75	71

Die 20 Zahlenpaare werden als Punkte in einem kartesischen Koordinatensystem dargestellt. Auf der Abszissenachse tragen wir die Ausprägungen des Merkmals X (Körpergröße) und auf der Ordinatenachse die Ausprägungen des Merkmals Y (Gewicht) ab. Der Merkmalsträger (Beobachtungseinheit) mit der Nummer i liefert das Wertepaar (x_i, y_i). Die zweidimensionale Beobachtungsreihe wird als Punktwolke dargestellt. Man nennt diese Darstellung ein **Streuungsdiagramm**.

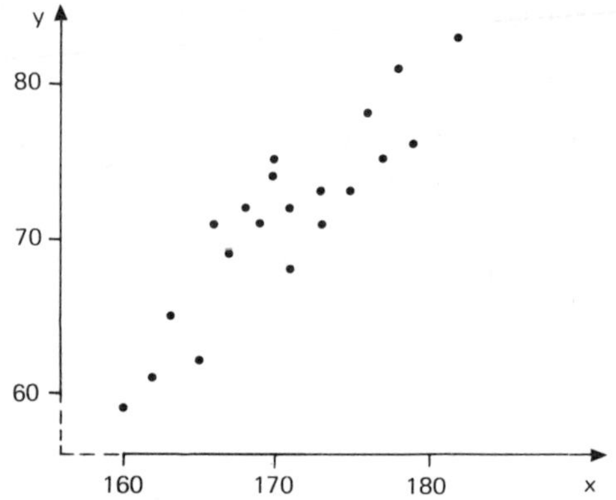

Bild 3.1: Streuungsdigramm

Die Darstellung zweier kardinaler Merkmalsausprägungen in einem Streuungsdiagramm ist nur dann sinnvoll, wenn alle Paare (x_i, y_i) verschieden sind. Dies ist im allgemeinen bei stetigen Merkmalen der Fall, wenn nur genau genug gemessen wird. Bei der ganzzahligen Rundung werden bei sehr großem Umfang n manche Paare gleich sein. Dann müßte man an dem entsprechenden Punkt die Häufigkeit angeben oder eine andere graphische Darstellung verwenden.

3.2 Häufigkeitsverteilungen

Falls beide Merkmale jeweils nur endlich viele oder höchstens abzählbar unendlich viele verschiedene Ausprägungen besitzen, treten vor allem bei großem n in der Beobachtungsreihe gleiche Paare öfter auf. Analog zum eindimensionalen Fall in Kapitel 2 wird dann die Beobachtungsreihe der besseren Übersicht halber in einer Häufigkeitstabelle dargestellt. Falls es unendlich viele verschiedene Merkmalsausprägungen gibt, müssen welche zu Klassen zusammengefaßt werden. Vor allem bei nominalskalierten Merkmalen oder bei Klasseneinteilungen sind solche Darstellungen sinnvoll.

3.2.1 Kontingenztafeln

Das Merkmal X besitze die m Ausprägungen $a_1, a_2, \dots, a_m$, das Merkmal Y die l Ausprägungen $b_1, b_2, \dots, b_l$. Insgesamt gibt es $m \cdot l$ verschiedene geordnete Paare, nämlich

$$(a_j, b_k) \quad \text{für} \quad j = 1, 2, \dots, m \quad \text{und} \quad k = 1, 2, \dots, l.$$

Jedes Paar (x_i, y_i) aus der Beobachtungsliste stimmt dann mit einem dieser Paare überein. Die Anzahl der Beobachtungspaare (x_i, y_i), welche mit (a_j, b_k) übereinstimmen, heißt die **absolute Häufigkeit** von (a_j, b_k). Wir bezeichnen sie mit

$$h_n(a_j, b_k) = h_{jk} \quad \text{für } j = 1, 2, \dots, m; \quad k = 1, 2, \dots, l.$$

$$r_{jk} = r_n(a_j, b_k) = \frac{1}{n} \cdot h_{jk}$$

ist die **relative Häufigkeit.**

Für die Summen aller $m \cdot l$ Häufigkeiten (Doppelsummen) gilt allgemein

$$\sum_{j=1}^{m} \sum_{k=1}^{l} h_{jk} = n; \qquad \sum_{j=1}^{m} \sum_{k=1}^{l} r_{jk} = 1 .$$

Hiermit erhalten wir die

absolute Häufigkeitsverteilung: $\left\{ \left((a_j, b_k), h_{jk} \right), 1 \le j \le n; 1 \le k \le l \right\}$;

relative Häufigkeitsverteilung: $\left\{ \left((a_j, b_k), r_{jk} \right), 1 \le j \le n; 1 \le k \le l \right\}$.

Die Häufigkeitsverteilungen können in einem rechteckigen Schema, der sogenannten **Kontingenztafel** übersichtlich dargestellt werden.

Dazu trägt man in die erste Spalte die m Ausprägungen $a_1, a_2, \dots, a_m$ des **Spaltenmerkmals** X und in die erste Zeile die l Ausprägungen $b_1, b_2, \dots, b_l$ des **Zeilenmerkmals** Y ein. Dadurch entstehen $m \cdot l$ Plätze für die absoluten bzw. relativen Häufigkeiten h_{jk} bzw. r_{jk}. Diese werden an derjenigen Stelle eingetragen, an der sich die Zeile von a_j mit der Spalte von b_k kreuzt.

	b_1	b_2	...	b_k	...	b_l	Summe
a_1	h_{11}	h_{12}	...	h_{1k}	...	h_{1l}	$h_{1\cdot}$
a_2	h_{21}	h_{22}	...	h_{2k}	...	h_{2l}	$h_{2\cdot}$
$\vdots$	$\vdots$	$\vdots$		$\vdots$		$\vdots$	$\vdots$
a_j	h_{j1}	h_{j2}	...	h_{jk}	...	h_{jl}	$h_{j\cdot}$
$\vdots$	$\vdots$	$\vdots$		$\vdots$		$\vdots$	$\vdots$
a_m	h_{m1}	h_{m2}	...	h_{mk}	...	h_{ml}	$h_{m\cdot}$
Summe	$h_{\cdot 1}$	$h_{\cdot 2}$	...	$h_{\cdot k}$	...	$h_{\cdot l}$	$h_{\cdot\cdot} = n$

Tab. 3.1: Kontingenztafel für die absoluten Häufigkeiten

	b_1	b_2	...	b_k	...	b_l	Summe
a_1	r_{11}	r_{12}	...	r_{1k}	...	r_{1l}	$r_{1\cdot}$
a_2	r_{21}	r_{22}	...	r_{2k}	...	r_{2l}	$r_{2\cdot}$
$\vdots$	$\vdots$	$\vdots$		$\vdots$		$\vdots$	$\vdots$
a_j	r_{j1}	r_{j2}	...	r_{jk}	...	r_{jl}	$r_{j\cdot}$
$\vdots$	$\vdots$	$\vdots$		$\vdots$		$\vdots$	$\vdots$
a_m	r_{m1}	r_{m2}	...	r_{mk}	...	r_{ml}	$r_{m\cdot}$
Summe	$r_{\cdot 1}$	$r_{\cdot 2}$	...	$r_{\cdot k}$	...	$r_{\cdot 1}$	$r_{\cdot\cdot} = 1$

Tab. 3.2: Kontingenztafel für die relativen Häufigkeiten

Im Falle $m = l = 2$ heißt die Kontingenztafel **Vierfeldertafel.**

3.2.2 Randverteilungen

Betrachtet man in den Stichprobenpaaren (x_i, y_i) jeweils nur die erste bzw. zweite Komponente, so erhält man eindimensionale Stichproben

$$(x_1, x_2, \ldots, x_n) \quad \text{und} \quad (y_1, y_2, \ldots, y_n)$$

bezüglich des Merkmals X bzw. Y.

Aus den gemeinsamen Häufigkeiten können die Häufigkeiten der Ausprägungen der einzelnen Merkmale sehr einfach berechnet werden. Ein Merkmalsträger hat genau dann die Ausprägung a_j, wenn an ihm eines der l Paare (a_j, b_k), $k = 1, \ldots, l$ festgestellt wird. Die Häufigkeiten dieser Paare stehen alle in der j-ten Zeile der Kontingenztafel. Summation der Häufigkeiten in der j-ten Zeile ergeben die

$$\begin{aligned}
&\text{absolute Häufigkeit von } a_j: h_n(a_j) = \sum_{k=1}^{l} h_{jk} = h_{j\cdot} \text{ (Zeilensumme)};\\
&\text{relative Häufigkeit von } a_j: r_n(a_j) = \sum_{k=1}^{l} r_{jk} = r_{j\cdot} \text{ (Zeilensumme)};\\
&\text{absolute Häufigkeit von } b_k: h_n(b_k) = \sum_{j=1}^{m} h_{jk} = h_{\cdot k} \text{ (Spaltensumme)};\\
&\text{relative Häufigkeit von } b_k: r_n(b_k) = \sum_{j=1}^{m} r_{jk} = r_{\cdot k} \text{ (Spaltensumme)}.
\end{aligned} \tag{3.1}$$

In dieser Symbolik wird bei der Summation über die Zeilen (Spalten) der jeweilige Index durch einen Punkt ersetzt. Summation über beide Indizes ergibt

$$h_{\cdot\cdot} = \sum_{j=1}^{m} h_{j\cdot} = \sum_{k=1}^{l} h_{\cdot k} = n; \quad r_{\cdot\cdot} = \sum_{j=1}^{m} r_{j\cdot} = \sum_{k=1}^{l} r_{\cdot k} = 1. \tag{3.2}$$

Diese Zeilen- und Spaltensummen sind in den Kontingenztafeln bereits eingetragen.

Die Häufigkeitsverteilung des Merkmals X

$$\{(a_j; h_{j\cdot}), j = 1, 2, \ldots, m\}$$

kann somit direkt aus der ersten Spalte und der letzten Spalte der Zeilensummen der Kontingenztafel abgelesen werden.

Die Häufigkeitsverteilung des Merkmals Y

$$\{(b_k; h_{\cdot k}), k = 1, 2, \ldots, l\}$$

steht in der ersten und letzten (Summen-) Zeile der Kontingenztafel. Man nennt diese beiden Verteilungen **Randverteilungen**.

Beispiel 3.2:
In der Verwaltung einer Universität sind 400 Personen beschäftigt. Jede Person ist entweder Arbeiter/in, angestellt oder beamtet. Die Aufteilung in Abhängigkeit vom Geschlecht ist in Tabelle 3.3 zusammengestellt. Beide Merkmale sind qualitativ.

	Artbeiter/in	angestellt	beamtet	Zeilensumme
weiblich	5	160	42	$207 = h_{1\cdot}$
männlich	36	122	35	$193 = h_{2\cdot}$
Summe	$41 = h_{\cdot 1}$	$282 = h_{\cdot 2}$	77	$400 = h_{\cdot\cdot} = n$

Tab. 3.3: Kontingenztafel für absolute Häufigkeiten

Beispiel 3.3:
Bei 100 Ehepaaren in einem bestimmten Wohngebiet wurde jeder Ehepartner nach seiner Schulbildung befragt. Mögliche Antworten waren: Hauptschulabschluß, Mittelschulabschluß, Abitur oder Studium. Davon sollte jeweils die höchste Stufe angegeben werden. Die Ergebnisse sind in Tab. 3.4 zusammengestellt.

		Ehemann Hauptsch.	Ehemann Mittelsch.	Ehemann Abitur	Ehemann Studium	Zeilensumme
	Hauptschule	8	7	9	8	32
	Mittelschule	4	8	7	9	28
Ehefrau	Abitur	1	5	9	8	23
	Studium	0	2	5	10	17
Spaltensumme		13	22	30	35	100 = n

Tab. 3.4: Kontingenztafel für absolute Häufigkeiten

Bei beiden Ehepartnern wurde jeweils das gleiche diskrete qualitative Merkmal abgefragt. Hier gilt $m = l = 4$. Die Zeilensummen geben an, wie viele Ehefrauen den jeweiligen Schulabschluß haben. Für die Ehemänner erhält man die entsprechenden Werte in den Spaltensummen.

Beispiel 3.4:
Bei Studierenden des gleichen Studienganges, die das Studium erfolgreich beendet haben, wurde die benötigte Semesterzahl (Studiendauer) und das Alter (in ganzen Jahren) zum Zeitpunkt des Studienbeginns festgestellt. In der nachfolgenden Kontingenztafel sind die relativen Häufigkeiten zusammengestellt. Hier handelt es sich um die Feststellung zweier (metrisch skalierter) kardinaler Merkmale.

	Y (Anzahl der benötigten Semester)							
X	8	9	10	11	12	13	14	Summe
20	0,022	0,026	0,022	0,006	0,004	0,004	0,000	0,084
21	0,042	0,074	0,064	0,042	0,026	0,008	0,002	0,258
22	0,058	0,078	0,064	0,050	0,020	0,016	0,004	0,290
23	0,054	0,062	0,048	0,020	0,010	0,008	0,002	0,204
24	0,028	0,026	0,024	0,012	0,004	0,000	0,000	0,094
25	0,012	0,016	0,010	0,004	0,002	0,002	0,000	0,046
26	0,000	0,004	0,006	0,004	0,002	0,000	0,000	0,016
27	0,000	0,000	0,002	0,004	0,000	0,000	0,002	0,008
Summe	0,216	0,286	0,240	0,142	0,068	0,038	0,010	1,000

Tab. 3.5: Kontingenztafel für relative Häufigkeiten

Aus der Kontingenztafel für die relativen Häufigkeiten lassen sich die absoluten Häufigkeiten nicht ohne weiteres berechnen. Dazu benötigt man den Stichprobenumfang n. In unserem Beispiel sind es 500 Studierende. Durch Multiplikation der relativen Häufigkeiten mit $n = 500$ erhalten wir die absoluten Häufigkeiten.

	Y (Anzahl der benötigten Semester)							
X	8	9	10	11	12	13	14	Summe
20	11	13	11	3	2	2	0	42
21	21	37	32	21	13	4	1	129
22	29	39	32	25	10	8	2	145
23	27	31	24	10	5	4	1	102
24	14	13	12	6	2	0	0	47
25	6	8	5	2	1	1	0	23
26	0	2	3	2	1	0	0	8
27	0	0	1	2	0	0	1	4
Summe	108	143	120	71	34	19	5	500=n

Tab. 3.6: Kontingenztafel für absolute Häufigkeiten

Aus den Spaltensummen kann abgelesen werden, welcher prozentuale Anteil dieser Studierenden die entsprechende Semesterzahl benötigte. So benötigten z. B. 21,6 % acht, 28,6 % neun und 24 % zehn Semester. 11,6 %, also 58 von den 500 Studierendeen benötigten mindestens 12 Semester. Aus dieser Randverteilung erhalten wir die mittlere Studiendauer von allen 500 Studierenden

$$\bar{y} = \frac{1}{500}(108 \cdot 8 + 143 \cdot 9 + 120 \cdot 10 + 71 \cdot 11 + 34 \cdot 12 + 19 \cdot 13 + 5 \cdot 14)$$

$$= 9{,}714\,.$$

Der Median der Studiendauer ist $\tilde{y} = 9$.

In den Zeilensummen ist zusammengestellt, welcher relative Anteil das Studium mit dem jeweiligen Alter begann. Dadurch erhält man das mittlere Alter zum Zeitpunkt des Studienbeginns

$$\bar{x} = \frac{1}{500}(42 \cdot 20 + 129 \cdot 21 + 145 \cdot 22 + 102 \cdot 23 + 47 \cdot 24 + 23 \cdot 25 + 8 \cdot 26 + 4 \cdot 27) = 22{,}208.$$

Der Median des Alters lautet

$$\tilde{x} = 22\,.$$

Beispiel 3.5:
441 Studierende schrieben jeweils eine Klausur in Mathematik und Statistik. In beiden Klausuren wurden die Noten 1, 2, 3, 4, 5 verteilt. Beide Merkmale X (Zensur in Mathematik) und Y (Zensur in Statistik) besitzen also die gleichen fünf Ausprägungen. Die Ergebnisse sind in der Kontingenztafel für die absoluten Häufigkeiten zusammengestellt.

X	Y (Zensur in Statistik)					
(Math.)	1	2	3	4	5	Summe
1	10	9	2	0	0	21
2	21	14	12	5	0	52
3	11	18	52	13	8	102
4	2	16	31	63	42	154
5	0	4	24	26	58	112
Summe	44	61	121	107	108	441

Tab. 3.7: Kontingenztafel für absolute Häufigkeiten

Wie bei einem einzigen Merkmal kann diese zweidimensionale Häufigkeitsverteilung in einem Stabdiagramm graphisch dargestellt werden (vgl. Bild 3.2). Dazu benutzen wir ein dreidimensionales kartesisches Koordinatensystem. Auf der x-Achse werden die Zensuren in Mathematik (Merkmal X), auf der y-Achse die Zensuren in Statistik (Merkmal Y) eingetragen. Die Paare der Merkmalsausprägungen $(a_j = j,\ b_k = k)$, $1 \leq j, k \leq 5$ werden als Gitterpunkte in der zweidimensionalen x-y-Ebene dargestellt. Senkrecht über jedem Paar werden in z-Richtung Stäbe gezeichnet, deren Längen die absoluten Häufigkeiten h_{jk} sind.

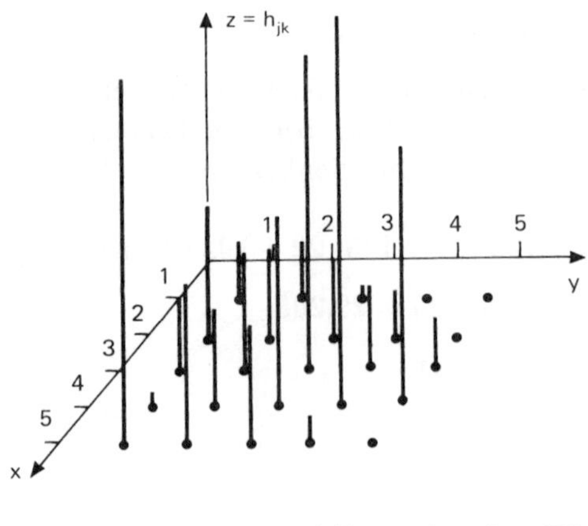

Bild 3.2: Stabdiagramm einer zweidimensionalen Häufigkeitsverteilung

Klasseneinteilung: Falls eines oder beide Merkmale sehr viele verschiedene Ausprägungen besitzt, z. B. bei stetigen Merkmalen, benutzt man wie im eindimensionalen Fall eine Klasseneinteilung. Dabei kann es durchaus sinnvoll sein, nur für eines der beiden Merkmale eine Klassenbildung zu wählen wie z. B. bei der Untersuchung der Körpergröße in Abhängigkeit vom Geschlecht. Anstelle der einzelnen Ausprägungspaare benutzt man dann die Merkmalsklassen und stellt dafür Kontingenztafeln auf.

3.2.3 Bedingte Verteilungen

Beispiel 3.6 (vgl. **Beispiel 3.4**):
In Beispiel 3.4 interessiert nur die Studiendauer derjenigen Studierenden, die mit 25 Jahren das Studium aufnahmen. Wir betrachten also nur noch diejenigen Studierenden mit dem Ausgangsalter 25, variabel ist nur die Anzahl der benötigten Semester. Die uns interessierende Information finden wir in derjenigen Zeile der Kontingenztafel 3.6, die mit 25 beginnt.

Dadurch erhält man eine neue Stichprobe vom Umfang 23. Anstelle der 500 Studierenden betrachten wir also nur noch die 23 mit dem Eintrittsalter 25. Die Verteilung dieser Stichprobe nennen wir **bedingte Häufigkeitsverteilung** der Studiendauer unter der Bedingung, daß das Alter zum Zeitpunkt des Studienbeginns 25 betrug. Sie ist in Tab. 3.8 dargestellt.

	Y (Anzahl der benötigten Semester)							
X = 25	8	9	10	11	12	13	14	Summe
	6	8	5	2	1	1	0	23

Tab. 3.8: Bedingte (absolute) Häufigkeitsverteilung

Sie besitzt den Mittelwert $\frac{217}{23} \approx 9{,}43$. Dieser **bedingte Mittelwert** ist kleiner als der absolute Mittelwert $\overline{y} = 9{,}714$. Die Studierenden mit dem Anfangsgangsalter 25 haben schneller studiert als der Durchschnitt. Die bedingte und die gesamte Häufigkeitsverteilung haben beide den Median 9.

Falls wir nur diejenigen Studierenden untersuchen, die nach 8 Semestern das Studium beendet haben, erhalten wir eine bedingte Häufigkeitsverteilung des Merkmals X (bei fester Studiendauer 8). Diese Bedingung erfüllen die 108 in der ersten Spalte aufgeführten Studierenden:

	X (Eintrittsalter)								
Y = 8	20	21	22	23	24	25	26	27	Summe
	11	21	29	27	14	6	0	0	108

Tab. 3.9: Bedingte (absolute) Häufigkeitsverteilung

Sie besitzt den Mittelwert $\frac{2\,406}{108} \approx 22{,}28$ und den Median 22.

Allgemein interessiere uns beim Merkmal X nur die bestimmte Ausprägung a_j (fest), während die Ausprägungen des Merkmals Y beliebig sein dürfen. Damit findet eine Einschränkung auf die Beobachtungspaare mit dieser festen Ausprägung statt, variabel sind nur die Ausprägungen des Merkmals Y. Die absoluten Häufigkeiten der Ausprägungen des Merkmals Y unter der Bedingung, daß X den festen Wert a_j annimmt, stehen in der j-ten Zeile (neben a_j) der Kontingenztafel. Diese Häufigkeiten nennt man die **bedingten absoluten Häufigkeiten** des Y-Merkmalswertes b_k unter der Bedingung, daß X die Ausprägung a_j hat. Diese bedingte Häufigkeit bezeichnen wir mit $h_n(b_k \mid a_j)$, also

$$h_n(b_k \mid a_j) = h_{jk} \quad \text{für } k = 1, 2, \ldots, l; \quad j \text{ fest mit } 1 \le j \le m. \tag{3.3}$$

Betrachtet man nur noch diejenigen Wertepaare, bei denen das Zeilenmerkmal Y die Ausprägung b_k besitzt, so stehen die bedingten Häufigkeiten der Ausprägungen des Merkmals X unter der Bedingung, daß die Ausprägung des Merkmals Y gleich b_k ist, in der k-ten Spalte (unter b_k) mit

$$h_n(a_j \mid b_k) = h_{jk} \quad \text{für } j = 1, 2, \ldots, m; \quad k \text{ fest mit } 1 \le k \le l. \tag{3.4}$$

Die bedingten absoluten Häufigkeiten können unmittelbar aus der entsprechenden Zeile bzw. Spalte der Kontingenztafel übernommen werden. Die **bedingten relativen Häufigkeiten** dagegen dürfen nicht unmittelbar aus der Kontingenztafel übertragen werden. Hier sind nämlich die Zeilensummen nicht gleich Eins. Falls man nur die Merkmalsausprägung a_j betrachtet, reduziert sich der Umfang n der Urliste auf den neuen Umfang

$$h_n(a_j) = h_{j\cdot} = \sum_{k=1}^{l} h_{jk}\,.$$

Zur Berechnung der bedingten relativen Häufigkeiten müssen die absoluten Häufigkeiten durch diesen geänderten Versuchsumfang $h_{j\cdot}$ dividiert werden. Dadurch erhält man:

bedingte relative Häufigkeit von b_k unter der Bedingung a_j

$$r_n(b_k \mid a_j) = \frac{h_n(a_j, b_k)}{h_n(a_j)} = \frac{h_{jk}}{h_{j\cdot}} = \frac{h_{jk}/n}{h_{j\cdot}/n} = \frac{r_{jk}}{r_{j\cdot}} = \frac{r_n(a_j, b_k)}{r_n(a_j)} \tag{3.5}$$

$$\text{für } k = 1, 2, \ldots, l \quad \text{und jedes } j \text{ mit } 1 \le j \le m;$$

bedingte relative Häufigkeit von a_j unter der Bedingung b_k

$$r_n(a_j \mid b_k) = \frac{h_n(a_j, b_k)}{h_n(b_k)} = \frac{h_{jk}}{h_{\cdot k}} = \frac{h_{jk}/n}{h_{\cdot k}/n} = \frac{r_{jk}}{r_{\cdot k}} = \frac{r_n(a_j, b_k)}{r_n(b_k)} \tag{3.6}$$

$$\text{für } j = 1, 2, \ldots, m \quad \text{und jedes } k \text{ mit } 1 \le k \le l.$$

Die relativen Häufigkeiten aus der Kontingenztafel müssen durch die relative Randhäufigkeit der entsprechenden Zeile bzw. Spalte dividiert werden, auf die man sich beschränkt. Für diese eindimensionalen (bedingten) Häufigkeitsverteilungen können alle Lage- und Streuungsparameter berechnet werden. Man nennt sie **bedingte Parameter**.

3.2.4 Unabhängige Merkmale

Falls die Ausprägungen des Merkmals X keinen Einfluß auf die Ausprägungen des Merkmals Y haben, nennt man Y von X unabhängig. Dann müssen in den Kontingenztafeln der relativen und der absoluten Häufigkeiten in allen Zeilen die jeweiligen prozentualen Anteile identisch sein. Die relativen Häufigkeiten der Ausprägungen b_k dürfen dann gar nicht mehr von a_j abhängen. Für jedes feste k müssen alle bedingten relativen Häufigkeiten $r_n(b_k \mid a_j)$, $1 \leq j \leq n$ (spaltenweise) mit der absoluten relativen Häufigkeit $r_n(b_k)$ übereinstimmen. Es müßte also gelten

$$r_n(b_k \mid a_1) = r_n(b_k \mid a_2) = \ldots = r_n(b_k \mid a_m) = r_n(b_k) = r_{\cdot k} \qquad (3.7)$$
$$\text{für } k = 1, 2, \ldots, l.$$

Mit (3.5) erhält man daraus

$$r_n(b_k \mid a_j) = \frac{r_{jk}}{r_{j\cdot}} = r_{\cdot k} \; ;$$
$$r_{jk} = r_{j\cdot} \cdot r_{\cdot k} \quad \text{für } j = 1, 2, \ldots, m \text{ und } k = 1, 2, \ldots, l. \qquad (3.8)$$

Ist umgekehrt X von Y unabhängig, so gilt entsprechend

$$r_n(a_j \mid b_1) = r_n(a_j \mid b_2) = \ldots = r_n(a_j \mid b_l) = r_n(a_j) = r_{j\cdot} \qquad (3.9)$$
$$\text{für } j = 1, 2, \ldots, m.$$

Hieraus folgt ebenfalls (3.8). Umgekehrt erhält man aus (3.8) beide Unabhängigkeitsbedingungen (3.7) und (3.9). Bei zwei Merkmalen ist die Unabhängigkeit somit eine "symmetrische" Relation. Wenn X von Y unabhängig ist, dann ist auch gleichzeitig Y von X unabhängig.

Zwei Merkmale sind also **unabhängig**, wenn die **Unabhängigkeitsbedingung**

$$r_{jk} = r_{j\cdot} \cdot r_{\cdot k} \quad \text{für alle Paare } (i, k) \qquad (3.10)$$

erfüllt ist.

Schon aus Gründen der Arithmetik kann diese vollständige Unabhängigkeitsbedingung in den meisten Beobachtungsreihen nicht exakt erfüllt sein. Oft sind zwei Merkmale in einer gesamten Grundgesamtheit voneinander unabhängig. In einer Teilauswahl (Stichprobe) ist die Unabhängigkeit jedoch meistens nicht erfüllt. Der Grund dafür liegt in der Zufallsauswahl. Manchmal sind auch Meßfehler, Störungen oder Schwankungen dafür verantwortlich. Bei großem Stichprobenumfang n kann man allerdings erwarten, daß bei Stichproben aus unabhängigen Grundgesamtheiten die Unabhängigkeitsbedingung (3.10) wenigstens näherungsweise erfüllt ist, also

$$r_{jk} \approx r_{j\cdot} \cdot r_{\cdot k} \quad \text{für alle i und k.}$$

3.2.5 Kontingenzkoeffizient

Bei Stichproben von unabhängigen Merkmalen gilt nach Abschnitt 3.2.4 meistens die Näherung

$$r_{jk} \approx r_{j\cdot} \cdot r_{\cdot k}\,.$$

Dann deuten größere Abweichungen der relativen Häufigkeiten r_{jk} vom Produkt $r_{j\cdot} \cdot r_{\cdot k}$ auf eine gewisse Abhängigkeit der beiden Merkmale X und Y hin. Zur Festlegung eines ersten Abweichungsmaßes könnte man die Abweichungsquadrate $(r_{jk} - r_{j\cdot} \cdot r_{\cdot k})^2$ benutzen. Besser geeignet sind jedoch die ebenfalls nicht negativen relativen Werte

$$\frac{(r_{jk} - r_{j\cdot} \cdot r_{\cdot k})^2}{r_{j\cdot} \cdot r_{\cdot k}}\,.$$

Die daraus berechnete Größe

$$\chi^2 = n \sum_{j=1}^{m} \sum_{k=1}^{l} \frac{(r_{jk} - r_{j\cdot} \cdot r_{\cdot k})^2}{r_{j\cdot} \cdot r_{\cdot k}} \tag{3.11}$$

heißt **Chi-Quadrat**. Sie spielt in der beurteilenden Statistik eine wichtige Rolle (vgl. Abschnitt 10.3).

Bei vollständiger Unabhängigkeit verschwindet χ^2. Umformung ergibt

$$\begin{aligned}
\chi^2 &= n \sum_{j=1}^{m} \sum_{k=1}^{l} \frac{(r_{jk} - r_{j\cdot} \cdot r_{\cdot k})^2}{r_{j\cdot} \cdot r_{\cdot k}} = n \sum_{j=1}^{m} \sum_{k=1}^{l} \frac{(r_{jk}^2 - 2\, r_{jk} \cdot r_{j\cdot} \cdot r_{\cdot k} + r_{j\cdot}^2 \cdot r_{\cdot k}^2)}{r_{j\cdot} \cdot r_{\cdot k}} \\
&= n \sum_{j=1}^{m} \sum_{k=1}^{l} \frac{r_{jk}^2}{r_{j\cdot} \cdot r_{\cdot k}} - 2n \sum_{j=1}^{m} \sum_{k=1}^{l} r_{jk} + n \sum_{j=1}^{m} \sum_{k=1}^{l} r_{j\cdot} \cdot r_{\cdot k} \\
&= n \sum_{j=1}^{m} \sum_{k=1}^{l} \frac{r_{jk}^2}{r_{j\cdot} \cdot r_{\cdot k}} - 2n \cdot 1 + n \cdot 1 = n \Big(\sum_{j=1}^{m} \sum_{k=1}^{l} \frac{r_{jk}^2}{r_{j\cdot} \cdot r_{\cdot k}} - 1 \Big).
\end{aligned}$$

Damit vereinfacht sich die Formel zu

$$\chi^2 = n \Big(\sum_{j=1}^{m} \sum_{k=1}^{l} \frac{r_{jk}^2}{r_{j\cdot} \cdot r_{\cdot k}} - 1 \Big). \tag{3.12}$$

χ^2 kann aber auch aus der Kontingenztafel der absoluten Häufigkeiten berechnet werden. In (3.11) bzw. (3.12) erweitern wir die Zähler und Nenner mit n^2 und erhalten wegen

$$h_{jk} = n\, r_{jk}\ ;\quad h_{j\cdot} = n\, r_{j\cdot}\,;\quad h_{\cdot k} = n\, r_{\cdot k}$$

$$\chi^2 = n \sum_{j=1}^{m} \sum_{k=1}^{l} \frac{(n\,r_{jk} - n\,r_{j\cdot} \cdot r_{\cdot k})^2}{n\,r_{j\cdot} \cdot n\,r_{\cdot k}} = \sum_{j=1}^{m} \sum_{k=1}^{l} \frac{\left(h_{jk} - \frac{h_{j\cdot} \cdot h_{\cdot k}}{n}\right)^2}{\frac{h_{j\cdot} \cdot h_{\cdot k}}{n}}$$

bzw.

$$\chi^2 = n\left(\sum_{j=1}^{m} \sum_{k=1}^{l} \frac{n^2 r_{jk}^2}{n\,r_{j\cdot} \cdot n\,r_{\cdot k}} - 1\right) = n\left(\sum_{j=1}^{m} \sum_{k=1}^{l} \frac{h_{jk}^2}{h_{j\cdot} \cdot h_{\cdot k}} - 1\right),$$

also

$$\chi^2 = \sum_{j=1}^{m} \sum_{k=1}^{l} \frac{\left(h_{jk} - \frac{h_{j\cdot} \cdot h_{\cdot k}}{n}\right)^2}{\frac{h_{j\cdot} \cdot h_{\cdot k}}{n}} = n \cdot \left(\sum_{j=1}^{m} \sum_{k=1}^{l} \frac{h_{jk}^2}{h_{j\cdot} \cdot h_{\cdot k}} - 1\right). \qquad (3.13)$$

Bei einer **Vierfeldertafel** ($m = l = 2$) vereinfacht sich die Formel zu

$$\chi^2 = \frac{n\,(h_{11}h_{22} - h_{12}h_{21})^2}{h_{1\cdot} \cdot h_{2\cdot} \cdot h_{\cdot 1} \cdot h_{\cdot 2}}, \qquad (3.14)$$

wie man durch elementare Rechnung leicht zeigen kann.

Falls die beiden Merkmale in der Grundgesamtheit unabhängig sind, liegt χ^2 in der Nähe von 0. Da für $r_{jk} \neq r_{j\cdot} \cdot r_{\cdot k}$ die Größe χ^2 linear in n wächst, kann sie bei unabhängigen Merkmalen bei großem Stichprobenumfang n beliebig groß und damit nicht mehr vergleichbar werden. Aus diesem Grund ist χ^2 als Abhängigkeitsmaß nicht geeignet.

Die Größe

$$K = \sqrt{\frac{\chi^2}{n + \chi^2}} \qquad (3.15)$$

heißt **Pearsonscher Kontingenzkoeffizient**. Er ist nach dem britischen Statistiker **Karl Pearson** (1857 – 1936) benannt.
Für diesen Kontingenzkoeffizienten gilt allgemein

$$0 \leq K < 1.$$

Beispiel 3.7:
Aus der Vierfeldertafel

	b_1	b_2	Summe
a_1	0	5	5
a_2	10	0	10
Summe	10	5	15 = n

wird ein eindeutiger Zusammenhang $b_1 = f(a_2)$ und $b_2 = f(a_1)$ erkennbar. Bei einer solchen Zuordnung handelt es sich offensichtlich um den größtmöglichen Abhängigkeitsgrad. Wir erhalten

$$\chi^2 = 15\left(\frac{5^2}{5\cdot 5} + \frac{10^2}{10\cdot 10} - 1\right) = 15\,;\quad K = \sqrt{\frac{15}{15+15}} = \sqrt{\frac{1}{2}} = \frac{\sqrt{2}}{2} < 1.$$

Bei sämtlichen Vierfeldertafeln nimmt der Personsche Kontingenzkoeffizient höchstens den Wert $\sqrt{2}\,/2$ an.

Durch eine derartige Zuordnung kann allgemein gezeigt werden, daß allgemein bei jeder Kontingenztafel mit m Zeilen und l Spalten gilt

$$K_{max} = \sqrt{\frac{\min(m,\, l) - 1}{\min(m,\, l)}}\,. \tag{3.16}$$

Der Quotient $\frac{K}{K_{max}}$ kann den maximalen Wert 1 annehmen. Es ist der

normierte Pearsonsche Kontingenzkoeffizient

$$K_{norm} = \sqrt{\frac{\min(m,\, l)}{\min(m,\, l) - 1}}\cdot K = \sqrt{\frac{\min(m,\, l)}{\min(m,\, l) - 1}\cdot\frac{\chi^2}{n + \chi^2}} \tag{3.17}$$

mit

$$0 \le K_{norm} \le 1\,.$$

Bei unabhängigen Merkmalen liegt K_{norm} wenigstens bei großem Stichprobenumfang n in der Nähe von 0.

Bemerkung:
Der normierte Pearsonsche Kontingenzkoeffizient kann als Abhängigkeitsmaß auch bei Merkmalen berechnet werden, die nur **nominal** sind. Daher handelt es sich hier um das allgemeinste Abhängigkeitsmaß.

Beispiel 3.8 (vgl. Beispiel 3.2):
Von den beiden nominalen Merkmalen aus Beispiel 3.2 soll der normierte Pearsonsche Kontingenzkoeffizient berechnet werden.

$$\chi^2 = 400\left(\frac{5^2}{207\cdot 41} + \frac{160^2}{207\cdot 282} + \frac{42^2}{207\cdot 77} + \frac{36^2}{193\cdot 41} + \frac{122^2}{193\cdot 282} + \frac{35^2}{193\cdot 77} - 1\right)$$

$$= 28{,}74116.$$

$$K_{norm} = \sqrt{\frac{2}{2-1}\cdot\frac{28{,}74116}{400 + 28{,}74116}} \approx 0{,}366\,.$$

3.3 Korrelationsrechnung

In der Korrelationsrechnung wird untersucht, ob zwischen den Ausprägungen zweier Merkmale ein **Zusammenhang**, also eine Abhängigkeit besteht. Dabei interessiert nicht, ob eines der beiden Merkmale Einfluß auf das andere hat oder ob die Ursache dieses Zusammenhangs in anderen Merkmalen liegt. Weil in diesem Abschnitt keine Kausalitätsuntersuchungen durchgeführt werden, behandelt man beide Merkmale symmetrisch.

Wir gehen von einer zweidimensionalen Beobachtungsreihe

$$(x, y) = \big((x_1, y_1), (x_2, y_2), \ldots, (x_n, y_n)\big)$$

oder von einer in einer Kontingenztafel dargestellten gemeinsamen Häufigkeitsverteilung aus. Trennung der beiden Komponenten ergibt zwei eindimensionale Beobachtungsreihen

$$x = (x_1, x_2, \ldots, x_n) \quad \text{und} \quad y = (y_1, y_2, \ldots, y_n)$$

bzw. die Randverteilungen der einzelnen Merkmalsausprägungen mit den absoluten Häufigkeiten

$$h_n(a_j) = h_{j\cdot}\,,\ 1 \le j \le m \quad \text{und} \quad h_n(b_k) = h_{\cdot k}\,,\ 1 \le k \le l$$

und den relativen Häufigkeiten

$$r_n(a_j) = r_{j\cdot} = \frac{h_{j\cdot}}{n}\,,\ 1 \le j \le m \quad \text{und} \quad r_n(b_k) = r_{\cdot k} = \frac{h_{\cdot k}}{n}\,,\ 1 \le k \le l.$$

Falls beide Merkmale metrisch skaliert sind, besitzen die getrennten Beobachtungsreihen die Kenngrößen:

Mittelwerte:

$$\bar{x} = \frac{1}{n}\sum_{i=1}^{n} x_i = \frac{1}{n}\sum_{j=1}^{m} h_n(a_j)\cdot a_j = \frac{1}{n}\sum_{j=1}^{m} h_{j\cdot}\cdot a_j\,;$$

$$\bar{y} = \frac{1}{n}\sum_{i=1}^{n} y_i = \frac{1}{n}\sum_{k=1}^{l} h_n(b_k)\cdot b_k = \frac{1}{n}\sum_{k=1}^{l} h_{\cdot k}\cdot b_k\,;$$

Varianzen:

$$s_x^2 = \frac{1}{n-1}\sum_{i=1}^{n}(x_i-\bar{x})^2 = \frac{1}{n-1}\Big(\sum_{i=1}^{n} x_i^2 - n\,\bar{x}^2\Big)$$

$$= \frac{1}{n-1}\sum_{j=1}^{m} h_{j\cdot}\cdot(a_j-\bar{x})^2 = \frac{1}{n-1}\Big(\sum_{j=1}^{m} h_{j\cdot}\cdot a_j^2 - n\,\bar{x}^2\Big);$$

$$s_y^2 = \frac{1}{n-1}\sum_{i=1}^{n}(y_i-\bar{y})^2 = \frac{1}{n-1}\Big(\sum_{i=1}^{n} y_i^2 - n\,\bar{y}^2\Big)$$

$$= \frac{1}{n-1}\sum_{k=1}^{l} h_{\cdot k}\cdot(b_k-\bar{y})^2 = \frac{1}{n-1}\Big(\sum_{k=1}^{l} h_{\cdot k}\cdot b_k^2 - n\,\bar{y}^2\Big).$$

3.3.1 Kovarianz

Falls beide Merkmale X und Y kardinal skaliert sind, heißt

$$s_{xy} = \frac{1}{n-1} \sum_{i=1}^{n} (x_i - \bar{x}) \cdot (y_i - \bar{y})$$

die **Kovarianz** der Stichprobe (x, y). Wie bei der Varianz wird auch bei der Kovarianz nicht durch n, sondern durch n − 1 dividiert. Der Grund dafür sind die Anwendungen in der beurteilenden Statistik. Aus

$$\begin{aligned}\sum_{i=1}^{n} (x_i - \bar{x}) \cdot (y_i - \bar{y}) &= \sum_{i=1}^{n} (x_i y_i - x_i \bar{y} - \bar{x} y_i + \bar{x}\bar{y}) \\ &= \sum_{i=1}^{n} x_i y_i - \bar{y} \sum_{i=1}^{n} x_i - \bar{x} \sum_{i=1}^{n} y_i + n\bar{x}\bar{y} \\ &= \sum_{i=1}^{n} x_i y_i - \bar{y}\, n\bar{x} - \bar{x}\, n\bar{y} + n\bar{x}\bar{y} = \sum_{i=1}^{n} x_i y_i - n\bar{x}\bar{y}\end{aligned}$$

erhält man die für die praktische Rechnung nützliche Darstellung

$$s_{xy} = \frac{1}{n-1}\left(\sum_{i=1}^{n} x_i y_i - n\bar{x}\bar{y}\right) = \frac{1}{n-1}\left(\sum_{j=1}^{m} \sum_{k=1}^{l} h_{jk} a_j b_k - n\bar{x}\bar{y}\right). \quad (3.18)$$

Im Falle $x_i = y_i$ für alle i, also für x = y stellt die Kovarianz die Varianz

$$s_{xx} = \frac{1}{n-1} \sum_{i=1}^{n} (x_i - \bar{x})^2 = s_x^2 \quad (3.19)$$

der Stichprobe x dar. Die Kovarianz kann verschiedene Vorzeichen haben und beliebig groß sein.

Lineare Transformation

Wir transformieren die Beobachtungswerte linear durch $a_1 + b_1 x_i$ und $a_2 + b_2 y_i$ für $i = 1, \ldots, n$. Dadurch entsteht die transformierte Stichprobe

$$(a_1 + b_1 x, a_2 + b_2 y) = \big((a_1+b_1x_1, a_2+b_2y_1), \ldots, (a_1+b_1x_n, a_2+b_2y_n)\big).$$

Wegen

$$\overline{a_1 + b_1 x} = a_1 + b_1\bar{x}\,; \quad \overline{a_2 + b_2 y} = a_2 + b_2\bar{y}$$

lautet die Kovarianz der transformierten zweidimensionalen Stichprobe

$$\begin{aligned}s_{(a_1+b_1x,\, a_2+b_2y)} &= \frac{1}{n-1} \sum_{i=1}^{n} (a_1 + b_1 x_i - a_1 - b_1\bar{x}) \cdot (a_2 + b_2 y_i - a_2 - b_2\bar{y}) \\ &= \frac{1}{n-1} \sum_{i=1}^{n} b_1(x_i - \bar{x})\, b_2(y_i - \bar{y}) = b_1 \cdot b_2 \cdot s_{xy}\,. \end{aligned} \quad (3.20)$$

Für $b_1 = b_2 = 1$ erhält man Parallelverschiebungen (Nullpunktsverschiebungen). Dabei bleibt die Kovarianz erhalten. Sie ist jedoch nicht invariant gegenüber Maßstabsveränderungen ($b_1 \neq 1$, $b_2 \neq 1$). Aus diesem Grund ist die Kovarianz als Maß für den Zusammenhang der Komponenten einer zweidimensionalen Meßreihe nicht geeignet.

3.3.2 Korrelationskoeffizient nach Bravais-Pearson

Die zweidimensionale Beobachtungsreihe zweier kardinal skalierter Merkmale X und Y besitze die Kovarianz s_{xy}. Die Standardabweichungen der beiden Randverteilungen seien $s_x \neq 0$ und $s_y \neq 0$. Dann heißt

$$r = r_{xy} = \frac{s_{xy}}{s_x \cdot s_y} = \frac{\sum_{i=1}^{n} (x_i - \bar{x})(y_i - \bar{y})}{\sqrt{\left(\sum_{i=1}^{n} (x_i - \bar{x})^2\right) \cdot \left(\sum_{i=1}^{n} (y_i - \bar{y})^2\right)}} \tag{3.21}$$

$$= \frac{\sum_{i=1}^{n} x_i y_i - n\,\bar{x}\,\bar{y}}{\sqrt{\left(\sum_{i=1}^{n} x_i^2 - n\,\bar{x}^2\right) \cdot \left(\sum_{i=1}^{n} y_i^2 - n\,\bar{y}^2\right)}}$$

$$= \frac{\sum_{j=1}^{m} \sum_{k=1}^{l} h_{jk} \cdot a_j \cdot b_k - n\,\bar{x}\,\bar{y}}{\sqrt{\left(\sum_{j=1}^{m} h_{j\cdot} \cdot a_j^2 - n\,\bar{x}^2\right) \cdot \left(\sum_{k=1}^{l} h_{\cdot k} \cdot b_k^2 - n\,\bar{y}^2\right)}}$$

der **Korrelationskoeffizient nach Bravais-Pearson.** Er ist nach dem französischen Physiker **Auguste Bravais** (1811 – 1863) und dem britischen Statistiker **Karl Pearson** (1857 – 1936) benannt. Im Gegensatz zum Kontingenzkoeffizienten ist der Korrelationskoeffizient r bei nur nominal oder ordinal skalierten Merkmalen nicht berechenbar.

Wegen seiner großen Bedeutung wird er üblicherweise schlicht als **der Korrelationskoeffizient** bezeichnet.

Lineare Transformation

Für den Korrelationskoeffizienten der linear transformierten Stichprobe

$$(a_1 + b_1 x,\ a_2 + b_2 y) = \left((a_1 + b_1 x_1,\ a_2 + b_2 y_1), \ldots, (a_1 + b_1 x_n,\ a_2 + b_2 y_n)\right)$$

folgt aus

$$s_{(a_1+b_1x,\ a_2+b_2y)} = b_1 \cdot b_2 \cdot s_{xy}\ ;$$

$$s_{a_1+b_1x} = |b_1| \cdot s_x\ ;\quad s_{a_2+b_2y} = |b_2| \cdot s_y$$

$$r_{(a_1+b_1x)\,(a_2+b_2y)} = \frac{b_1 \cdot b_2}{|b_1| \cdot |b_2|} \cdot \frac{s_{xy}}{s_x \cdot s_y} = \pm\ r_{xy}\,. \tag{3.22}$$

Falls b_1 und b_2 gleiches Vorzeichen besitzen, bleibt der Korrelationskoeffizient r bei dieser linearen Transformation unverändert.

Für $b_1 > 0$, $b_2 > 0$, $a_1 = a_2 = 0$ bewirkt die lineare Transformation im wesentlichen eine Maßstabsänderung. Im Gegensatz zur Kovarianz s_{xy} ist der Korrelationskoeffizient r gegenüber Maßstabsänderungen invariant.

Satz 3.1:
Für den Korrelationskoeffizienten r einer zweidimensionalen Stichprobe gelten folgende Eigenschaften:

a) $|r| \leq 1$, d.h. $-1 \leq r \leq +1$.

b) $|r| = 1$ ist genau dann erfüllt, wenn alle Punkte der Stichprobe auf der sogenannten **Regressionsgeraden** liegen:

$$y - \bar{y} = \frac{s_{xy}}{s_x^2} \cdot (x - \bar{x}), \quad \text{also nur für}$$

$$y_i = \bar{y} + \frac{s_{xy}}{s_x^2} \cdot (x_i - \bar{x}) \quad \text{für } i = 1, 2, \ldots, n.$$

Im Falle $r = +1$ ist die Steigung dieser Geraden positiv, für $r = -1$ ist sie negativ.

Beweis:

$$0 \leq \frac{1}{n-1} \sum_{i=1}^{n} \left((y_i - \bar{y}) - \frac{s_{xy}}{s_x^2} \cdot (x_i - \bar{x}) \right)^2$$

$$= \frac{1}{n-1} \sum_{i=1}^{n} (y_i - \bar{y})^2 - 2 \frac{s_{xy}}{s_x^2} \cdot \frac{1}{n-1} \sum_{i=1}^{n} (x_i - \bar{x}) \cdot (y_i - \bar{y})$$

$$+ \frac{s_{xy}^2}{s_x^4} \cdot \frac{1}{n-1} \sum_{i=1}^{n} (x_i - \bar{x})^2$$

$$= s_y^2 - 2 \frac{s_{xy}^2}{s_x^2} + \frac{s_{xy}^2}{s_x^2} = s_y^2 - \frac{s_{xy}^2}{s_x^2} = s_y^2 \cdot \left(1 - \frac{s_{xy}^2}{s_x^2 \cdot s_y^2} \right) = s_y^2 \cdot (1 - r^2).$$

Wegen $s_y^2 > 0$ gilt $1 - r^2 \geq 0$, also $r^2 \leq 1$.

Nur für $r^2 = 1$ verschwindet die gemittelte Quadratsumme. Dies ist nur dann möglich, wenn sämtliche Summanden gleich Null sind, also

$$(y_i - \bar{y}) = \frac{s_{xy}}{s_x^2} \cdot (x_i - \bar{x}) \quad \text{für } i = 1, 2, \ldots, n.$$

Für $|r| = 1$ liegen alle Punkte auf der sog. Regressionsgeraden

$$y - \bar{y} = \frac{s_{xy}}{s_x^2} \cdot (x - \bar{x}). \tag{3.23}$$

Im Falle $r = +1$ ist die Kovarianz s_{xy} und damit auch die Steigung positiv, für $r = -1$ negativ. Damit sind die Behauptungen bewiesen.

Aus den obigen Umformungen folgt

$$q^2 = \sum_{i=1}^{n} \left(y_i - [\bar{y} + \frac{s_{xy}}{s_x^2} \cdot (x_i - \bar{x})] \right)^2 = (n-1) \cdot s_y^2 \cdot (1 - r^2). \tag{3.24}$$

Auf der linken Seite von (3.24) steht die Summe der vertikalen Abstandsquadrate der n Beobachtungswerte (x_i, y_i), $i = 1, 2, \ldots, n$ von der Regressionsgeraden (3.23). Je näher $|r|$ bei 1 ist, umso kleiner wird diese quadratische Abweichungssumme. Aus diesem Grund ist der Korrelationskoeffizient r ein **Maß für den linearen Zusammenhang** der Ausprägungen zweier Merkmale. Je größer $|r|$ ist, umso mehr sind die Merkmalspaare in der Nähe einer Geraden konzentriert. Nur für $|r| = 1$ liegen alle n Wertepaare auf einer Geraden. Aus einem solchen Zusammenhang kann jedoch keineswegs geschlossen werden, daß eines der beiden Merkmale vom anderen abhängt. Die Ursache für einen solchen Zusammenhang könnte nämlich ein drittes Merkmal sein, von dem beide abhängig sind. Dann spricht man von einer **Scheinkorrelation.**

Für $r > 0$ nennt man die Beobachtungspaare **positiv korreliert.** Die Punktwolke verläuft dann von links nach rechts mit steigender Tendenz. Für $r < 0$ sind die Beobachtungspaare **negativ korreliert.** Die Punktwolke hat dann von links nach rechts fallende Tendenz.

Im Falle $r = 0$, also für $s_{xy} = 0$ nennt man die Beobachtungspaare **unkorreliert.** Dann ist in der Punktwolke keine einheitliche Tendenz erkennbar. Liegt r in der Nähe von 0, so heißen die Beobachtungspaare **schwach korreliert.**

Beispiel 3.9 (vgl. Beispiel 3.1):
Für die Stichprobe der Körpergrößen (x_i) und Gewichte (y_i) erhält man durch elementare Rechnung:

$$\sum_{i=1}^{20} x_i = 3\,415\,; \quad \sum_{i=1}^{20} x_i^2 = 583\,787\,; \quad \sum_{i=1}^{20} y_i = 1\,429\,; \quad \sum_{i=1}^{20} y_i^2 = 102\,841\,;$$

$$\sum_{i=1}^{20} x_i y_i = 244\,639\,.$$

Hieraus folgt

$$\bar{x} = \frac{3\,415}{20} = 170{,}75\,; \quad s_x^2 = \frac{1}{19}(583\,787 - 20 \cdot 170{,}75^2) \approx 35{,}5658;$$

$$s_x \approx 5{,}964\,;$$

$$\bar{y} = \frac{1\,429}{20} = 71{,}45\,; \quad s_y^2 = \frac{1}{19}(102\,841 - 20 \cdot 71{,}45^2) \approx 38{,}8921;$$

$$s_y \approx 6{,}236\,;$$

Kovarianz: $s_{xy} = \frac{1}{19}(244\,639 - 20 \cdot 170{,}75 \cdot 71{,}45) \approx 33{,}5395\,;$

Korrelationskoeffizient: $r \approx \frac{33{,}5935}{5{,}964 \cdot 6{,}236} \approx 0{,}902\,.$

Körpergröße und Körpergewicht sind stark positiv korreliert. Hier gilt das Motto: "je größer, umso schwerer". Diese Tendenz ist nur im groben richtig. Ausnahmen sind bereits in den Stichprobenwerten erkennbar.

In Bild 3.3 sind einige Punktwolken mit den dazugehörigen Korrelationskoeffizienten abgebildet.

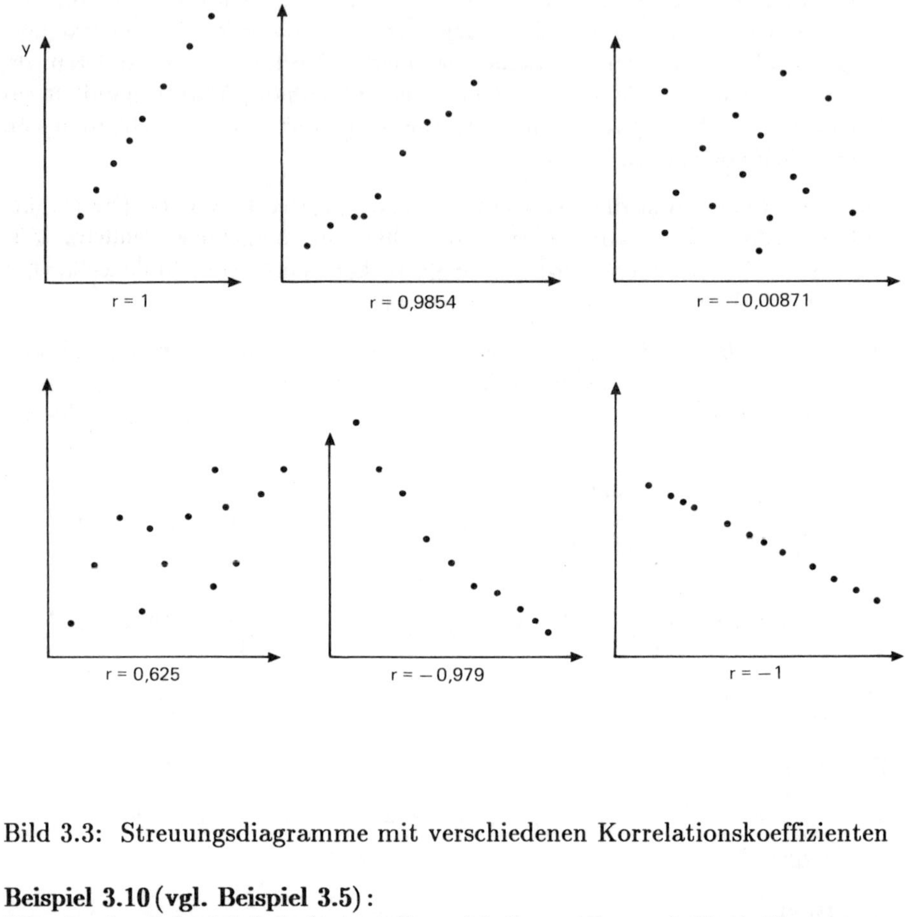

Bild 3.3: Streuungsdiagramme mit verschiedenen Korrelationskoeffizienten

Beispiel 3.10 (vgl. Beispiel 3.5):
Für die in Beispiel 3.5 dargestellten Mathematik- und Statistikzensuren soll der Korrelationskoeffizient r berechnet werden. Aus der Häufigkeitstabelle erhält man:

$$\sum_{j=1}^{5} h_{j\cdot} \cdot a_j = 1\,607\,; \quad \sum_{j=1}^{5} h_{j\cdot} \cdot a_j^2 = 6\,411\,;$$

$$\sum_{k=1}^{5} h_{\cdot k} \cdot b_k = 1\,497\,; \quad \sum_{k=1}^{5} h_{\cdot k} \cdot b_k^2 = 5\,789\,;$$

$$\sum_{j=1}^{5} \sum_{k=1}^{n} h_{jk} \cdot a_j \cdot b_k = 5\;855\,; \quad n = 441.$$

Hieraus erhält man folgende Größen:

$$\bar{x} = \frac{1\,607}{441} \approx 3{,}6440\,; \quad s_x^2 = \frac{1}{440}(6\,411 - 441 \cdot 3{,}644^2) \approx 1{,}2616\,;$$

$$\bar{y} = \frac{1\,497}{441} \approx 3{,}3950\,; \quad s_y^2 = \frac{1}{440}(5\,789 - 441 \cdot 3{,}395^2) \approx 1{,}6076\,;$$

Kovarianz: $s_{xy} = \frac{1}{440}(\,5\,855 - 441 \cdot 3{,}644 \cdot 3{,}395) \approx 0{,}9090\,;$

Korrelationskoeffizient: $r = \frac{s_{xy}}{s_x \cdot s_y} \approx 0{,}638\,.$

3.3.3 Rangkorrelationskoeffizient von Spearman

Bei einem Merkmal, das nur nach einer ordinalen und nicht nach einer metrischen Skala geordnet werden kann, ist die Berechnung des Korrelationskoeffizienten von Bravais-Pearson gar nicht möglich, falls die Merkmalsausprägungen keine Zahlenwerte sind. Sind die Ausprägungen eines nur ordinalen Merkmals zahlenmäßig verschlüsselt, so könnte man den Korrelationskoeffizienten r zwar formal berechnen. Da die Differenzen $x_i - \bar{x}$ und $y_i - \bar{y}$ jedoch nicht meßbar sind, wäre der Korrelationskoeffizient r genauso wie die Mittelwerte eine willkürliche Größe. Aus diesem Grund sollte bei nur ordinal skalierten Merkmalen der Korrelationskoeffizient r nicht verwendet werden.

Bei vielen Sportarten können die Ergebnisse nicht metrisch gemessen werden, z. B. beim Eiskunstlauf oder bei einem Tanzturnier. Die Punktrichter sind jedoch gezwungen, eine Reihenfolge (Rangfolge) festzulegen. Verschiedene Punktrichter kommen oft zu unterschiedlichen Rangordnungen. Trotzdem möchte man die Ergebnsisse von verschiedenen Wertungsrichtern miteinander vergleichen und ein **Maß der Übereinstimmung** angeben. Eine ähnliche Situation liegt bei der Verkostung von Lebensmitteln vor z. B. bei der Festlegung der Güteklasse eines Weines.

3.3.3.1 Rangzahlen

Die eindimensionale Beobachtungsreihe $(z_1, z_2, \ldots, z_n)$ bestehe aus Ausprägungen eines ordinal skalierten Merkmals, so daß zwischen ihnen eine natürliche Rangordnung (Reihenfolge) besteht. Bezüglich dieser Rangordnung werden die Werte wie bei der Bestimmung des Medians der Größe nach aufsteigend geordnet

$$z_{(1)} \leq z_{(2)} \leq z_{(3)} \leq \cdots \leq z_{(n)}\,. \tag{3.25}$$

Oft werden die Ausprägungen des ordinal skalierten Merkmals zahlenmäßig verschlüsselt, z. B. durch Vergabe von Punktzahlen. Dann kann die

Rangordnung in (3.25) nach steigender oder auch nach fallender Punktzahl festgelegt werden. Man kann vom kleinsten bis zum größten Wert oder umgekehrt sortieren.

Jedem Beobachtungswert z_i der Urliste wird als **Rang** $R_i = R(z_i)$ die Platznummer zugewiesen, die z_i in der geordneten Reihe (3.25) einnimmt. Falls alle n Werte z_i verschieden sind, ist diese Rangzuordnung eindeutig. Tritt jedoch eine Merkmalsausprägung öfters auf, so ordnet man jeder Ausprägung der gleichen Gruppe das arithmetische Mittel derjenigen Ränge zu, welche die gleichen Beobachtungswerte einnehmen. In einem solchen Fall spricht man von **Bindungen.**

Beispiel 3.11:

a) Bei einem Tanzturnier bekamen 8 Paare mit den Startnummern 1,2,3,4, 5,6,7,8 folgende Plätze (Ränge)

Paar Nr.	1	2	3	4	5	6	7	8
Platznummer	3	2	5	1	7	8	4	6

Die Platznummern stellen unmittelbar die Rangzahlen der einzelnen Paare dar.

b) Die Beobachtungsreihe

$$(3;\ 5;\ 2;\ 5;\ 3;\ 8;\ 1;\ 5;\ 2)$$

geht über in die in die geordnete Reihe

$$z_{(1)} = 1;\ z_{(2)} = z_{(3)} = 2;\ z_{(4)} = z_{(5)} = 3;\ z_{(6)} = z_{(7)} = z_{(8)} = 5;\ z_{(9)} = 8.$$

Daraus erhält man die Rangzahlen

$z_{(i)}$	1	2	2	3	3	5	5	5	8
Rang $R(z_i)$	1	2,5	2,5	4,5	4,5	7	7	7	9

3.3.3.2 Der Spearmansche Rangkorrelationskoeffizient

Gegeben sei eine Beobachtungsreihe zweier ordinal skalierter Merkmale

$$(x, y) = ((x_1, y_1), (x_2, y_2), \ldots, (x_n, y_n)).$$

Zunächst werden in jeder der beiden getrennten Reihen

$$x = (x_1, x_2, \ldots, x_n) \qquad \text{und} \qquad y = (y_1, y_2, \ldots, y_n)$$

die Rangzahlen $R_i = R(x_i)$ und $R_i' = R(y_i)$ nach Abschnitt 3.3.3.1 berechnet. Für die Rangsummen der n Beobachtungswerte erhält man allgemein, also auch bei mittleren Rängen (Bindungen) die Summe

$$\sum_{i=1}^{n} R(x_i) = \sum_{i=1}^{n} R(y_i) = 1+2+3+\ldots+n = \frac{n\cdot(n+1)}{2}\,. \tag{3.26}$$

Division durch n ergibt den **Mittelwert der Ränge** als

$$\overline{R}(x) = \overline{R}(y) = \frac{n+1}{2}. \tag{3.27}$$

Die Paare der Rangzahlen $(R(x_i), R(y_i))$, $i = 1, 2, \ldots, n$ bilden eine zweidimensionale Stichprobe von metrisch skalierten Merkmalen. Von der zweidimensionalen Reihe

$$(R(x), R(y)) = \big((R(x_1), R(y_1)), (R(x_2), R(y_2)), \ldots, (R(x_n), R(y_n))\big)$$

kann der gewöhnliche Korrelationskoeffizient r nach Bravais-Pearson berechnet werden. Dabei kann (3.27) benutzt werden. Diesen Wert nennt man den

Spearmanschen Rangkorrelationskoeffizienten

$$r_S = r_{R(x)R(y)} = \frac{\sum_{i=1}^{n} R(x_i)\cdot R(y_i) - n\cdot \overline{R}(x)\cdot\overline{R}(y)}{\sqrt{\left(\sum_{i=1}^{n} R^2(x_i) - n\cdot[\overline{R}(x)]^2\right)\cdot\left(\sum_{i=1}^{n} R^2(y_i) - n\cdot[\overline{R}(x)]^2\right)}}$$

$$= \frac{\sum_{i=1}^{n} R(x_i)\cdot R(y_i) - \frac{n}{4}(n+1)^2}{\sqrt{\left(\sum_{i=1}^{n} R^2(x_i) - \frac{n}{4}(n+1)^2\right)\cdot\left(\sum_{i=1}^{n} R^2(y_i) - \frac{n}{4}(n+1)^2\right)}}\,. \tag{3.28}$$

Dieser Rangkorrelationskoeffizient ist nach dem britischen Psychologen **Charles Edward Spearman** (1863 – 1945) benannt. Da r_S gleich dem Bravais-Pearsonschen Korrelationskoeffizienten r der Rangpaare ist, gilt auch hier

$$-1 \le r_S \le +1\,.$$

$r_S = +1$ ist genau dann erfüllt, wenn die Ränge völlig gleichsinnig verlaufen, also für $R(x_i) = R(y_i)$, $1 \le i \le n$. Im Falle $r_S = -1$ verhalten sich die Rangnummern vollständig gegensinnig. Falls sie bei den x-Werten steigen, fallen sie bei den y-Werten und umgekehrt.

Liegt r_S in der Nähe von $+1$, so liegt eine starke positive Rangkorrelation vor. Wenn x_i einen hohen (niedrigen) Rangplatz hat, dann hat meistens auch y_i einen hohen (niedrigen) Rangplatz und umgekehrt. Falls r_S in der Nähe von -1 liegt, so ist eine starke negative Rangkorrelation vorhanden. Hohen (niedrigen) Rängen der x-Werte entsprechen dann meistens niedrige (hohe) Ränge der y-Werte und umgekehrt. Ist r_S ungefähr gleich Null, so besteht fast keine Rangkorrelation.

Der Rangkorrelationskoeffizient ist ein **Maß für den linearen Zusammenhang der Rangzahlen** der beiden beobachteten Merkmalswerte.

Beispiel 3.12:
Bei einem Tanzturnier mußten sich zwei Wertungsrichter A und B bei acht Tanzpaaren für eine eindeutig bestimmte Wertungsreihenfolge entscheiden. Dabei vergaben sie folgende Plätze:

Paar Nr.	1	2	3	4	5	6	7	8
$R(x_i)$ von A	2	5	6	1	8	3	4	7
$R(y_i)$ von B	1	5	7	3	8	2	4	6

Aus den Rangpaaren erhält man

$$\sum_{i=1}^{8} R(x_i) \cdot R(y_i) = 200\,; \quad \sum_{i=1}^{8} R^2(x_i) = 204\,; \quad \sum_{i=1}^{8} R^2(y_i) = 204$$

und den Spearmanschen Rangkorrelationskoeffizienten

$$r_S = \frac{200 - \frac{8}{4} \cdot 9^2}{\sqrt{(204 - \frac{8}{4} \cdot 9^2) \cdot (204 - \frac{8}{4} \cdot 9^2)}} = \frac{38}{42} \approx 0{,}9048\,.$$

Je größer bei solchen Rangbewertungen r_S ist, umso besser ist die Übereinstimmung der beiden Wertungsrichter. Nur bei voller Übereinstimmung aller 8 Rangplätze ist $r_S = 1$. Da hier der Rangkoeffizient relativ groß ist, haben beide Wertungsrichter ähnliche Tendenzen in ihrer Bewertung.

Beispiel 3.13:
Zwei Gutachter sollten unabhängig voneinander 10 Arbeiten bewerten. Jeder konnte bei jeder Arbeit bis zu 20 Punkte vergeben. Die Punkte sind in der nachfolgenden Tabelle eingetragen. Dabei sind x_i die des ersten und y_i die des zweiten Gutachters.
Gesucht ist der Spearmansche Rangkorrelationskoeffizient.

Die jeweiligen Rangzahlen sind in der vierten und fünften Zeile berechnet mit

$$\sum_{i=1}^{10} R(x_i) \cdot R(y_i) = 366\,; \quad \sum_{i=1}^{10} R^2(x_i) = 382{,}5\,; \quad \sum_{i=1}^{10} R^2(y_i) = 384{,}5$$

Arbeit Nr.	1	2	3	4	5	6	7	8	9	10
x_i	9	12	15	8	17	12	9	14	7	9
y_i	11	10	18	6	14	16	11	15	8	12
$R(x_i)$	4	6,5	9	2	10	6,5	4	8	1	4
$R(y_i)$	4,5	3	10	1	7	9	4,5	8	2	6

$$r_S = \frac{366 - \frac{10}{4} \cdot 11^2}{\sqrt{(382{,}5 - \frac{10}{4} \cdot 11^2) \cdot (384{,}5 - \frac{10}{4} \cdot 11^2)}} \approx 0{,}784\,.$$

Berechnung des Rangkorrelationskoeffizienten bei Häufigkeitstabellen

Die Berechnung des Rangkorrelationskoeffizienten bei Häufigkeitstabellen soll an dem nachfolgenden Beispiel vorgeführt werden.

Beispiel 3.14 (vgl. Beispiel 3.3):
Für die Schulabschlüsse in Beispiel 3.3 soll bezüglich der aufsteigenden Rangordnung

Hauptschule Mittelschule Abitur Studium

der Rangkorrelationskoeffizient berechet werden. Dazu bestimmen wir die

Rangzahlen bei den Ehefrauen:

32 Frauen haben den Durchschnittsrang $\frac{1+32}{2} = 16{,}5$; den nächsten 28 wird der mittlere Rang $\frac{33+60}{2} = 46{,}5$ zugewiesen; die nächsten 23 haben den Durchschnittsrang $\frac{61+83}{2} = 72$, die letzten 17 den mittleren Rang $\frac{84+100}{2} = 92$. Damit erhält man die

Durchschnittsränge $R(a_j)$	16,5	46,5	72	92
Häufigkeiten	32	28	23	17

Bei den Männern erhält man entsprechend die Rangzahlen:

Durchschnittsränge $R(b_k)$	7	24,5	50,5	83
Häufigkeiten	13	22	30	35

Für die Rangzahlen erhält man somit die Kontingenztafel

		Rangzahlen	Ehemänner		
	7	24,5	50,5	83	Summe
Ehefrauen 16,5	8	7	9	8	32
Ehefrauen 46,5	4	8	7	9	28
Ehefrauen 72	1	5	9	8	23
Ehefrauen 92	0	2	5	10	17
Summe	13	22	30	35	100

Elementare Rechnung analog zu Beispiel 3.13 ergibt $r_S \approx 0{,}296$.

3.3.3.3 Praktische Berechnung von r_S bei Rangzahlen ohne Bindungen

Falls beide Merkmalsausprägungen jeweils nur **verschiedene Rangzahlen** besitzen (Rangzahlen ohne Bindung), kommen als Rangzahlen alle natürliche Zahlen von 1 bis n vor. Dann lauten die Quadratsummen

$$\sum_{i=1}^{n} R^2(x_i) = \sum_{i=1}^{n} R^2(y_i) = 1 + 2^2 + 3^2 + \ldots + n^2 = \frac{n(n+1)(2n+1)}{6} . \quad (3.29)$$

Damit erhalten wir für den Nenner in (3.28) den Wert

$$\sum_{i=1}^{n} R^2(x_i) - \tfrac{n}{4}(n+1)^2 = \sum_{i=1}^{n} R^2(y_i) - \tfrac{n}{4}(n+1)^2$$

$$= \frac{n(n+1)(2n+1)}{6} - \tfrac{n}{4}(n+1)^2 = \frac{n(n+1)(4n+2-3n-3)}{12}$$

$$= \frac{n(n+1)(n-1)}{12} = \frac{n(n^2-1)}{12},$$

also

$$\sum_{i=1}^{n} R^2(x_i) - \tfrac{n}{4}(n+1)^2 = \sum_{i=1}^{n} R^2(y_i) - \tfrac{n}{4}(n+1)^2 = \frac{n(n^2-1)}{12}. \qquad (3.30)$$

Damit geht (3.28) über in

$$r_S = \frac{12 \sum_{i=1}^{n} R(x_i) \cdot R(y_i) - 3n(n+1)^2}{n(n^2-1)}. \qquad (3.31)$$

Wir benutzen noch folgende Umformung

$$\sum_{i=1}^{n} [R(x_i) - R(y_i)]^2 = \sum_{i=1}^{n} R^2(x_i) - 2\sum_{i=1}^{n} R(x_i) \cdot R(y_i) + \sum_{i=1}^{n} R^2(y_i). \qquad (3.32)$$

Mit (3.30) ergibt sich hieraus

$$2\sum_{i=1}^{n} R(x_i) \cdot R(y_i) = \frac{n(n+1)(4n+2)}{6} - \sum_{i=1}^{n} [R(x_i) - R(y_i)]^2. \qquad (3.33)$$

Damit geht (3.31) über in

$$r_S = \frac{n(n+1)(4n+2) - 6\sum_{i=1}^{n} [R(x_i) - R(y_i)]^2 - 3n(n+1)^2}{n(n^2-1)}$$

$$= \frac{n(n^2-1) - 6\sum_{i=1}^{n} [R(x_i) - R(y_i)]^2}{n(n^2-1)} = 1 - \frac{6\sum_{i=1}^{n} [R(x_i) - R(y_i)]^2}{n(n^2-1)}.$$

Damit gilt

$$r_S = 1 - \frac{6\sum_{i=1}^{n} [R(x_i) - R(y_i)]^2}{n(n^2-1)} \qquad (3.34)$$

bei Rangzahlen **ohne Bindungen**.

Beispiel 3.15:
Bei einem Tanzturnier mußten sich zwei Wertungsrichter A und B bei zehn Tanzpaaren für eine eindeutig bestimmte Wertungsreihenfolge (ohne Bindungen) entscheiden. Dabei vergaben sie folgende Plätze:

Paar Nr.	1	2	3	4	5	6	7	8	9	10
$R(x_i)$ von A	8	10	6	1	4	9	5	7	3	2
$R(y_i)$ von B	6	10	8	3	2	7	1	9	5	4
$R(x_i)-R(y_i)$	2	0	−2	−2	2	2	4	−2	−2	−2

Der Spearmansche Rangkorrelationskoeffizient lautet

$$r_S = 1 - \frac{6 \cdot 48}{10 \cdot (100-1)} \approx 0{,}709 .$$

3.3.3.4 Praktische Berechnung von r_S bei Rangzahlen mit Bindungen

Falls Bindungen vorhanden sind, also Durchschnittsränge auftreten, darf die Formel aus Abschnitt 3.3.3.3 nicht verwendet werden. Beim Auftreten von Durchschnittsrängen bleibt zwar die Summe aller Ränge gleich $\frac{n(n+1)}{2}$. Weil jedoch Ränge übereinstimmen, wird ihre Varianz und daher die Quadratsumme kleiner. Aus diesem Grund muß die Formel (3.34) korrigiert werden. Die Korrektur hängt von der Anzahl der Bindungen und den Häufigkeiten für gleiche Ränge ab. Zunächst berechnen wir das Korrekturglied für die in (3.29) und (3.30) dargestellten Größen, wenn in einer Randstichprobe ohne Bindungen $k > 1$ Werte zusammengefaßt werden. Dafür beweisen wir das

Lemma 3.1:
In einer Randstichprobe sollen $k > 1$ Stichprobenwerte die verschiedenen aufeinanderfolgenden (ganzzahligen) Rangplätze

$$\rho,\ \rho+1,\ \rho+2, \ldots, \rho+k-1 .$$

besitzen. Die k Werte werden nachträglich zusammengefaßt, so daß sie danach alle den mittleren Rang

$$\frac{\rho+\rho+k-1}{2} = \rho + \frac{k-1}{2}$$

haben. Dadurch verringert sich die Quadratsumme der Ränge um

$$\frac{k\,(k^2-1)}{12} .$$

Beweis:
Aus der ursprünglichen Quadratsumme müssen die Quadrate der alten Rangzahlen subtrahiert und k-mal das Quadrat der neuen Durchschnittsrangzahl addiert werden. Dies ergibt die Korrektur

$$\Delta = -\sum_{i=0}^{k-1} (\rho+i)^2 + k\left(\rho+\frac{k-1}{2}\right)^2$$

$$= -k\rho^2 - 2\rho\sum_{i=0}^{k-1} i - \sum_{i=0}^{k-1} i^2 + k\rho^2 + (k-1)\rho + k\frac{(k-1)^2}{4}$$

$$= -2\rho\frac{(k-1)k}{2} - \frac{(k-1)\cdot k\cdot[2(k-1)+1]}{6} + (k-1)\rho + \frac{k(k-1)^2}{4}$$

$$= -\frac{(k-1)\cdot k\cdot(2k-1)}{6} + \frac{k(k-1)^2}{4}$$

$$= -\frac{k\cdot(k-1)\cdot[4k-2-3k+3]}{12} = -\frac{k\cdot(k-1)\cdot(k+1)}{12} = -\frac{k(k^2-1)}{12},$$

womit das Lemma bewiesen ist.

Bezüglich der Bindungen setzen wir folgendes voraus:

in der j-ten Ranggruppe der x-Stichprobe gebe es b_j Werte,

in der k-ten Ranggruppe der y-Stichprobe seien c_k Werte.

Wir setzen

$$B_x = \sum_j b_j\cdot(b_j^2-1); \quad B_y = \sum_k c_k\cdot(c_k^2-1). \tag{3.35}$$

Summiert wird dabei jeweils über die Anzahl der Gruppen mit Bindungen in der entsprechenden x- bzw. y-Stichprobe .

Mit dem Lemma 3.1 und (3.29) und (3.30) erhalten wir hiermit

$$\sum_{i=1}^n R^2(x_i) = \frac{n(n+1)(2n+1)}{6} - \frac{1}{12}B_x; \sum_{i=1}^n R^2(y_i) = \frac{n(n+1)(2n+1)}{6} - \frac{1}{12}B_y;$$

$$\sum_{i=1}^n R^2(x_i) - \frac{n}{4}(n+1)^2 = \frac{n(n^2-1)}{12} - \frac{1}{12}B_x; \tag{3.36}$$

$$\sum_{i=1}^n R^2(y_i) - \frac{n}{4}(n+1)^2 = \frac{n(n^2-1)}{12} - \frac{1}{12}B_y.$$

Aus (3.32) und (3.33) erhält man ebenfalls mit diesen Korrekturen

$$\sum_{i=1}^n R(x_i)\,R(y_i) - \frac{n}{4}(n+1)^2$$

$$= \frac{n(n+1)(4n+2)}{12} - \frac{n}{4}(n+1)^2 - \frac{1}{2}\sum_{i=1}^n [R(x_i)-R(y_i)]^2 - \frac{1}{24}B_x - \frac{1}{24}B_y$$

$$= \frac{1}{12}\left(n(n^2-1) - 6\sum_{i=1}^n [R(x_i)-R(y_i)]^2 + \frac{1}{2}(B_x+B_y)\right).$$

Damit erhalten wir unmittelbar die folgende Darstellung:

Falls **Bindungen (gleiche Durchschnittsränge)** auftreten, gilt

$$r_S = \frac{n(n^2-1) - 6\sum_{i=1}^{n}[R(x_i) - R(y_i)]^2 - \frac{1}{2}(B_x + B_y)}{\sqrt{[n(n^2-1) - B_x] \cdot [n(n^2-1) - B_y]}} \tag{3.37}$$

mit

$$B_x = \sum_j b_j \cdot (b_j^2 - 1); \quad B_y = \sum_k c_k \cdot (c_k^2 - 1);$$

b_j = Anzahl der x- Werte mit gleichem Rang in der j-ten Gruppe ;

c_k = Anzahl der y- Werte mit gleichem Rang in der k-ten Gruppe.

Summiert wird über die Anzahl der Gruppen mit Bindungen.

Beispiel 3.16:
Die Klausuren von 10 Studierenden wurden unabhängig von zwei Dozenten bewertet. Dabei wurden die in der nachfolgenden Tabelle angegebenen Punkte vergeben. Die Punkte des ersten Dozenten sind bereits der Größe nach sortiert. Da die vergebene Punktzahl doch etwas willkürlich sein kann, sollen für die Bewertungen nur die Ränge, also die Leistungsreihenfolge benutzt werden.

Dozent A	14	14	18	22	22	22	25	25	30	39
Dozent B	12	15	21	21	21	21	27	27	32	41
$R(x_i)$ (A)	1,5	1,5	3	5	5	5	7,5	7,5	9	10
$R(y_i)$ (B)	1	2	4,5	4,5	4,5	4,5	7,5	7,5	9	10
$R(x_i)-R(y_i)$	0,5	−0,5	−1,5	0,5	0,5	0,5	0	0	0	0

Die Quadratsumme der Rangdifferenzen beträgt

$$\sum_{i=1}^{n}[R(x_i) - R(y_i)]^2 = 3{,}5 .$$

Beim Dozenten A gibt es drei Gruppen mit Bindungen mit den Umfängen 2, 3 und 2, beim Dozenten B zwei Gruppen mit den Umfängen 4 und 2. Daraus ergeben sich die Korrekturgrößen

$$B_x = 2 \cdot 3 + 3 \cdot 8 + 2 \cdot 3 = 36; \quad B_y = 4 \cdot 15 + 2 \cdot 3 = 66.$$

Mit $n(n^2-1) = 10 \cdot 99 = 990$ erhält man den Rangkorrelationskoeffizienten

$$r_S = \frac{990 - 6 \cdot 3{,}5 - 0{,}5 \cdot (36 + 66)}{\sqrt{[990 - 36] \cdot [990 - 66]}} \approx 0{,}9778.$$

Es liegt also eine sehr starke positive Rangkorrelation vor. Die Leistungsabstufungen sind somit bei beiden Dozenten fast gleich bewertet worden.

3.4 Regressionsrechnung

Bei der Korrelationsrechnung wird durch die symmetrische Behandlung der beiden Merkmale nur der Grad des (linearen) Zusammenhangs untersucht. Bei der Regressionsrechnung steht jedoch die Kausalitätsfrage im Vordergrund. Dabei können nur kardinale, also metrisch skalierte Merkmale untersucht werden. Mit Hilfe einer "funktionalen" Abhängigkeit möchte man gerne von einem Merkmal auf das andere schließen, im allgemeinen von x auf y. Dann ist x die unabhängige Einflußgröße (**Regressor**) und y die abhängige Zielgröße (**Regressand**). Der Idealfall wäre natürlich eine vollständige funktionale Abhängigkeit $y = f(x)$. Dann könnte man eindeutig von x auf y schließen. Alle Wertepaare (x_i, y_i) müßten dann auf dem Graphen von f liegen. Eine solche Idealsituation gibt es jedoch in der Praxis kaum. Auf Grund von unberechenbaren Zufallseinflüssen z. B. Störungen oder Meßfehlern liegen die Meßwerte (x_i, y_i) nicht mehr exakt auf der **Regressionsfunktion**, sondern nur noch in ihrer Nähe. Die Werte des Streuungsdiagramms liegen dann in der Nähe dieser Kurve. So lernt man z. B. in der Fahrschule, daß der Bremsweg quadratisch mit der Geschwindigkeit wächst. Die Regressionsfunktion ist in diesem Fall eine Parabel. Dabei werden selbstverständlich mehr oder weniger große Abweichungen von dieser Parabel auftreten. Ursachen dafür gibt es viele, z. B. der Zustand der Bremsen und des Straßenbelags oder das persönliche Fahrverhalten.

In der Regressionsrechnung wird ein Modell der Art

$$y_i = f(x_i) + e_i$$

betrachtet. Zusätzlich zur funktionalen Abhängigkeit $y = f(x)$ findet eine additive Überlagerung durch die Restgröße (**Residuum**) e_i statt. Dabei kann die Funktion f durch Parameter eindeutig festgelegt sein, wie z. B. eine Gerade, ein Polynom oder eine Exponentialfunktion. In der Regressionsrechnung (vgl. Abschnitt 11) sollen diese unbekannten Parameter wenigstens näherungsweise bestimmt (geschätzt) werden.

Allgemein wollen wir in diesem Abschnitt bei zweidimensionalen Beobachtungsreihen dem Streuungsdiagramm eine möglichst einfache Funktion, z. B. eine Gerade, Parabel oder Exponentialfunktion anpassen. Die Parameter, welche den Funktionstyp festlegen, werden nach dem **Prinzip der kleinsten (vertikalen) Abweichungsquadrate** bestimmt.

3.4.1 Regressionsgerade

Der zweidimensionalen Punktwolke

$$(x, y) = ((x_1, y_1), (x_2, y_2), \ldots, (x_n, y_n))$$

soll möglichst gut eine Gerade

$$\hat{y} = a + b x$$

angepaßt werden. Nach dem Prinzip der kleinsten Quadrate könnte man die Werte a und b prinzipiell so bestimmen, daß die Summe der Abstandsquadrate der Punkte (x_i, y_i) von dieser Geraden minimal wird. Die Berechnung nach diesem Prinzip ist etwas kompliziert. Weil man mit Hilfe einer solchen Ausgleichsgeraden aus den x-Werten die y-Werte schätzen möchte, wird nach **Carl Friedrich Gauß** (1777 – 1855) die Summe der **vertikalen Abstandsquadrate** minimiert.

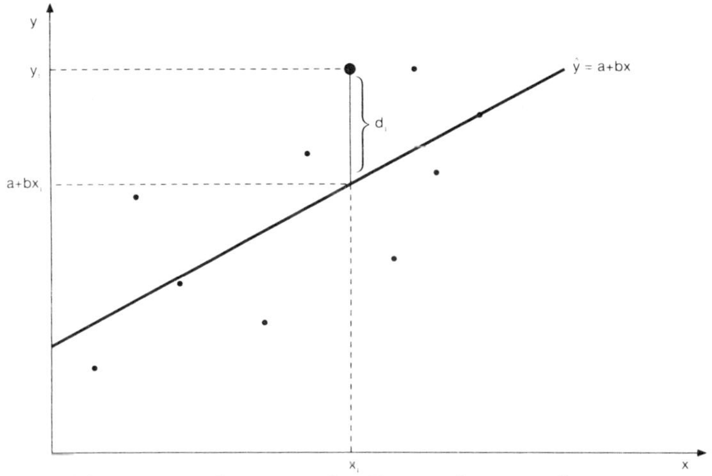

Bild 3.4: Bestimmung der Regressionsgeraden

An der Stelle x_i hat die Gerade den Wert $a + b x_i$. Damit lautet das vertikale Abstandsquadrat des Punktes (x_i, y_i) von der Geraden

$$d_i^2 = (y_i - a - b x_i)^2.$$

Summation ergibt die Summe der **vertikalen Abstandsquadrate**

$$Q^2(a, b) = \sum_{i=1}^{n} (y_i - a - bx_i)^2. \tag{3.38}$$

Die Parameter a und b sind so zu bestimmen, daß Q^2 minimal wird. Zur Lösung des Problems werden die beiden partiellen Ableitungen der Funktion $Q^2(a, b)$ nach a und b gebildet und gleich Null gesetzt:

$$\frac{\partial Q^2(a, b)}{\partial a} = -2\sum_{i=1}^{n}(y_i - a - b x_i) = 0$$

$$\frac{\partial Q^2(a, b)}{\partial b} = -2\sum_{i=1}^{n}(y_i - a - b x_i) \cdot x_i = 0.$$

Mit

$$\sum_{i=1}^{n} x_i = n \cdot \bar{x}; \quad \sum_{i=1}^{n} y_i = n \cdot \bar{y}$$

erhält man hieraus das Gleichungssystem

$$(1) \quad a + \overline{x} \cdot b = \overline{y}$$

$$(2) \quad n\overline{x} \cdot a + \sum_{i=1}^{n} x_i^2 \cdot b = \sum_{i=1}^{n} x_i y_i .$$

Die Lösung b heißt **Regressionskoeffizient** (Steigung), während a der **Achsenabschnitt** ist. Die so gewonnene Gerade nennt man **Regressionsgerade** oder **Ausgleichsgerade.**

Multiplikation von (1) mit $n\overline{x}$ und Subtraktion von (2) ergibt für den Regressionskoeffizenten b die Gleichung

$$\Big(\sum_{i=1}^{n} x_i^2 - n\overline{x}^2\Big) \cdot b = \sum_{i=1}^{n} x_i \cdot y_i - n\overline{x}\,\overline{y} .$$

Division durch $n-1$ ergibt die Gleichung

$$s_x^2 \cdot b = s_{xy} \;(= \text{Kovarianz})$$

mit der Lösung

$$b = \frac{s_{xy}}{s_x^2} = \frac{s_{xy}}{s_x \cdot s_y} \cdot \frac{s_y}{s_x} = r \cdot \frac{s_y}{s_x} \quad (r = \text{Korrelationskoeffizient}).$$

Aus (1) folgt dann

$$a = \overline{y} - b \cdot \overline{x} = \overline{y} - \frac{s_{xy}}{s_x^2} \cdot \overline{x} .$$

Zur Überprüfung auf ein Minimum bilden wir die zweiten Ableitungen

$$\frac{\partial^2 Q^2(a,b)}{\partial a^2} = 2n > 0 ; \qquad \frac{\partial^2 Q^2(a,b)}{\partial b^2} = 2\sum_{i=1}^{n} x_i^2 ;$$

$$\frac{\partial^2 Q^2(a,b)}{\partial a\,\partial b} = 2\sum_{i=1}^{n} x_i = 2n\overline{x} ;$$

$$\frac{\partial^2 Q^2(a,b)}{\partial a^2} \cdot \frac{\partial^2 Q^2(a,b)}{\partial b^2} - \Big(\frac{\partial^2 Q^2(a,b)}{\partial a\,\partial b}\Big)^2$$

$$= 4n\sum_{i=1}^{n} x_i^2 - 4n^2\overline{x}^2 = 4n\sum_{i=1}^{n} (x_i - \overline{x})^2 > 0.$$

Daher handelt es sich um ein Minimum.

Damit erhalten wir die

Regressionsgerade:

$$\hat{y} - \overline{y} = b \cdot (x - \overline{x})$$

$$b = \frac{\sum_{i=1}^{n} (x_i - \overline{x})(y_i - \overline{y})}{\sum_{i=1}^{n} (x_i - \overline{x})^2} = \frac{s_{xy}}{s_x^2} = r \cdot \frac{s_y}{s_x} . \qquad (3.39)$$

Die Regressionsgerade geht durch den Punkt $P(\overline{x}, \overline{y})$ der Mittelwerte der beiden Randstichproben x und y.

Aus jedem Wert x_i kann der entsprechende Wert auf der Regressionsgeraden berechnet werden. Wir bezeichnen ihn mit $\hat{y}_i$, also

$$\hat{y}_i = a + b x_i = \overline{y} + b \cdot (x_i - \overline{x}) = \overline{y} + \frac{s_{xy}}{s_x^2} \cdot (x_i - \overline{x}) . \tag{3.40}$$

$\hat{y}_i$ sind die **durch die Regression erklärten Werte**, die Residuen sind die Differenzen $e_i = y_i - \hat{y}_i$.

Summation ergibt

$$\sum_{i=1}^{n} \hat{y}_i = n\overline{y} + b \sum_{i=1}^{n} (x_i - \overline{x}) = n\overline{y} + 0 = n\overline{y}.$$

Division durch den Versuchsumfang n liefert den Mittelwert der durch die Regression erklärten Werte

$$\overline{\hat{y}} = \frac{1}{n} \sum_{i=1}^{n} \hat{y}_i = \overline{y} . \tag{3.41}$$

Die auf der Regressionsgeraden berechneten Werte $\hat{y}_i$ besitzen somit den gleichen Mittelwert wie die Werte y_i der Beobachtungsreihe. Aus (3.41) erhält man

$$\sum_{i=1}^{n} e_i = \sum_{i=1}^{n} y_i - \sum_{i=1}^{n} \hat{y}_i = n\overline{\hat{y}} - n\overline{y} = 0. \tag{3.42}$$

Die Residuen besitzen also die Summe 0.

Bei der Korrelationsrechnung in Abschnitt 3.3.2 wurde bereits die Summe der vertikalen Abstandsquadrate $Q^2(a, b)$ aller Punkte (x_i, y_i) von der Regressionsgeraden berechnet. Nach (3.24) gilt

$$Q^2(a, b) = \sum_{i=1}^{n} (y_i - \hat{y}_i)^2 = (n-1) \cdot s_y^2 \cdot (1 - r^2). \tag{3.43}$$

Das Bestimmtheitsmaß

Als Maß für die Güte der Anpassung des Streuungsdiagramms durch die Regressionsgerade ist die Quadratsumme $Q^2(a, b)$ nicht geeignet, da diese linear in n wächst. Division der Summe durch $n - 1$ bzw. durch n ergibt als mittlerer Abstand ein Wert, der vom Maßstab abhängig und somit als Maß ebenfalls nicht geeignet ist. Es soll nun ein maßstabsunabhängiges Abweichungsmaß hergeleitet werden, das zwischen 0 und 1 liegt. Dazu betrachten wir die Zerlegung

$$y_i - \overline{y} = (y_i - \hat{y}_i) + (\hat{y}_i - \overline{y}) .$$

Hieraus folgt

$$(y_i - \overline{y})^2 = (\hat{y}_i - \overline{y})^2 + (y_i - \hat{y}_i)^2 + 2\,(\hat{y}_i - \overline{y})(y_i - \hat{y}_i)$$

$$\sum_{i=1}^{n} (y_i - \overline{y})^2 = \sum_{i=1}^{n} (\hat{y}_i - \overline{y})^2 + \sum_{i=1}^{n} (y_i - \hat{y}_i)^2 + 2 \sum_{i=1}^{n} (\hat{y}_i - \overline{y})(y_i - \hat{y}_i) .$$

Aus der Gleichung für die Werte auf der Regressionsgeraden erhält man

$$\hat{y}_i - \bar{y} = b\,(x_i - \bar{x})$$

und zusammen mit der obigen Differenzendarstellung

$$y_i - \hat{y}_i = (y_i - \bar{y}) - (\hat{y}_i - \bar{y}) = (y_i - \bar{y}) - b\,(x_i - \bar{x})\,.$$

Damit lautet die Summe der gemischten Produkte

$$\begin{aligned}\sum_{i=1}^{n} (\hat{y}_i - \bar{y})(y_i - \hat{y}_i) &= \sum_{i=1}^{n} b\,(x_i - \bar{x})\,[(y_i - \bar{y}) - b\,(x_i - \bar{x})] \\ &= \sum_{i=1}^{n} b\,(x_i - \bar{x})(y_i - \bar{y}) - b^2 \sum_{i=1}^{n} (x_i - \bar{x})^2 \\ &= (n-1)(b\,s_{xy} - b^2 s_x^2) = (n-1)\left(\frac{s_{xy}^2}{s_x^2} - \frac{s_{xy}^2}{s_x^2}\right) = 0.\end{aligned}$$

Weil die Summe der gemischten Produkte verschwindet, erhält man mit $\bar{y} = \bar{\hat{y}}$ (vgl. (3.41)) aus der obigen Darstellung

$$\underbrace{\frac{1}{n-1} \sum_{i=1}^{n} (y_i - \bar{y})^2}_{= s_y^2} = \underbrace{\frac{1}{n-1} \sum_{i=1}^{n} (\hat{y}_i - \bar{\hat{y}})^2}_{= s_{\hat{y}}^2} + \underbrace{\frac{1}{n-1} \sum_{i=1}^{n} (y_i - \hat{y}_i)^2}_{= s_{Res.}^2}\,.$$

Die Gesamtvarianz s_y^2 der beobachteten y-Werte kann also additiv zerlegt werden in die Varianz $s_{\hat{y}}^2$ der durch die Regressionsgerade geschätzten Werte $\hat{y}_i$ und die Varianz der Residuen.

Division dieser Gleichung durch s_y^2 ergibt

$$1 = \frac{\sum_{i=1}^{n} (\hat{y}_i - \bar{\hat{y}})^2}{\sum_{i=1}^{n} (y_i - \bar{y})^2} + \frac{\sum_{i=1}^{n} (y_i - \hat{y}_i)^2}{\sum_{i=1}^{n} (y_i - \bar{y})^2} = B + U.$$

Dabei nennt man

$$B = \frac{\sum_{i=1}^{n} (\hat{y}_i - \bar{\hat{y}})^2}{\sum_{i=1}^{n} (y_i - \bar{y})^2} = \frac{s_{\hat{y}}^2}{s_y^2}$$

das **Bestimmtheitsmaß** der Regression und $U = 1 - B$ das **Unbestimmtheitsmaß.**

Das Bestimmtheitsmaß liegt zwischen Null und Eins. Es stellt den Anteil der Varianz der geschätzten Werte an der Varianz der beobachteten Werte dar. Mit

$$\hat{y}_i - \bar{\hat{y}} = \hat{y}_i - \bar{y} = b\,(x_i - \bar{x})$$

erhält man

$$B = \frac{\frac{1}{n-1} b^2 \sum_{i=1}^{n} (x_i - \overline{x})^2}{s_y^2} = \frac{b^2 s_x^2}{s_y^2} = \frac{s_{xy}^2 \cdot s_x^2}{s_x^2 \cdot s_x^2 \cdot s_y^2} = r^2,$$

also

$$B = r^2 \quad (r = \text{Korrelationskoeffizient}). \tag{3.44}$$

Je größer das Bestimmtheitsmaß $B = r^2$ ist, umso besser wird die zweidimensionale Beobachtungsreihe (x, y) durch die Regressionsgerade angepaßt. Bei großem r^2 liegen die beobachteten Werte y_i in der Nähe der Schätzwerte $\hat{y}_i$. Im Falle $B = r^2 = 1$ liegen alle Beobachtungswerte auf der Regressionsgeraden.

Beispiel 3.17 (vgl. Beispiel 3.1 und 3.9):

Nach Beispiel 3.9 gilt $\overline{x} = 170{,}75$; $\overline{y} = 71{,}45$; $s_{xy} \approx 33{,}5395$;

$s_x^2 \approx 35{,}5658$; $s_y^2 \approx 38{,}8921$; $r \approx 0{,}902$.

Hieraus erhalten wir

$$b = \frac{s_{xy}}{s_x^2} \approx \frac{33{,}5395}{35{,}5658} \approx 0{,}943;$$

$$\hat{y} - 71{,}45 = 0{,}943 \cdot (x - 170{,}75); \quad \hat{y} = 0{,}943 \cdot x - 89{,}567.$$

Das Bestimmtheitsmaß beträgt $B \approx (0{,}902)^2 \approx 0{,}814$.

In Bild 3.5 ist in das Streuungsdiagramm aus Bild 3.1 die Regressionsgerade eingezeichnet.

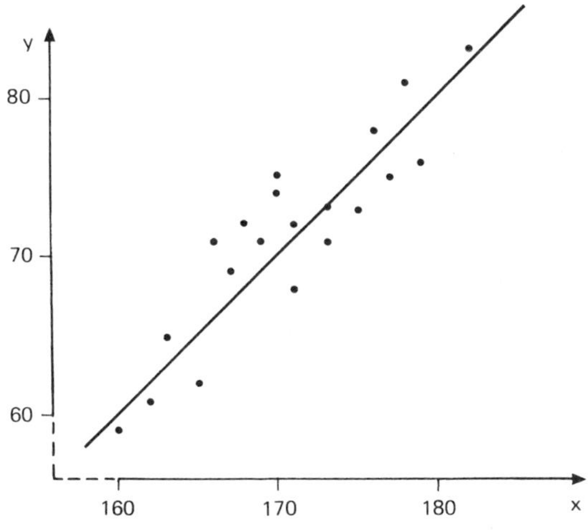

Bild 3.5: Regressionsgerade

3.4.2 Regressionsgerade durch einen vorgegebenen Punkt

Bei vielen Problemen ist bekannt, daß die Regressionsgerade durch einen bestimmten Punkt gehen muß, z. B. durch den Koordinatenursprung O. Gesucht ist die Gleichung der Regressionsgeraden, die durch den Punkt $P(x_0, y_0)$ mit den Koordinaten x_0 und y_0 geht. Sie besitzt die Gleichung

$$\hat{y} - y_0 = c \cdot (x - x_0).$$

Der Parameter c wird wie bei der Herleitung der allgemeinen Regressionsgeraden nach der Methode der kleinsten vertikalen Abstandsquadrate bestimmt. Der Punkt (x_i, y_i) besitzt von dieser Geraden das vertikale Abstandsquadrat

$$d_i^2 = [(y_i - y_0) - c \cdot (x_i - x_0)]^2 .$$

Damit lautet die Summe der vertikalen Abstandsquadrate

$$Q^2(c) = \sum_{i=1}^{n} [(y_i - y_0) - c \cdot (x_i - x_0)]^2. \tag{3.45}$$

Differentiation nach c ergibt

$$\frac{dQ^2(c)}{dc} = -2\sum_{i=1}^{n} [(y_i - y_0) - c \cdot (x_i - x_0)] \cdot (x_i - x_0) = 0$$

$$\sum_{i=1}^{n} (y_i - y_0)(x_i - x_0) - c \sum_{i=1}^{n} (x_i - x_0)^2 = 0$$

mit der Lösung

$$c = \frac{\sum_{i=1}^{n} (y_i - y_0)(x_i - x_0)}{\sum_{i=1}^{n} (x_i - x_0)^2} .$$

Wegen

$$\frac{d^2Q^2(c)}{dc^2} = 2\sum_{i=1}^{n} (x_i - x_0)^2 > 0$$

handelt es sich tatsächlich um ein Minimum.

Damit lautet die

Gleichung der Regressionsgeraden durch den Punkt (x_0, y_0):

$$\hat{y} - y_0 = c \cdot (x - x_0) \quad \text{mit} \quad c = \frac{\sum_{i=1}^{n} (y_i - y_0)(x_i - x_0)}{\sum_{i=1}^{n} (x_i - x_0)^2} . \tag{3.46}$$

Die Formel für die Steigung c unterscheidet sich von derjenigen für den allgemeinen Regressionskoeffizienten b nur dadurch, daß anstelle der Mittelwerte die Koordinaten x_0 und y_0 des vorgegebenen Punktes stehen.

3.4.3 Regressionspolynome

Dem zweidimensionalen Streuungsdiagramm soll ein Regressionspolynom vom Grade p angepaßt werden. In dem Polynomansatz

$$\hat{y} = b_0 + b_1 x + b_2 x^2 + \ldots + b_p x^p = \sum_{k=0}^{p} b_k x^k$$

werden die $p+1$ Parameter $b_0, b_1, \ldots, b_p$ ebenfalls nach dem Prinzip der kleinsten vertikalen Abstandsquadrate bestimmt:

$$Q^2(b_0, b_1, \ldots, b_p) = \sum_{i=1}^{n} [y_i - b_0 - b_1 x_i - b_2 x_i^2 - \ldots - b_p x_i^p]^2 .$$

Alle $p+1$ partiellen Ableitungen werden gleich 0 gesetzt, also

$$\frac{\partial Q^2(b_0, b_1, \ldots, b_p)}{\partial b_k} = 0 \quad \text{für} \quad k = 0, 1, 2, \ldots, p.$$

Dadurch entsteht ein lineares Gleichungssystem mit $p+1$ Gleichungen für die $p+1$ unbekannten Regressionskoeffizienten $b_0, b_1, \ldots, b_p$.

$$\begin{array}{llllll}
b_0 \cdot n & + b_1 \cdot \sum_{i=1}^{n} x_i & + b_2 \cdot \sum_{i=1}^{n} x_i^2 & + \ldots + b_p \cdot \sum_{i=1}^{n} x_i^p & = \sum_{i=1}^{n} y_i \\
b_0 \cdot \sum_{i=1}^{n} x_i & + b_1 \cdot \sum_{i=1}^{n} x_i^2 & + b_2 \cdot \sum_{i=1}^{n} x_i^3 & + \ldots + b_p \cdot \sum_{i=1}^{n} x_i^{p+1} & = \sum_{i=1}^{n} x_i y_i \\
b_0 \cdot \sum_{i=1}^{n} x_i^2 & + b_1 \cdot \sum_{i=1}^{n} x_i^3 & + b_2 \cdot \sum_{i=1}^{n} x_i^4 & + \ldots + b_p \cdot \sum_{i=1}^{n} x_i^{p+2} & = \sum_{i=1}^{n} x_i^2 y_i \\
b_0 \cdot \sum_{i=1}^{n} x_i^3 & + b_1 \cdot \sum_{i=1}^{n} x_i^4 & + b_2 \cdot \sum_{i=1}^{n} x_i^5 & + \ldots + b_p \cdot \sum_{i=1}^{n} x_i^{p+3} & = \sum_{i=1}^{n} x_i^3 y_i \\
\cdots & \cdots & \cdots & \cdots & \cdots \\
b_0 \cdot \sum_{i=1}^{n} x_i^p & + b_1 \cdot \sum_{i=1}^{n} x_i^{p+1} & + b_2 \cdot \sum_{i=1}^{n} x_i^{p+2} & + \ldots + b_p \cdot \sum_{i=1}^{n} x_i^{2p} & = \sum_{i=1}^{n} x_i^p y_i
\end{array}$$

Man kann zeigen, daß die Lösung dieses linearen Gleichungssystems das Minimum der Quadratsumme Q^2 ergibt.

3.4.4 Regressionsparabel

Mit $p = 2$ ist das Regressionspolynom eine Regressionsparabel

$$y = b_0 + b_1 x + b_2 x^2$$

mit dem Gleichungssystem

$$\begin{array}{llll}
b_0 \cdot n & + b_1 \cdot \sum_{i=1}^{n} x_i & + b_2 \cdot \sum_{i=1}^{n} x_i^2 & = \sum_{i=1}^{n} y_i \\
b_0 \cdot \sum_{i=1}^{n} x_i & + b_1 \cdot \sum_{i=1}^{n} x_i^2 & + b_2 \cdot \sum_{i=1}^{n} x_i^3 & = \sum_{i=1}^{n} x_i y_i \\
b_0 \cdot \sum_{i=1}^{n} x_i^2 & + b_1 \cdot \sum_{i=1}^{n} x_i^3 & + b_2 \cdot \sum_{i=1}^{n} x_i^4 & = \sum x_i^2 y_i .
\end{array} \tag{3.47}$$

Dieses Gleichungssystem kann mit Hilfe der Cramerschen Regel gelöst werden. Die Nenner- bzw. die ersten beiden Zählerdeterminanten lauten

$$D = n\cdot(\sum x_i^2)\cdot(\sum x_i^4) + 2(\sum x_i)\cdot(\sum x_i^2)\cdot(\sum x_i^3) - (\sum x_i)^2\cdot(\sum x_i^4) - (\sum x_i^2)^3 - n\cdot(\sum x_i^3)^2\,;$$

$$D_1 = (\sum y_i)\cdot\Big((\sum x_i^2)\cdot(\sum x_i^3) - (\sum x_i)\cdot(\sum x_i^4)\Big) + (\sum x_i y_i)\cdot\Big(n\cdot(\sum x_i^4) - (\sum x_i^2)^2\Big) + (\sum x_i^2 y_i)\cdot\Big((\sum x_i)\cdot(\sum x_i^2) - n\cdot(\sum x_i^3)\Big)\,;$$

$$D_2 = (\sum y_i)\cdot\Big((\sum x_i)\cdot(\sum x_i^3) - (\sum x_i^2)^2\Big) + (\sum x_i y_i)\cdot\Big((\sum x_i)\cdot(\sum x_i^3) - n\cdot(\sum x_i^3)\Big) + (\sum x_i^2 y_i)\cdot\Big(n\cdot(\sum x_i^2) - (\sum x_i)^2\Big).$$

Mit diesen Hilfsgrößen erhält man die Lösung

$$b_1 = \frac{D_1}{D}\,;\quad b_2 = \frac{D_2}{D}\,;\quad D,\ D_1,\ D_2\quad \text{s. o.}\,;$$
$$b_0 = \frac{1}{n}\cdot\Big(\sum y_i - (\sum x_i)\cdot b_1 - (\sum x_i^2)\cdot b_2\Big). \qquad (3.48)$$

Beispiel 3.18:

Der Bremsweg y [m] eines PKW's hängt bekanntlich von der Geschwindigkeit x [km/h] ab. Bei einem bestimmten Kraftfahrzeug wurde bei 20 Bremsversuchen der Bremsweg in Abhängigkeit von der Geschwindigkeit gemessen:

x_i	20,1	24,1	28,4	34,2	42,3	48,5	55,4	61,2	76,8	83,5
y_i	9,4	11,2	13,8	17,1	21,6	26,4	32,4	35,7	48,5	56,1
	88,7	94,5	99,9	109,7	112,4	117,8	125,4	134,6	149,1	155,0
	61,3	65,1	69,5	84,8	88,4	89,7	104,3	117,3	133,9	143,7

Man erhält die Hilfsgrößen

$D = 3{,}2599\cdot 10^{13}$; $D_1 = 1{,}078009\cdot 10^{13}$; $D_2 = 1{,}241788\cdot 10^{11}$;

$b_0 \approx 1{,}237$; $b_1 \approx 0{,}331$; $b_2 \approx 0{,}00381$.

Die Gleichung der Regressionsparabel lautet

$$\hat{y} = 1{,}237 + 0{,}331\,x + 0{,}00381\,x^2.$$

In Bild 3.6 ist im Steuungsdiagramm die Regressionsparabel eingezeichnet.

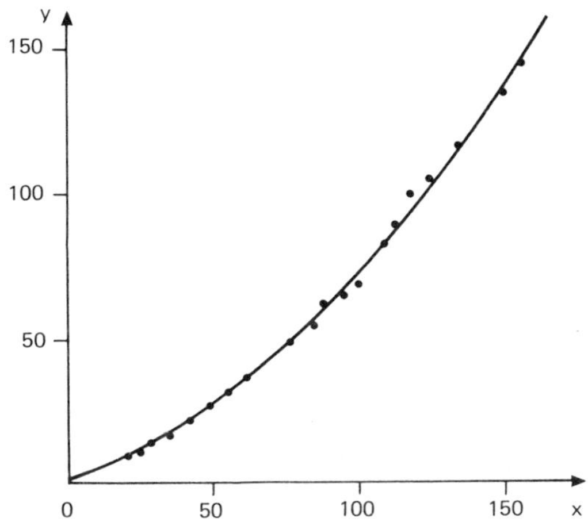

Bild 3.6: Regressionsparabel

3.4.5 Regressionspolynom durch einen vorgegebenen Punkt

Falls das Regressionspolynom durch den Punkt (x_0, y_0) gehen soll, benutzt man sinnvollerweise den Ansatz:

$$\hat{y} = y_0 + c_1(x - x_0) + c_2(x - x_0)^2 + \ldots + c_p(x - x_0)^p . \qquad (3.49)$$

Summe der vertikalen Abstandsquadrate:

$$Q^2(c_1, c_2, \ldots, c_p)$$
$$= \sum_{k=1}^{p} \left[(y_i - y_0) - c_1(x_i - x_0) - c_2(x_i - x_0)^2 - \ldots - c_p(x_i - x_0)^p \right]^2 .$$

Für das Minimum müssen alle partiellen Ableitungen verschwinden. Dadurch erhält man für die p Unbekannten das lineare Gleichungssystem

$$c_1 \sum_{i=1}^{n} (x_i - x_0)^2 + c_2 \sum_{i=1}^{n} (x_i - x_0)^3 + \ldots + c_p \sum_{i=1}^{n} (x_i - x_0)^{p+1} = \sum_{i=1}^{n} (x_i - x_0)(y_i - y_0)$$

$$c_1 \sum_{i=1}^{n} (x_i - x_0)^3 + c_2 \sum_{i=1}^{n} (x_i - x_0)^4 + \ldots + c_p \sum_{i=1}^{n} (x_i - x_0)^{p+2} = \sum_{i=1}^{n} (x_i - x_0)^2(y_i - y_0)$$

$$c_1 \sum_{i=1}^{n} (x_i - x_0)^4 + c_2 \sum_{i=1}^{n} (x_i - x_0)^5 + \ldots + c_p \sum_{i=1}^{n} (x_i - x_0)^{p+3} = \sum_{i=1}^{n} (x_i - x_0)^3(y_i - y_0)$$

$$\cdots\cdots\cdots\cdots\cdots\cdots\cdots\cdots\cdots\cdots\cdots\cdots\cdots\cdots\cdots\cdots$$

$$c_1 \sum_{i=1}^{n} (x_i - x_0)^{p+1} + c_2 \sum_{i=1}^{n} (x_i - x_0)^{p+2} + \ldots + c_p \sum_{i=1}^{n} (x_i - x_0)^{2p} = \sum_{i=1}^{n} (x_i - x_0)^p(y_i - y_0)$$

3.4.6 Beliebige von Parametern abhängige Regressionsfunktionen

Manche Streuungsdiagramme lassen sich nur sehr schlecht durch ein Regressionspolynom anpassen. So liegen z. B. beim exponentiellen Wachstum die Punkte des Streuungsdiagramms meistens in der Nähe einer Funktion mit der Gleichung

$$y = f(x) = a - b e^{-cx} \quad \text{mit drei Konstanten } a, b, c > 0 \, .$$

Bei dieser Funktion gilt

$$\lim_{x \to \infty} f(x) = a \, .$$

Für große x nähert sich die abhängige Variable y immer mehr der "Sättigungsgrenze" a. Die drei Parameter a, b und c sollen wieder so bestimmt werden, daß das Streuungsdiagramm möglichst gut durch diese Funktion angepaßt wird.

Allgemein betrachten wir eine von den l Parametern $a_1, a_2, \ldots, a_l$ abhängige Regressionsfunktion

$$\hat{y} = f(a_1, a_2, \ldots, a_l, x) \, . \tag{3.50}$$

Mit den l Parameterwerten ist die Regressionsfunktion dann eindeutig bestimmt. Mit dem Gaußschen Prinzip der kleinsten Quadrate erhält man die optimalen Parameter durch die Minimierung der Summe der vertikalen Abstandsquadrate

$$Q^2(a_1, a_2, \ldots, a_l) = \sum_{i=1}^{n} \left[y_i - f(a_1, a_2, \ldots, a_l, x_i) \right]^2 \to \min. \tag{3.51}$$

Falls die Funktion f nach allen l Parametern stetig differenzierbar ist, erhält man die Parameter evtl. durch Auflösen des Gleichungssystems

$$\frac{\partial Q^2}{\partial a_k} = \sum_{i=1}^{n} \left[y_i - f(a_1, a_2, \ldots, a_l, x_i) \right] \cdot \frac{\partial f(a_1, a_2, \ldots, a_l, x_i)}{\partial a_k} = 0 \tag{3.52}$$

$$\text{für } k = 1, 2, \ldots, l.$$

Beispiel 3.19 (exponentielles Wachstum):
Für die Regressionsfunktion beim exponentiellen Wachstum

$$y = f(a, b, c, x) = a - b e^{-cx}$$

lauten die partiellen Ableitungen

$$\frac{\partial f}{\partial a} = 1 \, ; \quad \frac{\partial f}{\partial b} = -e^{-cx} \, ; \quad \frac{\partial f}{\partial c} = b x e^{-cx} \, .$$

Damit erhält man aus (3.52) der Reihe nach die Gleichungen

$$\frac{\partial Q^2}{\partial a} = -2\sum_{i=1}^{n}\left[y_i - a + b\,e^{-c x_i}\right] = 0$$

$$\frac{\partial Q^2}{\partial b} = 2\sum_{i=1}^{n}\left[y_i - a + b\,e^{-c x_i}\right]\cdot e^{-c x_i} = 0$$

$$\frac{\partial Q^2}{\partial c} = 2\sum_{i=1}^{n}\left[y_i - a + b\,e^{-c x_i}\right]\cdot b\,x_i e^{-c x_i} = 0\,.$$

Diese Gleichungen ergeben das nichtlineare Gleichungssystem

$$n\,a - b\sum_{i=1}^{n} e^{-c x_i} - \sum_{i=1}^{n} y_i = 0$$

$$a\sum_{i=1}^{n} e^{-c x_i} - b\sum_{i=1}^{n} e^{-2c x_i} - \sum_{i=1}^{n} y_i\cdot e^{-c x_i} = 0$$

$$a\,b\sum_{i=1}^{n} x_i\cdot e^{-c x_i} - b^2\sum_{i=1}^{n} x_i\cdot e^{-2c x_i} - b\sum_{i=1}^{n} x_i\cdot y_i\cdot e^{-c x_i} = 0.$$

Dieses nichtlineare Gleichungssystem ist nicht geschlossen lösbar. Man kann es allerdings mit Hilfe numerischer Verfahren (Iterationsverfahren) auf einem Computer lösen.

3.4.7 Linearisierung durch Transformationen

Durch eine geeignete Transformation (Substitution) kann die Berechnung einer Regressionsfunktion manchmal so vereinfacht werden, daß für die transformierten Beobachtungswerte eine bereits bekannte einfachere Formel benutzt werden kann.

Beispiel 3.20 (Substitution):
In der speziellen Regressionsfunktion

$$\hat{y} = a + b\,x^{\alpha}\,,\ \alpha \in \mathbb{R} \text{ vorgegeben mit } \alpha \neq 0,\ \ a, b \text{ gesucht}$$

kommt nur die Potenz x^{α} der Einflußgröße x vor. Falls α eine natürliche Zahl ist, könnte man zwar prinzipiell zur Schätzung der beiden Parameter a und b analog zu Abschnitt 3.4.6 ein Gleichungssystem aufstellen und lösen. Dies ist jedoch überflüssig. Durch die Einführung der neuen Variablen $z = x^{\alpha}$ geht die Regressionsfunktion über in die Regressionsgerade

$$\hat{y} = a + b\,z.$$

Für die transformierten Werte $z_i = x_i^{\alpha}$ können unmittelbar die Formeln für die Regressionsgerade aus den Abschnitten 3.4.1 bzw. 3.4.2 übernommen werden.

Beispiel 3.21 (Logarithmieren):
Zur Bestimmung der beiden Parameter c und b der Regressionsfunktion

$$\hat{y} = c\,x^{b}\,;\quad c, x > 0$$

könnte man beide Seiten formal logarithmieren. In

$$\ln \hat{y} = \ln c + b \cdot \ln x$$

erhält man mit den transformierten Variablen $\hat{w} = \ln \hat{y}$ und $z = \ln x$ das linearisierte Regressionsmodell

$$\hat{w} = \ln c + b z = a + b z \quad \text{mit} \quad a = \ln c.$$

Mit den logarithmierten Stichprobenwerten $z_i = \ln x_i$ und $w_i = \ln y_i$ können die Parameter $\ln c$ und b mit Hilfe der Formeln für die lineare Regression geschätzt werden. Diese Linearisierung wird in der Praxis zwar sehr oft durchgeführt, doch leider viel zu oft falsch interpretiert.

Bei der Rücktransformation entsteht nämlich ein wesentliches Problem. Den logarithmierten Werten wird nach dem Prinzip der kleinsten vertikalen Abstandsquadrate eine Gerade optimal angepaßt. Der so erhaltene Parameter $a = \ln c$ könnte zwar prinzipiell zurücktransformiert werden durch $c = e^a$. Die so entstandene Potenzfunktion

$$\hat{y} = e^a \cdot x^b$$

besitzt nicht mehr die Eigenschaft, daß die Summe der vertikalen Abstandsquadrate der Beobachtungspaare (x_i, y_i) von dieser Kurve minimal ist. Diese Eigenschaft geht bei der Transformation durch Logarithmieren verloren. Man könnte die rücktransformierte Funktion höchstens als **Näherung für die gesuchte Regressionsfunktion** verwenden. Auf dieses Problem werden wir in Abschnitt 12.3 näher eingehen.

In der nachfolgenden Tabelle sind einige Funktionstypen und deren Linearisierungen angegeben.

Funktionstyp	linearisiertes Modell
$y = \alpha + \beta x^k$, k bekannt α, β unbekannte Parameter	$y = \alpha + \beta z$ mit $z = x^k$
$y = \frac{1}{\alpha + \beta x}$ α, β unbekannte Parameter	$w = \alpha + \beta x$ mit $w = \frac{1}{y}$
$y = a + b \cdot \ln x$	$y = a + b z$ mit $z = \ln x$
$y = \alpha x^\beta$ α, β unbekannte Parameter	$w = a + \beta \cdot z$ $w = \ln y$; $a = \ln \alpha$; $z = \ln x$
$y = \alpha e^{\frac{\beta}{x}}$ α, β unbekannte Parameter	$\ln y = \ln \alpha + \beta \cdot z$ mit $z = \frac{1}{x}$
$y = \frac{1}{\alpha \cdot \beta^x}$ α, β unbekannte Parameter	$w = \ln \alpha + x \cdot \ln \beta$ mit $w = \ln \frac{1}{y}$

3.5 Zeitreihen

Stellt man bei einem Träger eines kardinalen Merkmals die Ausprägungen zu jedem Zeitpunkt t aus einem bestimmten Zeitintervall fest, so erhält man Beobachtungswerte $y_t = f(t)$, in Abhängigkeit von t also eine Funktion f(t).

Oft ist es jedoch nicht sinnvoll oder gar nicht möglich, zu jedem beliebigen Zeitpunkt t die Ausprägung festzustellen, sondern nur zu bestimmten Zeitpunkten

$$t_1 < t_2 < \ldots < t_n .$$

Beispiele dafür sind: Arbeitslosenzahlen, die nur einmal im Monat bekanntgegeben werden oder die börsentäglich ermittelten Kassakurse eines bestimmten Wertpapiers. Manche Daten werden auch vierteljährlich oder nur jährlich erhoben.

Die Beobachtungswerte zum Zeitpunkt t_i bezeichnen wir mit $y_i\,(1 \le i \le n)$. Die so erhaltene Stichprobe (Beobachtungsreihe)

$$(y_1, y_2, \ldots, y_n)$$

heißt **Zeitreihe.**

Häufig werden äquidistante Zeitpunkte benutzt. Diese setzen wir

$$t_i = i \quad \text{für } i = 1, 2, \ldots, n.$$

Dadurch wird auf der Zeitachse ein Maßstab festgelegt.

Zeitreihen werden u.a. veröffentlicht in den Monatsberichten der Deutschen Bundesbank und in den statistischen Jahrbüchern des Statistischen Bundesamts und der Statistischen Landesämter. Beispiele dafür sind das Bruttosozialprodukt, die Anzahl der Arbeitslosen oder der Erwerbstätigen oder verschiedene Preisindizes. Die Paare (t_i, y_i), $i = 1, 2, \ldots, n$ stellen in einem kartesischen Koordinatensystem ein sog. **Zeitreihendiagramm** dar. Oft verbindet man diese Punkte geradlinig miteinander. Dann wird das Zeitreihendiagramm als Polygonzug dargestellt. In Bild 3.7 sind zwei verschiedene Zeitreihendiagramme skizziert.

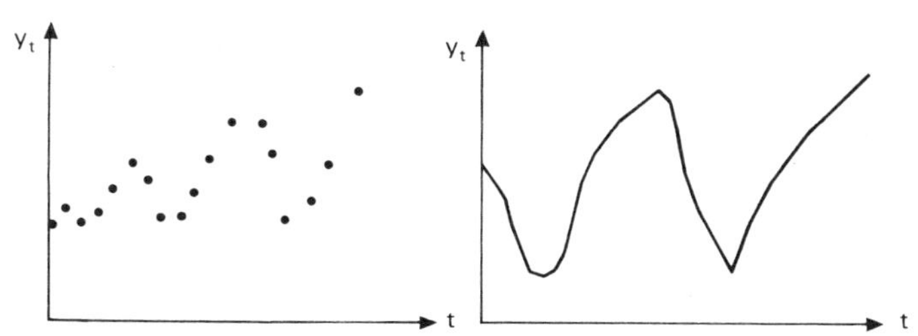

Bild 3.7: Zeitreihen

In Bild 3.8 sind die Zeitreihen der Arbeitslosen und Arbeitslosenquoten in Baden-Württemberg von 1950 bis 1993 dargestellt (Quelle: **Statistisches Landesamt Baden-Württemberg** [1994], S. 84).

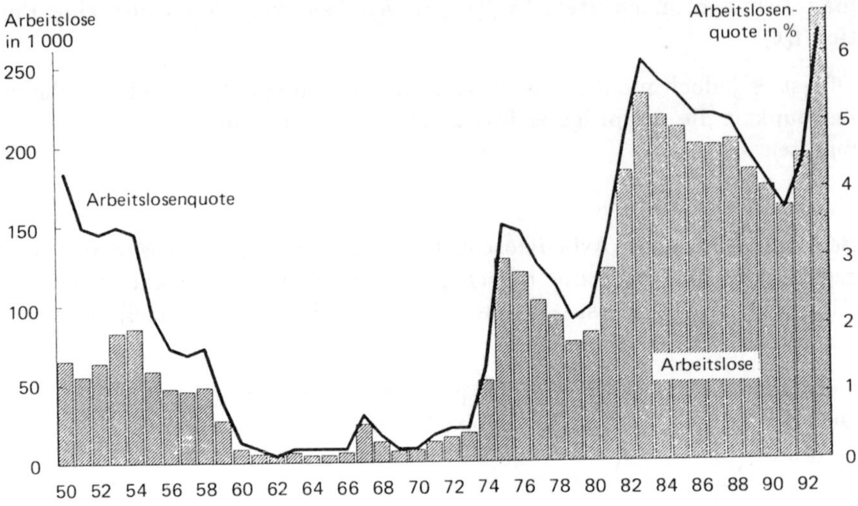

Bild 3.8: Arbeitslose und Arbeitslosenquote in Baden Württemberg (Quelle: Statistisches Landesamt Baden-Württemberg [1994], S. 84)

In diesem Zeitreihendiagramm sind mehrere Tendenzen erkennbar:

a) Innerhalb der einzelnen Jahre treten ähnliche kurzfristige Schwankungen auf, die auf die jahreszeitliche Abhängigkeit zurückzuführen sind. So ist im Winter die Arbeitslosenzahl wetterbedingt in der Regel höher als im Sommer. In den Urlaubsmonaten Juli und August tritt ebenfalls eine kleine Steigerung auf, die sich ab September wieder zurückbildet. Man spricht hier von saisonalen Schwankungen. Diese werden ausgedrückt durch die **Saisonkomponente**, die sich relativ unverändert jedes Jahr wiederholt. Wegen des großen Maßstabs ist die Saisonkomponente in Bild 3.8 kaum erkennbar. Sie wird jedoch in Bild 3.10 klar sichtbar. Für das allgemeine "Auf und Ab" sind neben der Saisonkomponente manchmal auch plötzlich eintretende, nicht vorhersagbare Ereignisse, sogenannte Störungen verantwortlich. Diese werden werden beschrieben durch die sog. **zufällige Komponente** oder **Restkomponente**.

b) In der Zeitreihe kann man über Jahre hinweg einen **mittelfristigen Trend** feststellen. Dieser Trend ist bis zum Jahr 1960 monoton fallend. Dann bleibt er 10 Jahre lang ungefähr konstant, bis er von 1971 an wieder steigt. Von 1971 an sind konjunkturabhängige Schwankungen erkennbar. Diese werden durch die sogenannte **Konjunkturkomponente** beschrieben.

3.5.1 Das klassische Komponentenmodell (additives Modell)

Wir setzen voraus, daß jeder Beobachtungswert y_t additiv in vier Komponenten zerlegt werden kann. Wir betrachten also das Modell

$$y_t = m_t + k_t + s_t + r_t\,. \tag{3.53}$$

Der zum Teitpunkt t beobachtete Wert y_t setzt sich additiv aus vier Komponenten zusammen. Diese bezeichnet man als

m_t: *Trendkomponente*;

k_t: *Konjunkturkomponente*;

s_t: *(zyklische) Saisonkomponente*;

r_t: *(zufällige) Restkomponente.*

Die **Trendkomponente** $T = m_t$ beschreibt die langfristige systematische Veränderung des mittleren Niveaus der Zeitreihe. Diese ist entweder monoton wachsend oder monoton fallend. Für den Verlauf der Trendkomponente sind langfristig wirkende Ursachen verantwortlich.

Die **Konjunkturkomponente** $K = k_t$ stellt eine mehrjährige konjunkturabhängige Schwankung dar. Weil die Konjunkturzyklen im allgemeinen nicht gleich lang sind, sind diese Schwankungen nicht regelmäßig.
Die Konjunkturkomponente wird sehr oft *zyklische Komponente* genannt und mit z_t bezeichnet. Diese Bezeichnung kann allerdings zu Mißverständnissen führen, da die meisten Konjunkturzyklen zwischen 5 und 7 Jahren liegen. Da diese Zyklen verschieden lang sind, wiederholen sie sich nicht zyklisch.

Die **Saisonkomponente** $S = s_t$ gibt die jahreszeitliche Abhängigkeit wieder. Ihr Verlauf wird durch typische jahreszeitliche Schwankungen geprägt, die sich fast unverändert jedes Jahr wiederholen.

Die **(zufällige) Restkomponente** $R = r_t$ wird durch diejenigen Einflüsse erklärt, welche nicht für die drei anderen Komponenten verantwortlich sind. Ursache für sie sind plötzlich eintretende, nicht vorhersagbare Ereignisse. Wegen ihrer großen Anzahl und Unübersichtlichkeit werden diese unter dem Begriff *zufällige Einflüsse* zusammengefaßt. Die Restkomponente nennt man oft auch **irreguläre Komponente.**

In den meisten Zeitreihen sind nur die Saisonkomponente s_t und die Restkomponente r_t zusammen für das Oszillieren verantwortlich. Ohne diese Einflüsse wäre die Zeitreihe wesentlich glatter. Trendkomponente und Konjunkturkomponente zusammen, also $g_t = m_t + k_t$ bestimmen die grobe Richtung der Zeitreihe. Die Punkte g_t liegen im allgemeinen auf einer glatten Kurve. Saison- und Restkomponente zusammen bewirken die meist starken Schwankungen der Zeitreihe um diese glatte Kurve. Daher nennt man

$$g_t = m_t + k_t$$

glatte Komponente.

In Bild 3.8 ist diese glatte Komponente bereits eingezeichnet.

Ziel der Zeitreihenanalyse ist es, allein aus den Beobachtungswerten y_t die vier Trendkomponenten wenigstens näherungsweise zu schätzen. Dazu benötigt man allerdings weitere Voraussetzungen über die einzelnen Komponenten.

3.5.2 Trendbestimmung

Der Trend beschreibt die langfristige Entwicklung zeitlicher Verläufe. Für zukünftige Prognosen möchte man daher den Trend wenigstens näherungsweise bestimmen. Nach Subtraktion der Trendkomponente m_t, also nach der **Trendbereinigung** können die Werte $k_t + s_t + r_t$ besser miteinander verglichen werden.

3.5.2.1 Lineare Trends

Falls der betrachtete Zeitraum nicht sehr lang ist, wird bei vielen Modellen der Trend durch eine Gerade beschrieben, also durch

$$m_t = \alpha + \beta t \; ; \quad \alpha, \beta \in \mathbb{R}.$$

Die Parameter α und β dieser (unbekannten) Trendgeraden müssen geschätzt werden.

Methode der kleinsten Quadrate

Nach Abschnitt 3.4.1 wird die Näherungsgerade (Regressionsgerade)

$$\hat{m}_t = a + b\,t$$

so bestimmt, daß die Summe der vertikalen Abstandsquadrate aller Trendkomponenten m_t im entsprechenden Bereich von dieser Geraden minimal ist. Mit den Mittelwerten

$$\bar{t} = \frac{1}{n} \sum_{i=1}^{n} t_i \; ; \qquad \bar{y} = \frac{1}{n} \sum_{i=1}^{n} y_i$$

erhält man aus (3.39) die Schätzwerte

$$b = \frac{\sum_{i=1}^{n} t_i \cdot y_i - n \cdot \bar{t} \cdot \bar{y}}{\sum_{i=1}^{n} t_i^2 - n \cdot \bar{t}^2} = \frac{\frac{1}{n} \sum_{i=1}^{n} t_i \cdot y_i - \bar{t} \cdot \bar{y}}{\frac{1}{n} \sum_{i=1}^{n} t_i^2 - \bar{t}^2} \; ; \quad a = \bar{y} - b \cdot \bar{t}. \qquad (3.54)$$

Bei äquidistanten Zeitpunkten $t_i = i$ für $i = 1, 2, \ldots, n$ vereinfacht sich die Formel wegen

$$\bar{t} = \frac{1}{n}\sum_{i=1}^{n} i = \frac{1}{n}\cdot\frac{n(n+1)}{2} = \frac{n+1}{2};$$

$$\frac{1}{n}\sum_{i=1}^{n} t_i^2 = \frac{1}{n}\sum_{i=1}^{n} i^2 = \frac{1}{n}\cdot\frac{n(n+1)(2n+1)}{6} = \frac{(n+1)(2n+1)}{6};$$

$$\bar{y} = \frac{1}{n}\sum_{i=1}^{n} y_i; \qquad \frac{1}{n}\sum_{i=1}^{n} t_i\cdot y_i = \frac{1}{n}\sum_{i=1}^{n} i\cdot y_i.$$

Durch elementare Rechnung erhält man

$$b = \frac{12\sum_{i=1}^{n} i\,y_i - 6(n+1)\sum_{i=1}^{n} y_i}{n(n^2-1)};$$

$$a = \bar{y} - \frac{n+1}{2}\cdot b = \frac{4n+2}{n-1}\,\bar{y} - \frac{6\sum_{i=1}^{n} i\,y_i}{n(n-1)} \qquad (3.55)$$

bei äquidistanten Zeitpunkten $t_i = i$ für $1 = 1, 2, \ldots, n$.

Reihenhälftung

Falls die Zeitreihe aus einer ungeraden Anzahl von Werten besteht, wird der mittlere Wert weggelassen, bei geradem n werden alle Werte verwendet. Diese Reihe von geradem Umfang $n = 2k$ wird in eine untere und eine obere Hälfte eingeteilt. Von jeder Teilreihe werden die einzelnen Mittelwerte bestimmt:

untere Reihenhälfte: $\bar{t}_u = \frac{1}{k}\sum_{i=1}^{k} t_i; \qquad \bar{y}_u = \frac{1}{k}\sum_{i=1}^{k} y_i;$

obere Reihenhälfte: $\bar{t}_o = \frac{1}{k}\sum_{i=k+1}^{2k} t_i; \qquad \bar{y}_o = \frac{1}{k}\sum_{i=k+1}^{2k} y_i.$

Bei **äquidistanten Zeitpunkten** $t_i = i$ erhält man

$$\bar{t}_u = \frac{1}{k}\sum_{i=1}^{k} i = \frac{1}{k}\cdot\frac{k(k+1)}{2} = \frac{k+1}{2};$$

$$\bar{t}_o = \frac{1}{k}\sum_{i=k+1}^{2k} i = \frac{1}{k}\sum_{j=1}^{k}(k+j) = \frac{1}{k}\left(k^2 + \frac{k(k+1)}{2}\right) = \frac{3k+1}{2}. \qquad (3.56)$$

Durch die Punkte $P_u(\bar{t}_u, \bar{y}_u)$ und $P_o(\bar{t}_o, \bar{y}_o)$ wird die Schätzgerade für die Trendgerade gelegt. Ihre Gleichung lautet

$$\hat{m}_t = \bar{y}_u + \frac{\bar{y}_o - \bar{y}_u}{\bar{t}_o - \bar{t}_u}\cdot(t - \bar{t}_u).$$

3.5.2.2 Nichtlineare Trendmodelle

Methode der kleinsten Quadrate

Die Trendfunktion $m_t = g(t)$ sei von einem Funktionstyp, welcher durch k Parameter festgelegt ist, z. B. ein Polynom (k – 1)-ten Grades

$$m_t = a_0 + a_1 t + a_2 t^2 + \ldots + a_{k-1} t^{k-1}$$

mit den k unbekannten Parametern $a_0, a_1, \ldots, a_{k-1}$ (vgl. Abschnitt 3.4.3) oder eine Exponentialfunktion (s. Abschnitt 3.4.6)

$$m_t = a\, b^t$$

mit den beiden unbekannten Parametern a und b. Die unbekannten Parameter werden nach der Methode der kleinsten Quadrate geschätzt.

Linearisierung durch Approximation

Bei vielen Zeitreihenmodellen kann die nichtlineare Trendkurve m(t) stückweise durch eine Gerade approximiert werden. Durch das Aneinanderfügen solcher Geraden wird die Trendlinie durch ein Polygonzug approximiert.

n-Punktmethode

Eine bessere Approximation erhält man meistens durch Aneinanderfügen von Polynomen. So können z. B. durch jeweils drei Punkte Parabeln gelegt werden.

3.5.3 Gleitende Durchschnitte (Mittelwerte) bei äquidistanten Zeitpunkten

Gegeben sei die Beobachtungsreihe $(y_1, y_2, \ldots, y_n)$. Das arithmetische Mittel aus dem Wert y_t, den m vorangehenden und den m nachfolgenden Wer ten, also

$$\begin{aligned} \bar{y}_t^{(2m+1)} &= \frac{1}{2m+1}(y_{t-m} + y_{t-m+1} + \ldots + y_t + \ldots + y_{t+m}) \\ &= \frac{1}{2m+1} \sum_{j=-m}^{+m} y_{t+j} \quad \text{für } t = m+1, \ldots, n-m \end{aligned} \tag{3.57}$$

heißt **gleitender Durchschnitt der ungeraden Ordnung $2m+1$**. Diese gleitenden Durchschnitte können nur für die Werte y_t mit $t - m \geq 1$ und $t + m \leq n$ gebildet werden.

Für die gleitenden Durchschnitte ungerader Ordnung erhält man unmittelbar die **Rekursionsformel**

$$\bar{y}_{t+1}^{(2m+1)} = \bar{y}_t^{(2m+1)} + \frac{1}{2m+1}(y_{t+m+1} - y_{t-m}). \tag{3.58}$$

In die Berechnung gleitender Durchschnitte ungerader Ordnung $2m+1$ gehen neben dem Wert y_t jeweils die m vor und die m nach ihm liegenden Werte ein. Falls man bei gerader Ordnung 2m nur 2m Werte berücksichtigen würde, wäre eine solche symmetrische Aufteilung nicht mehr möglich. Aus diesem Grund benutzt man auch hier die $2m+1$ benachbarten Werte, wobei der erste und letzte Wert (Randwerte) nur mit dem halben Gewicht in die Mittelwertsbildung eingehen, während die übrigen Werte voll gewichtet werden. Dann ist die Summe der Gewichte wieder 2 m.

$$\bar{y}_t^{(2m)} = \frac{1}{2m}\left(\frac{1}{2}y_{t-m} + y_{t-m+1} + \ldots + y_t + \ldots + y_{t+m-1} + \frac{1}{2}y_{t+m}\right)$$

$$= \frac{1}{2m}\left(\frac{1}{2}y_{t-m} + \sum_{j=-(m-1)}^{(m-1)} y_{t+j} + \frac{1}{2}y_{t+m}\right) \qquad (3.59)$$

$$\text{für } t = m+1, \ldots, n-m$$

heißt **gleitender Durchschnitt der geraden Ordnung 2m**.

Aus der Definitionsgleichung erhält man unmittelbar die **Rekursionsformel**

$$\bar{y}_{t+1}^{(2m)} = \bar{y}_t^{(2m)} + \frac{1}{4m}(y_{t+m+1} + y_{t+m} - y_{t-m} + y_{t-m+1}). \qquad (3.60)$$

Die gleitenden Durchschnitte bilden eine verkürzte Zeitreihe

$$(\bar{y}_{m+1}^{(2m+1)}, \bar{y}_{m+2}^{(2m+1)}, \ldots, \bar{y}_{n-m}^{(2m+1)}) \text{ bzw. } (\bar{y}_{m+1}^{(2m)}, \bar{y}_{m+2}^{(2m)}, \ldots, \bar{y}_{n-m}^{(2m)})$$

mit $n-2m$ Werten.

Wichtige Anwendungen sind:

gleitender Dreierdurchschnitt:

$$\bar{y}_t^{(3)} = \frac{y_{t-1} + y_t + y_{t+1}}{3};$$

gleitender Viererdurchschnitt:

$$\bar{y}_t^{(4)} = \frac{\frac{1}{2}y_{t-2} + y_{t-1} + y_t + y_{t+1} + \frac{1}{2}y_{t+2}}{4};$$

gleitender 12-er Durchschnitt:

$$\bar{y}_t^{(12)} = \frac{\frac{1}{2}y_{t-6} + y_{t-5} + \ldots + y_{t+5} + \frac{1}{2}y_{t+6}}{12}.$$

Gleitende 12-er Durchschnitte oder sogenannte **gleitende 12-Monats-Durchschnitte** werden oft bei monatlich angegebenen Daten benutzt, bei denen die Saisonkomponente einen Jahreszyklus aufweist.

Satz 3.2:
Die Werte der Zeitreihe $(x_1, x_2, \dots, x_n)$ mit äquidistanten Zeitpunkten $t_i = i$ sollen auf einer Geraden liegen, d.h. es gelte

$$x_i = m \cdot i + b \quad \text{für } i = 1, 2, \dots, n \quad .$$

mit zwei Konstanten m (Steigung) und b (Achsenabschnitt). Dann stimmen für jedes ρ die gleitenden Durchschnitte $\overline{x}_t^{(\rho)}$ der Ordnung ρ mit den Ausgangswerten x_t überein, d.h es gilt

$$\overline{x}_t^{(\rho)} = x_t \quad \text{für jedes mögliche t.}$$

Beweis:
Wir beschränken uns beim Beweis auf den Fall $\rho = 2m$, für ungerades ρ verläuft der Beweis entsprechend. Aus der Geradengleichung erhält man

$$\overline{x}_t^{(2m)} = \frac{1}{2m}\left(\frac{1}{2}x_{t-m} + \frac{1}{2}x_{t+m} + x_{t-(m-1)} + \dots + x_t + \dots + x_{t+(m-1)}\right)$$

$$= \frac{1}{2m}\left(\frac{1}{2}[m(t-m) + b + m(t+m) + b] + \sum_{j=(m-1)}^{+(m-1)} [m(t+j) + b]\right)$$

$$= \frac{1}{2m}\left(mt + b + [2(m-1)+1](mt+b) + m \cdot \underbrace{\sum_{j=(m-1)}^{(m-1)} j}_{=0} \right)$$

$$= \frac{1}{2m}\Big(mt + b + (mt+b)(2m-1)\Big) = \frac{1}{2m} 2m(mt+b) = mt + b,$$

also $\overline{x}_t^{(2m)} = x_t$.

Bei $\overline{x}_t^{(2m+1)}$ fehlt bei den beiden Randwerten nur der Faktor $\frac{1}{2}$, sonst verläuft der Beweis gleich.

3.5.4 Schätzung der glatten Komponente $g_t = m_t + k_t$

Wir betrachten nur Zeitreihen mit äquidistanten Zeitpunkten. Mit der glatten Komponente $g_t = m_t + k_t$ erhalten wir das Modell

$$y_t = g_t + s_t + r_t \, .$$

Auch für die gleitenden Durchschnitte der Ordnung ρ aus Abschnitt 3.5.3 gilt dann entsprechend

$$\overline{y}_t^{(\rho)} = \overline{g}_t^{(\rho)} + \overline{s}_t^{(\rho)} + \overline{r}_t^{(\rho)} \tag{3.61}$$

für alle zulässigen Zeitpunkte t. Unser Ziel ist es, die glatte Komponente durch gleitende Durchschnitte zu schätzen.

Falls bei äquidistanten Zeitpunkten die glatten Komponenten $g_t = m_t + s_t$ exakt auf einer Geraden liegen, stimmen nach Satz 3.2 ihre gleitenden Durchschnitte mit den Ausgangswerten überein, also

$$\bar{g}_t^{(\rho)} = g_t \quad \text{für alle zulässigen Werte t.}$$

Wenn dann auch noch die beiden restlichen gleitenden Durchschnitte $\bar{s}_t^{(\rho)}$ und $\bar{r}_t^{(\rho)}$ der Saison- und Restkomponenten verschwinden würden, würden die gleitenden Durchschnitte $\bar{y}_t^{(\rho)}$ sogar mit der glatten Komponente g_t übereinstimmen. Diese drei Bedingungen sind näherungsweise erfüllt unter den

Modellannahmen:

1. Die Saisonkomponenten wiederholen sich fast **zyklisch** mit der Periodenlänge (Saisonlänge) σ. Bei vielen monatlich ermittelten Werten wie z. B. der Anzahl der Arbeitslosen ist diese Bedingung mit $\sigma = 12$ (Monate) erfüllt. Ferner seien die Saisonkomponenten in einer Saison auf die Summe 0 **normiert**. Für jedes t gelte also

   $$s_{t+\sigma} = s_t\,; \quad s_t + s_{t+1} + \ldots + s_{t+\sigma-1} = 0. \tag{3.62}$$

   Hieraus fogt dann $\bar{r}_t^{(\sigma)} \approx 0$.

2. Die gleitenden Durchschnitte der (Saison-) Ordnung σ der zufälligen Restkomponenten sind ungefähr gleich Null. Dies ist der Fall, wenn die entsprechenden gewichteten Summen näherungsweise verschwinden. Dann gilt $\bar{s}_t^{(\sigma)} \approx 0$.

3. Innerhalb eines Periodenzeitraums der Periodenlänge σ kann die glatte Komponente relativ gut durch eine Gerade approximiert werden. Dann gilt $\bar{g}_t^{(\sigma)} = g_t$.

Für die weiteren Untersuchungen setzen wir voraus, daß die drei Modellannahmen (wenigstens näherungsweise) erfüllt sind.

Dann erhält man mit den gleitenden Durchschnitten die Näherung

$$g_t \approx \bar{y}_t^{(\sigma)}.$$

Durch

$$\hat{g}_t = \bar{y}_t^{(\sigma)}, \quad t = \sigma + 1, \ldots, n - \sigma; \quad \sigma = \text{Saisonlänge} \tag{3.63}$$

kann bei diesem Modell die glatte Komponente (im inneren Bereich) durch die gleitenden Durchschnitte der Ordnung σ der Beobachtungswerte y_t geschätzt werden.

3.5.5 Saisonbereinigung bei konstanter Saisonfigur

Unter den Modellannahmen aus Abschnitt 3.5.4 kann die glatte Komponente, also die Trend-Konjunktur-Komponente $g_t = m_t + k_t$ nach (3.63) durch die gleitenden Durchschnitte der Ordnung σ geschätzt werden. Dann können die Differenzen

$$y_t - \bar{y}_t^{(\sigma)}, \, t = \sigma + 1, \ldots, n - \sigma \tag{3.64}$$

als Werte der **um die glatte Komponente bereinigten Zeitreihe** aufgefaßt werden. Wegen der Additivität des Modells gilt damit die Näherung

$$y_t - \bar{y}_t^{(\sigma)} \approx s_t + r_t \, . \tag{3.65}$$

Die um die glatte Komponente bereinigte Zeitreihe beschreibt also nur die Summe der Saison- und Restkomponente. Zur praktischen Durchführung der Saisonbereinigung ist es sinnvoll, die Werte doppelt zu indizieren. Dabei ist allgemein

$$z_{ij}$$

der entsprechende j-te Wert in der i-ten Saison, also üblicherweise der Zeitreihenwert des j-ten Monats im i-ten Jahr. Da sich nach unserer Modellannahme die Saisonfiguren zyklisch wiederholen, sind auch die Saisonkomponenten zyklisch, d. h.

$$s_{1j} = s_{2j} = s_{3j} = \ldots = m_j \quad \text{für jedes feste } j \in \{1, 2, \ldots, \sigma\}. \tag{3.66}$$

Für $\sigma = 12$ ist m_j eine **monatstypische Abweichung**. Man nennt sie auch **Saisonveränderungszahl** für den j - ten Monat.

Zunächst berechnen wir das arithmetische Mittel der um die glatte Komponente bereinigten Werte $y_{ij} - \bar{y}_{ij}^{(\sigma)}$, also

$$\tilde{m}_j = \frac{1}{h_j} \sum_i (y_{ij} - \bar{y}_{ij}^{(\sigma)}) = \frac{1}{h_j} \sum_i s_{ij} + \frac{1}{h_j} \sum_i r_{ij} \; ; \; 1 \leq j \leq \sigma. \tag{3.67}$$

Dabei ist h_j die Anzahl der verfügbaren Saisonen, aus denen der Durchschnittswert berechnet wird. Summiert wird über alle Werte, die in die Durchschnittsbildung eingehen. Wegen (3.66) gilt

$$\frac{1}{h_j} \sum_i s_{ij} = m_j \, . \tag{3.68}$$

Nach der Modellannahme 2 erfüllen die Restkomponenten r_{ij} die Bedingung

$$\frac{1}{h_j} \sum_i r_{ij} \approx 0.$$

Damit erhält man nach (3.67) in

$$\tilde{m}_j \approx m_j$$

bereits einen brauchbaren Schätzwert. Nach der Modellannahme (3.62) sind die Saisonkomponenten auf die Saisonsumme 0 normiert. Daher ist es sinnvoll, auch die Werte $\tilde{m}_j$ auf die Saisonsumme 0 zu normieren durch

$$\hat{m}_j = \tilde{m}_j - \frac{1}{\sigma} \sum_{j=1}^{\sigma} \tilde{m}_j \approx m_j , \quad j = 1, 2, \ldots, \sigma. \tag{3.69}$$

Differenzenbildung ergibt die **saisonbereinigte Zeitreihe**

$$y_{ij} - \hat{m}_j ; \quad \hat{m}_j \text{ s. (3.67) und (3.69).}$$

Praktische Durchführung der Saisonbereinigung bei Voraussetzung der Modellannahmen

1. Schritt: Die glatten Komponenten $g_{ij} = m_{ij} + k_{ij}$ werden im inneren Bereich durch die gleitenden Durchschnitte der Ordnung σ (Saisonlänge) geschätzt, also

$$g_{ij} \approx \bar{y}_{ij}^{(\sigma)} .$$

2. Schritt: Aus den zur Verfügung stehenden Saisonen berechne man die Mittelwerte

$$\tilde{m}_j = \frac{1}{h_j} \sum_i (y_{ij} - \bar{y}_{ij}^{(\sigma)}) \qquad \text{für } j = 1, 2, \ldots, \sigma ;$$

h_j = Anzahl der verfügbaren Saisonen; summiert wird über alle zur Verfügung stehenden Werte.

3. Schritt: Man berechne

$$\hat{m}_j = \tilde{m}_j - \frac{1}{\sigma} \sum_{k=1}^{\sigma} \tilde{m}_k \quad \text{für } j = 1, 2, \ldots, \sigma.$$

4. Schritt: Saisonbereinigte Werte:

$$y_{ij}^{(\text{ber.})} = y_{ij} - \hat{m}_j \quad \text{im mittleren Bereich.}$$

Beispiel 3.22:
Eine Familie hatte von 1989 bis 1995 quartalsweise folgenden Stromverbrauch (in kWh):

Jahr	1. Quartal	2. Quartal	3. Quartal	4. Quartal
1989	2 100	1 900	1 800	2 200
1990	2 300	2 100	1 900	2 300
1991	2 400	2 300	2 100	2 500
1992	2 600	2 300	2 200	2 400
1993	2 600	2 400	2 300	2 600
1994	2 500	2 400	2 300	2 700
1995	2 600	2 500	2 400	2 800

Tab. 3.10: Zeitreihe mit Quartalsschwankungen

Schätzung der Trendgeraden m_t durch Reihenhälftung:

Jede Reihenhälfte besteht aus k = 14 Werten. Damit erhält man aus (3.56) $\bar{t}_u = 7{,}5;\ \bar{t}_o = 21{,}5$. $\bar{y}_u = 2\,200$ und $\bar{y}_o = 2\,478{,}6$ ergibt

$$\hat{m}_t = 2\,200 + \frac{2\,478{,}6 - 2\,200}{21{,}5 - 7{,}5} \cdot (t - 7{,}5)$$

$$\hat{m}_t = 2\,050{,}75 + 19{,}9\,t\,.$$

Die doppelt indizierte Darstellung lautet

$$\hat{m}_{ij} = 2\,050{,}75 + 19{,}9 \cdot (i + j)\,.$$

Schätzung der Trendgeraden m_t durch lineare Regression:

Aus (3.55) erhält man durch elementare Rechnung als Schätzung für die Trendgerade

$$\hat{m}_t = 2\,017{,}46 + 22{,}19\,t\,,$$

bzw.

$$\hat{m}_{ij} = 2\,017{,}46 + 22{,}19 \cdot (i+j)\,.$$

In Bild 3.9 ist die durch lineare Regression geschätzte Trendgerade in das Zeitreihendiagramm eingezeichnet.

Schätzung der glatten Komponenten $g_t = m_t + k_t$:

Da eine Saisonlänge aus $\sigma = 4$ Quartalen besteht, werden die glatten Komponenten durch die gleitenden Durchschnitte der Ordnung 4 geschätzt. Zur Bestimmung der beiden ersten gleitenden Durchschnitte müßte man den Verbrauch aus dem zweiten Halbjahr 1988 kennen. Entsprechend müßten zur Bestimmung der beiden letzten Durchschnitte die Verbrauchswerte im ersten Halbjahr 1996 bekannt sein. Ohne diese Werte können die glatten Komponeneten an den beiden Rändern nicht geschätzt werden. Die Schätzwerte für die glatten Komponenten sind in der nachfolgenden Tabelle 3.11 zusammengestellt und in Bild 3.9 ebenfalls eingezeichnet.

Jahr	1. Quartal	2. Quartal	3. Quartal	4. Quartal
1989	– –	– –	2 025	2 075
1990	2 112,5	2 137,5	2 162,5	2 200
1991	2 250	2 300	2 350	2 375
1992	2 387,5	2 387,5	2 375	2 387,5
1993	2 412,5	2 450	2 462,5	2 450
1994	2 450	2 462,5	2 487,5	2 512,5
1995	2 537,5	2 562,5	– –	– –

Tab. 3.11: Schätzwerte für die glatten Komponenten

Saisonbereinigung:
Zunächst bilden wir die um die glatte Komponente bereinigte Zeitreihe mit den Werten $y_{ij} - \bar{y}_{ij}^{(4)}$. Die Werte dieser Zeitreihe erhält man durch Subtraktion der Werte aus Tab. 3.11 von denen aus Tab. 3.10. Damit erhalten wir die um die glatte Komponente bereinigte Zeitreihe:

Jahr	1. Quartal	2. Quartal	3. Quartal	4. Quartal
1989	– –	– –	– 225	125
1990	187,5	– 37,5	– 262,5	100
1991	150	0	– 250	125
1992	212,5	– 87,5	– 175	12,5
1993	187,50	– 50	– 162,5	150
1994	50	– 62,5	– 187,5	187,5
1995	62,50	– 62,5	– –	– –

Tab. 3.12: Um die glatte Komponente bereinigte Zeitreihe

Zur Schätzung der quartalstypischen Abweichung berechnen wir nach (3.67) die arithmetischen Mittel $\tilde{q}_j$ der Werte in den Spalten von Tab. 3.12. Dabei erhalten wir

$\tilde{q}_1 = \frac{850}{5} = 170;$ $\tilde{q}_2 = -\frac{300}{5} = -60;$

$\tilde{q}_3 = -\frac{1\,262{,}5}{5} = -252{,}5;$ $\tilde{q}_4 = \frac{700}{5} = 140.$

Mit der Normierung auf die Jahressumme 0 ergibt sich aus (3.69)

$$\hat{q}_j = \tilde{q}_j - \frac{1}{4}\sum_{k=1}^{4} \tilde{q}_k = \tilde{q}_j + 0{,}625; \qquad \hat{q}_1 = 170{,}625 \approx 171;$$

$$\hat{q}_2 = -59{,}375 \approx -59; \; \hat{q}_3 = -251{,}875 \approx -252; \; \hat{q}_4 = 140{,}625 \approx 141.$$

$y_{ij} - \hat{q}_j$ sind die Werte der saisonbereinigten Zeitreihe. Sie sind in Tab. 3.13 dargestellt.

Jahr	1. Quartal	2. Quartal	3. Quartal	4. Quartal
1989	1 929	1 959	2 052	2 059
1990	2 129	2 159	2 152	2 159
1991	2 229	2 359	2 352	2 359
1992	2 429	2 359	2 452	2 259
1993	2 429	2 459	2 552	2 459
1994	2 329	2 459	2 552	2 559
1995	2 429	2 559	2 652	2 659

Tab. 3.13: Saisonbereinigte Zeitreihe

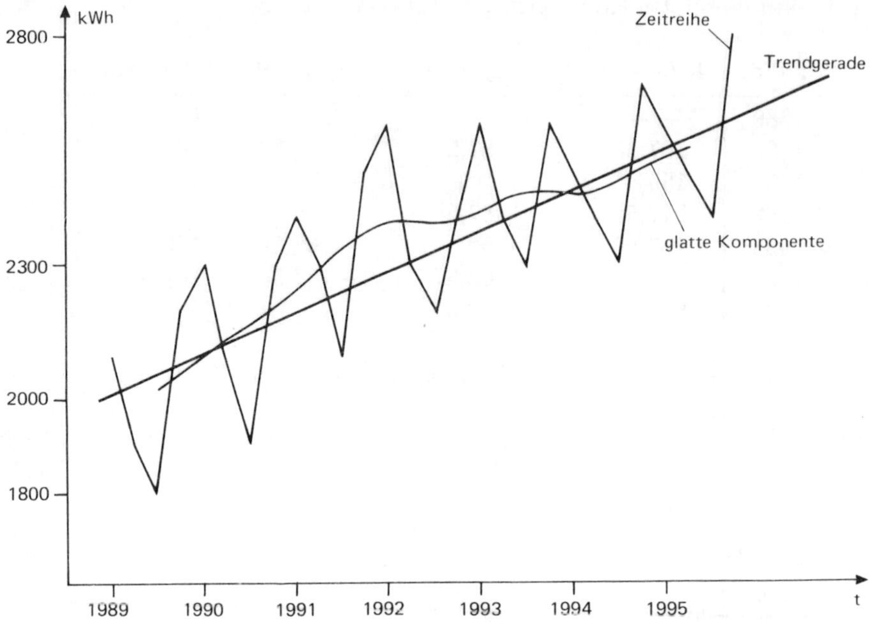

Bild 3.9: Zeitreihe mit Trendgerade und glatter Komponente

Beispiel 3.23:
In der nachfolgenden Tabelle ist die Anzahl der Arbeitslosen im früheren Bundesgebiet vom Juli 1987 bis März 1995 (in Tausend) aufgeführt (Quelle: Konjunktur aktuell). Mit der Saisonlänge $\sigma = 12$ sind die gleitenden Durchschnitte der Ordnung 12, also $\overline{y}_t^{(12)}$ als Schätzwerte für die glatten Komponenten berechnet. Zur Bestimmung der **Trendgerade** wurden die 84 Werte aus den Jahren 1988 bis 1994 benutzt. Mit Hilfe der linearen Regression erhält man die Gleichung der

Trendgeraden $\hat{y} = 1910{,}9 + 3{,}738051\,t\,.$

Zeitreihendiagramm und Trendgerade sind in Bild 3.10 eingezeichnet.

In der letzten Spalte stehen die um die glatte Komponente bereinigten Werte. Die von uns berechneten Werte weichen von denen in **Konjunkur aktuell** angebenen etwas ab. Der Grund dafür liegt darin, daß dort ein anderes Verfahren, vermutlich das Consensus-Verfahren benutzt wird.

Jahr	Monat	Originalwerte	glatte Komponente g_t	Trendkomponente m_t	um g_t bereinigte Reihe
1987	Juli	2175,8			
	August	2164,6			
	September	2107,1			
	Oktober	2092,7			
	November	2133,1			
	Dezember	2308,2			
1988	Januar	2518,7	2250,9	1937,1	313,8
	Februar	2516,5	2252,0	1940,8	311,2
	März	2440,1	2251,8	1944,5	307,2
	April	2261,7	2250,7	1948,3	302,4
	Mai	2149,1	2248,2	1952,0	296,2
	Juni	2131,4	2241,6	1955,8	285,8
	Juli	2199,3	2229,0	1959,5	269,5
	August	2167,1	2212,5	1963,2	249,2
	September	2099,9	2192,7	1967,0	225,8
	Oktober	2074,3	2172,4	1970,7	201,7
	November	2091,2	2154,6	1974,5	180,1
	Dezember	2190,5	2137,1	1978,2	158,9
1989	Januar	2334,5	2118,7	1981,9	136,8
	Februar	2304,8	2099,8	1985,7	114,1
	März	2178,2	2081,2	1989,4	91,8
	April	2035,1	2063,7	1993,1	70,6
	Mai	1947,5	2049,5	1996,9	52,6
	Juni	1915,2	2037,8	2000,6	37,2
	Juli	1972,5	2026,1	2004,4	21,7
	August	1940,2	2013,7	2008,1	5,6
	September	1880,8	2000,5	2011,8	– 11,3
	Oktober	1873,7	1988,6	2015,6	– 27,0
	November	1949,7	1978,4	2019,3	– 40,9
	Dezember	2052,0	1968,8	2023,0	– 54,3
1990	Januar	2191,4	1959,8	2026,8	– 67,0
	Februar	2152,5	1949,9	2030,5	– 80,6
	März	2013,1	1938,3	2034,3	– 96,0
	April	1914,6	1924,1	2038,0	– 113,9
	Mai	1823,3	1905,3	2041,7	– 136,4
	Juni	1808,0	1883,2	2045,5	– 162,3
	Juli	1863,7	1858,8	2049,2	– 190,4
	August	1812,8	1833,7	2053,0	– 219,2
	September	1727,8	1810,2	2056,7	– 246,5
	Oktober	1687,4	1787,5	2060,4	– 273,0
	November	1685,1	1767,4	2064,2	– 296,8
	Dezember	1784,2	1749,2	2067,9	– 318,7

1991	Januar	1874,0	1733,2	2071,6	− 338,5
	Februar	1868,9	1720,2	2075,4	− 355,1
	März	1731,0	1709,4	2079,1	− 369,7
	April	1651,9	1700,8	2082,9	− 382,0
	Mai	1603,7	1694,4	2086,6	− 392,2
	Juni	1592,6	1689,4	2090,3	− 401,0
	Juli	1693,7	1687,2	2094,1	− 406,9
	August	1672,2	1687,0	2097,8	− 410,8
	September	1609,5	1688,3	2101,5	− 413,2
	Oktober	1599,0	1693,8	2105,3	− 411,4
	November	1618,3	1702,0	2109,0	− 407,0
	Dezember	1731,2	1711,3	2112,8	− 401,4
1992	Januar	1875,1	1722,0	2116,5	− 394,5
	Februar	1863,4	1733,8	2120,2	− 386,4
	März	1767,9	1747,3	2124,0	− 376,7
	April	1747,1	1764,2	2127,7	− 363,5
	Mai	1704,4	1784,9	2131,5	− 346,5
	Juni	1715,5	1808,3	2135,2	− 326,9
	Juli	1827,7	1836,5	2138,9	− 302,4
	August	1821,6	1870,1	2142,7	− 272,6
	September	1783,6	1906,7	2146,4	− 239,7
	Oktober	1830,4	1944,5	2150,1	− 205,7
	November	1884,6	1981,7	2153,9	− 172,2
	Dezember	2025,5	2018,9	2157,6	− 138,7
1993	Januar	2257,0	2058,5	2161,4	− 102,9
	Februar	2287,9	2099,7	2165,1	− 65,3
	März	2223,4	2141,3	2168,8	− 27,5
	April	2196,7	2184,4	2172,6	11,8
	Mai	2147,9	2228,2	2176,3	51,9
	Juni	2166,2	2270,3	2180,0	90,3
	Juli	2325,5	2310,6	2183,8	126,9
	August	2314,9	2349,5	2187,5	162,0
	September	2288,1	2385,8	2191,3	194,5
	Oktober	2358,8	2419,6	2195,0	224,6
	November	2408,0	2450,9	2198,7	252,1
	Dezember	2513,7	2478,8	2202,5	276,3
1994	Januar	2736,1	2502,0	2206,2	295,8
	Februar	2742,0	2521,2	2210,0	311,2
	März	2640,0	2537,0	2213,7	323,3
	April	2590,4	2547,5	2217,4	330,1
	Mai	2505,9	2552,9	2221,2	331,7
	Juni	2477,8	2557,6	2224,9	327,1
	Juli	2570,4	2557,1	2228,6	328,5
	August	2530,7	2554,9	2232,4	322,5
	September	2452,5			

	Oktober	2446,4
	November	2449,9
	Dezember	2545,1
1995	Januar	2744,7
	Februar	27197
	März	2610,3

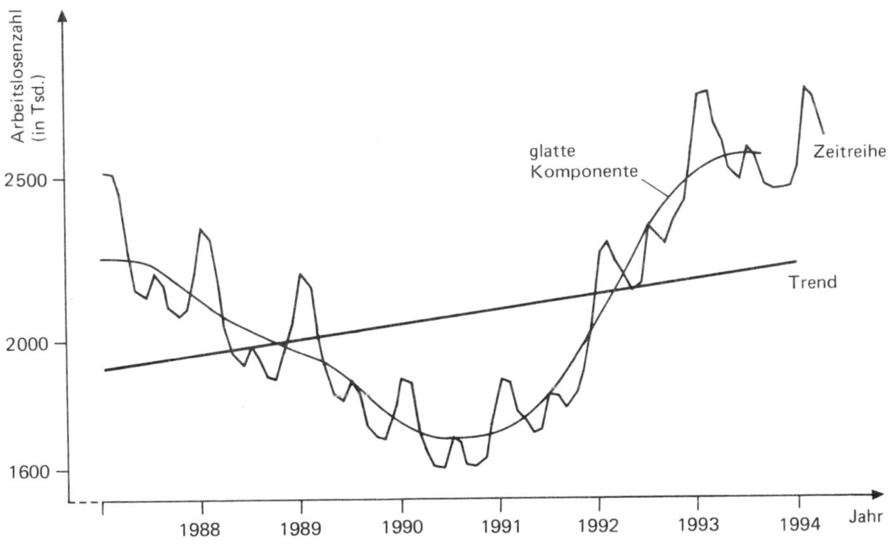

Bild 3.10: Zeitreihe der Arbeitslosenzahlen (alte Bundesländer)

3.5.6 Saisonbereinigung bei variabler Saisonfigur

In Abschnitt 3.5.5 wurde die Saisonbereinigung bei konstanter Saisonfigur durchgeführt. Dabei wurde vorausgesetzt, daß sich die gleiche Saisonfigur in jeder Saison exakt wiederholt. Bei vielen Prozessen ändert sich die Saisonfigur laufend, sie hängt oft von der glatten Komponente ab. Um auch in einem solchen Fall eine Saisonbereinigung durchführen zu können, benötigt man spezielle Voraussetzungen über die Saisonfiguren. Das einfachste Modell mit variabler Saisonfigur wurde bereits 1994 von **L. W. Hall** und **H. D. Falkner** vorgeschlagen. Bei diesem Modell wird vorausgesetzt, daß die glatte Komponente von saisonalen Schwankungen multiplikativ überlagert wird. Dabei gehen wir davon aus, daß die j-te Saisonkomponente in der i-ten Saison ein Vielfaches der glatten Komponente ist, also

$$s_{ij} = \lambda_j \, g_{ij} \,. \tag{3.70}$$

In Bild 3.11 ist ein solcher Verlauf skizziert.

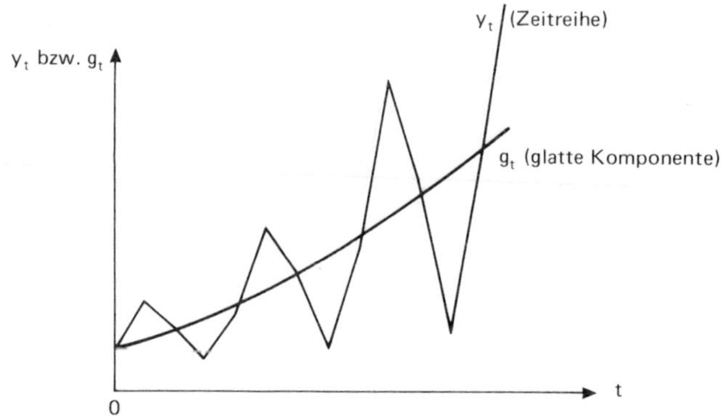

Bild 3.11: Multiplikative Überlagerung der glatten Komponente

Damit erhält man das Modell

$$y_{ij} = g_{ij} + \lambda_j \, g_{ij} + r_{ij} = (1 + \lambda_j)\, g_{ij} + r_{ij} = \mu_j \, g_{ij} + r_{ij} \,. \tag{3.71}$$

Der Faktor $\mu_j = 1 + \lambda_j$ heißt **Saisonindexziffer** für den j-ten Saisonzeitpunkt (Monat). Bei Vernachlässigung der zufälligen Komponente stellt μ_j den Faktor dar, durch dessen Multiplikation mit den glatten Komponenten die unbereinigten Komponenten entstehen. Division der Werte y_{ij} durch die Saisonindexziffer μ_j ergibt den **saisonbereinigten Wert** y_{ij}/μ_j .
g_{ij} wird durch gleitende Durchschnitte $\overline{y}_{ij}^{(\sigma)}$ geschätzt. Damit erhält man

$$\frac{y_{ij}}{\overline{y}_{ij}^{(\sigma)}} \approx \frac{\mu_j \, g_{ij} + r_{ij}}{g_{ij}} = \mu_j + \frac{r_{ij}}{g_{ij}} \quad \text{für } j = 1, 2, \ldots, \sigma \,. \tag{3.72}$$

Hieraus erhält man analog zu (3.67) die Schätzungen

$$\tilde{\mu}_j = \frac{1}{h_j} \sum_i \frac{y_{ij}}{\bar{y}_{ij}^{(\sigma)}} \quad \text{für } j = 1, 2, \ldots, n. \tag{3.73}$$

Dabei ist h_j die Anzahl der für die Durchschnittsberechnung verfügbaren Saisonen. Damit der Faktor im Durchschnitt einer Saison gleich Eins ist, wird die Gesamtsumme auf σ normiert durch

$$\hat{\mu}_j = \frac{\sigma}{\sum_{k=1}^{\sigma} \tilde{\mu}_k} \cdot \tilde{\mu}_j \,. \tag{3.74}$$

Damit erhält man die **saisonbereinigte Zeitreihe** $\frac{y_{ij}}{\hat{\mu}_j}$. (3.75)

3.5.7 Weitere Verfahren zur Saisonbereinigung

Die Schätzung der glatten Komponente durch gleitende Durchschnitte hat den Nachteil, daß zu deren aktuellen Bestimmung jeweils die Daten aus dem nächsten Halbjahr vorliegen müssen. Auch wenn diese noch nicht bekannt sind, möchte man sie trotzdem schätzen. Dazu können geeignete **Extrapolationen** benutzt werden, die in der numerischen Mathematik bereitgestellt werden.

Die gleitenden Durchschnitte liefern zwar ein sehr bequemes Verfahren zur Saisonbereinigung. Vor allem wegen der Probleme am oberen Rand und auch anderer Nachteile sind inzwischen andere Methoden entwickelt worden. Seit 1970 benutzt die Deutsche Bundesbank das sogenannte **Census-Verfahren.** Dieses Verfahren ist in den Monatsberichten der Deutschen Bundesbank, März 1970, S. 38 – 43 beschrieben. In den Berichten vom Oktober 1987, S. 30 – 40 ist ein allgemeiner Artikel: **Die Saisonbereinigung als Hilfsmittel der Wirtschaftsbeobachtung** erschienen, in dem die Grundgedanken des Consensus-Verfahrens nochmals kurz dargelegt werden. Unter anderem wird in diesem Artikel auf die Abschätzung des Unsicherheitsspielraums und die Aktualisierung der Saisonschätzung eingegangen. Ein weiteres oft benutztes Saisonbereinigungsverfahren ist das sog. **Berliner Verfahren.** Es wurde von **Nullau, B. u. a.** [1969] vorgestellt.
In der **Zeitschrift Wirtschaft und Statistik** sind ferner folgende interessante Artikel erschienen:
Umstellung der Zeitreihenanalyse, 11/83, S. 841 – 852.
Zur Frage der Kalenderbereiniguing von Zeitreihen, 6/86, S. 421 – 428.
Vergleich von Verfahren zur Komponentenzerlegung von Zeitreihen, 2/94, S. 98 – 108. In diesem Artikel werden fünf Verfahren verglichen.

Schließlich soll auf weiterführende Literatur verwiesen werden, z. B. **Chatfield, C.** [1982] und **Schlittgen, R.; Streitberg, B. H. J.** [1987].

3.6 Aufgaben

Aufgabe 3.1:
An 10 Börsentagen lauteten die Kassakurse x_i bzw. y_i der Aktien zweier Automobilfirmen

x_i	420	429	445	418	431	459	451	465	449	473
y_i	495	506	516	475	493	531	537	554	547	565

a) Zeichnen Sie das Streuungsdiagramm.
b) Bestimmen Sie den Korrelationskoeffizienten.
c) Bestimmen Sie die Gleichung der Regressionsgeraden $\hat{y} = a + b\,x$ von y bezüglich x.
d) Bestimmen Sie die Gleichung der Regressionsgeraden $\hat{x} = \alpha + \beta\,y$ von x bezüglich y.

Aufgabe 3.2:
Am Ende des ersten Semesters wurden für die Studierenden im Fach Wirtschaftswissenschaften Klausuren in den Fächern Statistik, Mathematik und Rechnungswesen angeboten. Dabei sind die Ergebnisse in der nachfolgenden Kontingenztafel zusammengestellt:

Fach	bestanden	nicht bestanden
Statistik	264	61
Mathematik	207	115
Rechnungswesen	248	92

Berechnen Sie als Maß für den Zusammenhang den Korrelationskoeffizienten nach Bravais - Pearson.

Aufgabe 3.3:
Bei 100 Schülern der gleichen Altersgruppe wurde die Körpergröße (x_i) und die Schuhgröße (y_i) jeweils [in cm gemessen]. Dabei erhielt man folgende Summenwerte:

$$\sum_{i=1}^{100} x_i = 14\,152\,; \quad \sum_{i=1}^{100} x_i^2 = 1\,902\,575\,;$$

$$\sum_{i=1}^{100} y_i = 4\,210\,; \quad \sum_{i=1}^{100} y_i^2 = 152\,496\,; \quad \sum_{i=1}^{100} x_i \cdot y_i = 550\,890\,.$$

Bestimmen Sie den Korrelationskoeffizienten nach Bravais-Pearson.

Aufgabe 3.4:

Die Studierenden, die sowohl an der ersten Klausur zu Statistik I und zu Statistik II teilnahmen, erhielten die in der nachfolgenden Kontingenztafel aufgeführten Zensuren:

	Statistik II				
Stat. I	1	2	3	4	5
1	15	12	6	0	0
2	11	23	15	4	0
3	0	20	45	27	2
4	0	5	21	58	21
5	0	0	12	26	67

a) Berechnen Sie den Korrelationskoeffizienten nach Bravais-Pearson.
b) Bestimmen Sie den Rangkorraltionskoeffizienten von Spearman.

Aufgabe 3.5:

In der Fußball-Bundesliga-Saison 1994/95 ist nachfolgend links der Tabellenstand nach der Hinrunde und rechts am Ende der Saison dargestellt

Tabellenstand nach der Vorrunde	Tabellenstand nach der Rückrunde
Bor. Dortmund	Bor. Dortmund
Werder Bremen	Werder Bremen
Bor. Mönchengladbach	SC Freiburg
SC Freiburg	1. FC Kaiserslautern
Bayern München	Bor. Mönchengladbach
1. FC Kaiserslautern	Bayern München
Karlsruher SC	Bayer Leverkusen
Bayer Leverkusen	Karlsruher SC
Hamburger SV	Eintracht Frankfurt
VfB Stuttgart	1. FC Köln
Eintracht Frankfurt	Schalke 04
1. FC Köln	VfB Stuttgart
Schalke 04	Hamburger SV
1860 München	1860 München
Dynamo Dresden	Bayer Uerdingen
Bayer Uerdingen	VfL Bochum
VfL Bochum	MSV Duisburg
MSV Duisburg	Dynamo Dresden

Bestimmen Sie ein geeignetes Maß für den Zusammenhang der beiden Tabellen.

Aufgabe 3.6:
Zwei Weinexperten A und B mußten acht Weinsorten bezüglich der Qualität in eine eindeutig bestimmte Reihenfolge bringen mit dem Ergebnis

Sorte i	1	2	3	4	5	6	7	8	9
Rang nach A	5	4	9	2	3	8	1	7	6
Rang nach B	6	3	9	4	1	7	2	5	8

Berechnen Sie den Rangkorrelationskoeffizienten von Spearman.

Aufgabe 3.7:
Nach der Statistik von Baden-Württemberg, Band 488, Lange Reihen (Herausgeber: Statistisches Landesamt Baden-Württemberg) betrug der Energieverbrauch (in Mio kWh) in Baden Württemberg zwischen 1950 und 1992

5 107, 6 060, 6 715, 6 925, 7 715, 8 544, 9 297, 9 804, 10 649, 11 370, 12 647, 13 823, 14 912, 16 262, 17 922, 20 905, 22 225, 23 279, 25 617 28 688, 31 026, 33 367, 35 541, 37 795, 37 922, 38 148, 40 430, 41 825, 44 467, 46 703, 47 228, 48 127, 48 602, 49 820, 51 913, 55 050, 55 870, 57 693, 59 528, 61 517, 63 245, 65 332, 65 335.

a) Bestimmen Sie die Trendgerade durch Regression.

b) Ermitteln Sie die Trendgerade durch Reihenhälftung.

c) Bestimmen Sie die gleitenden Durchschnitte der Ordnung 6 und 12.

Aufgabe 3.8:
Die Monatsumsätze (in TDM) eines Fahrradhändlers von Januar 1990 bis Dezember 1992 betrugen

80	89	105	110	120	122	111	105	99	91	84	75
91	105	116	125	129	137	125	118	109	104	99	84
102	118	129	138	151	154	131	125	119	115	102	97.

a) Bestimmen Sie mit Hilfe der linearen Regression die Gleichung der Trendgeraden.

b) Schätzen Sie die glatte Komponente durch die gleitenden Durchschnitte der Ordnung 12.

c) Bestimmen Sie die um die glatte Komponente bereinigte Reihe.

Kapitel 4: Mehrdimensionale Darstellungen

In Analogie zu Kapitel 3 betrachten wir in diesem Abschnitt gleichzeitig die Ausprägungen von p verschiedenen Merkmalen an bestimmten Individuen. $p = 2$ ergibt den Spezialfall zweier Merkmale aus Kapitel 3. Für die nachfolgenden Ausführungen werden elementare Grundkenntnisse aus der Matrizenrechnung vorausgesetzt.

4.1 p-dimensionale Beobachtungsreihen

An n verschiedenen Merkmalsträgern (Objekten) werden die Ausprägungen von p Merkmalen festgestellt. Die einzelnen Merkmale bezeichnen wir der Reihe nach mit $X_1, X_2, \ldots, X_p$. Beim i-ten Merkmalsträger habe das Merkmal X_j die Ausprägung x_{ij}, $j = 1, \ldots, p$; $i = 1, \ldots, n$.

Die p Merkmalsausprägungen beim i-ten Objekt können als p-dimensionaler Zeilenvektor

$$(x_{i1}, x_{i2}, \ldots, x_{ij}, \ldots, x_{ip}) \tag{4.1}$$

mit den Komponenten x_{ij} $(1 \le j \le p)$ dargestellt werden für $i = 1, 2, \ldots, n$. Diese n Zeilenvektoren bilden die $n \times p$-**Datenmatrix**

$$X = \begin{pmatrix} x_{11} & \cdots & x_{1j} & \cdots & x_{1p} \\ \vdots & & \vdots & & \vdots \\ x_{i1} & \cdots & x_{ij} & \cdots & x_{ip} \\ \vdots & & \vdots & & \vdots \\ x_{n1} & \cdots & x_{nj} & \cdots & x_{np} \end{pmatrix} = (\vec{x}_1, \ldots, \vec{x}_j, \ldots, \vec{x}_p). \tag{4.2}$$

$p = 1$ ergibt eine eindimensionale Stichprobe, die als Spaltenvektor dargestellt ist. Eindimensionale Stichproben wurden bereits in Kapitel 2 ausführlich behandelt, wobei dort die eindimensionalen Stichproben üblicherweise als Zeilenvektoren dargestellt werden.

Im Falle $p = 2$ ist X eine $n \times 2$-Matrix. Dabei stehen in der ersten Spalte von X die Ausprägungen des ersten Merkmals, in der zweiten Spalte die des zweiten Merkmals. Dieser Spezialfall wurde bereits in Kapitel 3 ausführlich untersucht, wobei dort allerdings die Ausprägungen der beiden Merkmale nicht als Spalten- sondern als Zeilenvektoren dargestellt werden.

In der j-ten Spalte der Datenmatrix X stehen die an den n Objekten festgestellten Ausprägungen des Merkmals X_j. Für jeden Wert $j = 1, 2, \ldots, p$ erhalten wir damit eine **eindimensionale Stichprobe** mit den Werten

$$x_{1j}, x_{2j}, \ldots, x_{nj} \quad \text{(j-te Spalte von X)},$$

die sogenannte j-te **Randstichprobe** bezüglich des Merkmals X_j. Dabei kann ein Merkmal nominal, ordinal oder kardinal sein.

Da die Ausprägungen der p Merkmale jeweils am gleichen Individuum festgestellt werden, handelt es sich um eine sogenannte **verbundene Stichprobe.**

Beispiel 4.1:
Bei 10 Personen wurden folgende Merkmale festgestellt: Alter, Körpergröße, Körpergewicht, Geschlecht und Konfession. Mit $n = 10$ und $p = 5$ erhielt man dabei die in der folgenden Tabelle dargestellte Datenmatrix:

Person i	Alter j = 1	Größe (in cm) j = 2	Gewicht (in Kg) j = 3	Geschlecht j = 4	Konfession j = 5
1	29	168	64	weiblich	evangelisch
2	25	175	79	männlich	konfessionslos
3	23	178	82	männlich	ev. Freikirche
4	24	163	56	weiblich	röm. kath.
5	28	169	71	männlich	evangelisch
6	22	171	66	weiblich	islamisch
7	25	165	57	weiblich	evangelisch
8	28	172	74	männlich	röm. kath.
9	21	161	52	weiblich	jüdisch
10	26	177	74	männlich	röm. kath.

Tab. 4.1: Datenmatrix

Bei den ersten drei Merkmalen handelt es sich um kardinale Merkmale, die Merkmale Geschlecht und Konfession sind nur nominal. In der i-ten Zeile stehen die Ausprägungen der fünf Merkmale bei der i-ten Person. In der j-ten Spalte findet man die Ausprägungen des j-ten Merkmals bei den 10 Objekten.

4.2 Kovarianz- und Korrelationsmatrix

In diesem Abschnitt setzen wir voraus, daß alle p Merkmale metrisch skaliert (kardinal) sind. Dann können von den einzelnen Randstichproben, also den Werten der Spaltenvektoren $\vec{x}_j = (x_{1j}, x_{2j}, \ldots, x_{nj})^T$ die Mittelwerte und Varianzen gebildet werden. Diese Parameter bezeichnen wir mit

$$\bar{x}_j = \frac{1}{n} \sum_{i=1}^{n} x_{ij} ;$$
$$s_j^2 = \frac{1}{n-1} \sum_{i=1}^{n} (x_{ij} - \bar{x}_j)^2 = \frac{1}{n-1} \Big(\sum_{i=1}^{n} x_{ij}^2 - n \cdot \bar{x}_j^2 \Big) \qquad (4.3)$$
$$\text{für } j = 1, 2, \ldots, p .$$

Die p Mittelwerte fassen wir zusammen zum **Mittelwertvektor**

$$\vec{\bar{x}}^{\,T} = (\bar{x}_1, \bar{x}_2, \ldots, \bar{x}_p) . \qquad (4.4)$$

Multipliziert man den n-dimensionalen Zeilenvektor

$$\vec{1}^{\,T} = (1, 1, \ldots, 1) , \qquad (4.5)$$

der aus lauter Einsen besteht, mit der Matrix X, so erhält man den Vektor der Spaltensummen von X. Division durch n ergibt den Mittelwertvektor. Damit gilt

$$\boxed{\vec{\bar{x}}^{\,T} = \frac{1}{n} \cdot \vec{1}^{\,T} \cdot X \qquad \text{bzw.} \qquad \vec{\bar{x}} = \frac{1}{n} \cdot X^T \cdot \vec{1} .} \qquad (4.6)$$

Wir betrachten zwei beliebige Spaltenvektoren $\vec{x}_j$ und $\vec{x}_k$, $1 \le j, k \le p$. Diese beiden Spaltenvektoren stellen eine zweidimensionale (verbundene) Stichproben vom Umfang n dar. Sie besitzt die **Kovarianz**

$$s_{jk} = \frac{1}{n-1} \sum_{i=1}^{n} (x_{ij} - \bar{x}_j)(x_{ik} - \bar{x}_k) = \frac{1}{n-1} \Big(\sum_{i=1}^{n} x_{ij} x_{ik} - n \bar{x}_j \bar{x}_k \Big)$$

und den **Korrelationskoeffizienten**

$$r_{jk} = \frac{s_{jk}}{s_j \cdot s_k} \qquad \text{für} \quad j, k = 1, 2, \ldots, p .$$

Im Falle j = k erhält man

$$s_{jj} = s_j^2 \ \text{(Varianz)} \ \text{und} \ r_{jj} = 1 \qquad \text{für } j = 1, 2, \ldots, p .$$

Die Kovarianzen fassen wir zusammen zur **Kovarianzmatrix**

$$S = \begin{pmatrix} s_{11} & s_{12} & \cdots & s_{1p} \\ s_{21} & s_{22} & \cdots & s_{2p} \\ \vdots & \vdots & \vdots & \vdots \\ s_{p1} & s_{p2} & \cdots & s_{pp} \end{pmatrix} = \begin{pmatrix} s_1^2 & s_{12} & \cdots & s_{1p} \\ s_{21} & s_2^2 & \cdots & s_{2p} \\ \vdots & \vdots & \vdots & \vdots \\ s_{p1} & s_{p2} & \cdots & s_p^2 \end{pmatrix} . \qquad (4.7)$$

Entsprechend ist die **Korrelationsmatrix** erklärt durch

$$R = \begin{pmatrix} r_{11} & r_{12} & \cdots & r_{1p} \\ r_{21} & r_{22} & \cdots & r_{2p} \\ \vdots & \vdots & \vdots & \vdots \\ r_{p1} & r_{p2} & \cdots & r_{pp} \end{pmatrix} = \begin{pmatrix} 1 & r_{12} & \cdots & r_{1p} \\ r_{21} & 1 & \cdots & r_{2p} \\ \vdots & \vdots & \vdots & \vdots \\ r_{p1} & r_{p2} & \cdots & 1 \end{pmatrix}. \tag{4.8}$$

Wegen $s_{jk} = s_{kj}$ und $r_{jk} = r_{kj}$ sind die Kovarianz- und die Korrelationsmatrix **symmetrisch**. Sie stimmen mit ihren Transponierten überein:

$$S^T = \begin{pmatrix} s_1^2 & s_{21} & \cdots & s_{p1} \\ s_{12} & s_2^2 & \cdots & s_{p2} \\ \vdots & \vdots & \vdots & \vdots \\ s_{1p} & s_{2p} & \cdots & s_p^2 \end{pmatrix} = S; \quad R^T = \begin{pmatrix} 1 & r_{21} & \cdots & r_{p1} \\ r_{12} & 1 & \cdots & r_{p2} \\ \vdots & \vdots & \vdots & \vdots \\ r_{1p} & r_{2p} & \cdots & 1 \end{pmatrix} = R. \tag{4.9}$$

Wegen

$$s_{jk} = s_j \cdot r_{jk} \cdot s_k$$

erhält man mit der Diagonalmatrix

$$D = \begin{pmatrix} s_1 & 0 & \cdots & 0 \\ 0 & s_2 & \cdots & 0 \\ \vdots & \vdots & \vdots & \vdots \\ 0 & 0 & \cdots & s_p \end{pmatrix}; \quad d_{jk} = \begin{cases} s_j & \text{für } j = k \\ 0 & \text{für } j \neq k \end{cases}$$

die Darstellung

$$S = D \cdot R \cdot D; \qquad R = D^{-1} \cdot S \cdot D^{-1}. \tag{4.10}$$

Für die Datenmatrix X gilt mit der transponierten Matrix X^T

$$X^T X = \begin{pmatrix} x_{11} & x_{21} & \cdots & x_{n1} \\ x_{12} & x_{22} & \cdots & x_{n2} \\ \vdots & \vdots & \vdots & \vdots \\ x_{1p} & x_{2p} & \cdots & x_{np} \end{pmatrix} \cdot \begin{pmatrix} x_{11} & x_{12} & \cdots & x_{1p} \\ x_{21} & x_{22} & \cdots & x_{2p} \\ \vdots & \vdots & \vdots & \vdots \\ x_{n1} & x_{n2} & \cdots & x_{np} \end{pmatrix}$$

$$= \begin{pmatrix} \sum_{i=1}^{n} x_{i1}^2 & \sum_{i=1}^{n} x_{i1} x_{i2} & \cdots & \sum_{i=1}^{n} x_{i1} x_{ip} \\ \sum_{i=1}^{n} x_{i2} x_{i1} & \sum_{i=1}^{n} x_{i2}^2 & \cdots & \sum_{i=1}^{n} x_{i2} x_{ip} \\ \vdots & \vdots & \vdots & \vdots \\ \sum_{i=1}^{n} x_{ip} x_{i1} & \sum_{i=1}^{n} x_{ip} x_{i2} & \cdots & \sum_{i=1}^{n} x_{ip}^2 \end{pmatrix}.$$

Mit dem Mittelwertvektor $\vec{\bar{x}}$ erhält man nach (4.6)

$$\vec{\bar{x}} \cdot \vec{\bar{x}}^{\,T} = \begin{pmatrix} \bar{x}_1 \\ \bar{x}_2 \\ \vdots \\ \bar{x}_p \end{pmatrix} \cdot (\bar{x}_1, \bar{x}_2, \ldots, \bar{x}_p) = \begin{pmatrix} \bar{x}_1^2 & \bar{x}_1 \bar{x}_2 & \cdots & \bar{x}_1 \bar{x}_p \\ \bar{x}_2 \bar{x}_1 & \bar{x}_2^2 & \cdots & \bar{x}_2 \bar{x}_p \\ \vdots & \vdots & \vdots & \vdots \\ \bar{x}_p \bar{x}_1 & \bar{x}_p \bar{x}_2 & \cdots & \bar{x}_p^2 \end{pmatrix}$$

$$= \frac{1}{n^2} \cdot X^T \cdot \vec{1} \cdot \vec{1}^{\,T} \cdot X .$$

Damit besitzt die Kovarianzmatrix S die Darstellung

$$S = \frac{1}{n-1}\left(X^T X - n\,\vec{\bar{x}} \cdot \vec{\bar{x}}^{\,T}\right) = \frac{1}{n-1}\left(X^T X - \tfrac{1}{n} X^T \vec{1}\, \vec{1}^{\,T} X\right). \tag{4.11}$$

Beispiel 4.2:
Bei 5 Studierenden sind nachfolgend die Zensuren in den Fächern Statistik, Mathematik und Rechnungswesen zusammengestellt.

Person i	Statistik	Mathematik	Rechnungswesen
1	2	3	2
2	4	5	3
3	3	2	3
4	1	2	1
5	3	4	2

Die Datenmatrix besitzt n = 5 Zeilen und p = 3 Spalten mit

$$X = \begin{pmatrix} 2 & 3 & 2 \\ 4 & 5 & 3 \\ 3 & 2 & 3 \\ 1 & 2 & 1 \\ 3 & 4 & 2 \end{pmatrix}.$$

Die drei Spaltenmittelwerte bilden den Mittelwertvektor

$$\vec{\bar{x}}^{\,T} = (2{,}6\,;\, 3{,}2\,;\, 2{,}2)\,.$$

Die Produktmatrix

$$X^T X = \begin{pmatrix} 2 & 4 & 3 & 1 & 3 \\ 3 & 5 & 2 & 2 & 4 \\ 2 & 3 & 3 & 1 & 2 \end{pmatrix} \begin{pmatrix} 2 & 3 & 2 \\ 4 & 5 & 3 \\ 3 & 2 & 3 \\ 1 & 2 & 1 \\ 3 & 4 & 2 \end{pmatrix} = \begin{pmatrix} 39 & 46 & 32 \\ 46 & 58 & 37 \\ 32 & 37 & 27 \end{pmatrix}.$$

ist immer symmetrisch. Mit

$$n \cdot \vec{\bar{x}} \cdot \vec{\bar{x}}^{\,T} = 5 \cdot \begin{pmatrix} 2{,}6 \\ 3{,}2 \\ 2{,}2 \end{pmatrix} \cdot (2{,}6\,;\, 3{,}2\,;\, 2{,}2) = \begin{pmatrix} 33{,}8 & 41{,}6 & 28{,}6 \\ 41{,}6 & 51{,}2 & 35{,}2 \\ 28{,}6 & 35{,}2 & 24{,}2 \end{pmatrix}$$

erhält man aus (4.11) die Kovarianzmatrix

$$S = \frac{1}{4}\left(X^T X - n\,\vec{\bar{x}} \cdot \vec{\bar{x}}^{\,T}\right) = \begin{pmatrix} 1{,}3 & 1{,}1 & 0{,}85 \\ 1{,}1 & 1{,}7 & 0{,}45 \\ 0{,}85 & 0{,}45 & 0{,}7 \end{pmatrix}.$$

In der Hauptdiagonalen stehen die Varianzen der drei Randstichproben

$$s_1^2 = 1{,}3\,; \quad s_2^2 = 1{,}7\,; \quad s_3^2 = 0{,}7.$$

$r_{jk} = \frac{s_{jk}}{s_j \cdot s_k}$ ergibt die Korrelationsmatrix

$$R = \begin{pmatrix} 1 & \frac{1{,}1}{\sqrt{1{,}3 \cdot 1{,}7}} & \frac{0{,}85}{\sqrt{1{,}3 \cdot 0{,}7}} \\ \frac{1{,}1}{\sqrt{1{,}3 \cdot 1{,}7}} & 1 & \frac{0{,}45}{\sqrt{1{,}7 \cdot 0{,}7}} \\ \frac{0{,}85}{\sqrt{1{,}3 \cdot 0{,}7}} & \frac{0{,}45}{\sqrt{1{,}7 \cdot 0{,}7}} & 1 \end{pmatrix} \approx \begin{pmatrix} 1 & 0{,}7399 & 0{,}8910 \\ 0{,}7399 & 1 & 0{,}4125 \\ 0{,}8910 & 0{,}4125 & 1 \end{pmatrix}.$$

4.3 Multiple lineare Regression

In der in Abschnitt 3.4 behandelten Regressionsrechnung wurde nur eine einzige Einflußgröße (**Regressor**) x betrachtet, die im wesentlichen die abhängige Zielgröße (**Regressand**) y bestimmt. Bei der multiplen Regression werden gleichzeitig mehrere unabhängige Regressoren zugelassen, von welchen die Zielgröße abhängt.

4.3.1 Das allgemeine Modell

Wir nehmen an, daß die Ausprägungen y_i des Merkmals Y von den Ausprägungen $x_{i1}, x_{i2}, \ldots, x_{ip}$ der p Merkmale $X_1, X_2, \ldots, X_p$ abhängen in der linearen Form

$$y_i = \beta_0 + \beta_1 x_{i1} + \beta_2 x_{i2} + \ldots + \beta_p x_{ip} + e_i\,. \tag{4.12}$$

Zusätzlich zur linearen Abhängigkeit findet eine additive Überlagerung durch eine zufällige Restgröße (**Residuum**) e_i statt. Dabei seien die $p+1$ Regressionskoeffizienten (Konstanten) $\beta_0, \beta_1, \beta_2, \ldots, \beta_p$ nicht bekannt. Im Falle $p = 1$ erhalten wir die Regressionsgerade aus Abschnitt 3.4.1.

Die unbekannten Parameter werden analog zum zweidimensionalen Fall nach der Methode der kleinsten Abweichungsquadrate geschätzt. Wir bezeichnen die Schätzwerte für β_k mit b_k für $k = 0, 1, 2, \ldots, p$. Zur Schätzung benutzen wir eine $(p+1)$-dimensionale Beobachtungsreihe

$$(x_{i1}, x_{i2}, \ldots, x_{ip}; y_i) \quad \text{für } i = 1, 2, \ldots, n$$

der entsprechenden Merkmalsausprägungen an n Objekten. Im Regressionsansatz

$$\hat{y}_i = b_0 + b_1 x_{i1} + b_2 x_{i2} + \ldots + b_p x_{ip} \quad \text{für} \quad i = 1, 2, \ldots, n \tag{4.13}$$

sind die Konstanten so zu bestimmen, daß die Quadratsumme

$$Q^2(b_0, b_1, \ldots, b_p) = \sum_{i=1}^{n} (y_i - b_0 - b_1 x_{i1} - b_2 x_{i2} - \ldots - b_p x_{ip})^2 \tag{4.14}$$

minimal ist. Mit den zusätzlichen Werten

$$x_{i0} = 1 \quad \text{für} \quad i = 1, 2, \ldots, n$$

geht (4.14) über in

$$Q^2(b_0, b_1, \ldots, b_p) = \sum_{i=1}^{n} \left(y_i - \sum_{k=0}^{p} x_{ik} b_k\right)^2 \to \min. \tag{4.15}$$

Mit den partiellen Ableitungen von (4.15) nach allen $p+1$ Regressionskoeffizienten lauten die $p+1$ Bestimmungsgleichungen

$$\frac{\partial Q^2(b_0, b_1, \ldots, b_p)}{\partial b_m} = -2 \sum_{i=1}^{n} (y_i - \sum_{k=0}^{p} x_{ik} b_k) x_{im} = 0$$

$$\text{für } m = 0, 1, 2, \ldots, p\,.$$

Hieraus erhält man das
System der Normalgleichungen:

$$\sum_{k=0}^{p} b_k \cdot \sum_{i=1}^{n} x_{ik} x_{im} = \sum_{i=1}^{n} y_i x_{im} \quad \text{für} \quad m = 0, 1, 2, \ldots, p\,. \tag{4.16}$$

Mit $x_{i0} = 1$ für alle i erhalten wir die $n \times (p+1)$-reihige **Design-Matrix (Regressormatrix)**.

$$X = \begin{pmatrix} 1 & x_{11} & \cdots & x_{1p} \\ 1 & x_{21} & \cdots & x_{2p} \\ \vdots & \vdots & \vdots & \vdots \\ 1 & x_{n1} & \cdots & x_{np} \end{pmatrix} \tag{4.17}$$

mit

$$X^T X = \begin{pmatrix} 1 & 1 & \cdots & 1 \\ x_{11} & x_{21} & \cdots & x_{n1} \\ \vdots & \vdots & \vdots & \vdots \\ x_{1p} & x_{2p} & \cdots & x_{np} \end{pmatrix} \cdot \begin{pmatrix} 1 & x_{11} & \cdots & x_{1p} \\ 1 & x_{21} & \cdots & x_{2p} \\ \vdots & \vdots & \vdots & \vdots \\ 1 & x_{n1} & \cdots & x_{np} \end{pmatrix}$$

$$
= \begin{pmatrix} n & \sum x_{i1} & \sum x_{i2} & \cdots & \sum x_{ip} \\ \sum x_{i1} & \sum x_{i1}^2 & \sum x_{i1} x_{i2} & \cdots & \sum x_{i1} x_{ip} \\ \vdots & \vdots & \vdots & \vdots & \vdots \\ \sum x_{ip} & \sum x_{ip} x_{i1} & \sum x_{ip} x_{i2} & \cdots & \sum x_{ip}^2 \end{pmatrix}.
$$

Bemerkung: Die in (4.17) dargestellte **Design-Matrix** X enthält neben den Ausprägungen der Merkmale $X_1, X_2, \ldots, X_n$ noch eine weitere Spalte, die aus lauter Einsen besteht. Die Matrix X darf nicht mit der Datenmatrix (4.2) verwechselt werden. Doch auch X kann als Datenmatrix interpretiert werden. Dazu wird ein weiteres Merkmal X_0 hinzugenommen, das nur die einzige Ausprägung 1 besitzt.

Mit den Vektoren

$$\vec{b}^T = (b_0, b_1, \ldots, b_p); \quad \vec{y}^T = (y_1, \ldots, y_n)$$

kann das Gleichungssystem (4.16) dargestellt werden in der Matrizenform

$$X^T X \vec{b} = X^T \vec{y} . \tag{4.18}$$

$X^T X$ ist wegen $(X^T X)^T = X^T X$ eine symmetrische quadratische $(p+1)$-reihige Matrix. Falls sie den vollen Rang $p+1$ hat, ist das Gleichungssystem (4.18) eindeutig lösbar. Im folgenden setzen wir den vollen Rang voraus. Für jeden beliebigen Verktor $\vec{u}$ erhalten wir mit

$$\vec{z} = X\vec{u} = (z_0, z_1, \ldots, z_p)^T$$

$$\vec{u}^T X^T X \vec{u} = \vec{z}^T \vec{z} = \sum_{k=0}^{p} z_k^2 \geq 0 .$$

Diese quadratische Form verschwindet genau dann, wenn alle z_k gleich Null sind. Dann ist $\vec{z}$ der Nullvektor. Da die Matrix X nach Voraussetzung den vollen Rang $p+1$ besitzt, sind die Spaltenvektoren der Matrix X linear unabhängig. Dann folgt aber aus $X\vec{u} = \vec{0}$ die Bedingung $\vec{u} = \vec{0}$. Damit gilt für jeden Verktor $\vec{u}$

$$\vec{u}^T X^T X \vec{u} \geq 0 ; \quad \vec{u}^T X^T X \vec{u} = 0 \text{ nur für } \vec{u} = \vec{0}.$$

Die Matrix $X^T X$ ist damit **positiv definit.** Weil sie nach Voraussetzung den vollen Rang hat, existiert ihre Inverse. Somit hat das Gleichungssystem (4.18) die eindeutig bestimmte Lösung

$$\vec{b} = (X^T X)^{-1} X^T \vec{y} . \tag{4.19}$$

Es kann allgemein gezeigt werden, daß diese Lösung das Minimum von (4.15) ist. Zu jedem beobachteten Wert y_i ist

$$\hat{y}_i = b_0 + b_1 x_{i1} + b_2 x_{i2} + \ldots + b_p x_{ip}$$

der durch die Regression geschätzte Wert. Der so gewonnene Schätzvektor hat die Darstellung

$$\vec{\hat{y}} = (\hat{y}_1, \hat{y}_2, \ldots, \hat{y}_n)^T = X\vec{b}. \tag{4.20}$$

Mit (4.19) erhält man hieraus

$$\vec{\hat{y}} = X\vec{b} = X(X^TX)^{-1}X^T\vec{y}. \tag{4.21}$$

Aus

$$X^TX(X^TX)^{-1} = E \text{ (Einheitsmatrix)}$$

folgt durch rechtsseitige Multiplikation mit X^T

$$X^TX(X^TX)^{-1}X^T = X^T. \tag{4.22}$$

Weil die erste Zeile von X^T aus lauter Einsen besteht, also den Vektor $\vec{1}^T$ darstellt, erhält man über den ersten Zeilenvektor in (4.22)

$$\vec{1}^TX(X^TX)^{-1}X^T = \vec{1}^T. \tag{4.23}$$

Hiermit erhält man aus (4.21)

$$\sum_{i=1}^{n} \hat{y}_i = \vec{1}^T\vec{\hat{y}} = \vec{1}^TX(X^TX)^{-1}X^T\vec{y} = \vec{1}^T\vec{y} = \sum_{i=1}^{n} y_i .$$

Die durch die Regression geschätzten Werte $\hat{y}_i$ und die beobachteten Werte y_i besitzen daher den gleichen Mittelwert

$$\boxed{\bar{\hat{y}} = \bar{y}.} \tag{4.24}$$

Die **Residuen** e_i besitzen die Summe 0, also

$$\sum_{i=1}^{n} e_i = \sum_{i=1}^{n} (y_i - \hat{y}_i) = 0. \tag{4.25}$$

4.3.2 Das zentrierte Modell

Mit Hilfe der zentrierten x-Variablen kann der Ansatz (4.13) dargestellt werden in der gleichwertigen Form

$$\begin{aligned} \hat{y}_i &= b_0 + \sum_{j=1}^{p} b_j\bar{x}_j + \sum_{j=1}^{p} b_j(x_{ij} - \bar{x}_j) \\ &= a + \sum_{j=1}^{p} b_j(x_{ij} - \bar{x}_j). \end{aligned} \tag{4.26}$$

Daher erhält man aus (4.13) und (4.26) mit dem Prinzip der kleinsten Quadrate die gleiche Lösung $b_0, b_1, \ldots, b_p$.

Summation ergibt wegen $\bar{\hat{y}} = \bar{y}$ unmittelbar

$$a = \bar{y},$$

also

$$\hat{y}_i = \bar{y} + \sum_{j=1}^{p} b_j (x_{ij} - \bar{x}_j) . \tag{4.27}$$

Hiermit erhält man die Abweichungsquadrate

$$Q^2(b_1, b_2, \dots, b_p) = \sum_{i=1}^{n} (\hat{y}_i - y_i)^2 = \sum_{i=1}^{n} \Big(y_i - \bar{y} - \sum_{j=1}^{p} b_j (x_{ij} - \bar{x}_j) \Big)^2 \to \min.$$

Partielle Differentiation ergibt

$$\frac{\partial Q^2(b_1, b_2, \dots, b_p)}{\partial b_m} = -2 \sum_{i=1}^{n} \Big(y_i - \bar{y} - \sum_{j=1}^{p} b_j (x_{ij} - \bar{x}_j) \Big) \cdot (x_{im} - \bar{x}_m) = 0$$

$$\text{für } m = 1, 2, \dots, p .$$

$$\sum_{j=1}^{p} b_j (x_{ij} - \bar{x}_j) \cdot (x_{im} - \bar{x}_m) = \sum_{i=1}^{n} (y_i - \bar{y}) \cdot (x_{im} - \bar{x}_m)$$

$$\text{für } m = 1, 2, \dots, p .$$

Division dieser Gleichungen durch n − 1 ergibt das Gleichungssystem

$$\begin{pmatrix} s_{\vec{x}_1 \vec{x}_1} & s_{\vec{x}_1 \vec{x}_2} & \cdots & s_{\vec{x}_1 \vec{x}_p} \\ s_{\vec{x}_2 \vec{x}_1} & s_{\vec{x}_2 \vec{x}_2} & \cdots & s_{\vec{x}_2 \vec{x}_p} \\ \vdots & \vdots & \vdots & \vdots \\ s_{\vec{x}_p \vec{x}_1} & s_{\vec{x}_p \vec{x}_2} & \cdots & s_{\vec{x}_p \vec{x}_p} \end{pmatrix} \cdot \begin{pmatrix} b_1 \\ b_2 \\ \vdots \\ b_p \end{pmatrix} = \begin{pmatrix} s_{y \vec{x}_1} \\ s_{y \vec{x}_2} \\ \vdots \\ s_{y \vec{x}_p} \end{pmatrix} .$$

Wir setzen

$$S_{xx} = \begin{pmatrix} s_{\vec{x}_1 \vec{x}_1} & s_{\vec{x}_1 \vec{x}_2} & \cdots & s_{\vec{x}_1 \vec{x}_p} \\ s_{\vec{x}_2 \vec{x}_1} & s_{\vec{x}_2 \vec{x}_2} & \cdots & s_{\vec{x}_2 \vec{x}_p} \\ \vdots & \vdots & \vdots & \vdots \\ s_{\vec{x}_p \vec{x}_1} & s_{\vec{x}_p \vec{x}_2} & \cdots & s_{\vec{x}_p \vec{x}_p} \end{pmatrix} ; \; \vec{b}_z = \begin{pmatrix} b_1 \\ b_2 \\ \vdots \\ b_p \end{pmatrix} ; \; \vec{s}_{yx} = \begin{pmatrix} s_{y \vec{x}_1} \\ s_{y \vec{x}_2} \\ \vdots \\ s_{y \vec{x}_p} \end{pmatrix} .$$

Dabei ist S_{xx} die Kovarianzmatrix der p Regressoren $\vec{x}_1, \vec{x}_2, \dots, \vec{x}_p$; $\vec{b}_z$ ist der Vektor der Regressionskoeffizienten $b_1, b_2, \dots, b_p$ und $\vec{s}_{yx}$ der Vektor der Kovarianzen zwischen y und den p Regressoren. Damit lautet die Bestimmungsgleichung

$$S_{xx} \cdot \vec{b}_z = \vec{s}_{yx} \tag{4.28}$$

mit der Lösung

$$\vec{b}_z = (b_1, b_2, \dots, b_p)^T = S_{xx}^{-1} \vec{s}_{yx} . \tag{4.29}$$

4.3.3 Das multiple Bestimmtheitsmaß

Mit (4.24) erhalten wir die **Quadratsummenzerlegung**

$$\begin{aligned}\sum_{i=1}^{n}(y_i-\overline{y})^2 &= \sum_{i=1}^{n}[(y_i-\hat{y}_i)+(\hat{y}_i-\overline{y})]^2 = \sum_{i=1}^{n}[(y_i-\hat{y}_i)+(\hat{y}_i-\overline{\hat{y}})]^2\\ &= \sum_{i=1}^{n}(y_i-\hat{y}_i)^2+\sum_{i=1}^{n}(\hat{y}_i-\overline{\hat{y}})^2+2\sum_{i=1}^{n}(y_i-\hat{y}_i)(\hat{y}_i-\overline{\hat{y}}).\end{aligned}$$

Für das gemischte Glied erhalten wir mit (4.24) und (4.19)

$$\begin{aligned}\sum_{i=1}^{n}(y_i-\hat{y}_i)(\hat{y}_i-\overline{\hat{y}}) &= \sum_{i=1}^{n}(y_i-\hat{y}_i)\hat{y}_i-\overline{\hat{y}}\underbrace{\sum_{i=1}^{n}(y_i-\hat{y}_i)}_{=0}\\ &= (\vec{y}^{\,T}-\vec{\hat{y}}^{\,T})\vec{\hat{y}} = (\vec{y}^{\,T}-\vec{b}^{\,T}X^T)X\vec{b}\\ &= \vec{y}^{\,T}X\vec{b}-\vec{b}^{\,T}\underbrace{X^TX\vec{b}}_{=X^T\vec{y}} = \vec{y}^{\,T}X\vec{b}-\vec{b}^{\,T}X^T\vec{y}\\ &= \vec{y}^{\,T}X\vec{b}-(\vec{b}^{\,T}X^T\vec{y})^T = \vec{y}^{\,T}X\vec{b}-\vec{y}^{\,T}X\vec{b} = 0.\end{aligned}$$

Das gemischte Glied verschwindet. Damit erhalten wir die **Streuungszerlegung**

$$\sum_{i=1}^{n}(y_i-\overline{y})^2 = \sum_{i=1}^{n}(y_i-\hat{y}_i)^2+\sum_{i=1}^{n}(\hat{y}_i-\overline{\hat{y}})^2. \tag{4.30}$$

Die **Gesamtstreuung**

$$q_{ges} = \sum_{i=1}^{n}(y_i-\overline{y})^2 = \sum_{i=1}^{n}y_i^2-n\overline{y}^{\,2}$$

kann also additiv zerlegt werden in die

durch die Regression erklärte Streuung

$$q_{Reg} = \sum_{i=1}^{n}(\hat{y}_i-\overline{\hat{y}})^2 = \sum_{i=1}^{n}\hat{y}_i^2-n\overline{\hat{y}}^2 = \sum_{i=1}^{n}\hat{y}_i^2-n\overline{y}^2$$

und die **Reststreuung**

$$q_{Rest} = \sum_{i=1}^{n}(y_i-\hat{y}_i)^2 = (\vec{y}-\vec{\hat{y}})^T(\vec{y}-\vec{\hat{y}}) = (\vec{y}-X\vec{b})^T(\vec{y}-X\vec{b}).$$

Division von (4.30) durch $\sum_{i=1}^{n}(y_i-\overline{y})^2$ ergibt die Zerlegung

$$1 = \frac{\sum_{i=1}^{n}(\hat{y}_i-\overline{\hat{y}})^2}{\sum_{i=1}^{n}(y_i-\overline{y})^2}+\frac{\sum_{i=1}^{n}(y_i-\hat{y}_i)^2}{\sum_{i=1}^{n}(y_i-\overline{y})^2} \doteq \frac{\sum_{i=1}^{n}(\hat{y}_i-\overline{\hat{y}})^2}{\sum_{i=1}^{n}(y_i-\overline{y})^2}+\frac{\sum_{i=1}^{n}e_i^2}{\sum_{i=1}^{n}(y_i-\overline{y})^2}.$$

Dabei ist

$$B = \frac{\sum_{i=1}^{n} (\hat{y}_i - \bar{\hat{y}})^2}{\sum_{i=1}^{n} (y_i - \bar{y})^2} = 1 - \frac{\sum_{i=1}^{n} e_i^2}{\sum_{i=1}^{n} (y_i - \bar{y})^2}$$

das **multiple Bestimmtheitsmaß**. Es stellt denjenigen Anteil an der Streuung des Merkmals Y dar, der durch die Regressoren $X_1, X_2, \ldots, X_p$ verursacht wird. $U = 1 - B$ ist das **multiple Unbestimmtheitsmaß**. Dabei gilt

$$0 \le B \le 1; \quad B = 1 \Leftrightarrow \hat{y}_i = y_i \text{ für alle i.}$$

Je näher B bei 1 liegt, desto besser wird der Regressand y durch die p Regressoren bestimmt. Im Extremfall $B = 0$ liefern die Regressoren gar keinen Anteil an der Streuung des Regressanden. Ursache für die Variabilität sind dann nur die Residuen.

Wegen $a = \bar{y}$ und $\bar{\hat{y}} = \bar{y}$ gilt nach (4.26) und (4.29)

$$\begin{aligned} \hat{y}_i - \bar{y} &= \sum_{j=1}^{p} b_j (x_{ij} - \bar{x}_j) = (x_{i1} - \bar{x}_1, \ldots, x_{ip} - \bar{x}_p) \cdot \vec{b}_z \\ &= (x_{i1} - \bar{x}_1, \ldots, x_{ip} - \bar{x}_p) \cdot S_{xx}^{-1} \vec{s}_{yx}; \end{aligned}$$

$$\begin{pmatrix} \hat{y}_1 - \bar{y} \\ \hat{y}_2 - \bar{y} \\ \vdots \\ \hat{y}_n - \bar{y} \end{pmatrix} = \begin{pmatrix} x_{11} - \bar{x}_1 & x_{12} - \bar{x}_2 & \cdots & x_{1p} - \bar{x}_p \\ x_{21} - \bar{x}_1 & x_{22} - \bar{x}_2 & \cdots & x_{2p} - \bar{x}_p \\ \vdots & \vdots & \vdots & \vdots \\ x_{p1} - \bar{x}_1 & x_{p2} - \bar{x}_2 & \cdots & x_{pp} - \bar{x}_p \end{pmatrix} \cdot S_{xx}^{-1} \cdot \vec{s}_{yx}. \tag{4.31}$$

Hieraus folgt wegen der Symmetrie von S_{xx}^{-1}

$$\frac{1}{n-1} \sum_{i=1}^{n} (\hat{y}_i - \bar{y})^2 = (\hat{y}_1 - \bar{y}, \hat{y}_2 - \bar{y}, \ldots, \hat{y}_n - \bar{y}) \cdot \begin{pmatrix} \hat{y}_1 - \bar{y} \\ \hat{y}_2 - \bar{y} \\ \vdots \\ \hat{y}_n - \bar{y} \end{pmatrix}$$

$$= \vec{s}_{yx}^{\,T} \cdot (S_{xx}^{-1})^T S_{xx} \cdot S_{xx}^{-1} \cdot \vec{s}_{yx} = \vec{s}_{yx}^{\,T} \cdot (S_{xx}^{-1})^T \cdot \vec{s}_{yx} = \vec{s}_{yx}^{\,T} \cdot S_{xx}^{-1} \cdot \vec{s}_{yx}.$$

$$\frac{1}{n-1} \sum_{i=1}^{n} (y_i - \bar{y})(\hat{y}_i - \bar{y})$$

$$= \frac{1}{n-1} (y_1 - \bar{y}, \ldots, y_n - \bar{y}) \cdot \begin{pmatrix} x_{11} - \bar{x}_1 & x_{12} - \bar{x}_2 & \cdots & x_{1p} - \bar{x}_p \\ x_{21} - \bar{x}_1 & x_{22} - \bar{x}_2 & \cdots & x_{2p} - \bar{x}_p \\ \vdots & \vdots & \vdots & \vdots \\ x_{p1} - \bar{x}_1 & x_{p2} - \bar{x}_2 & \cdots & x_{pp} - \bar{x}_p \end{pmatrix} \cdot S_{xx}^{-1} \cdot \vec{s}_{yx}$$

$$= \vec{s}_{yx}^{\,T} \cdot S_{xx}^{-1} \cdot \vec{s}_{yx}.$$

Damit haben wir folgende Identitäten nachgewiesen

$$\frac{1}{n-1}\sum_{i=1}^{n}(\hat{y}_i-\overline{y})^2 = \frac{1}{n-1}\sum_{i=1}^{n}(y_i-\overline{y})(\hat{y}_i-\overline{\hat{y}}) = \vec{s}_{yx}^{\,T}\cdot S_{xx}^{-1}\cdot\vec{s}_{yx}\,. \qquad (4.32)$$

Hiermit geht das multiple Bestimmtheitsmaß über in

$$B=\frac{\sum_{i=1}^{n}(\hat{y}_i-\overline{\hat{y}})^2}{\sum_{i=1}^{n}(y_i-\overline{y})^2}=\frac{\frac{1}{n-1}\sum_{i=1}^{n}(\hat{y}_i-\overline{\hat{y}})^2}{\frac{1}{n-1}\sum_{i=1}^{n}(y_i-\overline{y})^2}=\frac{\vec{s}_{yx}^{\,T}\cdot S_{xx}^{-1}\cdot\vec{s}_{yx}}{s_y^2}\,. \qquad (4.33)$$

Durch Erweiterung von B mit $\sum_{i=1}^{n}(\hat{y}_i-\overline{\hat{y}})^2$ erhält man wegen (4.32)

$$B = \frac{\frac{1}{n-1}\sum_{i=1}^{n}(\hat{y}_i-\overline{\hat{y}})^2\cdot\frac{1}{n-1}\sum_{i=1}^{n}(\hat{y}_i-\overline{\hat{y}})^2}{\frac{1}{n-1}\sum_{i=1}^{n}(y_i-\overline{y})^2\cdot\frac{1}{n-1}\sum_{i=1}^{n}(\hat{y}_i-\overline{\hat{y}})^2}$$

$$= \frac{\left(\frac{1}{n-1}\sum_{i=1}^{n}(y_i-\overline{y})(\hat{y}_i-\overline{y})\right)^2}{s_y^2\cdot s_{\hat{y}}^2} = \left(\frac{s_{y\hat{y}}}{s_y\cdot s_{\hat{y}}}\right)^2 = r_{y\hat{y}}^2\,.$$

Für das multiple Bestimmtheitsmaß gilt damit

$$B=\left(\frac{s_{y\hat{y}}}{s_y\cdot s_{\hat{y}}}\right)^2 = r_{y\hat{y}}^2\,. \qquad (4.34)$$

Dabei ist $r_{y\hat{y}}$ der Korrelationskoeffizient zwischen $\vec{y}$ und $\vec{\hat{y}} = X\vec{b}$.

Damit ist wie im zweidimensionalen Fall (Abschnitt 3.4.1) das Bestimmtheitsmaß gleich dem Quadrat des Korrelationskoeffizienten zwischen der Stichprobe y und der durch die Regression geschätzten Stichprobe $\hat{y}$.

Bei dem Korrelationskoeffizienten $r_{y\hat{y}}$ handelt es sich um einen sogenannten **multiplen Korrelationskoeffizienten** (vgl. Abschnitt 4.4.2).

Beispiel 4.3:
In der nachfolgenden Tabelle sind 10 Werte von drei Regressoren x_{i1}, x_{i2}, x_{i3} und des Regressanden y_i angegeben.

x_{i1}	x_{i2}	x_{i3}	y_i	$\hat{y}_i$
0,1	0,2	0,5	26	25,65
0,1	0,2	0,5	26	25,65
0,1	0,2	0	11	10,94
0,1	0,4	1	46	44,38
0,1	0,4	1	42	44,38
0,3	0,4	1	47	46,21
0,3	0,4	0	16	16,78
0,3	0,8	0	25	24,82
0,3	0	2	70	67,60
0,3	0	2	65	67,60

Wir erhalten

$$X^TX = \begin{pmatrix} 1 & 1 & 1 & 1 & 1 & 1 & 1 & 1 & 1 & 1 \\ 0,1 & 0,1 & 0,1 & 0,1 & 0,1 & 0,3 & 0,3 & 0,3 & 0,3 & 0,3 \\ 0,2 & 0,2 & 0,2 & 0,4 & 0,4 & 0,4 & 0,4 & 0,8 & 0 & 0 \\ 0,5 & 0,5 & 0 & 1 & 1 & 1 & 0 & 0 & 2 & 2 \end{pmatrix} \cdot \begin{pmatrix} 1 & 0,1 & 0,2 & 0,5 \\ 1 & 0,1 & 0,2 & 0,5 \\ 1 & 0,1 & 0,2 & 0 \\ 1 & 0,1 & 0,4 & 1 \\ 1 & 0,1 & 0,4 & 1 \\ 1 & 0,3 & 0,4 & 1 \\ 1 & 0,3 & 0,4 & 0 \\ 1 & 0,3 & 0,8 & 0 \\ 1 & 0,3 & 0 & 2 \\ 1 & 0,3 & 0 & 2 \end{pmatrix}$$

$$= \begin{pmatrix} 10 & 2 & 3 & 8 \\ 2 & 0,5 & 0,62 & 1,8 \\ 3 & 0,62 & 1,4 & 1,4 \\ 8 & 1,8 & 1,4 & 11,5 \end{pmatrix}.$$

$$X^T\vec{y} = \begin{pmatrix} 1 & 1 & 1 & 1 & 1 & 1 & 1 & 1 & 1 & 1 \\ 0,1 & 0,1 & 0,1 & 0,1 & 0,1 & 0,3 & 0,3 & 0,3 & 0,3 & 0,3 \\ 0,2 & 0,2 & 0,2 & 0,4 & 0,4 & 0,4 & 0,4 & 0,8 & 0 & 0 \\ 0,5 & 0,5 & 0 & 1 & 1 & 1 & 0 & 0 & 2 & 2 \end{pmatrix} \cdot \begin{pmatrix} 26 \\ 26 \\ 11 \\ 46 \\ 42 \\ 47 \\ 16 \\ 25 \\ 70 \\ 65 \end{pmatrix} = \begin{pmatrix} 374 \\ 82 \\ 93 \\ 431 \end{pmatrix}.$$

Damit lautet das lineare Gleichungssystem:

$$\begin{aligned} 10\,b_0 + 2\,b_1 + 3\,b_2 + 8\,b_3 &= 374 \quad (1)\\ 2\,b_0 + 0{,}5\,b_1 + 0{,}62\,b_2 + 1{,}8\,b_3 &= 82 \quad (2)\\ 3\,b_0 + 0{,}62\,b_1 + 1{,}4\,b_2 + 1{,}4\,b_3 &= 93 \quad (3)\\ 8\,b_0 + 1{,}8\,b_1 + 1{,}4\,b_2 + 11{,}5\,b_3 &= 431 \quad (4) \end{aligned}$$

Dieses Gleichungssystem lösen wir mit Hilfe des Gaußschen Algorithmus.

b_0	b_1	b_2	b_3	rechte Seite	
10	2	3	8	374	(3)
2	0,5	0,62	1,8	82	(2)
3	0,62	1,4	1,4	93	(4)
8	1,8	1,4	11,5	431	(1)
1	0,25	0,31	0,9	41	$\frac{1}{2}$ x (2)=(1')
0	0,5	0,1	1	36	5 x (2) – (1')=(2')
0	– 0,13	0,47	– 1,3	– 30	(3) – 3 x (1')=(3')
0	– 0,2	– 1,08	4,3	103	(4) – 8 x (1')=(4')
1	0,25	0,31	0,9	41	$\frac{1}{2}$ x (2)=(1")
0	1	0,2	2	72	2 x (2')=(2")
0	– 13	47	– 130	– 3000	10 x (3')=(3")
0	– 1	– 5,4	21,5	515	5 x (4')=(4")
1	0,25	0,31	0,9	41	(1")=(1"')
0	1	0,2	2	72	(2")=(2"')
0	0	49,6	– 104	– 2064	(3")+13 x (2")=(3"')
0	0	– 5,2	23,5	587	(2")+(4")=(4"')
1	0,25	0,31	0,9	41	(1"')
0	1	0,2	2	72	(2"')
0	0	49,6	– 104	– 2064	(3"')
0	0	0	624,8	18382,4	5,2 x (3"')+49,6 x (4"')

Aus diesem Endtableau erhalten wir die Lösung

$$b_3 = \frac{18\,382{,}4}{624{,}8} \approx 29{,}42\,; \quad b_2 \approx 20{,}08\,; \quad b_1 \approx 9{,}14\,; \quad b_0 \approx 6{,}04.$$

Die Schätzwerte

$$\hat{y}_i = b_0 + b_1 x_{i1} + b_2 x_{i2} + b_3 x_{i3} \quad , \; i = 1\,,2\,,\ldots,n$$

sind in der letzten Spalte der Ausgangstabelle eingetragen. Mit den Werten aus der Tabelle erhält man

$$\sum_{i=1}^{n} (\hat{y}_i - y_i)^2 \approx 22{,}3223\,; \quad \bar{y} = 37{,}4\,; \quad \sum_{i=1}^{n} (y_i - \bar{y})^2 = 3\,580{,}4\,.$$

Das multiple Bestimmtheitsmaß lautet

$$B \approx 1 - \frac{22{,}3223}{3\,508{,}04} \approx 0{,}9938.$$

Lösungshinweis, falls X^TX singulär ist

Falls die Matrix X^TX nicht den vollen Rang $p+1$ hat, besitzt die Gleichung (4.18)

$$X^T X \vec{b} = X^T \vec{y}$$

nicht mehr eine eindeutig bestimmte, sondern unendlich viele Lösungen. Die Lösungen erhält man mit Hilfe von verallgemeinerten Inversen. Oft werden in einem solchen entarteten Fall zusätzliche Bedingungen gefordert, welche die Lösung $\vec{b}$ wieder eindeutig festlegen. Bezüglich dieser allgemeinen Lösung soll hier nur auf weiterführende Literatur verwiesen werden z. B. auf **Searle, S. R.** [1971] und **Seber, G. A. F.** [1977].

4.3.4 Bestimmung von gewöhnlichen Regressionspolynomen mit Hilfe der multiplen linearen Regression

Die Koeffizienten des gewöhnlichen Regressionspolynoms

$$\hat{y} = b_0 + b_1 x + b_2 x^2 + \ldots + b_p x^p = \sum_{k=0}^{p} b_k x^k$$

aus Abschnitt 3.4.3 können auch direkt mit den Methoden der multiplen Regression bestimmt werden. Mit den Stichprobenwerte (x_i, y_i) setzen wir:

$$x_{i1} = x_i;\ x_{i2} = x_i^2;\ x_{i3} = x_i^3;\ \ldots;\ x_{ip} = x_i^p \quad \text{für} \quad i = 1, 2, \ldots, n.$$

Damit erhält man den Ansatz

$$\hat{y}_i = b_0 + b_1 x_{i1} + b_2 x_{i2} + \ldots + b_p x_{ip} \quad \text{für} \quad i = 1, 2, \ldots, n.$$

Bei diesem Modell gilt

$$X = \begin{pmatrix} 1 & x_1 & x_1^2 & \cdots & x_1{}^p \\ 1 & x_2 & x_2^2 & \cdots & x_2{}^p \\ \vdots & \vdots & \vdots & \vdots & \vdots \\ 1 & x_n & x_n^2 & \cdots & x_n^2 \end{pmatrix}; \quad X^T \vec{y} = \begin{pmatrix} \sum y_i \\ \sum x_i y_i \\ \vdots \\ \sum x_i{}^p y_i \end{pmatrix};$$

$$X^T X = \begin{pmatrix} n & \sum x_i & \sum x_i^2 & \cdots & \sum x_i{}^p \\ \sum x_i & \sum x_i^2 & \sum x_i^3 & \cdots & \sum x_i{}^{p+1} \\ \vdots & \vdots & \vdots & \vdots & \vdots \\ \sum x_i{}^p & \sum x_i{}^{p+1} & \sum x_i{}^{p+2} & \cdots & \sum x_i^{2p} \end{pmatrix}.$$

Für den Bestimmungsvektor $\vec{b}$ der Regressionskoeffizienten erhält man hieraus die Gleichung

$$X^T X \vec{b} = X^T \vec{y},$$

also das bereits in Abschnitt 3.4.3 angegebene Gleichungssystem.

4.4 Korrelationsrechnung

Wir betrachten p verbundene Stichproben vom Umfang n, also p Spaltenvektoren

$$\vec{x}_j = \begin{pmatrix} x_{1j} \\ x_{2j} \\ \vdots \\ x_{nj} \end{pmatrix} \quad \text{für } j = 1, 2, \ldots, p.$$

Mit

$$s_{jk} = s_{\vec{x}_j \vec{x}_k}; \quad r_{jk} = \frac{s_{\vec{x}_j \vec{x}_k}}{\sqrt{s_{jj}}\sqrt{s_{kk}}}, \; 1 \le j, k \le p$$

erhält man die **Kovarianz-** und **Korrelationsmatrix**

$$S_{xx} = \begin{pmatrix} s_{11} & s_{12} & \cdots & s_{1p} \\ s_{21} & s_{22} & \cdots & s_{2p} \\ \vdots & \vdots & \vdots & \vdots \\ s_{p1} & s_{p2} & \cdots & s_{pp} \end{pmatrix}; \quad R_{xx} = \begin{pmatrix} 1 & r_{12} & \cdots & r_{1p} \\ r_{21} & 1 & \cdots & r_{2p} \\ \vdots & \vdots & \vdots & \vdots \\ r_{p1} & r_{p2} & \cdots & 1 \end{pmatrix}.$$

4.4.1 Linearkombinationen von Stichproben

Die Stichprobe der Linearkombination

$$\vec{x} = a_0 + \sum_{j=1}^{p} a_j \vec{x}_j \; ; \quad a_0, a_1, \ldots, a_p \in \mathbb{R}$$

besitzt den Mittelwert

$$\bar{x} = a_0 + \sum_{j=1}^{p} a_j \bar{x}_j$$

und die Varianz

$$\begin{aligned} s_x^2 &= \frac{1}{n-1} \sum_{i=1}^{n} [(a_0 - a_0) + a_1(x_{i1} - \bar{x}_1) + \ldots + a_p(x_{ip} - \bar{x}_p)]^2 \\ &= \frac{1}{n-1} \sum_{i=1}^{n} [a_1(x_{i1} - \bar{x}_1) + \ldots + a_p(x_{ip} - \bar{x}_p)]^2 \\ &= \sum_{j=1}^{p} \sum_{k=1}^{p} a_j a_k s_{\vec{x}_j \vec{x}_k} = \sum_{j,k=1}^{p} a_j s_{jk} a_k \\ &= \vec{a}^T S_{xx} \vec{a} \; ; \quad S_{xx} = \text{Kovarianzmatrix}, \quad \vec{a}^T = (a_1, a_2, \ldots, a_p). \end{aligned} \tag{4.35}$$

Die eindimensionale Stichprobe y und die Linearkombinationen $\vec{x}$ besitzen die **Kovarianz**

$$s_{yx} = \frac{1}{n-1}\sum_{i=1}^{n}(y_i - \bar{y})[a_1(x_{i1} - \bar{x}_1) + a_2(x_{i2} - \bar{x}_2) + \ldots + a_p(x_{ip} - \bar{x}_p)]$$

$$= a_1 \frac{1}{n-1}\sum_{i=1}^{n}(y_i - \bar{y})(x_{i1} - \bar{x}_1) + \ldots + a_p \frac{1}{n-1}\sum_{i=1}^{n}(y_i - \bar{y})(x_{ip} - \bar{x}_p)$$

$$= \sum_{j=1}^{p} a_j s_{yx_j} = (s_{y\vec{x}_1}, s_{y\vec{x}_2}, \ldots, s_{y\vec{x}_p}) \cdot \vec{a}$$

und den Korrelationskoeffizienten

$$r_{yx} = \frac{s_{yx}}{s_y \cdot s_x} = \frac{(s_{y\vec{x}_1}, s_{y\vec{x}_2}, \ldots, s_{y\vec{x}_p}) \cdot \vec{a}}{s_y \cdot \sqrt{\vec{a}^T S_{xx} \vec{a}}} = \frac{\vec{s}_{yx}^{\,T} \cdot \vec{a}}{s_y \cdot \sqrt{\vec{a}^T S_{xx} \vec{a}}} . \qquad (4.36)$$

4.4.2 Der multiple Korrelationskoeffizient

Der multiple Korrelationskoeffizient ist ein Maß für die (lineare) Abhängigkeit der Ausprägungen des Merkmals Y von den Ausprägungen der anderen p Merkmalen $X_1, X_2, \ldots, X_p$. Er ist definiert als der betragsmäßig größte (gewöhnliche) Korrelationskoeffizient zwischen dem Merkmal Y und allen möglichen Linearkombinationen der X-Merkmale

$$X = a_1X_1 + a_2X_2 + \ldots + a_pX_p, \quad a_i \in \mathbb{R}.$$

Wir bezeichnen den multiplen Korrelationskoeffizienten mit

$$r_{Y,(X_1,X_2,\ldots,X_p)} \text{ bzw. mit } r_{y,(\vec{x}_1,\vec{x}_2,\ldots,\vec{x}_p)} \text{ oder } r_{y,(x_1,x_2,\ldots,x_p)} .$$

Mit den Bezeichnungen aus Abschnitt 4.4.1 gilt für den multiplen Korrelationskoeffizienten nach (4.35) und (4.36)

$$r_{y,(\vec{x}_1,\vec{x}_2,\ldots,\vec{x}_p)} = \max_{\vec{a} \neq 0} \frac{|\vec{s}_{yx}^{\,T} \cdot \vec{a}|}{s_y \cdot \sqrt{\vec{a}^T S_{xx} \vec{a}}} .$$

Quadrieren dieser Gleichung ergibt

$$r^2_{y,(\vec{x}_1,\vec{x}_2,\ldots,\vec{x}_p)} = \max_{\vec{a} \neq 0} \frac{(\vec{s}_{yx}^{\,T} \cdot \vec{a})^2}{s_y^2 \cdot \vec{a}^T S_{xx} \vec{a}} . \qquad (4.37)$$

Nach **Fahrmeir, L. / Hamerle A.** [1984], S. 28 ist (4.37) maximal für

$$\vec{a} = S_{xx}^{-1} \vec{s}_{yx}$$

mit dem Maximum

$$r_{max}^2 = \frac{\vec{s}_{yx}^T \, S_{xx}^{-1} \, \vec{s}_{yx}}{s_y^2}. \tag{4.38}$$

Nach (4.28) stimmt der Vektor $\vec{a}$ mit dem aus der Kleinsten-Quadrat-Schätzung gewonnenen Vektor der Regressionskoeffizienten überein, es gilt also

$$(a_1, a_2, \ldots, a_p) = (b_1, b_2, \ldots, b_p).$$

Nach (4.34) ist das in (4.38) angegebene Maximum gleich dem multiplen Bestimmtheitsmaß. Wegen (4.34) ist damit der multiple Korrelationskoeffizient gleich dem Betrag des Korrelationskoeffizienten zwischen $\vec{y}$ und der durch die Regression geschätzten Größe $\vec{\hat{y}} = X\vec{b}$, also

$$r_{y,(\vec{x}_1, \vec{x}_2, \ldots, \vec{x}_p)} = \frac{|s_{y\hat{y}}|}{s_y \cdot s_{\hat{y}}} = |r_{y\hat{y}}|. \tag{4.39}$$

Aus (4.10) folgt

$$S_{xx}^{-1} = \begin{pmatrix} \frac{1}{s_1} & 0 & \cdots & 0 \\ 0 & \frac{1}{s_2} & \cdots & 0 \\ \vdots & \vdots & \vdots & \vdots \\ 0 & 0 & \cdots & \frac{1}{s_p} \end{pmatrix} \cdot R_{xx}^{-1} \cdot \begin{pmatrix} \frac{1}{s_1} & 0 & \cdots & 0 \\ 0 & \frac{1}{s_2} & \cdots & 0 \\ \vdots & \vdots & \vdots & \vdots \\ 0 & 0 & \cdots & \frac{1}{s_p} \end{pmatrix}.$$

Hiermit geht (4.39) über in

$$r_{max}^2 = \frac{1}{s_y} \vec{s}_{yx}^T \, R_{xx}^{-1} \frac{1}{s_y} \vec{s}_{yx} \tag{4.40}$$

$$= \frac{1}{s_y} \vec{s}_{yx}^T \begin{pmatrix} \frac{1}{s_1} & 0 & \cdots & 0 \\ 0 & \frac{1}{s_2} & \cdots & 0 \\ \vdots & \vdots & \vdots & \vdots \\ 0 & 0 & \cdots & \frac{1}{s_p} \end{pmatrix} \cdot R_{xx}^{-1} \cdot \begin{pmatrix} \frac{1}{s_1} & 0 & \cdots & 0 \\ 0 & \frac{1}{s_2} & \cdots & 0 \\ \vdots & \vdots & \vdots & \vdots \\ 0 & 0 & \cdots & \frac{1}{s_p} \end{pmatrix} \frac{1}{s_y} \vec{s}_{yx}$$

$$= \vec{r}_{yx}^T \, R_{xx}^{-1} \, \vec{r}_{yx}.$$

Damit gilt

$$r_{y,(\vec{x}_1, \vec{x}_2, \ldots, \vec{x}_p)} = \sqrt{\vec{r}_{yx}^T \, R_{xx}^{-1} \, \vec{r}_{yx}}; \tag{4.41}$$

R_{xx} = Korrelationsmatrix von $\vec{x}_1, \vec{x}_2, \ldots, \vec{x}_p$;

$\vec{r}_{yx}^T = (r_{y\vec{x}_1}, r_{y\vec{x}_2}, \ldots, r_{y\vec{x}_p})$ (Korrelationsvektor).

Spezialfall p = 1

Im Falle p = 1 erhält man aus $R_{xx} = 1$

$$r_{y,(\vec{x}_1)} = \sqrt{\vec{r}_{y\vec{x}_1} \cdot 1 \cdot \vec{r}_{y\vec{x}_1}} = |\, r_{y,\vec{x}_1} | = | r_{yx} |. \tag{4.42}$$

Der multiple Korrelationskoeffizient ist hier gleich dem Betrag des gewöhnlichen Korrelationskoeffizienten.

Spezialfall p = 2

Für p = 2 erhält man aus

$$R_{xx} = \begin{pmatrix} 1 & r_{\vec{x}_1\vec{x}_2} \\ r_{\vec{x}_1\vec{x}_2} & 1 \end{pmatrix}$$

$$R_{xx}^{-1} = \frac{1}{1 - r^2_{\vec{x}_1\vec{x}_2}} \cdot \begin{pmatrix} 1 & -r_{\vec{x}_1\vec{x}_2} \\ -r_{\vec{x}_1\vec{x}_2} & 1 \end{pmatrix}$$

$$r^2_{y,(\vec{x}_1,\vec{x}_2)} = \frac{1}{1 - r^2_{\vec{x}_1\vec{x}_2}} (r_{y\vec{x}_1}, r_{y\vec{x}_2}) \cdot \begin{pmatrix} 1 & -r_{\vec{x}_1\vec{x}_2} \\ -r_{\vec{x}_1\vec{x}_2} & 1 \end{pmatrix} \cdot \begin{pmatrix} r_{y\vec{x}_1} \\ r_{y\vec{x}_2} \end{pmatrix}$$

$$= \frac{r^2_{y\vec{x}_1} + r^2_{y\vec{x}_2} - 2\, r_{y\vec{x}_1} r_{y\vec{x}_2} r_{\vec{x}_1\vec{x}_2}}{1 - r^2_{\vec{x}_1\vec{x}_2}};$$

$$r_{y,(\vec{x}_1,\vec{x}_2)} = \sqrt{\frac{r^2_{y\vec{x}_1} + r^2_{y\vec{x}_2} - 2\, r_{y\vec{x}_1} r_{y\vec{x}_2} r_{\vec{x}_1\vec{x}_2}}{1 - r^2_{\vec{x}_1\vec{x}_2}}}\,. \tag{4.43}$$

4.4.3 Der kanonische Korrelationskoeffizient

In Abschnitt 4.4.1 wurde der Korrelationskoeffizient zwischen einer Stichprobe y und der Linearkombination

$$\vec{x} = \sum_{j=1}^{p} a_j \vec{x}_j\ ,\ a_1, \ldots, a_p \in \mathbb{R}$$

bestimmt. Die Konstante a_0 kann weggelassen werden, da sie auf den Korrelationskoeffizienten keinen Einfluß hat. Der betragsmäßig größte Korrelationskoeffizient zwischen y und allen möglichen Linearkombinationen ist der multiple Korrelationskoeffizient aus Abschnitt 4.4.2.

Neben den p Stichproben $\vec{x}_1, \vec{x}_2, \ldots, \vec{x}_p$ seien $\vec{y}_1, \vec{y}_2, \ldots, \vec{y}_q$ noch q weitere Stichproben mit der Kovarianzmatrix S_{yy} und der Korrelationsmatrix R_{yy}. Von diesen Stichproben bilden wir die Linearkombination

$$\vec{y} = \sum_{k=1}^{q} b_k \vec{y}_k \quad \text{mit} \quad b_1, b_2, \ldots, b_q \in \mathbb{R}.$$

Nach (4.35) besitzt diese Stichprobe die Varianz

$$s_{\vec{y}}^2 = \vec{b}^T S_{yy} \vec{b}\ ; \quad S_{yy} = \text{Kovarianzmatrix}; \quad \vec{b}^T = (b_1, b_2, \ldots, b_p).$$

Die beiden Stichproben $\vec{x}$ und $\vec{y}$ besitzen die Kovarianz

$$s_{\vec{x}\vec{y}} = \frac{1}{n-1} \sum_{i=1}^{n} \sum_{j=1}^{p} a_j (x_{ij} - \bar{x}_j) \cdot \sum_{k=1}^{q} b_k (y_{ik} - \bar{y}_k) = \vec{a}^T S_{xy} \vec{b}. \qquad (4.44)$$

Dabei ist S_{xy} die $p \times q$-Matrix der Kovarianzen zwischen den x und y-Variablen, also

$$S_{xy} = \begin{pmatrix} s_{\vec{x}_1\vec{y}_1} & s_{\vec{x}_1\vec{y}_2} & \cdots & s_{\vec{x}_1\vec{y}_q} \\ s_{\vec{x}_2\vec{y}_1} & s_{\vec{x}_2\vec{y}_2} & \cdots & s_{\vec{x}_2\vec{y}_q} \\ \vdots & \vdots & \vdots & \vdots \\ s_{\vec{x}_p\vec{y}_1} & s_{\vec{x}_p\vec{y}_2} & \cdots & s_{\vec{x}_p\vec{y}_q} \end{pmatrix}.$$

Damit lautet der Korrelationskoeffizient zwischen $\vec{x}$ und $\vec{y}$

$$r_{\vec{x}\vec{y}}(a_1, \ldots, a_p; b_1, \ldots, b_q) = \frac{\vec{a}^T S_{xy} \vec{b}}{\sqrt{\vec{a}^T S_{xx} \vec{a}} \sqrt{\vec{b}^T S_{yy} \vec{b}}}. \qquad (4.45)$$

Der **kanonische Korrelationskoeffizient** $r_{(\vec{x}_1, \vec{x}_2, \ldots, \vec{x}_p); (\vec{y}_1, \vec{y}_2, \ldots, \vec{y}_q)}$ zwischen $(\vec{x}_1, \vec{x}_2, \ldots, \vec{x}_p)$ und $(\vec{y}_1, \vec{y}_2, \ldots, \vec{y}_q)$ ist der betragsmäßig größte Korrelationskoeffizient zwischen allen möglichen Linearkombinationen

$$\sum_{j=1}^{p} a_j \vec{x}_j \quad \text{und} \quad \sum_{k=1}^{q} b_k \vec{y}_k,$$

also die Lösung von

$$r^2_{(\vec{x}_1, \vec{x}_2, \ldots, \vec{x}_p); (\vec{y}_1, \vec{y}_2, \ldots, \vec{y}_q)} = \max_{\vec{a}, \vec{b} \neq 0} \frac{(\vec{a}^T S_{xy} \vec{b})^2}{\vec{a}^T S_{xx} \vec{a}\ \vec{b}^T S_{yy} \vec{b}}. \qquad (4.46)$$

Nach **Seeber, G. A. F.** [1984], S. 257 erhält man den kanonischen Korrelationskoeffizienten in der Form

$$r_{(\vec{x}_1,\vec{x}_2,\ldots,\vec{x}_p);(\vec{y}_1,\vec{y}_2,\ldots,\vec{y}_q)} = \sqrt{\lambda_g}\,, \tag{4.47}$$

wobei λ_g der größte Eigenwert von

$$S_{xx}^{-1} S_{xy} S_{yy}^{-1} S_{xy}^T \quad \text{bzw. (gleichwertig) von} \quad S_{yy}^{-1} S_{xy}^T S_{xx}^{-1} S_{xy}$$

ist. Dabei wird das Maximum für die Eigenvektoren zum Eigenwert λ_g

$$(S_{xx}^{-1} S_{xy} S_{yy}^{-1} S_{xy}^T - \lambda_g)\vec{a} = \vec{0}$$

$$(S_{yy}^{-1} S_{xy}^T S_{xx}^{-1} S_{xy} - \lambda_g)\vec{b} = \vec{0}$$

angenommen.

4.4.4 Der partielle Korrelationskoeffizient

Wir betrachten bezüglich der gleichen p Merkmale $X_1, X_2, \ldots, X_p$ nach Abschnitt 4.3 gleichzeitig zwei multiple lineare Regressionen mit den Regressanden Y und Z, also

$$\hat{y}_i = b_0 + b_1 x_{i1} + b_2 x_{i2} + \ldots + b_p x_{ip}$$

$$\hat{z}_i = b'_0 + b'_1 x_{i1} + b'_2 x_{i2} + \ldots + b'_p x_{ip}$$

$$\begin{aligned} \vec{\hat{y}} &= (\hat{y}_1, \hat{y}_2, \ldots, \hat{y}_n)^T = X\vec{b}; \quad \vec{b} = (X^TX)^{-1}X^T\vec{y} \\ \vec{\hat{z}} &= (\hat{z}_1, \hat{z}_2, \ldots, \hat{z}_n)^T = X\vec{b}'; \quad \vec{b}' = (X^TX)^{-1}X^T\vec{z}\,. \end{aligned} \tag{4.48}$$

Nach **Rao, C. R.** [1973], S. 225 nennt man den Korrelationskoeffizienten zwischen den Residuen

$$\begin{aligned} e_i &= y_i - (b_0 + b_1 x_{i1} + b_2 x_{i2} + \ldots + b_p x_{ip}) = y_i - \hat{y}_i \\ e'_i &= z_i - (b'_0 + b'_1 x_{i1} + b'_2 x_{i2} + \ldots + b'_p x_{ip}) = z_i - \hat{z}_i \end{aligned} \tag{4.49}$$

den **partiellen Korrelationskoeffizienten** zwischen dem Merkmal Y und dem Merkmal Z unter **Partialisierung** der Merkmale $X_1, X_2, \ldots, X_p$. Diesen partiellen Korrelationskoeffizienten bezeichnet man mit

$$r_{(Y,Z)|(X_1,X_2,\ldots,X_p)} = r_{(y,z)|(x_1,x_2,\ldots,x_p)} = \frac{\sum\limits_{i=1}^{n}(y_i-\hat{y}_i)(z_i-\hat{z}_i)}{\sqrt{\sum\limits_{i=1}^{n}(y_i-\hat{y}_i)^2}\sqrt{\sum\limits_{i=1}^{n}(z_i-\hat{z}_i)^2}}\,.$$

Er heißt auch **partieller Korrelationskoeffizienten zwischen Y und Z unter $(X_1, X_2, \dots, X_p)$**. Da in (4.49) die lineare Abhängigkeit der Regressanden von den Regressoren beseitigt wird, handelt sich bei dieser partiellen Korrelation um eine Korrelation zwischen Y und Z, die ohne den Einfluß von $X_1, X_2, \dots, X_p$ vorhanden ist. Falls die beiden Merkmale Y und Z nur deswegen korreliert sind, weil beide Merkmale mit den anderen Merkmalen $X_1, X_2, \dots, X_p$ korreliert sind, liegt zwischen Y und Z nur eine **Scheinkorrelation** vor. Durch Ausschaltung von $X_1, X_2, \dots, X_p$ wird eine solche Scheinkorrelation beseitigt.

Mit der Streuungszerlegung (4.30) und mit (4.32) und (4.39) erhält man

$$\begin{aligned} \frac{1}{n-1}\sum_{i=1}^{n}(y_i-\hat{y}_i)^2 &= \frac{1}{n-1}\sum_{i=1}^{n}(y_i-\overline{y}_i)^2 + \frac{1}{n-1}\sum_{i=1}^{n}(\hat{y}_i-\overline{y})^2 \\ &= s_y^2 - \vec{s}_{yx}^{\,T}\cdot S_{xx}^{-1}\,\vec{s}_{yx} = s_y^2\left(1-\frac{1}{s_y}\vec{s}_{yx}^{\,T}\,S_{xx}^{-1}\frac{1}{s_y}\vec{s}_{yx}\right) \\ &= s_y^2\,(1-\vec{r}_{yx}^{\,T}\,R_{xx}^{-1}\,\vec{r}_{yx}) = s_y^2\cdot\left(1-r^2_{y,(\vec{x}_1,\vec{x}_2,\dots,\vec{x}_p)}\right). \end{aligned} \tag{4.50}$$

Dabei ist $r_{y,(\vec{x}_1,\vec{x}_2,\dots,\vec{x}_p)}$ der multiple Korrelationskoeffizient. Entsprechend gilt

$$\frac{1}{n-1}\sum_{i=1}^{n}(z_i-\hat{z}_i)^2 = s_z^2\,(1-\vec{r}_{zx}^{\,T}\,R_{xx}^{-1}\,\vec{r}_{zx}) = s_z^2\left(1-r^2_{z,(\vec{x}_1,\vec{x}_2,\dots,\vec{x}_p)}\right).$$

Wegen

$$y_i-\hat{y}_i = (y_i-\overline{y})-(\hat{y}_i-\overline{y})$$

erhält man aus (4.31)

$$\begin{pmatrix} y_1-\hat{y}_1 \\ y_2-\hat{y}_2 \\ \vdots \\ y_n-\hat{y}_n \end{pmatrix} = \begin{pmatrix} y_1-\overline{y} \\ y_2-\overline{y} \\ \vdots \\ y_n-\overline{y} \end{pmatrix} - \tilde{X}\cdot S_{xx}^{-1}\,\vec{s}_{yx} \tag{4.51}$$

mit der zentrierten Matrix

$$\tilde{X} = \begin{pmatrix} x_{11}-\overline{x}_1 & x_{12}-\overline{x}_2 & \cdots & x_{1p}-\overline{x}_p \\ x_{21}-\overline{x}_1 & x_{22}-\overline{x}_2 & \cdots & x_{2p}-\overline{x}_p \\ \vdots & \vdots & \vdots & \vdots \\ x_{p1}-\overline{x}_1 & x_{p2}-\overline{x}_2 & \cdots & x_{pp}-\overline{x}_p \end{pmatrix}.$$

Für die z-Werte gilt die analoge Darstellung. Wegen

$$\frac{1}{n-1}\tilde{X}^T\cdot\tilde{X} = \frac{1}{n-1}\tilde{X}\cdot\tilde{X}^T = S_{xx}\ ;\ \frac{1}{n-1}\tilde{X}^T\cdot\begin{pmatrix} z_1-\bar{z} \\ z_2-\bar{z} \\ \vdots \\ z_n-\bar{z}\end{pmatrix} = \vec{s}_{zx}$$

erhält man hieraus die Kovarianz zwischen den Residuen e_i und e_i' als

$$\begin{aligned} s_{ee'} &= \frac{1}{n-1}\sum_{i=1}^{n}(y_i-\hat{y}_i)(z_i-\hat{z}_i) \\ &= \frac{1}{n-1}\Big((y_1-\bar{y},\ldots,y_n-\bar{y}) - \vec{s}_{yx}^{\,T}\cdot S_{xx}^{-1}\cdot\tilde{X}^T\Big)\cdot\begin{pmatrix} z_1-\bar{z} \\ z_2-\bar{z} \\ \vdots \\ z_n-\bar{z}\end{pmatrix} \\ &\quad - \frac{1}{n-1}\Big((y_1-\bar{y},\ldots,y_n-\bar{y}) - \vec{s}_{yx}^{\,T}\cdot S_{xx}^{-1}\cdot\tilde{X}^T\Big)\cdot\tilde{X}\cdot S_{xx}^{-1}\vec{s}_{zx} \\ &= s_{yz} - \vec{s}_{yx}^{\,T}\cdot S_{xx}^{-1}\cdot\vec{s}_{zx} - \vec{s}_{yx}^{\,T}\cdot S_{xx}^{-1}\cdot\vec{s}_{zx} + \vec{s}_{yx}^{\,T}\cdot S_{xx}^{-1}\cdot S_{xx}\cdot S_{xx}^{-1}\vec{s}_{zx} \\ &= s_{yz} - 2\vec{s}_{yx}^{\,T}\cdot S_{xx}^{-1}\cdot\vec{s}_{zx} + \vec{s}_{yx}^{\,T}\cdot S_{xx}^{-1}\cdot\vec{s}_{zx} = s_{yz} - \vec{s}_{yx}^{\,T}\cdot S_{xx}^{-1}\cdot\vec{s}_{zx}\,. \end{aligned}$$

Zusammen mit (4.50) und (4.51) geht damit der partielle Korrelationskoeffizient über in

$$r_{(y,z)|(x_1,x_2,\ldots,x_p)} = \frac{s_{yz} - \vec{s}_{yx}^{\,T}\cdot S_{xx}^{-1}\cdot\vec{s}_{zx}}{s_y\sqrt{1-\vec{r}_{yx}^{\,T}R_{xx}^{-1}\vec{r}_{yx}}\cdot s_z\sqrt{1-\vec{r}_{zx}^{\,T}R_{xx}^{-1}\vec{r}_{zx}}}\,. \tag{4.52}$$

Wegen

$$\frac{s_{yz} - \vec{s}_{yx}^{\,T}\cdot S_{xx}^{-1}\cdot\vec{s}_{zx}}{s_y s_z} = r_{yz} - \vec{r}_{yx}^{\,T}\cdot R_{xx}^{-1}\cdot\vec{r}_{zx}$$

erhält man hieraus die Darstellung für den partiellen Korrelationskoeffizienten

$$r_{(Y,Z)|(X_1,X_2,\ldots,X_p)} = \frac{r_{yz} - \vec{r}_{yx}^{\,T}\cdot R_{xx}^{-1}\cdot\vec{r}_{zx}}{\sqrt{1-\vec{r}_{yx}^{\,T}R_{xx}^{-1}\vec{r}_{yx}}\cdot\sqrt{1-\vec{r}_{zx}^{\,T}R_{xx}^{-1}\vec{r}_{zx}}}\,; \tag{4.53}$$

r_{yz} = gewöhnlicher Korrelationskoeffizient zwischen y und z;

R_{xx} = Korrelationsmatrix von $\vec{x}_1, \vec{x}_2, \ldots, \vec{x}_p$;

$\vec{r}_{yx}^{\,T} = (r_{y\vec{x}_1}, r_{y\vec{x}_2}, \ldots, r_{y\vec{x}_p})$ (Korrelationsvektor);

$\vec{r}_{zx}^{\,T} = (r_{z\vec{x}_1}, r_{z\vec{x}_2}, \ldots, r_{z\vec{x}_p})$ (Korrelationsvektor).

Spezialfall p = 1:
Im Falle p = 1 erhält man aus $R_{xx} = 1$

$$r_{(Y,Z)|X} = r_{(y,z)|x} = \frac{r_{yz} - r_{yx} \cdot r_{zx}}{\sqrt{(1 - r_{yx}^2)(1 - r_{zx}^2)}} . \tag{4.54}$$

Dabei sind r_{yz}, r_{yx} und r_{zx} die gewöhnlichen Korrelationskoeffizienten.

Beispiel 4.4 (vgl. Beispiel 4.2):
Für die Zensuren in den Fächern Statistik, Mathematik und Rechnungswesen lautet nach Beispiel 4.2 die Korrelationsmatrix

$$R \approx \begin{pmatrix} 1 & 0{,}7399 & 0{,}8910 \\ 0{,}7399 & 1 & 0{,}4125 \\ 0{,}8910 & 0{,}4125 & 1 \end{pmatrix}.$$

Die Zensuren in Statistik (y) und in Rechnungswesen (z) besitzen danach den Korrelationskoeffizienten $r_{yz} = 0{,}891$.
Unter Partialisierung (Elimination) der Mathematik erhält man den partiellen Korrelationskoeffizienten zwischen der Statistik- und Rechnungswesenzensur

$$r_{(y,z)|x} = \frac{r_{yz} - r_{yx} \cdot r_{zx}}{\sqrt{(1 - r_{yx}^2)(1 - r_{zx}^2)}} = \frac{0{,}891 - 0{,}7399 \cdot 0{,}4125}{\sqrt{(1 - 0{,}7399^2)(1 - 0{,}4125^2)}} \approx 0{,}9559.$$

4.5 Aufgaben

Aufgabe 4.1:
In der nachfolgenden Tabelle sind von 8 Schülern jeweils Gewicht x_i (in Kg), Körpergröße y_i (in cm) und Alter z_i (in Jahren) zusammengestellt.

i	x_i	y_i	z_i
1	60	158	12
2	55	160	11
3	58	163	13
4	71	172	15
5	69	175	17
6	64	169	16
7	78	181	18
8	62	167	15

a) Bestimmen Sie die Kovarianzmatrix und die Korrelationsmatrix.

b) Berechnen Sie den partiellen Korrelationskoeffizienten zwischen dem Gewicht und der Größe unter Partialisierung des Alters.

c) Bestimmen Sie den partiellen Korrelationskoeffizienten zwischen der Größe und dem Alter unter Partialisierung des Gewichts.

Aufgabe 4.2:

Die Bearbeitungszeit Y eines Werkstücks auf einer Maschine hänge linear vom Durchmesses X_1 und von der Länge X_2 ab, wobei noch zufällige Schwankungen auftreten können. Bei 10 Werkstücken wurden die entsprechenden Werte gemessen:

i	x_{i1}	x_{i2}	y_i
1	5	15	44
2	2	12	23
3	3	6	44
4	1	12	17
5	4	20	39
6	6	11	38
7	3	20	39
8	5	21	51
9	2	10	23
10	4	22	42

a) Bestimmen Sie die Gleichung der empirischen Regressionsebene

$$\hat{y} = b_0 + b_1 x_1 + b_2 x_2 .$$

b) Bestimmen Sie die Summe der Abweichungsquadrate

$$\sum_{i=1}^{10} (\hat{y}_i - y_i)^2.$$

c) Berechnen Sie das Bestimmtheitsmaß.

Teil II:

Wahrscheinlichkeitsrechnung

In diesem zweiten Teil werden die wichtigsten Grundlagen der Wahrscheinlichkeitsrechnung zusammengestellt, ohne die keine sinnvollen statistischen Auswertungen möglich sind. Die Methoden der Wahrscheinlichkeitsrechnung werden dann bei der beurteilenden Statistik (Teil III) angewandt, um auch tatsächlich statistisch abgesicherte Ergebnisse zu erhalten. Ziel dieser induktiven Statistik in Teil III ist es, mit Hilfe von Stichproben (Teilerhebungen) Aussagen (oder Hochrechnungen) über größere Grundgesamtheiten zu machen.

Mit dem **Wahrscheinlichkeitsbegriff** werden Aussagen über die Chance des Eintretens bestimmter zufälliger Ereignisse gemacht. Je größer die Wahrscheinlichkeit eines Ereignisses ist, umso öfter wird es auf Dauer eintreten.

Bei vielen Zufallsexperimenten ist man gar nicht am genauen Ergebnis interessiert, sondern nur an Zahlenwerten, die durch den Ausgang des Zufallsexperimentes bestimmt sind. Beispiele dafür sind Gewinne bei Glücksspielen, Gewichte oder Längen von zufällig ausgewählten Gegenständen oder die Füllmengen der von einer Maschine abgefüllten Flaschen. Dadurch erhält man eine **Zufallsvariable.** Bei der Einführung und Behandlung von Zufallsvariablen werden die meisten Begriffe aus der beschreibenden Statistik benutzt. Sowohl bei Zufallsvariablen als auch bei Stichproben wird der Begriff **Verteilungsfunktion** eingeführt. Der **Erwartungswert** einer Zufallsvariablen ist das Analogon zum Mittelwert einer Stichprobe. Bei Zufallsvariablen und bei Stichproben wird der Begriff **Varianz** und **Standardabweichung** benutzt. Der Zusammenhang dieser in der beschreibenden Statistik und der Wahrscheinlichkeitsrechnung benutzten Begriffe wird in der beurteilenden Statistik deutlich.

Analog zu Kapitel 3 werden in den Abschnitten 6.2 und 6.6 gleichzeitig zwei Zufallsvariablen betrachtet. Auch hier werden die Begriffe **Kovarianz** und **Korrelationskoeffizient** als lineares Abhängigkeitsmaß eingeführt.

In den Abschnitten 6.3, 6.12 und 6.13 werden analog zu Kapitel 4 gleichzeitig mehrere Zufallsvariablen untersucht. Hierbei ist wieder die Matrizenrechnung ein sehr nützliches Handwerkszeug.

Abschnitt 6.14 beschäftigt sich mit Summen unabhängiger Zufallsvariabler. Unter sehr allgemeinen Voraussetzungen konvergiert die Folge der Verteilungsfunktionen der Standardisierungen dieser Summen gegen die Verteilungsfunktion der Standard-Normalverteilung. Dies ist der Grund, weshalb sehr viele Zufallsvariablen aus der Praxis wenigstens näherungsweise normalverteilt sind.

Durch die Ungleichungen in Abschnitt 6.15 werden Wahrscheinlichkeiten für die Abweichungen der Realisierung einer Zufallsvariablen durch die Varianz abgeschätzt. Dabei wird deutlich, daß Wahrscheinlichkeiten für solche Abweichungen durch die Varianz beschrieben werden können.

Die **Gesetze der großen Zahlen** und **Grenzwertsätze** aus Abschnitt 6.16 liefern schließlich das "Bindeglied" zwischen der beschreibenden und beurteilenden Statistik und der Wahrscheinlichkeitsrechnung.

Die in den Abschnitten 6.7.3 bis 6.7.6 behandelten Testverteilungen (Normalverteilung, Chi-Quadrat-Verteilung, t-Verteilung und F-Verteilung) haben eine sehr wichtige Anwendung in der beurteilenden Statistik.

Kapitel 5: Wahrscheinlichkeiten

5.1 Zufallsexperimente und zufällige Ereignisse

Bei vielen Experimenten ist man wegen des zufälligen Charakters oder der Komplexität des Experiments nicht in der Lage, vor der Versuchsdurchführung mit Bestimmtheit vorherzusagen, welches der möglichen Ergebnisse tatsächlich eintreten wird. Solche Experimente nennt man **Zufallsexperimente** und sagt auch "das Ergebnis des Experiments hängt vom Zufall ab".

Die möglichen Ergebnisse eines Zufallsexperiments bezeichnen wir mit kleinen Buchstaben, z. B. mit a, b, c oder ω. Die Menge aller möglichen Ergebnisse ist die **Ergebnismenge**. Sie wird üblicherweise mit Ω bezeichnet.

Ein **(zufälliges) Ereignis** ist eine Zusammenfassung von bestimmten Versuchsergebnissen, also eine Teilmenge der Ergebnismenge Ω. Der Zusatz zufällig wird dabei meistens weggelassen. Ereignisse bezeichnen wir mit grossen Buchstaben z. B. mit $A, B, C, \ldots, A_1, A_2, \ldots$. Ein Ereignis $A = \{\omega\}$, das nur ein einziges Element enthält, heißt **Elementarereignis**. Jedes Elementarereignis ist also eine einelementige Menge.

Man sagt: Bei der Versuchsdurchführung **tritt das Ereignis A ein** (oder ist das Ereignis A eingetreten), wenn das Ergebnis ω des Zufallsexperiments Element von A ist, also für $\omega \in A$. Im Falle $\omega \notin A$ ist das Ereignis A nicht eingetreten.

Das Ereignis Ω enthält alle möglichen Versuchsergebnisse ω. Da es bei jeder Versuchsdurchführung eintritt, nennt man Ω das **sichere Ereignis**. Die leere Menge $\emptyset$ enthält kein Versuchsergebnis und kann daher nie eintreten. Aus diesem Grund ist $\emptyset$ das **unmögliche Ereignis.**

Beispiel 5.1:

a) Beim Werfen einer **Münze** gibt es die beiden Versuchsergebnisse "Wappen liegt oben" und "Kopf liegt oben". Wir bezeichnen sie mit W und K. Damit gilt $\Omega = \{W, K\}$. $\{W\}$ und $\{K\}$ sind die beiden einzigen Elementarereignisse.

b) Beim **Roulette** wird eine der Zahlen $0, 1, 2, \ldots, 36$ ausgespielt mit der Ergebnismenge $\Omega = \{0, 1, \ldots, 36\}$.

c) Beim Werfen eines Würfels lautet die Ergebnismenge $\Omega = \{1, 2, \ldots, 6\}$. Das Elementarereignis $\{i\}$ tritt ein, wenn die Augenzahl i geworfen wird für $i = 1, 2, \ldots, 6$.
d) Beim Spiel "**Mensch ärgere Dich nicht**" muß man beim Start so lange mit einem Würfel werfen, bis erstmals eine Sechs erscheint. Das Versuchsergebnis bestehe in der Anzahl der bis zum Start notwendigen Würfe. Dann lautet die Ergebnismenge $\Omega = \{1, 2, 3, \ldots\}$.
e) Die **Lebensdauer** (Betriebsdauer) einer Maschine hängt vom Zufall ab. Da als Lebensdauer jede nichtnegative reelle Zahl x möglich ist, gilt hier $\Omega = \{x \mid x \geq 0\}$.
e) Beim **Lotto** (6 aus 49) werden von den 49 Zahlen (Kugeln) $1, 2, \ldots, 49$ sechs Gewinnzahlen und eine Zusatzzahl gezogen. Jedes Versuchsergebnis besteht aus 6 der Größe nach geordneten Gewinnzahlen und einer Zusatzzahl z. B. 3 21 25 29 35 45 Zusatzzahl: 4.

In der Sprache der Ereignisse lassen sich die Operationen der Mengenlehre sehr anschaulich interpretieren.

Das Ereignis $A \cap B = AB$ ("**A und B**", der **Durchschnitt** von A und B) tritt genau dann ein, wenn sowohl A als auch B, also beide gleichzeitig eintreten. Es gilt $A \cap B = \{\omega \mid \omega \in A \text{ und } \omega \in B\}$.

Das Ereignis $A \cup B$ ("**A oder B**", die **Vereinigung** von A und B) tritt ein, wenn mindestens eines der beiden Ereignisse A und B eintritt. Es ist $A \cup B = \{\omega \mid \omega \in A \text{ oder } \omega \in B\}$. Bei der hier benutzten "oder"-Beziehung handelt es sich nicht um ein ausschließendes "oder". Man läßt auch zu, daß ω gleichzeitig zu beiden Mengen A und B gehört.

Das Ereignis $\overline{A}$ ("**A nicht**", das **Komplement** bzw. das **Komplementärereignis** von A) tritt genau dann ein, wenn A nicht eintritt. Dabei gilt

$$\overline{A} = \{\omega \mid \omega \in \Omega \text{ und } \omega \notin A\}.$$

Das Ereignis $A \backslash B = A \cap \overline{B}$ ("**A, aber B nicht**", die **Differenz** von A und B) tritt ein, wenn A, aber nicht B eintritt mit

$$A \backslash B = A \cap \overline{B} = \{\omega \in A \text{ und } \omega \notin B\}.$$

Zwei Ereignisse A und B heißen **unvereinbar (disjunkt** oder **elementenfremd)**, wenn sie nicht beide gleichzeitig eintreten können. Dann muß $A \cap B = \emptyset$ sein.

Das Ereignis $\bigcap_{i=1}^{n} A_i = A_1 \cap A_2 \cap \ldots \cap A_n$ (**Durchschnitt von n Ereignissen**) tritt genau dann ein, wenn alle n Ereignisse gleichzeitig eintreten. Es ist

$$\bigcap_{i=1}^{n} A_i = \{\omega \mid \omega \in A_i \text{ für } i = 1, 2, \ldots, n\}.$$

Das Ereignis $\bigcup_{i=1}^{n} A_i = A_1 \cup A_2 \cup \ldots \cup A_n$ (**Vereinigung von n Ereignissen**) tritt ein, wenn von den n Ereignissen $A_1, \ldots, A_n$ mindestens eines eintritt. Es ist

$$\bigcup_{i=1}^{n} A_i = \{\omega | \ \omega \in A_i \text{ für mindestens ein } i\}.$$

Entsprechend wird der Durchschnitt und die Vereinigung von abzählbar unendlich vielen Ereignissen definiert durch

$$\bigcap_{i=1}^{\infty} A_i = A_1 \cap A_2 \cap \ldots \text{ (alle } A_i \text{ treten ein);}$$

$$\bigcup_{i=1}^{\infty} A_i = A_1 \cup A_2 \cup \ldots \text{ (mindestens ein } A_i \text{ tritt ein).}$$

Im Falle $A \subseteq B$ tritt mit dem Ereignis A auch das Ereignis B ein. In der Sprache der Ereignisse sagt man auch "**das Ereignis A zieht das Ereignis B nach sich**". $A \subseteq B$ ist genau dann erfüllt, wenn $A \cap B = A$ und $A \cup B = B$ ist.

In der Sprache der Ereignisse können auch die **Regeln von de Morgan** anschaulich bewiesen werden.

Das Ereignis $\overline{A \cup B}$ tritt genau dann ein, wenn $A \cup B$ nicht eintritt. Dann darf von den beiden Ereignissen A und B keines eintreten. Somit müssen $\overline{A}$ und $\overline{B}$ gleichzeitig, also der Durchschnitt $\overline{A} \cap \overline{B}$ eintreten. Damit gilt

$$\overline{A \cup B} = \overline{A} \cap \overline{B}.$$

Das Ereignis $\overline{A \cap B}$ tritt ein, wenn $A \cap B$ nicht eintritt. Dann dürfen beide Ereignisse A und B nicht gleichzeitig eintreten. Somit muß mindestens eines nicht eintreten. Dies ist nur dann der Fall, wenn die Vereinigung $\overline{A} \cup \overline{B}$ eintritt. Daher gilt

$$\overline{A \cap B} = \overline{A} \cup \overline{B}.$$

Nachfolgend sind einige Regeln für Ereignisoperationen zusammengestellt:

$$A \cup B = B \cup A \; ; \quad A \cap B = B \cap A \; ;$$

$$(A \cup B) \cup C = A \cup (B \cup C) \; ; \; (A \cap B) \cap C = A \cap (B \cap C) \; ;$$

$$A \cap (B \cup C) = (A \cap B) \cup (A \cap C) \; ;$$

$$\overline{A \cup B} = \overline{A} \cap \overline{B} \; ; \; \overline{A \cap B} = \overline{A} \cup \overline{B} \quad \text{(Regeln von de Morgan)} \; ;$$

$$A \cap \overline{A} = \emptyset \; ; \; A \cup \overline{A} = \Omega \; ;$$

$$A \subseteq B \Leftrightarrow AB = A \text{ und } A \cup B = B \; ;$$

$$A = AB \cup A\overline{B} = (A \cap B) \cup (A \cap \overline{B}) \; ;$$

$$A = \bigcup_i AB_i, \quad \text{falls die Ereignisse } B_i \text{ paarweise unvereinbar sind,}$$

$$\text{also } B_i \cap B_k = \emptyset \text{ für } i \neq k \text{ und } \bigcup_i B_i = \Omega.$$

Die Ereignisse, die bei einem Zufallsexperiment eintreten können, nennt man ein **Ereignissystem**. Ein Ereignissystem ist also eine Menge von Teilmengen von Ω. Falls die Ergebnismenge Ω nur endlich oder höchstens abzählbar unendlich viele Elemente (Versuchsergebnisse) enthält, können theoretisch alle Teilmengen von Ω in das Ereignissystem aufgenommen werden. Bei Ergebnismengen mit überabzählbar vielen Elementen wie z. B. beim Messen oder Wiegen ist es aus mathematischen Gründen nicht möglich, sämtliche Teilmengen von Ω als Ereignisse zuzulassen. Man kann jedoch immer ein Ereignissystem auswählen, das alle Ereignisse enthält, für die man sich praktisch interessiert. Falls Ω aus einem ganzen Intervall besteht (stetiger Fall) gibt es immer zulässige Ereignissysteme, welche alle Intervalle enthalten und abgeschlossen sind gegenüber den Operationen der Komplement-, der Durchschnitts- und Vereinigungsbildung von endlich oder abzählbar unendlich vielen Ereignissen. Solche Systeme nennt man **Sigma-Algebren.**

5.2 Häufigkeiten von Ereignissen

Ein Zufallsexperiment werde n-mal durchgeführt. Bei jedem Einzelversuch soll festgestellt werden, ob das Ereignis A oder dessen Komplement $\overline{A}$ eingetreten ist. Nach Abschnitt 2.1.1 ist die **absolute Häufigkeit** $h_n(A)$ des Ereignisses A die Anzahl derjenigen von den n Versuchen, bei denen A eingetreten ist.

Die **relative Häufigkeit** $r_n(A) = \frac{h_n(A)}{n}$ stellt den relativen Anteil der Versuche dar, bei denen A eingetreten ist. Dann ist $100 \cdot r_n(A)$ der prozentuale Anteil dieser Versuche in der Gesamtserie.

Die relative Häufigkeit besitzt folgende Eigenschaften:

$0 \leq r_n(A) \leq 1$ für jedes Ereignis A (**Nichtnegativität**);

$r_n(\Omega) = 1$ (**Normierung**);

$r_n(A \cup B) = r_n(A) + r_n(B)$, falls $A \cap B = \emptyset$

(**Additivität bei unvereinbaren (disjunkten) Ereignissen**);

$r_n\left(\bigcup_{i=1}^{\infty} A_i\right) = \sum_{i=1}^{\infty} r_n(A_i)$ für paarweise unvereinbare Ereignisse

mit $A_i \cap A_k = \emptyset$ für $i \neq k$ (**σ-Additivität**).

Aus diesen Eigenschaften können unmittelbar weitere abgeleitet werden.

Stabilisierung der relativen Häufigkeiten

Falls das gleiche Zufallsexperiment sehr oft unabhängig und unter denselben Bedingungen durchgeführt wird, stellt man in den meisten Versuchsserien einen gewissen **Stabilisierungseffekt** fest. Die relativen Häufigkeiten $r_n(A)$ schwanken für große n in der Regel sehr wenig um einen festen Zahlenwert. Diesen Sachverhalt, der schon seit langer Zeit bekannt ist, nennt man **Gesetz der großen Zahlen**. Allerdings wird es immer wieder Ausnahmeserien geben, auch wenn der Versuchsumfang n noch so groß gewählt wird. Solche Ausnahmeserien sind zwar immer möglich, sie treten jedoch im allgemeinen mit wachsendem n seltener auf. Ganz ausschließen kann man sie jedoch nicht. Dieses Gesetz wird in Abschnitt 6.16.1 näher präzisiert.

5.3 Wahrscheinlichkeiten

Bereits vor 200 Jahren benutzten vor allem französische Mathematiker bei der Untersuchung der Chancen bei Glücksspielen einen Wahrscheinlichkeitsbegriff. Es handelt sich um die sogenannte **klassische Wahrscheinlichkeit**. Dabei wird die Wahrscheinlichkeit eines Ereignisses A nach folgender Formel berechnet: "Anzahl der für A günstigen Fälle dividiert durch die Anzahl der insgesamt möglichen Fälle".

Ebenfalls wurden schon seit langer Zeit Wahrscheinlichkeiten mit Hilfe der Längen- und Flächenberechnung bestimmt. Dabei handelt es sich um sogenannte **geometrische Wahrscheinlichkeiten**.

Bei stetigen Merkmalen hat bereits der deutsche Mathematiker **Carl Friedrich Gauß** (1777-1855) bei der Fehler- und Ausgleichsrechnung Wahrscheinlichkeiten berechnet. Die von ihm benutzte Methode ist bekannt unter dem Namen **Gaußsche Glockenkurve**. Ein Porträt von C. F. Gauß sowie der Verlauf der Glockenkurve finden Sie auf den 10-DM-Banknoten.

Es gibt also schon seit einiger Zeit verschiedene Begriffe der Wahrscheinlichkeit. Dennoch konnte man mit ihrer Hilfe sehr viele Probleme nicht lösen wie z. B. die Berechnung von Wahrscheinlichkeiten beim Werfen eines verfälschten Würfels oder die Wahrscheinlichkeit, daß ein zufällig aus der Produktion ausgewähltes Werkstück fehlerhaft ist. Aus diesem Grund wurde immer wieder versucht, den Wahrscheinlichkeitsbegriff zu erweitern.

Zuerst hat **Richard von Mises** (1883 – 1953) im Jahre 1931 auf Grund des bekannten Stabilisierungseffekts versucht, die Wahrscheinlichkeit P(A) eines Ereignisses A als Grenzwert der relativen Häufigkeiten zu definieren durch

$$P(A) = \lim_{n \to \infty} r_n(A).$$

Dieser Ansatz war jedoch aus folgenden Gründen zum Scheitern verurteilt:

a) Der Grenzwert existiert im mathematischen Sinne gar nicht.

b) Auch wenn dieser Grenzwert existieren würde, könnte man ihn mit Hilfe einer Beobachtungsreihe nicht bestimmen. Denn irgendwann muß jede Versuchsserie abgebrochen werden, ohne daß man sicher sein kann, daß die relativen Häufigkeiten nahe genug bei dem unbekannten Grenzwert liegen. Aus verschiedenen Serien würde man dann im allgemeinen auch verschiedene "Wahrscheinlichkeiten" für das gleiche Ereignis A erhalten. Zur Entwicklung einer mathematisch fundierten Theorie benötigt man jedoch eine objektive, eindeutig bestimmte Wahrscheinlichkeit.

Im Jahre 1933 ist es dem russischen Mathematiker **A. N. Kolmogorow** (1909 – 1987) erstmals gelungen, den Wahrscheinlichkeitsbegriff mathematisch widerspruchsfrei zu verallgemeinern. Dabei verlangt man von einer solchen Verallgemeinerung, daß ihre Einschränkung auf bereits bekannte Modelle den dort benutzten Wahrscheinlichkeitsbegriff ergibt. Kolmogorow hat die Wahrscheinlichkeit axiomatisch eingeführt. Ähnlich wie in der Geometrie verlangt er von einer allgemeinen Wahrscheinlichkeit, daß sie gewisse Eigenschaften (**Axiome**) erfüllt. Zwar kann mit Hilfe dieser Axiome der genaue Wert einer Wahrscheinlichkeit nicht ohne weiteres berechnet werden, doch ist es möglich, mit ihrer Hilfe eine Theorie zu entwickeln, mit der dann unbekannte Wahrscheinlichkeiten beliebig genau geschätzt werden können. Dies geschieht in der **beurteilenden Statistik** im Teil III. Es ist naheliegend, als Axiome Eigenschaften zu benutzen, welche die relativen Häufigkeiten sowie die klassische und die geometrische Wahrscheinlichkeit erfüllen.

5.3.1 Die Axiome einer Wahrscheinlichkeit

Eine auf einem System von Ereignissen definierte Funktion P heißt eine **Wahrscheinlichkeit** (P = **Probabilité**), wenn sie folgende **Axiome** erfüllt:

(K1) $0 \le P(A) \le 1$ für jedes Ereignis A (**Nichtnegativität**);

(K2) $P(\Omega) = 1$ (**Normierung**);

(K3) $P(\bigcup_{i=1}^{\infty} A_i) = \sum_{i=1}^{\infty} P(A_i)$ für paarweise unvereinbare Ereignisse $A_i \cap A_k = \emptyset$ für $i \neq k$ (**σ-Additivität**).

Setzt man in (K3) $A_i = \emptyset$ für $i \ge n+1$, so folgt hieraus unmittelbar die **endliche Additivität**

K(3′) $P(\bigcup_{i=1}^{n} A_i) = \sum_{i=1}^{n} P(A_i)$ für paarweise unvereinbare Ereignisse.

Satz 5.1 (Folgerungen aus den Axiomen):
Aus den drei Axiomen (K1), (K2) und (K3) bzw. (K3′) erhält man die folgenden Eigenschaften:

a) $P(\emptyset) = 0$;

b) $P(\overline{A}) = 1 - P(A)$;

c) aus $A \subseteq B$ folgt $P(A) \leq P(B)$ (**Monotonie**);

d) $P(A \cup B) = P(A) + P(B) - P(A \cap B)$ für beliebige Ereignisse;

e) $P(A \backslash B) = P(A) - P(A \cap B)$ für beliebige Ereignisse;

f) $P(A \backslash B) = P(A) - P(B)$, falls $B \subseteq A$.

Beweis:

a) $\emptyset = \emptyset \cup \emptyset$, $\emptyset \cap \emptyset = \emptyset$ ergibt aus (K3′): $P(\emptyset) = P(\emptyset) + P(\emptyset)$, also $P(\emptyset) = 0$.

b) Aus $A \cup \overline{A} = \Omega$; $A \cap \overline{A} = \emptyset$ folgt nach (K2) und (K3′)

$$1 = P(A) + P(\overline{A}), \text{ also } P(\overline{A}) = 1 - P(A).$$

c) Wegen $A \subseteq B$ ist $AB = A$. Mit $\Omega = A \cup \overline{A}$ erhält man hiermit

$$B = B \cap \Omega = B \cap (A \cup \overline{A}) = BA \cup B\overline{A} = A \cup B\overline{A};\ A \cap (B\overline{A}) = 0.$$

Aus der Additivität von P erhält man hieraus

$$P(B) = P(A) + P(B\overline{A}).$$

Wegen $P(B\overline{A}) \geq 0$ folgt hieraus $P(B) \geq P(A)$.

d) Für zwei beliebige Ereignisse A und B gilt $A \cup B = A \cup (\overline{A} \cap B)$.

Dabei sind A und $\overline{A} \cap B$ unvereinbar. Daher gilt nach (K3′)

$$P(A \cup B) = P(A) + P(\overline{A} \cap B). \qquad (5.1)$$

$B = (A \cap B) \cup (\overline{A} \cap B)$ ergibt $P(B) = P(A \cap B) + P(\overline{A} \cap B)$,

$$P(\overline{A} \cap B) = P(B) - P(A \cap B). \qquad (5.2)$$

(5.2) in (5.1) eingesetzt liefert die Behauptung

$$P(A \cup B) = P(A) + P(B) - P(A \cap B).$$

e) $A \backslash B = A \cap \overline{B}$ ergibt aus (5.2)

$$P(A \backslash B) = P(A \cap \overline{B}) = P(B) - P(A \cap B).$$

f) Wegen $B \subseteq A \Rightarrow AB = B$ folgt die Behauptung unmittelbar aus e).

Wahrscheinlichkeiten bei endlichen Ergebnismengen

Falls die Ergebnismenge $\Omega = \{\omega_1, \omega_2, \ldots, \omega_m\}$ nur aus m verschiedenen Versuchsergebnissen besteht, genügt die Angabe der Wahrscheinlichkeiten der m Elementarereignisse durch

$$p_i = P(\{\omega_i\}) \geq 0 \quad \text{für } i = 1, 2, \ldots, m \quad \text{mit} \quad \sum_{i=1}^{m} p_i = 1.$$

Die Wahrscheinlichkeit für ein beliebiges Ereignis A lautet dann

$$P(A) = \sum_{i:\omega_i \in A} p_i .$$

Wahrscheinlichkeiten bei abzählbar unendlichen Ergebnismengen

Falls die Ergebnismenge $\Omega = \{\omega_1, \omega_2, \ldots\}$ abzählbar unendlich viele Versuchsergebnisse besitzt, müssen die Wahrscheinlichkeiten

$$p_i = P(\{\omega_i\}) \geq 0 \quad \text{für } i = 1, 2, \ldots \quad \text{mit} \quad \sum_{i=1}^{\infty} p_i = 1$$

vorgegeben werden. Die Wahrscheinlichkeit für ein beliebiges Ereignis A erhält man als

$$P(A) = \sum_{i:\omega_i \in A} p_i .$$

Interpretation einer Wahrscheinlichkeit

Das Ereignis A besitze bei einem Einzelexperiment die Wahrscheinlichkeit $p = P(A)$. Das Zufallsexperiment werde n-mal unabhängig unter den gleichen Bedingungen durchgeführt. Dann liegt wegen des Stabilisierungseffekts bei großen Stichprobenumfängen n die relative Häufigkeit des Ereignisses A meistens in der Nähe der Wahrscheinlichkeit p. Für große n gilt also im allgemeinen die Näherung

$$r_n(A) \approx P(A).$$

Diese Eigenschaft wird bei den Gesetzen der großen Zahlen in Abschnitt 6.16 näher präzisiert und auch bewiesen. Aus diesem Grund kann eine unbekannte Wahrscheinlichkeit p durch die relative Häufigkeit in einer genügend großen unabhängigen Versuchsserie geschätzt werden. Aussagen über die Güte solcher Schätzungen werden in der beurteilenden Statistik gemacht.

5.3.2 Der klassische Wahrscheinlichkeitsbegriff

Der klassische Wahrscheinlichkeitsbegriff wurde bereits von dem französischen Mathematiker **P. S. Laplace** (1749-1827) bei der Beurteilung der Chancen bei Glücksspielen benutzt. Zur Anwendung dieses Wahrscheinlichkeitsbegriffs benötigt man die beiden Voraussetzungen:

(L1) Bei dem Zufallsexperiment gibt es nur endlich viele verschiedene Versuchsergebnisse, d.h. die Ergebnismenge Ω ist endlich.

(L2) Keines der Versuchsergebnisse darf bevorzugt auftreten, d. h. alle Elementarereignisse sind gleichwahrscheinlich.

Die erste Bedingung ist bei vielen Zufallsexperimenten erfüllt. Die zweite Bedingung der Chancengleichheit sämtlicher Versuchsergebnisse ist oft rein äußerlich nicht ohne weiteres erkennbar. Doch kann man bei vielen Experimenten auf Grund der Konstruktion des Zufallsgeräts und der Versuchsdurchführung von einer solchen Chancengleichheit ausgehen. Ob die Bedingung (L2) tatsächlich erfüllt ist, müßte im Einzelfall mit Hilfe statistischer Methoden nachgeprüft werden. So ist z. B. statistisch einwandfrei bewiesen, daß bei neugeborenen Kindern das Geschlecht männlich überwiegt. Die Wahrscheinlichkeit für eine Knabengeburt ist etwas größer als $\frac{1}{2}$, obwohl das Merkmal Geschlecht nur zwei Ausprägungen besitzt.

Ein Zufallsexperiment, bei dem die beiden Voraussetzungen (L1) und (L2) erfüllt sind, nennt man ein **Laplace-Experiment.** Der bei diesem Modell benutzte Wahrscheinlichkeitsbegriff heißt **klassische** oder **Laplace-Wahrscheinlichkeit.**

Die endliche Ergebnismenge $\Omega = \{\omega_1, \omega_2, \ldots, \omega_m\}$ besitze m Versuchsergebnisse. Dann hat jedes der m Elementarereignisse wegen (L2) die gleiche Wahrscheinlichkeit p. Wegen der Additivität und der Normierung auf Eins folgt dann aus (L1) und (L2) mit (K1) und (K3′)

$$\Omega = \bigcup_{i=1}^{m} \{\omega_i\} \; ; \quad 1 = P(\Omega) = \sum_{i=1}^{m} P(\{\omega_i\}) = m \cdot p ,$$

also

$$p = P(\{\omega_i\}) = \frac{1}{m} \quad \text{für } i = 1, 2, \ldots, m.$$

Falls ein Ereignis A aus r Versuchsergebnissen besteht, erhält man durch Summenbildung.

$$P(A) = r \cdot \frac{1}{m} = \frac{r}{m} = \frac{|A|}{|\Omega|} = \frac{\text{Anzahl der für A günstigen Fälle}}{\text{Anzahl der insgesamt möglichen Fälle}} . \quad (5.3)$$

Beispiel 5.2 (Roulette):
Beim Roulette wird eine der 37 Zahlen 0, 1, 2, ..., 35, 36 ausgespielt, es ist also $|\Omega| = 37$. Die Chancengleichheit aller 37 Zahlen dürfte dann gegeben sein, wenn der Roulette-Teller homogen ist und alle 37 Kreissektoren gleich groß sind. Ferner muß gewährleistet sein, daß am Roulette-Teller keine Manipulationen vorgenommen wurden und daß der Croupier die Kugel "korrekt" rollen läßt. Dann erhält man folgende Laplace-Wahrscheinlichkeiten:

$$P(\text{ungerade Zahl}) = P(\text{rot}) = P(\text{schwarz}) = \frac{18}{37}.$$

Bei einfachen Chancen (Ereignisse, die aus 18 Zahlen bestehen) ist daher die Gewinnwahrscheinlichkeit kleiner als $\frac{1}{2}$.

$$P(1.\ \text{Dutzend}) = P(\{1,2,\ldots,11,12\}) = \frac{12}{37}\ ;\ P(\text{Querreihe } 31,32,33) = \frac{3}{37}.$$

5.3.3 Kombinatorische Methoden zur Berechnung von Wahrscheinlichkeiten

Bei einer klassischen Wahrscheinlichkeit muß nach (5.3) die Anzahl der günstigen und der möglichen Fälle berechnet werden. Dabei muß allerdings sichergestellt sein, daß es nur endlich viele Versuchsergebnisse gibt und daß alle gleichwahrscheinlich sind. Zur Berechnung der Anzahl der Fälle können Formeln aus der Kombinatorik benutzt werden. Welche der Formeln zur Lösung eines Problems geeignet ist, hängt im allgemeinen von der speziellen Versuchsdurchführung ab. Eine kleine Veränderung der Versuchsbedingungen hat oft auch eine Änderung des kombinatorischen Modells zu Folge und führt so zu anderen Wahrscheinlichkeiten. Zu beachten ist, daß sowohl die Berechnung der Anzahl der möglichen als auch die der günstigen Fälle immer nach dem gleichen Modell der Kombinatorik erfolgen muß. In der Kombinatorik werden vor allem verschiedene Anordnungs- und Auswahlmöglichkeiten behandelt.

5.3.3.1 Die Produktregel der Kombinatorik (das allgemeine Zählprinzip)

Ein **m-stufiges Zufallsexperiment** entsteht dadurch, daß m Zufallsexperimente nacheinander oder gleichzeitig durchgeführt werden.

Das Zufallsexperiment der i-ten Stufe besitze die Ergebnismenge Ω_i für $i = 1, 2, \ldots, m$. Dann können die m Ergebnisse $\omega_1, \omega_2, \ldots, \omega_m$ der einzelnen Stufen unter Berücksichtigung der Reihenfolge als (geordnetes) m-Tupel $(\omega_1, \omega_2, \ldots, \omega_m)$ dargestellt werden, wobei an der i-ten Stelle das Ergebnis ω_i des i-ten Zufallsexperiments steht, also $\omega_i \in \Omega_i$.

Die Ergebnismenge Ω des m-stufigen Gesamtexperiments ist dann die Menge aller m-Tupel, das sogenannte **direkte Produkt** der einzelnen Ergebnismengen Ω_i. Das direkte Produkt bezeichnen wir mit

$$\Omega = \Omega_1 \times \Omega_2 \times \ldots \times \Omega_m.$$

Daraus erhält man den

Satz 5.2 (Produktregel der Kombinatorik):
Bei einem m-stufigen Zufallsexperiment sei die Anzahl der möglichen Versuchsergebnisse bei der i-ten Stufe gleich $n_i = |\Omega_i|$.

Dann besitzt das m-stufige Gesamtexperiment insgesamt

$n = n_1 \cdot n_2 \cdot \ldots \cdot n_m$ verschiedene Ergebnisse (m-Tupel), also

$$|\Omega| = |\Omega_1| \cdot |\Omega_2| \cdot \ldots \cdot |\Omega_m| .$$

Mit Hilfe dieses allgemeinen Zählprinzips können viele Formeln der Kombinatorik sehr einfach hergeleitet werden.

5.3.3.2 Anordnungsmöglichkeiten (Permutationen)

Unter einer **Permutation** von n Elementen versteht man eine Anordnung der Elemente. Für die Auswahl des ersten Elements gibt es n Möglichkeiten, für die Auswahl des zweiten verbleiben noch $n - 1$ Möglichkeiten usw. Für die Auswahl des n-ten Elements gibt es nur noch eine Möglichkeit. Damit erhält man aus der Produktregel den

Satz 5.3:
n verschiedene Dinge lassen sich (unter Berücksichtigung der Reihenfolge) auf

$$n! = 1 \cdot 2 \cdot \ldots \cdot n \qquad (5.4)$$

verschiedene Arten anordnen (Anzahl der Permutationen).

Das Symbol n! spricht man dabei als "n-Fakultät" aus.

Für die Fakultäten n! gilt folgende **Rekursionsformel**

$$n! = n \cdot (n-1)! .$$

Damit diese Formel auch noch für $n = 1$ richtig ist, setzt man

$$0! = 1$$

Beispiel 5.3:

a) Jemand möchte drei Bücher - wir bezeichnen sie mit a, b und c - in ein Regal stellen. Dafür gibt es die $3! = 1 \cdot 2 \cdot 3 = 6$ Möglichkeiten (Permutationen)

   a b c   a c b   b a c   b c a   c a b   c b a.

b) 10 verschiedene Personen sollen in einer Reihe aufgestellt werden. Dafür gibt es insgesamt

$$10! = 1 \cdot 2 \cdot 3 \cdot 4 \cdot 5 \cdot 6 \cdot 7 \cdot 8 \cdot 9 \cdot 10 = 3\,628\,800$$

   verschiedene Möglichkeiten. Diese alle aufzuzählen, ist kaum möglich.

c) Eine Gruppe von 4 Studentinnen und 3 Studenten stellen sich in zufälliger Reihenfolge an einer Theaterkasse an. Dafür gibt es insgesamt $7! = 5\,040$ mögliche Reihenfolgen.
Gesucht ist die Wahrscheinlichkeit dafür, daß die 4 Studentinnen nebeneinander stehen. Zur Bestimmung der Anzahl der günstigen Fälle schreiben wir w für Studentin und m für Student. Dann gibt es die für unser Ereignis (alle Studentinnen nebeneinander) "günstigen Blöcke"
w w w w m m m ; m w w w w m m ; m m w w w w m ; m m m w w w w .
In jedem dieser vier Blöcke dürfen aber die vier Studentinnen w w w w und die drei Studenten m m m permutiert werden. Damit gibt es für jeden der vier Blöcke $4! \cdot 3! = 24 \cdot 6 = 144$ Möglichkeiten, also insgesamt $4 \cdot 144 = 576$ günstige Fälle. Damit lautet die gesuchte Wahrscheinlichkeit

$$p = \frac{576}{5\,040} = \frac{4}{35} \approx 0{,}1143\,.$$

d) In c) betrachten wir das folgende Modell: Bei jeder der 7 Personen interessiere nur das Geschlecht, nicht jedoch die Person. Bezüglich dieses Merkmals sind die Studentinnen bzw. Studenten nicht unterscheidbar. Insgesamt gibt es dann nur die in c) angegebenen vier günstigen Fälle (Blöcke).
Die Anzahl der möglichen Fälle bezeichen wir mit x. In jedem dieser x Fälle dürfen die vier Studentinnen und die drei Studenten beliebig untereinander permutiert werden ohne daß sich die Anzahl ändert. Dafür gibt es jeweils 4! bzw. 3! Möglichkeiten. Aus diesen x Möglichkeiten im nichtunterscheidbaren Modell erhält man durch Multiplikation mit $4! \cdot 3!$ alle 7! unterscheidbare Permutationen. Somit lautet für x die Bestimmungsgleichung $x \cdot 4! \cdot 3! = 7!$ mit der Lösung

$$x = \frac{7!}{4! \cdot 3!} = \frac{5\,040}{24 \cdot 6} = 35\,.$$

Hiermit erhält man ebenfalls die Lösung

$$p = \frac{4}{35}.$$

Falls man mehrere Gruppen gleicher Dinge hat, erhält man analog zu Beispiel 5.3 d) folgende Aussage:

Satz 5.4:
Von n Dingen seien jeweils $n_1, n_2, \ldots, n_r$ gleich.

Dann gibt es für diese n Dinge insgesamt

$$\frac{n!}{n_1! \cdot n_2! \cdot \ldots \cdot n_r!}\,; \quad n = n_1 + n_2 + \ldots + n_r \tag{5.5}$$

verschiedene **Anordnungsmöglichkeiten.**

5.3.3.3 Auswahlmöglichkeiten unter Berücksichtigung der Reihenfolge

Aus n verschiedenen Dingen sollen k Stück nacheinander ausgewählt werden. Dabei spiele die Reihenfolge der Ziehung der einzelnen Elemente eine Rolle. Man spricht dann vom Ziehen unter **Berücksichtigung der Reihenfolge (Anordnung)**. Beim Ziehen **ohne Zurücklegen (ohne Wiederholung)** werden die gezogenen Elemente vor dem nächsten Zug nicht mehr zu den übrigen zurückgelegt. Beim Ziehen **mit Zurücklegen (mit Wiederholung)** werden die ausgewählten Elemente nur registriert und vor dem nächsten Zug wieder zur Grundmenge zurückgebracht.

Beim Ziehen ohne Wiederholung gibt es für den ersten Zug n Möglichkeiten, für den zweiten $n-1$, für den dritten $n-2$ usw. Das k-te Element kann schließlich auf $n-(k-1) = n-k+1$ Arten ausgewählt werden. Dabei darf k höchstens gleich n sein. Beim Ziehen mit Wiederholung wird bei jedem Zug aus der ganzen Grundgesamtheit ausgewählt. Mit der Produktregel der Kombinatorik erhält man für beide Fälle die Anzahl der Ziehungsmöglichkeiten.

Satz 5.5:
Aus n verschiedenen Dingen werden k Stück **unter Berücksichtigung der Reihenfolge** ausgewählt. Dann beträgt die Anzahl der verschiedenen Auswahlmöglichkeiten:

a) beim Ziehen **ohne Zurücklegen (ohne Wiederholung)**

$$n \cdot (n-1) \cdot (n-2) \cdot \ldots \cdot (n-k+1) \quad \text{für } k \leq n\,; \tag{5.6}$$

b) beim Ziehen **mit Zurücklegen (mit Wiederholung)**

$$n^k \quad \text{für beliebiges } k. \tag{5.7}$$

Beispiel 5.4 (Geburtstagsproblem):
Aus n Personen werden zufällig zwei ausgewählt. Gesucht ist die Wahrscheinlichkeit dafür, daß von diesen n ausgewählten Personen mindestens zwei am gleichen Tag Geburtstag haben. Zur Berechnung der gesuchten Wahrscheinlichkeit machen wir die

Modellannahme:
Das Jahr habe 365 Tage, die als Geburtstage für jede der n Personen gleichwahrscheinlich sind.

Das entsprechende Ereignis bezeichnen wir mit A_n. Da nach der Modellannahme bei $n > 365$ Personen mindestens zwei Personen am gleichen Tag Geburtstag haben müssen, gilt

$$P(A_n) = 1 \quad \text{für } n > 365.$$

Für $n \leq 365$ berechnen wir zunächst die Wahrscheinlichkeit für das Komplementärereignis $\overline{A}_n$. Die Wahrscheinlichkeit dafür läßt sich nämlich wesentlich einfacher berechnen. Es tritt ein, wenn alle n Personen an verschiedenen Tagen Geburtstag haben. Die Personen werden durchnumeriert. Die Anzahl der möglichen Fälle ist dann 365^n. Die Anzahl der günstigen Fälle erhält man durch folgende Überlegung: Für die erste Person kommen 365, für die zweite 364, für die dritte 363, ..., für die n-te $365-n+1$ Tage in Frage. Für $\overline{A}_n$ gibt es nach dem Multiplikationsprinzip dann insgesamt $365 \cdot 364 \cdot \ldots \cdot (365-n+1)$ günstige Fälle. Damit gilt

$$P(\overline{A}_n) = \frac{365 \cdot 364 \cdot \ldots \cdot (365-n+1)}{365^n} .$$

Hier erhält man die Rekursionsformel

$$P(\overline{A}_{n+1}) = \frac{365-n}{365} \cdot P(\overline{A}_n) \quad \text{mit} \quad P(\overline{A}_1) = 1 \text{ für } n = 1, 2, \ldots, 364.$$

Hieraus folgt

$$P(A_n) = 1 - P(\overline{A}_n) = 1 - \frac{365 \cdot 364 \cdot \ldots \cdot (365-n+1)}{365^n} \quad \text{für } n \leq 365.$$

Für $n = 23$ erhält man den etwas überraschenden Wert

$$P(A_{23}) \approx 0{,}507.$$

Dadurch, daß die Schaltjahre unberücksichtigt bleiben, ist die hier berechnete Wahrscheinlichkeit etwas zu groß. Die Gleichverteilung der Geburtstage auf alle 365 Tage ist auch nicht ganz realistisch. Eine ungleichmäßige Verteilung würde die Wahrscheinlichkeit etwas erhöhen.

5.3.3.4 Auswahlmöglichkeiten ohne Berücksichtigung der Reihenfolge

Aus n verschiedenen Dingen sollen k ausgewählt werden, wobei die Reihenfolge, in der die Elemente gezogen werden, keine Rolle spielt.

a) Ziehen ohne Wiederholung (ohne Zurücklegen):
Die k Elemente können einzeln gezogen werden, wobei die ausgewählten Elemente vor dem nächsten Zug nicht mehr zu den übrigen zurückgelegt werden dürfen. Genauso kann man aber auch alle k Stück auf einmal ziehen. Beim Ziehen ohne Zurücklegen darf k höchstens gleich n sein. Die Anzahl der Möglichkeiten, aus n Dingen k Stück ohne Wiederholung auszuwählen, bezeichnen wir mit x.
Aus jeder bestimmten Auswahlmöglichkeit ohne Berücksichtigung der Reihenfolge erhalten wir durch alle möglichen Permutationen der k ausgewählten Elemente k! verschiedene Auswahlmöglichkeiten unter Berücksichtigung der Reihenfolge. Nach (5.6) gilt daher

$$x \cdot k! = n \cdot (n-1) \cdot (n-2) \cdot \ldots \cdot (n-k+1),$$

also

$$x = \frac{n \cdot (n-1) \cdot (n-2) \cdot \ldots \cdot (n-k+1)}{k!}. \tag{5.8}$$

Im Nenner steht das Produkt der ersten k natürlichen Zahlen. Im Zähler steht ebenfalls ein Produkt von k Faktoren. Diese beginnen mit n und werden laufend um 1 kleiner. Erweitert man (5.8) mit $(n-k)!$, so erhält man für die gesuchte Anzahl x die Darstellung

$$x = \frac{n!}{k! \cdot (n-k)!} = \binom{n}{k}.$$

Dabei ist $\binom{n}{k}$ sprich "n über k" ein sogenannter **Binomialkoeffizient**. Dabei setzt man

$$\binom{n}{0} = 1.$$

Für die Binomialkoeffizienten gilt allgemein

$$\binom{n}{n-k} = \binom{n}{k};$$

$$\binom{n}{k} + \binom{n}{k+1} = \binom{n+1}{k+1} \quad \text{für alle } n \geq 1 \text{ und } k = 0, 1, \ldots, n-1.$$

Damit haben wir folgenden Satz bewiesen:

Satz 5.6:
Aus n verschiedenen Elementen können k Stück ohne Berücksichtigung der Reihenfolge und ohne Wiederholung auf

$$\binom{n}{k} = \frac{n \cdot (n-1) \cdot (n-2) \cdot \ldots \cdot (n-k+1)}{1 \cdot 2 \cdot 3 \cdot \ldots \cdot k} = \frac{n!}{k! \cdot (n-k)!} \tag{5.9}$$

verschiedene Arten ausgewählt werden für $k = 1, 2, \ldots, n$.

b) Ziehen mit Wiederholung (mit Zurücklegen):
Aus n Elementen werde k mal hintereinander eines ausgewählt, wobei die gezogenen Elemente vor dem nächsten Zug zu den übrigen zurückgelegt werden. Die Reihenfolge der Ziehung spiele dabei keine Rolle. Die n Elemente, aus denen mit Wiederholung ausgewählt wird, werden von 1 bis n durchnummeriert. Als Beispiel nehmen wir $n = 4$ und $k = 5$. Dabei soll dreimal die 1 und zweimal die 3 ausgewählt worden sein. Dieses Ergebnis stellen wir folgendermaßen dar:

$$\underbrace{+++}_{\text{3mal 1}}, \underbrace{\qquad}_{\text{0 mal 2}}, \underbrace{++}_{\text{2mal 3}}, \underbrace{\qquad}_{\text{0 mal 4}}.$$

Falls aus n Elementen mit Wiederholung und ohne Berücksichtigung der Reihenfolge k Elemente ausgewählt werden, kann jedes Ergebnis symbolisch mit Hilfe von k Pluszeichen und n − 1 Kommata dargestellt werden. Jede zufällige Reihenfolge dieser Symbole wird ein Ziehungsergebnis in eineindeutiger Weise zugeordnet. Die Reihe

$$+++,+,\ ,\ ,++,\ldots,++++$$

bedeutet z. B, daß das erste Element dreimal, das zweite einmal, das dritte und vierte nicht, das fünfte zweimal, ..., das letzte viermal gezogen wurde. Jedes derartige Schema enthält dann genau k Pluszeichen und n − 1 Kommata. Falls zwischen zwei Kommata kein Pluszeichen steht, ist das entsprechende Element nicht gezogen worden. Die Pluszeichen und Kommata zusammen bilden also n + k − 1 Plätze, von denen genau k mit einem Pluszeichen zu versehen sind. Dafür gibt es aber insgesamt $\binom{n+k-1}{k}$ verschiedene Möglichkeiten. So viele Möglichkeiten gilt es, aus n Dingen k Stück mit Wiederholung und ohne Berücksichtigung der Reihenfolge auszuwählen. Damit gilt folgender Satz:

Satz 5.7:
Aus n verschiedenen Elementen werde k-mal hintereinander eines ausgewählt und vor dem nächsten Zug wieder zurückgelegt. Dann gibt es ohne Berücksichtigung der Reihenfolge ingesamt

$$\binom{n+k-1}{k} \text{ verschiedene Auswahlmöglichkeiten.} \qquad (5.10)$$

5.3.3.5 Zusammenstellung der Formeln aus der Kombinatorik

Aus n verschiedenen Dingen sollen k ausgewählt werden. Dann erhält man für die Anzahl der verschiedenen Auswahlmöglichkeiten in Abhängigkeit vom Auswahlverfahren die vier in der nachfolgenden Tabelle zusammengestellten Werte

	mit Berücksichtigung der Reihenfolge (geordnet)	**ohne** Berücksichtigung der Reihenfolge (ungeordnet)
ohne Wiederholung (ohne Zurücklegen) $k = 1, 2, \ldots, n$	$n \cdot (n-1) \cdot \ldots \cdot (n-k+1)$	$\binom{n}{k}$
mit Wiederholung (mit Zurücklegen) $k = 1, 2, 3, \ldots$	n^k	$\binom{n+k-1}{k}$

Beispiel 5.5:
Von 10 Personen sollen zwei zufällig ausgewählt werden, die jeweils einen Preis erhalten. Die Anzahl der Verteilungsmöglichkeiten hängt davon ab, ob beide Preise verschieden oder gleich sind und ob die gleiche Person höchstens einen Preis oder auch gleichzeitig beide Preise erhalten kann. Bei verschiedenen Preisen ist die Reihenfolge der Auswahl wichtig, bei zwei gleichen Preisen dagegen nicht. Falls die gleiche Person höchstens einen Preis erhalten darf, muß die Ziehung ohne Wiederholung (ohne Zurücklegen), sonst mit Wiederholung erfolgen. Insgesamt gibt es vier verschiedene Fallunterscheidungen. In der nachfolgenden Tabelle sind alle vier Fälle mit der jeweiligen Anzahl der verschiedenen Auswahlmöglichkeiten zusammengestellt:

	verschiedene Preise (geordnet)	**gleiche** Preise (ungeordnet)
die gleiche Person kann **höchstens einen Preis** erhalten	$10 \cdot 9 = 90$	$\binom{10}{2} = 45$
die gleiche Person kann **beide Preise** erhalten	$10^2 = 100$	$\binom{11}{2} = 55$

Beispiel 5.6 (Elferwette beim Fußballtoto):
Beim Fußballtoto muß man bei elf Spielen jeweils eine 1 (die Heimmannschaft gewinnt), eine 2 (die Gastmannschaft gewinnt) oder eine 0 (Spiel endet unentschieden) tippen. Insgesamt gibt es

$$3^{11} = 177\,147$$

verschiedene Tippmöglichkeiten. Wenn jemand alle diese Tippmöglichkeiten abgibt, so hat er genau einmal 11 Richtige. 10 Richtige werden in denjenigen Reihen erzielt, bei denen genau ein Spiel falsch und die restlichen 10 Spiele richtig getippt wurden. Für den falschen Tipp sind 11 Spiele möglich, wobei jedesmal zwei falsche Zahlen getippt werden können. Daher gibt es $11 \cdot 2 = 22$ verschiedene Reihen mit 10 Richtigen. Bei 9 Richtigen dürfen zwei Spiele falsch getippt sein. Für die 2 Spiele gibt es $\binom{11}{2} = 55$ Auswahlmöglichkeiten. Bei jedem dieser zwei Spiele dürfen dann jeweils zwei falsche Zahlen getippt werden. Daher gibt es für 9 Richtige insgesamt $2 \cdot 2 \cdot 55 = 220$ verschiedene Möglichkeiten.

Zusammenfassung:
Bei der Elferwette gibt es ingesamt 177 147 verschieden Tippmöglichkeiten. Wenn jemand sämtliche 177 147 Möglichkeiten abgibt, so hat er einen Gewinn im ersten Rang (11 Richtige), 22 Gewinne im zweiten Rang (10 Richtige) und 220 Gewinne im dritten Rang (9 Richtige).

Beispiel 5.7 (Glücksspirale):
Bei der Glücksspirale wird eine Gewinnzahl mit sieben Ziffern ausgespielt.

a) Die erste Ausspielung im Jahre 1971:
Bei der ersten Ausspielung im Jahr 1971 wurde mit Hilfe eines Ziehungsgeräts eine siebenstellige Gewinnzahl ermittelt. Nach der Ziehung gab es in der Presse allerdings Vorwürfe, durch die Art des Ziehungsgerätes hätten nicht alle möglichen bis zu siebenstellige Zahlen die gleiche Chance gehabt. Die Chance für eine Zahl mit lauter verschiedenen Ziffern sei viel größer als die Chance für eine Zahl mit nur gleichen Ziffern. Von einigen Personen wurde auch eine Klage eingereicht, die jedoch abgewiesen wurde. Was war geschehen?

0	0	0	0	0	0	0
1	1	1	1	1	1	1
2	2	2	2	2	2	2
3	3	3	3	3	3	3
4	4	4	4	4	4	4
5	5	5	5	5	5	5
6	6	6	6	6	6	6
7	7	7	7	7	7	7
8	8	8	8	8	8	8
9	9	9	9	9	9	9

In einer einzigen Trommel befanden sich jeweils 7 Kugeln mit den Ziffern $0, 1, 2, 3, 4, 5, 6, 7, 8, 9$, also insgesamt 70 Kugeln. Daraus wurden zufällig ohne Zurücklegen sieben Kugeln gezogen, aus denen der Reihe nach die Gewinnzahl gebildet wurde.

Für die erste Ziffer wurde eine dieser 70 Kugeln gezogen. Dafür gab es 70 Möglichkeiten. Da die gezogene Kugel vor dem nächsten Zug nicht zu den übrigen zurückgelegt wurde, blieben für den zweite Zug 69 Möglichkeiten, für den dritten 68 usw.
Insgesamt gibt es

$$70 \cdot 69 \cdot 68 \cdot 67 \cdot 66 \cdot 65 \cdot 64$$

verschiedene Ziehungsmöglichkeiten. Weil mehrere Kugeln die gleiche Ziffer hatten, konnten verschiedene Ziehungsmöglichkeiten die gleiche Gewinnzahl ergeben. Bei diesem Ziehungsmodus konnten zwar tatsächlich alle möglichen Zahlen mit höchstens sieben Stellen gezogen werden, nämlich die Zahlen

$$0000000 \; ; \; 0000001 \; ; \ldots ; \; 9999999 \, .$$

Hat bei diesem Ausspielungsmodus jede dieser Zahlen die gleiche Chance?

Zur Beantwortung dieser Frage betrachten wir zunächst eine bestimmte Zahl mit lauter gleichen Ziffern z. B. die 1 111 111. In der Urne waren nur 7 Kugeln mit der Ziffer 1. Daher kann die erste Ziffer 1 auf 7 Arten, die zweite auf 6, die dritte auf 5 Arten gezogen werden usw. Für die letzte gibt es nur noch eine Möglichkeit. Daher gibt es für die Zahl 1 111 111

$$7 \cdot 6 \cdot 5 \cdot 4 \cdot 3 \cdot 2 \cdot 1 = 5\,040$$

günstige Fälle. Für jede andere Zahl mit lauter gleichen Ziffern z. B. die 6 666 666 gibt es ebenfalls 5 040 günstige Fälle.

Bei einer Zahl mit lauter verschiedenen Ziffern z. B. 1 234 567 gibt es bei jedem Zug sieben Auswahlmöglichkeiten. Somit gibt es für jede Zahl mit lauter verschiedenen Ziffern $7^7 = 823\ 543$ günstige Fälle, also bedeutend mehr als für eine Zahl mit nur gleichen Ziffern.

Damit beträgt das Verhältnis der beiden extremen Chancen (Wahrscheinlichkeiten) 823 543 : 5 040. Die Wahrscheinlichkeit für eine Zahl mit lauter verschiedenen Ziffern ist ungefähr 163,4 mal größer als die Wahrscheinlichkeit für eine Zahl mit gleichen Ziffern. Für die Zahlen mit der kleinsten Chance erhält man hieraus die Wahrscheinlichkeiten

$$\frac{5\,040}{70 \cdot 69 \cdot 68 \cdot 67 \cdot 66 \cdot 65 \cdot 64} \approx 0{,}0000000008342\,.$$

Jede Zahl mit lauter verschiedenen Ziffern hat bei desem Ziehungsmodus die größte Wahrscheinlichkeit

$$\frac{823\,543}{70 \cdot 69 \cdot 68 \cdot 67 \cdot 66 \cdot 65 \cdot 64} \approx 0{,}0000001363\,.$$

Dazwischen liegen die Wahrscheinlichkeiten der übrigen Zahlen. Je mehr Ziffern einer Zahl verschieden sind, umso größer ist die Wahrscheinlichkeit. Bei dieser ersten Ausspielung waren also nicht alle Zahlen gleichwahrscheinlich. Die Gewinnchance hing stark von der Zahl auf der Losnummer ab.

Kann man aus diesem Grund diese erste Ausspielung als unfair oder nichtkorrekt bezeichnen? Die Anwort auf diese Frage hängt davon ab, auf welche Art und Weise ein Spieler seine Zahlen erhielt. Die Ausspielung könnte man sicherlich als nichtkorrekt bezeichnen, wenn ein Spieler die siebensstellige Zahl hätte selbst tippen oder offen auswählen können, und wenn ihm dabei der Ausspielungsmodus und die Chancenungleichheit der einzelnen Zahlen bekannt gewesen wäre. Es ist jedoch nicht anzunehmen, daß überhaupt jemand vor der Ausspielung die Chancengleichheit aller möglichen Zahlen bezweifelte, vermutlich nicht einmal diejenigen Personen, die den Ausspielungsmodus festgelegt haben. Dadurch, daß jede Ziffer siebenmal in der Urne war, wurde zwar sichergestellt, daß auch jede höchstens siebenstellige Zahl gezogen werden konnte. Die Chancengleichheit aller Zahlen war jedoch verletzt. Bei der ersten Ausspielung wurden Lose mit aufgedruckten Zahlen verkauft.

Die Ausspielung kann unter folgenden Bedingungen als korrekt angesehen werden:

1. Bei den verkauften Losen werden sämtliche Zahlen zwischen 0 000 000 und 9 999 999 in jeweils gleicher Anzahl angeboten.

2. Die Verteilung der Lose erfolgt zufällig, d.h. für jeden Spieler wird zufällig ein Los ausgewählt, das nicht mehr umgetauscht werden darf.

Unter diesen beiden Bedingungen hat dann jeder Spieler die gleiche Chance eine hochwahrscheinliche Zahl zu erhalten, auch wenn die Tatsache der Chancenungleichheit einzelner Zahlen bekannt gewesen wäre. Nach dem Kauf kennt der Spieler seine Zahl. Es liegt ihm dann zwar eine erste Information vor und er könnte in Kenntnis des Ausspielungsmodus seine weitere Gewinnchance berechnen. Falls er eine unwahrscheinliche Zahl erhalten hat, muß er vor der Ziehung akzeptieren, daß er bei der Auswahl des Loses etwas Pech gehabt hat. Noch hat er allerdings eine Gewinnchance. In vereinfachter Form liegt eine ähnliche Situation beim Losverkauf auf dem Jahrmarkt vor. Wer eine Niete gezogen hat, für den gibt es überhaupt keine Gewinnchance mehr.

Der Hauptangriffspunkt bei dieser Ausspielung ist die Bedingung 2. Diese wäre sicherlich dann erfüllt gewesen, wenn die Lose mit den aufgedruckten Zahlen in einem verschlossenen Umschlag verkauft worden wären. Dann hätte kein Insider einen möglichen Vorteil gehabt.

Trotz zahlreicher Proteste und Einsprüche wurde die Ziehung nicht neu angesetzt.

b) Die nachfolgenden Ausspielungen:

0	0	0	0	0	0	0
1	1	1	1	1	1	1
2	2	2	2	2	2	2
3	3	3	3	3	3	3
4	4	4	4	4	4	4
5	5	5	5	5	5	5
6	6	6	6	6	6	6
7	7	7	7	7	7	7
8	8	8	8	8	8	8
9	9	9	9	9	9	9

Bei den nachfolgenden Ziehungen wurde die Trommel in 7 Fächer geteilt, wobei sich in jedem Fach 7 Kugeln mit den Ziffern $0,1,2,3,4,5,6,7,8,9$ befinden. Aus jedem Fach wird eine Ziffer gezogen. Bei diesem Modell kann jede höchstens siebenstellige Zahl auf genau eine Art gezogen werden, da sich in jedem Fach nur eine entsprechende Kugel befindet.

Insgesamt gibt es

$$10^7 = 10\,000\,000$$

verschiedene Möglichkeiten. Damit besitzt jede mögliche Gewinnzahl 0, 1, ..., 9 999 999 die gleiche Wahrscheinlichkeit

$$p = \frac{1}{10^7} = 0{,}0000001.$$

c) Vergleich der beiden Ausspielungen:

Beide Modelle besitzen die gleiche Ergebnismenge, nämlich die Zahlen $0,1,2,\ldots,9\,999\,999$. Falls man beim gleichwahrscheinlichen Modell b) die

Trennwände beseitigt, entsteht das nicht chancengleiche Modell a). Dadurch wird deutlich, daß die Wahrscheinlichkeiten sehr stark von den äußeren Versuchsbedingungen abhängen können. Kleine Änderungen am Ziehungsgerät oder der Versuchsdurchführung können einen wesentlichen Einfluß auf die Wahrscheinlichkeit haben.

5.3.3.6 Urnenmodelle

Eine Grundmenge bestehe aus N verschiedenen Elementen, von denen genau M eine bestimmte Eigenschaft besitzen. Aus der gesamten Grundmenge sollen n Stück zufällig ausgewählt werden. Zur Versuchsdurchführung und zur Berechnung gesuchter Wahrscheinlichkeiten bei einer solchen zufälligen Auswahl eignen sich die sog. Urnenmodelle. Anstelle der N Elemente betrachtet man N Kugeln, von denen genau M schwarz sind. Den Elementen mit der interessierenden Eigenschaft werden also schwarze Kugeln zugeordnet. Den restlichen $N-M$ Elementen ordnen wir weiße Kugeln zu. Mit diesem Hilfsmodell erhält man folgende Aussage:

Satz 5.8 (Urnenmodelle):
Eine Urne enthalte N Kugeln, von denen M schwarz und die restlichen $N-M$ weiß sind. Dabei gelte $1 \leq M < N$. Aus dieser Urne werden n Kugeln zufällig ausgewählt.
p_k sei die Wahrscheinlichkeit dafür, daß sich unter den n ausgewählten Kugeln genau k schwarze befinden. Diese Wahrscheinlichkeit lautet

a) beim **Ziehen ohne Zurücklegen**

$$p_k = \frac{\binom{M}{k}\cdot\binom{N-M}{n-k}}{\binom{N}{n}} \quad \text{für } 0 \leq k \leq \min(n, M)$$
$$0 \leq n-k \leq N-M\ ;\ n \leq N\ ;$$

b) beim **Ziehen mit Zurücklegen**

$$p_k = \binom{n}{k}\cdot\left(\frac{M}{N}\right)^k\cdot\left(1-\frac{M}{N}\right)^{n-k} \quad \text{für } k = 0, 1, 2, \ldots, n\ ;\ n \text{ beliebig.}$$

Beweis:
a) Beim Ziehen ohne Zurücklegen können ohne Berücksichtigung der Reihenfolge von N Elementen n Stück auf $\binom{N}{n}$ verschiedene Arten ausgewählt werden (Anzahl der möglichen Fälle). Aus den M schwarzen Kugeln lassen sich k auf $\binom{M}{k}$ Arten auswählen. Die restlichen $n-k$ weißen können aus den $N-M$ weißen Kugeln auf $\binom{N-M}{n-k}$ Arten ausgewählt werden. Nach der Produktregel der Kombinatorik gibt es daher insgesamt

$$\binom{M}{k}\cdot\binom{N-M}{n-k} \text{ günstige und } \binom{N}{n} \text{ mögliche Fälle.}$$

Division ergibt die Formel aus a).

b) Das untersuchte Ereignis (k schwarze Kugeln werden gezogen) tritt z.B. ein, wenn bei den ersten k Zügen jeweils eine schwarze und bei den restlichen $n-k$ Zügen immer eine weiße Kugel gezogen wird, also z. B. bei der Serie

$$\underbrace{s, s, s, \ldots, s, s}_{\text{k Stück}},\ \underbrace{w, w, w, \ldots, w, w}_{\text{n−k Stück}}.$$

Für die Serie in dieser Reihenfolge gibt es insgesamt $M^k \cdot (N-M)^{n-k}$ günstige Fälle. Jede andere Reihenfolge, bei der k-mal s auftritt, hat ebensoviele günstige Fälle. Die Anzahl der verschiedenen Serien erhält man, indem aus n Plätzen k Stück für die Belegung mit s ausgewählt werden, was auf $\binom{n}{k}$ verschiedene Arten möglich ist. Damit gibt es insgesamt

$$\binom{n}{k} \cdot M^k \cdot (N-M)^{n-k} \text{ günstige und } N^n \text{ mögliche Serien.}$$

Daraus folgt

$$p_k = \binom{n}{k} \cdot \frac{M^k \cdot (N-M)^{n-k}}{N^n} = \binom{n}{k} \cdot \left(\frac{M}{N}\right)^k \cdot \left(1 - \frac{M}{N}\right)^{n-k}.$$

Dabei ist der Quotient $p = \frac{M}{N}$ die Wahrscheinlichkeit dafür, daß man bei einem Einzelzug eine schwarze Kugel erhält.

Bemerkung:
Wegen

$$\binom{u}{v} = 0 \quad \text{für } v < 0 \text{ oder } v > u$$

muß in den Formeln aus a) für k und $n-k$ keine Bedingung angegeben werden. Für $k > \min(n, M)$ oder $n-k > N-M$ verschwindet im Zähler ein Faktor, so daß hieraus $p_k = 0$ folgt.

Beispiel 5.8 (Zahlenlotto 6 aus 49):
Beim Zahlenlotto werden aus den Zahlen $1, 2, 3, \ldots, 48, 49$ sechs Gewinnzahlen und eine Zusatzzahl ausgewählt. Beim Lotto am Samstag wird noch als Superzahl eine von den Ziffern $0, 1, 2, \ldots, 9$ gezogen. Ein Teilnehmer muß in jeder getippten Reihe 6 verschiedene Zahlen ankreuzen. Als Superzahl gilt die letzte Ziffer auf der Nummer des Tippzettels als gespielt. Für die 6 Zahlen gibt es

$$\binom{49}{6} = \frac{49 \cdot 48 \cdot 47 \cdot 46 \cdot 45 \cdot 44}{1 \cdot 2 \cdot 3 \cdot 4 \cdot 5 \cdot 6} = 13\,983\,816$$

verschiedene Auswahlmöglichkeiten.

Die Wahrscheinlichkeit, mit einer einzigen Reihe 6 Richtige zu erzielen, beträgt damit

$$P(6 \text{ Richtige}) = \frac{1}{13\,983\,816} \approx 0{,}000000071511.$$

Da es für die Auswahl der Superzahl 10 Möglichkeiten gibt, erhält man unter Berücksichtigung der Superzahl sogar

$$10 \cdot 13\,983\,816 = 139\,838\,160$$

verschiedene Möglichkeiten. Mit Wahrscheinlichkeit

$$\frac{1}{139\,838\,160} \approx 0{,}00000000715$$

hat man also mit einer zufällig ausgewählten Reihe 6 Richtige mit Superzahl. In den anderen Rängen wird die Superzahl nicht mehr gewertet.

Für "5 Richtige mit Zusatzzahl" müssen die einzige Zusatzzahl und von den 6 Gewinnzahlen fünf Zahlen angekreuzt sein. Dafür gibt es insgesamt $1 \cdot \binom{6}{1} = 6$ verschiedene Möglichkeiten mit

$$\text{P(5 Richtige mit Zusatzzahl)} = \frac{6}{13\,983\,816} \approx 0{,}00000042907\,.$$

Bei "5 Richtigen ohne Zusatzzahl" müssen von den 6 Gewinnzahlen fünf angekreuzt sein. Die sechste Zahl muß auch von der Zusatzzahl verschieden sein, sie kann also aus $49 - 6 - 1 = 42$ Zahlen ausgewählt werden. Insgesamt gibt also

$\binom{6}{5} \cdot 42 = 6 \cdot 42 = 252$ verschiedene Möglichkeiten mit

$$\text{P(5 Richtige ohne Zusatzzahl)} = \frac{252}{13\,983\,816} \approx 0{,}000018021.$$

Für vier Richtige gibt es insgesamt

$\binom{6}{4} \cdot \binom{43}{2} = 15 \cdot 903 = 13\,545$ verschiedene Möglichkeiten mit

$$\text{P(4 Richtige)} = \frac{13\,545}{13\,983\,816} \approx 0{,}00096862\,.$$

Beim Samstagslotto gibt es auch "drei Richtige mit Zusatzzahl". Um hier mit einer Reihe zu gewinnen, müssen die Zusatzzahl, von den sechs Gewinnzahlen drei und von den restlichen 42 nichtgezogenen Zahlen zwei angekreuzt sein. Dafür gibt es

$\binom{6}{3} \cdot \binom{42}{2} = 20 \cdot 861 = 17\,220$ verschiedene Möglichkeiten mit

$$\text{P(3 Richtige mit Zusatzzahl)} = \frac{17\,220}{13\,983\,816} \approx 0{,}0012314\,.$$

Für drei Richtige ohne Zusatzzahl erhält man

$\binom{6}{3} \cdot \binom{42}{3} = 20 \cdot 11\,480 = 229\,600$ verschiedene Möglichkeiten mit

$$\text{P(3 Richtige ohne Zusatzzahl)} = \frac{229\,600}{13\,983\,816} \approx 0{,}0164190\,.$$

Zusammenfassung:
Ohne Berücksichtigung der Superzahl gibt es 13 983 816 verschiedene Tippmöglichkeiten.

Wenn jemand am Samstag sämtliche 13 983 816 Reihen tippt, so hat er

1 mal	6 Richtige
6 mal	5 Richtige mit Zusatzzahl
252 mal	5 Richtige ohne Zusatzzahl
13 545 mal	4 Richtige
17 220 mal	3 Richtige mit Zusatzzahl
229 600 mal	3 Richtige ohne Zusatzzahl

5.3.4 Geometrische Wahrscheinlichkeiten und Simulationen

Geometrische Wahrscheinlichkeiten erhält man mit Hilfe von Längen-, Flächen- oder Volumenberechnungen. Dabei muß vorausgesetzt werden, daß Bereiche mit gleicher Länge, gleichem Flächeninhalt oder gleichem Volumen auch die gleiche Wahrscheinlichkeit besitzen.

Zunächst betrachten wir ein beliebiges Intervall $\Omega = [a;b]$. Eine geometrische Wahrscheinlichkeit auf diesem Intervall muß darauf "gleichmäßig verteilt" sein. Die Wahrscheinlichkeit für ein beliebiges Teilintervall darf nur von der Länge und nicht von der speziellen Lage des Intervalls abhängen. Gegenüber Parallelverschiebungen oder Spiegelungen müssen die Wahrscheinlichkeiten invariant sein. Das Gesamtintervall der Länge $b-a$ besitzt die Wahrscheinlichkeit 1. Daher hat ein Intervall $[c;d] \subseteq [a;b]$ die Wahrscheinlichkeit

$$P([c;d]) = \frac{d-c}{b-a} \quad \text{für } [c;d] \subseteq [a;b]. \tag{5.11}$$

Das Elementarereignis $\{x\}$ ist für jedes $n \in \mathbb{N}$ in $[x;\ x+\frac{1}{n}]$ enthalten. Daher gilt

$$P(\{x\}) \leq P[x;\ x+\tfrac{1}{n}] = \tfrac{1}{n} \quad \text{für jedes } n = 1, 2, \ldots .$$

Dies ist aber nur dann möglich, wenn gilt

$$P(\{x\}) = 0. \tag{5.12}$$

Bei geometrischen Wahrscheinlichkeiten besitzt jedes Elementarereignis die Wahrscheinlichkeit 0. Bei der Durchführung des entsprechenden Zufallsexperiments tritt daher immer ein Ereignis ein, das die Wahrscheinlichkeit 0 hat. Alle Elementarereignisse zusammen besitzen aber die Wahrscheinlichkeit 1.

Es sei $\Omega \subset \mathbb{R}^2$ ein Gebiet mit dem endlichen Flächeninhalt $F(\Omega)$. Dann ist auf Ω eine geometrische Wahrscheinlichkeit erklärt durch

$$P(A) = \frac{F(A)}{F(\Omega)}\,, \quad A \subseteq \Omega\,,\ F(A) = \text{Flächeninhalt von } A. \tag{5.13}$$

Alle Teilflächen von A mit dem gleichen Inhalt besitzen somit die gleiche Wahrscheinlichkeit.

Auch in diesem zweidimensionalen Fall hat jedes Elementarereignis die Wahrscheinlichkeit 0. Das gleiche gilt für beliebige Kurven.

Beispiel 5.9 (Stabproblem):
Ein Stab der Länge 1 wird an zwei zufällig gewählten Stellen unabhängig voneinander markiert und an den Markierungsstellen durchgebrochen. Dadurch erhält man im allgemeinen drei Teilstücke mit der Gesamtlänge 1. Gesucht ist die Wahrscheinlichkeit p dafür, daß mit den drei Teilstücken ein Dreieck gebildet werden kann. Eine solche Dreiecksbildung ist nicht immer möglich. Dazu muß die Dreiecksungleichung erfüllt sein, nach der in einem Dreieck die Längen zweier Seiten zusammen größer sein müssen als die der dritten Seite.

Das Problem kann mit Hilfe geometrischer Wahrscheinlichkeiten gelöst werden. Dazu bezeichnen wir die linke Markierungsstelle mit x und die rechte mit y. Wegen

$$0 \le x \le y \le 1$$

bildet die Menge aller möglichen Punkte Ω das in Bild 5.1 eingezeichnete Dreieck mit dem Flächeninhalt $F(\Omega) = \frac{1}{2}$. Aus der Dreiecksgleichung folgt

$$\begin{aligned} 1 - x &> x & &\Leftrightarrow & x &< \tfrac{1}{2} \\ y &> 1 - y & &\Leftrightarrow & y &> \tfrac{1}{2} \\ x + 1 - y &> y - x & &\Leftrightarrow & y &< \tfrac{1}{2} + \tfrac{x}{2}. \end{aligned}$$

Alle Punkte $(x\,,y)$, deren Koordinaten diese drei Ungleichungen erfüllen, liegen im Innern des Dreiecks D. Dieses Dreieck besitzt den Flächeninhalt $F(D) = \frac{1}{8}$. Damit lautet die gesuchte Wahrscheinlichkeit

$$p = \frac{1/8}{1/2} = \frac{1}{4}\,.$$

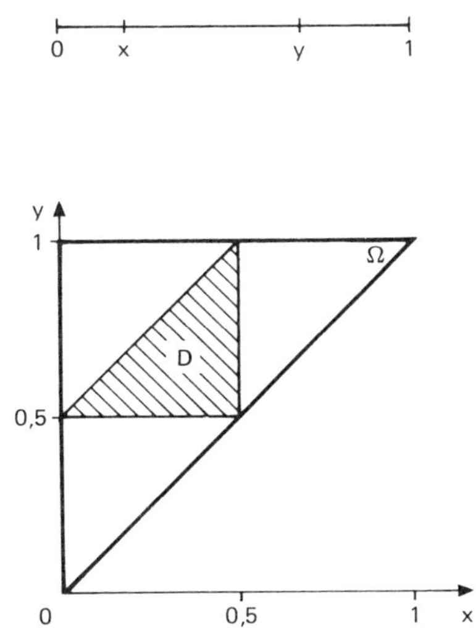

Bild 5.1: Stabproblem

Flächenberechnungen mit Hilfe von Simulationen

Zufallsexperimente, bei denen geometrische Wahrscheinlichkeiten benutzt werden, kann man mit Hilfe von unabhängigen Paaren von Zufallszahlen auf dem Computer **simulieren**. Dabei werden nur Zahlenpaare aus der Ergebnismenge Ω zugelassen. Das Ereignis A tritt dann ein, wenn das Zahlenpaar im entsprechenden Bereich A liegt. Bei großem Versuchsumfang n gilt dann die Näherung

$$P(A) = \frac{F(A)}{F(\Omega)} \approx r_n(A).$$

Hieraus erhält man dann die Approximation

$$F(A) \approx r_n(A) \cdot F(\Omega).$$

Bei bekanntem Flächeninhalt $F(\Omega)$ können damit durch Simulationen von Zufallsexperimenten Flächeninhalte näherungsweise bestimmt werden.

Beispiel 5.10 (statistische Bestimmung der Zahl π):
Mit Hilfe eines Zufallszahlengenerators werden Paare unahhängiger Zufallszahlen x, y aus dem Intervall $[0;1]$ erzeugt. Die Paare sind dann im Einheitsquadrat Ω aus Bild 5.2 mit dem Flächeninhalt Eins gleichmäßig verteilt. A sei der in Bild 5.2 eingezeichnete Viertelkreis mit dem Fächeninhalt $\frac{\pi}{4}$.

In einer Simulationsreihe vom Umfang n sei $r_n(A)$ die relative Häufigkeit der Versuche, bei denen das Zahlenpaar in A liegt, also die Bedingung

$$x^2 + y^2 \leq 1$$

erfüllt. Dann gilt die Näherung

$$\pi \approx 4 \cdot r_n(A).$$

Zahlenbeispiel: Von 1 000 000 Zahlenpaaren lagen 785 049 auf der Fläche des Viertelkreises. Daraus erhält man den Näherungswert

$$\pi \approx 3{,}1402.$$

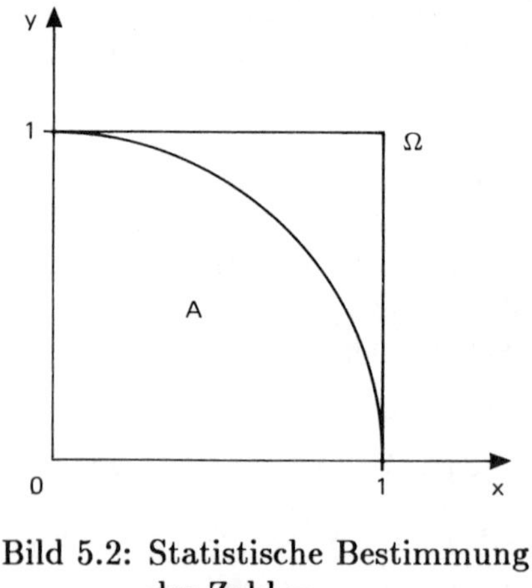

Bild 5.2: Statistische Bestimmung der Zahl π

5.4 Bedingte Wahrscheinlichkeiten

Die **absolute Wahrscheinlichkeit** P(A) aus Abschnitt 5.3 darf nur dann als Maß für die Chance des Eintretens des Ereignisses A benutzt werden, wenn das Zufallsexperiment noch nicht begonnen hat oder über das laufende bzw. beendete Zufallsexperiment keinerlei Information vorliegt. Sind jedoch bereits Teilinformationen über den Ausgang bekannt, so weiß man, daß gewisse Ereignisse nicht eingetreten sein können. Durch eine solche Information ändert sich die Ergebnismenge und eventuell auch manche Wahrscheinlichkeit. Vom **Informationsstand** abhängige Wahrscheinlichkeiten nennt man **bedingte Wahrscheinlichkeiten.** Manchmal interessiert man sich auch nur für die Wahrscheinlichkeit eines Ereignisses A unter der Bedingung, daß ein bestimmtes Ereignis B eintritt. Auch hier handelt es sich um eine bedingte Wahrscheinlichkeit.

Beispiel 5.11:
Die Personalzusammensetzung eines Betriebes ist in der nachfolgenden Kontingenztafel zusammengestellt.

	Angestellte (A)	Arbeiter ($\overline{A}$)	Summe
weiblich (W)	400	100	500
männlich ($\overline{W}$)	200	800	1000
Summe	600	900	1500

Aus dieser Belegschaft werde eine Person zufällig ausgewählt. Die ausgewählte Person ist mit Wahrscheinlichkeit

$$P(W) = \frac{500}{1500} = \frac{1}{3}$$

weiblich und mit Wahrscheinlichkeit

$$P(A) = \frac{600}{1500} = 0{,}4$$

angestellt. Mit Wahrscheinlichkeit

$$P(W \cap A) = \frac{400}{1500} = \frac{4}{15}$$

wird eine weibliche Angestellte ausgewählt.

Durch eine Indiskretion ist bekannt geworden, daß eine angestellte Person ausgewählt wurde. Das Geschlecht der ausgewählten Person sei jedoch noch nicht bekannt. Dann weiß man, daß das Ereignis A eingetreten ist, daß also eine der 600 Personen aus der ersten Spalte der obigen Kontingenztafel ausgewählt wurde. Mit dieser Information ist die ausgewählte Person mit Wahrscheinlichkeit $\frac{400}{600}$ weiblich. Es handelt sich um die Wahrscheinlichkeit, daß W eintritt unter der Bedingung, daß A eingetreten ist (eintritt). Diese bedingte Wahrscheinlichkeit bezeichnen wir mit $P(W \mid A)$. Man nennt sie die Wahrscheinlichkeit von W unter der Bedingung A. Für diese bedingte Wahrscheinlichkeit gilt die Darstellung

$$P(W \mid A) = \frac{400}{600} = \frac{\frac{400}{1500}}{\frac{600}{1500}} = \frac{P(W \cap A)}{P(A)}. \tag{5.14}$$

Mit Wahrscheinlichkeit

$$P(\overline{W} \mid A) = 1 - P(W \mid A) = \tfrac{1}{3}$$

wurde dann ein Mann ausgewählt.

Die Eigenschaft (5.14) gilt immer und kann zur Definition einer bedingten Wahrscheinlichkeit benutzt werden.

Definition 5.1 (bedingte Wahrscheinlichkeit):
Es sei $P(B) > 0$. Dann heißt

$$P(A \mid B) = \frac{P(A \cap B)}{P(B)} \tag{5.15}$$

die **bedingte Wahrscheinlichkeit des Ereignisses A unter der Bedingung B**. Es ist die Wahrscheinlichkeit dafür, daß A eintritt, unter der Bedingung, daß B eintritt (eingetreten ist).

Da man bei dieser bedingten Wahrscheinlichkeit immer davon ausgeht, daß das Ereignis B eintritt oder eingetreten ist, findet eine Einschränkung der Ergebnismege Ω auf B statt. Versuchsdurchführungen, bei denen das Ereignis B nicht eintritt, interessieren dabei nicht.

Satz 5.9 (Eigenschaften der bedingten Wahrscheinlichkeit):
Das Ereignis B mit $P(B) > 0$ soll festgehalten werden. Dann wird für alle Ereignisse A durch

$$P_B(A) = P(A \mid B) = \frac{P(A \cap B)}{P(B)} \tag{5.16}$$

eine Wahrscheinlichkeit P_B erklärt, d. h. es gilt

(K1) $0 \le P_B(A) \le 1$ für alle A;

(K2) $P_B(B) = 1$ (Normierung);

(K3) $P_B\left(\bigcup_{i=1}^{\infty} A_i\right) = \sum_{i=1}^{\infty} P_B(A_i)$ für $A_i \cap A_k = \emptyset, i \neq k$ (paarweise unvereinbare Ereignisse).

Beweis:
Aus $0 \leq P(A \cap B) \leq P(B)$ folgt die Eigenschaft (K1). Ferner gilt

$$P_B(B) = \frac{P(B \cap B)}{P(B)} = \frac{P(B)}{P(B)} = 1 .$$

Mit den Ereignisse $A_i, i = 1, 2, \ldots$ sind auch die Ereignisse A_iB paarweise unvereinbar. Dann gilt nach den Eigenschaften der Wahrscheinlichkeit und der Definition der bedingten Wahrscheinlichkeit

$$P_B\left(\bigcup_{i=1}^{\infty} A_i\right) = \frac{P\left(\bigcup_{i=1}^{\infty} A_iB\right)}{P(B)} = \frac{\sum_{i=1}^{\infty} P(A_iB)}{P(B)} = \sum_{i=1}^{\infty} \frac{P(A_iB)}{P(B)} = \sum_{i=1}^{\infty} P(A_i \mid B),$$

also die Eigenschaft (K3), womit der Satz bewiesen ist.

Bei festhaltenem B dürfen daher sämtliche Eigenschaften einer Wahrscheinlichkeit auf die Funktion P_B angewandt werden. Für $B = \Omega$ stimmt die bedingte Wahrscheinlichkeit mit der absoluten überein, es gilt also

$$P(A \mid \Omega) = P(A) .$$

Bei variablem B und festgehaltenem A erhält man jedoch keine Wahrscheinlichkeit. Im allgemeinen ist

$$P(A \mid (B_1 \cup B_2)) \neq P(A \mid B_1) + P(A \mid B_2) \quad \text{für} \quad B_1 \cap B_2 = \emptyset.$$

Manchmal ist eine bedingte Wahrscheinlichkeit $P(A \mid B)$ einfacher zu berechnen. Dann erhält man hieraus die Wahrscheinlichkeit $P(A \cap B)$ nach folgender Produktregel.

Satz 5.10 (Multiplikationssatz bei bedingten Wahrscheinlichkeiten):
Bei bedingten Wahrscheinlichkeiten gilt allgemein die
Produktregel

$$P(A \cap B) = P(A \mid B) \cdot P(B) = P(B \mid A) \cdot P(A) \text{ für } P(A), P(B) > 0. \quad (5.17)$$

Beweis:
Diese Eigenschaft folgt unmittelbar aus der Definitionsgleichung (5.15) für bedingte Wahrscheinlichkeiten.

Beispiel 5.12:
Unter 10 Werkstücken befinden sich 3 fehlerhafte. Daraus werden nacheinander ohne zwischenzeitliches Zurücklegen zwei Stück zufällig ausgewählt. F_1 (F_2) sei das Ereignis, daß das zuerst (zuletzt) ausgewählte Werkstück fehlerhaft ist. Für den ersten Zug lauten die beiden Wahrscheinlichkeiten

$$P(F_1) = \frac{3}{10} ; \quad P(\overline{F}_1) = \frac{7}{10} .$$

Wenn vor dem zweiten Zug das Ergebnis aus dem ersten Zug bekannt ist, können die Wahrscheinlichkeiten für den zweiten Zug in Abhängigkeit vom Ergebnis des ersten Zuges berechnet werden. Beim zweiten Zug wird eines der restlichen 9 Werkstücke ausgewählt. Falls beim ersten Zug ein fehlerhaftes Stück ausgewählt wurde, bleiben für den zweiten Zug noch 2, sonst 3 fehlerhafte Stücke übrig. Damit lauten die bedingten Wahrscheinlichkeiten

$$P(F_2 \mid F_1) = \frac{2}{9}; \quad P(\overline{F}_2 \mid F_1) = \frac{7}{9}; \quad P(F_2 \mid \overline{F}_1) = \frac{3}{9}; \quad P(\overline{F}_2 \mid \overline{F}_1) = \frac{6}{9}.$$

Mit Hilfe der Produktregel (5.17) erhält man hieraus

$$P(\text{beide fehlerhaft}) = P(F_2 \cap F_1) = P(F_2 \mid F_1) \cdot P(F_1) = \frac{2}{9} \cdot \frac{3}{10} = \frac{1}{15};$$

$$P(\text{beide brauchbar}) = P(\overline{F}_2 \cap \overline{F}_1) = P(\overline{F}_2 \mid \overline{F}_1) \cdot P(\overline{F}_1) = \frac{6}{9} \cdot \frac{7}{10} = \frac{7}{15}.$$

Diese Wahrscheinlichkeiten können auch mit den Formeln des Urnenmodells ohne Zurücklegen aus Abschnitt 5.3.3.6 berechnet werden.

Mit $A = A_1$ und $B = A_2 \cap A_3$ erhält man durch zweimalige Anwendung der Produktregel (5.17)

$$\begin{aligned} P(A_3 \cap A_2 \cap A_1) &= P(A_3 \mid A_2 \cap A_1) \cdot P(A_2 \cap A_1) \\ &= P(A_3 \mid A_2 \cap A_1) \cdot P(A_2 \mid A_1) \cdot P(A_1). \end{aligned}$$

Mehrmalige Anwendung der Produktregel ergibt unmittelbar die

allgemeine Produktregel bei bedingten Wahrscheinlichkeiten:

$$P(A_n \cap A_{n-1} \cap \ldots \cap A_1) = P(A_n \mid A_{n-1} \cap \ldots \cap A_1) \cdot P(A_{n-1} \mid A_{n-2} \cap \ldots \cap A_1) \cdot \ldots \cdot P(A_3 \mid A_2 \cap A_1) \cdot P(A_2 \mid A_1) \cdot P(A_1). \quad (5.18)$$

Beispiel 5.13 (vgl Beispiel 5.12):

Das in Beispiel 5.12 beschriebene Zufallsexperiment werde folgendermaßen durchgeführt: Aus den 10 Werkstücken wird eines zufällig ausgewählt. Dabei wird nicht festgestellt oder nicht bekanntgegeben, ob dieses Stück fehlerhaft ist oder nicht. Danach wird ohne zwischenzeitliches Zurücklegen ein zweites Stück ausgewählt und festgestellt, ob es fehlerhaft ist. Mit welcher Wahrscheinlichkeit ist es fehlerhaft? Zur Berechnung dieser absoluten Wahrscheinlichkeit kann keine Information über das Ergebnis des ersten Zuges verwendet werden. Genausogut könnte man vor Versuchsbeginn nach der Wahrscheinlichkeit fragen, mit der das im zweiten Zug ausgewählte Werkstück fehlerhaft ist. Auch hier kann keine Teilinformation über den Ausgang des ersten Zuges benutzt werden. Die gesuchte absolute Wahrscheinlichkeit kann aber trotzdem berechnet werden.

Wir bezeichnen das Ereignis, daß beim zweiten Zug ein fehlerhaftes Stück ausgewählt wird mit F_2. Beim ersten Zug kann nur ein fehlerhaftes oder fehlerfreies Stück ausgewäht werden. Dabei ist allerdings das genaue Ergebnis des ersten Zuges nicht bekannt. Damit besitzt das sichere Ereignis Ω die Darstellung

$$\Omega = F_1 \cup \overline{F}_1 \quad \text{mit} \quad F_1 \cap \overline{F}_1 = \emptyset .$$

Daraus folgt

$$F_2 = F_2 \cap \Omega = F_2 \cap (F_1 \cup \overline{F}_1) = F_2 F_1 \cup F_2 \overline{F}_1 .$$

Hieraus erhalten wir zusammen mit der Produktregel (5.17)

$$\begin{aligned} P(F_2) &= P(F_2 F_1) + P(F_2 \overline{F}_1) = P(F_2 \mid F_1) \cdot P(F_1) + P(F_2 \mid \overline{F}_1) \cdot P(\overline{F}_1) \\ &= \frac{2}{9} \cdot \frac{3}{10} + \frac{3}{9} \cdot \frac{7}{10} = 0{,}3 . \\ P(\overline{F}_2) &= 1 - P(F_2) = 0{,}7. \end{aligned}$$

Hier erhält man die Eigenschaft $P(F_2) = P(F_1)$, die übrigens beim Ziehen ohne Zurücklegen allgemein gilt.

Das in diesem Beispiel benutzte Beweisprinzip soll nun verallgemeinert werden. Wir betrachten n paarweise unvereinbare Ereignisse $A_1, A_2, \ldots, A_n$, welche positive Wahrscheinlichkeiten besitzen, und von denen bei jeder Versuchsdurchführung eines eintreten muß, also mit

$$\bigcup_{i=1}^{n} A_i = \Omega, \quad A_i \cap A_k = \emptyset \text{ für } i \neq k \quad \text{und } P(A_i) > 0 \text{ für alle i.}$$

Diese Ereignisse bilden eine sogenannte Zerlegung von Ω. Man nennt sie eine **vollständige (totale) Ereignisdisjunktion**. Dann gilt für jedes beliebige Ereignis B die Darstellung

$$B = B \cap \Omega = B \cap \left(\bigcup_{i=1}^{n} A_i \right) = \bigcup_{i=1}^{n} BA_i \quad (BA_i \text{ paarweise disjunkt}).$$

Aus der Additivität der Wahrscheinlichkeit folgt hieraus

$$P(B) = \sum_{i=1}^{n} P(BA_i).$$

Auf jeden Summanden wenden wir die Produktregel (5.17) für bedingte Wahrscheinlichkeiten an und erhalten

$$P(B) = \sum_{i=1}^{n} P(BA_i) = \sum_{i=1}^{n} P(B \mid A_i) \cdot P(A_i) .$$

Damit haben wir folgenden Satz bewiesen

Satz 5.11 (Satz von der totalen (vollständigen) Wahrscheinlichkeit):
$A_1, A_2, \ldots, A_n$ sei eine vollständige Ereignisdisjunktion mit $P(A_i) > 0$ für alle i. Dann gilt für jedes beliebige Ereignis B

$$P(B) = \sum_{i=1}^{n} P(B \mid A_i) \cdot P(A_i) . \tag{5.19}$$

Die absolute Wahrscheinlichkeit P(B) ist das **gewichtete arithmetische Mittel** der n bedingten Wahrscheinlichkeiten $P(B \mid A_i)$ mit den Gewichten $P(A_i)$ für $i = 1, 2, \ldots, n$.

Beispiel 5.14:
Das gleiche Produkt wird von vier Maschinen hergestellt. Die erste Maschine erzeuge 10 %, die zweite 20 %, die dritte 30 % und die vierte 40 % von der Gesamtproduktion. Die erste Maschine hat einen Ausschußanteil von 3 %, die zweite einen von 5 % und die dritte 6 % und die vierte 8 % Ausschuß. Aus der nicht nach Maschinen sortierten Gesamtproduktion werde ein Werkstück zufällig ausgewählt. Mit welcher Wahrscheinlichkeit ist es fehlerhaft?

M_i sei das Ereignis: "das Werkstück wurde von der i-ten Maschine produziert" und F: "das Werkstück ist fehlerhaft". Dann sind folgende Wahrscheinlichkeiten gegeben:

$$P(M_1) = 0{,}1 \; ; \; P(M_2) = 0{,}2 \; ; \; P(M_3) = 0{,}3 \; ; \; P(M_4) = 0{,}4 \, ;$$

$$P(F \mid M_1) = 0{,}03 \; ; \; P(F \mid M_2) = 0{,}05 \; ; \; P(F \mid M_3) = 0{,}06 \, ; \; P(F \mid M_4) = 0{,}08.$$

Da die Ereignisse M_1, M_2, M_3, M_4 eine vollständige Ereignisdisjunktion bilden, erhält man aus dem Satz von der totalen Wahrscheinlichkeit

$$\begin{aligned} P(F) &= \sum_{i=1}^{4} P(F \mid M_i) \cdot P(M_i) \\ &= 0{,}03 \cdot 0{,}1 + 0{,}05 \cdot 0{,}2 + 0{,}06 \cdot 0{,}3 + 0{,}08 \cdot 0{,}4 = 0{,}063. \end{aligned}$$

Beispiel 5.15 (Lotto-Vollsystem mit 10 Zahlen):
Bei einem Vollsystem mit 10 Zahlen wählt ein Spieler 10 Systemzahlen aus. Aus diesen 10 Systemzahlen werden dann sämtliche

$$\binom{10}{6} = 210$$

Auswahlmöglichkeiten für 6 Zahlen getippt. Dann hat der Spieler garantiert sechs Richtige, falls sich unter den 10 Systemzahlen tatsächlich alle sechs Gewinnzahlen befinden.
S sei das Ereignis, daß man mit dem Vollsystem mit 10 Systemzahlen sechs Richtige erzielt und B das Ereignis, daß sich unter den 10 Systemzahlen alle sechs Gewinnzahlen befinden. Dann gilt

$$P(S \mid B) = 1 \quad \text{und} \quad P(S \mid \overline{B}) = 0.$$

Mit dem Satz von der vollständigen Wahrscheinlichkeit erhält man hieraus die absolute Wahrscheinlichkeit für einen Sechser mit dem System als

$$P(S) = P(S \mid B) \cdot P(B) + P(S \mid \overline{B}) \cdot P(\overline{B}) = P(B).$$

Das Ereignis B tritt ein, wenn sich bei der Ziehung alle sechs Gewinnzahlen unter den 10 Systemzahlen befinden. Die Wahrscheinlichkeit dafür ist

$$P(B) = \frac{\binom{10}{6}}{\binom{49}{6}} = \frac{210}{\binom{49}{6}} \approx 0{,}000015017 .$$

Die Wahrscheinlichkeit, mit dem aus 210 Reihen bestehenden Vollsystem einen Sechser zu erzielen, ist damit genau so groß wie mit 210 verschiedenen zufällig ausgewählten Reihen. Vollsysteme erhöhen die Chance auf einen Sechser nicht.

Allgemein sei B ein beliebiges Ereignis mit $P(B) > 0$. Dann gilt nach der Definition der bedingten Wahrscheinlichkeiten, der Produktregel (5.17) und dem Satz von der totalen Wahrscheinlichkeit für jedes Ereignis A_k der vollständigen Ereignisdisjunktion die Darstellung

$$P(A_k \mid B) = \frac{P(B \cap A_k)}{P(B)} = \frac{P(B \mid A_k) \cdot P(A_k)}{P(B)} = \frac{P(B \mid A_k) \cdot P(A_k)}{\sum_{i=1}^{n} P(B \mid A_i) \cdot P(A_i)} .$$

Damit haben wir die nach **T. Bayes** (1702 – 1771) benannte Formel bewiesen:

Satz 5.12 (Bayessche Formel):
Es sei $A_1, A_2, \ldots, A_n$ eine vollständige Ereignisdisjunktion mit $P(A_i) > 0$ für alle i und B ein beliebiges Ereignis mit $P(B) > 0$. Dann gilt

$$P(A_k \mid B) = \frac{P(B \mid A_k) \cdot P(A_k)}{P(B)} = \frac{P(B \mid A_k) \cdot P(A_k)}{\sum_{i=1}^{n} P(B \mid A_i) \cdot P(A_i)} \qquad (5.20)$$

$$\text{für } k = 1, 2, \ldots, n.$$

Beispiel 5.16 (vgl. Beispiel 5.14):
Aus der Gesamtproduktion in Beispiel 5.14 werde ein Werkstück zufällig ausgewählt, von dem sich herausstellt, daß es fehlerhaft ist. Mit welcher Wahrscheinlichkeit wurde es von der k-ten Maschine gefertigt?

Mit $P(F) = 0{,}063$ erhalten wir aus der Bayesschen Formel (5.20)

$$P(M_k \mid F) = \frac{P(F \mid M_k) \cdot P(M_k)}{P(F)} = \frac{P(F \mid M_k) \cdot P(M_k)}{0{,}063};$$

$$P(M_1 \mid F) = \frac{0{,}03 \cdot 0{,}1}{0{,}063} \approx 0{,}04762; \qquad P(M_2 \mid F) = \frac{0{,}05 \cdot 0{,}2}{0{,}063} \approx 0{,}15873;$$

$$P(M_3 \mid F) = \frac{0{,}06 \cdot 0{,}3}{0{,}063} \approx 0{,}28571; \qquad P(M_4 \mid F) = \frac{0{,}08 \cdot 0{,}4}{0{,}063} \approx 0{,}50794.$$

5.5 Unabhängige Ereignisse

In Beispiel 5.11 haben wir festgestellt, daß eine bedingte Wahrscheinlichkeit $P(A \mid B)$ von der absoluten Wahrscheinlichkeit $P(A)$ verschieden sein kann. Die Information, daß das Ereignis B eingetreten ist, hat dann einen Einfluß auf die Wahrscheinlichkeit des Ereignisses A. Die bedingte Wahrscheinlichkeit $P(A \mid B)$ kann größer oder auch kleiner als die absolute Wahrscheinlichkeit $P(A)$ sein. Es kann aber auch $P(A \mid B) = P(A)$ gelten.

Beispiel 5.17:
Jemand zieht aus einem Kartenspiel mit 32 Karten zufällig eine Karte und gibt das Ergebnis nicht bekannt. Das Ereignis A: "die gezogene Karte ist ein Ass" besitzt ohne Information über die gezogene Karte die absolute Wahrscheinlichkeit

$$P(A) = \frac{4}{32} = \frac{1}{8}.$$

Die Person, welche die Karte gezogen hat, gibt das Ergebnis nicht bekannt, sondern sagt nur, daß kein Bube gezogen wurde. Aus dieser Information folgt, daß die Karte aus den restlichen 28 Karten stammt, unter denen sich alle 4 Asse befinden. Mit dem Ereignis $\overline{B}$ (kein Bube) erhält man mit dieser Information die bedingte Wahrscheinlichkeit

$$P(A \mid \overline{B}) = \frac{4}{28} = \frac{1}{7} \neq P(A).$$

Die Person gebe nur bekannt, daß die gezogene Karte die Farbe Rot hat. Dann wurde die Karte aus den 16 roten Karten gezogen, unter denen sich zwei Asse befanden. Mit dem Ereignis R (rote Karte) erhält man die bedingte Wahrscheinlichkeit

$$P(A \mid R) = \frac{2}{16} = \frac{1}{8} = P(A).$$

Die Information der Farbe ändert die Wahrscheinlichkeit für ein Ass nicht. Die Wahrscheinlichkeit bleibt bei $\frac{1}{8}$.

Die Chance für das Eintreten des Ereignisses A hängt zwar vom Eintreten des Ereignisses $\overline{B}$ ab, nicht aber vom Ereignis R. Daher sagt man auch "A ist von R **unabhängig**".

Allgemein kann die (stochastische) Unabhängigheit von zwei Ereignissen A und B auf verschiedene gleichwertige Arten definiert werden. Die anschaulichste Definition ist die folgende

Definition 5.2 (Unabhängigkeit):
Es sei B ein Ereignis mit $0 < P(B) < 1$. Dann nennt man das Ereignis A **(stochastisch) unabhängig** vom Ereignis B, wenn gilt

$$P(A \mid B) = P(A \mid \overline{B}) . \tag{5.21}$$

Das Ereignis A ist damit von B unabhängig, wenn A immer die gleiche Wahrscheinlichkeit besitzt, unabhängig davon, ob B eintritt oder nicht. Die Information ob das Ereignis B eingetreten ist oder nicht, hat auf die Wahrscheinlichkeit des Ereignisses A dann keinen Einfluß.

Satz 5.13 (Eigenschaften unabhängiger Ereignisse):
Für das Ereignis B gelte $0 < P(B) < 1$.
Dann sind folgende drei Eigenschaften gleichwertig:

a) $P(A \mid B) = P(A \mid \overline{B})$;

b) $P(A \mid B) = P(A)$;

c) $P(A \cap B) = P(A) \cdot P(B)$. (5.22)

Beweis:
Es genügt folgenden Zyklus nachzuweisen: a) ⇒ b) ⇒ c) ⇒ a).

1. Es gelte a) $P(A \mid B) = P(A \mid \overline{B})$. Mit der vollständigen Ereignisdisjunktion B, $\overline{B}$ erhält man hieraus mit Satz 5.11

$$P(A) = P(A \mid B)\,P(B) + P(A \mid \overline{B})\,P(\overline{B}) = P(A \mid B) \cdot [P(B) + P(\overline{B})] = P(A \mid B).$$

Aus a) folgt also b).

2. Es sei $P(A \mid B) = P(A)$. Dann folgt hieraus nach (5.17)

$$P(A \cap B) = P(A \mid B)\,P(B) = P(A) \cdot P(B),$$

aus b) folgt also c).

3. Es gelte $P(A \cap B) = P(A) \cdot P(B)$. Dann folgt hieraus wegen

$$P(A) = P(A \cap B) + P(A \cap \overline{B})$$

und der Definition der bedingten Wahrscheinlichkeiten

$$P(A \mid B) = \frac{P(A \cap B)}{P(B)} = \frac{P(A) \cdot P(B)}{P(B)} = P(A) = \frac{P(A) \cdot P(\overline{B})}{P(\overline{B})} = P(A \mid \overline{B}).$$

Aus c) folgt also a), womit der Satz bewiesen ist.

Bemerkungen:
1. Da die in Satz 5.13 angegebenen drei Eigenschaften äquivalent sind, kann jede dieser drei Bedingungen als Definitionsgleichung für die Unabhängigkeit benutzt werden. Sehr oft wird die Unabhängigkeit durch die Produktregel (5.22) erklärt.
2. Aus der Produktregel (5.22) folgt die **Symmetrie** der Unabhängigkeit. Wenn das Ereignis A von B unabhängig ist, so ist auch B von A unabhängig. Aus diesem Grund sprechen wir nur noch von der Unabhängigkeit zweier Ereignisse.

Satz 5.14:
Die Ereignisse A und B mit $0 < P(A), P(B) < 1$ seien unabhängig. Dann sind auch folgende Ereignispaare unabhängig

$$(A;\overline{B});\ (\overline{A};\ B) \text{ und } (\overline{A};\overline{B}).$$

Der Beweis folgt unmittelbar aus den in Satz 5.13 angegebenen gleichwertigen Bedingungen.

Beispiel 5.18:
In einem Produktionsprozeß treten unabhängig voneinander zwei Fehler auf. Mit Wahrscheinlichkeit 0,06 hat ein Werkstück der Fehler F_1, mit Wahrscheinlichkeit 0,04 dem Fehler F_2. Gesucht sind die Wahrscheinlichkeiten p_k, daß ein zufällig der Produktion entnommenes Werkstück k dieser Fehler hat für k = 0,1,2. Aus der vorausgesetzten Unabhängigkeit folgt

$$\begin{aligned} p_0 &= P(\overline{F}_1 \cap \overline{F}_2) = P(\overline{F}_1) \cdot P(\overline{F}_2) = (1-0{,}06) \cdot (1-0{,}04) = 0{,}9024; \\ p_1 &= P(F_1 \cap \overline{F}_2) + P(\overline{F}_1 \cap F_2) = P(F_1) \cdot P(\overline{F}_2) + P(\overline{F}_1) \cdot P(F_2) \\ &= 0{,}06 \cdot (1-0{,}04) + (1-0{,}06) \cdot 0{,}04 = 0{,}0952; \\ p_2 &= P(F_1 \cap F_2) = P(F_1) \cdot P(F_2) = 0{,}06 \cdot 0{,}04 = 0{,}0024. \end{aligned}$$

Beispiel 5.19 (Serien- und Parallelsysteme):
Zwei Maschinenteile A und B sind in einem bestimmten Zeitraum unabhängig voneinander mit Wahrscheinlichkeit p_A bzw. p_B funktionsfähig.

Das in Bild 5.3 a) dargestellte **Seriensystem** arbeitet nur dann, wenn sowohl A als auch B funktionsfähig sind. Wegen der vorausgesetzten Unabhängigkeit arbeitet das Seriensystem mit Wahrscheinlichkeit

$$P(A \cap B) = P(A) \cdot P(B) = p_A \cdot p_B.$$

Das in b) dargestellte **Parallelsystem** ist nur dann funktionsfähig, wenn mindestens eine der beiden Komponenten A oder B arbeitet. Die Wahrscheinlichkeit dafür lautet

$$P(A \cup B) = P(A) + P(B) - P(A \cap B) = p_A + p_B - p_A \cdot p_B.$$

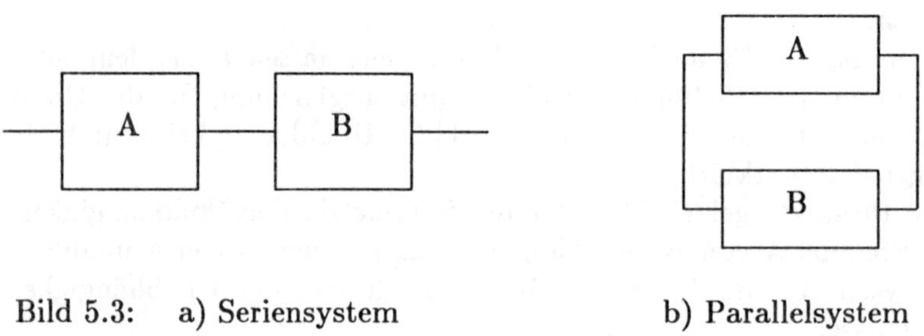

Bild 5.3: a) Seriensystem b) Parallelsystem

5.6 Aufgaben

Aufgabe 5.1:
Beweisen Sie die Formel

$$P(A \cup B \cup C) =$$
$$= P(A) + P(B) + B(C) - P(A \cap B) - P(A \cap C) - P(B \cap C) + P(A \cap B \cap C).$$

Dabei sind A, B und C drei beliebige Ereignisse.

Aufgabe 5.2:
Gegeben sind die Wahrscheinlichkeiten:

$$P(A \cap B) = 0{,}5\ ; \quad P(\overline{A} \cap \overline{B}) = 0{,}2\ ; \quad P(A) = 0{,}6\,.$$

Berechnen Sie daraus die Wahrscheinlichkeiten:

$$P(A \cap \overline{B})\ ;\ P(A \cup B)\ ;\ P(\overline{A \cup B});\ \ P(B);\ P(\overline{A} \cap B)\ ;\ \ P(\overline{A} \cup \overline{B})\,.$$

Aufgabe 5.3:
An einem runden Tisch nehmen n Personen in zufälliger Reihenfolge Platz. Mit welcher Wahrscheinlichkeit sitzen die befreundeten Personen Volker und Elke nebeneinander?

Aufgabe 5.4:
In einem Warenlager befinden sich 30 Elektrogeräte. Drei davon haben einen Fehler vom Typ A, vier einen Fehler vom Typ B und zwei einen vom Typ C. Dabei habe keines der Geräte mehr als einen Fehler. Die restlichen Geräte sind fehlerfrei. Von den 30 Geräten werden vier zufällig ausgewählt. Berechnen Sie die Wahrscheinlichkeiten für folgende Ereignisse:
a) alle vier ausgewählten Geräte sind fehlerfrei;
b) alle vier ausgewählten Geräte sind fehlerhaft;
c) es ist jeweils ein Gerät mit dem Fehler A, B, C dabei.

Aufgabe 5.5:
Beim Skatspiel (32 Karten) erhält ein Spieler 10 Karten. Berechnen Sie die Wahrscheinlichkeiten für die Ereignisse, daß der Spieler vor Aufnahme des Skats folgende Karten auf der Hand hat:
a) alle 4 Buben, alle 4 Asse und noch zwei Zehner;
b) mindestens einen Buben;
c) überhaupt kein Auge, also nur Karten mit dem Wert 7, 8, 9.

Aufgabe 5.6:
Bei einer Wahl kandidieren 5 Parteien. Jeder Wähler hat 5 Stimmen, wobei er einer Partei beliebig viele Stimmen geben darf. Wie viele Möglichkeiten hat er, seine Stimmen zu verteilen, falls er alle 5 Stimmen abgibt?

Aufgabe 5.7:
Beim Schweizer Zahlenlotto werden aus 45 Zahlen 6 ausgewählt. Dazu wird noch eine Zusatzzahl gezogen. Berechnen Sie die Wahrscheinlichkeiten, mit denen man mit einer zufällig getippten Reihe sechs Richtige, fünf Richtige mit Zusatzzahl, fünf Richtige ohne Zusatzzahl, vier oder drei Richtige erzielt.

Aufgabe 5.8:
Wie viele ideale Würfel muß man mindestens werfen, um mit Wahrscheinlichkeit 0,9 mindestens einmal die Augenzahl Sechs dabei zu haben?

Aufgabe 5.9:
Eine kleine Pension mit 30 Zimmern hat festgestellt, daß jedes einzelne gebuchte Zimmer mit Wahrscheinlichkeit 0,1 nicht in Anspruch genommen wird. Aus diesem Grund wurden 32 Zimmerbestellungen entgegengenommen. Bestimmen Sie die Wahrscheinlichkeit, daß keine Überbelegung stattfindet.

Aufgabe 5.10:
Auf das nebenstehende Raster wird eine Münze vom Durchmesser d zufällig geworfen.

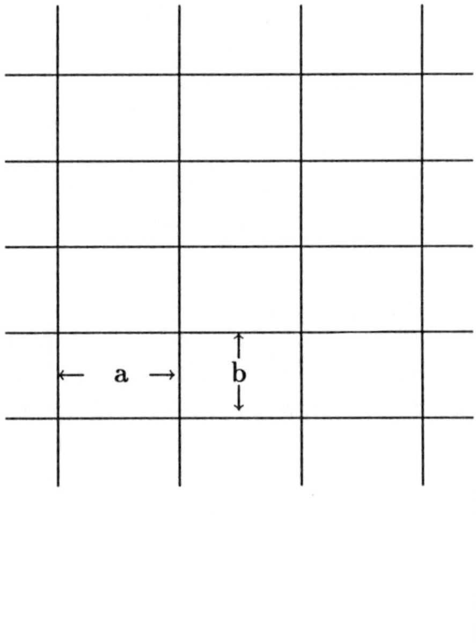

a) Mit welcher Wahrscheinlichkeit liegt sie im Innern eines Rechteckes?

b) Wie groß muß im Falle eines quadratischen Gitters die Seitenlänge bei vorgegebenem d sein, damit die entsprechende Wahrscheinlichkeit gleich $\frac{1}{2}$ ist?

Hinweis: Benutzen Sie Fallunterscheidungen für die Größen d, a und b.

Aufgabe 5.11:

In der quadratischen Gleichung $x^2 + ax + b = 0$ sollen die Zahlen a und b zufällig aus dem Intervall $[0; K]$, $K > 0$ ausgewählt werden.

a) Berechnen Sie die Wahrscheinlichkeit P_K, mit der die quadratische Gleichung reelle Nullstellen besitzt. Welche Fallunterscheidungen sind dabei für K notwendig?

b) Berechnen Sie den Grenzwert $\lim_{K \to \infty} P_K$.

Aufgabe 5.12:

Die Ereignisse A, B und C seien vollständig unabhängig. Zeigen Sie, daß dann auch die Ereignisse A und $(B \cup C)$ unabhängig sind.

Aufgabe 5.13:

Drei Ärzte stellen in 80, 90 bzw. 95 % der Fälle beim Auftreten einer bestimmten Krankheit die richtige Diagnose. Unabhängig voneinander untersuchen die Ärzte einen an der Krankheit leidenden Patienten. Mit welcher Wahrscheinlichkeit stellen k der Ärzte die richtige Diagnose für k = 0, 1, 2, 3 ?

Aufgabe 5.14:

Von n Elementen $E_1, E_2, \ldots, E_n$ arbeitet jedes unabhängig von den anderen mit der Wahrscheinlichkeit p.

a) Ein *Reihensystem* fällt aus, wenn von den Elementen mindestens eines ausfällt. Mit welcher Wahrscheinlichkeit arbeitet das Reihensystem?

b) Ein *Parallelsystem* ist in Betrieb, wenn wenigstens eines der Elemente arbeitet. Mit welcher Wahrscheinlichkeit ist dies der Fall?

c) Jedes Element arbeite mit Wahrscheinlichkeit $p = 0{,}8$. Aus wie vielen Elementen muß ein Parallelsystem mindestens bestehen, damit es mit Wahrscheinlichkeit von mindestens 0,99999 arbeitet?

Aufgabe 5.15:

Beim Roulette setzt ein Spieler jeweils eine Einheit auf impair (ungerade Zahlen) und auf das erste Dutzend.

a) Mit welchen Wahrscheinlichkeiten gewinnt der Spieler bei einem Einzelspiel überhaupt nicht, einmal oder zweimal?

b) Mit welcher Wahrscheinlichkeit gewinnt der Spieler bei den ersten 5 Spielen mit keinem der beiden Einsätze.

c) Sind die beiden Ereignisse A: "ungerade Zahl" und B: "erstes Dutzend" unabhängig?

Aufgabe 5.16:

Eine Firma kauft von einer Ware von drei verschiedenen Herstellern einen großen Posten und zwar 20 % vom Hersteller I, 30 % vom Hersteller II und 50 % vom Hersteller III. Die Ausschußanteile bei den drei Herstellern seien der Reihe nach 8 %, 6 % und 4 %. Nach dem Eingang werden sämtliche Stücke vermischt. Aus der gesamten Lieferung werde ein Stück zufällig ausgewählt.

a) Mit welcher Wahrscheinlichkeit ist es fehlerhaft?

b) Ein zufällig ausgewähltes Stück sei brauchbar. Mit welchen Wahrscheinlichkeiten stammt es von den jeweiligen Herstellern?

Aufgabe 5.17:
Von einer bestimmten Bevölkerungsgruppe ließen sich 25 % gegen Grippe impfen. Die Wahrscheinlichkeit, daß eine Person an Grippe erkrankt, betrage bei den geimpften 0,2 und bei den nicht geimpften Personen 0,3. Eine Person sei an dieser Grippe erkrankt. Mit welcher Wahrscheinlichkeit ließ sie sich impfen? Mit welcher Wahrscheinlichkeit ließ sich jemand, der nicht an der Grippe erkrankt ist, nicht impfen?

Aufgabe 5.18:
Das folgendes "**Drei-Türen-Problem**" wurde im August 1991 in der Zeitschrift "Der Spiegel" als Reaktion auf die vorangegangene Diskussion in der Wochenzeitung "Die Zeit" aufgenommen und in Leserzuschriften kommentiert: In einem Quiz darf eine Person eine von drei verschlossenen Türen auswählen. Hinter einer Tür ist als Preis ein Auto, hinter den beiden anderen Türen befindet sich jeweils ein kleiner Trostpreis.
Der Spielleiter weiß, hinter welcher der drei Türen sich das Auto befindet. Er läßt eine der beiden von der Person nicht ausgewählten Türen öffnen, hinter der sich das Auto nicht befindet und fragt: "Bleiben Sie bei ihrer Entscheidung oder wollen Sie zu der anderen nichtgeöffneten Tür wechseln?". Zeigen Sie, daß durch ein Wechsel die Chance auf das Auto verdoppelt wird. Falls der Kandidat bereits die Tür mit dem Auto ausgewählt hat, öffne dabei der Spielleiter jede der beiden anderen Türen jeweils mit Wahrscheinlichkeit $\frac{1}{2}$.

Aufgabe 5.19:
Drei einer ansteckenden Krankheit verdächtigen Personen A, B, C wurde eine Blutprobe entnommen. Das Untersuchungsergebnis sollte vorläufig nicht bekannt gegeben werden. A erfuhr jedoch, daß sich nur bei einer Person der Verdacht bestätigt hat. Er bat den Arzt, ihm im Vertrauen den Namen einer der Personen B oder C zu nennen, die gesund ist. Der Arzt lehnt die Auskunft mit folgender Begründung ab: "Ohne diese Auskunft sind Sie mit Wahrscheinlichkeit $\frac{1}{3}$ krank. Wenn ich Ihnen aber eine gesunde Person nenne, würde die Wahrscheinlichkeit, daß Sie die Krankheit haben, von $\frac{1}{3}$ auf $\frac{1}{2}$ ansteigen". Hat der Arzt recht?
Lösen Sie die Aufgabe unter der Annahme, daß der Arzt, wenn A an der ansteckenden Krankheit leidet, mit gleicher Wahrscheinlichkeit die Personen B oder C nennen würde.

Kapitel 6: Zufallsvariablen und Wahrscheinlichkeitsverteilungen

Bei vielen Zufallsexperimenten tritt als Versuchsergebnis unmittelbar eine reelle Zahl auf wie z. B. beim Messen, Wiegen oder Zählen zufällig ausgewählter Gegenstände. Falls die Versuchsergebnisse keine Zahlen sind, interessiert man sich oft nicht allzu sehr für das spezielle eingetretene Versuchsergebnis, sondern nur für einen dadurch bestimmten Zahlenwert. Beispiele dafür sind die Gewinnquoten bei Glücksspielen. Auch die absoluten und relativen Häufigkeiten sind Zahlenwerte, die dem Versuchsergebnis zugeordnet werden.

Wird jedem Versuchsergebnis $\omega \in \Omega$ eine reelle Zahl $X(\omega)$ zugeordnet, so können die Ausprägungen eines qualitativen Merkmals durch ein quantitatives Merkmal beurteilt werden.

6.1 Eindimensionale diskrete Zufallsvariablen

In diesem Abschnitt sollen nur Zufallsvariablen untersucht werden, deren Wertevorrat endlich oder höchstens abzählbar unendlich ist.

6.1.1 Die Verteilung einer diskreten Zufallsvariablen

Beispiel 6.1 (Risikolebensversicherung):
Eine Versicherungsgesellschaft schließt mit einem 60jährigen eine Risiko-Lebensversicherung über 100 000 DM ab. Dafür muß er pro Jahr 2 000 DM Prämie bezahlen. Falls der Mann das Jahr überlebt, erzielt die Gesellschaft einen Gewinn von 2 000 DM. Im Todesfall erleidet sie einen Verlust in Höhe von $100\,000 - 2\,000 = 98\,000$ DM. Der Reingewinn (in DM) der Versicherungsgesellschaft aus diesem Vertrag ist entweder $-98\,000$ (Verlust) oder $+2\,000$ (Gewinn). Nach der im Statistischen Jahrbuch 1994 für die Bundesrepublik Deutschland angegebenen Sterbetafel ist die Sterbewahrscheinlichkeit (innerhalb eines Jahres) für einen 60jährigen Mann gleich $p = 0{,}01544$. Mit Wahrscheinlichkeit 0,01544 beträgt der Reingewinn $-98\,000$, mit der Überlebenswahrscheinlichkeit $1 - p = 0{,}98456$ ist der Reingewinn 2 000. Der Reingewinn wird durch eine vom Zufall abhängige

Variable, eine sogenannte **Zufallsvariable** beschrieben. Die Zufallsvariable bezeichnen wir mit X. Der Wertevorrat von X ist $W(X) = \{-98\,000; 2000\}$. Die Werte der Zufallsvariablen X stellen wir zusammen mit den zugehörigen Wahrscheinlichkeiten in dem nachfolgenden Schema dar

Werte von X	$-98\,000$	$2\,000$
Wahrscheinlichkeiten	0,01544	0,98456 .

Allgemein werde bei einem Zufallsexperiment dem Versuchsergebnis $\omega \in \Omega$ eine reelle Zahl $X(\omega) \in \mathbb{R}$ zugeordnet. X stellt also eine Abbildung der Ergebnismenge Ω in die Menge der reellen Zahlen dar. Der Wertevorrat von X sei endlich oder abzählbar unendlich. Er besitze die Darstellung

$$W(X) = \{x_1, x_2, x_3, \ldots\}.$$

Falls W nur aus m Werten besteht, läuft in x_i der Index i von 1 bis m, sonst wie bei der Menge der natürlichen Zahlen von 1 bis ∞.

Für $x_i \in W$ soll die **Urbildmenge**

$$A_i = \{\omega \in \Omega \mid X(\omega) = x_i\}$$

zum Ereignissystem von Ω gehören. Dann besitzt dieses Ereignis die durch das Zufallsexperiment festgelegte Wahrscheinlichkeit

$$P(X = x_i) = P(A_i) = P(\{\omega \in \Omega \mid X(\omega) = x_i\}) \quad \text{für} \quad i = 1, 2, \ldots .$$

Eine Abbildung mit diesen Eigenschaften nennt man eine **diskrete Zufallsvariable.**

Jeder Punkt außerhalb des Wertevorrats W besitzt die Wahrscheinlichkeit Null. Es gilt also

$$P(X = x) = P(\{\omega \mid X(\omega) = x\}) = 0 \quad \text{für jedes } x \notin W.$$

Die Gesamtheit aller Zahlenpaare $(x_i, P(X = x_i))$, $x_i \in W$ nennt man die **Verteilung (Wahrscheinlichkeitsverteilung)** der diskreten Zufallsvariablen.

Die Verteilung kann (vor allem bei endlichem Wertebereich) übersichtlich dargestellt werden in dem nachfolgenden Schema

Werte von X	x_1	x_2	x_3	....
Wahrscheinlichkeiten	$P(X=x_1)$	$P(X=x_2)$	$P(X=x_3)$	....

Für diese Wahrscheinlichkeiten muß allgemein gelten:

$$p_i = P(X = x_i) > 0 \; ; \quad \sum_i p_i = 1 \, .$$

Bei endlichem W handelt es sich dabei um eine endliche, sonst um eine unendliche Summe.

Beispiel 6.2 (Augensumme zweier idealer Würfel):
Zwei ideale Würfel, bei denen die Wahrscheinlichkeiten für alle Augenzahlen gleich sind, werden gleichzeitig geworfen. Zur Berechnung der Wahrscheinlichkeiten für die Augensummen benutzen wir ein Hilfsmodell: Die Würfel werden unterscheidbar gemacht und zwar soll einer rot und der andere weiß sein. Dann tritt als Versuchsergebnis ein Zahlenpaar (i, j) auf, wobei i die Augenzahl des roten und j die des weißen Würfels ist. Insgesamt gibt es 36 geordnete Paare. Die Paare, welche jeweils die gleiche Augensumme ergeben, sind in der nachfolgenden Tabelle zusammengestellt.

Augenpaare	Augensumme
(1, 1)	2
(2, 1) (1, 2)	3
(3, 1) (2, 2) (1, 3)	4
(4, 1) (3, 2) (2, 3) (1, 4)	5
(5, 1) (4, 2) (3, 3) (2, 4) (1, 5)	6
(6, 1) (5, 2) (4, 3) (3, 4) (2, 5) (1, 6)	7
(6, 2) (5, 3) (4, 4) (3, 5) (2, 6)	8
(6, 3) (5, 4) (4, 5) (3, 6)	9
(6, 4) (5, 5) (4, 6)	10
(6, 5) (5, 6)	11
(6, 6)	12

Da alle 36 Paare gleichwahrscheinlich sind, erhält man für die Zufallsvariable X der Augensumme die Verteilung

x_i	2	3	4	5	6	7	8	9	10	11	12
p_i	$\frac{1}{36}$	$\frac{2}{36}$	$\frac{3}{36}$	$\frac{4}{36}$	$\frac{5}{36}$	$\frac{6}{36}$	$\frac{5}{36}$	$\frac{4}{36}$	$\frac{3}{36}$	$\frac{2}{36}$	$\frac{1}{36}$

Wie die Häufigkeitsverteilung einer Stichprobe in Abschnitt 2.1.3 kann auch die Verteilung einer diskreten Zufallsvariablen in einem **Stabdiagramm** graphisch dargestellt werden. Dazu werden über den Werten der Zufallsvariablen senkrecht nach oben Stäbe abgetragen, deren Längen die Wahrscheinlichkeiten der entsprechenden Werte sind. Das Stabdiagramm einer diskreten Zufallsvariablen ist also das Analogon zum Stabdiagramm der relativen Häufigkeitsverteilung einer Stichprobe. Das Stabdiagramm dieser Verteilung ist in Bild 6.1 graphisch dargestellt.

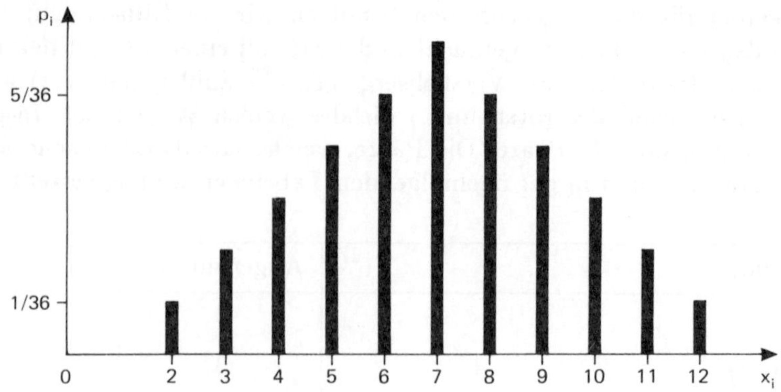

Bild 6.1: Stabdiagramm der Verteilung einer diskreten Zufallsvariablen

Interpretation: Falls mit zwei idealen Würfeln sehr oft geworfen wird und als Stichprobe die Augensummen gebildet werden, liegen nach dem Gesetz der großen Zahlen die relativen Häufigkeiten der Augensummen meistens in der Nähe der Wahrscheinlichkeiten. Dann wird das Stabdiagramm der relativen Häufigkeiten dem Stabdiagramm der Verteilung der Zufallsvariablen der Augensumme X ähnlich sein.

6.1.2 Die Verteilungsfunktion einer diskreten Zufallsvariablen

Häufig interessiert man sich für die Wahrscheinlichkeit dafür, daß bei der Versuchsdurchführung die Realisierung der Zufallsvariablen X nicht größer als ein fest vorgegebener Zahlenwert x ist. Zur Berechnung dieser Wahrscheinlichkeit F(x) müssen die Wahrscheinlichkeiten aller Werte x_i addiert werden, die kleiner oder höchstens gleich x sind, also

$$F(x) = P(X \leq x) = P(\{\omega | \; X(\omega) \leq x\}) = \sum_{i : x_i \leq x} P(X = x_i) \,. \qquad (6.1)$$

Die für jedes $x \in \mathbb{R}$ definierte Funktion F heißt die **Verteilungsfunktion** der diskreten Zufallsvariablen X.

Die Verteilungsfunktion F einer diskreten Zufallsvariablen X ist das Analogon zur empirischen Verteilungsfunktion F_n einer Stichprobe aus Abschnitt 2.3.1 und 2.3.2. F ist eine **monoton nicht fallende Treppenfunktion**, die von Null auf Eins steigt. Falls es im Wertebereich der Zufallsvariablen einen kleinsten Wert gibt, verschwindet F links von dieser Stelle. Gibt es einen größten Wert, so ist F von dieser Stelle an immer gleich Eins. Die Verteilungsfunktion ist an jeder Stelle x **rechtsseitig stetig** mit

$$\lim_{h\to 0,\, h>0} F(x+h) = F(x).$$

An jeder Stelle $x_i \in W$ hat die Verteilungsfunktion einen Sprung der Höhe $p_i = P(X = x_i)$. Für $P(X = x_i) > 0$ muß als Funktionswert $F(x_i)$ der rechtsseitige Grenzwert, also der Wert der oberen Treppenstufe genommen werden. An allen Stellen außerhalb des Wertebereichs ist die Verteilungsfunktion stetig.

Es gilt

$$\lim_{x\to -\infty} F(x) = 0 \; ; \qquad \lim_{x\to \infty} F(x) = 1.$$

Aus der Verteilungsfunktion F lassen sich die Wahrscheinlichkeiten für Intervalle und einzelne Werte berechnen durch

$$P(a < X \le b) = F(b) - F(a)\,;$$

$$P(a < X < b) = F(b-0) - F(a)\;; \quad P(a \le X \le b) = F(b) - F(a-0)\,;$$

$$P(X \le x) = F(x)\;; \quad P(X < x) = F(x-0)\,;$$

$$P(X = x) = F(x) - F(x-0)\,;$$

$$P(X > x) = 1 - F(x)\,.$$

Dabei ist $F(x-0) = \lim\limits_{\substack{h\to 0\\ h>0}} F(x-h)$ der linksseitige Grenzwert.

Beispiel 6.3 (Idealer Würfel):
Beim Werfen eines idealen Würfels beschreibe die Zufallsvariable X die geworfene Augenzahl. Wegen

$$p_i = P(X = i) = \frac{1}{6} \quad \text{für} \quad 1 \le i \le 6$$

haben in dem in Bild 6.2 a) dargestellten Stabdiagramm alle sechs Stäbe die gleiche Länge $\frac{1}{6}$. In b) ist die zugehörige Verteilungsfunktion skizziert.

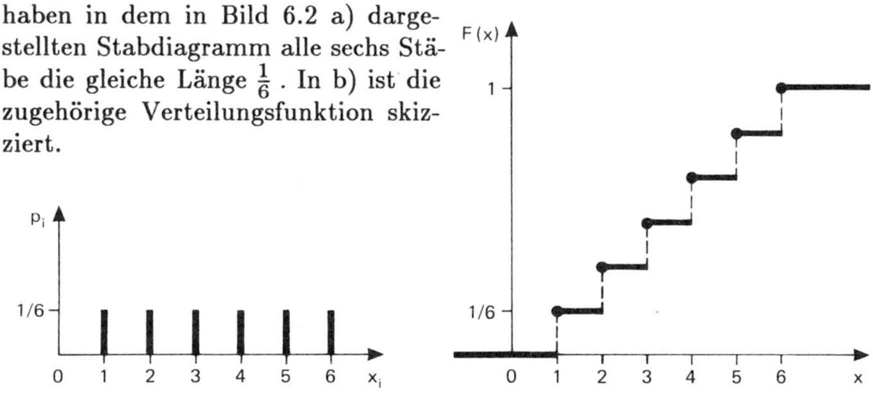

Bild 6.2: a) Stabdiagramm b) Verteilungsfunktion

6.1.3 Lageparameter einer diskreten Zufallsvariablen

Die in der deskriptiven Statistik in Abschnitt 2.4 behandelten Lageparameter übetragen wir nun auf Verteilungen von diskreten Zufallsvariablen.

6.1.3.1 Modalwert einer diskreten Zufallsvariablen

Jeder Wert $x_i \in W$, für den die Wahrscheinlichkeit $P(X = x_i)$ maximal ist, heißt **Modalwert** (**Modus** oder **wahrscheinlichster Wert**) von X. Er ist im allgemeinen nicht eindeutig bestimmt.

Im Beispiel 6.1 der Risikolebensversicherung ist der Wert $-98\,000$ der einzige Modalwert, in Beispiel 6.2 der Augensumme zweier idealer Würfel ist die Augensumme 7 der Modus, während in Beispiel 6.3 bei einem idealen Würfel jede Augenzahl gleichzeitig Modalwert ist.

6.1.3.2 Erwartungswert einer diskreten Zufallsvariablen

Der Wertevorrat $W = \{x_1, x_2, x_3, \dots, x_m\}$ der diskreten Zufallsvariablen X sei endlich. Das zugehörige Zufallsexperiment werde n-mal unabhängig durchgeführt, wobei die n Realisierungen der Zufallsvariablen X zu einer Stichprobe vom Umfang n zusammengefaßt werden. Diese Stichprobe kann dann in einer Häufigkeitstabelle für die m Merkmalsausprägungen dargestellt werden mit den relativen Häufigkeiten $r_n(x_i)$. Sie besitzt den Mittelwert

$$\bar{x} = \sum_{i=1}^{m} x_i \cdot r_n(x_i) .$$

Nach dem Gesetz der großen Zahlen gilt für große n die Näherung

$$r_n(x_i) \approx P(X = x_i) \quad \text{für alle } i .$$

Dann gilt

$$\bar{x} \approx \sum_{i=1}^{m} x_i \cdot P(X = x_i). \tag{6.2}$$

Die rechte Seite von (6.2) hängt gar nicht mehr von der Stichprobe, sondern nur noch von der Verteilung der Zufallsvariablen X ab. Man nennt diese Summe den **Erwartungswert** von X. Der Erwartungswert einer beliebigen diskreten Zufallsvariablen wird folgendermaßen definiert:

Definition 6.1 (Erwartungswert der diskreten Zufallsvariablen X):
Die diskrete Zufallsvariable X besitze die Verteilung $(x_i, p_i = P(X = x_i))$, $i = 1, 2, \dots$. Dann heißt der Zahlenwert

$$E(X) = \mu = \sum_i x_i \cdot P(X = x_i) \tag{6.3}$$

der **Erwartungswert** von X, falls gilt

$$\sum_i |x_i| \cdot P(X = x_i) < \infty . \tag{6.4}$$

Bemerkung:
Bei endlichem Wertevorrat ist die Bedingung (6.4) der absoluten Konvergenz immer erfüllt, da es sich um eine endliche Summe handelt. Daher existiert der Erwartungswert einer diskreten Zufallsvariablen X mit endlichem Wertevorrat immer.

Die Zusatzbedingung (6.4) wird nur für diskrete Zufallsvariable mit abzählbar unendlichem Wertevorrat benötigt (s. Beispiel 6.6).

Interpretation des Erwartungswertes

Das entsprechende Zufallsexperiment werde sehr oft unabhängig durchgeführt, wobei die Realisierungen der Zufallsvariablen X zu einer Stichprobe x zusammengefaßt werden. Dann gilt nach (6.2) für das arithmetische Mittel $\bar{x}$ dieser Stichprobe für große n die Näherung

$$\bar{x} \approx E(X). \tag{6.5}$$

Beispiel 6.4 (vgl. Beispiel 6.1):
Die Zufallsvariable X des Reingewinns aus der Risiko-Lebensversicherung besitzt der Erwartungswert

$$E(X) = -98\,000 \cdot 0{,}01544 + 2\,000 \cdot 0{,}98456 = 456\,.$$

Falls die Versicherungsgesellschaft mit vielen 60jährigen Männern einen solchen Vertrag über 100 000 DM abschließt, macht sie auf Dauer im Mittel pro Vertrag einen Reingewinn von 456 DM.

Beispiel 6.5 (Roulette):
a) Beim Roulette setze ein Spieler jeweils eine Einheit (z. B. 5 oder 10 DM) auf eine feste Zahl etwa auf die 13. Falls diese Zahl ausgespielt wird, erhält er den 36fachen Einsatz ausgezahlt. Abzüglich seines Einsatzes verbleibt ihm dann ein Reingewinn von 35 Einheiten. Andernfalls verliert er den Einsatz (Reingewinn = -1). Die Zufallsvariable X beschreibe den Reingewinn pro Einzelspiel. Da eine von 37 Zahlen ausgespielt wird, ist $P(X = 35) = P(\{13\}) = \frac{1}{37}$. Daher besitzt die Zufallsvariable X die Verteilung

Werte von X	-1	35
Wahrscheinlichkeiten	$\frac{36}{37}$	$\frac{1}{37}$

und den Erwartungswert

$$E(X) = -1 \cdot \frac{36}{37} + 35 \cdot \frac{1}{37} = -\frac{1}{37}.$$

Auf Dauer wird der Spieler den 37ten Teil seines Einsatzes verlieren.

b) Falls der Spieler eine Einheit auf das erste Dutzend $D = \{1, 2, ..., 12\}$ setzt, erhält er im Falle eines Gewinns den dreifachen Einsatz ausgezahlt. Die Zufallsvariable Y, die den Erwartungswert pro Spiel beschreibt, hat die Verteilung

Werte von X	-1	2
Wahrscheinlichkeiten	$\frac{25}{37}$	$\frac{12}{37}$

und den Erwartungswert

$$E(X) = -1 \cdot \frac{25}{37} + 2 \cdot \frac{12}{37} = -\frac{1}{37}.$$

Da die Erwartungswerte in a) und b) gleich groß sind, wird man auf Dauer mit beiden Strategien ungefähr gleich viel verlieren.

Indikatorvariable

Es sei A ein beliebiges Ereignis, welches die Wahrscheinlichkeit P(A) besitzt. Durch

$$I_A(\omega) = \begin{cases} 1 & \text{für } \omega \in A; \\ 0 & \text{für } \omega \notin A \end{cases}$$

wird eine Zufallsvariable, die sog. **Indikatorvariable** des Ereignisses A definiert. Ihre Realisierung ist gleich Eins, falls das Ereignis A eintritt. Tritt $\overline{A}$ ein, so ist die Realisierung gleich Null. Diese Zufallsvariable I_A besitzt den Erwartungswert

$$E(I_A) = P(A) . \tag{6.6}$$

Die Wahrscheinlichkeit eines Ereignisses A ist also gleich dem Erwartungswert der zugehörigen Indikatorvariablen.

Erwartungswert einer Funktion einer diskreten Zufallsvariablen

Eine beliebige reellwertige Funktion $y = g(x)$ bilde den Wertebereich W der Zufallsvariablen X ab auf $\hat{W} = \{y_1, y_2, ...\}$. Dann ensteht durch

$$P(Y = y_j) = \sum_{i : g(x_i) = y_j} P(X = x_i)$$

die Verteilung einer diskreten Zufallsvariablen Y mit den Realisierungen $Y(\omega) = g(X(\omega))$. Diese Zufallsvariable bezeichnet man mit $Y = g(X)$. Sie besitzt einen Erwartungswert, falls folgende Reihen absolut konvergieren:

$$E(Y) = \sum_j y_j \cdot P(Y = y_j) = \sum_j y_j \cdot \sum_{i : g(x_i) = y_j} P(X = x_i)$$

$$= \sum_j \sum_{i : g(x_i) = y_j} g(x_i) \cdot P(X = x_i) = \sum_i g(x_i) \cdot P(X = x_i).$$

Damit gilt allgemein der

Satz 6.1 (Funktionssatz):
Es sei X eine diskrete Zufallsvariable mit dem Wertebereich W. Ferner sei $y = g(x)$ eine beliebige reelle Funktion. Dann besitzt die Zufallsvariable $Y = g(X)$ genau dann einen Erwartungswert und zwar

$$E(Y) = E(g(X)) = \sum_i g(x_i) \cdot P(X = x_i) \,, \tag{6.7}$$

wenn diese Reihe absolut konvergiert mit

$$\sum_i |g(x_i)| \cdot P(X = x_i) < \infty \,.$$

Erwartungswert einer linearen Transformation

Alle Realisierungen x_i der Zufallsvariablen X werden gemäß $y_i = a + bx_i$, $a, b \in \mathbb{R}$ linear transformiert. Durch die Übertragung der Wahrscheinlichkeiten $P(Y = y_i) = P(Y = a + bx_i) = P(X = x_i)$ erhält man eine diskrete Zufallsvariable Y. Man nennt sie eine **lineare Transformation** von X und bezeichnet sie mit

$$Y = a + bX.$$

Ihre Verteilung lautet

$$\big(y_i = a + bx_i \,;\, p_i = P(X = x_i)\big),\ x_i \in W(X).$$

Falls X den Erwartungswert E(X) besitzt, erhält man den Erwartungswert der linearen Transformation Y in der Form

$$E(Y) = E(a+bX) = \sum_i (a+bx_i) \cdot P(X=x_i) = a \underbrace{\sum_i P(X=x_i)}_{=1} + b \underbrace{\sum_i x_i\, P(X=x_i)}_{=E(X)}$$
$$= a + b \cdot E(X)\,.$$

Damit wird auch der Erwartungswert linear transformiert durch

$$E(a + bX) = a + b \cdot E(X)\,;\ a, b \in \mathbb{R}. \tag{6.8}$$

Symmetrischen Verteilungen

Das Stabdiagramm der in Bild 6.1 dargestellten Verteilung ist symmetrisch zur Stelle $s = 7$. Diese Symmetriestelle ist der Erwartungswert.
Allgemein nennt man die Verteilung der diskreten Zufallsvariablen X **symmetrisch** zur Stelle $x = s$, wenn der Wertevorrat zu dieser Stelle symmetrisch liegt, und jeweils die beiden von s gleich weit entfernten Werte die gleiche Wahrscheinlichkeit besitzen. Dann läßt sich der Wertebereich darstellen in der Form $W = \{s \pm z_1, s \pm z_2, s \pm z_3, \dots\}$ mit

$$P(X = s + z_i) = P(X = s - z_i)$$

für alle symmetrisch zu s gelegenen Wertepaare.

Wir nehmen an, der Erwartungswert E(X) der zu s symmetrisch verteilten Zufallsvariablen X existiere. Dann besitzen die beiden Zufallsvariablen $X-s$ und $-(X-s)$ die gleiche Verteilung und somit auch den gleichen Erwartungswert. Aus

$$E(X-s) = E(-(X-s))$$

folgt nach (6.8)

$$E(X-s) = E(-(X-s)) = -(E(X-s)) \quad \text{also}$$

$$0 = E(X-s) = E(X) - s.$$

Damit gilt der

Satz 6.2 (Erwartungswert symmetrisch verteilter Zufallsvariabler):
Die Verteilung der Zufallsvariablen X sei symmetrisch zur Stelle s. Ferner besitze die Zufallsvariable X einen Erwartungswert. Dann lautet er

$$E(X) = s; \quad s = \text{Symmetriestelle.} \tag{6.9}$$

Bei symmetrisch verteilten Zufallsvariablen mit endlichem Wertevorrat ist die Symmetriestelle s immer gleich dem Erwartungswert. Falls der Erwartungswert nicht existiert, kann (6.9) nicht gelten. Dazu das

Beispiel 6.6 (symmetrische Verteilung ohne Erwartungswert):
Die diskrete Zufallsvariable X besitze die Verteilung

$$W = \{\pm\, 2^n,\, n = 1,2,3,\ldots\}; \quad P(X = 2^n) = P(X = -\,2^n) = \frac{1}{2^{n+1}}$$

für $n = 1,2,\ldots$. Die Verteilung ist symmetrisch zu $s = 0$. Wegen

$$\sum_{n=1}^{\infty} \frac{1}{2^{n+1}} = \frac{1}{4} \cdot \sum_{k=0}^{\infty} \frac{1}{2^k} = \frac{1}{4} \cdot 2 = \frac{1}{2}$$

besitzen alle Werte zusammen die Wahrscheinlichkeit Eins. Aus

$$2^n \cdot P(X = 2^n) = \frac{1}{2}; \quad (-2^n) \cdot P(X = -2^n) = -\frac{1}{2}$$

folgt

$$\sum_i |x_i| \cdot P(X = x_i) = \infty.$$

Die Bedingung (6.4) der absoluten Konvergenz ist hier nicht erfüllt. Durch verschiedene Summationsreihenfolgen der Produkte $x_i \cdot P(X = x_i) = \pm 1$ können verschiedene Summenwerte erzeugt werden, wie wir zeigen wollen.

a) Falls man jeweils einen positiven und einen negativen Wert paarweise zusammenfaßt, enstehen lauter Nullen als Summanden. Dann verschwindet auch die Summe. Der Erwartungswert würde in diesem Fall mit der Symmetrie-Stelle $s = 0$ übereinstimmen.

b) Nimmt man in der Summationsreihenfolge zuerst k positive (bzw. negative) Werte und danach paarweise jeweils einen positiven und einen negativen, so erhält man als Summe den Wert k/2 (bzw. – k/2).

c) Faßt man jeweils zwei positive und einen negativen Wert zusammen, so entsteht die Summe ∞.

d) Durch Zusammenfassen von jeweils zwei negativen und einem positiven Wert erhält man die Summe $-\infty$.

Durch verschiedene Summationsreihenfolgen entstehen verschiedene Summen. Daher kann die Zufallsvariable X keinen Erwartungswert besitzen, da dieser doch von der Summationsreihenfolge unabhängig sein sollte.

6.1.3.3 Der Median einer diskreten Zufallsvariablen

Wie der Mittelwert $\bar{x}$ einer Stichprobe so ist auch der Erwartungswert E(X) einer diskreten Zufallsvariablen empfindlich gegenüber einem **Ausreißer**, falls dieser nicht eine sehr kleine Wahrscheinlichkeit besitzt. Daher führt man wie in der beschreibenden Statistik (Abschnitt 2.4.4) auch bei Zufallsvariablen den Median ein, der mehr im Zentrum der Wahrscheinlichkeitsmasse liegt.

Derjenige Wert $\tilde{\mu} \in W$ heißt **Median (Zentralwert)** der diskreten Zufallsvariablen X, für den gilt:

$$P(X \le \tilde{\mu}) \ge \tfrac{1}{2} \quad \text{und} \quad P(X \ge \tilde{\mu}) \ge \tfrac{1}{2}\,. \tag{6.10}$$

Bestimmung des Medians aus der Verteilungsfunktion

Aus der Verteilungsfunktion F einer diskreten Zufallsvariablen kann der Median wie aus der empirischen Verteilungsfunktion einer Stichprobe in Abschnitt 2.4.4 bestimmt werden (vgl. Bild 6.3).

a) Die Verteilungsfunktion F(x) nehme an keiner Stelle den Wert 0,5 an. Dann ist der Median $\tilde{\mu}$ der Wert, bei dem die Verteilungsfunktion von unter 0,5 auf über 0,5 springt (s. Bild 6.3 links).
b) Die Verteilungsfunktion nehme an der Stelle x_0 den Wert 0,5 an, es gelte also $F(x_0) = 0{,}5$. Hier ist es nicht sinnvoll wie bei einer Stichprobe jeden Zahlenwert der ganzen Treppenstufe als Median zu bezeichnen, da ja bei diskreten Zufallsvariablen die inneren Werte gar nicht zum Wertebereich der Zufallsvariablen gehören. Daher ist gleichzeitig die Stelle x_0 am linken Ende und die Stelle am rechten Ende der Treppenstufe (nächstgrößerer Wert aus W) Median (s. Bild 6.3 rechts). Bei einer diskreten Verteilung sind diejenigen Werte $\tilde{\mu} \in W$ Mediane, für die gilt

$$F(\tilde{\mu}) \ge \tfrac{1}{2}; \quad F(x) < \tfrac{1}{2} \quad \text{für jedes } x \in W \text{ mit } x < \tilde{\mu}\,.$$

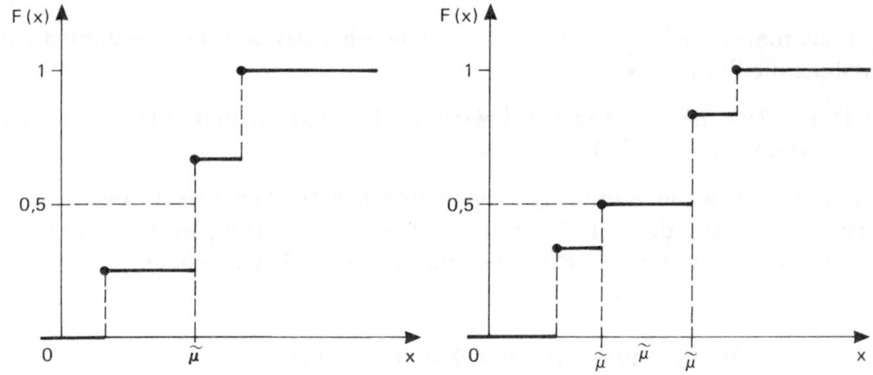

Bild 6.3: Bestimmung des Medians aus der Verteilungsfunktion

Falls bei einer **symmetrischen** Verteilung die Symmetriestelle s zum Wertebereich W gehört, also eine positive Wahrscheinlichkeit besitzt, stimmt der Median mit dieser Symmetriestelle s überein. Im Falle $P(X = s) = 0$ sind die beiden symmetrisch zu s gelegenen Werte aus W Mediane, die von s den kleinsten Abstand haben. Es gilt also

$$\begin{aligned} &\tilde{\mu} = s \quad \text{für } P(X = s) > 0, \\ &\tilde{\mu} = s \pm z_1,\ z_1 \in W,\ z_1 \text{ möglichst nahe bei s} \quad \text{für } P(X = s) = 0. \end{aligned} \tag{6.11}$$

Die Verteilung der Augensumme zweier idealer Würfel aus Beispiel 6.2 ist symmetrisch zur Summe $s = 7$ mit $P(X = 7) > 0$. Daher ist der Median $\tilde{\mu} = 7$ eindeutig bestimmt.

Die Zufallsvariable der Augenzahl eines idealen Würfels aus Beispiel 6.3 ist symmetrisch zur Stelle $s = 3{,}5$. Diese Stelle gehört nicht zum Wertebereich W. Daher sind $\tilde{\mu} = 3$ und $\tilde{\mu} = 4$ gleichzeitig Mediane.

Die Verteilung aus Beispiel 6.6 ist symmetrisch zur Stelle $s = 0$, die nicht zum Wertebereich W gehört. Die beiden benachbarten Werte 2 und -2 sind gleichzeitig Mediane. Diese Zufallsvariable besitzt keinen Erwartungswert. Im Gegensatz zum Erwartungswert existiert der Median immer.

6.1.3.4 Quantile einer diskreten Zufallsvariablen

Bei diskreten Zufallsvariablen werden Quantile analog zu den Quantilen einer Beobachtungsreihe in Abschnitt 2.4.5 definiert.

Der Zahlenwert $\xi_\alpha \in W$ heißt **α-Quantil** oder **100 α %-Quantil** der diskreten Zufallsvariablen X, wenn folgende Bedingung erfüllt ist

$$P(X \le \xi_\alpha) \ge \alpha \quad \text{und} \quad P(X \ge \xi_\alpha) \ge 1-\alpha . \tag{6.12}$$

Mindestens $100\,\alpha$ % der Wahrscheinlichkeitsmasse ist auf Werte konzentriert, welche kleiner oder gleich dem α-Quantil sind und mindestens $100 \cdot (1\text{-}\alpha)$ % der Wahrscheinlichkeitsmasse liegt bei den Werten, die größer oder gleich dem α-Quantil sind.

Der **Median** ist das 0,5 - Quantil. Es gilt also $\tilde{\mu} = \xi_{0,5}$.

α-Quantile können aus der Verteilungsfunktion F analog zum Median bzw. zu den Quantilen einer Beobachtunsreihe in Abschnitt 2.4.5 bestimmt werden.

6.1.4 Varianz und Standardabweichung einer diskreten Zufallsvariablen

Die Streuungsparameter einer diskreten Zufallsvariablen werden analog zu den entsprechenden Parametern bei Stichproben aus Abschnitt 2.5.4 definiert. Wegen der großen Anwendungsmöglichkeiten beschränken wir uns auf die Varianz und Standardabweichung. Während bei Stichproben jeder Stichprobenwert gleich gewichtet wird, werden bei Zufallsvariablen als Gewichte die Wahrscheinlichkeiten benutzt.

Definition 6.2 (Varianz und Standardabweichung):
Die diskrete Zufallsvariable X besitze die Verteilung $(x_i, P(X = x_i))$, $x_i \in W$ und den Erwartungswert $\mu = E(X)$. Dann heißt im Falle der Existenz

$$\operatorname{Var}(X) = \sigma^2 = \sum_i (x_i-\mu)^2 \cdot P(X = x_i) \tag{6.13}$$

die **Varianz** und die positive Quadratwurzel $\sigma = {}_{+}\sqrt{\sigma^2}$ die **Standardabweichung** der diskreten Zufallsvariablen X.

Die Varianz ist der Erwartungswert der Zufallsvariablen $(X-\mu)^2$, also

$$\operatorname{Var}(X) = E\big((X-\mu)^2\big) . \tag{6.14}$$

Wir betrachten folgende Umformung:

$$\begin{aligned}\operatorname{Var}(X) &= \sum_i (x_i-\mu)^2 \cdot P(X = x_i) = \sum_i \left(x_i^2 - 2\,\mu\,x_i + \mu^2\right) \cdot P(X = x_i) \\ &= \sum_i x_i^2 \cdot P(X = x_i) - 2\mu \underbrace{\sum_i x_i \cdot P(X = x_i)}_{=\mu} + \mu^2 \underbrace{\sum_i P(X = x_i)}_{=1} \\ &= \sum_i x_i^2 \cdot P(X = x_i) - \mu^2 .\end{aligned}$$

Damit gilt die für die praktische Rechnung nützliche Formel

$$\operatorname{Var}(X) = \sigma^2 = \sum_i x_i^2 \cdot P(X = x_i) - \mu^2 = E(X^2) - [E(X)]^2 . \qquad (6.15)$$

Beispiel 6.7 (Roulette vgl. Beispiel 6.5):
Ein Spieler setze jeweils eine Einheit gleichzeitig auf k Zahlen, sofern dies möglich ist. Für $k = 1$ setzt er auf eine einzige Zahl, für $k = 2$ auf zwei benachbarte, für $k = 3$ auf eine Querreihe, für $k = 12$ auf ein Dutzend und für $k = 18$ auf eine einfache Chance. Im Falle eines Gewinns erhält er das $36/k$-fache seines Einsatzes ausgezahlt, so daß ihm ein Reingewinn von $36/k - 1$ Einheiten verbleibt. Andernfalls verliert er seinen Einsatz. Die Sonderregelung bei einfachen Chancen ($k = 18$) soll hier unberücksichtigt bleiben. Die Wahrscheinlichkeit, daß der Spieler bei einem Spiel gewinnt, ist $p = \frac{k}{37}$. Die Zufallsvariable X_k des Reingewinns hat die Verteilung

Werte von X_k	-1	$\frac{36}{k} - 1$
Wahrscheinlichkeiten	$1 - \frac{k}{37}$	$\frac{k}{37}$

Daraus erhält man den Erwartungswert von X_k (Gewinnerwartung)

$$E(X_k) = -1 \cdot \left(1 - \frac{k}{37}\right) + \left(\frac{36}{k} - 1\right) \cdot \frac{k}{37} = -1 + \frac{k}{37} + \frac{36}{37} - \frac{k}{37} = -\frac{1}{37} .$$

Diese Gewinnerwartung hängt gar nicht mehr von k ab. Unabhängig davon wie man setzt, im Mittel wird man auf Dauer pro Spiel den 37. Teil des Einsatzes verlieren.

Obwohl die Gewinnerwartung bei allen Strategien gleich ist, ist das Risiko verschieden groß. Bei einfachen Chancen ($k = 18$) ist es am kleinsten, beim Einsatz auf eine einzige Zahl ($k = 1$) am größten. Dieses Risiko wird durch die Varianz der Zufallsvariablen X_k beschrieben. Aus (6.15) erhält man

$$\begin{aligned} \operatorname{Var}(X_k) &= (-1)^2 \cdot \left(1 - \frac{k}{37}\right) + \left(\frac{36}{k} - 1\right)^2 \cdot \frac{k}{37} - \left(-\frac{1}{37}\right)^2 \\ &= \frac{36^2}{37\,k} - \frac{35}{37} - \frac{1}{37^2} . \end{aligned}$$

Die Varianz ist für $k = 1$ am größten und wird mit wachsendem k kleiner.

Varianz einer linearen Transformation

Die Zufallsvariable X besitze den Erwartungswert μ und die Varianz σ^2. Dann besitzt nach (6.8) die lineare Transformation $Y = a + bX$ den Erwartungswert $a + b\mu$. Für die Varianz erhalten wir hiermit

$$\begin{aligned} \operatorname{Var}(a + bX) &= \sum_i (a + b x_i - a - b\mu)^2 \cdot P(X = x_i) \\ &= b^2 \sum_i (x_i - \mu)^2 \cdot P(X = x_i) = b^2 \cdot \operatorname{Var}(X) . \end{aligned}$$

Damit gilt allgemein

$$\mathrm{Var}(a + bX) = b^2 \cdot \mathrm{Var}(X) \; ; \; a, b \in \mathbb{R} \; . \qquad (6.16)$$

Durch eine Parallelverschiebung (a beliebig, $b = 1$) bleibt die Varianz und damit auch die Standardabweichung unverändert. Multiplikation der Werte einer Zufallsvariablen mit b bewirkt eine Multiplikation der Varianz mit b^2 und der Standardabweichung mit $|b|$.

Standardisierung einer Zufallsvariablen

Die Zufallsvariable X besitze den Erwartungswert μ und die Standardabweichung $\sigma \neq 0$. Dann heißt die linear transformierte Zufallsvariable

$$X^* = \frac{X - \mu}{\sigma}$$

die **Standardisierte** (oder **Standardisierung**) von X. Aus (6.8) und (6.16) erhält man

$$E(X^*) = 0 \quad \text{und} \quad \mathrm{Var}(X^*) = E(X^{*2}) = 1. \qquad (6.17)$$

6.2 Paare diskreter Zufallsvariabler

In diesem Abschnitt betrachten wir zwei diskrete Zufallsvariablen X und Y, die auf der Ergebnismenge Ω des gleichen Zufallsexperiments erklärt sind, also eine zweidimensionale Zufallsvariable (X, Y).

6.2.1 Die gemeinsame Verteilung

Jedes Versuchsergebnis $\omega \in \Omega$ werde durch zwei Zufallsvariablen abgebildet auf $X(\omega)$ und $Y(\omega)$. Jedem ω wird damit ein Zahlenpaar $(X(\omega), Y(\omega)) \in \mathbb{R}^2$ zugeordnet. Die Wertebereiche der beiden Zufallsvariablen bezeichnen wir mit

$$W_X = \{x_1, x_2, x_3, ...\} \; ; \; W_Y = \{y_1, y_2, y_3, ...\}.$$

Auf das Wertepaar (x_i, y_j), $x_i \in W_X$, $y_j \in W_Y$ wird das Ereignis

$$A_{ij} = \{\omega \,|\, X(\omega) = x_i, \; Y(\omega) = y_j\} = \{\omega \,|\, X(\omega) = x_i\} \cap \{\omega \,|\, Y(\omega) = y_j\}$$

abgebildet. Durch

$$p_{ij} = P(X = x_i, Y = y_j) = P(A_{ij}) \qquad (6.18)$$

wird die Wahrscheinlichkeit P von Ω auf die Paare der Realisierungen der beiden Zufallsvariablen übertragen. Dabei gilt

$$\sum_i \sum_j p_{ij} = \sum_i \sum_j P(X = x_i, Y = y_j) = 1.$$

Die Gesamtheit

$$\big((x_i, y_j), p_{ij}\big), \; x_i \in W_X, \; y_j \in W_Y$$

nennt man die **gemeinsame Verteilung** der **zweidimensionalen diskreten Zufallsvariablen** (X, Y).

Wie die zweidimensionale Häufigkeitsverteilung in der deskriptiven Statistik (Abschnitt 3.2.1) kann die gemeinsame Verteilung zweier diskreter Zufallsvariabler in einer Kontingenztafel übersichtlich dargestellt werden (s. Tab. 6.1). Anstelle der relativen Häufigkeiten werden die gemeinsamen Wahrscheinlichkeiten eingetragen.

Zeilen- bzw. Spaltensummen ergeben die Verteilungen der beiden einzelnen Zufallsvariablen X und Y, die sog. **Randverteilungen**:

$$\begin{aligned} P(X = x_i) &= \sum_j P(X = x_i, Y = y_j) = \sum_j p_{ij} = p_{i\cdot}\,; \\ P(Y = y_j) &= \sum_i P(X = x_i, Y = y_j) = \sum_i p_{ij} = p_{\cdot j}\,. \end{aligned} \tag{6.19}$$

	y_1	y_2	$\cdots$	y_j	$\cdots$	Summe
x_1	p_{11}	p_{12}	$\cdots$	p_{1j}	$\cdots$	$p_{1\cdot}$
x_2	p_{21}	p_{22}	$\cdots$	p_{2j}	$\cdots$	$p_{2\cdot}$
$\vdots$	$\vdots$	$\vdots$		$\vdots$		$\vdots$
x_i	p_{i1}	p_{i2}	$\cdots$	p_{ij}	$\cdots$	$p_{i\cdot}$
$\vdots$	$\vdots$	$\vdots$		$\vdots$	$\vdots$	$\vdots$
Summe	$p_{\cdot 1}$	$p_{\cdot 2}$	$\cdots$	$p_{\cdot j}$	$\cdots$	$p_{\cdot\cdot} = 1$

Tab. 6.1: Kontingenztafel für die gemeinsame Verteilung

Beispiel 6.8 (Roulette):
Beim Roulette setze ein Spieler jeweils eine Einheit auf das erste Dutzend $D = \{1, 2, \ldots, 12\}$ und auf den Sechserblock $S = \{10, 11, 12, 13, 14, 15\}$. Die Reingewinne aus beiden Strategien werden durch die Zufallsvariablen X (Gewinn mit D) und Y (Gewinn mit S) beschrieben. Falls das Ereignis D eintritt, ist die Realisierung von X gleich 2 (Auszahlung minus Einsatz), beim Eintritt von S ist die Realisierung von Y gleich 5. Sonst ist der jeweilige Einsatz verloren mit der Realisierung -1. Die gemeinsamen Wahrscheinlichkeiten lauten

$P(X = 2\,;\ Y = 5) = P(D \cap S) = P(\{10, 11, 12\}) = \frac{3}{37}$;

$P(X = 2\,;\ Y = -1) = P(\{1, 2, 3, 4, 5, 6, 7, 8, 9\}) = \frac{9}{37}$;

$P(X = -1\,;\ Y = 5) = P(\{13, 14, 15\}) = \frac{3}{37}$;

$P(X = -1\,;\ Y = -1) = P(\{0, 16, 17, 18, \ldots, 35, 36\}) = \frac{22}{37}$ (Summe = 1).

Die gemeinsame Verteilung ist in der nachfolgenden Vierfeldertafel dargestellt

x_i	y_j: -1	y_j: 5	Summe
-1	$\frac{22}{37}$	$\frac{3}{37}$	$\frac{25}{37}$
2	$\frac{9}{37}$	$\frac{3}{37}$	$\frac{12}{37}$
Summe	$\frac{31}{37}$	$\frac{6}{37}$	1

In der letzten Spalte stehen die Wahrscheinlichkeiten der Zufallsvariablen X, in der letzten Zeile die der Zufallsvariablen Y.

6.2.2 Die gemeinsame Verteilungsfunktion

Die durch

$$F(x, y) = P(X \leq x, Y \leq y) = \sum_{x_i \leq x} \sum_{y_j \leq y} P(X = x_i, Y = y_j) \qquad (6.20)$$

für alle $(x, y) \in \mathbb{R}^2$ definierte Funktion F heißt die **gemeinsame Verteilungsfunktion** der beiden diskreten Zufallsvariablen X und Y. Für jedes Zahlenpaar $(x, y) \in \mathbb{R}^2$ ist $F(x, y)$ die Wahrscheinlichkeit dafür, daß bei der Durchführung des Zufallsexperiments die Realisierung der zweidimensionalen diskreten Zufallsvariablen (X, Y) in der in Bild 6.4 schraffierten Halbebene liegt.

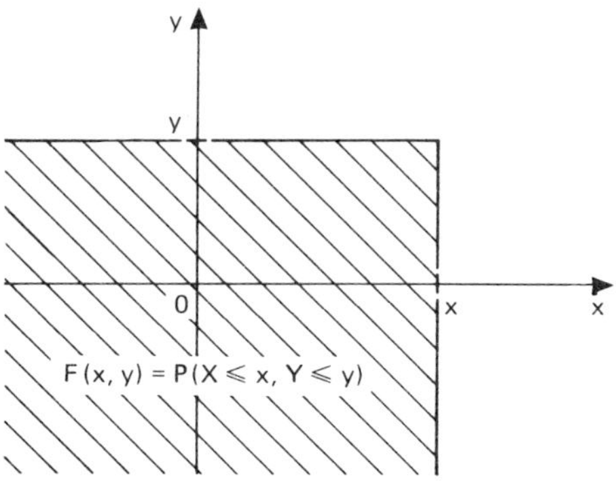

Bild 6.4: Interpretation der gemeinsamen Verteilungsfunktion

Die gemeinsame Verteilungsfunktion ist in beiden Variablen x und y jeweils monoton nicht fallend und rechtsseitig stetig. Ferner gilt für jedes x und y

$$\lim_{x \to -\infty} F(x, y) = F(-\infty, y) = 0 \; ; \quad \lim_{y \to -\infty} F(x, y) = F(x, -\infty) = 0$$

sowie

$$\lim_{x \to \infty;\, y \to \infty} F(x, y) = F(+\infty, +\infty) = 1 .$$

Durch Grenzwertbildung erhält man aus der gemeinsamen Verteilungsfunktion die Verteilungsfunktionen der beiden einzelnen Zufallsvariablen:

$$\begin{aligned} F_1(x) &= P(X \le x) = P(\{\omega \mid X(\omega) \le x\}) = P(\{\omega \mid X(\omega) \le x,\ Y(\omega) \le \infty\}) \\ &= \lim_{y \to \infty} F(x, y) = F(x, +\infty)\,; \\ F_1(y) &= P(Y \le y) = P(\{\omega \mid Y(\omega) \le y\}) = P(\{\omega \mid X(\omega) \le \infty,\ Y(\omega) \le y\}) \\ &= \lim_{x \to \infty} F(x, y) = F(+\infty, y)\,. \end{aligned} \tag{6.21}$$

6.2.3 Bedingte Verteilungen und bedingte Erwartungswerte

Bei festgehaltenem Ereignis $(X = x_i)$ mit $P(X = x_i) > 0$ erhält man die bedingten Wahrscheinlichkeiten

$$P(Y = y_j \mid X = x_i) = \frac{P(X = x_i, Y = y_j)}{P(X = x_i)} = \frac{p_{ij}}{p_{i\cdot}}, \; j = 1, 2, \ldots . \tag{6.22}$$

Bei festgehaltenem i werden nur noch die Wertepaare (x_i, y_j), $j = 1, 2, \ldots$ betrachtet. Dann sind diese Paare (x_i, y_j), $y_j \in W_Y$ Realisierungen einer diskreten Zufallsvariablen. Diese sog. **bedingte Zufallsvariable** bezeichnen wir mit $Y \mid (X = x_i)$. Es handelt sich um die Zufallsvariable Y unter der Bedingung $(X = x_i)$. Sie besitzt die **bedingte Verteilung**

$$\left(y_j, \frac{p_{ij}}{p_{i\cdot}}\right), \; j = 1, 2, \ldots \tag{6.23}$$

und den **bedingten Erwartungswert**

$$E\big(Y \mid (X = x_i)\big) = \sum_j y_j \cdot \frac{p_{ij}}{p_{i\cdot}} \quad \text{für jedes i mit } x_i \in W_X . \tag{6.24}$$

Entsprechend erhält man mit

$$P(X = x_i \mid Y = y_j) = \frac{P(X = x_i, Y = y_j)}{P(Y = y_j)} = \frac{p_{ij}}{p_{\cdot j}}, \; i = 1, 2, \ldots \tag{6.25}$$

die bedingte Zufallsvariable $X \mid (Y = y_j)$ mit der **bedingten Verteilung**

$$\left(x_i\,,\,\frac{p_{ij}}{p_{\cdot j}}\right),\; i = 1, 2, \ldots \tag{6.26}$$

und dem **bedingten Erwartungswert**

$$E\big(X\,|\,(Y = y_j)\big) = \sum_i x_i \cdot \frac{p_{ij}}{p_{\cdot j}} \quad \text{für jedes j mit } y_j \in W_Y. \tag{6.27}$$

Für den absoluten Erwartungswert E(Y) der Zufallsvariablen Y erhalten wir die Darstellung:

$$E(Y) = \sum_j y_j P(Y = y_j) = \sum_j y_j p_{\cdot j} = \sum_j y_j \sum_i p_{ij}$$

$$= \sum_i \sum_j y_j \frac{p_{ij}}{p_{i\cdot}} p_{i\cdot} = \sum_i \Big(\sum_j y_j \frac{p_{ij}}{p_{i\cdot}}\Big) p_{i\cdot} = \sum_i E\big(Y\,|\,(X = x_i)\big) \cdot p_{i\cdot}\,.$$

Die analoge Formel gilt für E(X). Damit gilt der

Satz 6.3:
Mit den bedingten Erwartungswerten (6.23) und (6.27) gilt

$$E(Y) = \sum_i E\big(Y\,|\,(X = x_i)\big) \cdot P(X = x_i)\,;$$
$$E(X) = \sum_j E\big(X\,|\,(Y = y_j)\big) \cdot P(Y = y_j)\,. \tag{6.28}$$

6.2.4 Unabhängige diskrete Zufallsvariablen

Die Unabhängigkeit zweier diskreter Zufallsvariabler X und Y wird auf die Unabhängigkeit der Urbilder ihrer Werte zurückgeführt, also auf die Unabhängigkeit aller Ereignispaare $A_i = \{\omega \,|\, X(\omega) = x_i\}$ und $B_j = \{\omega \,|\, Y(\omega) = y_j\}$. Diese Ereignisse sind genau dann unabhängig, wenn die Produktdarstellung

$$P(A_i \cap B_j) = P(A_i) \cdot P(B_j) \quad \text{für } i = 1, 2, \ldots;\; j = 1, 2, \ldots\,. \tag{6.29}$$

gilt. Damit erhält man die

Definition 6.3 (Unabhängigkeit zweier diskreter Zufallsvariabler):
Zwei diskrete Zufallsvariablen X und Y heißen **unabhängig**, wenn für alle Wertepaare (x_i, y_j), $x_i \in W_X, y_j \in W_Y$ gilt

$$P(X = x_i, Y = y_j) = P(X = x_i) \cdot P(Y = y_j)\,. \tag{6.30}$$

Beispiel 6.9 (vgl. Beispiel 6.8):
Wegen $P(X=-1\,;\,Y=-1)=\frac{22}{37}\neq P(X=-1)\cdot P(Y=-1)$ sind die beiden Zufallsvariablen X und Y aus Beispiel 6.8 nicht unabhängig.

Bei unabhängigen Zufallsvariablen X und Y gilt

$$p_{ij}=p_{i\cdot}\cdot p_{\cdot j}\quad \text{für alle i, j.}$$

Dann lauten die bedingten Verteilungen (6.23) und (6.26)

$$\left(y_j\,,\frac{p_{ij}}{p_{i\cdot}}\right)=\left(y_j\,,\frac{p_{i\cdot}\cdot p_{\cdot j}}{p_{i\cdot}}\right)=(y_j\,;\,p_{\cdot j})\quad \text{für}\quad j=1,2,\ldots\,;$$

$$\left(x_i\,,\frac{p_{ij}}{p_{\cdot j}}\right)=\left(x_i\,,\frac{p_{i\cdot}\cdot p_{\cdot j}}{p_{\cdot j}}\right)=(x_i\,;\,p_{i\cdot})\quad \text{für}\quad i=1,2,\ldots\,.$$

Im Falle der Unabhängigkeit stimmen alle bedingten Verteilungen mit den absoluten Verteilungen überein. Die gleiche Eigenschaft gilt dann auch für die bedingten Erwartungswerte:

$$\begin{aligned} E\big(Y\,|\,(X=x_i)\big)&=\sum_j y_j\cdot\frac{p_{i\cdot}\cdot p_{\cdot j}}{p_{i\cdot}}=\sum_j y_j\cdot p_{\cdot j}=E(Y)\,;\\ E\big(X\,|\,(Y=y_j)\big)&=\sum_i x_i\cdot\frac{p_{i\cdot}\cdot p_{\cdot j}}{p_{\cdot j}}=\sum_i x_i\cdot p_{i\cdot}=E(X)\,, \end{aligned}\qquad (6.31)$$

falls X und Y unabhängig sind.

Allgemein gilt folgender Satz, der elementar bewiesen werden kann:

Satz 6.4:
Die beiden diskreten Zufallsvariablen X und Y sind genau dann unabhängig, wenn die gemeinsame Verteilungsfunktion gleich dem Produkt der beiden einzelnen Verteilungsfunktionen ist, falls also

$$F(x\,,y)=P(X\le x\,,Y\le y)=P(X\le x)\cdot P(Y\le y)=F_1(x)\cdot F_2(y)\qquad (6.32)$$

für alle Paare $(x\,,y)\in\mathbb{R}^2$ gilt.

6.2.5 Erwartungswert einer Funktion zweier diskreter Zufallsvariabler

Es seien X und Y zwei diskrete Zufallsvariablen mit der gemeinsamen Verteilung $\big((x_i\,,y_j)\,,P(X=x_i\,,Y=y_j)\,,x_i\in W_X\,,y_j\in W_Y\big)$. Ferner sei $g(x,y)$ eine beliebige reellwertige Funktion in den beiden Veränderlichen x und y. Dann wird durch

$$Z(\omega)=g\big(X(\omega)\,,Y(\omega)\big)\qquad (6.33)$$

eine eindimensionale diskrete Zufallsvariable $Z = g(X, Y)$ erklärt. Ihr Wertebereich $W(Z) = \{z_1, z_2, z_3, \ldots\}$ besteht aus allen möglichen Funktionswerten $g(x_i, y_j)$. Die Zufallsvariable Z besitzt genau dann einen Erwartungswert, wenn folgende Reihe absolut konvergiert:

$$\begin{aligned} E(Z) &= \sum_k z_k \cdot P(Z = z_k) = \sum_k z_k \cdot \sum_{i,j:\, g(x_i,y_j) = z_k} P(X = x_i,\ Y = y_j) \\ &= \sum_k \sum_{i,j:\, g(x_i,y_j) = z_k} z_k \cdot P(X = x_i, Y = y_j) \\ &= \sum_{ij} g(x_i, y_j) \cdot P(X = x_i,\ Y = y_j). \end{aligned}$$

Damit gilt der

Satz 6.5 (Funktionssatz):
Es seien X und Y zwei diskrete Zufallsvariablen mit der gemeinsamen Verteilung $\big((x_i, y_j, p_{ij}), i = 1, 2, \ldots;\ j = 1, 2, \ldots\big)$ Ferner sei $g(x, y)$ eine beliebige reellwertige Funktion in den beiden Veränderlichen x und y. Dann besitzt die Zufallsvariable $Z = g(X, Y)$ genau dann einen Erwartungswert und zwar

$$E(Z) = E(g(X, Y)) = \sum_{ij} g(x_i, y_j) \cdot P(X = x_i, Y = y_j)\ , \tag{6.34}$$

wenn diese Reihe absolut konvergiert mit

$$\sum_{ij} |g(x_i, y_j)| \cdot P(X = x_i, Y = y_j) < \infty\ .$$

Erwartungswert des Produkts zweier diskreter Zufallsvariabler

Die Zufallsvariable des Produkts $Z = X \cdot Y$ wird durch

$$Z(\omega) = X(\omega) \cdot Y(\omega) \tag{6.35}$$

definiert. Der Wertebereich besteht aus allen möglichen Produkten $x_i \cdot y_j$. Der Erwartungswert $E(Z)$ existiert nach dem Funktionssatz 6.5 genau dann, wenn folgende Reihe absolut konvergiert:

$$E(X \cdot Y) = \sum_{ij} x_i \cdot y_j \cdot P(X = x_i, Y = y_j)\ . \tag{6.36}$$

Wenn X und Y endliche Wertebereiche haben, existiert der Erwartungswert des Produktes $X \cdot Y$ immer. Die Summe (6.36) läßt sich im allgemeinen Fall nicht mehr vereinfachen. Es gilt jedoch der

Satz 6.6:
Die beiden diskreten Zufallsvariablen X und Y seien **unabhängig** und besitzen die Erwartungswerte $E(X)$ und $E(Y)$. Dann hat auch das Produkt $X \cdot Y$ einen Erwartungswert und es gilt

$$E(X \cdot Y) = E(X) \cdot E(Y). \tag{6.37}$$

Beweis:
Wegen der Unabhängigkeit gilt für alle i, j die Produktdarstellung

$$P(X = x_i, Y = y_j) = P(X = x_i) \cdot P(Y = y_j).$$

Damit geht (6.36) über in

$$\begin{aligned} E(X \cdot Y) &= \sum_i \sum_j x_i \cdot y_j \cdot P(X = x_i) \cdot P(Y = y_j) \\ &= \sum_i x_i \cdot P(X = x_i) \cdot \sum_j y_j \cdot P(Y = y_j) = E(X) \cdot E(Y), \end{aligned}$$

womit der Satz bewiesen ist.

Erwartungswert einer Summe diskreter Zufallsvariabler

Die Zufallsvariable der Summe $Z = X + Y$ ist definiert durch

$$Z(\omega) = X(\omega) + Y(\omega). \tag{6.38}$$

Der Wertebereich der Summenvariablen $X + Y$ besteht aus allen möglichen Summen $x_i + y_j$. Falls manche Summen übereinstimmen, müssen die entsprechenden Wahrscheinlichkeiten addiert werden. Nach dem Funktionssatz 6.5 lautet im Falle der Existenz der Erwartungswert

$$\begin{aligned} E(X + Y) &= \sum_i \sum_j (x_i + y_j) \cdot P(X = x_i, Y = y_j) \\ &= \sum_i \sum_j x_i \cdot P(X = x_i, Y = y_j) + \sum_i \sum_j y_j \cdot P(X = x_i, Y = y_j) \\ &= \sum_i x_i \sum_j P(X = x_i, Y = y_j) + \sum_j y_j \sum_i P(X = x_i, Y = y_j) \\ &= \sum_i x_i \cdot P(X = x_i) + \sum_j y_j \cdot P(Y = y_j) = E(X) + E(Y). \end{aligned}$$

Damit gilt der

Satz 6.7:
Die beiden Zufallsvariablen X und Y sollen die Erwartungswerte E(X) und E(Y) besitzen. Dann hat auch die Summe $X + Y$ einen Erwartungswert und es gilt

$$E(X + Y) = E(X) + E(Y). \tag{6.39}$$

Die Additivität (6.39) kann mit Hilfe des Prinzips der vollständigen Induktion auf mehrere Summanden übertragen werden.

Die Zufallsvariablen X_i sollen die Erwartungswerte $E(X_i)$ besitzen für $i = 1, \ldots, n$. Dann hat auch die Summe einen Erwartungswert und es gilt

$$E(X_1 + X_2 + \ldots + X_n) = E(X_1) + E(X_2) + \ldots + E(X_n). \tag{6.40}$$

Varianz der Summe zweier unabhängiger diskreter Zufallsvariabler

Die beiden diskreten Zufallsvariablen X und Y seien unabhängig und sollen die Erwartungswerte $E(X) = \mu_X$ und $E(Y) = \mu_Y$ besitzen. Ferner sollen ihre Varianzen existieren. Dann gilt wegen der Additivität des Erwartungswertes und der Produktdarstellung $E(X \cdot Y) = E(X) \cdot E(Y)$ für die Varianz der Summe

$$\begin{aligned} \mathrm{Var}(X+Y) &= E([X+Y-\mu_X-\mu_Y]^2) \qquad (6.41)\\ &= E\Big((X-\mu_X)^2+(Y-\mu_Y)^2+2(X-\mu_X)\cdot(Y-\mu_Y)\Big)\\ &= \mathrm{Var}(X)+\mathrm{Var}(Y)+2\cdot\underbrace{[E(X\cdot Y)-E(X)\cdot E(Y)]}_{=0}\\ &= \mathrm{Var}(X)+\mathrm{Var}(Y). \end{aligned}$$

Damit haben wir folgenden Satz bewiesen:

Satz 6.8 (Varianz einer Summe unabhängiger Zufallsvariabler):
Die beiden diskreten Zufallsvariablen X und Y seien unabhängig und besitzen die Varianzen Var(X) und Var(Y). Dann hat auch die Summe $X + Y$ eine Varianz und es gilt

$$\mathrm{Var}(X+Y) = \mathrm{Var}(X) + \mathrm{Var}(Y). \qquad (6.42)$$

(6.42) kann unmittelbar auf meherer Summanden übertragen werden:

$$\mathrm{Var}(X_1 + X_2 + \ldots + X_n) = \mathrm{Var}(X_1) + \mathrm{Var}(X_2) + \ldots + \mathrm{Var}(X_n)\,, \qquad (6.43)$$

falls die Zufallsvariablen paarweise (also alle Paare) unabhängig sind.

Aus der Unabhängigkeit der beiden Zufallsvariablen folgt die Additivität der Varianz. Dabei ist die Unabhängigkeit eine hinreichende, aber keine notwendige Bedingung. In Abschnitt 6.9 werden wir als schwächere Bedingung die Unkorreliertheit angeben. Dazu das

Beispiel 6.10:
Die beiden Zufallsvariablen X und Y sollen die in der nachfolgenden Kontingenztafel dargestellte Verteilung besitzen:

	y_j	1	2	3	Summe
	1	0	$\frac{1}{4}$	0	$\frac{1}{4}$
x_i	2	$\frac{1}{4}$	0	$\frac{1}{4}$	$\frac{1}{2}$
	3	0	$\frac{1}{4}$	0	$\frac{1}{4}$
Summe		$\frac{1}{4}$	$\frac{1}{2}$	$\frac{1}{4}$	1

$E(X) = E(Y) = 2$; $E(X \cdot Y) = 4 = E(X) \cdot E(Y)$. Damit folgt aus (6.41):

$\mathrm{Var}(X+Y) = \mathrm{Var}(X) + \mathrm{Var}(Y) = 2 \cdot \mathrm{Var}(X) = 2 \cdot \frac{1}{2} = 1$.

6.3 Mehrdimensionale diskrete Zufallsvariablen

Durch das gleiche Ergebnis ω eines Zufallsexperiments sollen gleichzeitig die Realisierungen $X_k(\omega)$, $k = 1, 2, \ldots, n$ von n Zufallsvariablen bestimmt sein. Die Realisierungen stellen n-Tupel $(X_1(\omega), X_2(\omega), \ldots, X_n(\omega)) \in \mathbb{R}^n$ dar. Durch die gemeinsamen Wahrscheinlichkeiten

$$P(X_1 = x_1, X_2 = x_2, \ldots, X_n = x_n) = P\left(\bigcap_{i=1}^{n} \{\omega \in \Omega | \; X(\omega) = x_i\}\right)$$

für alle möglichen Wertekombinationen ist die **gemeinsame Verteilung** der n Zufallsvariablen bestimmt.

Bei der Bestimmung der Randverteilungen für die einzelnen Zufallsvariablen treten $(n-1)$-fache Summen auf, die im allgemeinen sehr unübersichtlich sind. In der Regel benutzt man zur übersichtlicheren Darstellung die

gemeinsame Verteilungsfunktion

$$F(x_1, x_2, \ldots, x_n) = P(X_1 \le x_1, \ldots, X_n \le x_n) = P(\bigcap_{i=1}^{n} \{\omega | \; X(\omega) \le x_i\}.$$

Läßt man in dieser Funktion $n-1$ Variable gegen unendlich gehen, so erhält man die Verteilungsfunktion der einzelnen Zufallsvariablen, also

$$F_1(x_1) = P(X_1 \le x_1) = F(x_1, +\infty, \ldots, +\infty);$$

$$F_2(x_2) = P(X_2 \le x_2) = F(+\infty, x_2, +\infty, \ldots, +\infty);$$

$$\cdots\cdots\cdots\cdots\cdots\cdots\cdots\cdots\cdots\cdots\cdots$$

$$F_n(x_n) = P(X_n \le x_n) = F(+\infty, \ldots, +\infty, x_n).$$

Die n Zufallsvariablen $X_1, X_2, \ldots, X_n$ sind **unabhängig**, wenn für alle Wertekombinationen die Produktdarstellung gilt

$$P(X_1 = x_1, X_2 = x_2, \ldots, X_n = x_n) = P(X_1 = x_1) \cdot \ldots \cdot P(X_n = x_n). \qquad (6.44)$$

Analog zum zweidimensionalen Fall sind die n Zufallsvariablen genau dann unabhängig, wenn die gemeinsame Verteilungsfunktion gleich dem Produkt der einzelnen Verteilungsfunktionen ist, also für

$$F(x_1, x_2, \ldots, x_n) = F_1(x_1) \cdot F_2(x_2) \cdot \ldots \cdot F_n(x_n). \qquad (6.45)$$

Falls die n Zufallsvariablen unabhängig sind, gilt für den Erwartungswert der Produktvariablen die Produktdarstellung

$$E(X_1 \cdot X_2 \cdot \ldots \cdot X_n) = E(X_1) \cdot E(X_2) \cdot \ldots \cdot E(X_n). \qquad (6.46)$$

Nach (6.40) gilt für den Erwartungswert auch bei nicht unabhängigen Zufallsvariablen die Additivität

$$E(X_1 + X_2 + \ldots + X_n) = E(X_1) + E(X_2) + \ldots + E(X_n). \qquad (6.47)$$

6.4 Spezielle diskrete Zufallvariablen

In diesem Abschnitt werden einige diskrete Zufallsvariablen behandelt, die in der Praxis häufig vorkommen.

6.4.1 Die gleichmäßige diskrete Verteilung

Der Wertebereich der Zufallsvariablen X sei $W = \{1, 2, 3, \ldots, m\}$, wobei alle Werte gleichwahrscheinlich sind mit

$$P(X = k) = \frac{1}{m} \quad \text{für } k = 1, 2, \ldots, m.$$

Bei der Augenzahl eines idealen Würfels ist z. B. $m = 6$.
Zur Berechnung des Erwartungswertes und der Varianz benutzen wir die für jede natürliche Zahl m gültigen Summenformeln

$$\begin{aligned} 1 + 2 + \ldots + m &= \frac{m(m+1)}{2} \\ 1 + 2^2 + 3^2 + \ldots + m^2 &= \frac{m(m+1)(2m+1)}{6}. \end{aligned} \tag{6.48}$$

Erwartungswert:

$$E(X) = \frac{1}{m} \cdot (1 + 2 + 3 + \ldots + m) = \frac{1}{m} \cdot \frac{m \cdot (m+1)}{2} = \frac{m+1}{2}. \tag{6.49}$$

$$E(X^2) = \frac{1}{m} \cdot (1 + \ldots + m^2) = \frac{1}{m} \cdot \frac{m(m+1)(2m+1)}{6} = \frac{(m+1)(2m+1)}{6}.$$

Damit erhält man die **Varianz**

$$\begin{aligned} Var(X) = E(X^2) - [E(X)]^2 &= \frac{(m+1)(2m+1)}{6} - \frac{(m+1)^2}{4} \\ &= \frac{(m+1)(4m+2-3m-3)}{12} = \frac{(m+1)(m-1)}{12} = \frac{m^2-1}{12}. \end{aligned} \tag{6.50}$$

6.4.2 Die Binomialverteilung

In einem Einzelexperiment besitze das Ereignis A die Wahrscheinlichkeit $p = P(A)$. Dabei sei $0 < p < 1$ vorausgesetzt. Das Zufallsexperiment werde n-mal unabhängig durchgeführt, wobei jedesmal nur festgestellt wird, ob das Ereignis A oder das Komplement $\overline{A}$ eintritt. Die Versuchsergebnisse in diesem n-stufigen Zufallsexperiment können dann als n-Tupel dargestellt, deren Komponenten entweder A oder $\overline{A}$ sind, z. B. $(A, A, \overline{A}, \ldots, A)$. Zur Berechnung der Wahrscheinlichkeit eines bestimmten n-Tupels muß nur abgezählt werden, wie oft das Ereignis A in diesem n-Tupel vorkommt. Falls k-mal A auftritt und somit $(n-k)$-mal $\overline{A}$ besitzt das n-Tupel unter Berücksichtigung der Reihenfolge wegen der vorausgesetzten Unabhängigkeit die Wahrscheinlichkeit

$$p^k \cdot (1-p)^{n-k}. \tag{6.51}$$

Die Zufallsvariable X beschreibe die absolute Häufigkeit des Ereignisses A in der Versuchsserie vom Umfang n. Das Ereignis $(X = k)$ tritt ein, wenn die Realisation ein n-Tupel ist, bei dem an genau k Stellen das Ereignis A steht. Jedes der möglichen n-Tupel besitzt unter Berücksichtigung der Reihenfolge die in (6.51) angegebene Wahrscheinlichkeit. Die Anzahl der verschiedenen n-Tupel, die k-mal A enthalten, kann durch folgende Überlegung bestimmt werden. Von den n möglichen Komponenten müssen k ausgewählt werden, die mit A besetzt werden. Dafür gibt es insgesamt $\binom{n}{k}$ Möglichkeiten. Jede dieser Möglichkeiten hat aber die in (6.51) angegebene Wahrscheinlichkeit. Damit lauten die Wahrscheinlichkeiten

$$p_k = P(X=k) = \binom{n}{k} \cdot p^k \cdot (1-p)^{n-k} \quad \text{für } k = 0, 1, \ldots, n. \tag{6.52}$$

Die Zufallsvariable X heißt **binomialverteilt** mit den Parametern n und p. Abkürzend nennt man sie auch b(n, p)-verteilt. Die Wahrscheinlichkeiten der Binomialverteilung treten in der folgenden Binomialentwicklung auf:

$$1 = [p + (1-p)]^n = \sum_{k=0}^{n} \binom{n}{k} \cdot p^k \cdot (1-p)^{n-k} = \sum_{k=0}^{n} p_k \, .$$

Daher rührt der Name Binomialverteilung. Für $k+1 \le n$ gilt

$$\begin{aligned} p_{k+1} &= \binom{n}{k+1} \cdot p^{k+1} \cdot (1-p)^{n-k-1} \\ &= \frac{n(n-1)\ldots(n-k-1)(n-k)}{1 \cdot 2 \cdot \ldots \cdot k \cdot (k+1)} \cdot p^k \cdot (1-p)^{n-k} \cdot \frac{p}{1-p} \\ &= \frac{n-k}{k+1} \cdot \frac{p}{1-p} \cdot \binom{n}{k} \cdot p^k \cdot (1-p)^{n-k} = \frac{n-k}{k+1} \cdot \frac{p}{1-p} \cdot p_k \, . \end{aligned}$$

Damit erhalten wir die für die praktische Rechnung nützliche

Rekursionsformel:

$$p_{k+1} = \frac{n-k}{k+1} \cdot \frac{p}{1-p} \cdot p_k \quad \text{für } k = 0, 1, 2, \ldots, n-1 \tag{6.53}$$

mit $p_0 = (1-p)^n$ für $0 < p < 1$.

Zur Berechnung des Erwartungswertes und der Varianz führen wir für $i = 1, 2, \ldots, n$ folgende Zufallsvariablen ein:

$$X_i = \begin{cases} 1 & \text{falls beim i-ten Experiment A eintritt ;} \\ 0 & \text{sonst.} \end{cases}$$

Die Zufallsvariablen $X_1, X_2, \ldots, X_n$ sind unabhängig mit

$$E(X_i) = E(X_i^2) = p.$$

Daraus folgt

$$\operatorname{Var}(X_i) = E(X_i^2) - [E(X_i)]^2 = p - p^2 = p(1-p).$$

Mit $X = X_1 + X_2 + \ldots + X_n$ erhält man aus der Additivität des Erwartungswertes und der Additivität der Varianz bei unabhängigen Zufallsvariablen

$$E(X) = \sum_{i=1}^{n} E(X_i) = np\,; \quad \operatorname{Var}(X) = \sum_{i=1}^{n} \operatorname{Var}(X_i) = np(1-p). \tag{6.54}$$

Beispiel 6.11:
Jedes von einer bestimmten Maschine gefertigte Werkstück sei mit Wahrscheinlichkeit $p = 0{,}4$ fehlerhaft. Aus der Produktion werden 1 000 Stück zufällig ausgewählt. Die Zufallsvariable X der Anzahl der fehlerhaften Stükke ist binomialverteilt mit $n = 1\,000$ und $p = 0{,}04$. Erwartungswert und Varianz lauten

$$E(X) = 1\,000 \cdot 0{,}04 = 40\,; \quad \operatorname{Var}(X) = 1\,000 \cdot 0{,}04 \cdot 0{,}96 = 38{,}4.$$

Beim Urnenmodell mit Zurücklegen aus Abschnitt 5.3.3.6 (Satz 5.8 b)) hatten wir bereits die Wahrscheinlichkeiten

$$p_k = \binom{n}{k} \cdot \left(\frac{M}{N}\right)^k \cdot \left(1 - \frac{M}{N}\right)^{n-k}$$

für k schwarze Kugeln angegeben. Die Zufallsvariable X der Anzahl der schwarzen (unter den n ausgewählten) Kugeln ist binomialverteilt mit n und $p = \frac{M}{N}$. Dabei ist p die Wahrscheinlichkeit, bei einem Einzelzug eine schwarze Kugel zu erhalten.

In Abschnitt 6.7.3.3 (Satz 6.18) wird eine Approximation der Binomialverteilung durch die **Normalverteilung** und im Satz 8.3 in Abschnitt 8.4.3.2 eine Approximation durch eine **F-Verteilung** angegeben.

6.4.3 Die hypergeometrische Verteilung

Die Zufallsvariable X beschreibe beim Urnenmodell mit Zurücklegen aus Abschnitt 5.3.3.6 die Anzahl der gezogenen schwarzen Kugeln. Nach Satz 5.8 a) lauten die Wahrscheinlichkeiten

$$p_k = P(X = k) = \frac{\binom{M}{k} \cdot \binom{N-M}{n-k}}{\binom{N}{n}} \quad \text{für } 0 \le k \le \min(n,M) \tag{6.55}$$
$$0 \le n-k \le N-M\,; \quad n \le N\,.$$

Man nennt die Zufallsvariable X **hypergeometrisch verteilt** mit den Parametern N, M und n.

Zur Berechnung des Erwartungswertes und der Varianz wird ähnlich wie bei der Binomialverteilung die Zufallsvariable X additiv zerlegt. Dazu denkt man sich die schwarzen Kugeln von 1 bis M durchnumeriert. Jeder schwarzen Kugel wird folgende Zufallsvariable zugeordnet:

$$X_i = \begin{cases} 1, & \text{falls die i-te schwarze Kugel unter den n ausgewählten ist,} \\ 0, & \text{sonst} \end{cases}$$

für $i = 1, 2, \ldots, M$. Damit gilt

$$X = (X_1 + X_2 + \ldots + X_n).$$

Die i-te schwarze Kugel wird genau dann ausgewählt, wenn die restlichen $n-1$ Kugeln aus der Menge der übrigen $N-1$ Kugeln gezogen werden. Für die Auswahl der i-ten schwarzen Kugel gibt es nur eine Möglichkeit. Damit erhält man die Wahrscheinlichkeiten

$$P(X_i = 1) = \frac{\binom{N-1}{n-1}}{\binom{N}{n}} = \frac{\frac{n}{N}\cdot\binom{N}{n}}{\binom{N}{n}} = \frac{n}{N};$$

$$P(X_i = 0) = 1 - P(X_i = 1) = 1 - \frac{n}{N}.$$

Hieraus folgt $E(X_i) = E(X_i^2) = \frac{n}{N}$ für $i = 1, 2, \ldots, M$.

Mit der allgemein gültigen Additivität des Erwartungswertes erhält man

$$E(X) = \sum_{i=1}^{M} E(X_i) = M \cdot \frac{n}{N} = n \cdot \frac{M}{N}. \tag{6.56}$$

Der Erwartungswert stimmt mit dem beim Ziehen mit Zurücklegen überein. Zur Berechnung der Varianz muß berücksichtigt werden, daß die Zufallsvariablen $X_1, X_2, \ldots, X_M$ nicht unabhängig sind. Deswegen ist die Varianz nicht additiv. Bei Bosch, K. [1993], S. 183 f wird folgende Formel bewiesen:

$$Var(X) = n \cdot \frac{M}{N} \cdot \left(1 - \frac{M}{N}\right) \cdot \frac{N-n}{N-1}. \tag{6.57}$$

Vergleich der hypergeometrischen Verteilung mit der Binomialverteilung

Bei sehr großen Grundgesamtheiten spielt es keine große Rolle, ob ohne oder mit Zurücklegen gezogen wird, da sich ja die Zusammensetzung der Grundgesamtheit nach den einzelnen Zügen kaum ändert. Dann kann die hypergeometrische Verteilung durch die Binomialverteilung approximiert werden. Bei festgehaltenem n gilt nämlich für $N \to \infty$ mit $\frac{M}{N} = p$ fest

$$\lim_{\substack{N\to\infty \\ M=Np}} \frac{\binom{M}{k}\cdot\binom{N-M}{n-k}}{\binom{N}{n}} = \binom{n}{k} \cdot p^k \cdot (1-p)^{n-k}; \; k = 0, 1, \ldots, n. \tag{6.58}$$

6.4.4 Die geometrische Verteilung

Eine unabhängige Versuchsserie werde so lange durchgeführt, bis das Ereignis A erstmals eintritt. Bei einem Einzelversuch besitze A die Wahrscheinlichkeit $p = P(A)$ mit $0 < p < 1$. Die Zufallsvariable X beschreibe die Anzahl der dazu benötigten Versuche. Sie heißt **geometrisch verteilt** mit dem Parameter p. Der Wertebereich $W = \{1, 2, 3, \ldots\}$ ist abzählbar unendlich. k Versuche sind genau dann notwendig, wenn bei den ersten $k-1$ Versuchen immer das Ereignis $\overline{A}$ und beim k-ten Versuch A eintritt. Wegen der vorausgesetzten Unabhängigkeit ist die Wahrscheinlichkeit für eine solche Serie gleich $p \cdot (1-p)^{k-1}$. Damit lauten die Wahrscheinlichkeiten

$$p_k = P(X = k) = p \cdot (1-p)^{k-1} \qquad \text{für } k = 1, 2, \ldots. \tag{6.59}$$

Zur Berechnung des Erwartungswertes

$$E(X) = \sum_{k=1}^{\infty} k \cdot p_k = p \sum_{k=1}^{\infty} k \cdot (1-p)^{k-1}$$

benutzen wir die Darstellung

$$\begin{aligned}
\sum_{k=1}^{\infty} k \cdot (1-p)^{k-1} &= 1 + 2(1-p) + 3(1-p)^2 + 4(1-p)^3 + \ldots \\
&= 1 + (1-p) + (1-p)^2 + (1-p)^3 + (1-p)^4 + \ldots \\
&\quad + (1-p) + (1-p)^2 + (1-p)^3 + (1-p)^4 + (1-p)^5 + \ldots \\
&\quad + (1-p)^2 + (1-p)^3 + (1-p)^4 + (1-p)^5 + (1-p)^6 + \ldots \\
&\quad + (1-p)^3 + (1-p)^4 + (1-p)^5 + (1-p)^6 + (1-p)^7 + \ldots \\
&\quad + (1-p)^4 + (1-p)^5 + (1-p)^6 + (1-p)^7 + (1-p)^8 + \ldots \\
&\quad + \ldots\ldots\ldots\ldots\ldots\ldots\ldots\ldots\ldots\ldots\ldots
\end{aligned}$$

Addiert man in diesem Schema die Summanden spaltenweise, so geht die Summe über in

$$\sum_{i=0}^{\infty} (1-p)^i + (1-p)\sum_{i=0}^{\infty} (1-p)^i + (1-p)^2 \sum_{i=0}^{\infty} (1-p)^i + (1-p)^3 \sum_{i=0}^{\infty} (1-p)^i$$
$$+ (1-p)^4 \sum_{i=0}^{\infty} (1-p)^i + (1-p)^5 \sum_{i=0}^{\infty} (1-p)^i + \ldots .$$

Mit $\sum_{i=0}^{\infty} (1-p)^i = \frac{1}{1-(1-p)} = \frac{1}{p}$ erhält man hieraus

$$\sum_{k=1}^{\infty} k \cdot (1-p)^{k-1} = \frac{1}{p} \sum_{i=0}^{\infty} (1-p)^i = \frac{1}{p} \cdot \frac{1}{p} .$$

Daraus folgt

$$E(X) = \sum_{k=1}^{\infty} k \cdot p_k = p \cdot \sum_{k=1}^{\infty} k \cdot (1-p)^{k-1} = p \cdot \frac{1}{p} \cdot \frac{1}{p} = \frac{1}{p} . \tag{6.60}$$

$$E(X^2) = \sum_{k=1}^{\infty} k^2 \cdot p_k = \sum_{k=1}^{\infty} k^2 \cdot p \cdot (1-p)^{k-1}$$

$$= \sum_{i=0}^{\infty} (i+1)^2 \cdot p \cdot (1-p)^i = \sum_{i=0}^{\infty} (i^2 + 2i + 1) \cdot p \cdot (1-p)^i$$

$$= \sum_{i=1}^{\infty} i^2 \cdot p \cdot (1-p)^i + 2 \sum_{i=1}^{\infty} i \cdot p \cdot (1-p)^i + \sum_{i=0}^{\infty} p \cdot (1-p)^i$$

$$= (1-p) \underbrace{\sum_{i=1}^{\infty} i^2 \cdot p \cdot (1-p)^{i-1}}_{= E(X^2)} + 2(1-p)\, \underbrace{p \sum_{i=1}^{\infty} i \cdot (1-p)^{i-1}}_{= E(X)} + 1$$

$$= (1-p) \cdot E(X^2) + \frac{2(1-p)}{p} + 1.$$

Hieraus erhält man für $E(X^2)$ die Gleichung

$$p \cdot E(X^2) = \tfrac{2}{p} - 1 \quad \text{mit der Lösung} \quad E(X^2) = \frac{2-p}{p^2}.$$

Daraus folgt

$$\mathrm{Var}(X) = E(X^2) - [E(X)]^2 = \frac{2-p}{p^2} - \frac{1}{p^2} = \frac{1-p}{p^2}. \qquad (6.61)$$

Beispiel 6.12 ("Mensch ärgere Dich nicht"):
Beim Spiel "Mensch ärgere Dich nicht" darf man erst starten, wenn die erste Sechs geworfen wird. Die Zufallsvariable X der Anzahl der dazu benötigten Würfe ist geometrisch verteilt mit $p = \frac{1}{6}$, falls der Würfel ideal ist. Wegen $E(X) = 6$ muß man im Mittel bis zum Start sechsmal werfen. Die Varianz lautet

$$\mathrm{Var}(X) = \frac{1 - \frac{1}{6}}{\frac{1}{6^2}} = 6^2 \cdot \frac{5}{6} = 30.$$

6.4.5 Die negative Binomialverteilung

Bei einem Einzelexperiment besitze das Ereignis A die Wahrscheinlichkeit $p = P(A)$ mit $0 < p < 1$. Das Experiment werde so lange unabhängig durchgeführt, bis das Ereignis A r-mal eingetreten ist. Die Zufallsvariable X beschreibe die Anzahl der dazu benötigten Versuche. Im Falle $r = 1$ handelt es sich um die geometrische Verteilung.
Der Wertevorrat der Zufallsvariablen X ist $W(X) = \{r, r+1, r+2, \ldots\}$. Genau $k + r$ Versuche sind notwendig, wenn beim $(k+r)$-ten Versuch das Ereignis A eintritt und bei den vorangehenden $k + r - 1$ Versuchen das Ereignis A genau $(r-1)$-mal eintritt und somit k-mal nicht eintritt. Die Wahrscheinlichkeit dafür, daß bei den ersten $k + r - 1$ Versuchen das Ereignis A genau $(r-1)$-mal eintritt, erhält man aus der Formel der Binomialverteilung als

$$p_{r-1} = \binom{k+r-1}{r-1} p^{r-1}(1-p)^k = \binom{k+r-1}{k} p^{r-1}(1-p)^k .$$

Mit Wahrscheinlichkeit p tritt beim r-ten Versuch das Ereignis A ein. Wegen der Unabhängigkeit der Versuche erhält man damit

$$P(X = k+r) = \binom{k+r-1}{k} p^r (1-p)^k \quad \text{für } k = 0,1,2,\dots . \tag{6.62}$$

Mit den allgemeinen Binomialkoeffizienten

$$\binom{-r}{k} = \frac{(-r)\cdot(-r-1)\cdot\ldots\cdot(-r-k+1)}{1\cdot 2\cdot\ldots\cdot k}$$

$$= (-1)^k \frac{r\cdot(r+1)\cdot\ldots\cdot(r+k-1)}{1\cdot 2\cdot\ldots\cdot k} = (-1)^k \binom{r+k-1}{k}$$

und der Binomial-Entwicklung

$$\frac{1}{p^r} = p^{-r} = (1-(1-p))^{-r} = \sum_{k=0}^{\infty} \binom{-r}{k} (-(1-p))^k$$

erhält man für die Summe aller Wahrscheinlichkeiten

$$\sum_{k=0}^{\infty} P(X = k+r) = p^r \sum_{k=0}^{\infty} \binom{k+r-1}{k} (1-p)^k$$

$$= p^r \sum_{k=0}^{\infty} \binom{-r}{k} (-(1-p))^k = \frac{p^r}{p^r} = 1 .$$

Die durch die obigen Wahrscheinlichkeiten definierte Verteilung heißt **negative Binomialverteilung der Ordnung r**, weil ihre Wahrscheinlichkeiten durch die Glieder der Binomialreihe von $p^r(1-(1-p))^{-r}$ gegeben sind.

Nach Bosch, K. [1993], S. 179 f. kann die Zufallsvariable X als Summe von r unabhängigen mit dem gleichen Parameter p geometrisch verteilten Zufallsvariablen dargestellt werden. Wegen der Additivität des Erwartungswertes und der Varianz bei unabhängigen Zufallsvariablen erhält man aus Abschnitt 6.4.4 unmittelbar die Kenngrößen

$$E(X) = \frac{r}{p} \; ; \; Var(X) = \frac{r(1-p)}{p^2} . \tag{6.63}$$

6.4.6 Die Poisson-Verteilung

Falls in einer Binomialverteilung n sehr groß und p sehr klein ist, können die Wahrscheinlichkeiten der Binomialverteilung durch die einer Poisson-Verteilung approximiert werden. Es gilt der

Satz 6.9 (Grenzwertsatz für Binomialverteilungen):
In der Binomialverteilung konvergiere n gegen unendlich und zwar so, daß $np = \lambda$ immer konstant bleibt. Aus $n \to \infty$ folgt daher $p \to 0$. Dann gilt

$$\lim_{\substack{n\to\infty \\ np=\lambda}} \binom{n}{k} \cdot p^k \cdot (1-p)^{n-k} = \frac{\lambda^k}{k!} \cdot e^{-\lambda} \quad \text{für } k = 0, 1, 2, 3, \ldots. \tag{6.64}$$

Für große n und kleine p gilt somit die Näherung

$$\binom{n}{k} \cdot p^k \cdot (1-p)^{n-k} \approx \frac{(np)^k}{k!} \cdot e^{-np} \quad \text{für } k = 0, 1, 2, 3, \ldots. \tag{6.65}$$

Diese Approximation ist brauchbar für $n \geq 50$ und $p \leq 0{,}1$.

Beweis:
Mit $p = \frac{\lambda}{n}$ gilt für jedes k

$$\binom{n}{k} \cdot p^k \cdot (1-p)^{n-k} = \frac{n \cdot (n-1) \cdot \ldots \cdot (n-k+1)}{k!} \cdot \frac{\lambda^k}{n^k} \cdot \left(1 - \frac{\lambda}{n}\right)^{n-k}$$

$$= \frac{n \cdot (n-1) \cdot \ldots \cdot (n-k+1)}{n \cdot n \cdot \ldots \cdot n} \cdot \frac{\lambda^k}{k!} \cdot \left(1 - \frac{\lambda}{n}\right)^n \cdot \left(1 - \frac{\lambda}{n}\right)^{-k}$$

$$= 1 \cdot \left(1 - \frac{1}{n}\right) \cdot \ldots \cdot \left(1 - \frac{k-1}{n}\right) \cdot \left(1 - \frac{\lambda}{n}\right)^{-k} \cdot \frac{\lambda^k}{k!} \cdot \left(1 - \frac{\lambda}{n}\right)^n.$$

Für festes k gilt

$$\lim_{n\to\infty} \left(1 - \frac{i}{n}\right) = 1 \quad \text{für jedes } i = 1, 2, \ldots, k-1;$$

$$\lim_{n\to\infty} \left(1 - \frac{\lambda}{n}\right)^{-k} = 1 \quad \text{und} \quad \lim_{n\to\infty} \left(1 - \frac{\lambda}{n}\right)^n = e^{-\lambda}.$$

Daraus folgt unmittelbar die Behauptung

$$\lim_{\substack{n\to\infty \\ np=\lambda}} \binom{n}{k} \cdot p^k \cdot (1-p)^{n-k} = \frac{\lambda^k}{k!} \cdot e^{-\lambda} \qquad \text{für } k = 0, 1, 2, 3, \ldots.$$

$$e^\lambda = \sum_{k=0}^{\infty} \frac{\lambda^k}{k!} \tag{6.66}$$

ergibt

$$\sum_{k=0}^{\infty} \frac{\lambda^k}{k!} \cdot e^{-\lambda} = e^\lambda \cdot e^{-\lambda} = 1.$$

Daher werden durch

$$p_k = P(X = k) = \frac{\lambda^k}{k!} \cdot e^{-\lambda} \qquad \text{für } k = 0, 1, 2, 3, \ldots \tag{6.67}$$

Wahrscheinlichkeiten einer diskreten Zufallsvariablen X erklärt. Dabei hat X den abzählbar unendlichen Wertebereich $W = \{0, 1, 2, 3, \ldots\}$. Die Zufallsvariable X mit der Verteilung

$$\left(k, \frac{\lambda^k}{k!} \cdot e^{-\lambda}\right), \; k = 0, 1, 2, 3, \ldots$$

heißt **Poisson-verteilt** mit dem Parameter λ. Sie ist nach dem französischen Mathematiker **S. D. Poisson** (1781 – 1840) benannt. Man erhält

$$p_{k+1} = \frac{\lambda^{k+1}}{(k+1)!} \cdot e^{-\lambda} = \frac{\lambda}{k+1} \cdot \frac{\lambda^k}{k!} \cdot e^{-\lambda} = \frac{\lambda}{k+1} \cdot p_k .$$

Damit gilt die für die praktische Berechnung der Wahrscheinlichkeiten nützliche **Rekursionsformel:**

$$p_{k+1} = \frac{\lambda}{k+1} \cdot p_k \quad \text{für } k = 0, 1, 2, \ldots \quad \text{mit} \quad p_0 = e^{-\lambda} . \tag{6.68}$$

Die Zufallsvariable X besitzt den Erwartungswert

$$E(X) = \sum_{k=1}^{\infty} k \cdot \frac{\lambda^k}{k!} \cdot e^{-\lambda} = e^{-\lambda} \cdot \lambda \cdot \underbrace{\sum_{k=1}^{\infty} \frac{\lambda^{k-1}}{(k-1)!}}_{= e^{\lambda}} = \lambda . \tag{6.69}$$

Ferner gilt wegen $k^2 = k(k-1) + k$

$$\begin{aligned} E(X^2) &= \sum_{k=1}^{\infty} k^2 \cdot \frac{\lambda^k}{k!} \cdot e^{-\lambda} = \sum_{k=1}^{\infty} \big(k(k-1)+k\big) \cdot \frac{\lambda^k}{k!} \cdot e^{-\lambda} \\ &= \sum_{k=2}^{\infty} k(k-1) \cdot \frac{\lambda^k}{k!} \cdot e^{-\lambda} + \underbrace{\sum_{k=1}^{\infty} k \cdot \frac{\lambda^k}{k!} \cdot e^{-\lambda}}_{= E(X) = \lambda} \\ &= e^{-\lambda} \cdot \lambda^2 \cdot \underbrace{\sum_{k=2}^{\infty} \frac{\lambda^{k-2}}{(k-2)!}}_{= e^{\lambda}} + \lambda = \lambda^2 + \lambda . \end{aligned}$$

Hieraus folgt

$$\operatorname{Var}(X) = E(X^2) - [E(X)]^2 = \lambda. \tag{6.70}$$

Nach Satz 6.9 kann eine Binomialverteilung mit kleinem p und großem n durch die Poisson-Verteilung mit $\lambda = n\,p$ approximiert werden. Aus diesem Grund beschreibt eine Poisson-Verteilung oft die Häufigkeit, mit der ein bestimmtes Ereignis innerhalb einer bestimmten Zeitspanne eintritt. Meistens handelt es sich dabei um seltene Ereignisse. Daher bezeichnet man die Poisson-Verteilung auch als **Verteilung seltener Ereignisse**. Der Parameter λ hängt dabei von der gewählten Zeitspanne ab.

Beispiel 6.13:

Die Zufallsvariable X der Anzahl der in einer Telefonzentrale zu einer bestimmten Tageszeit innerhalb einer Minute ankommenden Anrufe sei Poisson-verteilt mit dem Erwartungswert $E(X) = 6$. Die Wahrscheinlichkeiten lauten dann

$$p_k = \frac{6^k}{k!} \cdot e^{-6} \quad \text{für} \quad k = 0, 1, 2, 3, \ldots .$$

Mit $p_0 = e^{-6} = 0{,}00248$ erhält man mit Hilfe von (6.68) die Verteilung

Werte k	0	1	2	3	4
Wahrscheinlichkeiten	0,00248	0,01487	0,04462	0,08924	0,13385

5	6	7	8	9	10	11
0,16062	0,16062	0,13768	0,10326	0,06884	0,04130	0,02253

Wegen $E(X) = \lambda = 6$ kommen im Mittel pro Minute 6 Gespräche an. Die Varianz ist ebenfalls gleich 6.

Im Satz 8.4 in Abschnitt 8.4.4.2 wird eine Approximation der Verteilungsfunktion der Poisson - Verteilung durch die einer **Chi-Qudrat-Verteilung** angegeben.

Satz 6.10 (Summen unabhängiger Poisson-Verteilungen):
Es seien X und Y unabhängige Poisson-verteilte Zufallsvariablen mit den Pametern $E(X) = \lambda$ und $E(Y) = \mu$. Dann ist die Summe $Z = X + Y$ ebenfalls Poisson-verteilt mit dem Parameter $\lambda + \mu$.

Beweis:
Der Wertevorrat von Z ist $W = \{0, 1, 2, 3, \ldots\}$. Aus der vorausgesetzten Unabhängigkeit folgt

$$P(X = k,\ Y = j) = P(X = k) \cdot P(Y = j) \text{ für alle } k, j.$$

Für jedes $m \in W$ gilt

$$P(X + Y = m) = \sum_{k+j=m} P(X = k,\ Y = j)$$

$$= \sum_{k+j=m} P(X = k) \cdot P(Y = j) = \sum_{k=0}^{m} P(X = k) \cdot P(Y = m - k)$$

$$= \sum_{k=0}^{m} \frac{\lambda^k}{k!} \cdot e^{-\lambda} \cdot \frac{\mu^{m-k}}{(m-k)!} \cdot e^{-\mu} = e^{-(\lambda+\mu)} \cdot \sum_{k=0}^{m} \frac{\lambda^k \cdot \mu^{m-k}}{k! \cdot (m-k)!}.$$

Mit der Binomialentwicklung

$$(\lambda + \mu)^m = \sum_{k=0}^{m} \binom{m}{k} \cdot \lambda^k \cdot \mu^{m-k} = \sum_{k=0}^{m} \frac{m!}{k! \cdot (m-k)!} \cdot \lambda^k \cdot \mu^{m-k}$$

folgt hieraus unmittelbar die Behauptung

$$P(X + Y = m) = \frac{(\lambda + \mu)^m}{m!} \cdot e^{-(\lambda+\mu)} \quad \text{für } m = 0, 1, 2, \ldots .$$

6.5 Eindimensionale stetige Zufallsvariablen

Beim Wiegen oder Messen werden die Ausprägungen eines stetigen quantitativen Merkmals untersucht. Als Ausprägungen kommen dann alle reellen Zahlen aus einem bestimmten Intervall in Frage. Falls die Realisierungen einer Zufallsvariablen Ausprägungen eines stetigen Merkmals sind, besitzt wie bei den geometrischen Wahrscheinlichkeiten in Abschnitt 5.3.4 jede einzelne Realisierung $X(\omega)$ die Wahrscheinlichkeit Null. Eine solche Zufallsvariable nennt man **stetig.** Der Wertebereich einer stetigen Zufallsvariablen ist überabzählbar unendlich. Daher können bei stetigen Zufallsvariablen Wahrscheinlichkeiten nicht mehr mit Hilfe von Summen berechnet werden. Anstelle von Summen werden Integrale über Dichten benutzt.

6.5.1 Dichte und Verteilungsfunktion einer stetigen Zufallsvariablen

Eine über ganz $\mathbb{R}$ integrierbare Funktion f heißt **Dichte (Dichtefunktion** oder **Wahrscheinlichkeitsdichte)**, wenn sie folgende Bedingungen erfüllt:

$$\begin{aligned} &\text{a)}\quad f(x) \geq 0 \quad \text{für alle } x \in \mathbb{R}\,; \\ &\text{b)}\quad \int_{-\infty}^{+\infty} f(x)\,dx = 1\,. \end{aligned} \tag{6.71}$$

Der Graph der Dichte f verläuft oberhalb oder auf der x-Achse. Mit der x-Achse schließt f eine Fläche vom Inhalt Eins ein (vgl. Bild 6.5). Wegen

$$0 \leq \int_a^b f(x)\,dx \leq 1$$

können die Integrale über den Intervallen $[a;b]$ als Wahrscheinlichkeiten aufgefaßt werden.

Eine Zufallsvariable X mit den Realisierungen $X(\omega)$ heißt **stetig mit der Dichte** f, wenn für alle $a < b$ gilt

$$P(a \leq X \leq b) = P\big(\{\omega \in \Omega \,|\, a \leq X(\omega) \leq b\}\big) = \int_a^b f(x)\,dx\,. \tag{6.72}$$

Die Wahrscheinlichkeit dafür, daß die Realisierung der stetigen Zufallsvariablen X im Intervall $[a;b]$ liegt, ist gleich dem Inhalt der Fläche, den die Dichte mit der x-Achse über diesem Intervall einschließt.
$a = b = x$ ergibt unmittelbar

$$P(X = x) = 0 \quad \text{für jedes } x \in \mathbb{R}.$$

Jede einzelne Realisierung einer stetigen Zufallsvariablen besitzt also die Wahrscheinlichkeit Null.

Wegen $P(X = a) = P(X = b) = 0$ können bei der Berechnung von Wahrscheinlichkeiten für Intervalle die Grenzen dazugenommen oder auch weggelassen werden, ohne daß sich dadurch die Wahrscheinlichkeit ändert. Es gilt also

$$P(a \leq X \leq b) = P(a < X \leq b) = P(a \leq X < b) = P(a < X < b) = \int_a^b f(x)\,dx\,.$$

Auch im Falle $f(x) > 0$ ist der Funktionswert $f(x)$ nicht gleich der Wahrscheinlichkeit $P(X = x)$. Dichten sind also keine Wahrscheinlichkeiten.

Wegen der Integraldarstellung (6.72) beschreibt die Dichte f global (über Intervallen) Wahrscheinlichkeiten einer Zufallsvariablen X. Sie kann aber auch Wahrscheinlichkeiten lokal beschreiben. Ist f an der Stelle x_0 stetig, so gilt für kleine $\Delta x > 0$ die Näherung

$$P(x_0 \leq X \leq x_0 + \Delta x) \approx f(x_0) \cdot \Delta x \quad \text{für kleine } \Delta x > 0\,. \tag{6.73}$$

Die Näherung wird umso besser, je kleiner Δx ist.

Bei vielen stetigen Zufallsvariablen verschwindet die Dichte außerhalb eines beschränkten Bereichs (Intervalls). Dann kann die Integration auf den sogenannten **Variationsbereich** der Zufallsvariablen X beschränkt werden, auf dem die Dichte f echt positiv ist.

Die **Verteilungsfunktion** F einer stetigen Zufallsvariablen X mit der Dichte f ist definiert durch

$$F(x) = P(X \leq x) = P(\{\omega \in \Omega | X(\omega) \leq x\}) = \int_{-\infty}^{x} f(u)\,du\,; \quad x \in \mathbb{R}. \tag{6.74}$$

Beispiel 6.14 (Dreiecksverteilung):
Die in Bild 6.5 skizzierte Funktion f ist nichtnegativ und bildet mit der x-Achse ein Dreieck, das den Flächeninhalt Eins besitzt. Daher ist f Dichte einer stetigen Zufallsvariablen X. Man nennt diese Zufallsvariable **dreiecksverteilt.** f hat die Darstellung

$$f(x) = \begin{cases} x & \text{für } 0 \leq x \leq 1 \\ 2 - x & \text{für } 1 \leq x \leq 2 \\ 0 & \text{sonst.} \end{cases}$$

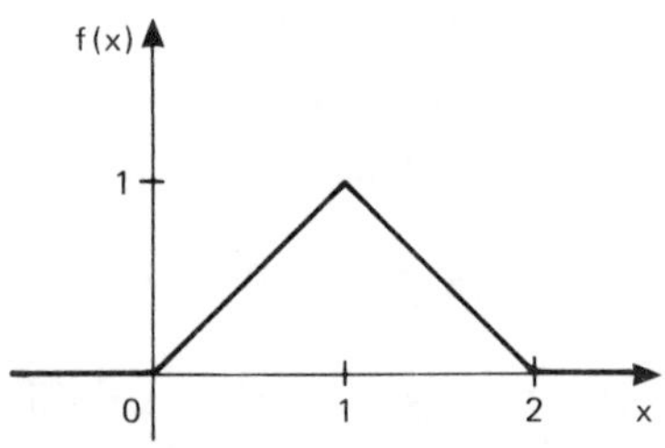

Bild 6.5: Dreiecksverteilung

Der Variationsbereich ist das Intervall $[0;2]$. Zur Berechnung der Verteilungsfunktion F müssen Fallunterscheidungen bezüglich x gemacht werden.

$x \leq 0$: Aus $f(u) = 0$ für $u \leq 0$ folgt $F(x) = 0$ für $x \leq 0$.

$$0 < x \leq 1: \quad F(x) = \int_0^x u\,du = \left[\frac{u^2}{2}\right]_{u=0}^{u=x} = \frac{x^2}{2}.$$

$$1 < x \leq 2: \quad F(x) = F(1) + \int_1^x (2-u)\,du = \frac{1}{2} + \left[2u - \frac{u^2}{2}\right]_{u=1}^{u=x}$$

$$= \frac{1}{2} + 2x - \frac{x^2}{2} - 2 + \frac{1}{2} = 2x - \frac{x^2}{2} - 1.$$

$x > 2$: $F(x) = 1$.

Aus den Eigenschaften einer Wahrscheinlichkeit P und des Integrals erhält man unmittelbar folgende Eigenschaften der Verteilungsfunktion F einer stetigen Zufallsvariablen:

1.) F ist monoton nicht fallend, d.h. aus $x_1 < x_2$ folgt $F(x_1) \leq F(x_2)$.

2.) F ist an jeder Stelle x stetig.

3.) Es gilt $\lim\limits_{x \to -\infty} F(x) = F(-\infty) = 0$ und $\lim\limits_{x \to +\infty} F(x) = F(+\infty) = 1$.

4.) Falls die Dichte f an der Stelle x_0 stetig ist, so ist die Verteilungsfunktion dort differenzierbar mit

$$F'(x_0) = \lim_{\Delta x \to 0} \frac{F(x_0 + \Delta x) - F(x_0)}{\Delta x} = f(x_0).$$

Im Gegensatz zur Verteilungsfunktion einer diskreten Zufallsvariablen hat die Verteilungsfunktion einer stetigen Zufallsvariablen keine Sprungstellen. An denjenigen Stellen, an denen die Dichte f nicht stetig ist, muß die Verteilungsfunktion F nicht differenzierbar sein. Aus der Verteilungsfunktion F erhält man unmittelbar die Wahrscheinlichkeiten

$$P(a \leq X \leq b) = P(a < X < b) = \int_a^b f(x)\,dx = F(b) - F(a) \quad \text{für } a \leq b;$$

$$P(X \geq x) = P(X > x) = 1 - P(X \leq x) = 1 - F(x), \; x \in \mathbb{R}.$$

Die Wahrscheinlichkeitsverteilung einer stetigen Zufallsvariablen X heißt **stetige Verteilung.** Durch die Angabe der Dichte bzw. der Verteilungsfunktion ist die Wahrscheinlichkeitsverteilung eindeutig bestimmt.

6.5.2 Lageparameter einer stetigen Zufallsvariablen

Die für eine diskrete Zufallsvariable definierten Lageparameter können unmittelbar auf stetige Zufallsvariable übertragen werden, wobei auch die gleichen Interpretationen gelten.

6.5.2.1 Modalwert (Modus) einer stetigen Zufallsvariablen

Jeder Wert $x_{Mod} \in \mathbb{R}$, an dem die Dichte $f(x)$ wenigstens einseitig stetig und maximal ist, heißt **Modalwert** oder **Modus** der stetigen Zufallsvariablen X. Der Modus ist im allgemeinen nicht eindeutig bestimmt. Falls die Dichte an der Stelle des Modalwerts stetig ist, besitzen Intervalle mit gleicher, aber sehr kleiner Länge in der Nähe des Modalwerts die größte Wahrscheinlichkeit. Wenn die Dichte f an der Stelle x_{Mod} stetig ist, ist die Wahrscheinlichkeitsmasse in der Nähe des Modus stärker konzentriert als in anderen Bereichen. Falls es nur einen einzigen Modalwert gibt, heißt die Verteilung **eingipflig** oder **unimodal.**
Die Dreiecksverteilung in Beispiel 6.14 ist eingipflig mit $x_{Mod} = 1$.

6.5.2.2 Erwartungswert einer stetigen Zufallsvariablen

Definition 6.4 (Erwartungswert):
Falls gilt

$$\int_{-\infty}^{+\infty} |x| \cdot f(x)\,dx < \infty \,, \tag{6.75}$$

so heißt

$$\mu = E(X) = \int_{-\infty}^{+\infty} x \cdot f(x)\,dx \tag{6.76}$$

der **Erwartungswert** der mit der Dichte f verteilten Zufallsvariablen X.

Wenn der Variationsbereich der Dichte nicht beschränkt ist, muß in Analogie zu diskreten Zufallsvariablen die Bedingung (6.75) der absoluten Integrierbarkeit gefordert werden (vgl. Beispiel 6.16).

Beispiel 6.15 (vgl. Beispiel 6.14):
Die Zufallsvariable mit der Dreiecksverteilung aus Beispiel 6.14 besitzt den Erwartungswert

$$\begin{aligned} E(X) &= \int_0^1 x^2\,dx + \int_1^2 (2x - x^2)\,dx = \left[\frac{x^3}{3}\right]_0^1 + \left[x^2 - \frac{x^3}{3}\right]_1^2 \\ &= \frac{1}{3} + 4 - \frac{8}{3} - 1 + \frac{1}{3} = 1\,. \end{aligned}$$

Die Dichte f ist symmetrisch zur Stelle $x = 1$. Die Symmetriestelle ist Erwartungswert und gleichzeitig Modalwert.

Satz 6.11 (Erwartungswert bei symmetrischen Dichten):
Die Zufallsvariable X besitze einen Ewartungswert und eine Dichte f, die **symmetrisch** zur Stelle s ist mit

$$f(s+z) = f(s-z) \quad \text{für alle } z \in \mathbb{R}.$$

Dann gilt

$$E(X) = s \quad \text{(Symmetriestelle).} \tag{6.77}$$

Beweis:
Aus der Symmetrie folgt

$$\begin{aligned} E(X) &= \int_{-\infty}^{+\infty} x \cdot f(x)\,dx = \int_{-\infty}^{+\infty} (s+u) \cdot f(s+u)\,du \\ &= s \cdot \underbrace{\int_{-\infty}^{+\infty} f(s+u)\,du}_{=1} + \int_{-\infty}^{+\infty} u \cdot f(s+u)\,du \\ &= s + \int_{-\infty}^{0} u \cdot f(s+u)\,du + \int_{0}^{+\infty} u \cdot f(s+u)\,du. \end{aligned}$$

Mit der Substitution $z = -u$ geht das erste Integral über in

$$\int_{-\infty}^{0} u \cdot f(s+u)\,du = -\int_{\infty}^{0} -z \cdot f(s-z)\,dz = -\int_{0}^{\infty} z \cdot f(s-z)\,dz\,.$$

Im zweiten Integral ersetzen wir u durch z und erhalten damit wegen der vorausgesetzten Symmetrie

$$\begin{aligned} E(X) &= s - \int_{0}^{\infty} z \cdot f(s-z)\,dz + \int_{0}^{+\infty} z \cdot f(s+z)\,dz \\ &= s + \int_{0}^{\infty} z \cdot \underbrace{[f(s+z) - f(s-z)]}_{=0}\,dz = s + 0 = s, \end{aligned}$$

womit der Satz bewiesen ist.

Daß in Satz 6.11 die Existenz des Erwartungswertes vorausgesetzt werden muß, zeigt das

Beispiel 6.16 (Cauchy-Verteilung):
Die Cauchy-Verteilung hat die Dichte

$$f(x) = \frac{1}{\pi(1+x^2)}, \; x \in \mathbb{R} \qquad \text{mit} \quad \int_{-\infty}^{+\infty} f(x)\,dx = 1.$$

Wegen $f(-x) = f(x)$ ist f symmetrisch zu $s = 0$. Es gilt

$$\int_{0}^{+\infty} x \cdot f(x)\,dx = \int_{0}^{+\infty} \frac{x}{\pi(1+x^2)}\,dx = \lim_{a \to \infty} \frac{1}{2\pi} \cdot \int_{0}^{a} \frac{2x}{1+x^2}\,dx$$

$$= \frac{1}{2\pi} \cdot \lim_{a \to \infty} \left(\ln(1+a^2) - \ln 1 \right) = \infty .$$

Entsprechend ist $\int\limits_{-\infty}^{0} \frac{x}{\pi(1+x^2)} dx = -\infty$.

Wegen

$$\int\limits_{-\infty}^{+\infty} |x| \cdot f(x) dx = -\int\limits_{-\infty}^{0} x \cdot f(x) dx + \int\limits_{0}^{+\infty} x \cdot f(x) dx = +\infty + \infty = \infty$$

ist bei der Cauchy-Verteilung die Bedingung (6.75) der absoluten Integrierbarkeit nicht erfüllt. Die Zufallsvariable X besitzt keinen Erwartungswert, obwohl die Dichte symmetrisch ist.

Erwartungswert einer Funktion einer stetigen Zufallsvariablen

Es sei $y = g(x)$ eine reelle Funktion. Durch $Y(\omega) = g(X(\omega))$ wird eine Zufallsvariable Y erklärt, wenn für jedes $y \in \mathbb{R}$ das Ereignis

$$\{\omega \in \Omega \mid g(X(\omega)) \leq y\}$$

eine Wahrscheinlichkeit besitzt. Dann lautet die Verteilungsfunktion von Y

$$G(y) = P(Y \leq y) = P(\{\omega \in \Omega \mid g(X(\omega)) \leq y\}) .$$

Auch wenn X stetig ist, muß die Zufallsvariable $Y = g(X)$ nicht stetig sein. Falls z. B. die Funktion g auf $A \subseteq \mathbb{R}$ mit $P(X \in A) > 0$ konstant ist, entsteht durch eine solche "Zusammenfassung" ein diskreter Anteil der Zufallsvariablen Y.

Wenn die Funktion g(x) im Variationsbereich von X stetig differenzierbar und dort stückweise monoton ist (eineindeutige Transformation), ist mit X auch die Zufallsvariable $Y = g(X)$ stetig.

Eine Formel für die Dichte von Y wird bei Bosch, K. [1993], S.198ff angegeben. Dort wird auch der folgende Funktionssatz bewiesen:

Satz 6.12 (Funktionssatz):
Die stetige Zufallsvariable X besitze die Dichte f(x). Es sei $y = g(x)$ eine reelle Funktion, für die $Y = g(X)$ eine Zufallsvariable ist. Dann besitzt die Zufallsvariable $Y = g(X)$ genau einen Erwartungswert und zwar

$$E(Y) = E(g(X)) = \int\limits_{-\infty}^{+\infty} g(x) f(x) dx , \tag{6.78}$$

wenn dieses Integral absolut konvergiert mit

$$\int\limits_{-\infty}^{+\infty} |g(x)| \cdot f(x) dx < \infty . \tag{6.79}$$

Dichte und Erwartungswert einer linearen Transformation

Durch die lineare Transformation $y = a + b\,x$; $a, b \in \mathbb{R}$ mit $b \neq 0$ geht die stetige Zufallsvariable $X(\omega)$ über in $Y(\omega) = a + b\,X(\omega)$. Sie besitzt die Verteilungsfunktion

$$G(y) = P(Y \le y) = P(a + bX \le y)\,.$$

Dabei gilt

$$G(y) = P(Y \le y) = \begin{cases} P(X \le \frac{y-a}{b}) = F(\frac{y-a}{b}) & \text{für } b > 0\,, \\ P(X \ge \frac{y-a}{b}) = 1 - F(\frac{y-a}{b}) & \text{für } b < 0. \end{cases}$$

Hieraus erhält man durch Differentiation die Dichte

$$g(y) = \begin{cases} \frac{1}{b} \cdot f(\frac{y-a}{b}) & \text{für } b > 0\,, \\ -\frac{1}{b} \cdot f(\frac{y-a}{b}) & \text{für } b < 0\,. \end{cases}$$

Wegen $-\frac{1}{b} = \frac{1}{|b|}$ für $b < 0$ besitzt die Dichte die geschlossene Darstellung

$$g(y) = \frac{1}{|b|} \cdot f\left(\frac{y-a}{b}\right) \text{ für } b \neq 0. \tag{6.80}$$

Falls X den Erwartungswert E(X) besitzt, erhält man mit $g(x) = a + b\,x$ aus dem Funktionssatz 6.12 den Erwartungswert von Y in der Form

$$\begin{aligned} E(Y) &= E(a + bX) = \int_{-\infty}^{+\infty} (a + bx) f(x)\,dx = \int_{-\infty}^{+\infty} a f(x)\,dx + \int_{-\infty}^{+\infty} bx f(x)\,dx \\ &= a \cdot \underbrace{\int_{-\infty}^{+\infty} f(x)\,dx}_{=1} + b \cdot \underbrace{\int_{-\infty}^{+\infty} x f(x)\,dx}_{=E(X)} = a + b\,E(X)\,. \end{aligned}$$

Damit wird wie bei diskreten auch bei stetigen Zufallsvariablen der Erwartungswert linear transformiert durch

$$E(a + bX) = a + b\,E(X)\,, \text{ falls } E(X) \text{ existiert.} \tag{6.81}$$

6.5.2.3 Der Median einer stetigen Zufallsvariablen

Bei diskreten Zufallsvariablen ist der Median in (6.10) definiert durch

$$P(X \le \tilde{\mu}) \ge \tfrac{1}{2} \quad \text{und} \quad P(X \ge \tilde{\mu}) \ge \tfrac{1}{2}\,.$$

Bei stetigen Zufallsvariablen ist $P(X = \tilde{\mu}) = 0$. Die Verteilungsfunktion F einer stetigen Zufallsvariablen X ist stetig und wächst von 0 auf 1 an.

Daher nimmt F jeden Wert zwischen Null und Eins an mindestens einer Stelle an. Aus diesem Grund ist die Bestimmung und die Interpretation des Medians und auch der Quantile bei stetigen Zufallsvariablen wesentlich einfacher als bei diskreten.

Jeder Zahlenwert $\widetilde{\mu}$ mit

$$F(\widetilde{\mu}) = P(X \leq \widetilde{\mu}) = \tfrac{1}{2} \tag{6.82}$$

heißt **Median (Zentralwert)** der stetigen Zufallsvariablen X.

Links und rechts vom Median liegt jeweils die Wahrscheinlichkeitsmasse $\frac{1}{2}$ (vgl. Bild 6.6). Falls die Verteilungsfunktion F an der Stelle x_0 mit $F(x_0) = \frac{1}{2}$ streng monoton wachsend ist, dann ist der Median $\widetilde{\mu} = x_0$ eindeutig bestimmt (Bild 6.7 links). Diese Bedingung ist erfüllt, wenn die Dichte f an der Stelle x_0 stetig und dort positiv ist.

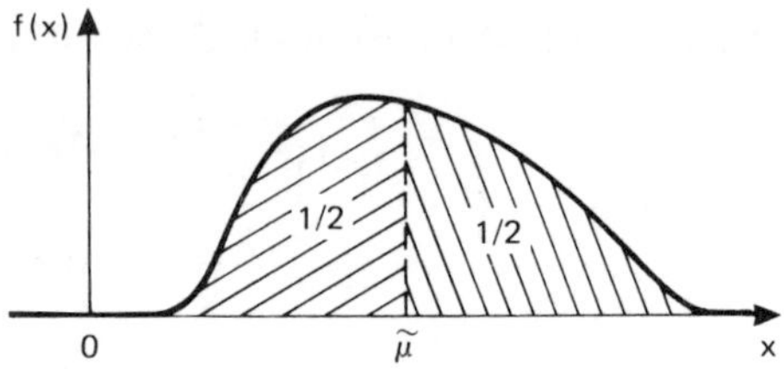

Bild 6.6: Median und Dichte

Wenn die Verteilungsfunktion an der Stelle x_0 mit $F(x_0) = \frac{1}{2}$ nicht streng monoton wachsend ist (Bild 6.7 rechts), nimmt die Verteilungsfunktion F in einem ganzen Intervall den Wert $\frac{1}{2}$ an, so daß jeder Wert aus diesem Intervall als Median erklärt werden könnte. Alle Stellen innerhalb dieses Intervalls gehören aber nicht zum Variationsbereich. In einem solchen Fall wird oft nur der linke (oder auch der linke und rechte Randpunkt) als Median gewählt.

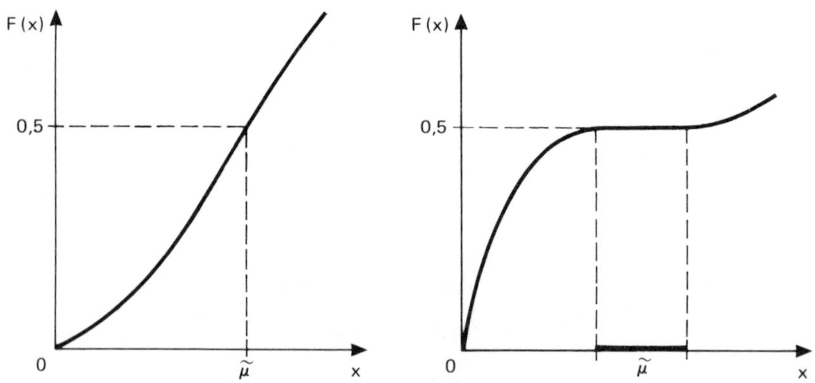

Bild 6.7: Median und Verteilungsfunktion

6.5.2.4 Quantile einer stetigen Zufallsvariablen

Die stetige Zufallsvariable X besitze die (stetige) Verteilungsfunktion F(x). Zu jedem α mit $0 < \alpha < 1$ gibt es wegen der Stetigkeit von F mindestens eine Stelle ξ_α mit

$$F(\xi_\alpha) = P(X \leq \xi_\alpha) = \alpha. \tag{6.83}$$

Dann heißt ξ_α **α-Quantil** bzw. **100α %-Quantil** oder **α-Fraktil** der Verteilung von X. Links vom α-Quantil ξ_α liegt $100 \cdot \alpha$ % und rechts davon $100 \cdot (1-\alpha)$ % der Wahrscheinlichkeitsmasse. Falls die Verteilungsfunktion an der Stelle ξ_α mit $F(\xi_\alpha) = \alpha$ streng monoton wächst, ist das Quantil ξ_α eindeutig bestimmt. Sonst wählt man die kleinste (oder auch größte) Stelle, an der die Verteilungsfunktion gleich α ist, als α-Quantil.

Der **Median** ist das 0,5-Quantil mit $\tilde{\mu} = \xi_{0,5}$.

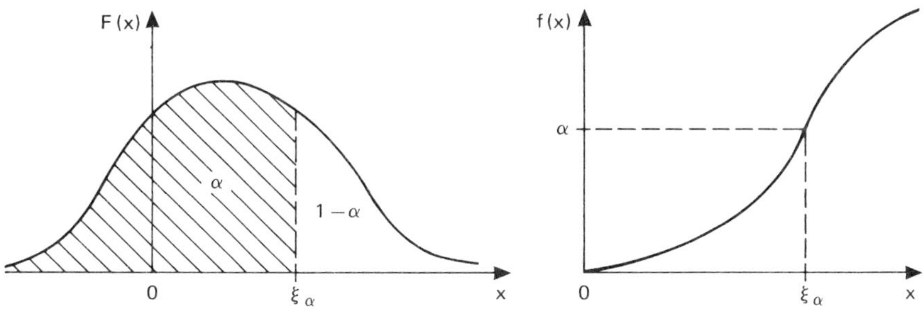

Bild 6.8: α-Quantil

Quantile bei symmetrischen Dichten

Die Dichte f(x) sei symmetrisch zur Achse x = s. Dann sind die beiden Quantile ξ_α und $\xi_{1-\alpha}$ gleich weit von s entfernt mit

$$\xi_\alpha - s = s - \xi_{1-\alpha}$$

(vgl. Bild 6.9).

Hieraus folgt

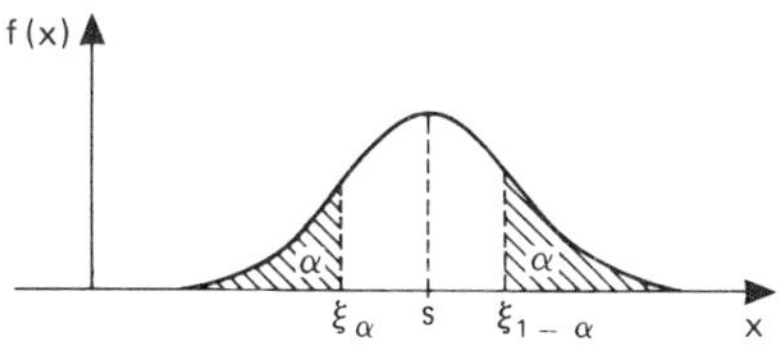

Bild 6.9: Quantile bei einer symmetrischen Dichte

$$\xi_{1-\alpha} = 2s - \xi_\alpha, \quad \text{falls s } \textbf{Symmetrie-Stelle} \text{ von f ist.} \tag{6.84}$$

Beispiel 6.17 (vgl. Beispiel 6.14 Dreiecksverteilung):
Für die Dreiecksverteilung aus Beispiel 6.14 sollen der Median sowie die 0,1- und 0,9-Quantile berechnet werden.

a) Die Dichte ist symmetrisch zu s = 1. Daraus folgt $\tilde{\mu} = 1$;

b) $0{,}1 = F(\xi_{0,1}) = \frac{\xi_{0,1}^2}{2}$; $\xi_{0,1}^2 = 0{,}2$; $\xi_{0,1} = \sqrt{0{,}2}$;

c) wegen der Symmetrie folgt nach (6.84) $\xi_{0,9} = 2\,s - \xi_{0,1} = 2 - \sqrt{0{,}2}$.

6.5.3 Varianz und Standardabweichung einer stetigen Zufallsvariablen

Definition 6.5 (Varianz und Standardabweichung):
Die stetige Zufallsvariable X besitze die Dichte f(x) und den Erwartungswert $\mu = E(X)$. Dann heißt im Falle der Existenz

$$\operatorname{Var}(X) = E\big((X-\mu)^2\big) = \int_{-\infty}^{+\infty} (x-\mu)^2 f(x)\,dx < \infty \tag{6.85}$$

die **Varianz** und die Quadratwurzel $\sigma = {}_{+}\sqrt{\sigma^2}$ die **Standardabweichung** der stetigen Zufallsvariablen X.

Aus den Eigenschaften des Integrals erhalten wir

$$\begin{aligned}\operatorname{Var}(X) &= \int_{-\infty}^{+\infty} (x^2 - 2\,\mu\,x + \mu^2)\,f(x)\,dx \\ &= \underbrace{\int_{-\infty}^{+\infty} x^2 f(x)\,dx}_{=E(X^2)} - 2\mu\cdot\underbrace{\int_{-\infty}^{+\infty} x f(x)\,dx}_{=\mu} + \mu^2\cdot\underbrace{\int_{-\infty}^{+\infty} f(x)\,dx}_{=1}.\end{aligned}$$

Damit gilt wie bei diskreten Zufallsvariablen die für die praktische Rechnung nützliche Formel

$$\operatorname{Var}(X) = \int_{-\infty}^{+\infty} x^2 f(x)\,dx - \mu^2 = E(X^2) - [E(X)]^2. \tag{6.86}$$

Eine Zufallsvariable, deren Dichte einen **beschränkten Variationsbereich** hat, besitzt immer eine Varianz.

Beispiel 6.18 (vgl. Beispiel 6.14 Dreiecksverteilung):
Die Dreiecksverteilung aus Beispiel 6.14 hat wegen der Symmetrie den Erwartungswert $\mu = 1$. Mit (6.86) erhält man

$$E(X^2) = \int_0^1 x^3 dx + \int_1^2 x^2 \cdot (2-x)\,dx = \left[\frac{x^4}{4}\right]_{x=0}^{x=1} + \left[\frac{2}{3}x^3 - \frac{x^4}{4}\right]_{x=1}^{x=2}$$

$$= \frac{1}{4} + \frac{16}{3} - 4 - \frac{2}{3} + \frac{1}{4} = \frac{7}{6}\ .$$

$$Var(X) = E(X^2) - \mu^2 = \frac{7}{6} - 1 = \frac{1}{6}.$$

Varianz einer linearen Transformation

Die stetige Zufallsvariable X besitze den Erwartungswert μ und die Varianz σ^2. Dann besitzt die linear transformierte Zufallsvariable $Y = a + b\,X$ nach (6.81) den Erwartungswert $a + b\,\mu$. Für die Varianz erhalten wir

$$Var(a + bX) = \int_{-\infty}^{+\infty} (a + bx - a - b\,\mu)^2 f(x)\,dx$$

$$= b^2 \cdot \int_{-\infty}^{+\infty} (x - \mu)^2 f(x)\,dx = b^2 \cdot Var(X)\,.$$

Damit gilt bei stetigen wie bei diskreten Zufallsvariablen

$$Var(a + b\,X) = b^2 \cdot Var(X) \quad \text{für } a, b \in \mathbb{R}\,. \tag{6.87}$$

Die stetige Zufallvariable X besitze den Erwartungswert μ und die Standardabweichung $\sigma \neq 0$. Für die **Standardisierte**

$$X^* = \frac{X-\mu}{\sigma}$$

folgt aus (6.82) und (6.87) wie bei diskreten Zufallsvariablen (vgl. (6.17)) unmittelbar

$$E(X^*) = 0 \quad \text{und} \quad Var(X^*) = 1. \tag{6.88}$$

Beispiel 6.19 (Standardisierung der Dreiecksverteilung; vgl. Beispiele 6.14, 6.15 und 6.18):

Die Dreiecksverteilung aus Beispiel 6.14 besitzt nach den Beispielen 6.15 und 6.18 den Erwartungswert $\mu = 1$ und die Varianz $\sigma^2 = \frac{1}{6}$. Damit lautet die Standardisierung

$$Y = X^* = \frac{X-1}{\sqrt{1/6}} = \sqrt{6} \cdot (X - 1) = -\sqrt{6} + \sqrt{6}\,X\,.$$

Nach (6.80) erhält man die Dichte von $Y = X^*$ als $g(y) = \frac{1}{\sqrt{6}} \cdot f\left(\frac{y + \sqrt{6}}{\sqrt{6}}\right)$.

Dabei ist f die Dichte der Zufallsvariablen X aus Beispiel 6.14. Elementare Rechnung ergibt die geschlossene Darstellung

$$g(y) = \begin{cases} \dfrac{y + \sqrt{6}}{6} & \text{für } -\sqrt{6} \leq y \leq 0\,; \\[2ex] \dfrac{\sqrt{6} - y}{6} & \text{für } 0 \leq y \leq \sqrt{6}\,. \end{cases}$$

6.6 Zweidimensionale stetige Zufallsvariablen

In diesem Abschnitt betrachten wir gleichzeitig zwei stetige Zufallsvariablen X und Y. Jedem $\omega \in \Omega$ wird ein Zahlenpaar $(X(\omega), Y(\omega)) \in \mathbb{R}^2$ zugeordnet. Wir behandeln allerdings nicht beliebige Paare von stetigen Zufallsvariablen, sondern nur solche, die eine gemeinsame Dichte $f(x,y)$ besitzen. Keine gemeinsame Dichte gibt es z. B. für zwei stetige Zufallsvariablen X und Y, bei denen $Y = g(X)$ eine Funktion der Zufallsvariablen X ist. Bei einer solchen funktionalen Abhängigkeit kann man sich auf die Untersuchung einer der beiden Zufallsvariablen beschränken. In diesem Abschnitt werden zweidimensionale Integrale benötigt.

6.6.1 Die gemeinsame Dichte

Eine in $\mathbb{R}^2$ integrierbare Funktion $f(x,y)$ heißt **zweidimensionale Dichte**, wenn sie folgende Bedingungen erfüllt:

$$\begin{aligned} &\text{a)} \quad f(x,y) \geq 0 \quad \text{für alle } (x,y) \in \mathbb{R}^2 ; \\ &\text{b)} \quad \int_{-\infty}^{+\infty} \int_{-\infty}^{+\infty} f(x,y)\,dx\,dy = 1 . \end{aligned} \tag{6.89}$$

Die Dichtefunktion $f(x,y)$ spannt über der x-y-Ebene eine Fläche auf. Der Körper, den diese Fläche mit der x-y-Ebene einschließt, hat das Volumen Eins. In Bild 6.10 ist die Dichte einer zweidimensionalen stetigen Zufallsvariablen dargestellt.

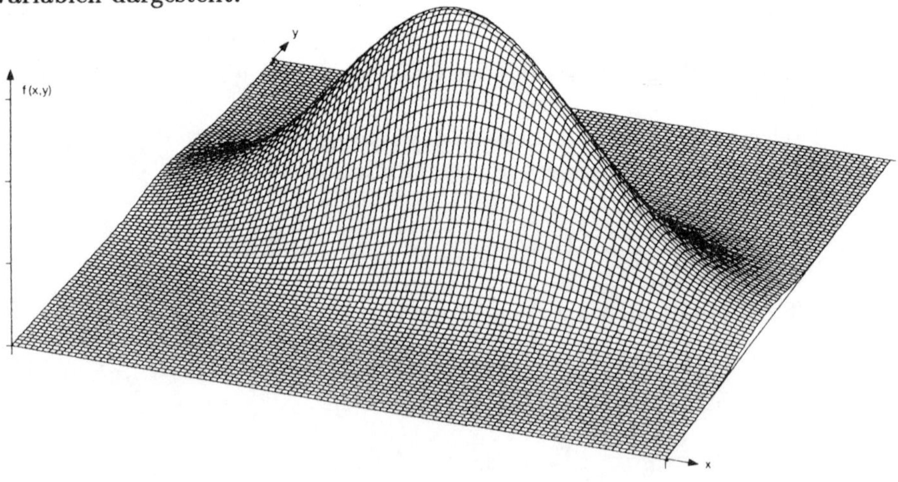

Bild 6.10: Dichte einer zweidimensionalen stetigen Zufallsvariablen

Die zweidimensionale Zufallsvariable (X,Y) heißt **stetig mit der gemeinsamen Dichte**, wenn alle Gebiete $G \subset \mathbb{R}^2$, für welche die gemeinsame Wahrscheinlichkeit $P(\{\omega \in \Omega \mid (X(\omega),Y(\omega)) \in G\})$ erklärt ist, gilt:

$$P(X, Y) \in G) = P(\{\omega \in \Omega \mid (X(\omega),Y(\omega)) \in G\}) = \iint_G f(x,y)\,dx\,dy. \quad (6.90)$$

Die Wahrscheinlichkeit, daß die Realisierung der zweidimensionalen Zufallsvariablen in dem Gebiet G liegt, ist gleich dem Volumen, das die Dichte f(x, y) über diesem Gebiet G mit der x-y-Ebene einschließt.

Falls die Dichte f(x, y) an der Stelle (x_0, y_0) stetig ist, gilt für kleine $\Delta x > 0$ und $\Delta y > 0$ die Näherung

$$P(x_0 \le X \le x_0 + \Delta x\,,\ y_0 \le Y \le y_0 + \Delta y) \approx f(x_0, y_0)\,\Delta x\,\Delta y. \quad (6.91)$$

6.6.2 Die gemeinsame Verteilungsfunktion

Analog zu zweidimensionalen diskreten Zufallsvariablen ist die gemeinsame Verteilungsfunktion F der zweidimensionalen stetigen Zufallsvariablen mit der Dichte f(x, y) erklärt durch

$$F(x,y) = P(X \le x, Y \le y) = \int_{-\infty}^{x} \int_{-\infty}^{y} f(u,v)\,du\,dv\,. \quad (6.92)$$

Der Funktionswert F(x, y) stellt das Volumen des Körpers dar, den die Dichtefunktion f(x, y) links von x und unterhalb von y mit der x-y-Ebene einschließt. Es ist also die Wahrscheinlichkeit dafür, daß die Realisierung der zweidimensionalen Zufallsvariablen (X,Y) in der von (x, y) begrenzten Halbebene liegt (vgl. Bild. 6.11 links). Die gemeinsame Verteilungsfunktion F besitzt folgende Eigenschaften:

1.) F ist in beiden Variablen monoton nicht fallend und stetig.

2.) Für alle x und y gilt

$$\lim_{x \to -\infty} F(x,y) = F(-\infty, y) = 0 \quad \text{und} \quad \lim_{y \to -\infty} F(x,y) = F(x, -\infty) = 0\,.$$

3.) Es gilt

$$\lim_{\substack{x \to \infty \\ y \to \infty}} F(x,y) = F(+\infty, +\infty) = 1\,.$$

4.) Falls die Dichte f(x, y) an der Stelle (x_0, y_0) stetig ist, so ist die Verteilungsfunktion an dieser Stelle nach beiden Variablen differenzierbar mit

$$\left.\frac{\partial^2 F(x,y)}{\partial x\,\partial y}\right|_{(x,y)=(x_0,y_0)} = f(x_0, y_0);\ (x_0, y_0) \text{ Stetigkeitsstelle von f.}$$

Gesucht ist die Wahrscheinlichkeit dafür, daß die Realisierung von (X, Y) in dem durch die Intervalle $[a_1; a_2]$ und $[b_1; b_2]$ bestimmten Rechteck liegt, also die Wahrscheinlichkeit $P(a_1 \leq X \leq a_2, b_1 \leq Y \leq b_2)$. Sowohl in $(X \leq a_2, Y \leq b_1)$ als auch in $(X \leq a_1, Y \leq b_2)$ ist $(X \leq a_1, Y \leq b_1)$ enthalten (vgl. Bild 6.11 rechts). Damit wird aber in der Differenz $F(a_2, b_2) - F(a_2, b_1) - F(a_1, b_2)$ die Wahrscheinlichkeit $F(a_1, b_1)$ doppelt subtrahiert, die Wahrscheinlichkeiten der beiden Streifen jedoch nur einfach. Somit erhält man für die gesuchte Wahrscheinlichkeit die Darstellung

$$P(a_1 \leq X \leq a_2, b_1 \leq Y \leq b_2) = F(a_2, b_2) - F(a_2, b_1) - F(a_1, b_2) + F(a_1, b_1). \tag{6.93}$$

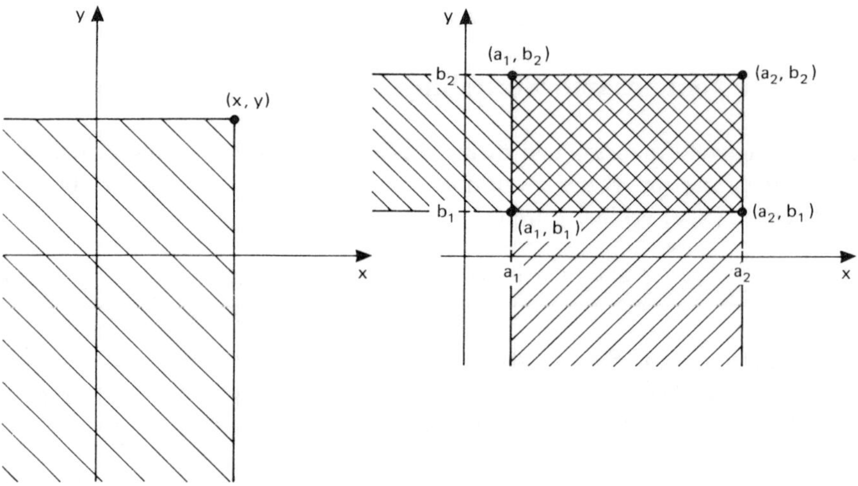

Bild 6.11: Gemeinsame Verteilungsfunktion

6.6.3 Randverteilungen

Wie im diskreten Fall erhält man die Verteilungsfunktionen der beiden Zufallsvariablen X und Y durch Grenzwertbildung

$$F_1(x) = P(X \leq x) = P(X \leq x, Y \leq \infty) = \lim_{y \to \infty} F(x, y) = F(x, +\infty) \; ;$$

$$F_2(y) = P(Y \leq y) = P(X \leq \infty, Y \leq y) = \lim_{x \to \infty} F(x, y) = F(+\infty, y) .$$

Damit gilt

$$F_1(x) = \int_{-\infty}^{x} \int_{-\infty}^{+\infty} f(u,v)\,du\,dv; \quad F_2(y) = \int_{-\infty}^{+\infty} \int_{-\infty}^{y} f(u,v)\,du\,dv. \tag{6.94}$$

Aus dieser Darstellung erhält man unmittelbar die sogenannten **Randdichten:**

$$\begin{aligned} &\text{Dichte der Zufallsvariablen X:} \quad f_1(x) = \int_{-\infty}^{+\infty} f(x,y)\,dy. \\ &\text{Dichte der Zufallsvariablen Y:} \quad f_2(y) = \int_{-\infty}^{+\infty} f(x,y)\,dx. \end{aligned} \tag{6.95}$$

6.6.4 Unabhängige stetige Zufallsvariablen

Definition 6.6 (Unabhängigkeit zweier stetiger Zufallsvariabler): Zwei stetige Zufallsvariablen X und Y mit der gemeinsamen Verteilungsfunktion $F(x,y) = P(X \leq x, Y \leq y)$ und den einzelnen Verteilungsfunktionen $F_1(x) = P(X \leq x)$ und $F_2(y) = P(Y \leq y)$ heißen **unabhängig**, falls die gemeinsame Verteilungsfunktion gleich dem Produkt der einzelnen Verteilungsfunktionen ist, falls also für alle $(x, y) \in \mathbb{R}^2$ gilt:

$$F(x,y) = P(X \leq x, Y \leq y) = P(X \leq x) \cdot P(Y \leq y) = F_1(x) \cdot F_2(y) \tag{6.96}$$

Wegen

$$\int_{-\infty}^{x} \int_{-\infty}^{y} f(u,v)\,du\,dv = \int_{-\infty}^{x} f_1(u)\,du \cdot \int_{-\infty}^{y} f_2(v)\,dv$$

muß bei unabhängigen Variablen an allen Stetigkeitsstellen die gemeinsame Dichte gleich dem Produkt der beiden Randdichten sein, also

$$f(x,y) = f_1(x) \cdot f_2(y). \tag{6.97}$$

Falls die Produktdarstellung (6.97) auf ganz $\mathbb{R}^2$ gilt, sind die beiden Zufallsvariablen X und Y unabhängig. Daher wird die Produktdarstellung der Dichten häufig als Definitionsgleichung für die Unabhängigkeit zweier stetiger Zufallsvariabler benutzt.

Sind allgemein $f_1(x)$ und $f_2(y)$ Dichten zweier Zufallsvariabler, so ist durch $f(x,y) = f_1(x) \cdot f_2(y)$ eine gemeinsame Dichte von (X, Y) gegeben. Die beiden Zufallsvariablen X und Y sind dann voneinander unabhängig.

Beispiel 6.20:
a) Die Dichte $f(x,y)$ nehme in dem in Bild 6.12 eingezeichneten Dreieck den Wert 1 an. Außerhalb davon sei $f = 0$. Weil das Dreieck den Flächeninhalt 1 besitzt, ist f eine zweidimensionale Dichte. Gesucht sind die beiden Randdichten.

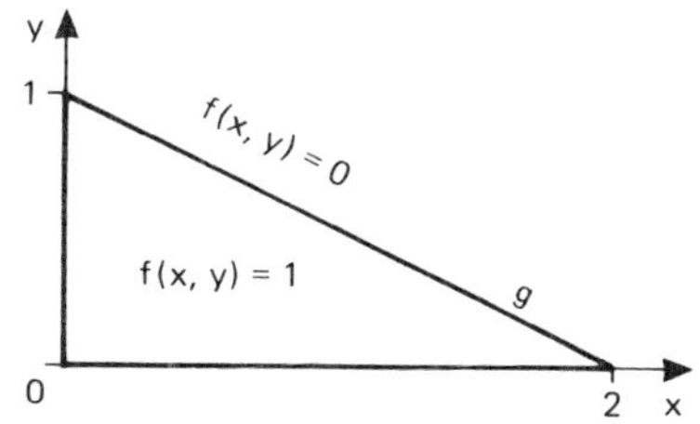

Bild 6.12: zweidimensionale Dichte

Die obere Begrenzungsgerade g besitzt die Gleichung

$$y = 1 - 0{,}5\,x \Leftrightarrow x = 2 - 2\,y.$$

Dichte der Zufallsvariablen X: Für $x \notin [0, 2]$ ist $f_1(x) = 0$.

$$0 \le x \le 2: \quad f_1(x) = \int_{-\infty}^{+\infty} f(x,y)\,dy = \int_0^{1-0{,}5x} 1 \cdot dy = 1 - 0{,}5\,x.$$

Dichte der Zufallsvariablen Y: Für $y \notin [0, 1]$ ist $f_2(y) = 0$.

$$0 \le y \le 1: \quad f_2(y) = \int_{-\infty}^{+\infty} f(x,y)\,dx = \int_0^{2-2y} 1 \cdot dx = 2 - 2\,y.$$

Wegen $f(x, y) \neq f_1(x) \cdot f_2(y)$ im Dreieck sind die beiden Zufallsvariablen X und Y nicht unabhängig.

b) Multipliziert man die beiden obigen Randdichten f_1 und f_2 miteinander, so erhält man die zweidimensionale Dichte

$$\hat{f}(x, y) = (2 - x) \cdot (1 - y) \text{ für } 0 \le x \le 2,\ 0 \le y \le 1; \quad \hat{f}(x, y) = 0 \text{ sonst.}$$

Die Zufallsvariablen $(\hat{X}, \hat{Y})$ mit dieser gemeinsamen Dichte sind unabhängig und besitzen die Randdichten $f_1(x)$ und $f_2(y)$.

6.6.5 Funktionen einer stetigen zweidimensionalen Zufallsvariablen

Die beiden stetigen Zufallsvariablen X und Y sollen die gemeinsame Dichte $f(x,y)$ besitzen. Ferner sei $g(x,y)$ eine beliebige Funktion in den beiden Veränderlichen x und y. Dann wird durch $Z(\omega) = g\big(X(\omega), Y(\omega)\big)$ eine eindimensionale Zufallsvariable definiert, falls für jedes $z \in \mathbb{R}$ die Wahrscheinlichkeit

$$P(Z \le z) = P(\{\omega \in \Omega \mid g(X(\omega), Y(\omega)) \le z\})$$

berechenbar ist.

Satz 6.13 (Funktionssatz):
Die zweidimensionale stetige Zufallsvariable (X, Y) besitze die Dichte $f(x, y)$. Falls

$$\int_{-\infty}^{+\infty}\int_{-\infty}^{+\infty} |g(x,y)| \cdot f(x,y)\,dx\,dy < \infty \tag{6.98}$$

erfüllt ist, besitzt die Zufallsvariable $Z = g(X, Y)$ den Erwartungswert

$$E(Z) = E(g(X, Y)) = \int_{-\infty}^{+\infty}\int_{-\infty}^{+\infty} g(x,y) \cdot f(x,y)\,dx\,dy. \tag{6.99}$$

Beweis: s. Bosch, K. [1993], S. 229.

6.6.5.1 Erwartungswert des Produkts zweier stetiger Zufallsvariabler

Das Produkt $Z = X \cdot Y$ zweier stetiger Zufallsvariabler (X, Y) mit der gemeinsamen Dichte f ist eine stetige Zufallsvariable.

Falls der Erwartungswert der Produktvariablen $X \cdot Y$ existiert, erhält man ihn mit $g(x, y) = x \cdot y$ aus dem Funktionssatz 6.13 in der Form

$$E(X \cdot Y) = \int_{-\infty}^{+\infty} \int_{-\infty}^{+\infty} x y f(x, y)\, dx\, dy . \qquad (6.100)$$

Satz 6.14 :
Die beiden stetigen Zufallsvariablen X und Y seien **unabhängig** und besitzen die Erwartungswerte E(X) und E(Y). Dann besitzt das Produkt den Erwartungswert

$$E(X \cdot Y) = E(X) \cdot E(Y) . \qquad (6.101)$$

Beweis:
X und Y seien unabhängig mit den Dichten $f_1(x)$ und $f_2(y)$. Dann folgt aus (6.100) mit der Produktdarstellung $f(x, y) = f_1(x) \cdot f_2(y)$

$$E(X \cdot Y) = \int_{-\infty}^{+\infty} \int_{-\infty}^{+\infty} x y f_1(x) f_2(y)\, dx\, dy = \int_{-\infty}^{+\infty} x f_1(x)\, dx \cdot \int_{-\infty}^{+\infty} y f_2(y)\, dy$$

$$= E(X) \cdot E(Y).$$

6.6.5.2 Erwartungswert einer Summe stetiger Zufallsvariabler

X und Y seien stetige Zufallsvariablen mit der gemeinsamen Dichte $f(x, y)$ und existierenden Erwartungswerten E(X) und E(Y). Dann erhält man aus dem Funktionssatz 6.13

$$E(X+Y) = \int_{-\infty}^{+\infty} \int_{-\infty}^{+\infty} (x+y) f(x, y)\, dx\, dy$$

$$= \int_{-\infty}^{+\infty} \int_{-\infty}^{+\infty} x f(x, y)\, dx\, dy + \int_{-\infty}^{+\infty} \int_{-\infty}^{+\infty} y f(x, y)\, dx\, dy$$

$$= \int_{-\infty}^{+\infty} x \left\{ \int_{-\infty}^{+\infty} f(x, y)\, dy \right\} dx + \int_{-\infty}^{+\infty} y \left\{ \int_{-\infty}^{+\infty} f(x, y)\, dx \right\} dy$$

$$= \int_{-\infty}^{+\infty} x \cdot f_1(x)\, dx + \int_{-\infty}^{+\infty} y \cdot f_2(y)\, dy = E(X) + E(Y) .$$

Damit gilt wie bei diskreten Zufallsvariablen die Additivität des Erwartungswertes, die durch vollständige Induktion unmittelbar auf mehrere Summanden übertragen werden kann:

$$E(X+Y) = E(X) + E(Y)$$
$$E(X_1 + X_2 + \ldots + X_n) = E(X_1) + E(X_2) + \ldots + E(X_n)\,, \tag{6.102}$$

falls die einzelnen Erwartungswerte existieren.

6.6.5.3 Varianz einer Summe unabhängiger Zufallsvariabler

Die stetigen Zufallsvariablen X und Y seien unabhängig und besitzen die Erwartungswerte $\mu_X = E(X)$, $\mu_Y = E(Y)$ sowie die Varianzen Var(X) und Var(Y). Dann erhält man für die Varianz der Summe aus der Additivität und der Linearität des Erwartungswertes sowie Satz 6.14

$$\begin{aligned}
Var(X+Y) &= E\Big((X+Y-\mu_x-\mu_Y)^2\Big) \\
&= E\Big((X-\mu_x)^2\Big) + E\Big((X-\mu_x)^2\Big) + 2\,E\Big((X-\mu_X)(Y-\mu_Y)\Big) \\
&= Var(X) + Var(Y) + E\,(XY - \mu_X Y - X\mu_Y + \mu_X\mu_Y) \\
&= Var(X) + Var(Y) + E\,(XY) - \mu_X\mu_Y - \mu_X\mu_Y + \mu_X\mu_Y \\
&= Var(X) + Var(Y) + \underbrace{E\,(XY) - E(X)\cdot E(Y)}_{=0} \\
&= Var(X) + Var(Y)\,.
\end{aligned}$$

Damit ist auch bei unabhängigen stetigen Zufallsvariablen die Varianz additiv mit

$$Var(X+Y) = Var(X) + Var(Y)$$
$$Var(X_1 + X_2 + \ldots + X_n) = Var(X_1) + Var(X_2) + \ldots + Var(X_n)\,, \tag{6.103}$$

falls die einzelnen Varianzen existieren und die Zufallsvariablen paarweise unabhängig sind.

6.6.6 Bedingte Dichten und bedingte Erwartungswerte

Die beiden stetigen Zufallsvariablen X und Y sollen die gemeinsame Dichte f(x, y) besitzen sowie die Randdichten

$$f_1(x) = \int_{-\infty}^{+\infty} f(x,y)\,dy\,; \quad f_2(y) = \int_{-\infty}^{+\infty} f(x,y)\,dx\,.$$

Für $P(x \le X \le x + \Delta x) > 0$ erhält man die bedingte Wahrscheinlichkeit

$$P(Y \le y \,|\, x \le X \le x+\Delta x)$$
$$= \frac{P(x \le X \le x+\Delta x, Y \le y)}{P(x \le X \le x+\Delta x)} = \frac{\int_x^{x+\Delta x}\int_{-\infty}^{y} f(u,v)\,dv\,du}{\int_x^{x+\Delta x} f_1(u)\,du}.$$

Falls die Dichte $f(u,v)$ an der Stelle x stetig ist mit $f_1(x) \neq 0$, folgt hieraus nach der Regel von de l'Hospital und dem Mittelwertsatz der Integralrechnung mit dem Grenzübergang $\Delta x \to 0$ die Beziehung

$$F(y \,|\, X=x) = \lim_{\Delta x \to 0} P(Y \le y | x \le X \le x+\Delta x) = \frac{\int_{-\infty}^{y} f(x,v)\,dv}{f_1(x)} = \int_{-\infty}^{y} \frac{f(x,v)}{f_1(x)}\,dv.$$

Bei festem x stellt diese Funktion in y eine Verteilungsfunktion dar.

Definition 6.7 (bedingte Verteilungsfunktion und bedingte Dichte):
Für $f_1(x) > 0$ heißt

$$F(y \,|\, X=x) = \int_{-\infty}^{y} \frac{f(x,v)}{f_1(x)}\,dv \tag{6.104}$$

die **bedingte Verteilungsfunktion** von Y unter der Bedingung $(X = x)$. Ihre Dichte

$$f(y \,|\, x) = \frac{f(x,y)}{f_1(x)} \tag{6.105}$$

nennt man **bedingte Dichte** von Y unter der Bedingung $(X = x)$.

Für $f_2(y) \neq 0$ ist

$$F(x \,|\, Y=y) = \int_{-\infty}^{x} \frac{f(u,y)}{f_2(y)}\,du \tag{6.106}$$

die **bedingte Verteilungsfunktion** von X unter der Bedingung $(Y = y)$ und ihre Dichte

$$f(x \,|\, y) = \frac{f(x,y)}{f_2(y)} \tag{6.107}$$

bedingte Dichte von X unter der Bedingung $(Y = y)$.

Definitionsgemäß gilt

$$F_2(y) = P(Y \le y) = \int_{-\infty}^{y} f_2(v)\,dv = \int_{-\infty}^{y}\int_{-\infty}^{+\infty} f(x,v)\,dx\,dv$$
$$= \int_{-\infty}^{+\infty} \left\{ \int_{-\infty}^{y} f(x,v)\,dv \right\} dx = \int_{\{x:\, f_1(x) > 0\}} f_1(x) \left\{ \int_{-\infty}^{y} \frac{f(x,v)}{f_1(x)}\,dv \right\} dx$$
$$= \int_{\{x:\, f_1(x) > 0\}} F(y | X=x) \cdot f_1(x)\,dx.$$

Entsprechend erhält man

$$F_1(x) = P(X \le x) = \int_{-\infty}^{+\infty} F(x|Y=y) \cdot f_2(y)\, dy.$$

Definition 6.8 (bedingte Erwartungswerte):
Im Falle der Existenz heißen für $f_1(x) > 0$, $f_2(y) > 0$

$$\begin{aligned} E(Y|X=x) &= \int_{-\infty}^{+\infty} y \cdot f(y|x)\, dy = \frac{1}{f_1(x)} \int_{-\infty}^{+\infty} y \cdot f(x,y)\, dy, \\ E(X|Y=y) &= \int_{-\infty}^{+\infty} x \cdot f(x|y)\, dx = \frac{1}{f_2(y)} \int_{-\infty}^{+\infty} x \cdot f(x,y)\, dx \end{aligned} \tag{6.108}$$

die **bedingten Erwartungswerte** von Y unter der Bedingung $(X=x)$ bzw. von X unter der Bedingung $(Y=y)$.

Mit Hilfe der hieraus folgenden Identität

$$\int_{-\infty}^{+\infty} y \cdot f(x,y)\, dy = f_1(x) \cdot E(Y|X=x)$$

erhält man

$$\begin{aligned} E(Y) &= \int_{-\infty}^{+\infty} y \cdot f_2(y)\, dy = \int_{-\infty}^{+\infty}\int_{-\infty}^{+\infty} y \cdot f(x,y)\, dy\, dx \\ &= \int_{-\infty}^{+\infty} E(Y|X=x) \cdot f_1(x)\, dx. \end{aligned} \tag{6.109}$$

Analog gilt

$$E(X) = \int_{-\infty}^{+\infty} E(X|Y=y) \cdot f_2(y)\, dy. \tag{6.110}$$

Bemerkung:

Bei **unabhängigen** stetigen Zufallsvariablen stimmen im Falle der Existenz die in diesem Abschnitt berechneten bedingten Größen mit den absoluten überein. Für alle x, y gilt damit

$$\begin{aligned} P(Y \le y|X=x) &= P(Y \le y) \quad \text{und} \quad E(Y|X=x) = E(Y) \\ P(X \le x|Y=y) &= P(X \le x) \quad \text{und} \quad E(X|Y=y) = E(X) \end{aligned} \tag{6.111}$$

falls X und Y unabhängig sind.

$$= \frac{1}{|b|} \cdot \frac{1}{\sigma} \cdot \varphi\left(\frac{y - a - b\mu}{b \cdot \sigma}\right) = \frac{1}{\sqrt{2\pi} \cdot |b| \cdot \sigma} \cdot e^{-\frac{(x - a - b\mu)^2}{2b^2\sigma^2}}.$$

Dies ist aber gerade die Dichte einer $N(a + b\mu;\, b^2\sigma^2)$ - verteilten Zufallsvariablen, womit der Satz bewiesen ist.

Satz 6.17 (Additionstheorem bei unabhängigen Normalverteilungen):
Die Zufallsvariablen X_i seien $N(\mu_i;\, \sigma_i^2)$ - verteilt für $i = 1, 2, \ldots, n$ und unabhängig. Dann ist die Zufallsvariable der Linearkombination

$$Y = \sum_{i=1}^{n} c_i X_i \quad \text{mit reellen Konstanten } c_i \in \mathbb{R}$$

ebenfalls normalverteilt mit dem

Erwartungswert $E(Y) = \sum_{i=1}^{n} c_i \mu_i$ und der Varianz $Var(Y) = \sum_{i=1}^{n} c_i^2 \sigma_i^2$.

Beweis s. Bosch, K. [1993], S. 268.

6.7.3.3 Approximation der Binomialverteilung durch die Normalverteilung

Eine mit den Parametern n und p binomialverteilte Zufallsvariable beschreibt nach Abschnitt 6.4.2 in einer unabhängigen Versuchsserie vom Umfang n die absolute Häufigkeit eines Ereignisses A, das bei einem Einzelversuch die Wahrscheinlichkeit $p = P(A)$ besitzt. Dabei gilt

$$p_k = P(X = k) = \binom{n}{k} \cdot p^k \cdot (1 - p)^{n-k} \quad \text{für } k = 0, 1, \ldots, n.$$

Beispiel 6.24:
Eine ideale Münze wird zehnmal geworfen. Die Zufallsvariable X der Anzahl der Wappen in der Serie ist binomialverteilt mit $n = 10$ und $p = 0{,}5$. Damit lauten die Wahrscheinlichkeiten

$$p_k = \binom{10}{k} \cdot \frac{1}{2^k} \quad \text{für } k = 0, 1, \ldots, 10.$$

In Bild 6.17 ist das Histogramm der Verteilung skizziert.

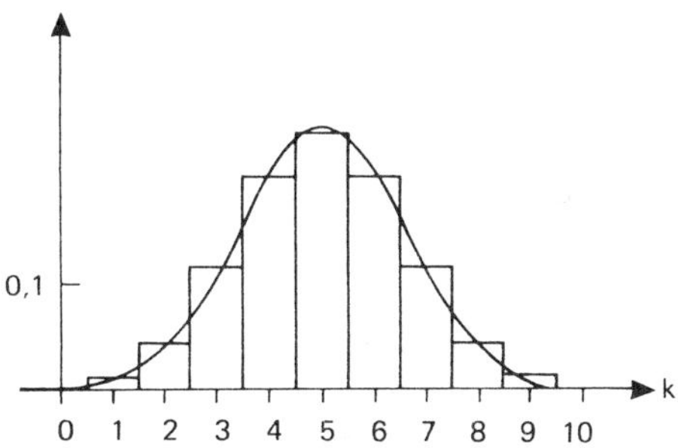

Bild 6.17: Histogramm einer Binomialverteilung

Die Parameter von X lauten

$$E(X) = 10 \cdot \frac{1}{2} = 5; \quad Var(X) = 10 \cdot \frac{1}{2} \cdot \frac{1}{2} = 2{,}5.$$

Das in Bild 6.17 skizzierte Histogramm läßt sich gut durch die Dichte der $N(5;\, 2{,}5)$ - Normalverteilung approximieren. Eine solche Eigenschaft gilt allgemein bei Binomialverteilungen.

Die Zufallsvariable X_n sei binomialverteilt mit den Parametern n und p. Dabei sei $0 < p < 1$. Wegen

$$E(X_n) = n\,p\,; \quad Var(X_n) = n\,p\,(1-p)$$

wird bei gleichem p mit wachsendem n sowohl der Erwartungswert als auch die Varianz beliebig groß. Aus diesem Grund "wandern" mit wachsendem n die Histogramme immer mehr nach rechts, wobei sie wegen der großen Standardabweichung sehr flach werden. Dies wird durch die Standardisierung verhindert.

$$X_n^* = \frac{X - n\,p}{\sqrt{n\,p\,(1-p)}}$$

besitzt für jedes beliebige n den Erwartungswert 0 und die Standardabweichung 1.
Wegen des zentralen Grenzwertsatzes 6.24 konvergiert die Folge der Verteilungsfunktionen $F_n(x) = P(X_n^* \le x)$ gegen die Verteilungsfunktion der Standard-Normalverteilung. Es gilt also

$$\lim_{n\to\infty} P\left(\frac{X - n\,p}{\sqrt{np(1-p)}} \le x\right) = \Phi(x) = \frac{1}{\sqrt{2\pi}} \int_{-\infty}^{x} e^{-\frac{u^2}{2}} du. \tag{6.128}$$

Daher kann über die Standardisierung jede Binomialverteilung durch eine Normalverteilung approximiert werden. Für große n ist die Zufallsvariable X_n näherungsweise normalverteilt und zwar ungefähr $N(np\,;np(1-p))$-verteilt. Als Faustregel genügt $np(1-p) > 9$. Für $p = \frac{1}{2}$ muß $n > 36$ sein. Da die Binomialverteilung eigentlich eine diskrete Verteilung ist, wird die Approximation durch die sogenannte **Stetigkeitskorrektur** verbessert. In Bild 6.17 sind die Rechtecksinhalte gleich den Wahrscheinlichkeiten für die Rechtecksmitten. Aus diesem Grund ist folgende Korrektur sinnvoll:

$$P(k_1 \le X_n \le k_2) = P(k_1 - \tfrac{1}{2} \le X_n \le k_2 + \tfrac{1}{2})\,;$$

$$P(X_n = k) = P(k - \tfrac{1}{2} \le X_n \le k + \tfrac{1}{2})\,.$$

Über die Standardisierung erhält man dann mit der Verteilungsfunktion Φ der Standard-Normalverteilung den

Satz 6.18 (globale Approximation der Binomialverteilung durch die Normalverteilung):
Die Zufallsvariable X_n sei $b(n\,,p)$-binomialverteilt. Dann gilt für $np(1-p) > 9$ für $0 \le k_1 \le k_2 \le n$ und jedes $0 \le k \le n$ mit der Verteilungsfunktion Φ der Standard-Normalverteilung die Näherung

$$P(k_1 \le X_n \le k_2) \approx \Phi\left(\frac{k_2 - np + 0{,}5}{\sqrt{np(1-p)}}\right) - \Phi\left(\frac{k_1 - np - 0{,}5}{\sqrt{np(1-p)}}\right); \tag{6.129}$$

$$P(X = k) \approx \Phi\left(\frac{k - np + 0{,}5}{\sqrt{np(1-p)}}\right) - \Phi\left(\frac{k - np - 0{,}5}{\sqrt{np(1-p)}}\right).$$

Beispiel 6.25 (Multiple-Choice):
Eine Prüfung besteht aus 50 Fragen. Bei jeder der Fragen sind in zufälliger Reihenfolge die richtige und drei falsche Antworten angegeben. Wie viele richtige Antworten müssen zum Bestehen der Prüfung mindestens verlangt werden, damit jemand durch Raten (zufälliges Ankreuzen je einer Antwort) die Prüfung höchstens mit Wahrscheinlichkeit 0,01 besteht?
Die Zufallsvariable X der Anzahl der richtigen Antworten ist binomialverteilt mit $n = 50$ und $p = 0{,}25$. Die Parameter lauten

$$E(X) = 12{,}5\,; \quad Var(X) = n\,p\,(1-p) = 50 \cdot 0{,}25 \cdot 0{,}75 = 9{,}375 > 9.$$

Daher kann die Binomialverteilung durch die entsprechende Normalverteilung approximiert werden. c = Mindestanzahl der richtigen Antworten.

$$0{,}01 = P(X \geq c) = 1 - P(X < c) = 1 - P(X \leq c - 0{,}5)\,;$$

$$0{,}99 = P(X \leq c - 0{,}5) = \Phi\left(\frac{c - 0{,}5 - 12{,}5}{\sqrt{9{,}375}}\right).$$

Aus der Tabelle 2 im Anhang erhält man

$$\frac{c - 0{,}5 - 12{,}5}{\sqrt{9{,}375}} = 2{,}3263\,; \quad c = 20 \text{ (gerundet)}.$$

Von **A. de Moivre** (1667 – 1754) und **P.S. Laplace** (1759 – 1827) stammt der folgende

Satz 6.19 (lokaler Grenzwertsatz von de Moivre-Laplace):
Für $np(1-p) > 9$ gilt die lokale Approximation:

$$\binom{n}{k} p^k (1-p)^{n-k} \approx \frac{1}{\sqrt{2\pi np(1-p)}} \cdot e^{-\frac{(k-np)^2}{2np(1-p)}} \tag{6.130}$$

für $k = 0, 1, 2, \ldots, n$.

Beweis:
Nach dem globalen Grenzwertsatz 6.18 gilt für jedes k

$$P(X = k) \approx \Phi\left(\frac{k - np + 0{,}5}{\sqrt{np(1-p)}}\right) - \Phi\left(\frac{k - np - 0{,}5}{\sqrt{np(1-p)}}\right)$$

$$= \frac{1}{\sqrt{2\pi np(1-p)}} \int_{k-0{,}5}^{k+0{,}5} e^{-\frac{(u-np)^2}{2np(1-p)}}\,du \approx \frac{1}{\sqrt{2\pi np(1-p)}} \cdot e^{-\frac{(k-np)^2}{2np(1-p)}}.$$

Dabei gilt die letzte Approximation nach dem Mittelwertsatz der Integralrechnung (die Länge des Integrationsintervalls ist gleich Eins).

6.7.4 Die Chi-Quadrat-Verteilung (Testverteilung)

Die Chi-Quadrat-Verteilung spielt in der beurteilenden Statistik eine wichtige Rolle. Es seien $Z_1, Z_2, \ldots, Z_n$ unabhängige N(0;1)-verteilte Zufallsvariablen. Dann heißt die Zufallsvariable der Quadratsumme

$$\chi_n^2 = Z_1^2 + Z_2^2 + \ldots + Z_n^2$$

Chi-Quadrat-, kurz **χ^2-verteilt** mit n **Freiheitsgraden**. Die Realisierungen dieser Zufallsvariablen sind nicht negativ. Aus diesem Grund hat die Verteilungsfunktion an der Stelle 0 den Wert 0. Für die N(0;1)-verteilte Zufallsvariable Z_k gilt wegen $E(Z_k) = 0$

$$E(Z_k^2) = Var(Z_k) = 1.$$

Wegen der Additivität des Erwartungswertes folgt hieraus

$$E(\chi_n^2) = n.$$

Z_k^2 besitzt die Varianz $Var(Z_k^2) = 2$ (s. Bosch, K. [1993], S. 288). Damit erhält man aus der Additivität der Varianz bei unabhängigen Zufallsvariablen

$$Var(\chi_n^2) = 2n.$$

Für jedes n kann die **Dichte der Chi-Quadrat-Verteilung** mit n Freiheitsgraden geschlossen angegeben werden in der Form

$$g_n(x) = \begin{cases} 0 & \text{für } x < 0, \\ \dfrac{1}{2^{\frac{n}{2}}\Gamma(\frac{n}{2})} x^{\frac{n}{2}-1} e^{-\frac{x}{2}} & \text{für } x \geq 0. \end{cases}$$

Dabei ist Γ die für jedes $x > 0$ durch

$$\Gamma(x) = \int_0^\infty e^{-t} \cdot t^{x-1} dt$$

definierte **Gamma-Funktion** mit

$$\Gamma(x+1) = x \cdot \Gamma(x);$$

$$\Gamma(n) = (n-1)! \text{ für jede natürliche Zahl } n; \quad \Gamma(\tfrac{1}{2}) = \sqrt{\pi}.$$

In Bild 6.18 sind verschiedene Dichten skizziert.Die **Quantile** der Chi-Quadrat-Verteilung mit n Freiheitsgraden bezeichnen wir mit

$$\chi^2_{n;\alpha};\ \chi^2_{n;1-\alpha} \quad \text{mit } P(\chi_n^2 \leq \chi^2_{n;\alpha}) = \alpha;\ P(\chi_n^2 \leq \chi^2_{n;1-\alpha}) = 1-\alpha.$$

Da die Chi-Quadrat-Verteilungen **nicht symmetrisch** sind, müssen beidseitige Quantile tabelliert werden (Tabelle 4 im Anhang).

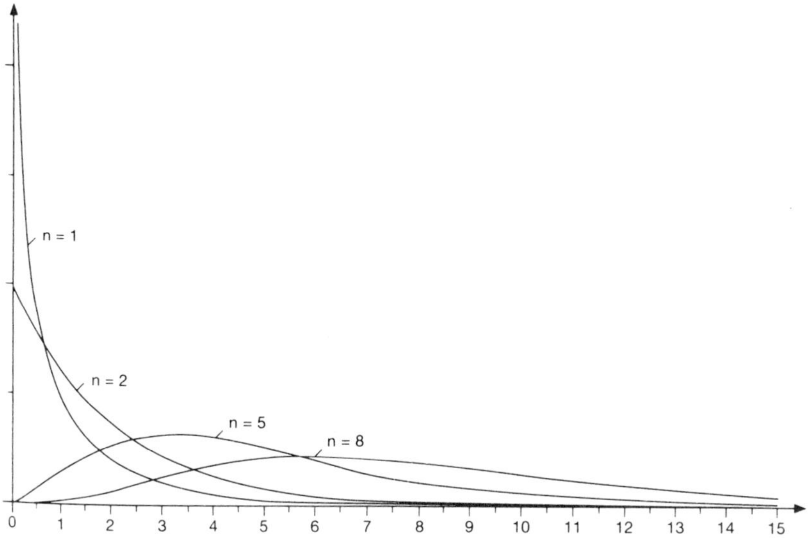

Bild 6.18: Dichten von Chi-Quadrat-Verteilungen

Approximation der Chi-Quadrat-Verteilung durch die Normalverteilung

Für große n ist nach dem zentralen Grenzwertsatz $\chi_n^2 = \sum_{i=1}^{n} Z_i^2$ als Summe unabhängiger identisch verteilter Zufallsvariabler näherungsweise normalverteilt. Mit dem Erwartungswert n und der Varianz 2n kann dann für $n > 30$ folgende Näherung benutzt werden:

$$P(\chi_n^2 \leq x) = P\left(\frac{\chi_n^2 - n}{\sqrt{2n}} \leq \frac{x-n}{\sqrt{2n}}\right) \approx \Phi\left(\frac{x-n}{\sqrt{2n}}\right).$$

Damit erhält man für die Quantile der Chi-Quadrat-Verteilung mit n Freiheitsgraden für $n > 30$ die Näherung

$$\alpha = P(\chi_n^2 \leq \chi^2_{n;\alpha}) \approx \Phi\left(\frac{\chi^2_{n;\alpha} - n}{\sqrt{2n}}\right) = \Phi(z_\alpha);$$

$$\chi^2_{n;\alpha} \approx n + \sqrt{2n} \cdot z_\alpha; \quad z_\alpha = \alpha\text{-Quantil der } N(0;1)\text{-Verteilung.}$$

6.7.5 Die t-Verteilung (Testverteilung)

Es sei Z eine $N(0;1)$-verteilte Zufallsvariable und χ_n^2 eine davon unabhängige χ^2-verteilte Zufallsvariable mit n Freiheitsgraden. Dann heißt die Zufallsvariable

$$T_n = \frac{Z}{\sqrt{\chi_n^2/n}}$$

t-verteilt oder **Student-verteilt** mit **n Freiheitsgraden**. Diese Verteilung wurde im Jahre 1908 erstmals von **W. S. Gosset** (1876 – 1937) unter dem Pseudonym **'Student'** veröffentlicht.

Die t-Verteilung besitzt die **Dichte**

$$g_n(t) = \frac{\Gamma(\frac{n+1}{2})}{\sqrt{n\pi}\;\Gamma(\frac{n}{2})} \cdot \frac{1}{\left(1+\frac{t^2}{n}\right)^{\frac{n+1}{2}}} \qquad \text{für } -\infty < t < \infty.$$

Wegen $g_n(-t) = g_n(t)$ für alle $t \in \mathbb{R}$ sind die Dichten der t-Verteilungen **symmetrisch** zur y-Achse. In Bild 6.19 sind Dichten mit verschiedenen Freiheitsgraden skizziert.

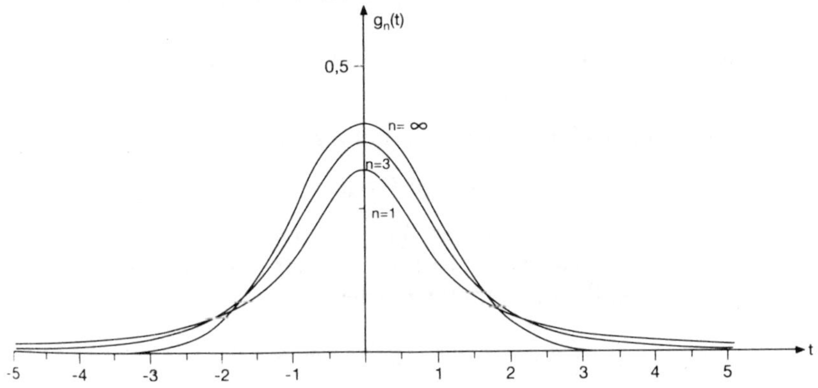

Bild 6.19: Dichten von t-Verteilungen

Die Zufallsvariable T_1 besitzt keinen Erwartungswert, für T_1 und T_2 existiert keine Varianz. Sonst gilt

$$E(T_n) = 0 \quad \text{für } n \geq 2 \quad \text{und} \quad Var(T_n) = \frac{n}{n-2} \quad \text{für } n \geq 3.$$

Für $n = 1$ ist die t-Verteilung die in Beispiel 6.16 behandelte **Cauchy-Verteilung** mit der Dichte

$$g_1(t) = \frac{1}{\pi(1+t^2)},$$

welche keinen Erwartungswert besitzt.

Die **Quantile** der t-Verteilung mit n Freiheitsgraden bezeichnen wir mit

$$t_{n;\alpha};\; t_{n;1-\alpha} \quad \text{mit } P(T_n \leq t_{n;\alpha}) = \alpha \;;\; P(T_n \leq t_{n;1-\alpha}) = 1-\alpha\,.$$

Wegen der Symmetrie der Dichte zur y-Achse gilt

$$t_{n;\alpha} = -t_{n;1-\alpha} \quad \text{für } 0 < \alpha < 1.$$

Daher genügt die Vertafelung der rechtsseitigen Quantile (Tabelle 3 im Anhang).

Approximation der t-Verteilung durch die Standard-Normalverteilung

Allgemein kann gezeigt werden, daß gilt

$$\lim_{n\to\infty} g_n(t) = \frac{1}{\sqrt{2\pi}} \cdot e^{-\frac{t^2}{2}} = \varphi(t).$$

Die Dichte der t-Verteilung konvergiert also für $n \to \infty$ gegen die Dichte der Standard-Normalverteilung. Für $n > 30$ gilt die Näherung

$$P(T_n \le t) \approx \Phi(t); \qquad t_{n;\alpha} \approx z_\alpha.$$

6.7.6 Die F-Verteilung

Es seien χ_m^2 und χ_n^2 zwei unabhängige Chi-Quadrat-verteilte Zufallsvariablen mit m bzw n Freiheitsgraden. Dann heißt die Zufallsvariable

$$F_{m,n} = \frac{\frac{1}{m}\chi_m^2}{\frac{1}{n}\chi_n^2}$$

F-verteilt oder **Fisher-verteilt** mit (m, n) Freiheitsgraden. Diese Verteilung wurde von **G. W. Snedecor** zu Ehren von **R. A. Fisher** (1890 – 1962) benannt.

Die von den beiden Parametern m und n abhängige Zufallsvariable $F_{m,n}$ hat die Dichte

$$g_{m,n}(x) = \begin{cases} 0 & \text{für } x < 0, \\ \dfrac{\Gamma(\frac{m+n}{2})}{\Gamma(\frac{m}{2})\Gamma(\frac{n}{2})}\left(\frac{m}{n}\right)^{\frac{m}{2}} \cdot \dfrac{x^{\frac{m}{2}-1}}{(1+\frac{m}{n}x)^{\frac{m+n}{2}}} & \text{für } x \ge 0. \end{cases}$$

Dabei ist Γ die Gamma-Funktion. In Bild 6.20 ist die Dichte der F-Verteilung mit (5, 10) Freiheitsgraden skizziert.

Für $n \le 2$ existiert der Erwartungswert nicht, für $n \le 4$ keine Varianz. Sonst gilt

$$E(F_{m,n}) = \frac{n}{n-2} \text{ für } n > 2; \; Var(F_{m,n}) = \frac{2n^2(m+n-2)}{m(n-2)^2(n-4)} \text{ für } n > 4.$$

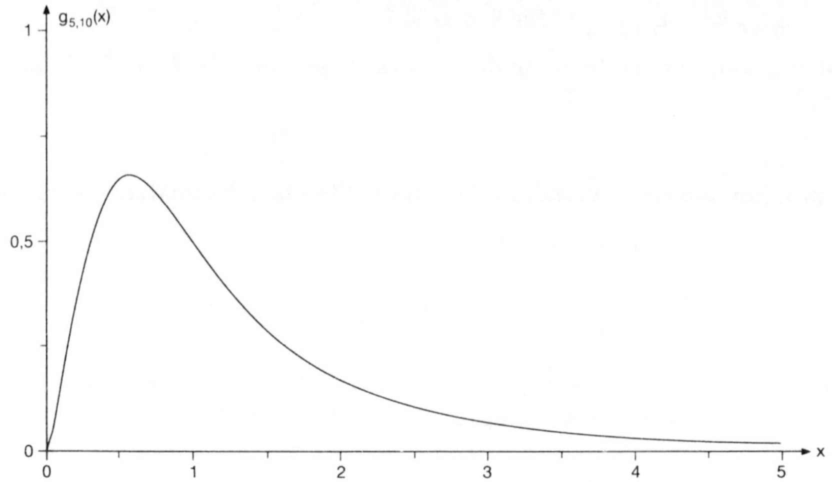

Bild 6.20: Dichte der F-Verteilung mit (5; 10) Freiheitsgraden

Die **Quantile** der F-Verteilung mit (m, n) Freiheitsgraden bezeichnen wir mit $f_{m,n;\alpha}$ mit $P(F_{m,n} \le f_{m,n;\alpha}) = \alpha$.

Für die Quantile gilt dabei die Umrechnungsformel:

$$f_{n,m;1-\alpha} = \frac{1}{f_{m,n;\alpha}}; \quad f_{n,m;\alpha} = \frac{1}{f_{m,n;1-\alpha}}.$$

Wegen dieser Umrechnungsformel genügt die Vertafelung der rechtsseitigen Quantile (Tabelle 5 im Anhang).

Für **große n** gilt: $f_{m,n;\alpha} \approx \frac{\chi^2_{m;\alpha}}{m}$ (Gleichheitszeichen für $n \to \infty$) ;

für **große m** gilt: $f_{m,n;\alpha} \approx \frac{n}{\chi^2_{n;1-\alpha}}$ (Gleichheitszeichen für $m \to \infty$).

Beispiel 6.26:

a) Das 0,95-Quantil der F-Verteilung mit (20; 18)-Freiheitsgraden lautet nach Tabelle 5 im Anhang

$$f_{20,18;0,95} = 2{,}1906.$$

b) Das 0,01-Quantil der F-Verteilung mit (10; 15)-Freiheitsgraden wird mit Hilfe der obigen Formel am rechten Rand abgelesen

$$f_{10,15;0,01} = \frac{1}{f_{15,10;0,99}} = \frac{1}{4{,}5581} = 0{,}2194.$$

6.8 Momente, Schiefe und Exzeß von Zufallsvariablen

Die bei eindimensionalen Stichproben in Abschnitt 2.5.6 eingeführten Begriffe Anfangs- und zentrale Momente einer Stichprobe können mit Hilfe des Erwartungswertes gleichzeitig auf diskrete und stetige Zufallsvariablen übertragen werden.

Definition 6.9 (Momente und **zentrale Momente):**
Im Falle der Existenz heißt

$$E(X^k) \tag{6.131}$$

das **k-te Moment** (Anfangsmoment) für $k = 1, 2, \ldots$

und

$$\eta_k = E\left((X-\mu)^k\right), \ \mu = E(X) \text{ für } k = 1, 2, \ldots \tag{6.132}$$

das **k-te zentrale Moment** der Zufallsvariablen X.

Bemerkungen:
Das erste Moment ist der Erwartungswert der Zufallsvariablen X. Wegen

$$\eta_1 = E\,(X-\mu) = 0, \text{ falls } \mu \text{ existiert,}$$

verschwindet das erste zentrale Moment.

Das zweite zentrale Moment ist die Varianz wegen

$$\eta_2 = E\left((X-\mu)^2\right) = \mathrm{Var}(X).$$

In Analogie zu Abschnitt 2.5.5 heißt im Falle der Existenz

$$\frac{\sqrt{\mathrm{Var}(X)}}{E(X)} = \frac{\sigma}{\mu} \tag{6.133}$$

der **Variationskoeffizient** von X. Er beschreibt die Standardabweichung relativ zum Erwartungswert und ist als dimensionslose Größe vom Maßstab unabhängig.

Wie in Abschnitt 2.5.7 ist die **Schiefe** einer Verteilung (Zufallsvariablen) definiert durch

$$\frac{E\left((X-\mu)^3\right)}{\sigma^3}. \tag{6.134}$$

Bei symmetrischen Dichten verschwindet die Schiefe. Falls die Schiefe positiv ist, heißt die Verteilung **rechtsschief**, bei negativer Schiefe **linksschief**. Je größer der Betrag der Schiefe ist, umso schiefer ist die Verteilung.

Beispiel 6.27 (Normalverteilung):
Die Zufallsvariable X sei normalverteilt mit dem Erwartungswert μ und der Standardabweichung σ. Mit der Substitution $x - \mu = u$ erhält man für **ungerades** k

$$E\left((X-\mu)^k\right) = \int_{-\infty}^{+\infty} (x-\mu)^k f(x)\,dx = \int_{-\infty}^{+\infty} u^k f(\mu+u)\,du$$

$$= \int_{-\infty}^{0} u^k f(\mu+u)\,du + \int_{0}^{+\infty} u^k f(\mu+u)\,du.$$

Im ersten Integral führen wir die Substitution $u = -z$ und im zweiten $u = z$ durch und erhalten wegen $(-z)^k = -z^k$ für ungerades k und wegen der Symmetrie der Dichte (zur Stelle $s = \mu$)

$$\eta_k = E\left((X-\mu)^k\right) = \int_0^{\infty} -z^k f(\mu-z)\,dz + \int_0^{\infty} z^k f(\mu+z)\,dz.$$

$$= \int_0^{\infty} z^k [\underbrace{f(\mu+z) - f(\mu-z)}_{=0}]\,dz = 0\,.$$

Für jedes ungerade k verschwindet das zentrale Moment. Wegen der Symmetrie verschwindet auch die Schiefe.
Für gerades k gilt nach Bosch, K. [1993], S. 268

$$\eta_k = 1\cdot 3\cdot\ldots\cdot(k-1)\,\sigma^k \quad \text{für } k = 2,4,6,\ldots. \tag{6.135}$$

Im Falle der Existenz heißt

$$\frac{\eta_4}{\sigma^4} - 3 = \frac{E\left((X-\mu)^4\right)}{\sigma^4} - 3 \tag{6.136}$$

der **Exzeß** (**Wölbung** oder **Kurtosis**) der Verteilung.

Beispiel 6.28 (Normalverteilung):
Mit (6.135) erhält man für die Normalverteilung den Exzeß

$$\frac{\eta_4}{\sigma^4} - 3 = \frac{3\sigma^4}{\sigma^4} - 3 = 0.$$

Daher vergleicht der Exzeß bei stetigen Verteilungen deren Dichte mit der Dichte der Normalverteilung. Bei positivem Exzeß ist das Maximum der Dichte größer als das der Normalverteilung, bei negativer Wölbung ist es kleiner. Bei einer Normalverteilung verschwindet der Exzeß.

6.9 Kovarianz und Korrelationskoeffizient

Die in der deskriptiven Statistik verwendeten Begriffe Kovarianz s_{xy} (Abschnitt 3.3.1) und Korrelationskoeffizient r nach Bravais-Pearson (Abschnitt 3.3.2) können unmittelbar auf Paare von Zufallsvariablen übertragen werden. Mit Hilfe des Erwartungswertes können diese Größen gleichzeitig für Paare diskreter und stetiger Zufallsvariabler eingeführt werden.

Falls die Varianz einer Summe $X+Y$ existiert, gilt nach Abschnitt 6.5.3 sowohl für diskrete als auch für stetige Zufallsvariablen

$$\begin{aligned}\operatorname{Var}(X+Y) &= E\Big((X+Y-\mu_X-\mu_Y)^2\Big) \\ &= \operatorname{Var}(X)+\operatorname{Var}(Y)+2\,E\Big((X-\mu_X)(Y-\mu_Y)\Big).\end{aligned} \tag{6.137}$$

Definition 6.10 (Kovarianz und **Korrelationskoeffizient):**
Die Zufallsvariablen X und Y sollen die Erwartungswerte $E(X)=\mu_X$, $E(Y)=\mu_Y$ und die Varianzen $\operatorname{Var}(X)=\sigma_X^2>0$; $\operatorname{Var}(Y)=\sigma_Y^2>0$ besitzen. Dann heißt im Falle der Existenz

$$\operatorname{Cov}(X,Y)=\sigma_{XY}=E\Big((X-\mu_X)(Y-\mu_Y)\Big)=E(X\cdot Y)-E(X)\cdot E(Y) \tag{6.138}$$

die **Kovarianz** und

$$\rho=\rho(X,Y)=\frac{\operatorname{Cov}(X,Y)}{\sqrt{\operatorname{Var}(X)}\cdot\sqrt{\operatorname{Var}(Y)}}=\frac{\sigma_{XY}}{\sigma_X\cdot\sigma_Y} \tag{6.139}$$

der **Korrelationskoeffizient** von X und Y.

Für $\operatorname{Cov}(X,Y)=0$ heißen die Zufallsvariabeln X und Y **unkorreliert.**

Bemerkungen:

1.) Für $X=Y$ geht die Kovarianz über in die Varianz von X wegen

$$\operatorname{Cov}(X,X)=\sigma_{XX}=\operatorname{Var}(X).$$

2.) Nach den Sätzen 6.6 und 6.14 gilt bei unabhängigen Zufallsvariablen

$$E(X\cdot Y)=E(X)\cdot E(Y).$$

Dann sind die beiden Zufallsvariablen nach (6.138) auch unkorreliert. Aus der Unabhängigkeit folgt also die Unkorreliertheit.

Die Umkehrung gilt im allgemeinen nicht. Aus der Unkorreliertheit folgt nicht ohne weiteres die Unabhängigkeit. Dazu das folgende Gegenbeispiel:

Beispiel 6.29 (vgl. Beispiel 6.10):
Die beiden Zufallsvariablen X und Y aus Beispiel 6.10 sind nicht unabhängig. Wegen

$$E(X \cdot Y) = E(X) \cdot E(Y)$$

sind sie jedoch unkorreliert.

Allgemein gilt nach (6.137)

$$\operatorname{Var}(X+Y) = \operatorname{Var}(X) + \operatorname{Var}(Y) + 2\operatorname{Cov}(X, Y). \tag{6.140}$$

Für unkorrelierte Zufallsvariable X und Y erhält man

$$E(X \cdot Y) = E(X) \cdot E(Y); \quad \operatorname{Var}(X+Y) = \operatorname{Var}(X) + \operatorname{Var}(Y).$$

Kovarianz und Korrelationskoeffizient bei linearen Transformationen

Wir betrachten die linearen Transformationen

$$a_1 + b_1 X \quad \text{und} \quad a_2 + b_2 Y \quad \text{mit} \quad b_1, b_2 \neq 0$$

mit den Kenngrößen

$$E(a_1 + b_1 X) = a_1 + b_1 \mu_X; \qquad E(a_2 + b_2 Y) = a_2 + b_2 \mu_Y;$$
$$\operatorname{Var}(a_1 + b_1 X) = b_1^2 \operatorname{Var}(X); \quad \operatorname{Var}(a_2 + b_2 Y) = b_2^2 \operatorname{Var}(Y).$$

Hiermit erhält man

$$\begin{aligned}
&\operatorname{Cov}(a_1 + b_1 X, a_2 + b_2 X) \\
&\quad = E\Big((a_1 + b_1 X - a_1 - b_1 \mu_X)(a_2 + b_2 Y - a_2 - b_2 \mu_Y)\Big) \\
&\quad = E\Big((b_1 (X - \mu_X) b_2 (Y - \mu_Y)\Big) = b_1 \cdot b_2 \cdot \operatorname{Cov}(X, Y); \\
&\rho(a_1 + b_1 X, a_2 + b_2 X) = \frac{b_1 \cdot b_2 \cdot \operatorname{Cov}(X, Y)}{|b_1| \sqrt{\operatorname{Var}(X)} \cdot |b_2| \sqrt{\operatorname{Var}(Y)}} \\
&\qquad = \frac{b_1 \cdot b_2}{|b_1 \cdot b_2|} \cdot \rho(X, Y) = \pm \rho(X, Y).
\end{aligned} \tag{6.141}$$

Dabei steht + für $b_1 \cdot b_2 > 0$ und − für $b_1 \cdot b_2 < 0$.

Kovarianz bei Summen

$$\begin{aligned}
\operatorname{Cov}(X_1 + X_2, Y) &= E\Big((X_1 + X_2 - \mu_{X_1} - \mu_{X_2})(Y - \mu_Y)\Big) \\
&= E\Big((X_1 - \mu_{X_1})(Y - \mu_Y)\Big) + E\Big((X_2 - \mu_{X_2})(Y - \mu_Y)\Big) \\
&= \operatorname{Cov}(X_1, Y) + \operatorname{Cov}(X_2, Y).
\end{aligned}$$

Da die Kovarianz in beiden Variablen symmetrisch ist, gilt entsprechend

$$\mathrm{Cov}(X, Y_1 + Y_2) = \mathrm{Cov}(X, Y_1) + \mathrm{Cov}(X, Y_2).$$

Die Kovarianz ist als dimensionsbehaftete Größe vom Maßstab abhängig. Der Korrelationskoeffizient ist jedoch als dimensionslose Größe unabhängig vom Maßstab (b_1, $b_2 > 0$).

Mit den Standardisierungen $X^* = \frac{X - \mu_X}{\sigma_X}$ und $Y^* = \frac{Y - \mu_Y}{\sigma_Y}$ kann der Korrelationskoeffizient ρ dargestellt werden in der Form

$$\rho(X, Y) = E\left(\frac{X - \mu_X}{\sigma_X} \cdot \frac{Y - \mu_Y}{\sigma_Y}\right) = E(X^* \cdot Y^*).$$

Mit $E(X^{*2}) = \mathrm{Var}(X^*) = E(Y^{*2}) = \mathrm{Var}(Y^*) = 1$ erhält man

$$\begin{aligned} 0 \le E\left((Y^* - \rho \cdot X^*)^2\right) &= E\left(Y^{*2} - 2\rho \cdot X^* \cdot Y^* + \rho^2 \cdot X^{*2}\right) \\ &= E\left(Y^{*2}\right) - 2\rho \cdot E\left(X^* \cdot Y^*\right) + \rho^2 \cdot E\left(X^{*2}\right) \\ &= 1 - 2\rho^2 + \rho^2 = 1 - \rho^2. \end{aligned}$$

Hieraus folgt

$$\rho^2 \le 1, \quad \text{also} \quad -1 \le \rho \le 1. \tag{6.142}$$

Für $\rho^2 = 1$ erhält man $E\left((Y^* - \rho \cdot X^*)^2\right) = 0$. Dann kann die Zufallsvariable $Y^* - \rho \cdot X^*$ mit Wahrscheinlichkeit Eins nur den Wert Null annehmem. Mit Wahrscheinlichkeit Eins gilt dann $Y^* - \rho \cdot X^* = 0$. Gleichbedeutend damit ist die lineare Beziehung

$$Y = \mu_Y + \frac{\sigma_Y}{\sigma_X} \cdot (X - \mu_X) = a + bX. \tag{6.143}$$

Das bedeutet

$$P(\{\omega \in \Omega \mid Y(\omega) = a + bX(\omega)\}) = 1. \tag{6.144}$$

Außerhalb der Geraden $y = a + bx$ liegt dann keine Wahrscheinlichkeitsmasse.

Bei **diskreten** Zufallsvariablen liegen für $|\rho| = 1$ alle Paare (x_i, y_i) aus dem gemeinsamen Wertebereich auf der Geraden (6.143).

Falls die Zufallsvariablen X und Y stetig sind, kann für $|\rho| = 1$ die zweidimensionale Zufallsvariable (X, Y) **nicht stetig** sein. Denn im Stetigkeitsfall müßte eine gemeinsame Dichte $f(x, y)$ existieren. Das Doppelintegral über eine Dichte längs einer Geraden verschwindet jedoch. Damit wären alle Integrale über die Dichte gleich Null. In einem solchen Fall spricht man von einer **entarteten zweidimensionalen Verteilung.**

Interpretation des Korrelationskoeffizienten

Der Korrelationskoeffizient $\rho(X,Y)$ ist ein **Maß für den linearen Zusammenhang** der beiden Zufallsvariablen X und Y. Je größer der Betrag $|\rho|$ ist, umso mehr ist die Wahrscheinlichkeitsmasse der gemeinsamen Verteilung in der Nähe einer Geraden konzentriert. Für $\rho > 0$ nennt man die Zufallsvariablen **positiv korreliert**, für $\rho < 0$ **negativ korreliert.**

Beispiel 6.30 (vgl. Beispiel 6.20 a)):
Für die zweidimensionale Zufallsvariable (X, Y) aus Beispiel 6.20 a) soll der Korrelationskoeffizient berechnet werden.

$$E(X \cdot Y) = \int_0^1 \{ \int_0^{2(1-y)} y \cdot x \, dx \} \, dy = \int_0^1 y \cdot \left[\frac{x^2}{2} \right]_0^{2(1-y)} dy$$

$$= 2\int_0^1 y \cdot (1-y)^2 dy = 2\int_0^1 y \cdot (1 - 2y + y^2) dy$$

$$= 2 \cdot \left[\frac{1}{2} y^2 - \frac{2}{3} y^3 + \frac{1}{4} y^4 \right] = \frac{1}{6};$$

$$E(X) = \int_0^2 x(1-0{,}5x)\,dx = \left[\frac{1}{2}x^2 - \frac{1}{6}x^3\right]_0^2 = 2 - \frac{4}{3} = \frac{2}{3};$$

$$E(X^2) = \int_0^2 x^2(1-0{,}5x)\,dx = \left[\frac{1}{3}x^3 - \frac{1}{8}x^4\right]_0^2 = \frac{8}{3} - 2 = \frac{2}{3};$$

$$\mathrm{Var}(X) = E(X^2) - [E(X)]^2 = \frac{2}{3} - \frac{4}{9} = \frac{2}{9};$$

$$E(Y) = 2\int_0^1 y(1-y)\,dy = 2\left[\frac{1}{2}y^2 - \frac{1}{3}y^3\right]_0^1 = \frac{1}{3};$$

$$E(Y^2) = 2\int_0^1 y^2(1-y)\,dy = 2\left[\frac{1}{3}y^3 - \frac{1}{4}y^4\right]_0^1 = \frac{1}{6};$$

$$\mathrm{Var}(Y) = E(Y^2) - [E(Y)]^2 = \frac{1}{6} - \frac{1}{9} = \frac{1}{18};$$

$$\rho(X,Y) = \frac{E(X \cdot Y) - E(X) \cdot E(Y)}{\sqrt{\mathrm{Var}(X)} \cdot \sqrt{\mathrm{Var}(Y)}} = \frac{\frac{1}{6} - \frac{2}{3} \cdot \frac{1}{3}}{\sqrt{\frac{2}{9} \cdot \frac{1}{18}}} = -9 \cdot \frac{1}{18} = -\frac{1}{2}.$$

6.10 Regressionsgerade zweier Zufallsvariabler

Es sei (X, Y) eine zweidimensionale diskrete oder stetige Zufallsvariable mit existierenden Varianzen $Var(X)$ und $Var(Y)$. In Analogie zur Regressionsgeraden bei zweidimensionalen Beobachtungsreihen in Abschnitt 3.4.1 werden die Parameter α und β der **Regressionsgeraden**

$$\hat{Y} = \alpha + \beta X ,$$

der Zufallsvariablen Y bezüglich X so bestimmt, daß der Erwartungswert von $(Y - \hat{Y})^2$ minimal ist, also

$$Q^2(\alpha, \beta) = E\left((Y - \alpha - \beta X)^2\right) \to \min. \tag{6.145}$$

Das Minimum dieser Funktion erhält man dadurch, daß die partiellen Ableitungen nach α und β gleich Null gesetzt werden.

$$\frac{\partial Q^2(\alpha, \beta)}{\partial \alpha} = 0 \quad \text{und} \quad \frac{\partial Q^2(\alpha, \beta)}{\partial \beta} = 0$$

ergibt das lineare Gleichungssystem

$$\begin{aligned} \alpha + \; E(X) \cdot \beta &= E(Y) & (1) \\ E(X) \cdot \alpha + E(X^2) \cdot \beta &= E(X \cdot Y). & (2) \end{aligned} \tag{6.146}$$

$(2) - E(X) \cdot (1)$ ergibt die Gleichung

$$\beta \cdot (E(X^2) - [E(X)]^2) = E(X \cdot Y) - E(X) \cdot E(Y)$$

mit der Lösung

$$\beta = \frac{E(X \cdot Y) - E(X) \cdot E(Y)}{E(X^2) - [E(X)]^2} = \frac{Cov(X, Y)}{Var(X)} = \rho(X, Y) \cdot \frac{\sqrt{Var(Y)}}{\sqrt{Var(X)}};$$

$$\alpha = E(Y) - E(X) \cdot \beta .$$

Die Steigung $\beta = \frac{Cov(X, Y)}{Var(X)} = \rho(X, Y) \cdot \frac{\sqrt{Var(Y)}}{\sqrt{Var(X)}}$

heißt der **Regressionskoeffizient.**

Für die so bestimmten Werte α und β lautet der Erwartungswert der quadratischen Abweichung

$$
\begin{aligned}
Q^2(\alpha, \beta) &= E\left((Y-\hat{Y})^2\right) = E\left((Y-\alpha-\beta X)^2\right) \\
&= E\left((Y - E(Y) + E(X)\,\beta - \beta X)^2\right) \\
&= E\left(\left\{Y - E(Y) + E(X)\cdot\frac{Cov(X, Y)}{Var(X)} - \frac{Cov(X, Y)}{Var(X)}\, X\right\}^2\right) \\
&= E\left(\left\{(Y - E(Y)) - (X - E(X))\cdot\frac{Cov(X, Y)}{Var(X)}\right\}^2\right) \\
&= E\left((Y-E(Y))^2\right) + E\left((X-E(X))^2\right)\cdot\frac{Cov^2(X, Y)}{Var^2(X)} - 2\cdot\frac{Cov(X, Y)}{Var(X)}\cdot Cov(X, Y) \\
&= Var(Y) + Var(X)\cdot\frac{Cov^2(X, Y)}{Var^2(X)} - 2\cdot\frac{Cov^2(X, Y)}{Var(X)} \\
&= Var(Y) - \frac{Cov^2(X, Y)}{Var(X)} = Var(Y) - \frac{\rho^2\cdot Var(X)\cdot Var(Y)}{Var(X)} \\
&= Var(Y)\cdot(1-\rho^2)\,.
\end{aligned}
$$

Damit haben wir den folgenden Satz bewiesen

Satz 6.20 (Regressionsgerade):
Die Regressionsgerade der Zufallsvariablen Y bezüglich X mit

$$Q^2(\alpha, \beta) = E\left((Y-\alpha-\beta X)^2\right) \rightarrow \min.$$

lautet:

$$\hat{Y} - \mu_Y = \frac{Cov(X, Y)}{Var(X)}\cdot(X-\mu_X) = \rho(X, Y)\cdot\frac{\sqrt{Var(Y)}}{\sqrt{Var(X)}}\cdot(X-\mu_X)\,. \quad (6.147)$$

Die geschätzte Zufallsvariable $\hat{Y}$ hat wegen $E(\hat{Y}) = \mu_Y = E(Y)$ den gleichen Erwartungswert wie die Ausgangsvariable Y.

Der Erwartungswert der quadratischen Abweichung lautet

$$E\left((Y-\hat{Y})^2\right) = Var(Y)\cdot(1-\rho^2)\,. \quad (6.148)$$

Das Bestimmtheitsmaß

Als Maß für die Güte der Anpassung der zweidimensionalen Zufallsvariablen (X , Y) durch die Zufallsvariable $\hat{Y}$ der Regressionsgeraden dient in Analogie zur beschreibenden Statistik in Abschnitt 3.4.1 das Bestimmtheitsmaß. Entsprechend zu Abschnitt 3.4.1 benutzen wir die Zerlegung

$$\begin{aligned}(Y-\mu_Y)^2 &= [(Y-\hat{Y})+(\hat{Y}-\mu_Y)]^2\\ &= (Y-\hat{Y})^2+(\hat{Y}-\mu_Y)^2+2(Y-\hat{Y})\cdot(\hat{Y}-\mu_Y).\end{aligned} \tag{6.149}$$

Mit

$$Y-\hat{Y}=Y-\mu_Y-\beta(X-\mu_X)\,; \qquad \hat{Y}-\mu_Y=\beta(X-\mu_X)$$

erhält man für das gemischte Produkt

$$(Y-\hat{Y})\cdot(\hat{Y}-\mu_Y)=\beta\,(Y-\mu_Y)\cdot(X-\mu_X)-\beta^2\,(X-\mu_X)^2\,;$$

$$\begin{aligned}E\Big((Y-\hat{Y})\cdot(\hat{Y}-\mu_Y)\Big) &= \beta\cdot \mathrm{Cov}(X,\,Y)\;-\;\beta^2\cdot \mathrm{Var}(X)\\ &= \frac{\mathrm{Cov}^2(X,\,Y)}{\mathrm{Var}(X)}-\frac{\mathrm{Cov}^2(X,\,Y)}{\mathrm{Var}(X)}=0.\end{aligned}$$

Damit erhält man aus (6.149)

$$\begin{aligned}\mathrm{Var}(Y)=E\big((Y-\mu_Y)^2\big) &= E\Big((\hat{Y}-\mu_Y)^2\Big)+E\Big((Y-\hat{Y})^2\Big).\\ &= \mathrm{Var}(\hat{Y})\;+\;\text{Varianz der } \textbf{Residuen}.\end{aligned}$$

Division durch Var(Y) ergibt

$$1=\frac{\mathrm{Var}(\hat{Y})}{\mathrm{Var}(Y)}+\frac{\text{Varianz der Residuen}}{\mathrm{Var}(Y)}=B+U\,.$$

Dabei ist $B=\dfrac{\mathrm{Var}(\hat{Y})}{\mathrm{Var}(Y)}$ das **Bestimmtheitsmaß**. Es stellt den Anteil der Varianz der durch die Regressionsgerade geschätzten Zufallsvariablen $\hat{Y}$ an der Gesamtvarianz der Zufallsvariablen Y dar. Wegen

$$B=\frac{E\Big((\hat{Y}-\mu_Y)^2\Big)}{\mathrm{Var}(Y)}=\frac{E\Big(\beta^2\cdot(X-\mu_X)\Big)}{\mathrm{Var}(Y)}=\beta^2\cdot\frac{\mathrm{Var}(X)}{\mathrm{Var}(Y)}=\rho^2$$

ist wie in der beschreibenden Statistik das **Bestimmtheitsmaß** das Quadrat ρ^2 des Korrelationskoeffizienten der beiden Zufallsvariablen X und Y. $U=1-B=1-\rho^2$ ist das **Unbestimmtheitsmaß.**

Beispiel 6.31 (vgl. Beispiele 6.30 und 6.20 a)):
Für die zweidimensionale Zufallsvariable aus Beispiel 6.20 a) soll die Regressionsgerade von Y bezüglich X bestimmt werden. Aus Beispiel 6.30 und (6.147) erhält man

$$\hat{Y}-\tfrac{1}{3}=-\tfrac{1}{2}\cdot\frac{\sqrt{1/18}}{\sqrt{2/9}}\cdot(X-\tfrac{2}{3})=-\tfrac{1}{4}\cdot(X-\tfrac{2}{3});\;\;\hat{Y}=-\tfrac{1}{4}X+\tfrac{1}{2}.$$

Das Bestimmtheitsmaß ist $B=\rho^2=\frac{1}{4}$. Ferner gilt

$$E\big((Y-\hat{Y})^2\big)=\mathrm{Var}(Y)\cdot(1-\rho^2)=\tfrac{1}{18}\cdot(1-\tfrac{1}{4})=\tfrac{1}{24}.$$

6.11 Zweidimensionale Normalverteilung

6.11.1 Die gemeinsame Dichte

Wir betrachten zwei unabhängige normalverteilte Zufallsvariablen X und Y. Dabei sei X $N(\mu_X; \sigma_X^2)$-verteilt und Y $N(\mu_Y; \sigma_Y^2)$-verteilt. Wegen der Unabhängigkeit besitzt die zweidimensionale Zufallsvariable (X, Y) als gemeinsame Dichte das Produkt der beiden Einzeldichten, also

$$f(x,y) = f_1(x) \cdot f_2(y) = \frac{1}{2\pi \cdot \sigma_X \cdot \sigma_Y} \cdot e^{-\frac{(x-\mu_X)^2}{2\sigma_X^2} - \frac{(y-\mu_Y)^2}{2\sigma_Y^2}} \qquad (6.150)$$

Die beiden standardisierten Zufallsvariablen

$$U = \frac{X - \mu_X}{\sigma_X} \quad \text{und} \quad V = \frac{Y - \mu_Y}{\sigma_Y}$$

haben die gemeinsame Dichte

$$g(u,v) = \frac{1}{2\pi} \cdot e^{-\left(\frac{u^2}{2} + \frac{v^2}{2}\right)}. \qquad (6.151)$$

Gemeinsame Dichten von abhängigen normalverteilten Zufallsvariablen können durch Vorgabe der Parameter der beiden einzelnen Zufallsvariablen und des Korrelationskoeffizienten ρ bestimmt werden. Dazu gehen wir von den beiden unabhängigen $N(0;1)$-verteilten Zufallsvariablen U und V mit der gemeinsamen Dichte (6.151) aus. Dabei setzen wir

$$\begin{aligned} \frac{X - \mu_X}{\sigma_X} &= U, \quad \text{also } X = \mu_X + \sigma_X U; \\ \frac{Y - \mu_Y}{\sigma_Y} &= \sqrt{1-\rho^2}\, V + \rho U, \quad \text{also } Y = \mu_Y + \sigma_Y \sqrt{1-\rho^2}\, V + \sigma_Y \rho U \\ &\quad \text{mit } 0 \le \rho < 1. \end{aligned} \qquad (6.152)$$

Hieraus folgt wegen $E(U) = E(V) = 0$, $E(U^2) = Var(U) = 1$ und aus der Unabhängigkeit von U und V

$$E(X) = \mu_X; \ Var(X) = \sigma_X^2; \ E(Y) = \mu_Y; \ Var(Y) = \sigma_Y^2 (1 - \rho^2 + \rho^2) = \sigma_Y^2;$$

$$\rho(X,Y) = E\left(\frac{X-\mu_X}{\sigma_X} \cdot \frac{Y-\mu_Y}{\sigma_Y}\right) = E\left(U \cdot \left[\sqrt{1-\rho^2} \cdot V + \rho U\right]\right)$$

$$= \sqrt{1-\rho^2}\, E(U \cdot V) + \rho E(U^2) = \sqrt{1-\rho^2} \underbrace{E(U) \cdot E(V)}_{=0} + \rho \underbrace{Var(U)}_{=1} = \rho.$$

Die zweidimensionale Zufallsvariable (X, Y) besitzt also den Korrelationskoeffizienten ρ.

Zur Bestimmung der gemeinsamen Dichte betrachten wir die beiden Funktionen aus (6.152)

$$x = g_1(u, v) = \mu_X + \sigma_X u$$
$$y = g_2(u, v) = \mu_Y + \sigma_Y \cdot \sqrt{1-\rho^2}\, v + \sigma_Y \rho u .$$

Gleichwertig damit ist

$$\begin{aligned} u &= \frac{x-\mu_X}{\sigma_X} = h_1(x, y) \\ v &= \frac{y-\mu_Y}{\sigma_Y \cdot \sqrt{1-\rho^2}} - \frac{\rho}{\sqrt{1-\rho^2}} \cdot \frac{x-\mu_X}{\sigma_X} = h_2(x, y). \end{aligned} \tag{6.153}$$

Die Jakobische Funktionaldeterminante dieser zweidimensionalen Transformation lautet

$$J = \frac{\partial(u, v)}{\partial(x, y)} = \begin{vmatrix} \frac{\partial h_1}{\partial x} & \frac{\partial h_2}{\partial x} \\ \frac{\partial h_1}{\partial y} & \frac{\partial h_2}{\partial y} \end{vmatrix} = \begin{vmatrix} \frac{1}{\sigma_X} & \frac{\rho}{\sigma_X \cdot \sqrt{1-\rho^2}} \\ 0 & \frac{1}{\sigma_Y \cdot \sqrt{1-\rho^2}} \end{vmatrix} = \frac{1}{\sigma_X \cdot \sigma_Y \cdot \sqrt{1-\rho^2}} .$$

Mit (6.151) besitzt (X, Y) nach Bosch, K. [1993], S. 236 die gemeinsame Dichte

$$f(x, y) = g(h_1(x, y), h_2(x, y)) \cdot |J|.$$

Setzt man (6.153) in (6.151) ein, so erhält man

$$\begin{aligned} & e^{-\left(\frac{u^2}{2} + \frac{v^2}{2}\right)} \\ &= e^{-\left(\frac{(x-\mu_X)^2}{2\sigma_X^2} + \frac{(y-\mu_Y)^2}{2\sigma_Y^2(1-\rho^2)} + \frac{\rho^2}{1-\rho^2} \cdot \frac{(x-\mu_X)^2}{2\sigma_X^2} - \frac{2\rho(x-\mu_X)(y-\mu_Y)}{\sigma_X\sigma_Y(1-\rho^2)}\right)} \\ &= e^{-\frac{1}{2(1-\rho^2)} \cdot \left(\frac{(x-\mu_X)^2}{\sigma_X^2} - 2\rho \frac{x-\mu_X}{\sigma_X} \cdot \frac{y-\mu_Y}{\sigma_Y} + \frac{(y-\mu_Y)^2}{\sigma_Y^2}\right)} . \end{aligned}$$

Damit lautet die gemeinsame Dichte von (X, Y)

$$f(x, y) = \frac{1}{2\pi\sigma_X\sigma_Y\sqrt{1-\rho^2}} \cdot e^{-\frac{1}{2(1-\rho^2)} \cdot \left(\frac{(x-\mu_X)^2}{\sigma_X^2} - 2\rho \frac{x-\mu_X}{\sigma_X} \cdot \frac{y-\mu_Y}{\sigma_Y} + \frac{(y-\mu_Y)^2}{\sigma_Y^2}\right)} . \tag{6.154}$$

Definition 6.11 (zweidimensionale Normalverteilung):
Eine stetige zweidimensionale Zufallsvariable (X, Y) heißt **normalverteilt**, wenn sie eine Dichte der Gestalt (6.154) mit $0 \le \rho < 1$ besitzt. Dabei ist $\rho = \rho(X, Y)$ der Korrelationskoeffizient.

6.11.2 Die Randverteilungen

Nach (6.152) gilt für die beiden Zufallsvariablen X und Y

$$X = \mu_X + \sigma_X U; \quad Y = \mu_Y + \sigma_Y \sqrt{1-\rho^2}\, V + \sigma_Y \rho U .$$

Dabei sind U und V unabhängige N(0;1)-verteilte Zufallsvariablen. X ist eine Lineartransformation einer normalverteilten Zufallsvariablen und Y eine Linearkombination zweier unabhängiger normalverteilter Zufallsvariabler. Daher sind X und Y nach den Sätzen 6.16 und 6.17 ebenfalls normalverteilt. X ist dabei $N(\mu_X; \sigma_X^2)$- und Y ist $N(\mu_Y; \sigma_Y^2)$-verteilt. Dadurch sind die beiden Randdichten bestimmt.

Satz 6.21:
Zwei normalverteilte Zufallsvariable X und Y sind genau dann **unabhängig**, wenn sie **unkorreliert** sind, also für $\rho = 0$. Bei Normalverteilungen sind die Eigenschaften Unabhängigkeit und Unkorreliertheit äquivalent.

Beweis:
Nur für $\rho = 0$ ist die gemeinsame Dichte aus (6.154) gleich dem Produkt der beiden Randdichten, womit der Satz bewiesen ist.

6.11.3 Bedingte Erwartungswerte bei Normalverteilungen

Nach Abschnitt 6.6.6 lautet die bedingte Dichte $f(y\,|\,x) = \frac{f(x,y)}{f_1(x)}$. Da f_1 Dichte der $N(\mu_X; \sigma_X^2)$-Verteilung ist, erhält man aus (6.154) unmittelbar

$$f(y|x) = \frac{1}{\sqrt{2\pi}\,\sigma_Y \cdot \sqrt{1-\rho^2}} \cdot e^{-\frac{1}{2\sigma_Y^2(1-\rho^2)} \cdot \left[(y-\mu_Y) - \rho\frac{\sigma_Y}{\sigma_X}(x-\mu_X)\right]^2} .$$

Für festes x ist $f(y\,|\,x)$ bei variablem y die Dichte einer Normalverteilung mit dem Erwartungswert

$$E(Y|X=x) = \mu_Y + \rho\frac{\sigma_Y}{\sigma_X}(x-\mu_X). \tag{6.155}$$

Entsprechend erhält man

$$E(X\,|\,Y=y) = \mu_X + \rho\frac{\sigma_X}{\sigma_Y}(y-\mu_Y). \tag{6.156}$$

Diese bedingten Erwartungswerte als Funktionen von x bzw. y stimmen bei Normalverteilungen mit den entsprechenden Regressionsgeraden aus Abschnitt 6.10 überein.

6.11.4 Darstellung der Dichte in Matrizenschreibweise

Man kann zeigen, daß die quadratische Form

$$Q(x,y) = \frac{1}{1-\rho^2}\left(\frac{(x-\mu_X)^2}{\sigma_X^2} - 2\rho\frac{x-\mu_X}{\sigma_X}\frac{y-\mu_Y}{\sigma_Y} + \frac{(y-\mu_Y)^2}{\sigma_Y^2}\right) \quad (6.157)$$

positiv definit ist. Mit dieser quadratischen Form kann die gemeinsame Dichte dargestellt werden durch

$$f(x,y) = \frac{1}{2\pi\sigma_X\sigma_Y\sqrt{1-\rho^2}} \cdot e^{-\frac{1}{2}Q(x,y)} . \quad (6.158)$$

Mit den Vektoren

$$\vec{x} = \begin{pmatrix} x \\ y \end{pmatrix}; \quad \vec{\mu} = \begin{pmatrix} \mu_X \\ \mu_Y \end{pmatrix} \quad (6.159)$$

und der symmetrischen Matrix

$$A = \begin{pmatrix} \frac{1}{(1-\rho^2)\sigma_X^2} & -\frac{\rho}{(1-\rho^2)\sigma_X\sigma_Y} \\ -\frac{\rho}{(1-\rho^2)\sigma_X\sigma_Y} & \frac{1}{(1-\rho^2)\sigma_Y^2} \end{pmatrix} \quad (6.160)$$

läßt sich die quadratische Form darstellen in der Form

$$Q(x,y) = (\vec{x} - \vec{\mu})^T A (\vec{x} - \vec{\mu}) .$$

Dabei wird mit T der transponierte Zeilenvektor bezeichnet.

Die Matrix A besitzt die Determinante

$$\det(A) = \frac{1}{(1-\rho^2)^2\sigma_X^2\sigma_Y^2} - \frac{\rho^2}{(1-\rho^2)^2\sigma_X^2\sigma_Y^2} = \frac{1}{(1-\rho^2)\sigma_X^2\sigma_Y^2} > 0$$

und die Inverse

$$A^{-1} = \frac{1}{\det(A)} \cdot \begin{pmatrix} \frac{1}{(1-\rho^2)\sigma_Y^2} & \frac{\rho}{(1-\rho^2)\sigma_X\sigma_Y} \\ \frac{\rho}{(1-\rho^2)\sigma_X\sigma_Y} & \frac{1}{(1-\rho^2)\sigma_X^2} \end{pmatrix}$$

$$= \begin{pmatrix} \sigma_X^2 & \rho\sigma_x\sigma_y \\ \rho\sigma_x\sigma_y & \sigma_Y^2 \end{pmatrix} = \begin{pmatrix} \sigma_X^2 & \sigma_{XY} \\ \sigma_{XY} & \sigma_Y^2 \end{pmatrix} = \Sigma \quad \textbf{(Kovarianzmatrix)} .$$

Die quadratische Matrix A ist somit die Inverse der Kovarianzmatrix Σ. Es gilt also

$$A = \Sigma^{-1} \,(= \text{Inverse der Kovarianzmatrix}). \qquad (6.161)$$

Die Dichte der zweidimensionalen Normalverteilung kann also dargestellt werden in der Form

$$f(x,y) = \frac{\sqrt{\det(A)}}{2\pi} \cdot e^{-\frac{1}{2}(\vec{x}-\vec{\mu})^T A (\vec{x}-\vec{\mu})} \qquad (6.162)$$

mit

$$A = \Sigma^{-1} = \begin{pmatrix} \sigma_X^2 & \sigma_{XY} \\ \sigma_{XY} & \sigma_Y^2 \end{pmatrix}^{-1} \quad \text{(Inverse der Kovarianzmatrix)}.$$

Höhenlinien der gemeinsamen Dichtefunktion f(x, y) sind Kurven auf der Fläche, welche einen konstanten Funktionswert besitzen. Für eine solche Höhenlinie ist der Exponent in der Funktionsgleichung konstant, also

$$\left(\frac{x-\mu_X}{\sigma_X}\right)^2 - 2\rho\left(\frac{x-\mu_X}{\sigma_X}\right)\left(\frac{y-\mu_Y}{\sigma_Y}\right) + \left(\frac{y-\mu_Y}{\sigma_Y}\right)^2 = c > 0.$$

Diese Gleichung stellt für jede Konstante $c > 0$ in der x-y-Ebene eine **Ellipse** dar mit dem Mittelpunkt $M(\mu_X, \mu_Y)$. Für verschiedene Werte c besitzen die Achsen der Ellipsen die gleiche Richtung. Sie können mit Hilfe der Hauptachsentransformation quadratischer Formen bestimmt werden. Nur für $\rho = 0$, also bei unabhängigen Normalverteilungen, sind die Hauptachsen der Ellipsen parallel zu den Koordinatenachsen. In diesem Fall lauten die Ellipsengleichungen

$$\left(\frac{x-\mu_X}{\sigma_X}\right)^2 + \left(\frac{y-\mu_Y}{\sigma_Y}\right)^2 = c.$$

6.12 Mehrdimensionale stetige Zufallsvariablen

In diesem Abschnitt werden n-dimensionale Zufallsvektoren betrachtet, die eine gemeinsame von n Variablen abhängige Dichte f besitzen. Wahrscheinlichkeiten werden dann mit Hilfe von n-fachen Integralen berechnet.

6.12.1 Gemeinsame Dichte und Verteilungsfunktion

Die Funktion $f(x_1, x_2, x_3, \ldots, x_n)$ heißt **n-dimensionale Dichte**, wenn sie folgende Eigenschaften erfüllt:

a) $f(x_1, x_2, x_3, \ldots, x_n) \geq 0 \quad$ für alle $(x_1, x_2, \ldots, x_n) \in \mathbb{R}^n$;

b) $\int\limits_{-\infty}^{+\infty} \cdots \int\limits_{-\infty}^{+\infty} f(x_1, x_2, x_3, \ldots, x_n)\, dx_1\, dx_2 \ldots dx_n = 1.$ (6.163)

Die **n-dimensionale Zufallsvariable** $(X_1, X_2, \ldots, X_n)$ heißt **stetig mit der Dichte** $f(x_1, x_2, \ldots, x_n)$, wenn für alle Bereiche $G \in \mathbb{R}^n$, für welche die gemeinsame Wahrscheinlichkeit $P(\{\omega \mid (X_1(\omega), X_2(\omega), \ldots, X_n(\omega)) \in G\})$ erklärt ist, gilt

$$P(\{\omega \mid (X_1(\omega), \ldots, X_n(\omega)) \in G\}) = \int \ldots \int_G f(x_1, \ldots, x_n)\, dx_1 \ldots dx_n . \quad (6.164)$$

Aus der Dichte erhält man die (gemeinsame) **Verteilungsfunktion** der n-dimensionalen Zufallsvariablen

$$F(x_1, x_2, \ldots, x_n) = P(X_1 \leq x_1, X_2 \leq x_2, \ldots, X_n \leq x_n)$$

$$= P\Big(\bigcap_{i=1}^{n} \{\omega \mid X(\omega) \leq x_i\}\Big) = \int\limits_{-\infty}^{x_1} \cdots \int\limits_{-\infty}^{x_n} f(u_1, u_2, \ldots, u_n)\, du_n du_{n-1} \ldots du_1 .$$

Wie bei zwei Variablen besitzt die n-dimensionale Verteilungsfunktion F folgende Eigenschaften:

1.) $F(x_1, x_2, \ldots, x_n)$ ist in jeder Variablen monoton nicht fallend.

2.) $F(x_1, x_2, \ldots, x_n)$ ist in jeder Variablen stetig.

3.) $\lim\limits_{x_i \to -\infty} F(x_1, x_2, x_3, \ldots, x_n) = 0$ für $i = 1, 2, \ldots, n$.

4.) $\lim\limits_{\substack{x_i \to \infty \\ i=1,2,\ldots,n}} F(x_1, x_2, \ldots, x_n) = F(+\infty, +\infty, \ldots, +\infty) = 1$.

5.) Falls die Dichte f an der Stelle $(x_1, x_2, \ldots, x_n)$ stetig ist, so ist die Verteilungsfunktion an dieser Stelle nach allen n Variablen differenzierbar mit

$$\frac{\partial^n F(x_1, x_2, \ldots, x_n)}{\partial x_1 \partial x_2 \ldots \partial x_n} = f(x_1, x_2, \ldots, x_n).$$

Wenn die gemeinsame Dichte an der Stelle $(x_1, x_2, \ldots, x_n)$ in allen Variablen stetig ist, gilt für kleine $\Delta x_i > 0$ die Näherung

$$P(x_1 \leq X_1 + \Delta x_1, \ldots, x_n \leq X_n \leq x_n + \Delta x_n) \approx f(x_1, \ldots, x_n) \cdot \Delta x_1 \cdot \ldots \cdot \Delta x_n.$$

Die Verteilungsfunktionen der einzelnen Zufallsvariablen (Randverteilungen) erhält man dadurch, daß man jeweils die übrigen $n-1$ Variablen gegen $+\infty$ gehen läßt:

$$F_1(x_1) = F(x_1, +\infty, \ldots, +\infty); \; F_2(x_2) = F(+\infty, x_2, +\infty, \ldots, +\infty);$$
$$\ldots; \; F_i(x_i) = F(+\infty, \ldots, +\infty, x_i, +\infty, \ldots, +\infty); \ldots;$$
$$F_n(x_n) = F(+\infty, \ldots, +\infty, x_n). \tag{6.165}$$

Die **Randdichte** der Zufallsvariablen X_i für $i = 1, 2, \ldots, n$ lautet

$$f_i(x_i) = \int_{-\infty}^{+\infty} \ldots \int_{-\infty}^{+\infty} f(x_1, x_2, \ldots, x_n)\, dx_1 \ldots dx_{i-1}\, dx_{i+1} \ldots dx_n. \tag{6.166}$$

6.12.2 Unabhängige stetige Zufallsvariablen

Die n Zufallsvariablen $X_1, X_2, \ldots, X_n$ sind **unabhängig,** wenn die gemeinsame Verteilungsfunktion gleich dem Produkt der einzelnen Verteilungsfunktionen ist, also für

$$F(x_1, x_2, \ldots, x_n) = F_1(x_1) \cdot F_2(x_2) \cdot \ldots \cdot F_n(x_n).$$

Bei unabhängigen Zufallsvariablen muß die gemeinsame Dichte an allen Stetigkeitsstellen gleich dem Produkt der Randdichten sein, also

$$f(x_1, x_2, \ldots, x_n) = f_1(x_1) \cdot f_2(x_2) \cdot \ldots \cdot f_n(x_n)$$

an jeder Stetigkeitsstelle von f. Durch Multiplikation von n einzelnen Dichten erhält man analog zum zweidimensionalen Fall die (gemeinsame) Dichte einer n-dimensionalen stetigen Zufallsvariablen. Dabei sind die einzelnen Zufallsvariablen voneinander unabhängig.

6.12.3 Funktion einer n-dimensionalen stetigen Zufallsvariablen

Durch die Funktion $y = g(x_1, x_2, \ldots, x_n)$ werde eine eindimensionale Zufallsvariable $Y = g(X_1, X_2, \ldots, X_n)$ definiert. Wie im zweidimensionalen Fall gilt für den Erwartungswert von Y ein Funktionssatz, der ohne Beweis angegeben werden soll.

Satz 6.22 (Funktionssatz):
Die Zufallsvariable $Y = g(X_1, X_2, \ldots, X_n)$ besitzt genau dann einen **Erwartungswert** und zwar

$$E(Y) = \int_{-\infty}^{+\infty} \cdots \int_{-\infty}^{+\infty} g(x_1, \ldots, x_n) \cdot f(x_1, \ldots, x_n)\, dx_1 \ldots dx_n, \qquad (6.167)$$

wenn dieses Integral absolut konvergiert mit

$$\int_{-\infty}^{+\infty} \cdots \int_{-\infty}^{+\infty} |g(x_1, \ldots, x_n)| \cdot f(x_1, \ldots, x_n)\, dx_2 \ldots dx_n < \infty . \qquad (6.168)$$

Beweis s. **Krengel, U.** [1988], S. 50.

6.12.4 Die Kovarianzmatrix

Die zweidimensionalen Zufallsvariablen (X_i, X_j) sollen die **Kovarianzen**

$$Cov(X_i, X_j) = \sigma_{ij} = E\Big((X_i - \mu_i)(X_j - \mu_j)\Big) \quad \text{für } i, j = 1, 2, \ldots, n$$

besitzen. Für $i = j$ erhält man die Varianz $\sigma_{ii} = Var(X_i)$. Die Kovarianzen fassen wir zusammen zur **Kovarianzmatrix**

$$\Sigma = \begin{pmatrix} \sigma_{11} & \sigma_{12} & \cdots & \sigma_{1n} \\ \sigma_{21} & \sigma_{22} & \cdots & \sigma_{2n} \\ \vdots & \vdots & \vdots & \vdots \\ \sigma_{n1} & \sigma_{n2} & \cdots & \sigma_{nn} \end{pmatrix}. \qquad (6.169)$$

Wegen $\sigma_{ij} = \sigma_{ji}$ ist die Kovarianzmatrix Σ **symmetrisch**.

Die mit beliebigen Konstanten $u_1, u_2, \ldots, u_n$ gebildete Linearkombination

$$Y = u_1 X_1 + u_2 X_2 + \ldots + u_n X_n$$

besitzt den Erwartungswert $E(Y) = \sum_{i=1}^{n} u_i \mu_i$ und die Varianz

$$\begin{aligned} Var(Y) &= E\Big(\big[u_1(X_1 - \mu_1) + u_2(X_2 - \mu_2) + \ldots + u_n(X_n - \mu_n)\big]^2\Big) \\ &= E\Big(\sum_{i=1}^{n} u_i (X_i - \mu_i) \cdot \sum_{j=1}^{n} u_j (X_j - \mu_j)\Big) \\ &= \sum_{i,j=1}^{n} u_i u_j E((X_i - \mu_i)(X_j - \mu_j)) = \sum_{i,j=1}^{n} u_i u_j \sigma_{ij} . \end{aligned}$$

Diese Varianz kann in Matrizenform dargestellt werden durch:

$$\sum_{i,j=1}^{n} u_i u_j \sigma_{ij} = (u_1, u_2, \ldots, u_n) \cdot \begin{pmatrix} \sigma_{11} & \sigma_{12} & \cdots & \sigma_{1n} \\ \sigma_{21} & \sigma_{22} & \cdots & \sigma_{2n} \\ \vdots & \vdots & \vdots & \vdots \\ \sigma_{n1} & \sigma_{n2} & \cdots & \sigma_{nn} \end{pmatrix} \cdot \begin{pmatrix} u_1 \\ u_2 \\ \vdots \\ u_n \end{pmatrix}.$$

Da eine Varianz nicht negativ sein kann, gilt für beliebige Konstanten $u_1, u_2, \ldots, u_n \in \mathbb{R}$

$$\sum_{i,j=1}^{n} u_i u_j \sigma_{ij} \geq 0. \tag{6.170}$$

Die Kovarianzmatrix Σ ist damit **positiv semidefinit.** Falls in (6.170) nur für $u_1 = u_2 = \ldots = u_n = 0$ das Gleichheitszeichen gilt, ist Σ **positiv definit.**

Wenn die Matrix Σ singulär ist, besitzt das Gleichungssystem

$$\begin{pmatrix} \sigma_{11} & \sigma_{12} & \cdots & \sigma_{1n} \\ \sigma_{21} & \sigma_{22} & \cdots & \sigma_{2n} \\ \vdots & \vdots & \vdots & \vdots \\ \sigma_{n1} & \sigma_{n2} & \cdots & \sigma_{nn} \end{pmatrix} \cdot \begin{pmatrix} u_1 \\ u_2 \\ \vdots \\ u_n \end{pmatrix} = \begin{pmatrix} 0 \\ 0 \\ \vdots \\ 0 \end{pmatrix}$$

nichttriviale Lösungen $u_1, u_2, \ldots, u_n$ mit

$$\sum_{i,j=1}^{n} u_i u_j \sigma_{ij} = 0.$$

Dann ist die Matrix Σ nicht positiv definit, sondern nur positiv semidefinit. Umgekehrt kann mit Hilfe der Hauptachsentransformation gezeigt werden, daß Σ genau dann positiv definit ist, wenn sie nichtsingulär ist, also eine Inverse besitzt.

Falls Σ nicht positiv definit, sondern nur postiv semidefinit ist, gibt es Konstanten $u_1, u_2, \ldots, u_n$, die nicht alle verschwinden mit

$$\mathrm{Var}(Y) = E\Big(\big[u_1(X_1 - \mu_1) + u_2(X_2 - \mu_2) + \ldots + u_n(X_n - \mu_n)\big]^2\Big) = 0\,.$$

Dann muß aber Y eine deterministische Zufallvariable sein mit

$$P\Big(u_1(X_1 - \mu_1) + u_2(X_2 - \mu_2) + \ldots + u_n(X_n - \mu_n) = 0\Big) = 1. \tag{6.171}$$

(6.171) ist gleichbedeutend mit

$$P\Big(u_1 X_1 + u_2 X_2 + \ldots + u_n X_n = c\Big) = 1$$

mit

$$c = \sum_{i=1}^{n} u_i \cdot \mu_i\,.$$

6.13 Mehrdimensionale Normalverteilung

In diesem Abschnitt werden gleichzeitig n normalverteilte Zufallsvariablen betrachtet. Dabei wird $n \geq 2$ vorausgesetzt. Für $n = 2$ handelt es sich um eine zweidimensionale Normalverteilung, die bereits in Abschnitt 6.11 behandelt wurde. Für diesen Spezialfall gehen die Formeln aus diesem Abschnitt in die entsprechenden Formeln aus Abschnitt 6.11 über.

Die Zufallsvariablen X_i seien $N(\mu_i; \sigma_i^2)$-verteilt für $i = 1, 2, \ldots, n$ und paarweise **unabhängig**. Dann ist die (gemeinsame) Dichte der n-dimensionalen normalverteilten Zufallsvariablen $(X_1, X_2, \ldots, X_n)$ wegen der vorausgesetzten Unabhängigkeit gleich dem Produkt der n einzelnen Dichten, also

$$f(x_1, x_2, \ldots, x_n) = \prod_{i=1}^{n} \frac{1}{\sqrt{2\pi}\,\sigma_i} e^{-\frac{(x_i - \mu_i)^2}{2\sigma_i^2}} . \tag{6.172}$$

Es soll nun die gemeinsame Dichte für den Fall angegeben werden, daß die $N(\mu_i; \sigma_i^2)$-verteilten Zufallsvariablen nicht mehr paarweise unabhängig (also nicht unkorreliert) sind. Zusätzlich sei noch vorausgesetzt, daß die Kovarianzmatrix Σ **positiv definit** ist, daß also für beliebige $u_1, u_2, \ldots, u_n$ die Varianz der in Abschnitt 6.12.4 dargestellten Linearkombination Y echt positiv ist. Dann hat Σ eine positive Determinante, also $\det(\Sigma) > 0$.

Wir gehen von n unabhängigen Zufallsvariablen $Z_1, Z_2, \ldots, Z_n$ aus, die alle $N(0; 1)$-verteilt sind. Dann besitzt $(Z_1, Z_2, \ldots, Z_n)$ die Dichte

$$\varphi(z_1, z_2, \ldots, z_n) = \frac{1}{(\sqrt{2\pi})^n} e^{-\frac{1}{2} \sum_{i=1}^{n} z_i^2} . \tag{6.173}$$

In der linearen Transformation

$$\begin{aligned}
X_1 - \mu_1 &= c_{11} Z_1 + c_{12} Z_2 + \ldots + c_{1n} Z_n \\
X_2 - \mu_2 &= c_{21} Z_1 + c_{22} Z_2 + \ldots + c_{2n} Z_n \\
&\ldots\ldots\ldots\ldots\ldots\ldots\ldots\ldots \\
X_n - \mu_n &= c_{n1} Z_1 + c_{n2} Z_2 + \ldots + c_{nn} Z_n
\end{aligned}$$

sollen die Konstanten c_{ij} so bestimmt werden, daß die n Zufallsvariablen $X_1, X_2, \ldots, X_n$ die Kovarianzmatrix Σ besitzen. Aus

$$E(Z_i \cdot Z_m) = \begin{cases} 1 & \text{für } i = m \\ 0 & \text{für } i \neq m \end{cases}$$

folgt

$$\begin{aligned}
\sigma_{ij} &= E\Big((X_i - \mu_i)(X_j - \mu_j)\Big) = E\Big(\sum_{k=1}^{n} c_{ik} Z_k \cdot \sum_{m=1}^{n} c_{jm} Z_m\Big) \\
&= \sum_{k=1}^{n} c_{ik} \cdot c_{jk} \quad \text{für } i, j = 1, 2, \ldots, n .
\end{aligned} \tag{6.174}$$

In Matrizenschreibweise erhalten wir mit

$$\vec{Z}^T = (Z_1, Z_2, \ldots, Z_n); \quad \vec{X}^T = (X_1, X_2, \ldots, X_n);$$

$$\vec{\mu}^T = (\mu_1, \mu_2, \ldots, \mu_n) \text{ (Erwartungswertvektor)}$$

$$\vec{X} - \vec{\mu} = C\,\vec{Z}. \tag{6.175}$$

Für die Matrix $C = (c_{ij}, i,j = 1, \ldots, n)$ gilt nach (6.174)

$$\Sigma = C\,C^T. \tag{6.176}$$

Mit Σ ist auch die Matrix C nichtsingulär. Wegen

$$(C^{-1})^T = (C^T)^{-1}$$

gilt

$$(C^{-1})^T C^{-1} = (C^T)^{-1} C^{-1} = (C\,C^T)^{-1} = \Sigma^{-1}. \tag{6.177}$$

Aus (6.175) folgt

$$\vec{Z} = C^{-1}(\vec{X} - \vec{\mu}). \tag{6.178}$$

Mit

$$\vec{z}^T = (z_1, z_2, \ldots, z_n); \quad \vec{x}^T = (x_1, x_2, \ldots, x_n)$$

geht (6.173) wegen (6.177) mit (6.178) über in

$$\begin{aligned} \varphi(z_1, z_2, \ldots, z_n) &= \frac{1}{(\sqrt{2\pi})^n}\, e^{-\frac{1}{2}\,\vec{z}^T\vec{z}} \qquad (6.179) \\ &= \frac{1}{(\sqrt{2\pi})^n}\, e^{-\frac{1}{2}\,(\vec{x}-\vec{\mu})^T (C^{-1})^T C^{-1} (\vec{x}-\vec{\mu})} \\ &= \frac{1}{(\sqrt{2\pi})^n}\, e^{-\frac{1}{2}\,(\vec{x}-\vec{\mu})^T \Sigma^{-1} (\vec{x}-\vec{\mu})}. \end{aligned}$$

Bezüglich der linearen Transformation $\vec{z} = C^{-1}(\vec{x} - \vec{\mu})$ ist $\det(C^{-1})$ die Jakobische Funktionaldeterminante. Aus

$$(C^{-1})^T C^{-1} = \Sigma^{-1}$$

folgt wegen der allgemeinen gültigen Eigenschaft $\det(B^T) = \det(B)$

$$\det(\Sigma^{-1}) = \det(C^{-1}) \cdot \det(C^{-1}), \text{ also}$$

$$|\det(C^{-1})| = \sqrt{\det(\Sigma^{-1})}. \tag{6.180}$$

$(X_1, X_2, \ldots, X_n)$ besitzt wegen (6.179) und (6.180) die Dichte

$$f(x_1, x_2, \ldots, x_n) = \frac{\sqrt{\det(\Sigma^{-1})}}{(\sqrt{2\pi})^n} \cdot e^{-\frac{1}{2}\,(\vec{x}-\vec{\mu})^T \Sigma^{-1} (\vec{x}-\vec{\mu})}. \tag{6.181}$$

Nach Satz 6.17 sind die Zufallsvariablen

$$X_i - \mu_i = c_{i1} Z_1 + c_{i2} Z_2 + \ldots + c_{in} Z_n$$

als Linearkombinationen unabhängiger normalverteilter Zufallsvariabler wieder normalverteilt. Die Koeffizienten c_{ij} wurden so gewählt, daß die n Zufallsvariablen $X_1, X_2, \ldots, X_n$ die Kovarianzmatrix Σ besitzen.

Zur Bestimmung der Dichte einer n-dimensionalen Normalverteilung kann man entweder die **positiv definite Kovarianzmatrix** Σ oder als ihre **Inverse** eine beliebige ebenfalls **positiv definite** Matrix A vorgeben:

$$\Sigma = A^{-1} \text{ (A positiv definit).}$$

Damit erhalten wir die allgemeine

Definition 6.12 (n-dimensionale Normalverteilung):
Eine n-dimensionale Zufallsvariable $(X_1, X_2, \ldots, X_n)$ heißt **normalverteilt**, wenn ihre Dichte folgende Gestalt besitzt:

$$f(x_1, x_2, \ldots, x_n) = \frac{\sqrt{\det(A)}}{(\sqrt{2\pi})^n} \cdot e^{-\frac{1}{2}(\vec{x} - \vec{\mu})^T A (\vec{x} - \vec{\mu})} \tag{6.182}$$

mit $\vec{x}^T = (x_1, x_2, \ldots, x_n)$; $\vec{\mu}^T = (\mu_1, \mu_2, \ldots, \mu_n)$.

Dabei ist A eine quadratische n-reihige symmetrische positiv definite Matrix mit positiver Determinante. Ihre Inverse ist die Kovarianzmatrix, also

$$A^{-1} = \Sigma \text{ (Kovarianzmatrix).}$$

Falls die Zufallsvariablen $X_1, X_2, \ldots, X_n$ **paarweise unkorreliert**, also **paarweise unabhängig** sind, besitzt wegen $\sigma_{ik} = \mathrm{Cov}(X_i, X_k) = 0$ für $i \neq k$; $\sigma_i^2 = \sigma_{ii}$ die Kovarianzmatrix die Darstellung

$$\Sigma = \begin{pmatrix} \sigma_1^2 & 0 & \cdots & 0 \\ 0 & \sigma_2^2 & \cdots & 0 \\ \vdots & \vdots & \vdots & \vdots \\ 0 & 0 & \cdots & \sigma_n^2 \end{pmatrix} \quad \text{mit } \sigma_i^2 > 0 \text{ für } i = 1, 2, \ldots, n.$$

Dann ist $A = \Sigma^{-1}$ ebenfalls eine Diagonalmatrix mit den Elementen $\frac{1}{\sigma_i^2}$ und der Determinante

$$\det(A) = \frac{1}{\sigma_1^2 \cdot \sigma_2^2 \cdot \ldots \cdot \sigma_n^2}.$$

Damit geht die Dichte über in

$$f(x_1, x_2, \ldots, x_n) = \prod_{i=1}^{n} \frac{1}{\sqrt{2\pi}\,\sigma_i} \cdot e^{-\frac{(x_i - \mu_i)^2}{2\sigma_i^2}},$$

also in das Produkt der n Randdichten. Bei Normalverteilungen folgt also aus der paarweisen Unkorreliertheit (Unabhängigkeit) die vollständige Unabhängigkeit.

Mit der zu Beginn dieses Abschnitts gewählten Darstellung kann der folgende Satz sehr einfach bewiesen werden.

Satz 6.23 (Linearkombination normalverteilter Zufallsvariabler):
Die n-dimensionale Zufallsvariable $(X_1, X_2, \ldots, X_n)$ sei **normalverteilt** mit der Dichte (6.182) und der Kovarianzmatrix Σ. B sei eine nichtsinguläre Matrix mit den Elementen b_{ij}, $1 \leq i, j \leq n$. Dann wird durch

$$\begin{aligned} Y_1 &= b_{11} X_1 + b_{12} X_2 + \ldots + b_{1n} X_n \\ &\ldots\ldots\ldots\ldots\ldots\ldots\ldots\ldots \\ Y_n &= b_{n1} X_1 + b_{n2} X_2 + \ldots + b_{nn} X_n \end{aligned} \tag{6.183}$$

eine n-dimensionale Zufallsvariablen $(Y_1, Y_2, \ldots, Y_n)$ definiert, die ebenfalls normalverteilt ist mit dem Erwartungswertvektor $B\vec{\mu}$ und der Kovarianzmatrix $B\Sigma B^T$, also mit der Dichte

$$f(y_1, \ldots, y_n) = \frac{\sqrt{\det((B\Sigma B^T)^{-1})}}{(\sqrt{2\pi})^n} \cdot e^{-\frac{1}{2}(\vec{y} - B\vec{\mu})^T (B\Sigma B^T)^{-1} (\vec{y} - B\vec{\mu})}.$$

Beweis:
Nach (6.176) und (6.178) gibt es eine Matrix C mit $C C^T = \Sigma = A^{-1}$, so daß mit den obigen Bezeichnungen die Zufallsvariablen $Z_1, Z_2, \ldots, Z_n$ in

$$\vec{Z} = C^{-1}(\vec{X} - \vec{\mu}) = C^{-1}\vec{X} - C^{-1}\vec{\mu} \tag{6.184}$$

alle N(0 ; 1)-verteilt und voneinander unabhängig sind. Mit

$$\vec{Y}^T = (Y_1, Y_2, \ldots, Y_n)$$

folgt aus (6.183) und (6.184)

$$\begin{aligned} \vec{X} &= C\vec{Z} + \vec{\mu} \\ \vec{Y} &= B\vec{X} = BC\vec{Z} + B\vec{\mu}; \quad \vec{Y} - B\vec{\mu} = BC\vec{Z}. \end{aligned}$$

Wegen dieser Darstellung ist $\vec{Y}$ normalverteilt. Analog zu (6.176) lautet die Kovarianzmatrix von $Y_1, Y_2, \ldots, Y_n$

$$\Sigma_Y = BC(BC)^T = BCC^TB^T = B\Sigma B^T.$$

Daher besitzt $(Y_1, Y_2, \ldots, Y_n)$ die in Satz 6.23 angebene Dichte, womit der Satz bewiesen ist.

6.14 Summen unabhängiger Zufallvariabler - zentraler Grenzwertsatz

In diesem Abschnitt behandeln wir Summen von diskreten bzw. stetigen Zufallsvariablen. Falls die Summanden unabhängig sind, besagt der zentrale Grenzwertsatz, daß unter bestimmten recht allgemeinen Bedingungen die Folge der Verteilungsfunktionen der standardisierten Summen gegen die Verteilungsfunktion der N(0 ; 1)-Verteilung konvergiert. Damit sind für große n die Summen unabhängiger Zufallsvariabler **näherungsweise normalverteilt.** Aus diesem Grund sind viele in der Praxis vorkommende Zufallsvariablen wenigstens näherungsweise normalverteilt.

6.14.1 Summe zweier diskreter Zufallvariabler

Die zweidimensionale diskrete Zufallsvariable (X , Y) besitze die in Abschnitt 6.2.1 dargestellte gemeinsame Verteilung

$$\Big((x_i, y_j)\,,\, p_{ij} = P(X = x_i\,, Y = y_j)\,,\; x_i \in W_X\,,\; y_j \in W_Y\Big).$$

Wegen

$$E(X+Y) = E(X) + E(Y)$$

$$Var(X+Y) = Var(X) + Var(Y) + 2\,Cov(X\,,Y)$$

muß zur Berechnung des Erwartungswertes und der Varianz der Summenvariablen $X+Y$ deren Verteilung nicht bekannt sein. Trotzdem soll die Verteilung der Summe hier angegeben werden.

Der Wertevorrat von $X+Y$ besteht aus allen möglichen Summanden $x_i + y_j$ mit $x_i \in W_X$, $y_j \in W_Y$. Dabei können manche Summen übereinstimmen. W_{X+Y} besteht somit aus allen Zahlen z_k, zu denen es mindestens ein Wertepaar $(x_i\,, y_j) \in W_X \times W_Y$ gibt mit $x_i + y_j = z_k$. Durch

$$P(X+Y = z_k) = \sum_{x_i + y_j = z_k} P(X = x_i\,, Y = y_j) \tag{6.185}$$

ist die Verteilung von $X+Y$ bestimmt. Falls E(X) und E(Y) existieren, erhält man aus der Verteilung der Summe den Erwartungswert

$$\begin{aligned} E(X+Y) &= \sum_k z_k \cdot P(X+Y = z_k) = \sum_k z_k \sum_{x_i + y_j = z_k} P(X = x_i\,, Y = y_j) \\ &= \sum_k \sum_{x_i + y_j = z_k} z_k \cdot P(X = x_i\,, Y = y_j) \\ &= \sum_k \sum_{x_i + y_j = z_k} (x_i + y_j) \cdot P(X = x_i\,, Y = y_j) \end{aligned}$$

$$= \sum_i \sum_j (x_i + y_j) \cdot P(X = x_i, Y = y_j)$$

$$= \sum_i \sum_j x_i \cdot P(X = x_i, Y = y_j) + \sum_i \sum_j y_j \cdot P(X = x_i, Y = y_j)$$

$$= \sum_i x_i \sum_j P(X = x_i, Y = y_j) + \sum_j y_j \sum_i P(X = x_i, Y = y_j)$$

$$= \sum_i x_i \cdot P(X = x_i) + \sum_j y_j \cdot P(Y = y_j) = E(X) + E(Y).$$

Beispiel 6.32 (vgl. Beispiel 6.8):
Aus der in Beispiel 6.8 angegebenen gemeinsamen Verteilung erhält man die Verteilung der Summe $X + Y$

Werte von $X+Y$	-2	1	4	7
Wahrscheinlichk.	$\frac{22}{37}$	$\frac{9}{37}$	$\frac{3}{37}$	$\frac{3}{37}$

$$E(X+Y) = -2 \cdot \frac{22}{37} + \frac{9}{37} + 4 \cdot \frac{3}{37} + 7 \cdot \frac{3}{37} = -\frac{2}{37} = E(X) + E(Y).$$

6.14.2 Summe zweier stetiger Zufallsvariabler

Es sei (X, Y) eine zweidimensionale stetige Zufallsvariable mit der Dichte $f(x, y)$. Die Funktion $g(x, y) = x + y$ ist in beiden Variablen stetig. Daher ist die Summe $Z = X + Y$ ebenfalls eine stetige Zufallsvariable. Für die Verteilungsfunktion der Summenvariablen Z erhält man

$$P(Z \le z) = P(X + Y \le z) = \int\int_{x+y \le z} f(x, y)\, dx\, dy .$$

Dabei wird über die unterhalb der Geraden $x + y = z$ liegende Halbebene integriert. Mit der Substitution $y = u - x$ erhalten wir

$$P(Z \le z) = \int_{-\infty}^{+\infty} \left\{ \int_{-\infty}^{z-x} f(x, y)\, dy \right\} dx = \int_{-\infty}^{+\infty} \left\{ \int_{-\infty}^{z} f(x, u - x)\, du \right\} dx$$

$$= \int_{-\infty}^{z} \left\{ \int_{-\infty}^{+\infty} f(x, u - x)\, dx \right\} du = \int_{-\infty}^{z} h(u)\, du .$$

Damit besitzt die Summenvariable $Z = X + Y$ die **Dichte**

$$h(z) = \int_{-\infty}^{+\infty} f(x, z - x)\, dx = \int_{-\infty}^{+\infty} f(z - y, y)\, dy . \qquad (6.186)$$

Bei **unabhängigen** stetigen Zufallsvariablen X und Y mit den Dichten $f(x)$ und $g(y)$ geht (6.186) über in

$$h(z) = f * g\,(z) = \int_{-\infty}^{+\infty} f(x) \cdot g(z - x)\, dx = \int_{-\infty}^{+\infty} f(z - y) \cdot g(y)\, dy . \qquad (6.187)$$

Dabei ist $f * g$ die sogenannte **Faltung** von f und g.

6.14.3 Summen unabhängiger in [0;1] gleichmäßig verteilter Zufallsvariabler

Die Zufallsvariablen $X_1, X_2, \ldots, X_n$ seien unabhängig und alle gleichmäßig in $[0;1]$ verteilt. Mit $a=0$ und $b=1$ erhält man aus Abschnitt 6.7.1 für die Zufallvariable X_i die Dichte

$$f_i(x) = \begin{cases} 1 & \text{für } 0 \le x \le 1, \\ 0 & \text{sonst} \end{cases}$$

und die Kenngrößen

$$E(X_i) = \frac{1}{2}; \quad Var(X_i) = \frac{1}{12} \quad \text{für} \quad i = 1, 2, \ldots, n.$$

Zunächst bestimmen wir die Dichte der Summe $Z_2 = X_1 + X_2$.

Nach (6.187) ist die Dichte $h_2(z)$ die Faltung von f_1 mit sich selbst, also

$$h_2(z) = \int_{-\infty}^{+\infty} f_1(x) \cdot f_1(z-x)\, dx.$$

Wegen $f_1(x) = 0$ für $x \notin [0,1]$ erhält man:

$$0 \le z \le 1 \quad \Rightarrow \quad h_2(z) = \int_0^z dx = z.$$

$$1 \le z \le 2 \quad \Rightarrow \quad h_2(z) = \int_{z-1}^1 dx = 2 - z.$$

Damit besitzt die Dichte h_2 die Darstellung

$$h_2(z) = f_1 * f_1(z) = \begin{cases} z & \text{für } 0 \le z \le 1, \\ 2-z & \text{für } 1 \le z \le 2, \\ 0 & \text{sonst}. \end{cases}$$

Dies ist aber die Dichte der **Dreiecksverteilung** im Intervall $[0;2]$ aus Beispiel 6.14.

Durch elementare Rechnung erhält man die Dichte von $Z_3 = X_1 + X_2 + X_3$ in der Form

$$h_3(z) = h_2 * f_1(z) = \begin{cases} \frac{z^2}{2} & \text{für } 0 \le z \le 1, \\ -z^2 + 3z - \frac{3}{2} & \text{für } 1 \le z \le 2, \\ \frac{z^2}{2} - 3z + \frac{9}{2} & \text{für } 2 \le z \le 3, \\ 0 & \text{sonst}. \end{cases}$$

Die Dichten $h_1 = f_1$, $h_2 = f_1 * f_1$ und $h_3 = f_1 * f_1 * f_1$ sind in Bild 6.21 skizziert.

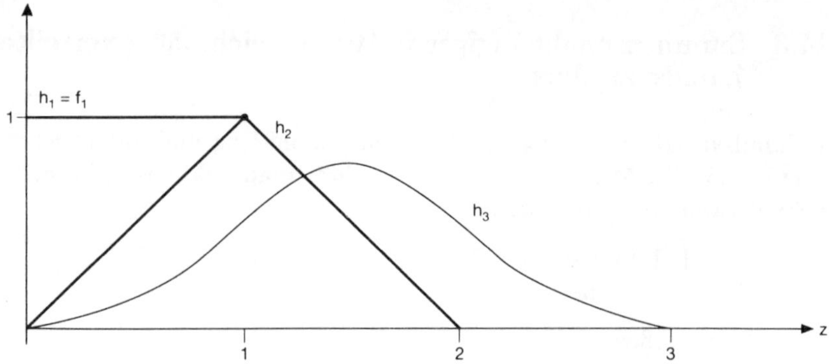

Bild 6.21: Dichten von Summen unabhängiger gleichmäßig verteilter Zufallsvariabler

Nach **Feller W.**, Band II [1971], S. 27 lautet die Dichte der Summe von n Summanden (n-fache Faltung):

$$h_n(z) = \frac{1}{(n-1)!} \sum_{i=0}^{k-1} (-1)^i \cdot \binom{n}{i} \cdot (z-i)^{n-1} \text{ für } k-1 \le z \le k; k = 1, 2, \ldots, n.$$

$$h_n(z) = 0 \text{ für } z \notin [0; n]. \tag{6.188}$$

6.14.4 Zentrale Grenzwertsätze bei Summen unabhängiger Zufallsvariabler

Die Dichte h_3 der Summe $X_1 + X_2 + X_3$ dreier in $[0;1]$ gleichmäßig verteilter Zufallsvariabler in Bild 6.21 ähnelt sehr stark einer Gaußschen Glockenkurve (Dichte einer Normalverteilung). Diese Eigenschaft gilt im allgemeinen bei beliebigen Summen von unabhängigen Zufallsvariablen. Der zentrale Grenzwertsatz besagt nämlich, daß unter recht allgemeinen Bedingungen die Folge der Verteilungsfunktionen standardisierter Summen unabhängiger Zufallsvariabler gegen die Verteilungsfunktion der $N(0;1)$-Verteilung konvergiert. Damit sind für große n die Summen der Ausgangsvariablen **näherungsweise normalverteilt.** Aus diesem Grund sind viele in der Praxis vorkommende Zufallsvariablen ungefähr normalverteilt.

Für jedes $n = 1, 2, \ldots$ seien $X_1, X_2, \ldots, X_n$ unabhängige Zufallsvariablen mit den Erwartungswerten und Varianzen

$$E(X_k) = \mu_k \,;\ Var(X_k) = \sigma_k^2 \quad \text{für } k = 1, 2, \ldots, n.$$

Dann besitzt die Summe

$$S_n = X_1 + X_2 + \ldots + X_n$$

den Erwartungswert

$$E(S_n) = \sum_{k=1}^{n} E(X_k) = \sum_{k=1}^{n} \mu_k$$

und wegen der Unabhängigkeit der einzelnen Summanden die Varianz

$$\operatorname{Var}(S_n) = \sum_{k=1}^{n} \operatorname{Var}(X_k) = \sum_{k=1}^{n} \sigma_k^2 .$$

Die Standardisierung von S_n lautet

$$S_n^* = \frac{S_n - E(S_n)}{\sqrt{\operatorname{Var}(S_n)}} = \frac{\sum_{k=1}^{n} (X_k - \mu_k)}{\sqrt{\sum_{k=1}^{n} \sigma_k^2}} .$$

Von **J. W. Lindeberg** (1876 – 1932) und **P. P. Lévy** (1886 – 1971) wurde 1922 der folgende Grenzwertsatz bewiesen:

Satz 6.24 (Satz von Lindeberg-Lévy):
Für jedes $n = 1, 2, \ldots$ seien die Zufallsvariablen $X_1, X_2, \ldots, X_n$ unabhängig und besitzen die gleiche Verteilung, den Erwartungswert $\mu = E(X_k)$ sowie die Varianz $\operatorname{Var}(X_k) = \sigma^2$. Dann gilt für die Verteilungsfunktionen der standardisierten Summen

$$\lim_{n\to\infty} P\left(\frac{\sum_{k=1}^{n} X_k - n\mu}{\sqrt{n} \cdot \sigma} \le x \right) = \Phi(x) = \frac{1}{\sqrt{2\pi}} \cdot \int_{-\infty}^{x} e^{-\frac{u^2}{2}} du . \quad (6.189)$$

Beweis s. **Fisz, M.** [1971], S. 234 ff.

Anwendung:

Für große n ist die Zufallsvariable $\dfrac{\sum_{k=1}^{n} X_k - n\mu}{\sqrt{n} \cdot \sigma}$ ungefähr N(0 ; 1)-verteilt.

Als Faustregel genügt im allgemeinen $n \ge 30$. Dann ist die Summe $\sum_{k=1}^{n} X_k$ ungefähr $N(n\mu; n\sigma^2)$-verteilt und das arithmetische Mittel $\overline{X} = \frac{1}{n} \sum_{k=1}^{n} X_k$ näherungsweise $N(\mu; \frac{\sigma^2}{n})$-verteilt.

In Abschnitt 6.7.3.3 wurde eine Approximation der Binomialverteilung durch die Normalverteilung angegeben. Mit der bereits in Abschnitt 6.4.2 benutzten Darstellung

$$X = X_1 + X_2 + \ldots + X_n$$

$$X_i = \begin{cases} 1 & \text{falls beim i-ten Experiment A eintritt} \\ 0 & \text{sonst} \end{cases}$$

sind die Voraussetzungen von Satz 6.24 erfüllt. Daher konvergieren die Verteilungsfunktionen der standardisierten Binomialverteilungen gegen die Verteilungsfunktion der N(0 ; 1) - Verteilung.

Beispiel 6.33 (Augensummen idealer Würfel):
Mit einem idealen Würfel werde 6 000-mal geworfen. Die Augenzahl beim k-ten Wurf sei die Realisierung der Zufallsvariablen X_k. Sie ist gleichmäßig verteilt auf $W = \{1, 2, \ldots, 6\}$. Mit $m = 6$ lauten nach Abschnitt 6.4.1 die Kenngrößen

$$E(X_k) = \frac{m+1}{2} = 3{,}5; \qquad Var(X_k) = \frac{m^2-1}{12} = \frac{35}{12}.$$

Die Zufallsvariable der Augensumme $S_{6000} = \sum_{k=1}^{6000} X_k$ ist ungefähr normalverteilt mit

$$E(S_{6000}) = 6000 \cdot 3{,}5 = 21\,000; \qquad Var(S_{6000}) = 6000 \cdot \frac{35}{12} = 17\,500\,.$$

Gesucht ist eine Konstante c mit

$$P\big(21\,000 - c \le S_{6000} \le 21\,000 + c\big) = 0{,}99.$$

Mit Hilfe der Standardisierung erhält man

$$\begin{aligned}
0{,}99 &= P\big(21\,000 - c \le S_{6000} \le 21\,000 + c\big) \\
&= P\left(-\frac{c}{\sqrt{17\,500}} \le \frac{S_{6000} - 21\,000}{\sqrt{17\,500}} \le \frac{c}{\sqrt{17\,500}} \right) \\
&\approx P\left(-\frac{c}{\sqrt{17\,500}} \le Z \le \frac{c}{\sqrt{17\,500}} \right) = 2 \cdot \Phi\left(\frac{c}{\sqrt{17\,500}} \right) - 1.
\end{aligned}$$

Aus $\Phi\left(\frac{c}{\sqrt{17\,500}} \right) \approx 0{,}995$ folgt

$$\frac{c}{\sqrt{17\,500}} \approx 2{,}5758; \quad c \approx 341 \text{ (aufgerundet!)}.$$

Daraus folgt für die Augensumme

$$P(20\,659 \le S_{6000} \le 21\,341) \approx 0{,}99.$$

Die im Satz von Lindeberg-Lévy angegebene Bedingung kann noch abgeschwächt werden. Sie stammt von **A. M. Ljapunow** (1857 – 1918).

Satz 6.25 (Satz von Ljapunow):
Für jedes $n = 1, 2, \ldots$ seien die Zufallsvariablen $X_1, X_2, \ldots, X_n$ unabhängig. Sie sollen die Erwartungswerte $\mu_k = E(X_k)$, die Varianzen $Var(X_k) = \sigma_k^2$ sowie die dritten absoluten zentralen Momente

$$\eta_k = E\big(|X_k - \mu_k|^3\big) \text{ besitzen für } k = 1, 2, \ldots, n.$$

Mit

$$D_n = \sqrt{\sum_{k=1}^{n} \sigma_k^2}\,; \quad B_n = \sqrt[3]{\sum_{k=1}^{n} \eta_k}$$

6.15.2.2 Ungleichungen vom Tschebyschewschen Typ

Die Anwendung des Satzes 6.31 auf die Funktionen $g(z) = z^k$, $k > 0$ bzw. $g(z) = z^2$ und die Zufallvariablen X bzw. $X - \mu$ ergibt unmittelbar die von **A. A. Markow** (1856 – 1922) und **P. L. Tschebyschew** (1821 – 1894) stammenden Ungleichungen, die für die Anwendungen (vor allem in Abschnitt 6.16) sehr wichtig sind.

Satz 6.32:
Falls die jeweiligen Kenngrößen existieren, gelten für jedes $c > 0$ die Ungleichungen:

$$P(|X| \geq c) \leq \frac{E(|X|^k)}{c^k}, \quad k > 0; \quad \textbf{Markoffsche Ungleichung} \qquad (6.216)$$

$$P(|X-\mu| \geq c) \leq \frac{\mathrm{Var}(X)}{c^2}; \quad \textbf{Tschebyschewsche Ungleichung} \qquad (6.217)$$

$$P(|X-\mu| \geq c) \leq \frac{E(|X-\mu|^k)}{c^k} \quad k > 0; \qquad (6.218)$$

Ungleichung vom Tschebyschewschen Typ.

Durch Komplementbildung erhält man aus der Tschebyschewschen Ungleichung (6.217)

$$P(|X-\mu| < c) = 1 - P(|X-\mu| \geq c) \geq 1 - \frac{\mathrm{Var}(X)}{c^2}. \qquad (6.219)$$

Mit $c = k\sigma$, $k > 0$ geht die Tschebyschewsche Ungleichung über in

$$P(|X-\mu| \geq k\sigma) \leq \frac{1}{k^2}; \qquad (6.220)$$
$$P(|X-\mu| < k\sigma) = P(\mu - k\sigma < X < \mu + k\sigma) \geq 1 - \frac{1}{k^2}$$

(k-Sigma-Regel bei allgemeinen Zufallsvariablen).

Interpretation der k-Sigma-Regel
Im Intervall $(\mu - k\sigma; \mu + k\sigma)$ liegt mindestens $100 \cdot \left(1 - \frac{1}{k^2}\right)$ % der Wahrscheinlichkeitsmasse jeder Zufallsvariablen X.

Spezielle Werte:

$P(\mu - 2\sigma < X < \mu + 2\sigma) \geq \frac{3}{4}$; **(Zwei-Sigma-Regel)**

$P(\mu + 3\sigma < X < \mu + 3\sigma) \geq \frac{8}{9}$; **(Drei-Sigma-Regel)**

$P(\mu - 4\sigma < X < \mu + 4\sigma) \geq \frac{15}{16}$; **(Vier-Sigma-Regel)**

$P(\mu - 5\sigma < X < \mu + 5\sigma) \geq \frac{24}{25}$. **(Fünf-Sigma-Regel)**

Diese unteren Schranken sind wesentlich kleiner als die entsprechenden Werte bei Normalverteilungen in Abschnitt 6.7.3.2. Der Grund liegt darin, daß über die Verteilung der Zufallsvariablen X keine Voraussetzungen gemacht werden, während die Wahrscheinlichkeiten bei Normalverteilungen bedingt durch die Gestalt der Gaußschen Glockenkurve stärker beim Erwartungswert μ konzentriert sind.

Durch die Tschebyschewsche Ungleichung wird deutlich, daß die Varianz im Zusammenhang steht mit den Wahrscheinlichkeiten für die Abweichungen der Werte einer Zufallsvariablen vom Erwartungswert μ.

Beispiel 6.36:
Die Verteilung der Zufallsvariablen X sei nicht bekannt, wohl aber der Erwartungswert $\mu = 100$ und die Varianz $\sigma^2 = 25$. Gesucht ist ein Intervall mit dem Mittelpunkt 100, das mindestens 99% der Wahrscheinlichkeitsmasse von X enthält. Nach (6.220) gilt

$$P(100 - k \cdot 5 < X < 100 + k \cdot 5) \geq 1 - \frac{1}{k^2} = 0{,}99;$$

$$\frac{1}{k^2} = 0{,}01; \; k = 10 \quad \Rightarrow \quad P(50 < X < 150) \geq 0{,}99.$$

Falls die Zufallsvariable X normalverteilt ist, erhalten wir aus (6.127)

$$P(|X - 50| < k\sigma) = 2 \cdot \Phi(k) - 1 = 0{,}99; \quad k = 2{,}5758;$$

$$P(87{,}12 < X < 112{,}88) \approx 0{,}99.$$

6.15.2.3 Die Ungleichungen von Cantelli

Wir betrachten zunächst eine beliebige Zufallsvariable mit dem Erwartungswert $\mu = 0$ und der Varianz $\sigma^2 = E(X^2)$. Dann gilt für jede Konstante $c \geq 0$ und jedes $x > 0$

$$\begin{aligned} P[(X+x)^2 \geq (c+x)^2] &= P[|X+x| \geq c+x] \\ &= P[X+x \geq c+x] + P[X+x \leq -(c+x)]. \end{aligned}$$

Hieraus folgt für jedes $x > 0$

$$P(X \geq c) = P(X + x \geq c + x) \leq P[(X+x)^2 \geq (c+x)^2]. \tag{6.221}$$

Da für jedes $c \geq 0$ Funktion $g(x) = (c+x)^2$ in $(0; +\infty)$ monoton wächst, folgt aus Satz 6.31

$$P[(X+x)^2 \geq (c+x)^2] \leq \frac{E((X+x)^2)}{(c+x)^2} \quad \text{für alle } x > 0. \tag{6.222}$$

Wegen $E(X) = 0$ und $E(X^2) = \mathrm{Var}(X) = \sigma^2$ gilt

$$E((X+x)^2) = E(X^2) + x^2 = \sigma^2 + x^2.$$

Damit lautet die rechte Seite von (6.222)

$$\frac{E\big((X+x)^2\big)}{(c+x)^2} = \frac{\sigma^2+x^2}{(c+x)^2} = u(x).$$

Das Minimum von u(x) erhält man durch Differentiation nach x

$$\frac{du(x)}{dx} = \frac{(c+x)^2\cdot 2x - 2(\sigma^2+x^2)(c+x)}{(c+x)^4} = 0$$

$$(c+x)x - \sigma^2 - x^2 = 0; \quad cx = \sigma^2; \quad \text{Lösung:} \quad \underline{x = \frac{\sigma^2}{c}}.$$

Weil die zweite Ableitung an der Stelle $x = \frac{\sigma^2}{c}$ positiv ist, handelt es sich um ein Minimum. Mit $x = \frac{\sigma^2}{c}$ erhält man durch Erweiterung mit c^2 das Minimum auf der rechten Seite von (6.222) in der Form

$$\frac{\sigma^2+\frac{\sigma^4}{c^2}}{\left(c+\frac{\sigma^2}{c}\right)^2} = \frac{\sigma^2(c^2+\sigma^2)}{(c^2+\sigma^2)^2} = \frac{\sigma^2}{c^2+\sigma^2}.$$

Damit gilt für jede Zufallsvariable X mit E(X) = 0

$$P(X \geq c) \leq \frac{\sigma^2}{c^2+\sigma^2} \quad \text{für jedes } c > 0. \tag{6.223}$$

Ersetzt man die Zufallsvariable X durch $X-\mu$, so erhält man hieraus die von **F. P. Cantelli** (1875 – 1966) stammende Ungleichung

$$P\big(X-\mu \geq c\big) \leq \frac{\sigma^2}{c^2+\sigma^2} \quad \text{für jedes } c > 0. \tag{6.224}$$

Für eine Zufallsvariable X mit dem Erwartungswert $\mu = 0$ und der Varianz σ^2 gilt für jedes $c > 0$

$$P(X \leq -c) = P(-X \geq c) = P(Y \geq c).$$

Die Zufallsvariable $Y = -X$ besitzt ebenfalls den Erwartungswert 0 und die Varianz σ^2. Mit $Y = -X$ erhält man dann aus (6.223)

$$P(X \leq -c) \leq \frac{\sigma^2}{c^2+\sigma^2} \quad \text{für jedes } c > 0, \text{ falls } E(X) = 0 \text{ ist.}$$

Setzt man $X-\mu$ für X, so erhält man hieraus

$$P\big(X-\mu \leq -c\big) \leq \frac{\sigma^2}{c^2+\sigma^2} \quad \text{für jedes } c > 0. \tag{6.225}$$

Aus (6.224) und (6.225) erhält man durch Addition

$$P\big(|X-\mu| \geq c\big) \leq \frac{2\sigma^2}{c^2+\sigma^2} \quad \text{für jedes } c > 0. \tag{6.226}$$

Die zweiseitige Ungleichung (6.226) wäre besser als die Tschebyschewsche (6.217) für

$$\frac{2\sigma^2}{c^2+\sigma^2} < \frac{\sigma^2}{c^2} \quad \Leftrightarrow \quad \frac{c^2+\sigma^2}{2} > c^2 \quad \Leftrightarrow \quad 0 < c < \sigma .$$

Falls $\sigma > 0$ ist, gilt für $0 < c < \sigma$ jedoch

$$\frac{2\sigma^2}{c^2+\sigma^2} > 1.$$

Da eine Wahrscheinlichkeit immer kleiner gleich 1 ist, sind daher nur die einseitigen Cantellischen Ungleichungen interessant. Der zweiseitigen Cantellischen Ungleichung ist die Tschebyschewsche vorzuziehen.

Damit gilt der

Satz 6.33:
Falls die jeweiligen Kenngrößen existieren, gelten für jede beliebige Zufallsvariable X mit existierender Varianz σ^2 die
Ungleichungen von Cantelli:

$$P(X-\mu \geq c) \leq \frac{\sigma^2}{c^2+\sigma^2} \qquad \text{für jedes } c > 0;$$
$$P(X-\mu \leq -c) \leq \frac{\sigma^2}{c^2+\sigma^2} \qquad \text{für jedes } c > 0. \tag{6.227}$$

Fälle, in denen die Ungleichungen von Cantelli besser als die Tschebyschewsche sind:

Falls von einer Zufallsvariablen X bekannt ist, daß für ein $c > 0$ gilt

$$P(X-\mu \leq -c) = 0 \quad \text{oder} \quad P(X-\mu \geq c) = 0,$$

so ist die Cantellische Ungleichung

$$P(|X-\mu| \geq c) \leq \frac{\sigma^2}{c^2+\sigma^2}$$

besser als die Tschebyschewsche.

Beispiel 6.37 :
Eine Zufallsvariable X besitze den Erwartungswert $\mu = 5$ und die Standardabweichung $\sigma = 5$.

a) Falls über die Verteilung von X nichts bekannt ist, gilt für beliebiges $c > 0$ nach Tschebyschew

$$P(|X-5| \geq c) \leq \frac{25}{c^2}.$$

Zahlenbeispiele:

$$c = 5:\ P(|X-5| \geq 5) \leq 1; \quad c = 10:\ P(|X-5| \geq 10) \leq \tfrac{1}{4}.$$

b) Zusätzlich sei bekannt, daß die Zufallsvariable X positiv ist, also $P(X \leq 0) = 0$. Wegen

$$P\left(X-5 \leq -c\right) = P\left(X \leq 5-c\right) = 0 \text{ für alle } c \geq 5$$

ist die Cantellische Ungleichung

$$P\left(|X-\mu| \geq c\right) \leq \frac{25}{c^2+25},$$

für jedes $c \geq 5$ besser als die Tschebyschewsche.

Zahlenbeispiele:

$$c = 5: \quad P\left(|X-5| \geq 5\right) \leq \frac{25}{25+25} = \frac{1}{2};$$

$$c = 10: \quad P\left(|X-5| \geq 10\right) \leq \frac{25}{100+125} = \frac{1}{5}.$$

6.15.2.4 Die Ungleichungen von Camp-Meidell-Gauß

Es sei X eine stetige Zufallsvariable. Ihre Dichte sei **unimodal** mit dem (einzigen) Modus $\nu = x_{Mod}$. Links vom Modus sei f nichtfallend und rechts davon nichtsteigend. Eine solche Verteilung nennen wir **eingipflig.**

Der Erwartungswert der quadratischen Abweichung vom Modalwert sei

$$\tau^2 = E\left((X-\nu)^2\right) = E\left([(X-\mu)+(\mu-\nu)]^2\right) = \sigma^2 + (\nu-\mu)^2.$$

Dann gilt der

Satz 6.34 :
Es sei X eine stetige Zufallsvariable mit einer eingipfligen Verteilung mit $E(X) = \mu$, $Var(X) = \sigma^2$. Dabei sei ν der Modus der Verteilung mit

$$\tau^2 = E\left((X-\nu)^2\right) = \sigma^2 + (\nu-\mu)^2.$$

Dann gelten die Ungleichungen von **Camp-Meidell-Gauß:**

$$P\Big(|X-\nu| \geq c\Big) \leq \begin{cases} 1-\dfrac{c}{\tau\sqrt{3}} & \text{für } 0 < c < \dfrac{2\tau}{\sqrt{3}}, \\[2ex] \dfrac{4\tau^2}{9c^2} & \text{für } c \geq \dfrac{2\tau}{\sqrt{3}}. \end{cases} \tag{6.228}$$

$$P\Big(|X-\nu| \geq k\cdot\tau\Big) \leq \begin{cases} 1-\dfrac{k}{\sqrt{3}} & \text{für } 0 < k < \dfrac{2}{\sqrt{3}}, \\[2ex] \dfrac{4}{9k^2} & \text{für } k \geq \dfrac{2}{\sqrt{3}} \end{cases} \tag{6.229}$$

(k-Tau-Regel);

$$P(|X-\mu| \geq k\sigma) \leq \frac{4}{9}\cdot\frac{1+s^2}{(k-s)^2} \quad \text{für } k > s = \frac{|\mu-\nu|}{\sigma}. \tag{6.230}$$

Beweis s. **Camp, B. H.** [1922], **Meidell, B.** [1922]. Ein Beweis für (6.228) ist auch bei **Puckelsheim, F.** [1994] zu finden. Bei **Savage, I. R.** [1961] sind ausführliche Literaturzitate angegeben.

Diese Ungleichungen wurden allerdings bereits 1823 von **C. F. Gauß** untersucht.

Beispiel 6.38 :
Die stetige Zufallsvariable X besitze eine eingipflige Verteilung, den Erwartungswert $\mu = 100$, die Varianz $\sigma^2 = 300$ und den Modalwert $\nu = 90$. Dann gilt

$$\tau^2 = \mathrm{E}\big((\mathrm{X}-\nu)^2\big) = 300 + (90-100)^2 = 400\,; \quad \tau = 20\,.$$

Nach Camp-Meidell-Gauß erhält man:

$$\mathrm{P}\Big(\,|\,\mathrm{X}-90\,| \geq 60\,\Big) = \mathrm{P}\Big(\,|\,\mathrm{X}-\nu\,| \geq 3\cdot\tau\,\Big) \leq \frac{4}{9\cdot 3^2} = \frac{4}{81}\,.$$

$\sigma = \sqrt{300}\,;\ \ \mathrm{s} = \dfrac{|\,\mu-\nu\,|}{\sigma} = \dfrac{10}{\sqrt{300}}\,;\ \mathrm{k} = \dfrac{60}{\sqrt{300}}$ ergibt aus (6.229)

$$\begin{aligned}\mathrm{P}(\,|\,\mathrm{X}-100\,| \geq 60) &= \mathrm{P}(\,|\,\mathrm{X}-\mu\,| \geq \frac{60}{\sqrt{300}}\sqrt{300})\\ &\leq \frac{4}{9}\cdot\frac{1+\frac{1}{3}}{\frac{2\,500}{300}} = \frac{16}{225} \approx 0{,}0711.\end{aligned}$$

Nach Tschebyschew erhält man

$$\mathrm{P}\Big(\,|\,\mathrm{X}-100\,| \geq 60\,\Big) = \mathrm{P}\Big(\,|\,\mathrm{X}-\mu\,| \geq \frac{60}{\sqrt{300}}\cdot\sqrt{300}\,\Big) \leq \frac{300}{3\,600} = \frac{1}{12} \approx 0{,}0833\,.$$

Die Abschätzung von Camp-Meidell ist besser als die Tschebyschewsche.

6.15.2.5 Die Ungleichung von Vysochanský-Petunion

Die Ungleichung von Camp-Meidell-Gauß wurde von **Vysochanský, D. F.** und **Petunion, Y. I.** [1980] für eine beliebige Stelle γ verallgemeinert. Danach gilt der

Satz 6.35 :
Es sei X eine stetige Zufallsvariable mit dem Erwartungswert $\mathrm{E(X)} = \mu$ und der Varianz σ^2. Die Verteilung von X sei eingipflig. Ferner sei γ eine beliebige Stelle mit

$$\delta^2 = \mathrm{E}\big((\mathrm{X}-\gamma)^2\big) = \sigma^2 + (\gamma-\mu)^2\,.$$

Dann gelten die Ungleichungen von **Vysochanský - Petunion**

$$P\left(|X-\gamma| \geq c\right) \leq \begin{cases} \frac{4\delta^2}{3c^2} - \frac{1}{3} & \text{für } 0 < c < \sqrt{\frac{8}{3}} \cdot \delta \\ \frac{4\delta^2}{9c^2} & \text{für } c \geq \sqrt{\frac{8}{3}} \cdot \delta \,. \end{cases} \tag{6.231}$$

$$P\left(|X-\gamma| \geq k \cdot \delta\right) \leq \begin{cases} \frac{4\delta^2}{3k^2} - \frac{1}{3} & \text{für } 0 < c < \sqrt{\frac{8}{3}} \\ \frac{4}{9k^2} & \text{für } c \geq \sqrt{\frac{8}{3}} \,. \end{cases} \tag{6.232}$$

Beweis s. **Vysochanskỹ, D. F. / Petunion, Y. I.** [1980] und **Puckelsheim, F.** [1994].

6.16 Gesetze der großen Zahlen

In den Gesetzen der großen Zahlen wird der Zusammenhang zwischen der relativen Häufigkeit und der Wahrscheinlichkeit eines Ereignisses sowie der Mittelwerte von Stichproben und den Erwartungswerten von Zufallsvariablen deutlich.

6.16.1 Das schwache Gesetz der großen Zahlen

Es seien $X_1, X_2, \ldots, X_n$ beliebige unabhängige Zufallsvariablen, die alle den gleichen Erwartungswert μ und die gleiche Varianz σ^2 besitzen. Die Verteilungen der einzelnen Zufallsvariablen müssen nicht übereinstimmen, sie dürfen beliebig sein. Realisierungen solcher Zufallsvariabler können z. B. dadurch gebildet werden, daß das gleiche Zufallsexperiment n-mal unabhängig durchgeführt und bei jeder einzelnen Versuchsdurchführung die Realisierung der gleichen Zufallsvariablen X festgestellt wird. Dann beschreibt X_i die Realisierung der Zufallsvariablen X bei der i-ten Versuchsdurchführung. Die n Zufallsvariablen $X_1, X_2, \ldots, X_n$ sind in diesem Fall unabhängig und besitzen alle die gleiche Verteilung und somit auch den gleichen Erwartungswert und die gleiche Varianz wie X. Man nennt die Zufallsvariablen X_i auch **unabhängige Wiederholungen** von X.

Die Zufallsvariable des arithmetischen Mittels

$$\overline{X} = \frac{1}{n} \sum_{i=1}^{n} X_i$$

besitzt wegen der Unabhängigkeit der Summanden die Parameter

$$E(\overline{X}) = E\left(\frac{1}{n}\sum_{i=1}^{n} X_i\right) = \frac{1}{n}\sum_{i=1}^{n} E(X_i) = \frac{1}{n}\cdot n\cdot \mu = \mu\,;$$
$$\operatorname{Var}(\overline{X}) = \operatorname{Var}\left(\frac{1}{n}\sum_{i=1}^{n} X_i\right) = \frac{1}{n^2}\sum_{i=1}^{n} \operatorname{Var}(X_i) = \frac{1}{n^2}\cdot n\cdot\sigma^2 = \frac{\sigma^2}{n}. \qquad (6.233)$$

Daher gilt

$$\lim_{n\to\infty} \operatorname{Var}(\overline{X}) = \lim_{n\to\infty} \operatorname{Var}\left(\frac{1}{n}\sum_{i=1}^{n} X_i\right) = 0\,. \qquad (6.234)$$

Wendet man die Tschebyschewsche Ungleichung (6.217) auf die Zufallsvariable $\overline{X}$ an, so erhält man für jedes $\varepsilon > 0$

$$P\left(\left|\frac{1}{n}\sum_{i=1}^{n} X_i - \mu\right| \geq \varepsilon\right) \leq \frac{\sigma^2}{n\varepsilon^2} \quad \text{für } n = 1, 2, \ldots\,. \qquad (6.235)$$

Hieraus folgt

$$\lim_{n\to\infty} P\left(\left|\frac{1}{n}\sum_{i=1}^{n} X_i - \mu\right| \geq \varepsilon\right) = 0 \quad \text{für jedes } \varepsilon > 0. \qquad (6.236)$$

Diese Konvergenz in Wahrscheinlichkeit nennt man das **schwache Gesetz der großen Zahlen**. Man sagt auch: Die Folge $\frac{1}{n}\sum_{i=1}^{n} X_i$, $n = 1, 2, \ldots$ **konvergiert stochastisch** (in Wahrscheinlichkeit) gegen μ. Damit gilt der

Satz 6.36 (Das schwache Gesetz der großen Zahlen):
Die Zufallsvariablen X_i, $i = 1, 2, \ldots$ seien paarweise unabhängig und besitzen alle den gleichen Ewartungswert μ und die gleiche Varianz σ^2. Dann gilt für jedes beliebig kleine $\varepsilon > 0$

$$P\left(\left|\frac{1}{n}\sum_{i=1}^{n} X_i - \mu\right| \geq \varepsilon\right) \leq \frac{\sigma^2}{n\varepsilon^2}\,;$$
$$\lim_{n\to\infty} P\left(\left|\frac{1}{n}\sum_{i=1}^{n} X_i - \mu\right| \geq \varepsilon\right) = 0. \qquad (6.237)$$

Interpretation: Wegen des schwachen Gesetzes der großen Zahlen liegen für große n die Realisierungen der Zufallsvariablen des arithmetischen Mittels $\overline{X}$ meistens in der Nähe des Zahlenwertes μ. Daher ist der Mittelwert $\overline{x}$ einer entsprechenden Stichprobe als Realisierung der Zufallsvariablen $\overline{X}$ im allgemeinen ein recht guter Schätzwert (Näherungswert) für den unbekannten Erwartungswert μ, also $\overline{x} \approx \mu$.

Beispiel 6.39:
Jemand geht immer zu einem zufällig gewählten Zeitpunkt zur Straßenbahnhaltestelle, ohne sich um den Fahrplan zu kümmern. Die Wartezeit X bis zum Eintreffen der nächsten Bahn besitze den Erwartungswert $\mu = 3$ Minuten und die Varianz $\text{Var}(X) = 1{,}5$ Minuten^2. Die Person fährt während eines Jahres 250mal mit der Bahn. Gesucht ist eine untere Schranke für die Wahrscheinlichkeit, daß die mittlere Wartezeit zwischen 2,5 und 3,5 Minuten liegt. Aus (6.237) folgt

$$P\left(\left|\frac{1}{250}\sum_{i=1}^{250} X_i - 3\right| < 0{,}5\right) = 1 - P\left(\left|\frac{1}{250}\sum_{i=1}^{250} X_i - 3\right| \geq 0{,}5\right)$$

$$\geq 1 - \frac{1{,}5}{250 \cdot 0{,}5^2} = 0{,}976\,.$$

Das schwache Gesetz der großen Zahlen kann noch verallgemeinert werden.

Satz 6.37 (das allgemeine schwache Gesetz der großen Zahlen):
Die Zufallsvariablen X_i, $i = 1, 2, \ldots$ seien paarweise unabhängig und besitzen die Erwartungswerte $E(X_i)$ und die Varianzen $\text{Var}(X_i)$. Dabei gelte

$$\lim_{n\to\infty} \frac{1}{n}\sum_{i=1}^{n} E(X_i) = \mu \quad \text{und} \quad \lim_{n\to\infty} \frac{1}{n}\cdot\sqrt{\sum_{i=1}^{n} \text{Var}(X_i)} = 0. \qquad (6.238)$$

Dann gilt für jedes $\varepsilon > 0$

$$\lim_{n\to\infty} P\left(\left|\frac{1}{n}\sum_{i=1}^{n} X_i - \mu\right| \geq \varepsilon\right) = 0\,.$$

Beweis s. **Fisz, M.** [1971], S. 258f.

6.16.2 Das Bernoullische Gesetz der großen Zahlen

Wir betrachten ein beliebiges Ereignis A, das bei einem Einzelexperiment die Wahrscheinlichkeit $p = P(A)$ besitzt. Das Experiment werde n-mal unabhängig durchgeführt. Dabei sei $r_n(A)$ die relative Häufigkeit des Ereignisses A. Die relative Häufigkeit ist Realisierung der Zufallsvariablen $R_n(A)$. Die Zufallsvariable $X = n \cdot R_n(A) = H_n(A)$ der absoluten Häufigkeit von A ist nach Abschnitt 6.4.2 binomialverteilt mit den Paramatern n und p. Die absolute Häufigkeit X kann additiv zerlegt werden in

$$X = X_1 + X_2 + \ldots + X_n\,,$$

$$X_i = \begin{cases} 1, & \text{falls beim i-ten Versuch A eintritt,} \\ 0, & \text{sonst.} \end{cases}$$

Dabei sind die Zufallsvariablen X_i unabhängig mit

$$E(X_i) = p; \quad Var(X_i) = p(1-p).$$

Damit gilt für

$$R_n(A) = \overline{X} = \frac{1}{n}\sum_{k=1}^{n} X_k$$

$$E(R_n(A)) = p; \quad Var(R_n(A)) = \frac{p(1-p)}{n} \leq \frac{1}{4n}.$$

Die Funktion $f(p) = p(1-p)$ ist im Bereich $[0; \frac{1}{2}]$ streng monoton wachsend. Sie nimmt an der Stelle $\frac{1}{2}$ den maximalen Wert $\frac{1}{4}$ an und ist danach streng monoton fallend. Daher gilt $p(1-p) \leq \frac{1}{4}$ für $0 \leq p \leq 1$.

Wendet man auf $R_n(A)$ das schwache Gesetz der große Zahlen (Satz 6.36) an, so erhält man unmittelbar das von **J. Bernoulli** (1654 – 1705) stammende Gesetz der großen Zahlen.

Satz 6.38 (das Bernoullische Gesetz der großen Zahlen):
In einem Einzelexperiment besitze das Ereignis A die Wahrscheinlichkeit p. Das Experiment werde n-mal unabhängig durchgeführt. Dann gilt für die Zufallsvariable $R_n(A)$ der relativen Häufigkeit von A:

$$E(R_n(A)) = p; \quad Var(R_n(A)) = \frac{p(1-p)}{n} \leq \frac{1}{4n}; \tag{6.239}$$

$$P\left(|R_n(A) - p| \geq \varepsilon\right) \leq \frac{p(1-p)}{n\varepsilon^2} \leq \frac{1}{4n\varepsilon^2}; \tag{6.240}$$

$$\lim_{n\to\infty} P\left(|R_n(A) - p| \geq \varepsilon\right) = 0 \quad \text{für jedes } \varepsilon > 0.$$

Der Vorschlag von **Richard von Mises** (s. Abschnitt 5.3), die Wahrscheinlichkeit als Grenzwert der relativen Häufigkeiten zu erklären, war gar nicht so abwegig. Er hatte nur den falschen Konvergenzbegriff benutzt. Die gewöhnliche Konvergenz muß durch die Konvergenz in Wahrscheinlichkeit ersetzt werden.

Beispiel 6.40 (Schätzen einer unbekannten Wahrscheinlichkeit):
Die Wahrscheinlichkeit p eines Ereignisses A sei nicht bekannt und soll durch die relative Häufigkeit $r_n(A)$ in einer unabhängigen Versuchsserie vom Umfang n geschätzt werden. Dafür soll der minimale Stichprobenumfang n so bestimmt werden, daß die Zufallsvariable $R_n(A)$ der relativen Häufigkeit höchstens mit Wahrscheinlichkeit 0,05 von der unbekannten Wahrscheinlichkeit um mehr als 0,01 abweicht, also mit

$$P\left(|R_n(A) - p| \geq 0{,}01\right) \leq 0{,}05.$$

a) Über p sei nichts bekannt. Dann kann p auch in der Nähe von 0,5 liegen. Damit folgt aus (6.240)

$$P\left(|R_n(A) - p| \geq 0{,}01\right) \leq \frac{p(1-p)}{n \cdot 0{,}01^2} \leq \frac{1}{4 \cdot n \cdot 0{,}01^2} \leq 0{,}05;$$

$$n \geq \frac{1}{4 \cdot 0{,}01^2 \cdot 0{,}05} = 50\,000.$$

b) Aus Vorinformationen sei $p \leq 0{,}1$ bekannt. Dies ist z. B. bei einer Ausschußwahrscheinlichkeit der Fall oder auch bei der Wahrscheinlichkeit, daß eine zufällig ausgewählte Person bei einer Bundestagswahl eine kleine Partei wählt. Da die Funktion $f(p) = p(1-p)$ zwischen 0 und 0,5 streng monoton wachsend ist, nimmt sie im Bereich $[0;0{,}1]$ das Maximum am rechten Randpunkt 0,1 an. Daraus folgt

$$P\left(\left|R_n(A) - p\right| \geq 0{,}01\right) \leq \frac{p(1-p)}{n \cdot 0{,}01^2} \leq \max_{0 \leq p \leq 0{,}1} p(1-p) \cdot \frac{1}{n \cdot 0{,}01^2}$$
$$= 0{,}1 \cdot 0{,}9 \cdot \frac{1}{n \cdot 0{,}01^2} \leq 0{,}05; \quad n \geq 18\,000.$$

Durch die Zusatzinformation in b) kann der notwendige Stichprobenumfang n erheblich reduziert werden. Er muß immer dann am größten gewählt werden, wenn Werte von p im Bereich von 0,5 nicht auszuschließen sind. Dann liegt die "größte Unsicherheit" vor. Durch die Näherung

$$r_n(A) \approx P(A)$$

wird in beiden Fällen auf Dauer in ungefähr 95% der Fälle die unbekannte Wahrscheinlicheit mit einer Genauigkeit von mindestens 0,01 geschätzt.

6.16.3 Stochastische Konvergenz der empirischen Verteilungsfunktionen

Die Werte x_i der Stichprobe $(x_1, x_2, \ldots, x_n)$ seien unabhängige Realisierungen der Zufallsvariablen X mit der Verteilungsfunktion $F(x)$. Nach Abschnitt 2.3.1 ist die empirischen Verteilungsfunktion der Stichprobe erklärt durch

$$F_n(x) = \frac{1}{n} \cdot H_n(x) = \frac{\text{Anzahl der Stichprobenwerte } x_i \text{ mit } x_i \leq x}{n}.$$

Für jedes $x \in \mathbb{R}$ stellt $F_n(x)$ den relativen Anteil derjenigen Stichprobenwerte dar, die kleiner oder gleich x sind, also eine relative Häufigkeit. Der Funktionswert $F_n(x)$ hängt vom Zufall ab, und ist somit Realisierung einer Zufallsvariablen $Y_n(x)$ mit dem Wertebereich

$$W = \left\{0, \frac{1}{n}, \frac{2}{n}, \frac{3}{n}, \ldots, \frac{n-1}{n}, 1\right\}.$$

Die Zufallsvariable $Y_n(x)$ besitzt genau dann die Realisierung $\frac{k}{n}$, wenn von den n Stichprobenwerten k kleiner oder gleich x und die übrigen $n-k$ größer als x sind. Dies ist genau dann der Fall, wenn in der Versuchsserie vom Umfang n das Ereignis $A = \{\omega | \; X(\omega) \leq x\}$ mit der jeweiligen Wahrscheinlichkeit $p = P(A) = F(x)$ genau k-mal eintritt. Damit ist die Zufallsvariable $Y_n(x)$ die relative Häufigkeit des Ereignisses A mit

$$P\left(Y_n(x) = \frac{k}{n}\right) = \binom{n}{k} \cdot [F(x)]^k \cdot [1 - F(x)]^{n-k} \quad \text{für } k = 0, 1, \ldots, n;$$
$$E(Y_n(x)) = F(x); \quad \operatorname{Var}(Y_n(x)) = \frac{F(x) \cdot [1 - F(x)]}{n} \leq \frac{1}{4n} \to 0.$$

Aus dem Bernoullischen Gesetz der großen Zahlen (Satz 6.38) erhält man unmittelbar den

Satz 6.39 (das schwache Gesetz der großen Zahlen für die empirische Verteilungsfunktion):
Die Werte der Stichprobe $(x_1, x_2, \ldots, x_n)$ seien unabhängige Realisierungen der Zufallsvariablen X, welche die Verteilungsfunktion F(x) besitzt. Die empirische Verteilungsfunktion $F_n(x)$ sei Realisierung der Zufallsvariablen $Y_n(x)$. Dann gilt für jedes $x \in \mathbb{R}$ und jedes $\varepsilon > 0$

$$P\left(\left|Y_n(x) - F(x)\right| \geq \varepsilon\right) \leq \frac{1}{4n\varepsilon^2};$$
$$\lim_{n\to\infty} P\left(\left|Y_n(x) - F(x)\right| \geq \varepsilon\right) = 0. \tag{6.241}$$

Wegen diesem Gesetz kann der Wert $F_n(x)$ der empirischen Verteilungsfunktion an jeder Stelle x als Schätzwert für den unbekannten Funktionswert F(x) der Verteilungsfunktion der Zufallsvariablen X benutzt werden.

6.16.4 Das starke Gesetz der großen Zahlen

Das schwache Gesetz der großen Zahlen macht Aussagen über die Konvergenz der Wahrscheinlichkeiten für Abweichungen einer Folge von Zufallsvariablen von einem festen Zahlenwert (stochastische Konvergenz). Im Gegensatz dazu untersucht man beim starken Gesetz der großen Zahlen die fast sichere Konvergenz. Sie ist eine stärkere Bedingung als die stochastische Konvergenz. Im Anschluß an die Definition der fast sicheren Konvergenz werden einige wichtige Sätze ohne Beweise angegeben. Bezüglich der Beweise sei auf weiterführende Literatur verwiesen, z. B. **Fisz, M.** [1971].

Definition 6.14 (fast sichere Konvergenz):
Eine Folge von Zufallsvariablen $X_n, n = 1, 2, \ldots$ **konvergiert fast sicher (fast überall)** gegen eine Zufallsvariable X, wenn die Menge aller Versuchsergebnisse ω, für die $X_n(\omega)$ nicht gegen $X(\omega)$ konvergiert, die Wahrscheinlichkeit Null besitzt. Die Menge der Versuchsergebnisse, auf der die Konvergenz stattfindet, hat damit die Wahrscheinlichkeit Eins. Es gilt also

$$P\left(\{\omega \in \Omega \mid \lim_{n\to\infty} X_n(\omega) = X(\omega)\}\right) = 1. \tag{6.242}$$

Nach **Fisz, M.** [1971], S. 261 konvergiert die Folge der Zufallsvariablen X_n, $n = 1, 2, \ldots$ genau dann fast sicher gegen die Zufallsvariable X, wenn für jedes $\varepsilon > 0$ gilt

$$\lim_{n\to\infty} P\left(\{\omega \in \Omega \mid \sup_{m \geq n} \left|X_m(\omega) - X(\omega)\right| \geq \varepsilon\right) = 0. \tag{6.243}$$

Aus der fast sicheren Konvergenz folgt die stochastische. Die Umkehrung braucht nicht zu gelten. Die einfachste Form des starken Gesetzes der großen Zahlen erhält man in der folgenden Fassung.

Satz 6.40 (das starke Gesetz der großen Zahlen für den Erwartungswert): Für jedes n seien $X_1, X_2, \ldots, X_n$ unabhängig und sollen die gleiche Verteilung und den gleichen Erwartungswert $E(X_k) = \mu$ besitzen.

Dann konvergiert die Folge $\overline{X} = \frac{1}{n}\sum_{i=1}^{n} X_i$ fast sicher gegen μ, es gilt also

$$P\left(\lim_{n\to\infty} \frac{1}{n}\sum_{i=1}^{n} X_i = \mu\right) = P\left(\left\{\omega \in \Omega \mid \lim_{n\to\infty} \frac{1}{n}\sum_{i=1}^{n} X_i(\omega) = \mu\right\}\right) = 1. \qquad (6.244)$$

Nach dem starken Gesetz der großen Zahlen gilt für jedes $\varepsilon > 0$

$$\lim_{n\to\infty} P\left(\sup_{m \geq n} \left| \frac{1}{m}\sum_{k=1}^{m} X_k - \mu \right| \geq \varepsilon\right) = 0 .$$

Zu jedem beliebigen $\varepsilon > 0$ und jedem beliebigen $\delta > 0$ existiert dann ein Index n_0 mit

$$P\left(\sup_{m \geq n_0} \left| \frac{1}{m}\sum_{k=1}^{m} X_k - \mu \right| \geq \varepsilon\right) < \delta .$$

Gleichwertig damit ist

$$P\left(\sup_{m \geq n_0} \left| \frac{1}{m}\sum_{k=1}^{m} X_k - \mu \right| < \varepsilon\right) \geq 1 - \delta .$$

Das starke Gesetz der großen Zahlen besagt folgendes: Aus einer Stichprobe kann mit Wahrscheinlichkeit Eins (fast sicher) der unbekannte Erwartungswert μ einer Zufallsvariablen X beliebig genau geschätzt werden, wenn der Stichprobenumfang nur groß genug ist.

Wie bei der Herleitung des Bernoullischen Gesetzes der großen Zahlen in Abschnitt 6.16.2 erhält man hieraus mit

$$X_i = \begin{cases} 1, & \text{falls beim i-ten Versuch A eintritt}, \\ 0, & \text{sonst} \end{cases}$$

unmittelbar den

Satz 6.41 (das starke Gesetz der großen Zahlen für eine Wahrscheinlichkeit):
Das Ereignis A besitze die Wahrscheinlichkeit p. In einer unabhängigen Versuchsserie vom Umfang n sei $R_n(A)$ die Zufallsvariable der relativen Häufigkeit des Ereignisses A. Dann konvergiert die Folge der Zufallsvariablen $R_n(A)$ fast sicher gegen p, d. h. für jedes $\varepsilon > 0$ gilt

$$P\left(\lim_{n\to\infty} R_n(A) = p\right) = \lim_{n\to\infty} P\left(\sup_{m \geq n} |R_m(A) - p| \geq \varepsilon\right) = 0. \qquad (6.245)$$

Damit kann mit Wahrscheinlichkeit Eins die unbekannte Wahrscheinlichkeit $p = P(A)$ eines beliebigen Ereignisses A durch die relative Häufigkeit in einer genügend langen unabhängigen Versuchsserie beliebig genau geschätzt werden.

Auch für die Folge der Zufallsvariablen, deren Realisierungen die empirische Verteilungsfunktion $F_n(x)$ einer Stichprobe vom Umfang n darstellt, gilt ein starkes Gesetz der großen Zahlen. Es stammt von **V. I. Gliwenko** (1897 – 1940) und **F. P. Cantelli** (1875 – 1966).

Satz 6.42 (Satz von Gliwenko-Cantelli - Hauptsatz der mathematischen Statistik):
Die Werte der Stichprobe $(x_1, x_2, \ldots, x_n)$ seien unabhängige Realisierungen der Zufallsvariablen X, welche die Verteilungsfunktion F(x) besitzt. Die empirische Verteilungsfunktion $F_n(x)$ sei Realisierung der Zufallsvariablen $Y_n(x)$. Dann gilt

$$P\Big(\lim_{n\to\infty} \sup_{-\infty<x<+\infty} |Y_n(x) - F(x)| = 0\Big) = 1\,;$$
$$\lim_{N\to\infty} P\Big(\sup_{n\geq N} \sup_{-\infty<x<+\infty} |Y_n(x) - F(x)| \geq \varepsilon\Big) = 0 \qquad (6.246)$$
für jedes $\varepsilon > 0$.

Wegen dem Hauptsatz der mathematischen Statistik erhält man aus einer Stichprobe von genügend großem Umfang n mit Wahrscheinlichkeit Eins beliebig gute Informationen über eine unbekannte Verteilungsfunktion F an jeder Stelle $x \in \mathbb{R}$.

Das starke Gesetz der großen Zahlen wurde von **A. N. Kolmogorow** verallgemeinert. Danach gilt der

Satz 6.43 (Verallgemeinerung des starken Gesetzes der großen Zahlen von Kolmogorow):
Die Zufallsvariablen $X_1, X_2, X_3, \ldots$ seien unabhängig und besitzen die Varianzen $\mathrm{Var}(X_i), i = 1, 2, \ldots$. Dabei konvergiere die Reihe

$$\sum_{i=1}^{\infty} \frac{\mathrm{Var}(X_i)}{i^2} < \infty. \qquad (6.247)$$

Dann gilt

$$P\Big(\lim_{n\to\infty} \frac{1}{n} \sum_{i=1}^{n} (X_i - E(X_i)) = 0\Big) = 1. \qquad (6.248)$$

Die Bedingung (6.247) ist erfüllt, falls alle Varianzen durch gleiche Konstante c beschränkt sind, also für $\mathrm{Var}(X_i) \leq c$ für alle i. Dann gilt

$$\sum_{i=1}^{\infty} \frac{\mathrm{Var}(X_i)}{i^2} \leq c \sum_{i=1}^{\infty} \frac{1}{i^2} < \infty.$$

6.17 Aufgaben

Aufgabe 6.1:
Auf einem Jahrmarkt können Sie für den Einsatz von 5 DM eines der folgenden Spiele auswählen:
Sie dürfen mit vier idealen Würfeln werfen und erhalten 10 DM ausgezahlt, falls Sie wenigstens eine Sechs werfen.
Sie werfen 24mal mit zwei Würfeln und gewinnen 10 DM, falls mindestens bei einem Doppelwurf zweimal die Sechs erscheint.

a) Welches Spiel besitzt eine größere Gewinnerwartung?

b) Sie spielen dieses Spiel mit der größeren Gewinnerwartung 1000mal. Wie groß ist die Wahrscheinlichkeit, daß Sie dabei mehr als Ihren Einsatz gewinnen?

Aufgabe 6.2:
Hochwertige Geräte werden in vier unabhängigen Kontrollgängen auf Fehler untersucht. Bei der ersten Kontrolle werden auf Dauer 70 % der fehlerhaften Stücke entdeckt und aussortiert, bei der zweiten 50 %, bei der dritten 40 % und bei der vierten 20%.

a) Wieviel Prozent der fehlerhaften Stücke werden nicht entdeckt?

b) Die Feststellung eines fehlerhaften Stücks koste bei den vier Kontrollen der Reihe nach 10, 20, 40 bzw. 100 DM. Falls ein Fehler erst beim Kunden festgestellt wird, erhält dieser 200 DM. Wie hoch sind im Mittel die Kosten bis zur Festellung eines fehlerhaften Stücks?

c) Welchen Betrag kann das Werk den Kunden für die Feststellung eines Fehlers bezahlen, damit die mittleren Kosten ohne eigene Kontrolle auch nicht höher sind?

Aufgabe 6.3:
In einem Manuskript befinden sich auf 300 Seiten 50 Druckfehler, die auf die einzelnen Seiten zufällig verteilt sind. Eine Seite werde zufällig ausgewählt. Berechnen Sie die Wahrscheinlichkeiten, mit der sich auf dieser Seite 0, 1, 2 oder mehr als 2 Druckfehler befinden.

Aufgabe 6.4:
Es sei X eine Zufallsvariable mit dem Wertebereich $\mathbb{N}_0 = \{0, 1, 2, \ldots\}$, deren Erwartungswert und Varianz existieren. Zeigen Sie, daß allgemein gilt:

$$E(X) = \sum_{n=1}^{\infty} P(X \geq n); \quad E(X^2) = \sum_{n=1}^{\infty} (2n-1) \cdot P(X \geq n).$$

Aufgabe 6.5:
Jemand hat in seiner Tasche 5 rein äußerlich kaum unterscheidbare Schlüssel, von denen für die Haustüre nur einer paßt. Die Person kommt abends nach Hause und wählt so lange einen Schlüssel aus, bis dieser paßt. Berechnen Sie den Erwartungswert und die Standardabweichung für die Anzahl der benötigten Versuche, falls

a) die bereits ausgewählten Schlüssel beiseite gelegt und nicht mehr ausgewählt werden,

b) die nicht passenden Schlüssel vor dem nächsten Versuch zu den übrigen zurück gelegt werden.

Aufgabe 6.6:
Eine Menge flüssiges Glas enthalte 20 Steine. Daraus werden x Flaschen hergestellt. Eine Flasche ist unbrauchbar, wenn sie mindestens einen Stein enthält. Bei der Produktion soll jeder der 20 Steine unabhängig von den anderen mit derselben Wahrscheinlichkeit in jede der x Flaschen gelangen. Berechnen Sie die mittlere Anzahl der unbrauchbaren Flaschen. Zahlenbeispiele: $x = 20$; $x = 100$; $x = 1\,000$; $x = 5000$.

Aufgabe 6.7:
Die Zufallsvariable X besitze folgende Dichte

$$f(x) = \begin{cases} 0{,}5\,x & \text{für } 0 \le x \le 1, \\ 0{,}5 & \text{für } 1 \le x \le c, \\ 0 & \text{sonst.} \end{cases}$$

a) Bestimmen Sie die Konstante $c > 1$ so, daß f(x) Dichte ist.

b) Bestimmen Sie die Verteilungsfunktion F(x).

c) Berechnen Sie den Erwartungswert, die Varianz und die Schiefe von X.

d) Die Zufallsvariable Y besitze bezüglich dieser Zufallsvariablen X den bedingten Erwartungswert

$$E(Y \mid X = x) = x^2 \text{ für } 0 \le x \le c\,.$$

Bestimmen Sie den Erwartungswert E(Y). Sind die beiden Zufallsvariablen X und Y unabhängig?

e) Welche Bedingung mußte $E(Y \mid X = x) = g(x)$ erfüllen, damit die beiden Zufallsvariablen X und Y uanbhängig sind?

Aufgabe 6.8:

a) Zu welchen Konstanten $\alpha \in \mathbb{R}$ gibt es eine Konstante c, so daß

$$f(x) = \begin{cases} 0 & \text{für } x < 1; \\ \frac{c}{x^\alpha} & \text{für } x \geq 1 \end{cases}$$

Dichte einer stetigen Zufallsvariablen X ist?

b) Für welche α existiert der Erwartungswert E(X)?

c) Für welche α existiert die Varianz Var(X)?

Aufgabe 6.9:

Die Zufallsvariable X besitze die Dichte

$$f(x) = \begin{cases} \frac{1}{2}(x-1) & \text{für } -1 \leq x \leq 1; \\ 0 & \text{sonst.} \end{cases}$$

a) Zeigen Sie, daß f Dichte ist.

b) Berechnen Sie den Erwartungswert, den Median, die Varianz, die Schiefe und die Wölbung von X.

c) Berechnen Sie die Dichte und den Erwartungswert der Zufallsvariablen $Y = X^2$.

Aufgabe 6.10:

Metallstäbe werden von einer Maschine hergestellt. Die Zufallsvariable X der Länge (in mm) sei ungefähr normalverteilt mit dem Erwartungswert 100 und die Varianz 1,2. Ein Stab ist unbrauchbar, wenn er kürzer als 98 mm ist. Falls ein Stab länger als 102 mm ist, muß er nachträglich gekürzt werden.

a) Wieviel Prozent der Stäbe ist auf Dauer unbrauchbar?

b) Wieviel Prozent der Stäbe kann ohne Nacharbeitung verwendet werden?

Aufgabe 6.11:

Gewichte (in Gramm) von Hühnereiern seien ungefähr normalverteilt mit dem Erwartungswert 65 und der Standardabweichung 6. Ein Landwirt möchte die Eier in vier Gewichtsklassen einteilen. Wie müssen die Grenzen gewählt werden, damit alle vier Klassen die gleiche Wahrscheinlichkeit besitzen?

Aufgabe 6.12:

Die Betriebsdauer (in Stunden) bestimmter Geräte sei exponentialverteilt mit dem Erwartungswert $\mu = 2000$.

a) Mit welcher Wahrscheinlichkeit arbeitet das Gerät mindestens 2 500 Stunden?

b) Ein Gerät hat bereits 3 000 Stunden ohne Ausfall gearbeitet. Bestimmen Sie die Wahrscheinlichkeit, mit der das Gerät noch mindestens 1 000 Stunden intakt ist.

Aufgabe 6.13:
Eine Radarkontrolle wird mit zwei verschiedenen voneinander unabhängig arbeitenden Geräten durchgeführt. Bei jedem dieser Geräte sei der Meßfehler (in km/h) normalverteilt mit dem Erwartungswert $\mu = 0$ und der Varianz 1,2. Ein Verwarnungsgeld wird nur dann ausgespochen, wenn
a) beide Geräte; b) mindestens ein Gerät
eine Überschreitungsgeschwindigkeit von mehr als 3km/h anzeigen. Berechnen Sie für beide Modelle die Wahrscheinlichkeit, mit der ein Verwarnungsgeld ausgesprochen wird, obwohl die Geschwindigkeitsbegrenzung exakt eingehalten wird.

Aufgabe 6.14:
Die Gewichte (in Gramm) von Glasröhrchen seien normalverteilt mit dem Erwartungswert 10 und der Standardabweichung 1. Diese Röhrchen werden von einer Abfüllanlage mit einem pulverförmigen Medikament gefüllt. Dabei sei das Füllgewicht (in Gramm) unabhängig vom Gewicht der Röhrchen ebenfalls normalverteilt mit dem Erwartungswert 50 und der Standardabweichung 3. Mit welcher Wahrscheinlichkeit hat ein zufällig ausgewähltes gefülltes Röhrchen ein Gesamtgewicht von mehr als 62 Gramm?

Aufgabe 6.15:
Die zweidimensionale Zufallsvariable (X, Y) besitze die gemeinsame Verteilung

x_i \ y_i	−1	2	5
2	0,2	0,1	0,05
5	0,1	c	0,2
10	0,15	0,1	0,05

a) Bestimmen Sie die Konstante c.
b) Berechnen Sie die Erwartungswerte und Varianzen von X und Y.
c) Bestimmen Sie den Korrelationskoeffizienten ρ.

Aufgabe 6.16:
Vom Ort A fahren gleichzeitig zwei Züge nach B, die von insgesamt 1000 Personen benutzt werden. Jede Person steige unabhängig von den anderen mit Wahrscheinlichkeit p = 0,5 in einen der beiden Züge ein. Wie viele Sitzplätze muß jeder der Züge mindestens haben, damit die Wahrscheinlichkeit dafür, daß alle Personen einen Sitzplatz erhalten, mindestens gleich 0,99 ist?

Hinweis: X_1 bzw. X_2 sei die Anzahl der Personen, die den ersten bzw. zweiten Zug besteigen. Diese Zufallsvariablen sind nicht unabhängig. Gesucht ist das minimale m mit $P(X_1 \leq m,\ X_2 \leq m) \geq 0{,}99$.

Aufgabe 6.17:
Die Sterbewahrscheinlichkeit innerhalb eines Jahres der Ehepartner einer bestimmten Altersgruppe seien in einer Sterbetafel gegeben als
P(beide überleben) = 0,984;
P(nur der Mann stirbt) = P(nur die Frau stirbt) = 0,0078.
Beide Ehepartner schließen jeweils eine Risikolebensversicherung über 10 000 DM ab, deren Jahresprämie für jede Person 100 DM beträgt. Die Zufallsvariablen X und Y beschreiben den Reingewinn pro Jahr der Versicherungsgesellschaft bezüglich der einzelnen Verträge.
a) Bestimmen Sie die gemeinsame Verteilung sowie die Randverteilungen.
b) Bestimmen Sie die Verteilung der Summenvariablen X + Y.
c) Sind die Zufallsvariablen X und Y unabhängig?

Aufgabe 6.18:
Die Dichte der zweidimensionalen Zufallsvariablen (X, Y) sei im Dreieck mit den Eckpunkten $P_1(0;0)$, $P_1(2;1)$ und $P_3(3;0)$ konstant gleich c und verschwinde außerhalb davon.
a) Bestimmen Sie die Konstante c.
b) Berechnen Sie den Korrelationskoeffizienten ρ.
c) Bestimmen Sie die bedingten Erwartungswerte
$E(Y \mid X = x)$ und $E(X \mid Y = y)$.

Aufgabe 6.19:
Die zweidimensionale Zufallsvariable (X, Y) besitze die Dichte

$$f(x,y) = \begin{cases} \frac{1}{2}(2x + 3y^2) & \text{für } 0 \leq x, y \leq 1\,; \\ 0 & \text{sonst.} \end{cases}$$

a) Zeigen Sie, daß f Dichte ist.
b) Berechnen Sie den Korrelationskoeffizienten ρ.
c) Bestimmen Sie die Verteilungsfunktion $F(x,y)$.

Aufgabe 6.20:
Eine Maschine stellt Wellen her. Die Zufallsvariable X der Durchmesser besitze den Erwartungswert $\mu = 100$ mm und die Standardabweichung $\sigma = 0{,}3$ mm. Eine Welle ist Ausschuß, falls der Durchmesser um mehr als 1 mm vom Sollwert 100 abweicht.
a) Wieviel Prozent der Produktion ist auf Dauer Ausschuß, falls X normalverteilt ist?
b) Geben Sie eine obere Schranke für die Ausschußquote an, falls die Verteilung von X nicht bekannt ist.

Aufgabe 6.21:
Die Zufallsvariable X besitze die Dichte

$$f(x) = \begin{cases} \frac{1}{3} & \text{für } -1 \leq x \leq 2; \\ 0 & \text{sonst}. \end{cases}$$

Bestimmen Sie die Dichte, den Erwartungswert und die Varianz der Zufallsvariablen $Y = X^2$.

Aufgabe 6.22:
Ein Ereignis A besitze die unbekannte Wahrscheinlichkeit $p = P(A)$. Wie oft muß das entsprechende Zufallsexperiment mindestens unabhängig durchgeführt werden, damit die Varianz der relativen Häufigkeit $R_n(A)$ höchstens gleich 0,005 ist, falls
a) über p keinerlei Information vorliegt,
b) die Bedingung $0{,}05 \leq p \leq 015$ als sicher gilt,
c) $p \geq 0{,}95$ bekannt ist?

Aufgabe 6.23:
Die Zufallsvariable X beschreibe den Durchmesser (in mm) maschinell gefertigter Unterlegscheiben. Der Erwartungswert μ der Zufallsvariablen X hänge von der Maschineneinstellung ab und kann sich somit im Laufe der Zeit ändern. Die Varianz $Var(X) = 0{,}04$ sei als Maschinengröße bekannt. Sie sei von der Maschineneinstellung unabhängig. Zur Schätzung des unbekannten Erwartungswertes μ werden n Scheiben zufällig ausgewählt. Dabei sei $\overline{X} = \frac{1}{n} \cdot \sum_{i=1}^{n} X_i$ der mittlere Durchmesser. Wie groß muß n mindestens sein, damit $P(|\overline{X} - \mu| < 0{,}1) \geq 0{,}999$ erfüllt ist,

a) falls über die Verteilung von X nichts bekannt ist,
b) falls X näherungsweise normalverteilt ist?
Interpretieren Sie die Ergebnisse.

Aufgabe 6.24:
Es sei X eine Zufallsvariable, für welche der Erwartungswert $E(e^{aX})$ für $a > 0$ existiert. Zeigen Sie, daß für jedes $c > 0$ gilt

$$P(X \geq c) \leq \frac{E(e^{aX})}{e^{ac}}.$$

Aufgabe 6.24:
(X_1, X_2) sei eine zweidimensionale normalverteilte Zufallsvariable mit den Parametern $E(X_1) = 200$; $Var(X_1) = 100$; $E(X_2) = 150$; $Var(X_2) = 25$. Der Korrelationskoeffizient ρ sei 0,5.
a) Welche Verteilungen besitzen $Y_1 = X_1 + X_2$ und $Y_2 = 3X_1 - 4X_2$?
b) Berechnen Sie den Korrelationskoeffizienten zwischen Y_1 und Y_2.

Teil III:

Beurteilende (induktive) Statistik

Bei sehr vielen Problemen aus der Praxis sind die Wahrscheinlichkeiten bestimmter Ereignisse oder Erwartungswerte bzw. Varianzen von Zufallsvariablen nicht ohne weiteres bekannt. Ein Ziel der beurteilenden Statistik ist es, diese Größen möglichst gut zu schätzen. Beispiele dafür sind die Ausschußwahrscheinlichkeit der von einer Maschine gefertigten Güter und der Erwartungswert sowie die Varianz der Zufallsvariablen X des Gewichts der von einer Maschine abgepackten Mengen.

Eine Laplace-Wahrscheinlichkeit darf nur dann benutzt werden, wenn sichergestellt ist, daß jedes der endlich vielen möglichen Versuchsergebnisse auch tatsächlich die gleiche Wahrscheinlichkeit besitzt. Ob diese Bedingung - wenigstens näherungsweise - erfüllt ist, kann ebenfalls mit Hilfe statistischer Methoden festgestellt werden. Ein weiteres Probelm der induktiven Statistik ist die Untersuchung, ob zwei Zufallsvariablen voneinander unabhängig sind.

Viele Zufallsvariablen sind wegen des zentralen Grenzwertsatzes wenigstens näherungsweise normalverteilt. "Tests auf Normalverteilungen" werden ebenfalls in der induktiven Statistik durchgeführt.

Solche Probleme werden in der beurteilenden Statistik mit Hilfe geeigneter Stichproben gelöst werden. Dabei werden mit Hilfe von Beobachtungswerten (Realisierungen) von Zufallsvariablen Aussagen über die Verteilung der entsprechenden Grundgesamtheit gemacht. Wertvolle Hilfe leisten dabei einerseits die in der beschreibenden Statistik (Teil I) abgeleiteten Kenngrößen (relative Häufigkeit, Mittelwert und Varianz, Kovarianz und Korrelationskoeffizient), andererseits aber auch Ergebnisse aus der Wahscheinlichkeitsrechnung (Teil II). Besonders nützlich sind dabei die Testverteilungen aus Abschnitt 6.7 sowie die Gesetze der großen Zahlen aus Abschnitt 6.16. Sie stellen praktisch das "Bindeglied" zwischen der beschreibenden Statistik und der Wahrscheinlichkeitrechnung dar.

Nach der allgemeinen Parameterschätzung werden Konfidenzintervalle für unbekannte Parameter angegeben (Kap. 7 und 8). Bei diesen Punkt- und Intervallschätzungen benötigt man meistens als Voraussetzung die Normalverteilung oder so große Stichprobenumfänge, daß wegen des zentralen Grenzwertsatzes die Normalverteilungsapproximation zulässig ist.

Bei den nichtparametrischen Tests aus Abschnitt 10 werden im allgemeinen außer der Stetigkeit der Verteilungsfunktionen keine weiteren Voraussetzungen über die Verteilungen benötigt. Auch dürfen die Stichprobenumfänge klein sein. Speziell werden hier Anpassungs-, Unabhängigkeits- und Homogenitätstests gebracht. Mit den Kolmogorow-Smirnow-Tests wird eine beliebige Verteilungsfunktion getestet bzw. werden die Verteilungsfunktionen zweier unabhängiger Zufallsvariabler miteinander verglichen. Ferner werden Tests und Konfidenzintervalle für den Median und Quantile stetiger Verteilungen angegeben. Mit den Wilcoxon-Tests können bei eindimensionalen Verteilungen Symmetrien getestet oder die Verteilungsfunktionen zweier unabhängiger Zufallsvariabler miteinander verglichen werden.

In Kapitel 11 werden die einfachsten Modelle der Varianzanalyse behandelt.

Kapitel 12 beschäftigt sich ausführlich mit der einfachen linearen Regression. In Kapitel 13 wird kurz auf die multiple lineare Regression eingegangen. Dabei werden wesentliche Ergebnisse aus Kapitel 4 übernommen.

Kapitel 7: Parameterschätzung (Punktschätzung)

7.1 Zufallsstichproben

In der beurteilenden Statistik geht man im allgemeinen von **Zufallsstichproben** (Beobachtungsreihen) $x = (x_1, x_2, \ldots, x_n)$ aus, deren Werte durch Zufallsexperimente gewonnen werden. Dann kann für $i = 1, 2, \ldots, n$ jeder Stichprobenwert x_i als Realisierung einer Zufallsvariablen X_i aufgefaßt werden. Damit ist die Zufallsstichprobe Realisierung der n-dimensionalen Zufallsvariablen $(X_1, X_2, \ldots, X_n)$. Bei vielen Stichprobenerhebungen wird gefordert, daß alle n Zufallsvariablen $X_1, X_2, \ldots, X_n$ unabhängig sind. Dann spricht man von einer **unabhängigen** Stichprobe. Sind die unabhängigen Zufallsvariablen auch noch identisch verteilt, so heißt die Stichprobe **einfach**. Falls die n Stichprobenwerte unabhängige Realisierungen der gleichen Zufallsvariablen X sind, handelt es sich um eine einfache Stichprobe. Wenn im weiteren Verlauf nichts anderes angegeben wird, soll es sich bei den von uns benutzten Stichproben immer um einfache Zufallsstichproben handeln.

7.2 Stichprobenfunktion (Statistik)

Zur Durchführung eines statistischen Verfahrens benutzt man meistens nicht die gesamte Stichprobe, sondern einen daraus berechneten Funktionswert

$$t_n = g_n(x_1, x_2, \ldots, x_n). \tag{7.1}$$

Dieser Funktionswert t_n ist Realisierung einer Zufallsvariablen

$$T_n = g_n(X_1, X_2, \ldots, X_n). \tag{7.2}$$

Eine solche durch die Stichprobe bestimmte Zufallsvariable T_n heißt eine **Stichprobenfunktion** oder **Statistik**. Falls sie zur Schätzung eines Parameters benutzt wird, nennt man sie auch **Schätzfunktion**. Wird die Stichprobenfunktion zur Durchführung eines Tests benutzt, heißt sie **Testfunktion**.

Beispiel 7.1:
Es sei $x = (x_1, x_2, \ldots, x_n)$ eine einfache Stichprobe. Dann sind alle Stichprobenwerte x_i Realisierungen einer Zufallsvariablen X. Diese Zufallsvariable soll den Erwartungswert $E(X) = \mu$ und die Varianz $Var(X) = \sigma^2$ besitzen.

a) Der **Mittelwert** der Stichprobe

$$\overline{x} = \frac{1}{n}\sum_{i=1}^{n} x_i$$

ist Realisierung der Zufallsvariablen (Stichprobenfunktion)

$$\overline{X} = \frac{1}{n}\sum_{i=1}^{n} X_i\,. \tag{7.3}$$

Dabei sind die einzelnen Zufallsvariablen $X_1, X_2, \ldots, X_n$ unabhängig und besitzen alle die gleiche Verteilung und die gleichen Parameter

$$E(X_i) = \mu;\quad Var(X_i) = \sigma^2 \quad \text{für } i = 1, 2, \ldots, n\,.$$

Wegen der Unabhängigkeit ist nicht nur der Erwartungswert, sondern auch die die Varianz additiv. Daher gilt

$$\begin{aligned} E(\overline{X}) &= \frac{1}{n}\sum_{i=1}^{n} E(X_i) = \frac{1}{n}\cdot n\cdot\mu = \mu;\\ Var(\overline{X}) &= \frac{1}{n^2}\sum_{i=1}^{n} Var(X_i) = \frac{1}{n^2}\cdot n\cdot\sigma^2 = \frac{\sigma^2}{n}. \end{aligned} \tag{7.4}$$

b) Die **Varianz** der Stichprobe

$$s^2 = \frac{1}{n-1}\sum_{i=1}^{n}(x_i-\overline{x})^2 = \frac{1}{n-1}\left[\sum_{i=1}^{n} x_i^2 - n\cdot\overline{x}^2\right]$$

ist Realisierung der Zufallsvariablen

$$S^2 = \frac{1}{n-1}\sum_{i=1}^{n}(X_i-\overline{X})^2 = \frac{1}{n-1}\left[\sum_{i=1}^{n} X_i^2 - n\cdot\overline{X}^2\right]. \tag{7.5}$$

Zusammen mit (7.4) erhält man

$$\sigma^2 = Var(X_i) = E(X_i^2) - [E(X_i)]^2 = E(X_i^2) - \mu^2;$$

$$\frac{\sigma^2}{n} = Var(\overline{X}) = E(\overline{X}^2) - [E(\overline{X})]^2 = E(\overline{X}^2) - \mu^2$$

und hieraus

$$E(X_i^2) = \sigma^2 + \mu^2 \qquad \text{für} \quad i = 1, 2, \ldots, n$$

$$E(\overline{X}^2) = \frac{\sigma^2}{n} + \mu^2\,.$$

Damit ergibt sich mit (7.5)

$$\begin{aligned} E(S^2) &= \frac{1}{n-1}\left[\sum_{i=1}^{n} E(X_i^2) - n\cdot E(\overline{X}^2)\right] \\ &= \frac{1}{n-1}\left[n\cdot(\sigma^2+\mu^2) - n\cdot\left(\frac{\sigma^2}{n}+\mu^2\right)\right] = \frac{1}{n-1}\cdot(n-1)\cdot\sigma^2 = \sigma^2. \end{aligned} \tag{7.6}$$

7.3 Schätzfunktionen

Die Verteilung einer Zufallsvariablen X hänge von einem oder mehreren unbekannten Parametern ϑ_k, $k = 1, 2, \ldots, m$ ab. Dann sollen diese Parameter ϑ_k aus einer Stichprobe geschätzt werden.

7.3.1 Allgemeine Schätzfunktionen

Wir nehmen an, die Verteilungen der Zufallsvariablen $X_1, X_2, \ldots, X_n$ hängen von einem (unbekannten) Parameter ϑ ab. Bei Normalverteilungen kann z. B. ϑ der Erwartungswert μ oder die Varianz σ^2 sein. Dann wird im allgemeinen auch die Verteilung der Schätzfunktion (Stichprobenfunktion)

$$T_n = g_n(X_1, X_2, \ldots, X_n) .$$

vom Parameter ϑ abhängen. Aus den Realisierungen dieser Schätzfunktion sollen Näherungswerte für ϑ gewonnen werden. Damit die Realisierungen der Schätzfunktion gute Schätzwerte für den unbekannten Parameter ϑ liefern, müssen an die Schätzfunktion bestimmte Forderungen gestellt werden. Dies sind meistens Bedingungen, die gewährleisten, daß das schwache Gesetz der großen Zahlen aus Abschnitt 6.16.1 erfüllt ist. Im allgemeinen gibt es für den gleichen Parameter verschiedene Schätzfunktionen. Ziel der Parameterschätzung ist es dann, aus der Menge der möglichen Schätzfunktionen solche auszuwählen, die gewisse optimale Eigenschaften besitzen. Einen aus einer Schätzfunktion T_n gewonnenen Schätzwert, also die Realisierung der Zufallsvariablen T_n bezeichnen wir mit $\hat{\vartheta}$. Damit erhalten wir unter bestimmten Bedingungen einen geeigneten Näherungswert (Schätzwert) für den unbekannten Parameter ϑ

$$\hat{\vartheta} \approx \vartheta . \tag{7.7}$$

In den nachfolgenden Abschnitten werden Bedingungen dafür angegeben, daß auf Dauer die meisten der so gewonnenen Schätzwerte tatsächlich in der Nähe der unbekannten Parameter liegen.

7.3.2 Erwartungstreue (unverzerrte) Schätzfunktionen

Definition 7.1:
Eine Schätzfunktion $T_n = g_n(X_1, X_2, \ldots, X_n)$ für den Parameter ϑ heißt **erwartungstreu** oder **unverzerrt**, wenn sie den Erwartungswert

$$E(T_n) = E\big(g_n(X_1, X_2, \ldots, X_n)\big) = \vartheta$$

besitzt. Sie heißt **asymptotisch erwartungstreu**, falls gilt

$$\lim_{n\to\infty} E(T_n) = \lim_{n\to\infty} E\big(g_n(X_1, X_2, \ldots, X_n)\big) = \vartheta.$$

Interpretation: Ist eine Schätzfunktion erwartungstreu für ϑ, so wird bei einer großen Anzahl von Stichproben der mittlere Schätzfehler in der Nähe von Null liegen. Bei einer erwartungstreuen Schätzfunktion können die einzelnen Schätzwerte zwar vom genauen Parameterwert abweichen, doch werden sich auf Dauer die positiven und negativen Schätzfehler gegenseitig aufheben, so daß man "im Durchschnitt" eine gute Schätzung des unbekannten Parameters erhält.

Beispiel 7.2 (Schätzungen für Erwartungswerte und Varianzen):

a) Nach (7.4) ist das Stichprobenmittel $\overline{X}$ eine **erwartungstreue Schätzfunktion für den Erwartungswert μ.** Die einzelnen Zufallsvariablen X_i müssen dabei nicht unabhängig sein, sondern nur alle den gleichen (zu schätzenden) Erwartungswert μ besitzen.

b) Wegen (7.6) ist die Stichprobenvarianz

$$S^2 = \frac{1}{n-1} \sum_{i=1}^{n} (X_i - \overline{X})^2$$

in einer einfachen Stichprobe eine **erwartungstreue Schätzfunktion für die Varianz σ^2.** Dies ist der Grund, weshalb bei der Bildung der Varianz einer Stichprobe durch $n-1$ und nicht durch n dividiert wurde.

c) Die Zufallsvariable

$$\hat{S}^2 = \frac{1}{n} \sum_{i=1}^{n} (X_i - \overline{X})^2 = \frac{n-1}{n} S^2$$

besitzt in einer einfachen Stichprobe den Ewartungswert

$$E(\hat{S}^2) = \frac{n-1}{n} \cdot E(S^2) = \frac{n-1}{n} \cdot \sigma^2 < \sigma^2.$$

Durch $\hat{S}^2$ würde eine unbekannte Varianz σ^2 im Mittel zu klein geschätzt, also unterschätzt. Allerdings ist $\hat{S}^2$ **asymptotisch erwartungstreu für σ^2** wegen

$$\lim_{n\to\infty} E(\hat{S}^2) = \lim_{n\to\infty} \frac{n-1}{n} \cdot E(S^2) = \sigma^2.$$

d) Falls der Erwartungswert μ einer Zufallsvariablen bekannt ist, sollte man zur Schätzung der unbekannten Varianz σ^2 die erwartungstreue Schätzfunktion

$$\tilde{S}^2 = \frac{1}{n} \sum_{i=1}^{n} (X_i - \mu)^2$$

benutzen wegen

$$E(\tilde{S}^2) = \frac{1}{n} \sum_{i=1}^{n} E\Big((X_i - \mu)^2\Big) = \frac{1}{n} \sum_{i=1}^{n} \mathrm{Var}(X_i) = \sigma^2. \tag{7.8}$$

e) Wir betrachten die Schätzfunktion

$$S = \sqrt{S^2} = \sqrt{\frac{1}{n-1} \sum_{i=1}^{n} (X_i - \overline{X})^2}\ .$$

Weil die Wurzelfunktion $\sqrt{x}$ streng konkav ist, folgt aus der Jensenschen Ungleichung (Satz 6.29)

$$E(S) = E\left(\sqrt{S^2}\right) < \sqrt{E(S^2)} = \sigma \quad \text{für } \sigma > 0.$$

S ist **nicht erwartungstreu für σ**. Durch S würde die Standardabweichung σ im Mittel unterschätzt. Bei Normalverteilungen ist S asymptotisch erwartungstreu (s. Bosch, K. [1993], S. 444f).

7.3.3 Die Verzerrung (der Bias) einer Schätzfunktion

Die **Güte** einer Schätzfunktion kann durch den Erwartungswert

$$E\left((T_n - \vartheta)^2\right) \tag{7.9}$$

beschrieben werden. Dieser Erwartungswert heißt **mittlerer quadratischer Fehler (mean squared error = MSE)**. Bei erwartungstreuen Schätzfunktionen gilt wegen $E(T_n) = \vartheta$ die Beziehung

$$E\left((T_n - \vartheta)^2\right) = E\left([T_n - E(T_n)]^2\right) = Var(T_n).$$

Damit ist bei erwartungstreuen Schätzfunktionen der mittlere quadratische Fehler gleich der Varianz der Schätzfunktion. Die Differenz

$$E(T_n) - \vartheta \tag{7.10}$$

heißt die **Verzerrung** (der **Bias**) der Schätzfunktion. Allgemein gilt

$$\begin{aligned} E\left((T_n - \vartheta)^2\right) &= E(T_n^2 - 2\vartheta T_n + \vartheta^2) \\ &= E\left([T_n^2 - (E(T_n))^2] + [(E(T_n))^2 - 2\vartheta T_n + \vartheta^2]\right) \\ &= Var(T_n) + [E(T_n) - \vartheta]^2. \end{aligned}$$

7.3.4 Konsistente Schätzfunktionen

Nach Beispiel 7.2 a) ist der Mittelwert $\bar{x}$ einer Stichprobe ein erwartungstreuer Schätzwert für den unbekannten Erwartungswert μ. Diese Eigenschaft gilt für jeden beliebigen Stichprobenumfang n, also auch für $n = 1$. Bei kleinen n schwanken zwar die Mittelwerte um den zu schätzenden Parameter, jedoch können die einzelnen Schätzwerte sehr stark vom tatsächlichen Parameter abweichen. Falls man einen verfälschten Würfel jeweils nur ein einziges Mal wirft, sind die geworfenen Augenzahlen zwar erwartungsteue Schätzwerte für den Erwartungswert. Als Realisierungen können bei einem Einzelwurf allerdings nur die Augenzahlen $1, 2, \ldots, 6$ auftreten. Trotz der Erwartungstreue sind dann die einzelnen Schätzwerte sehr schlecht. Wird zusätzlich gefordert, daß die Varianz $Var(T_n)$ der erwartungstreuen Schätzfunktion T_n klein ist, so werden die Schätzwerte meistens in der Nähe des zu schätzenden Parameters liegen. Dann sind die meisten der einzelnen Schätzwerte gut.

Definition 7.2 (konsistente Schätzfunktionen):
Eine Folge von Schätzfunktionen $T_n = g_n(X_1, X_2, \ldots, X_n)$, $n = 1, 2, \ldots$ heißt **konsistent** bezüglich ϑ, wenn für jedes $\varepsilon > 0$ gilt

$$\lim_{n \to \infty} P\Big(|T_n - \vartheta| \ge \varepsilon\Big) = 0 . \tag{7.11}$$

Bei großem Stichprobenumfang n liegt der Schätzwert einer Schätzfunktion, die zu einer Folge konsistenter Schätzfunktionen gehört, meistens in der unmittelbaren Nähe des zu schätzenden Parameters ϑ. Eine Schätzfunktion T_n, die zu einer Folge konsistenter Schätzfunktionen gehört, nennen wir auch **konsistent.**

Hinreichende Bedingung für die Konsistenz einer Schätzfunktion:
Jede Schätzfunktion T_n besitze eine Varianz $Var(T_n)$ mit

$$\lim_{n \to \infty} Var(T_n) = \lim_{n \to \infty} E\Big((T_n - \vartheta)^2\Big) = 0. \tag{7.12}$$

Dann folgt aus der Tschebyschewschen Ungleichung (6.217)

$$P\Big(|T_n - \vartheta| \ge \varepsilon\Big) \le \frac{Var(T_n)}{\varepsilon^2} \quad \text{für jedes } \varepsilon > 0$$

$$\lim_{n \to \infty} P\Big(|T_n - \vartheta| \ge \varepsilon\Big) = 0 \quad \text{für jedes } \varepsilon > 0 ,$$

also die Konsistenz.

Beispiel 7.3 (Schätzfunktionen für μ und σ^2; vgl. Beispiele 7.1 und 7.2):
a) Die Stichprobenfunktion

$$T_n = \sum_{i=1}^{n} \alpha_i X_i \quad \text{mit} \quad \alpha_i \in \mathbb{R}$$

einer einfachen Stichprobe ist **erwartungstreu für μ**, falls gilt

$$E(T_n) = \sum_{i=1}^{n} \alpha_i E(X_i) = \mu \sum_{i=1}^{n} \alpha_i = \mu ,$$

also für

$$\sum_{i=1}^{n} \alpha_i = 1 .$$

Die Schätzfunktion T_n besitzt wegen der Unabhängigkeit die Varianz

$$Var(T_n) = \sum_{i=1}^{n} \alpha_i^2 Var(X_i) = \sigma^2 \sum_{i=1}^{n} \alpha_i^2 .$$

Unter der Nebenbedingung $\sum_{i=1}^{n} \alpha_i = 1$ nimmt diese Varianz das Minimum an für $\alpha_i = \frac{1}{n}$ für $i = 1, 2, \ldots, n$. Daher liefert das Stichprobenmittel $\overline{X}$ die **besten Schätzwerte für μ.**

b) Falls die Zufallsvariablen X_i die Varianz σ^2 besitzen, gilt nach der Tschebyschewschen Ungleichung (6.217), angewandt auf $\overline{X}$ für jedes $\varepsilon > 0$ nach (7.4)

$$P(|\overline{X} - \mu| \geq \varepsilon) \leq \frac{\mathrm{Var}(\overline{X})}{\varepsilon^2} = \frac{\sigma^2}{n \cdot \varepsilon^2} \to 0 \text{ für } n \to \infty.$$

Damit ist $\overline{X}$ eine **konsistente erwartungstreue Schätzung für μ.**

c) Falls für die Zufallsvariablen X_i neben der Varianz σ^2 auch noch das vierte zentrale Moment

$$\eta_4 = E\Big((X_i - \mu)^4\Big)$$

existiert, besitzt die für σ^2 erwartungstreue Schätzfunktion S^2 die Varianz

$$\mathrm{Var}(S^2) = E\Big((S^2 - \sigma^2)^2\Big) = E(S^4) - \sigma^4.$$

Nach Bosch, K. [1993], S. 424 erhält man

$$E(S^4) = \frac{\eta_4}{n} + \Big(\frac{n-1}{n} + \frac{2}{n(n-1)}\Big) \cdot \sigma^4; \lim_{n\to\infty} E(S^4) = \sigma^4; \lim_{n\to\infty} \mathrm{Var}(S^2) = 0.$$

Die Schätzfunktion S^2 ist damit asymptotisch **konsistent für σ^2.**

Beispiel 7.4 (Schätzung einer unbekannten Wahrscheinlichkeit):
Zur Schätzung einer unbekannten Wahrscheinlichkeit $p = P(A)$ benutzt man die Zufallsvariable $R_n(A)$ der relativen Häufigkeit in einer unabhängigen Versuchsserie vom Umfang n mit $E(R_n(A) = p$. Nach dem Bernoullischen Gesetz der großen Zahlen (s. Satz 6.38 in Abschnitt 6.16.2) ist $R_n(A)$ eine für p erwartungstreue und konsistente Schätzfunktion mit

$$P\Big(|R_n(A) - p| \geq \varepsilon\Big) \leq \frac{p(1-p)}{n\varepsilon^2} \leq \frac{1}{4n\varepsilon^2} \to 0 \text{ für } n \to \infty.$$

Beispiel 7.5 (Schätzung der Kovarianz und des Korrelationskoeffizienten):
a) Als Schätzfunktion für die unbekannte **Kovarianz**

$$\mathrm{Cov}(X, Y) = \sigma_{XY} = E\Big((X - \mu_X)(Y - \mu_Y)\Big)$$

zweier Zufallsvariablen X und Y ist die Zufallsvariable

$$S_{XY} = \frac{1}{n-1} \sum_{i=1}^{n} (X_i - \overline{X})(Y_i - \overline{Y}) = \frac{1}{n-1} \Big(\sum_{i=1}^{n} X_i Y_i - n\,\overline{X}\,\overline{Y} \Big)$$

geeignet. Dabei müssen die einzelnen Paare (X_i, Y_i) für $i = 1, 2, \ldots, n$ unabhängig sein und die gleiche Kovarianz σ_{XY} besitzen. Diese Schätzfunktion ist erwartungstreu und, falls die Momente $E(X^2 \cdot Y^2)$ existieren, auch **konsistent** (s. Bosch, K. [1993], S. 484).

b) Für den **Korrelationskoeffizienten**

$$\rho = \rho(X,Y) = \frac{\operatorname{Cov}(X,Y)}{\sqrt{\operatorname{Var}(X)}\cdot\sqrt{\operatorname{Var}(Y)}}$$

ist die Schätzfunktion

$$R_n = \frac{\sum_{i=1}^{n}(X_i - \overline{X})(Y_i - \overline{Y})}{\sqrt{\left(\sum_{i=1}^{n}(X_i - \overline{X})^2\right)\cdot\left(\sum_{i=1}^{n}(X_i - \overline{X})^2\right)}}$$

nicht erwartungstreu, sondern nur asymptotisch erwartungstreu.

7.3.5 Wirksamste (effiziente) Schätzfunktionen

Falls es für den gleichenParameter ϑ mehrere erwartungstreue und konsistente Schätzfunktionen gibt, wird man zur speziellen Schätzung diejenige mit der kleinsten Varianz bevorzugen. Je kleiner die Varianz ist, umso weniger streuen die Schätzwerte um den wirklichen Parameter ϑ. Aus diesem Grund wird man versuchen, eine erwartungstreue und konsistente Schätzfunktion mit **minimaler Varianz** zu finden. Diese Schätzfunktion kann dann in der Menge der erwartungstreuen Schätzfunktionen nicht mehr "verbessert" werden.

Definition 7.3 (wirksamste Schätzfunktion):
Eine für den Parameter ϑ erwartungstreue Schätzfunktion T_n^* heißt **wirksamste Schätzfunktion** oder **effizient**, wenn es für diesen Parameter keine andere erwartungstreue Schätzfunktion mit einer kleineren Varianz gibt. Dann gilt

$$\operatorname{Var}(T_n^*) \le \operatorname{Var}(T_n) \text{ für jede erwartungstreue Schätzfunktion } T_n .$$

Ist T_n^* eine effiziente Schätzfunktion und T_n eine beliebige erwartungstreue Schätzfunktion, so heißt der Quotient

$$W(T_n) = \frac{\operatorname{Var}(T_n^*)}{\operatorname{Var}(T_n)}$$

die **Wirksamkeit (Effizienz)** der Schätzfunktion T_n.
Eine Folge konsistenter Schätzfunktionen T_n, $n = 1, 2, 3, \ldots$ nennt man **asymptotisch wirksamste Schätzfunktionen**, wenn gilt

$$\lim_{n\to\infty} \frac{\operatorname{Var}(T_n^*)}{\operatorname{Var}(T_n)} = 1 .$$

Für die Wirksamkeit gilt allgemein

$$0 < W(T_n) \le 1.$$

Für eine wirksamste Schätzfunktion T_n^* ist die Wirksamkeit W gleich Eins.

Falls man eine wirksamste Schätzfunktion kennt, ist das Schätzproblem praktisch gelöst, weil es keine andere erwartungstreue Schätzfunktion mit einer kleineren Varianz geben kann. Daher ist man daran interessiert, eine untere Schranke für sämtliche Varianzen erwartungstreuer Schätzfunktionen anzugeben. Wenn man dann auch noch eine Schätzfunktion angeben kann, deren Varianz gleich dieser unteren Schranke ist, so hat man die **optimale Schätzfunktion** gefunden. Unter bestimmten recht allgemeinen **Regularitätsbedingungen** kann eine untere Schranke für die Varianzen aller erwartungstreuer Schätzfunktion angegeben werden. Zu diesen Regularitätsbedingungen gehört z. B. die Differenzierbarkeit nach ϑ der vom Parameter ϑ abhängigen Dichte bzw. (diskreten) Wahrscheinlichkeiten. Ferner muß die Differentiation mit der Integration bzw. Summation vertauschbar sein. Von **H. Cramér** (1893 – 1985) und **C. R. Rao** stammt folgender Satz:

Satz 7.1 (Ungleichung von Rao-Cramér):
In einer einfachen (unabhängigen, identisch verteilten) Stichprobe sei T_n eine **erwartungstreue Schätzfunktion** für den Parameter θ, die gewisse **Regularitätsbedingungen** erfüllt. Dann gilt für die Varianz dieser Schätzfunktion:

$$\operatorname{Var}(T_n) \geq \frac{1}{n \cdot \int\limits_{-\infty}^{+\infty} \left(\frac{\partial \ln f(x;\theta)}{\partial \theta}\right)^2 \cdot f(x;\theta)\, dx} \tag{7.13}$$

bei stetigen Zufallsvariablen;

$$\operatorname{Var}(T_n) \geq \frac{1}{n \cdot \sum\limits_k \left(\frac{\partial \ln P(X = x_k;\theta)}{\partial \theta}\right)^2 \cdot P(X = x_k;\theta)} \tag{7.14}$$

bei diskreten Zufallsvariablen (summiert wird über den Wertevorrat). Dabei muß vorausgesetzt werden, daß die in den Nennern angegebenen Größen existieren.

Bezüglich des Beweises und der genauen Formulierung der Regularitätsbedingungen sei auf weiterführende Literatur verwiesen, z. B. **Fisz, M.** [1971], S. 544 oder **Schmetterer, L.** [1966], S. 346ff.

Definition 7.4 (Fisher-Information):
Die in (7.13) und (7.14) auftretenden Größen

$$I(\theta) = \int\limits_{-\infty}^{+\infty} \left(\frac{\partial \ln f(x;\theta)}{\partial \theta}\right)^2 \cdot f(x;\theta)\, dx \quad \text{(im stetigen Fall)};$$

$$I(\theta) = \sum\limits_k \left(\frac{\partial \ln P(X = x_k;\theta)}{\partial \theta}\right)^2 \cdot P(X = x_k;\theta) \quad \text{(im diskreten Fall)}$$

nennt man **Fisher-Information.**

Beispiel 7.6 (wirksamste Schätzfunktion für den Erwartungswert μ einer Normalverteilung):
Die $N(\mu;\sigma^2)$ - verteilte Zufallsvariable besitzt die Dichte

$$f(x;\mu,\sigma^2)=\frac{1}{\sqrt{2\pi}\cdot\sigma}\cdot e^{-\frac{(x-\mu)^2}{2\sigma^2}}.$$

Bei dieser Dichte sind die Regularitätsbedingungen erfüllt. Zur Berechnung des Nenners in (7.13) erhalten wir die Werte

$$\ln f(x;\mu,\sigma^2) = -\ln\sqrt{2\pi} - \ln\sigma - \frac{(x-\mu)^2}{2\sigma^2};$$

$$\frac{\partial \ln f(x,\mu,\sigma^2)}{\partial\mu} = \frac{x-\mu}{\sigma^2};$$

$$n\cdot\int_{-\infty}^{+\infty}\frac{(x-\mu)^2}{\sigma^4}\cdot f(x;\mu,\sigma^2)\,dx = \frac{n}{\sigma^4}\cdot\int_{-\infty}^{+\infty}\frac{1}{\sqrt{2\pi}\cdot\sigma}\cdot(x-\mu)^2\cdot e^{-\frac{(x-\mu)^2}{2\sigma^2}}$$

$$= \frac{n}{\sigma^4}\cdot \mathrm{Var}(X) = \frac{n}{\sigma^4}\cdot\sigma^2 = \frac{n}{\sigma^2}.$$

Nach der Ungleichung von Rao-Cramér (7.13) gilt damit für die Varianz einer für μ erwartungstreuen Schätzfunktion T_n

$$\mathrm{Var}(T_n) \geq \frac{\sigma^2}{n}.$$

Nach (7.4) besitzt das Stichprobenmittel $\overline{X}$ diese minimale Varianz. Daher ist in einer einfachen Stichprobe das **Stichprobenmittel $\overline{X}$ eine wirksamste Schätzfunktion für μ.**

Beispiel 7.7 (wirksamste Schätzfunktion für die Varianz einer Normalverteilung vgl. Beispiel 7.2 d)):
Bei bekanntem Erwartungswert μ ist

$$\tilde{S}^2 = \frac{1}{n}\sum_{i=1}^{n}(X_i-\mu)^2$$

eine wirksamste Schätzfunktion für die Varianz σ^2 (s. Bosch, K. [1993], S. 442ff).

Die erwartungstreue Schätzfunktion

$$S^2 = \frac{1}{n-1}\sum_{i=1}^{n}(X_i-\overline{X})^2 \quad \text{(falls } \mu \text{ nicht bekannt ist)}$$

ist nur asymptotisch wirksamst.

7.4 Maximum-Likelihood-Schätzung

Die Schätzung nach der Maximum-Likelihood-Methode wurde bereits um 1920 von dem berühmten englischen Statistiker **R. A. Fisher** (1890 – 1962) vorgeschlagen. Diese Methode liefert Schätzfunktionen, die im allgemeinen recht brauchbare Eigenschaften besitzen.

7.4.1 Likelihood-Funktion bei diskreten Verteilungen

Von einer diskreten Zufallsvariablen X sei der Wertevorrat bekannt. Die dazugehörigen Wahrscheinlichkeiten sollen noch von m unbekannten Parametern $\vartheta_1, \vartheta_2, \ldots, \vartheta_m$ abhängen. Dafür schreibt man

$$P(X = x_k) = p(x_k; \vartheta_1, \vartheta_2, \ldots, \vartheta_m). \tag{7.15}$$

Mit den m Parametern ist dann auch die Verteilung der Zufallsvariablen X bekannt. Ein Beispiel dafür ist die Poisson-Verteilung, die durch den einzigen Parameter $\vartheta_1 = \lambda$ bestimmt ist.

Bezüglich der Zufallsvariablen X wird eine **einfache Stichprobe** vom Umfang n gezogen. In der Stichprobe $x = (x_1, x_2, \ldots, x_n)$ seien also die Stichprobenwerte unabhängige Realisierungen der Zufallsvariablen X. Wegen der Unabhängigkeit ist die Wahrscheinlichkeit dieser Stichprobe gleich dem Produkt der Wahrscheinlichkeiten für die einzelnen Werte, also

$$L(x_1, x_2, \ldots, x_n; \vartheta_1, \vartheta_2, \ldots, \vartheta_m) = \prod_{i=1}^{n} p(x_i; \vartheta_1, \vartheta_2, \ldots, \vartheta_m). \tag{7.16}$$

Diese von den unbekannten Parametern $\vartheta_1, \vartheta_2, \ldots, \vartheta_m$ abhängige Funktion L nennt man **Likelihood-Funktion**. Sie ist die Wahrscheinlichkeit, mit der man bei der Durchführung des Zufallsexperiments die gezogene Stichprobe erhält.

7.4.2 Likelihood-Funktion bei stetigen Verteilungen

Die Dichte einer stetigen Zufallsvariablen X hänge von m unbekannten Parametern ab. Dafür schreibt man $f(x) = f(x; \vartheta_1, \vartheta_2, \ldots, \vartheta_m)$. Für eine einfache Stichprobe aus dieser Grundgesamtheit ist die **Likelihood-Funktion** das Produkt der Funktionswerte der Dichte an den entsprechenden Stellen

$$L(x_1, x_2, \ldots, x_n; \vartheta_1, \vartheta_2, \ldots, \vartheta_m) = \prod_{i=1}^{n} f(x_i; \vartheta_1, \vartheta_2, \ldots, \vartheta_m). \tag{7.17}$$

7.4.3 Das Maximum-Likelihood-Prinzip

Nach dem Maximum-Likelihood-Prinzip werden die unbekannten Parameter so bestimmt, daß die Likelihood-Funktion maximal wird. Falls die

Likelihood-Funktion nicht nach allen Parametern stetig differenzierbar ist, muß das Maximum mit Hilfe numerischer Methoden berechnet werden. Wenn die Funktion L jedoch nach allen m Variablen stetig differenzierbar ist, setzt man alle m partiellen Ableitungen gleich Null und erhält so das Gleichungssystem

$$\frac{\partial L}{\partial \vartheta_1} = 0 \; ; \quad \frac{\partial L}{\partial \vartheta_2} = 0 \; ; \; \dots \; ; \quad \frac{\partial L}{\partial \vartheta_m} = 0 \, .$$

Da Wahrscheinlichkeiten und Dichten nichtnegativ sind und außerdem der natürliche Logarithmus streng monoton wachsend ist, nimmt die Likelihood-Funktion an denjenigen Stellen das Maximum an, an denen der Logarithmus $\ln L$ maximal wird. Wegen

$$\begin{aligned} \ln L(x_1, x_2, \dots, x_n; \vartheta_1, \vartheta_2, \dots, \vartheta_m) &= \sum_{i=1}^{n} \ln p(x_i; \vartheta_1, \vartheta_2, \dots, \vartheta_m) \text{ bzw.} \\ &= \sum_{i=1}^{n} \ln f(x_i; \vartheta_1, \vartheta_2, \dots, \vartheta_m) \end{aligned}$$

ist es häufig einfacher, das äquivalente Gleichungssystem

$$\frac{\partial \ln L}{\partial \vartheta_1} = 0 \; ; \quad \frac{\partial \ln L}{\partial \vartheta_2} = 0 \; ; \dots ; \quad \frac{\partial \ln L}{\partial \vartheta_m} = 0$$

zu lösen.

Beispiel 7.8 (Maximum-Likelihood-Schätzung einer Wahrscheinlichkeit): Die Wahrscheinlichkeit $p = P(A)$ eines Ereignisses A sei nicht bekannt. Das entsprechende Zufallsexperiment werde n-mal unabhängig durchgeführt. Dabei entsteht (unter Berücksichtigung der aufgetretenen Reihenfolge) eine bestimmte Serie, z. B.

$$A, \overline{A}, A, \dots, \overline{A} .$$

In der Serie sei das Ereignis A genau m-mal aufgetreten. Dannn lautet die Likelihood-Funktion

$$L(p) = p^m \cdot (1-p)^{n-m}$$

$$\ln L(p) = m \cdot \ln p + (n-m) \cdot \ln (1-p)$$

$$\frac{d \, Ln(p)}{dp} = \frac{m}{p} - \frac{n-m}{1-p} = 0$$

$$m \cdot (1-p) = (n-m) \cdot p \quad \Leftrightarrow \quad m = n \cdot p$$

$$\hat{p} = \frac{m}{n} = r_n(A) .$$

Als Maximum-Likelihood-Schätzung erhält man somit die relative Häufigkeit $r_n(A)$ des Ereignisses A.

Beispiel 7.9 (Maximum-Likelihood-Schätzung bei der Poisson-Verteilung): Eine mit dem Parameter $\lambda > 0$ Poisson-verteilte Zufallsvariable X besitzt nach Abschnitt 6.4.6 die Wahrscheinlichkeiten

$$P(X = k) = \frac{\lambda^k}{k!} \cdot e^{-\lambda} \quad \text{für } k = 0, 1, 2, 3, \ldots .$$

Eine einfache Stichprobe $(x_1, x_2, \ldots, x_n)$ hat die Likelihood-Funktion

$$L(x_1, x_2, \ldots, x_n; \lambda) = \frac{\lambda^{x_1}}{x_1!} \cdot e^{-\lambda} \cdot \frac{\lambda^{x_2}}{x_2!} \cdot e^{-\lambda} \cdot \ldots \cdot \frac{\lambda^{x_n}}{x_n!} \cdot e^{-\lambda}$$

$$= \frac{\lambda^{(x_1 + x_2 + \ldots + x_n)}}{x_1! \cdot x_2! \cdot \ldots \cdot x_n!} \cdot e^{-n \cdot \lambda};$$

$$\ln L(x_1, x_2, \ldots, x_n; \lambda) = \sum_{i=1}^{n} x_i \cdot \ln \lambda - \ln(x_1! \cdot x_2! \cdot \ldots \cdot x_n!) - n \cdot \lambda$$

$$\frac{d \ln L}{d\lambda} = \frac{\sum_{i=1}^{n} x_i}{\lambda} - n = \frac{n \cdot \bar{x}}{\lambda} - n = 0 .$$

Hieraus erhält man die Maximum-Likelihood-Schätzung

$$\hat{\lambda} = \bar{x} \quad \text{(Mittelwert der Stichprobe).}$$

Beispiel 7.10 (Maximum-Likelihood-Schätzung bei Normalverteilungen): Aus der Stichprobe $x = (x_1, x_2, \ldots, x_n)$ erhält man die Likelihood-Funktion

$$L(x_1, x_2, \ldots, x_n; \mu, \sigma^2) = \frac{1}{(\sqrt{2\pi})^n (\sigma^2)^{n/2}} \cdot e^{-\frac{1}{2\sigma^2} \sum_{i=1}^{n} (x_i - \mu)^2} .$$

Logarithmieren ergibt

$$\ln L = -n \ln \sqrt{2\pi} - \frac{n}{2} \ln \sigma^2 - \frac{1}{2\sigma^2} \sum_{i=1}^{n} (x_i - \mu)^2 .$$

a) Likelihood-Schätzung für den Erwartungswert μ:

Partielle Differentiation nach μ liefert

$$\frac{\partial \ln L}{\partial \mu} = \frac{1}{\sigma^2} \sum_{i=1}^{n} (x_i - \mu) = 0; \qquad \sum_{i=1}^{n} x_i = n \mu.$$

Für den Erwartungswert μ erhält man als Maximum-Likelihood-Schätzung den Mittelwert der Stichprobe, also

$$\hat{\mu} = \bar{x} = \frac{1}{n} \sum_{i=1}^{n} x_i .$$

b) Likelihood-Schätzung für die Varianz σ^2:

Zur Bestimmung der Maximum-Likelihood-Schätzung für die Varianz σ^2 muß $\ln L$ nach σ^2 (nicht nach σ) differenziert werden mit

$$\frac{\partial \ln L}{\partial \sigma^2} = -\frac{n}{2\sigma^2} + \frac{1}{2\sigma^4} \sum_{i=1}^{n} (x_i - \mu)^2 = 0.$$

Mit dem Schätzwert $\hat{\mu} = \overline{x}$ erhält man hieraus die Lösung

$$\hat{\sigma}^2 = \frac{1}{n} \sum_{i=1}^{n} (x_i - \overline{x})^2 = \frac{n-1}{n} s^2 = \hat{s}^2.$$

Diese Schätung ist nur asymptotisch erwartungstreu.

c) Likelihood-Schätzung für die Standardabweichung σ:

Für die Schätzung von σ muß man $\ln L$ nach σ differenzieren mit

$$\frac{\partial \ln L}{\partial \sigma} = -\frac{n \cdot 2\sigma}{2\sigma^2} + \frac{1}{\sigma^3} \sum_{i=1}^{n} (x_i - \mu)^2 = 0;$$

$$-\frac{n}{\sigma} + \frac{1}{\sigma^3} \sum_{i=1}^{n} (x_i - \overline{x})^2 = 0;$$

$$\hat{\sigma} = \sqrt{\frac{1}{n} \sum_{i=1}^{n} (x_i - \overline{x})^2} = \sqrt{\frac{n-1}{n} s^2} = \hat{s}.$$

Beispiel 7.11 (Schätzung des Parameters ϑ einer in $[0;\vartheta]$ gleichmäßig verteilten Zufallsvariablen):
Die Zufallsvariable X sei in $[0;\vartheta]$, $\vartheta > 0$ gleichmäßig verteilt. Dabei sei der Parameter ϑ nicht bekannt. X besitzt die von ϑ abhängige Dichte

$$f(x, \vartheta) = \begin{cases} \frac{1}{\vartheta} & \text{für } 0 \le x \le \vartheta, \\ 0 & \text{sonst.} \end{cases}$$

Nach Abschnitt 6.7.1 erhält man mit $a = 0$ und $b = \vartheta$ die Kenngrößen von X als

$$E(X) = \frac{\vartheta}{2}; \quad Var(X) = \frac{\vartheta^2}{12}.$$

a) Schätzung von ϑ durch das Stichprobenmittel $\overline{x}$:

Für den Mittelwert $\overline{X}$ einer einfachen Stichprobe gilt

$$E(\overline{X}) = E(X) = \frac{\vartheta}{2}; \quad Var(\overline{X}) = \frac{Var(X)}{n} = \frac{\vartheta^2}{12n}.$$

Damit ist $T_n = 2\overline{X}$ eine konsistente Schätzfunktion für ϑ mit

$$E(2\overline{X}) = \vartheta; \quad Var(2\overline{X}) = 4 \cdot Var(\overline{X}) = \frac{\vartheta^2}{3n}.$$

b) Maximum-Likelihood-Schätzung für ϑ:

Für eine unabhängige Stichprobe $(x_1, x_2, \ldots, x_n)$ vom Umfang n lautet die Likelihood-Funktion

$$L(x_1, x_2, \ldots, x_n; \theta) = \begin{cases} \frac{1}{\vartheta^n} & \text{für } 0 \le x_1, x_2, \ldots, x_n \le \vartheta, \\ 0, & \text{sonst.} \end{cases}$$

Diese Funktion wird am größten, wenn ϑ möglichst klein, aber nicht kleiner als jeder der n Stichprobenwerte ist. Damit erhält man als Maximum-Likelihood-Schätzung den maximalen Stichprobenwert

$$\hat{\vartheta} = \max(x_1, x_2, \ldots, x_n) = x_{max}.$$

Hier erhält man die Lösung nicht durch Differenzieren. Der Grund dafür ist die Tatsache, daß die Dichte an den Rändern 0 und ϑ nicht stetig und somit auch nicht differenzierbar ist.

Der maximale Stichprobenwert x_{max} ist Realisierung der Zufallsvariablen (Schätzgröße) $T_n = X_{max}$. Das Ereignis $(X_{max} \le x)$ tritt ein, wenn alle n Stichprobenwerte höchstens gleich x sind. Wegen der Unabhängigkeit erhält man für $0 \le x \le \vartheta$ die Verteilungsfunktion der Zufallsvariablen X_{max} in der Form

$$G(x) = P(X_{max} \le x) = P(X_1 \le x, X_2 \le x, \ldots, X_n \le x) = \left(\frac{x}{\vartheta}\right)^n = \frac{x^n}{\vartheta^n}.$$

Differentiation ergibt die Dichte der Schätzfunktion $T_n = X_{max}$

$$g(x; \vartheta) = \begin{cases} \frac{n}{\vartheta^n} \cdot x^{n-1} & \text{für } 0 \le x \le \vartheta, \\ 0 & \text{sonst.} \end{cases}$$

Hieraus erhält man den Erwartungswert

$$E(T_n) = \frac{n}{\vartheta^n} \cdot \int_0^{\vartheta} x^n \, dx = \frac{n}{\vartheta^n} \cdot \frac{\vartheta^{n+1}}{n+1} = \frac{n}{n+1} \vartheta < \vartheta.$$

Die Schätzfunktion ist nicht erwartungstreu, sondern nur **asymptotisch erwartungstreu** für ϑ. Damit ist

$$T_n = \frac{n+1}{n} \cdot X_{max}$$

eine **erwartungstreue** Schätzfunktion für ϑ. Die Varianz der Schätzfunktion X_{max} erhalten wir durch

$$E(X_{max}^2) = \frac{n}{\vartheta^n} \int_0^{\vartheta} x^{n+1} \, dx = \frac{n}{\vartheta^n} \frac{\vartheta^{n+2}}{n+2} = \frac{n}{n+2} \vartheta^2;$$

$$\text{Var}(X_{max}) = E(X_{max}^2) - [E(X_{max})]^2 = \left(\frac{n}{n+2} - \frac{n^2}{(n+1)^2}\right) \cdot \vartheta^2$$

$$= \frac{n(n+1)^2 - n^2(n+2)}{(n+2)(n+1)^2} \vartheta^2 = \frac{n \vartheta}{(n+2)(n+1)^2};$$

$$\operatorname{Var}(T_n) = \operatorname{Var}\left(\frac{n+1}{n} X_{max}\right) = \frac{(n+1)^2}{n^2} \operatorname{Var}(X_{max}) = \frac{\vartheta^2}{n(n+2)}\,.$$

Damit ist auch T_n eine **konsistente** Schätzfunktion. Sie hat für $n > 3$ eine kleinere Varianz als die ebenfalls erwartungstreue Schätzfunktion $2\overline{X}$ aus a).

Für den Nenner der Rao-Cramérschen Ungleichung (7.13) erhält man

$$\ln f(x;\vartheta) = -\ln\vartheta\,; \quad \frac{\partial \ln f(x;\vartheta)}{\partial\vartheta} = -\frac{1}{\vartheta}\,;$$

$$\int_0^\theta \left(\frac{\partial \ln f(x;\vartheta)}{\partial\vartheta}\right)^2 \cdot f(x;\vartheta)\,dx = \frac{1}{\vartheta^2}\,.$$

Für jede **reguläre** Schätzfunktion U müßte somit $\operatorname{Var}(U) \geq \frac{\vartheta^2}{n}$ sein.

Die erwartungstreuen Schätzfunktionen $2\overline{X}$ und $T_n = \frac{n+1}{n} X_{max}$ besitzen jedoch eine kleinere Varianz. Die Ungleichung von Rao-Cramér kann daher bei dieser Dichte nicht erfüllt sein. Die Voraussetzungen der Regulariätsbedingung zur Herleitung der Ungleichung sind hier nicht erfüllt. Die beiden Randpunkte 0 und ϑ sind Sprungstellen der Dichte. Daher ist sie nicht differenzierbar.

7.4.4 Eigenschaften von Maximum-Likelihood-Schätzungen

Satz 7.2 (Eigenschaften von Maximum-Likelihood-Schätzungen):
Unter bestimmten recht allgemeinen Bedingungen besitzen die Maximum-Likelihood-Schätzungen für den Parameter ϑ folgende Eigenschaften:

a) sie sind **konsistent**;

b) sie sind **asymptotisch wirksamst**;

c) sie sind **asymptotisch normalverteilt** mit dem Erwartungswert ϑ und der

$$\text{Varianz } \sigma^2 = \frac{1}{n \cdot \int_{-\infty}^{+\infty} \left(\frac{\partial \ln f(x;\vartheta)}{\partial\vartheta}\right)^2 \cdot f(x;\vartheta)\,dx}$$

(bei stetigen Zufallsvariablen)

$$= \frac{1}{n \cdot \sum_k \left(\frac{\partial \ln P(X=x_k;\vartheta)}{\partial\vartheta}\right)^2 \cdot P(X=x_k;\vartheta)}$$

(bei diskreten Zufallsvariablen).

Bemerkungen:
Die Varianzen dieser asymptotischen Normalverteilungen stellen die unteren Schranken für die Varianzen erwartungstreuer Schätzfunktionen in der Ungleichung von Rao-Cramér (Satz 7.1) dar, falls die Regularitätsbedingungen erfüllt sind.
Die Bedingungen, unter denen die Maximum-Likelihood-Schätzungen konsistent und asymptotisch wirksamst sind, sind technischer Natur und werden daher in diesem Rahmen nicht angegeben. Im wesentlichen wird die dreimalige Differenzierbarkeit der Dichte bzw. der Wahrscheinlichkeiten nach dem Parameter ϑ gefordert, daß die zweite Ableitung betragsmäßig durch eine von ϑ unabhängige Funktion beschränkt ist und daß die Differentiation nach dem Parameter ϑ mit der Integration bzw. Summation vertauscht werden kann. Bezüglich dieser Theorie sei auf weiterführende Literatur, z. B. auf **Schmetterer, L.** [1966], S. 360ff verwiesen.

7.5 Aufgaben

Aufgabe 7.1:
Von einer unbekannten Wahrscheinlichkeit p sei bekannt, daß $p \geq 0{,}98$ ist. Zur Schätzung von p wird die relative Häufigkeit $r_n(A)$ in einer unabhängigen Versuchsserie vom Umfang n benutzt.

a) Weshalb sind die Schätzwerte für $n = 25$ nicht brauchbar?

b) Wie groß muß der Stichprobenumfang n mindestens sein, damit die Varianz Schätzfunktion $R_n(A)$ der relativen Häufigkeit höchstens gleich 0,01 ist?

Aufgabe 7.2:
Es seien T_1 und T_2 zwei unabhängige erwartungstreue Schätzfunktionen für ϑ mit den Varianzen $\mathrm{Var}(T_1) > 0$ und $\mathrm{Var}(T_2) > 0$. Wir setzen

$$T = \alpha_1 T_1 + \alpha_2 T_2 \;;\; \alpha_1, \alpha_2 \in \mathbb{R}.$$

a) Für welche α_1, α_2 ist T ebenfalls eine erwartungstreue Schätzfunktion?

b) Für welche α_1, α_2 besitzt die in a) bestimmte erwartungstreue Schätzfunktion die kleinste Varianz?

Aufgabe 7.3:
Für $i = 1, 2, \ldots, n$ seien die Zufallsvariablen X_i unabhängig und sollen alle den gleichen Erwartungswert μ, aber nicht unbedingt gleiche Varianzen besitzen. Für welche Konstanten $\alpha_i \in \mathbb{R}$ ist die Schätzfunktion

$$T_n = \sum_{i=1}^{n} \alpha_i X_i$$

erwartungstreu und besitzt die kleinste Varianz?

Aufgabe 7.4:
Die stetige Zufallsvariable X besitze die Verteilungsfunktion

$$F(x) = \begin{cases} 0 & \text{für } x \leq 0\,; \\ 1 - e^{-b x^r} & \text{für } x > 0 \quad \text{mit } b,\, r > 0. \end{cases}$$

Dabei sei r eine fest vorgegebene Zahl mit $r > 0$, während von dem Parameter b nur $b > 0$ bekannt ist.

a) Zeigen Sie, daß F eine Verteilungsfunktion ist.

b) Bestimmen Sie die Maximum-Likelihood-Schätzung für b.

Aufgabe 7.5:

a) Zeigen Sie, daß $\frac{1}{\overline{X}}$ die Maximum-Likelihood-Schätzung für den Parameter λ einer Exponentialverteilung ist.

b) Zeigen Sie mit Hilfe der Jensenschen Ungleichung, daß diese Maximum-Likelihood-Schätzung im allgemeinen nicht erwartungstreu ist.

c) Für welche Zufallsvariablen ist die Maximum-Likelihood-Schätzung erwartungstreu?

b) Zeigen Sie mit Hilfe der Jensenschen Ungleichung, daß die Maximum-Likelihood-Schätzung asymptotisch erwartungstreu ist.

Aufgabe 7.6:
Die Zufallsvariable X sei gleichmäßig in $[a\,;b]$ verteilt, wobei die Parameter a und b nicht bekannt sind. Zeigen Sie, daß $X_{\text{min.}} = \min(X_1, \ldots, X_n)$ und $X_{\text{max.}} = \max(X_1, \ldots, X_n)$ die Maximum-Likelihood-Schätzungen für a bzw. b sind mit

$$E(X_{\text{min.}}) = \frac{n}{n+1} \cdot a + \frac{b}{n+1}\,;$$

$$E(X_{\text{max.}}) = \frac{n}{n+1} \cdot b + \frac{a}{n+1}\,.$$

Hinweis: Bestimmen Sie zunächst analog zu Beispiel 7.11 die Dichten der beiden Schätzfunktionen.

Aufgabe 7.7:
Bestimmen Sie die Maximum-Likelihood-Schätzungen für die beiden Parameter der Lognormalverteilung.

Kapitel 8:
Konfidenzintervalle (Intervallschätzung)

In Abschnitt 7 wurde als Schätzwert $\hat{\vartheta}$ für einen unbekannten Parameter die Realisierung einer Zufallsvariablen T_n, also ein bestimmter Zahlenwert angegeben. Auch wenn die Schätzfunktion T_n noch so gute Eigenschaften aufweist, wird der Schätzwert $\hat{\vartheta}$ in der Regel vom tatsächlichen Wert ϑ mehr oder weniger stark abweichen. Verschiedene Schätzungen ergeben meistens auch verschiedene Schätzwerte. Zwar kann man bei konsistenten Schätzfunktionen davon ausgehen, daß bei großem Stichprobenumfang n die meisten Schätzwerte in der unmittelbaren Nähe des zu schätzenden Parameters ϑ liegen, doch werden auch hier - allerdings entsprechend kleine- Abweichungen vorkommen.

Aus diesem Grunde ist es sinnvoll, über den Fehler, also die maximale Abweichung des Schätzwertes $\hat{\vartheta}$ eine Aussage zu machen. Wenn man z. B. fest davon überzeugt ist, daß eine unbekannte Wahrscheinlichkeit p vom Schätzwert $\hat{p}$ um höchstens 0,01 abweicht, bringt man dies zum Ausdruck durch die Angabe

$$\hat{p} = p \pm 0{,}01 \quad \text{bzw.} \quad \hat{p} - 0{,}01 \leq p \leq \hat{p} + 0{,}01 .$$

Für $\hat{p} = 0{,}25$ bedeutet diese Aussage, die unbekannte Wahrscheinlichkeit p liege zwischen 0,24 und 0,26.

Manchmal läßt man in den entsprechenden Aussagen auch nur einseitige Abweichungen zu. Wenn der Hersteller eines bestimmten Produktes behauptet, die Ausschußwahrscheinlichkeit p sei höchstens 0,05, so macht er damit die Aussage

$$p \leq 0{,}05 .$$

Falls ein Kunde diese Aussage widerlegen möchte, muß er zum Ergebnis

$$p > 0{,}05$$

kommen.

Solche Intervalle nennt man **Konfidenzintervalle** oder **Vertrauensintervalle.** Man vertraut also darauf, daß ein solches Intervall den unbekannten Parameter auch tatsächlich enthält.

Ähnlich wie die Schätzwerte werden solche Vertrauensintervalle, d. h. die beiden Grenzen als Realisierungen von Schätzfunktionen gewonnen. Dabei benutzt man meistens die gleichen Schätzfunktionen wie bei den Punktschätzungen. Gleichzeitig ist die Angabe wichtig, wie sicher ein solches Vertrauensintervall ist.

8.1 Allgemeine Konfidenzintervalle

Definition 8.1:
Gegeben seien zwei Stichprobenfunktionen

$$G_u = g_u(X_1, X_2, \ldots, X_n)\,; \quad G_o = g_o(X_1, X_2, \ldots, X_n)$$

mit

$$P(G_u \le \vartheta \le G_o) = \gamma = 1 - \alpha \quad \text{bzw.}$$

$$P(\vartheta \le G_o) = \gamma = 1 - \alpha\,; \quad P(G_u \le \vartheta) = \gamma = 1 - \alpha. \tag{8.1}$$

Dann heißen die Zufallsintervalle

$[G_u\,; G_o]$ **zweiseitige** sowie

$(-\infty\,; G_o]$ und $[G_u\,; +\infty)$ **einseitige**

Konfidenzintervalle (Vertrauensintervalle) für ϑ zum **Konfidenzniveau (Vertrauenswahrscheinlichkeit)** $\gamma = 1 - \alpha$.

Falls $[g_u\,; g_o]$, $(-\infty\,; g_o]$ bzw. $[g_u\,; +\infty)$ Realisierungen des entsprechenden Konfidenzintervalls (Zufallsintervalls) zum Niveau $\gamma = 1 - \alpha$ sind, kann man auf Grund des Gesetzes der großen Zahlen davon ausgehen, daß auf Dauer ungefähr 100γ % der so bestimmten Intervalle den unbekannten Parameter ϑ auch tatsächlich enthalten. Dann sind von den Aussagen, der Parameter befinde sich in diesem Intervall, auf Dauer ungefähr 100γ % richtig, und damit 100α % falsch. Wir nennen die Realisierungen dieser Zufallsintervalle ebenfalls **Konfidenzintervalle.**

Falls man viele solche Konfidenzintervalle zum gleichen Niveau $\gamma = 1 - \alpha$ berechnet, kann davon ausgegangen werden, daß auf Dauer etwa 100γ % dieser Intervalle den unbekannten Parameter ϑ auch tatsächlich enthalten. Doch welche der Intervalle den wirklichen Parameter ϑ nicht enthalten, darüber ist keine Aussage möglich.

Für die **Sicherheit** einer aus einem Konfidenzintervall gemachten Aussage ist die Konfidenzwahrscheinlichkeit γ maßgebend. Je größer γ ist, umso sicherer ist die Aussage.

Bei zweiseitigen Konfidenzintervallen ist die Breite $G_o - G_u$ für die **Güte** der Intervallschätzung entscheidend. Je kleiner der Erwartungswert der Differenz $G_o - G_u$ ist, umso besser ist die Intervallschätzung. Im allgemeinen hängt die mittlere Breite $E(G_o - G_u)$ des Konfidenzintervalls vom Konfidenzniveau γ und vom Stichprobenumfang n ab. Eine Vergrößerung von γ hat bei gleichem Stichprobenumfang n in der Regel eine Verbreiterung des Intervalls zur Folge. Dann werden die Aussagen unpräziser. Bei konstant gehaltenem γ wird das Konfidenzintervall bei einer Vergrößerung des Stichprobenumfangs n in der Regel schmaler, die Aussage also präziser.

Bei **stetigen Verteilungen** gibt es im allgemeinen zu jedem beliebigen Konfidenzniveau γ mit $0 < \gamma < 1$ Konfidenzintervalle. Dabei gibt es meistens beliebig viele zweiseitige Konfidenzintervalle. In einem solchen Fall wird man sich häufig für das mit der kleinsten (mittleren) Länge entscheiden.

Im **diskreten Fall** gibt es nicht zu jedem vorgegebenen Konfidenzniveau γ ein Konfidenzintervall. Hier werden Konfidenzintervalle zum Niveau $\gamma^* \geq \gamma$ bestimmt, wobei das tatsächliche Niveau γ^* möglichst nahe bei γ sein soll.

8.2 Konfidenzintervalle nach Clopper - Pearson

C. J. Clopper und **E. S. Pearson** haben im Jahr 1934 ein Verfahren vorgeschlagen, nach dem unter bestimmten Monotoniebedingungen Konfidenzintervalle bestimmt werden können.

8.2.1 Verfahren von Clopper - Pearson im stetigen Fall

Die Schätzfunktion $U = T_n(X_1, X_2, \ldots, X_n)$ besitze die vom zu schätzenden Parameter ϑ abhängige Dichte $g(u;\vartheta)$. Zunächst bestimmt man zu jedem möglichen Parameterwert ϑ die **Quantile** $v(\vartheta)$ und $w(\vartheta)$ der stetigen Verteilung aus

$$\int_{-\infty}^{v(\vartheta)} g(u;\vartheta)\,du = \alpha_1 ; \qquad \int_{w(\vartheta)}^{+\infty} g(u;\vartheta)\,du = \alpha_2 \tag{8.2}$$

mit $\alpha_1 + \alpha_2 = \alpha$. Meistens wählt man $\alpha_1 = \alpha_2 = \frac{\alpha}{2} = \frac{1-\gamma}{2}$ (symmetrisch). Dann gilt für jedes ϑ

$$\int_{v(\vartheta)}^{w(\vartheta)} g(u;\vartheta)\,du = P\big(v(\vartheta) \leq U \leq w(\vartheta)\big) = 1-\alpha. \tag{8.3}$$

Die Graphen der beiden Kurven $v(\vartheta)$ und $w(\vartheta)$ sind in Bild 8.1 skizziert. Sie bilden einen **Konfidenzbereich** K zum Niveau $1-\alpha$.

Die beiden Funktionen $v(\vartheta)$ und $w(\vartheta)$ seien stetig und streng monoton wachsend, so daß die inversen Funktionen v^{-1} und w^{-1} existieren. Dann gilt wegen der Monotonie für jedes ϑ

$$P\big(v(\vartheta) \leq U \leq w(\vartheta)\big) = P\big(w^{-1}(U) \leq \vartheta \leq v^{-1}(U)\big) = 1-\alpha. \tag{8.4}$$

Somit ist $\left[w^{-1}(U)\,;\,v^{-1}(U)\right]$ ein Konfidenzintervall für ϑ zum Niveau $1-\alpha$.

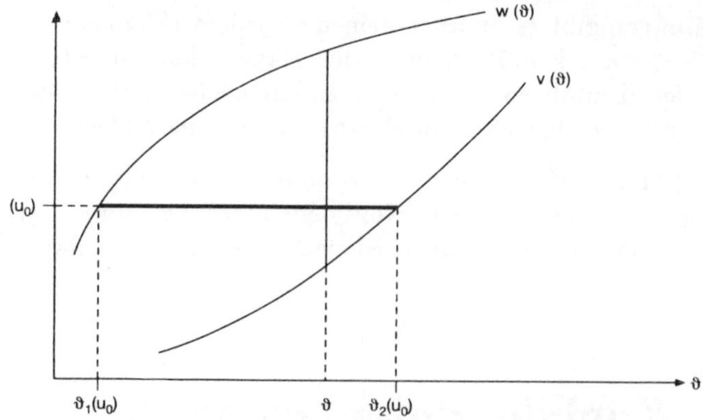

Bild 8.1: Konfidenzintervalle nach Clopper-Pearson

Aus der Realisierung u_o der Schätzfunktion U erhält man als Realisierung des Zufallsintervalls das **(empirische) Konfidenzintervall**

$$\left[w^{-1}(u_o)\ ;\ v^{-1}(u_o)\right].$$

Dieses Konfidenzintervall gewinnt man nach Bild 8.1 folgendermaßen: Durch den Punkt u_o werde eine Parallele zur ϑ-Achse gezogen. Dann erhält man die untere Grenze $\vartheta_1(u_o)$ und die obere Grenze $\vartheta_2(u_o)$ durch Auflösung der Gleichungen

$$u_o = w(\vartheta_1) = v(\vartheta_2)$$

nach ϑ_1 bzw. ϑ_2.

Setzt man diese Werte in die Gleichungen für die Funktionen $v(\vartheta)$ und $w(\vartheta)$ ein, so erhält man den

Satz 8.1 (Konfidenzintervalle für ϑ zum Niveau $1-\alpha$):
Die Schätzfunktion $U = T_n(X_1, X_2, \ldots, X_n)$ besitze die Dichte $g(u, \vartheta)$. Die durch

$$\int_{-\infty}^{v(\vartheta)} g(u;\vartheta)\,du = \alpha_1\ ; \quad \int_{w(\vartheta)}^{+\infty} g(u;\vartheta)\,du = \alpha_2\ ; \quad \alpha_1 + \alpha_2 = \alpha$$

bestimmten Funktionen $w(\vartheta)$ und $v(\vartheta)$ seien in ϑ stetig und streng monoton wachsend. u_o sei die Realisierung der Schätzfunktion U. Dann werden die Grenzen ϑ_1 und ϑ_2 für das zweiseitige Konfidenzintervall $[\vartheta_1\,;\,\vartheta_2]$ bestimmt aus

$$\int_{u_o}^{+\infty} g(u;\vartheta_1) = \alpha_2\ ; \quad \int_{-\infty}^{u_o} g(u;\vartheta_2) = \alpha_1\ ; \quad \alpha_1 + \alpha_2 = \alpha. \tag{8.5}$$

Mit $\alpha_1 = 0\,;\ \alpha_2 = \alpha$ bzw. $\alpha_1 = \alpha\,;\ \alpha_2 = 0$ erhält man durch Weglassen der anderen Grenze **einseitige** Konfidenzintervalle für ϑ der Form

$$[\vartheta_1\,;\,+\infty) \text{ bzw. } (-\infty\,;\,\vartheta_2]\,.$$

8.2.2 Verfahren von Clopper - Pearson im diskreten Fall

Die diskrete Schätzfunktion $U = T_n(X_1, X_2, \ldots, X_n)$ besitze die von ϑ abhängige Verteilung

$$\big(u_k,\ P(U = u_k; \vartheta)\big),\ k = 1, 2, \ldots\ , \tag{8.6}$$

wobei die Werte u_k, $k = 1, 2, \ldots$ bereits der Größe nach (aufsteigend) geordnet sind. Im allgemeinen existiert dann nicht zu jedem beliebigen Niveau $1-\alpha$ ein Konfidenzintervall. Zu vorgegebenem $1-\alpha$ bestimmt man daher Vertrauensintervalle, deren Niveau mindestens gleich $1-\alpha$ ist und versucht dabei, möglichst nahe an $1-\alpha$ heranzukommen, also

$$\begin{aligned} &P(G_u \le \vartheta \le G_o) \ge 1-\alpha\ ; \\ &P(\vartheta \le G_o) \ge 1-\alpha \quad \text{bzw.}\ P(\vartheta \ge G_u) \ge 1-\alpha\ . \end{aligned} \tag{8.7}$$

Zu jedem möglichen Parameterwert ϑ bestimmt man

$$v(\vartheta) \text{ maximal mit } \sum_{k \le v(\vartheta)} P(U = u_k; \vartheta) \le \alpha_1\ ; \tag{8.8}$$

$$w(\vartheta) \text{ minimal mit } \sum_{k \ge w(\vartheta)} P(U = u_k; \vartheta) \le \alpha_2\ ; \quad \alpha_1 + \alpha_2 = \alpha. \tag{8.9}$$

Daraus erhält man das tatsächliche Konfidenzniveau

$$1-\alpha^* = \sum_{v(\vartheta) \le k \le w(\vartheta)} P(U = u_k; \vartheta) \ge 1-\alpha_1-\alpha_2 = 1-\alpha. \tag{8.10}$$

$v(\vartheta)$ und $w(\vartheta)$ seien beide in ϑ monoton wachsend. Analog zu Abschnitt 8.2.1 erhält man den

Satz 8.2 (Konfidenzintervalle für ϑ zum Niveau $\ge 1-\alpha$):
Die diskrete Schätzfunktion $U = T_n(X_1, X_2, \ldots, X_n)$ besitze die Verteilung $\big(u_k,\ P(U = u_k; \vartheta)\big)$, $k = 1, 2, \ldots$, wobei die Werte $u_1, u_2, \ldots$ der Größe nach aufsteigend geordnet sind. Die in (8.8) und (8.9) bestimmten Funktionen v und w seien in ϑ monoton wachsend. Die Zufallsvariable U besitze die Realisierung u_0. Die Grenzen ϑ_1 und ϑ_2 für das zweiseitige Konfidenzintervall $[\vartheta_1; \vartheta_2]$ werden bestimmt aus

$$\sum_{k \ge u_0} P(U = u_k; \vartheta_1) \le \alpha_2 \text{ (maximal)};$$

$$\sum_{k \le u_0} P(U = u_k; \vartheta_2) \le \alpha_1 \text{ (minimal)}\ ; \quad \alpha_1 + \alpha_2 = \alpha.$$

Das tatsächliche Konfidenzniveau beträgt dann

$$\gamma^* = 1-\alpha^* = 1 - \sum_{k \ge u_0} P(U = u_k; \vartheta_1) - \sum_{k \le u_0} P(U = u_k; \vartheta_2) \ge 1-\alpha.$$

Mit $\alpha_1 = 0$; $\alpha_2 = \alpha$ bzw. $\alpha_1 = \alpha$; $\alpha_2 = 0$ erhält man durch Weglassen der anderen Grenze **einseitige** Konfidenzintervalle für ϑ der Form

$$[\vartheta_1; +\infty) \text{ bzw. } (-\infty; \vartheta_2]\ .$$

8.3 Asymptotische Konfidenzintervalle bei großem Stichprobenumfang

Viele (asymptotisch) erwartungstreue Schätzfunktionen sind asymptotisch normalverteilt. Dann lassen sich bei großem Stichprobenumfang n aus dieser Grenzverteilung näherungsweise Konfidenzintervalle bestimmen. Das Konfidenzniveau ist dann ungefähr gleich $1-\alpha$, wobei die Genauigkeit mit wachsendem Stichprobenumfang n besser wird. Für $n\to\infty$ konvergieren die so gewonnenen Konfidenzintervalle gegen die tatsächlichen Konfidenzintervalle. Daher spricht man von asymptotischen Konfidenzintervallen. Leider gibt es keine allgemeinen Aussagen über das Konvergenzverhalten. Daher sollte man nach Möglichkeit bemüht sein, exakte Konfidenzintervalle zu bestimmen.

8.3.1 Konfidenzintervalle bei regulären Maximum-Likelihood-Schätzungen

Nach Abschnitt 7.4.4 sind die Maximum-Likelihood-Schätzungen T_n unter allgemeinen Regularitätsbedingungen **asymptotisch normalverteilt** mit dem **Erwartungswert** $E(T_n) \approx \vartheta$ und der **Varianz**

$$\operatorname{Var}(T_n) = \frac{1}{n \cdot \int\limits_{-\infty}^{+\infty} \left(\frac{\partial \ln f(x;\vartheta)}{\partial \vartheta}\right)^2 \cdot f(x;\vartheta)\,dx} \quad \text{bei stetigen Verteilungen;}$$

$$\operatorname{Var}(T_n) = \frac{1}{n \cdot \sum\limits_k \left(\frac{\partial \ln P(X=x_k;\vartheta)}{\partial \vartheta}\right)^2 \cdot P(X=x_k;\vartheta)} \quad \text{bei diskreten.}$$

Bei großem Stichprobenumfang n benutzt man in diesem Fall zur Bestimmung von Konfidenzintervallen die Standardisierung

$$\frac{T_n - \vartheta}{\sqrt{\operatorname{Var}(T_n)}}, \text{ die ungefähr } N(0;1)\text{-verteilt ist.}$$

Da im allgemeinen der zu schätzende Parameter auch in der Varianz $\operatorname{Var}(T_n)$ auftritt, ist die Auflösung nach ϑ oft nicht sehr einfach. Falls jedoch eine Auflösung nach ϑ möglich ist, können hieraus mit Hilfe der Quantile der $N(0;1)$-Verteilung bei großem Stichprobenumfang n näherungsweise Konfidenzintervalle für den Parameter ϑ bestimmt werden. Auf eine komplizierte Auflösung kann verzichtet werden, falls für die unbekannte Varianz $\operatorname{Var}(T_n)$ eine konsistente Schätzfunktion bekannt ist. In diesem Fall kann die im nachfolgenden Abschnitt beschriebene Methode benutzt werden.

8.3.2 Allgemeine asymptotische Konfidenzintervalle

Falls der Verteilungstyp der Grundgesamtheit nicht bekannt ist, weiß man nicht, ob die Regularitätsbedingungen erfüllt sind. Insbesondere kann die Varianz der asymptotischen Normalverteilung aus Abschnitt 8.3.1 nicht berechnet werden. In vielen Fällen kann jedoch wegen des zentralen Grenzwertsatzes davon ausgegangen werden, daß eine (asymptotisch) erwartungstreue Testgröße T_n asymptotisch normalverteilt ist. Dann ist

$$\frac{T_n - \vartheta}{\sqrt{Var(T_n)}} \quad \text{ungefähr } N(0;1)\text{-verteilt.}$$

Falls für $Var(T_n)$ eine konsistente Schätzfunktion existiert mit den Realisierungen $\hat{\sigma}^2$, kann durch sie die unbekannte Varianz geschätzt werden. Bei großem Stichprobenumfang n ist die Testgröße mit dieser Schätzung wieder ungefähr normalverteilt. Dann können näherungsweise Konfidenzintervalle nach Abschnitt 8.4.1.1 bzw. 8.4.1.2 bestimmt werden.

8.4 Spezielle Konfidenzintervalle

In diesem Abschnitt werden Konfidenzintervalle für Parameter verschiedener Verteilungen angegeben.

8.4.1 Konfidenzintervalle für μ, σ^2 und ρ bei Normalverteilungen

Die Zufallsvariable X sei normalverteilt.

8.4.1.1 Konfidenzintervalle für μ bei bekannter Varianz σ_0^2

Bei bekannter Varianz σ_0^2 gilt für die normalverteilte Schätzfunktion

$$\overline{X} = \frac{1}{n}\sum_{i=1}^{n} X_i\,; \quad E(\overline{X}) = \mu; \quad Var(\overline{X}) = \frac{\sigma_0^2}{n}.$$

Ihre Standardisierung

$$Z = \frac{\overline{X} - \mu}{\sigma_0}\cdot\sqrt{n} \tag{8.11}$$

ist dann $N(0;1)$-verteilt.

Bei zweiseitigen Konfidenzintervallen haben die symmetrischen (zentralen) die kürzeste Länge. Zunächst bestimmen wir die Konstante c (vgl. Bild 8.2) mit

$$P(-c \le Z \le c) = \gamma = 1 - \alpha. \tag{8.12}$$

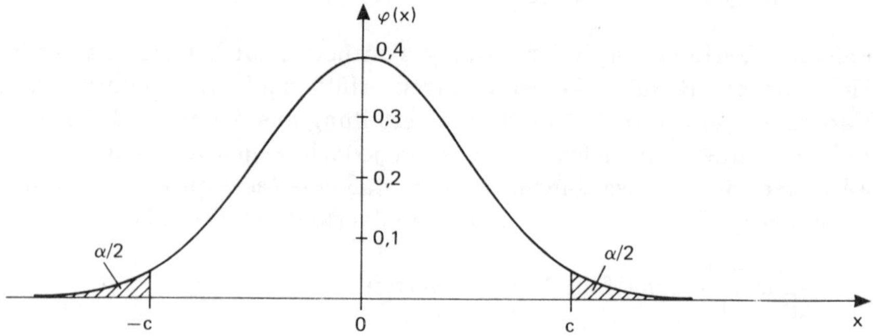

Bild 8.2: Dichte und symmetrische Quantile der N(0 ; 1)-Verteilung

Aus (6.121) erhält man

$$P(-c \leq Z \leq c) = 2\Phi(c) - 1 = 1 - \alpha \quad \text{für jedes } z > 0.$$

$$\Phi(c) = 1 - \tfrac{\alpha}{2}; \qquad c = z_{1-\frac{\alpha}{2}} \quad \text{ist das } (1 - \tfrac{\alpha}{2})\text{-Quantil}.$$

Rechts von c und links von $-c$ ist jeweils die Wahrscheinlichkeitsmasse $\frac{\alpha}{2}$. Aus (8.12) erhält man

$$-c \leq Z \leq c \quad \Leftrightarrow \quad -c \leq \frac{\overline{X} - \mu}{\sigma_0}\sqrt{n} \leq c$$

$$\Leftrightarrow \quad -c \cdot \frac{\sigma_0}{\sqrt{n}} \leq \overline{X} - \mu \leq c \cdot \frac{\sigma_0}{\sqrt{n}} \quad \Leftrightarrow \quad \overline{X} - c \cdot \frac{\sigma_0}{\sqrt{n}} \leq \mu \leq \overline{X} + c \cdot \frac{\sigma_0}{\sqrt{n}}.$$

Das Zufallsintervall

$$\left[\overline{X} - z_{1-\frac{\alpha}{2}} \cdot \frac{\sigma_0}{\sqrt{n}} ; \overline{X} + z_{1-\frac{\alpha}{2}} \cdot \frac{\sigma_0}{\sqrt{n}}\right] \quad \text{mit} \quad \Phi(z_{1-\frac{\alpha}{2}}) = 1 - \frac{\alpha}{2} \qquad (8.13)$$

ist daher ein **zweiseitiges symmetrisches Konfidenzintervall** für den Erwartungswert μ zum Konfidenzniveau $1 - \alpha = \gamma$.

Einseitige Konfidenzintervalle zum Konfidenzniveau $1 - \alpha$ erhält man aus

$$1 - \alpha = P\left(\frac{\overline{X} - \mu}{\sigma_0}\sqrt{n} \leq z_{1-\alpha}\right) = P\left(\overline{X} - z_{1-\alpha} \cdot \frac{\sigma_0}{\sqrt{n}} \leq \mu\right);$$

$$1 - \alpha = P\left(-z_{1-\alpha} \leq \frac{\overline{X} - \mu}{\sigma_0}\sqrt{n}\right) = P\left(\mu \leq \overline{X} + z_{1-\alpha} \cdot \frac{\sigma_0}{\sqrt{n}}\right)$$

in der Form

$$\left[\overline{X} - z_{1-\alpha} \cdot \frac{\sigma_0}{\sqrt{n}} ; +\infty\right); \left(-\infty ; \overline{X} + z_{1-\alpha} \cdot \frac{\sigma_0}{\sqrt{n}}\right] \qquad (8.14)$$

$$\text{mit} \quad \Phi(z_{1-\alpha}) = 1 - \alpha \cdot$$

Das zweiseitige symmetrische Konfidenzintervall besitzt hier die konstante **Länge**

$$l = 2 \cdot z_{1-\frac{\alpha}{2}} \cdot \frac{\sigma_o}{\sqrt{n}}. \qquad (8.15)$$

Die Länge l hängt nur von der Konfidenzzahl $\gamma = 1-\alpha$ und dem Stichprobenumfang n, nicht jedoch von den Stichprobenwerten ab. Deswegen kann die maximal zugelassene Länge l eines zu bestimmenden Konfidenzintervalls bereits vor Versuchsbeginn vorgegeben werden. Zusätzlich sei das Konfidenzniveau $1-\alpha$ vorgegeben. Ein Konfidenzintervall, dessen Länge l nicht größer als ein vorgegebenes l_0 ist, muß folgende Bedingung erfüllen

$$l = 2 \cdot z_{1-\frac{\alpha}{2}} \cdot \frac{\sigma_o}{\sqrt{n}} \leq l_0 \quad \Leftrightarrow \quad 4 \cdot z^2_{1-\frac{\alpha}{2}} \cdot \frac{\sigma_0^2}{n} \leq l_0^2$$

$$n \geq \frac{4 \cdot z^2_{1-\frac{\alpha}{2}} \cdot \sigma_0^2}{l_0^2}. \qquad (8.16)$$

Mit diesem minimalen Stichprobenumfang n gilt dann für die Länge l des aus der Stichprobe berechneten Konfidenzintervalls: $l \leq l_0$.

Bemerkung: Läßt man im zweiseitigen Konfidenzintervall eine der beiden Grenzen weg, so erhält man ein einseitiges, allerdings nicht zu dem Niveau $1-\alpha$, sondern zu dem größeren Niveau $1-\frac{\alpha}{2}$.

Bestimmung eines Konfidenzintervalls für μ bei gegebenem σ_0^2:

1. Man lege das Konfidenzniveau $\gamma = 1-\alpha$ fest.
2. Man bestimme das Quantil der N(0 ; 1) - Verteilung (Tab. 2)
   bei zweiseitigen: $c_2 = z_{1-\frac{\alpha}{2}}$ mit $\Phi(z_{1-\frac{\alpha}{2}}) = 1-\frac{\alpha}{2}$;
   bei einseitigen: $c_1 = z_{1-\alpha}$ mit $\Phi(z_{1-\alpha}) = 1-\alpha$.
3. Man berechne den Mittelwert $\overline{x}$ einer Stichprobe vom Umfang n.
4. Man berechne die Hilfsgröße $d_i = \frac{c_i \cdot \sigma_0}{\sqrt{n}}$, $i = 1, 2$.
5. Die Realisierung des Konfidenzintervalls lautet

   $\left[\overline{x}-d_2 ;\ \overline{x}+d_2\right]$ bzw. $(-\infty ;\ \overline{x}+d_1]$; $[\overline{x}-d_1 ;+\infty)$.

Beispiel 8.1:
Die Varianz $\sigma_0^2 = 25$ einer Normalverteilung sei bekannt.

a) Zur Bestimmung eines zweiseitigen symmetrischen Konfidenzintervalls für μ wurde aus einer Stichprobe vom Umfang $n = 100$ der Mittelwert $\overline{x} = 102{,}245$ bestimmt. Zum Niveau $\gamma = 0{,}95 = 1-0{,}05$ erhält man aus

Tab. 2 im Anhang das Quantil

$$z_{1-\frac{\alpha}{2}} = z_{0{,}975} = 1{,}95996\,;\quad z_{1-\frac{\alpha}{2}} \cdot \frac{\sigma_0}{\sqrt{n}} = 1{,}95996 \cdot \frac{5}{10} = 0{,}97998.$$

Hieraus erhält man das empirische Konfidenzintervall (Realisierung)

$$[\,102{,}245 - 0{,}97998\,;\,102{,}245 - 0{,}97998\,] = [\,101{,}265\,;\,103{,}225]\,.$$

Zum Niveau $0{,}99 = 1 - 0{,}01$ erhält man mit

$z_{1-\frac{\alpha}{2}} = z_{0{,}995} = 2{,}57583$ das Konfidenzintervall $[\,100{,}957\,;\,103{,}533]$.

Zum Niveau $\gamma = 0{,}99$ erhält man ein längeres Konfidenzintervall als bei $\gamma = 0{,}95$. Die Aussage $100{,}957 \le \mu \le 103{,}533$ ist zwar sicherer als die Aussage $101{,}265 \le \mu \le 103{,}225$, dafür aber unpräziser.

b) Wie groß muß der Stichprobenumfang n mindestens sein, damit man zum Niveau $\gamma = 0{,}99$ ein symmetrisches Konfidenzintervall enthält, dessen Länge höchstens gleich 0,1 ist? Aus (8.16) folgt

$$n \ge \frac{4 \cdot z_{0{,}995}^2 \cdot 25}{(0{,}1)^2} = 66\,349 \text{ (aufgerundet).}$$

8.4.1.2 Konfidenzintervalle für μ bei unbekannter Varianz σ^2

Falls die Varianz nicht bekannt ist, ist es naheliegend, sie durch die Stichprobenvarianz s^2 zu schätzen. Die Stichprobenvarianz ist Realisierung der Zufallsvariablen

$$S^2 = \frac{1}{n-1} \sum_{i=1}^{n} (X_i - \overline{X})^2,$$

die nach Beispiel 7.2 c) eine erwartungstreue Schätzfunktion für die unbekannte Varianz σ^2 ist. Die Stichprobenfunktion

$$\frac{\overline{X} - \mu}{S} \cdot \sqrt{n} = \frac{\frac{1}{n}\sum\limits_{i=1}^{n} X_i - \mu}{\sqrt{\frac{1}{n-1}\sum\limits_{i=1}^{n} (X_i - \overline{X})^2}} \cdot \sqrt{n}$$

ist nicht mehr normalverteilt. Sie ist **t-verteilt mit n − 1 Freiheitsgraden.** Ein Beweis dafür ist z. B. bei **Fisz, M.** [1971], S. 408f zu finden. Die t-Verteilung wurde bereits in Abschnitt 6.7.5 behandelt. Wie bei der Normalverteilung ist ihre Dichte symmetrisch zu $s = 0$. Für $n \to \infty$ konvergiert die t-Verteilung gegen die Normalverteilung. Die q-Quantile der t-Verteilung mit $n - 1$ Freiheitsgraden bezeichnen wir mit

$$t_{n-1\,;\,q} \text{ mit } F(t_{n-1\,;\,q}) = q; \quad t_{n-1\,;\,-q} = -t_{n-1\,;\,+q}\,.$$

Wir ersetzen in Abschnitt 8.4.1.1 σ_0 durch S und die Quantile der Normalverteilung durch die entsprechenden Quantile der t-Verteilung mit $n - 1$ Freiheitsgraden. Dadurch erhalten wir die

Konfidenzintervalle für μ:

zweiseitige: $\left[\overline{X} - t_{n-1;1-\frac{\alpha}{2}} \cdot \frac{S}{\sqrt{n}}\,;\, \overline{X} + t_{n-1;1-\frac{\alpha}{2}} \cdot \frac{S}{\sqrt{n}}\right]$; (8.17)

einseitige: $\left[\overline{X} - t_{n-1;1-\alpha} \cdot \frac{S}{\sqrt{n}}\,;\,+\infty\right)$; $\left(-\infty\,;\, \overline{X} + t_{n-1;1-\alpha} \cdot \frac{S}{\sqrt{n}}\right]$

Bestimmung eines Konfidenzintervalls für μ bei unbekanntem σ^2:

1. Man lege das Konfidenzniveau $\gamma = 1 - \alpha$ fest.
2. Man bestimme das Quantil der t-Verteilung mit $n-1$ Freiheitgraden (Tab. 3) und zwar $c_2 = t_{n-1;1-\frac{\alpha}{2}}$ bei zweiseitigen und $c_1 = t_{n-1;1-\alpha}$ bei einseitigen.
3. Man berechne den Mittelwert $\overline{x}$ und die Standardabweichung s einer Stichprobe vom Umfang n.
4. Man berechne die Hilfsgröße $d_i = \frac{c_i \cdot s}{\sqrt{n}}$, $i = 1, 2$.
5. Die Realisierung des Konfidenzintervalls lautet

   $[\overline{x} - d_2\,;\, \overline{x} + d_2]$ bzw. $(-\infty\,;\, \overline{x} + d_1]$; $[\overline{x} - d_1\,;\, +\infty)$.

Die **Länge** des zweiseitigen zentralen Konfidenzintervalls

$$l = 2 \cdot t_{n-1;1-\frac{\alpha}{2}} \cdot \frac{s}{\sqrt{n}} \qquad (8.18)$$

hängt von der Standardabweichung s der Stichprobe und damit vom Zufall ab. Bei fest vorgegebenen α und n kann die maximale Länge daher nicht vor der Stichprobenerhebung vorgegeben werden. Sie ist Realisierung der Zufallsvariablen

$$L = 2 \cdot t_{n-1;1-\frac{\alpha}{2}} \cdot \frac{S}{\sqrt{n}}.$$

Nach Beispiel 7.2 e) gilt $E(S) < \sigma$ für $\sigma > 0$ mit

$$E(L) < 2 \cdot t_{1-\frac{\alpha}{2}} \cdot \frac{\sigma}{\sqrt{n}} \quad \text{und} \quad \lim_{n\to\infty} E(L) = 0.$$

Beispiel 8.2 :
Die Gewichte (in Gramm) der von einer Maschine abgefüllten Pakete seien näherungsweise normalverteilt mit unbekannter Varianz. Der Hersteller möchte eine untere Schranke für den Erwartungswert μ angeben, die mit 99%iger Sicherheit auch eingehalten wird. Zur Bestimmung eines einseitigen, nach oben nicht beschränkten Konfidenzintervalls zu $\gamma = 0{,}95$ wurde das Gewicht von 100 Paketen festgestellt mit dem Mittelwert $\overline{x} = 985$ und

der Standardabweichung $s = 4{,}5$. Aus Tabelle 3 im Anhang erhalten wir das Quantil $c = t_{99;0,99} = 2{,}3646$;

$$d = \frac{c \cdot s}{\sqrt{n}} = \frac{2{,}3646 \cdot 4{,}5}{10} = 1{,}0641; \; \bar{x} - d = 983{,}94.$$

Die Realisierung des Konfidenzintervalls lautet $[983{,}94; \infty)$. Mit einer Sicherheit von 99 % kann der Hersteller davon ausgehen, daß der Erwartungswert μ mindestens gleich 983,94 ist.

8.4.1.3 Konfidenzintervalle für σ^2 bei bekanntem Erwartungswert μ_0

Die Zufallsvariablen X_i seien normalverteilt mit dem bekannten Erwartungswert μ_0 und der (unbekannten) Varianz σ^2 für $i = 1, 2, \ldots, n$. Dann sind die Standardisierungen

$$Z_i = \frac{X_i - \mu_0}{\sigma}$$

unabhängige $N(0;1)$-verteilte Zufallsvariablen. Nach Abschnitt 6.7.4 ist die Quadratsumme

$$\sum_{i=1}^{n} Z_i^2 = \sum_{i=1}^{n} \frac{(X_i - \mu_0)^2}{\sigma^2} = \frac{n \cdot \tilde{S}^2}{\sigma^2} \tag{8.19}$$

Chi-Quadrat-verteilt mit n Freiheitsgraden.

Nach Beispiel 7.2 d) erhält man in

$$\tilde{S}^2 = \frac{1}{n} \sum_{i=1}^{n} (X_i - \mu_0)^2$$

eine erwartungstreue Schätzfunktion für σ^2, falls μ_0 bekannt ist. Die Dichte der Chi-Quadrat-Verteilung ist nicht symmetrisch. Für zweiseitige (symmetrische) Konfidenzintervalle zum Niveau $\gamma = 1 - \alpha$ müssen daher zwei Grenzen c_1 und c_2 bestimmt werden, so daß links von c_1 und rechts von c_2 jeweils die Wahrscheinlichkeitsmasse $\frac{\alpha}{2}$ liegt. Dann befindet sich zwischen c_1 und c_2 die Wahrscheinlichkeitsmasse $\gamma = 1 - \alpha$ (s. Bild 8.3).

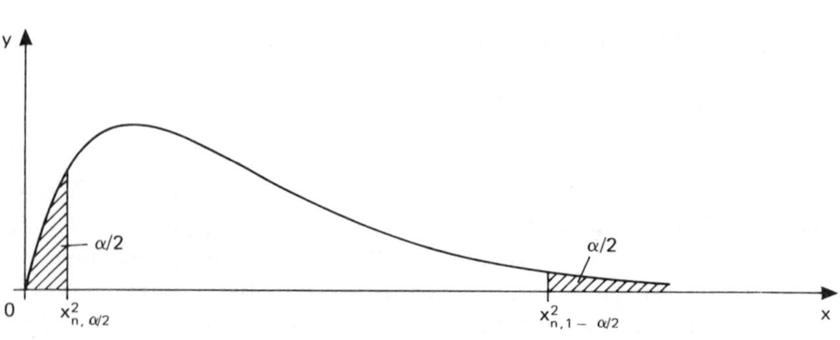

Bild 8.3: Dichte und Quantile der Chi-Quadrat-Verteilung

$c_1 = \chi^2_{n;\frac{\alpha}{2}}$ ist das $\frac{\alpha}{2}$-Quantil mit

$$\frac{\alpha}{2} = P\left(\frac{n\tilde{S}^2}{\sigma^2} \geq c_2\right) \quad \Rightarrow \quad P\left(\frac{n\tilde{S}^2}{\sigma^2} \leq c_2\right) = 1 - \frac{\alpha}{2}.$$

$c_2 = \chi^2_{n;1-\frac{\alpha}{2}}$ ist das $(1-\frac{\alpha}{2})$-Quantil. Mit diesen beiden Quantilen erhält man

$$1-\alpha = P\left(c_1 \leq \frac{n\tilde{S}^2}{\sigma^2} \leq c_2\right) = P\left(\frac{n\tilde{S}^2}{c_2} \leq \sigma^2 \leq \frac{n\tilde{S}^2}{c_1}\right).$$

Damit ist

$$\left[\frac{n\tilde{S}^2}{\chi^2_{n;1-\frac{\alpha}{2}}} \; ; \; \frac{n\tilde{S}^2}{\chi^2_{n;\frac{\alpha}{2}}}\right] \quad \text{mit} \quad \tilde{S}^2 = \frac{1}{n}\sum_{i=1}^{n}(X_i - \mu_0)^2 \tag{8.20}$$

ein zweiseitiges Konfidenzintervall für σ^2.

Einseitige Konfidenzintervalle erhält man aus

$$1-\alpha = P\left(\frac{n\tilde{S}^2}{\sigma^2} \leq \chi^2_{n;1-\alpha}\right) = P\left(\sigma^2 \geq \frac{n\tilde{S}^2}{\chi^2_{n;1-\alpha}}\right);$$

$$1-\alpha = P\left(\frac{n\tilde{S}^2}{\sigma^2} \geq \chi^2_{n;\alpha}\right) = P\left(\sigma^2 \leq \frac{n\tilde{S}^2}{\chi^2_{n;\alpha}}\right)$$

als

$$\left[\frac{n\tilde{S}^2}{\chi^2_{n;1-\alpha}}; +\infty\right); \; \left(0; \frac{n\tilde{S}^2}{\chi^2_{n;\alpha}}\right] \quad \text{mit} \quad \tilde{S}^2 = \frac{1}{n}\sum_{i=1}^{n}(X_i - \mu_0)^2 \tag{8.21}$$

Falls die Stichprobenvarianz $s^2 = \frac{1}{n-1}\sum_{i=1}^{n}(x_i - \bar{x})^2$ bekannt ist, kann nach dem **Steinerschen Verschiebungssatz** daraus $n \cdot \tilde{s}^2$ berechnet werden durch

$$\begin{aligned} n \cdot \tilde{s}^2 &= \sum_{i=1}^{n}(x_i - \mu_0)^2 = \sum_{i=1}^{n}[(x_i - \bar{x}) + (\bar{x} - \mu_0)]^2 \\ &= \sum_{i=1}^{n}(x_i - \bar{x})^2 + n(\bar{x} - \mu_0)^2 = (n-1)s^2 + n(\bar{x} - \mu_0)^2, \end{aligned}$$

also

$$n \cdot \tilde{s}^2 = \sum_{i=1}^{n}(x_i - \mu_0)^2 = (n-1)s^2 + n(\bar{x} - \mu_0)^2. \tag{8.22}$$

Bestimmung eines Konfidenzintervalls für σ^2 bei bekanntem μ_0:

1. Man lege das Konfidenzniveau $\gamma = 1 - \alpha$ fest.
2. Man bestimme die Quantile der Chi-Quadrat Verteilung mit n Freiheitgraden (Tab. 4) und zwar bei zweiseitigen:

   das $\frac{\alpha}{2}$-Quantil $c_1 = \chi^2_{n;\frac{\alpha}{2}}$ und das $(1-\frac{\alpha}{2})$-Quantil $c_2 = \chi^2_{n;1-\frac{\alpha}{2}}$;

   bei einseitigen: das α-Quantil $c_1 = \chi^2_{n;\alpha}$ bzw. das $(1-\alpha)$-Quantil $c_2 = \chi^2_{n;1-\alpha}$.
3. Man berechne aus einer Stichprobe vom Umfang n die Größe
   $$n\tilde{s}^2 = \sum_{i=1}^{n}(x_i-\mu_0)^2 = (n-1)s^2 + n(\bar{x}-\mu_0)^2.$$
4. Dann lauten die Realisierungen der Konfidenzintervalle:

   zweiseitige: $$\left[\frac{n\tilde{s}^2}{\chi^2_{n;1-\frac{\alpha}{2}}};\ \frac{n\tilde{s}^2}{\chi^2_{n;\frac{\alpha}{2}}}\right];$$

   einseitige: $$\left[\frac{n\tilde{s}^2}{\chi^2_{n;1-\alpha}};+\infty\right);\quad \left(0;\ \frac{n\tilde{s}^2}{\chi^2_{n;\alpha}}\right].$$

Beispiel 8.3:

Aus einer normalverteilten Grundgesamtheit wurde eine Stichprobe vom Umfang $n = 100$ gezogen mit dem Mittelwert $\bar{x} = 981$ und der Varianz $s^2 = 28{,}7$. Dabei sei der Erwartungswert $\mu_0 = 981{,}5$ bekannt.

a) Gesucht ist ein zweiseitiges Konfidenzintervall zum Niveau $\gamma = 0{,}95$ für die unbekannte Varianz σ^2. Aus $\gamma = 0{,}95 = 1 - \alpha$ folgt $\alpha = 0{,}05$. Quantile der Chi-Quadrat-Verteilung mit 100 Freiheitsgraden:

$$c_1 = \chi^2_{100;0,025} = 74{,}222;\quad c_2 = \chi^2_{100;0,975} = 129{,}561.$$

Aus (8.22) erhält man

$$n\tilde{s}^2 = \sum_{i=1}^{100}(x_i - 981{,}5)^2 = 99\cdot 28{,}7 + 100\cdot(981-981{,}5)^2 = 2\,866{,}3.$$

Daraus ergibt sich die Realisierung des Konfidenzintervalls

$\left[\frac{2\,866{,}3}{129{,}561};\ \frac{2\,866{,}3}{74{,}222}\right] = [22{,}123;\ 38{,}618]$, also die zu 95 % abgesicherte Aussage $22{,}123 \le \sigma^2 \le 38{,}618$.

b) Mit welcher oberen Grenze c_o kann hieraus mit 95%iger Sicherheit eine Aussage $\sigma^2 \le c_o$ gemacht werden? Zur Beantwortung dieser Frage bestimmen wir ein einseitiges Konfidenzintervall der Art $(0; c_o]$.

$c_1 = \chi^2_{100\,;\,0{,}95} = 124{,}342$.

Damit lautet die Realisierung des Konfidenzintervalls:

$\left(0;\ \frac{2\,866{,}3}{124{,}342}\right] = (0;\ 23{,}052]$, also die zu 95% abgesicherte Aussage

$\sigma^2 \leq 23{,}052$.

8.4.1.4 Konfidenzintervalle für σ^2 bei unbekanntem Erwartungswert μ

Sind die unabhängigen Zufallsvariablen $X_1, X_2, \ldots, X_n$ alle $N(\mu;\sigma^2)$-verteilt, so ist die Zufallsvariable

$$\frac{(n-1)\,S^2}{\sigma^2} = \frac{\sum\limits_{i=1}^{n} (X_i - \overline{X})^2}{\sigma^2}$$

Chi-Quadrat-verteilt mit $n-1$ Freiheitsgraden (s. **Fisz, M.** [1971], S. 406).

Damit können die Konfidenzintervalle analog zu Abschnitt 8.4.1.3 bestimmt werden. Dabei muß nur $n\tilde{S}^2$ durch $(n-1)\,S^2$ ersetzt werden. Die Quantile müssen aus der Chi-Quadrat-Verteilung mit $n-1$ Freiheitsgraden bestimmt werden. Die Konfidenzintervalle für σ^2 zum Niveau $1-\alpha$ lauten

$$\text{zweiseitige:}\quad \left[\frac{(n-1)\,S^2}{\chi^2_{n-1\,;\,1-\frac{\alpha}{2}}}\ ;\ \frac{(n-1)\,S^2}{\chi^2_{n-1\,;\,\frac{\alpha}{2}}}\right];$$

$$\text{einseitige:}\quad \left[\frac{(n-1)\,S^2}{\chi^2_{n-1\,;\,1-\alpha}}\ ;\ +\infty\right);\quad \left(0\ ;\ \frac{(n-1)\,S^2}{\chi^2_{n-1\,;\,\alpha}}\right] \tag{8.23}$$

$$\text{mit}\quad (n-1)\,S^2 = \sum_{i=1}^{n} (X_i - \overline{X})^2.$$

Bestimmung eines Konfidenzintervalls für σ^2 bei unbekanntem μ:

1. Man lege das Konfidenzniveau $\gamma = 1-\alpha$ fest.

2. Man bestimme die Quantile der Chi-Quadrat Verteilung mit $n-1$ Freiheitgraden (Tab. 4) und zwar bei zweiseitigen das

$\frac{\alpha}{2}$-Quantil $c_1 = \chi^2_{n-1\,;\,\frac{\alpha}{2}}$ und das $(1-\frac{\alpha}{2})$-Quantil $c_2 = \chi^2_{n-1\,;\,1-\frac{\alpha}{2}}$;

bei einseitigen das α-Quantil $c_1 = \chi^2_{n-1\,;\,\alpha}$

bzw. das $(1-\alpha)$-Quantil $c_2 = \chi^2_{n-1\,;\,1-\alpha}$.

3. Man berechne aus einer Stichprobe vom Umfang n die Quadratsumme
$(n-1)\,s^2 = \sum\limits_{i=1}^{n} (x_i - \overline{x})^2$.

4. Dann lauten die Realisierungen der Konfidenzintervalle:

zweiseitige: $\left[\frac{(n-1)s^2}{\chi^2_{n-1;1-\frac{\alpha}{2}}} ; \frac{(n-1)s^2}{\chi^2_{n-1;\frac{\alpha}{2}}}\right]$;

einseitige: $\left[\frac{(n-1)s^2}{\chi^2_{n-1;1-\alpha}} ; +\infty\right)$; $\left(0 ; \frac{(n-1)s^2}{\chi^2_{n-1;\alpha}}\right]$.

Beispiel 8.4 (vgl. Beispiel 8.3):
Das Beispiel 8.3 soll behandelt werden, wobei der Erwartungswert μ der Normalverteilung nicht bekannt sei.

a) $c_1 = \chi^2_{99;0{,}025} = 73{,}361$; $c_2 = \chi^2_{99;0{,}975} = 128{,}422$;

$(n-1)s^2 = 99 \cdot 28{,}7 = 2\,841{,}3$;

$\left[\frac{2\,841{,}3}{128{,}422} ; \frac{2\,841{,}3}{73{,}361}\right] = [22{,}125 ; 38{,}730]$.

b) $c_1 = \chi^2_{99;0{,}95} = 123{,}225$; $\left(0 ; \frac{2\,841{,}3}{123{,}225}\right] = (0 ; 23{,}058]$; $\sigma^2 \leq 23{,}058$.

Hinweis: In beiden Beispielen 8.3 und 8.4 wurden die Quantile zwar gerundet angegeben, die Rechnung wurde jedoch mit den exakten, von einem Taschenrechner erzeugten Quantilen durchgeführt. Wegen des großen Stichprobenumfangs n = 100 unterscheiden sich die Ergebnisse in beiden Aufgaben kaum.

8.4.1.5 Konfidenzintervalle für den Korrelationskoeffizienten ρ

Es sei (X, Y) eine zweidimensionale normalverteilte Zufallsvariable mit dem unbekannten Korrelationskoeffizienten ρ (vgl. Abschnitt 6.9). Die Schätzfunktion

$$R_n = \frac{\sum_{i=1}^{n}(X_i - \overline{X})(Y_i - \overline{Y})}{\sqrt{\left(\sum_{i=1}^{n}(X_i - \overline{X})^2\right)\cdot\left(\sum_{i=1}^{n}(X_i - \overline{X})^2\right)}}$$

(vgl. Beispiel 7.5 b)) aus einer einfachen (unabhängigen) Stichprobe ist bei Normalverteilungen asymptotisch erwartungstreu für ρ. Für $\rho \neq 0$ ist die Verteilung von R_n schief. Die Schiefe ist umso größer, je näher $|\rho|$ bei Eins liegt. **R. A. Fisher** hat gezeigt, daß für große n (Faustregel: $n \geq 50$, falls $|\rho|$ nicht zu große Werte annimmt) die Zufallsvariable

$$U_n = \frac{1}{2}\ln\frac{1+R_n}{1-R_n}$$

näherungsweise normalverteilt ist mit

$$E(U_n) = \frac{1}{2}\ln\frac{1+\rho}{1-\rho} + \frac{\rho}{2(n-1)}\,; \quad Var(U_n) = \frac{1}{n-3}\,.$$

Dann ist

$$Z = \frac{\sqrt{n-3}}{2}\cdot\left(\ln\frac{1+R_n}{1-R_n} - \ln\frac{1+\rho}{1-\rho}\right) \tag{8.24}$$

für große n näherungsweise N(0 ; 1) -verteilt.

Mit den Quantilen der N(0 ; 1) - Verteilung erhält man hieraus

$$1-\alpha = P\left(-\frac{2z_{1-\alpha/2}}{\sqrt{n-3}} \le \ln\frac{1+R_n}{1-R_n} - \ln\frac{1+\rho}{1-\rho} \le \frac{2z_{1-\alpha/2}}{\sqrt{n-3}}\right)$$

$$= P\left(\ln\frac{1+R_n}{1-R_n} - \frac{2z_{1-\alpha/2}}{\sqrt{n-3}} \le \ln\frac{1+\rho}{1-\rho} \le \ln\frac{1+R_n}{1-R_n} + \frac{2z_{1-\alpha/2}}{\sqrt{n-3}}\right).$$

$$A = \ln\frac{1+R_n}{1-R_n} - \frac{2z_{1-\alpha/2}}{\sqrt{n-3}}\,; \quad B = \ln\frac{1+R_n}{1-R_n} + \frac{2z_{1-\alpha/2}}{\sqrt{n-3}}$$

ergibt

$$1-\alpha = P\left(A \le \ln\frac{1+\rho}{1-\rho} \le B\right) = P\left(e^A \le \frac{1+\rho}{1-\rho} \le e^B\right)$$

$$= P\left(e^A - 1 - \rho e^A \le \rho \le e^B - 1 - \rho e^B\right)$$

$$= P\left(\frac{e^A-1}{e^A+1} \le \rho \le \frac{e^B-1}{e^B+1}\right).$$

Entsprechend kann man einseitige asymptotische Konfidenzintervalle bestimmen.

Bestimmung von asymptotischen Konfidenzintervallen für den Korrelationskoeffizienten ρ zum Niveau $1-\alpha$ bei Normalverteilungen:

zweiseitige: $\left[\frac{e^a-1}{e^a+1}\,;\ \frac{e^b-1}{e^b+1}\right]$ mit $a = \ln\frac{1+r}{1-r} - \frac{2z_{1-\alpha/2}}{\sqrt{n-3}}$

$b = \ln\frac{1+r}{1-r} + \frac{2z_{1-\alpha/2}}{\sqrt{n-3}}$;

einseitige: $\left[-1\,;\ \frac{e^b-1}{e^b+1}\right]$ mit $b = \ln\frac{1+r}{1-r} + \frac{2z_{1-\alpha}}{\sqrt{n-3}}$

$\left[\frac{e^a-1}{e^a+1}\,;\ 1\right]$ mit $a = \ln\frac{1+r}{1-r} - \frac{2z_{1-\alpha}}{\sqrt{n-3}}$.

r = Korrelationskoeffizient einer Stichprobe vom Umfang n.

Beispiel 8.5:

a) Der Korrelationskoeffizient einer einfachen Stichprobe vom Umfang $n = 200$ aus einer zweidimensionalen Grundgesamtheit ist $r = 0{,}41$. Gesucht ist ein zweiseitiges Konfidenzintervall für ρ zum Niveau $\gamma = 0{,}95$. $\alpha = 0{,}05$ ergibt das Quantil $z_{1-\alpha/2} = 1{,}960$.

$$a = \ln\frac{1+0{,}41}{1-0{,}41} - \frac{2\cdot 1{,}96}{\sqrt{197}} = 0{,}5919\,;\quad b = \ln\frac{1+0{,}41}{1-0{,}41} + \frac{2\cdot 1{,}96}{\sqrt{197}} = 1{,}1505\,.$$

Hiermit erhält man als Realisierung des Zufallsintervalls das empirische Konfidenzintervall für ρ: $[\,0{,}1027\,;\,0{,}5192\,]$.

b) Der Korrelationskoeffizient einer Stichprobe vom Umfang $n = 500$ sei $r = 0{,}9$. Zu $\gamma = 0{,}95$ ist ein Konfidenzintervall für ρ der Art $[c_u\,;1]$ zu bestimmen. $z_{1-\alpha} = z_{0{,}95} = 1{,}6449$.

$$a = \ln\frac{1+0{,}9}{1-0{,}9} - \frac{2\cdot 1{,}6449}{\sqrt{497}} = 2{,}7969$$ ergibt die Realisierung $[\,0{,}8850\,;1\,]$, also die zu 95 % abgesicherte Aussage $\rho \geq 0{,}8850$.

c) Der Korrelationskoeffizient einer Stichprobe vom Umfang $n = 300$ sei $r = -0{,}15$. Kann aus diesem Ergebnis mit einer Irrtumswahrscheinlichkeit $\alpha = 0{,}05$ geschlossen werden, daß die beiden normalverteilten Zufallsvariablen X und Y unabhängig sind? Da bei Normalverteilungen die Unabhängigkeit und die Unkorreliertheit gleichwertig sind, bestimmen wir zu $\gamma = 0{,}95$ ein Konfidenzintervall der Art $[\,-1\,;\,c_o\,]$.

$$b = \ln\frac{1-0{,}15}{1+0{,}15} + \frac{2\cdot 1{,}6449}{\sqrt{297}} = -0{,}114\,;$$ aus dem Konfidenzintervall $[-1\,;\,-0{,}0556]$ erhält man die zu 95 % abgesicherte Aussage $\rho \leq -0{,}0556$. Diese Aussage bedeutet, daß $\rho = 0$ falsch ist.

8.4.2 Konfidenzintervalle für μ, σ^2 und ρ bei beliebigen Verteilungen

Bei identisch verteilten, unabhängigen Zufallsvariablen $X_1, X_2, \ldots, X_n$ mit dem Erwartungswert μ und der Varianz σ^2 ist nach dem zentralen Grenzwertsatz 6.24 für große n (Faustregel: $n > 30$) die standardisierte Zufallsvariable

$$\frac{\sum\limits_{k=1}^{n} X_k - n\mu}{\sqrt{n}\cdot\sigma} = \frac{\frac{1}{n}\sum\limits_{k=1}^{n} X_k - \mu}{\sqrt{n}\cdot\sigma}\cdot n = \frac{\overline{X}-\mu}{\sigma}\cdot\sqrt{n} \tag{8.25}$$

ungefähr $N(0\,;1)$-verteilt. $\overline{X}$ ist dann ungefähr normalverteilt mit dem Erwartungswert μ und der Varianz σ^2/n. Daher erhält man nach Abschnitt 8.3.2 mit den Konfidenzintervallen für μ und σ^2 aus Abschnitt 8.4.1 unmittelbar näherungsweise Konfidenzintervalle bei beliebigen Verteilungen. Das gleiche gilt auch bei den Konfidenzintervallen für ρ.

8.4.3 Konfidenzintervalle für eine Wahrscheinlichkeit p

Für eine unbekannte Wahrscheinlichkeit $p = P(A)$ ist nach Beispiel 7.4 die Zufallsvariable $R_n(A)$ der relativen Häufigkeit des Ereignisses A in einer unabhängigen Versuchsserie vom Umfang n eine konsistente Schätzfunktion. Nach Beispiel 7.8 ist die relative Häufigkeit auch die Maximum-Likelihood-Schätzung.

Bei **großem Stichprobenumfang** n kann die Approximation durch die Normalverteilung benutzt werden. In diesem Fall lassen sich asymptotische Konfidenzintervalle relativ einfach berechnen.

Bei **kleinem Stichprobenumfang** n darf jedoch diese Approximation nicht verwendet werden. Für kleine n können Konfidenzintervalle mit den in Abschnitt 8.2.2 beschriebenen Verfahren von Clopper - Pearson bestimmt werden.

8.4.3.1 Asymptotische Konfidenzintervalle bei großem Stichprobenumfang

Der Stichprobenumfang n sei so groß, daß $np(1-p) > 9$ erfüllt ist. Wenn z. B. bekannt ist, daß p in der Nähe von 0,5 liegt, muß n nicht wesentlich größer als 36 sein. Falls man z. B. aus Voruntersuchungen weiß, daß p zwischen 0,1 und 0,5 liegt, nimmt die Funktion $f(p) = p(1-p)$ in diesem Bereich das Minimum an der Stelle 0,1 an mit $f(0{,}1) = 0{,}1 \cdot 0{,}9 = 0{,}09$. Dann gilt für den minimalen Stichprobenumfang

$$n > \frac{9}{0{,}1 \cdot 0{,}9} = 100\,.$$

Die Zufallsvariable $X = H_n(A)$ der absoluten Häufigkeit des Ereignisses A in einer unabhängigen Versuchsserie vom Umfang n ist binomialverteilt mit den Parametern n und p.

Dann ist X ungefähr normalverteilt mit dem Erwartungswert $E(X) = np$ und der Varianz $\mathrm{Var}(X) = np(1-p)$. Die Standardisierung

$$\frac{X - np}{\sqrt{np(1-p)}} \tag{8.26}$$

ist dann ungefähr $N(0;1)$-verteilt.

Zum Konfidenzniveau $\gamma = 1 - \alpha$ bestimmen wir zunächst ein zweiseitiges symmetrisches Konfidenzintervall. Für jedes $z > 0$ gilt

$$2\Phi(z) - 1 \approx P\left(-z \le \frac{X - np}{\sqrt{np(1-p)}} \le z\right) = P\left(\frac{(X - np)^2}{np(1-p)} \le z^2\right)$$

$$= P\left((X - np)^2 \le np(1-p)\, z^2\right).$$

$$(X-n\,p)^2 \le np(1-p)\,z^2 \;\Leftrightarrow\; X^2-2npX+n^2p^2-z^2np+z^2np^2 \le 0$$

$$\Leftrightarrow\; np^2(n+z^2)-np\,(2X+z^2)+X^2 \le 0 \;\Leftrightarrow\; p^2-p\frac{2X+z^2}{n+z^2} \le -\frac{X^2}{n(n+z^2)}$$

$$\Leftrightarrow\; \left|p-\frac{2X+z^2}{2(n+z^2)}\right|^2 \le -\frac{X^2}{n(n+z^2)}+\frac{(2X+z^2)^2}{4(n+z^2)^2}$$

$$= \frac{-4X^2(n+z^2)+n(2X+z^2)^2}{4n(n+z^2)^2}$$

$$= \frac{-4X^2n-4X^2z^2+4nX^2+4nXz^2+nz^4}{4n(n+z^2)^2} = \frac{-4X^2z^2+4nXz^2+nz^4}{4n(n+z^2)^2}$$

$$= z^2\cdot\frac{-4X^2+4nX+nz^2}{4n(n+z^2)^2} = \frac{1}{(n+z^2)^2}\cdot z^2\cdot\left[\frac{X(n-X)}{n}+\frac{z^2}{4}\right],$$

also

$$\left|p-\frac{2X+z^2}{2(n+z^2)}\right|^2 \le \frac{1}{(n+z^2)^2}\cdot z^2\cdot\left[\frac{X(n-X)}{n}+\frac{z^2}{4}\right].$$

Hieraus folgt

$$\left|p-\frac{2X+z^2}{2(n+z^2)}\right| \le \frac{1}{n+z^2}\cdot z\cdot\sqrt{\frac{X(n-X)}{n}+\frac{z^2}{4}}\;.$$

Mit $X = H_n(A)$ (= absolute Häufigkeit) und $\overline{X} = R_n(A)$ (=relative Häufigkeit) erhält man hieraus als Grenzen die beiden Zufallsvariablen

$$G_{u,o} = \frac{1}{n+z^2}\left(H_n(A)+\frac{z^2}{2}\mp z\cdot\sqrt{\frac{H_n(A)\,(n-H_n(A))}{n}+\frac{z^2}{4}}\right)$$

$$= \frac{n}{n+z^2}\left(R_n(A)+\frac{z^2}{2n}\mp z\cdot\sqrt{\frac{R_n(A)\,(1-R_n(A))}{n}+\frac{z^2}{4n^2}}\right) \qquad (8.27)$$

mit

$$2\Phi(z)-1 = P(G_u \le p \le G_o). \qquad (8.28)$$

Setzt man in (8.27) $z = z_{1-\alpha/2}$, so erhält man ein zweiseitiges symmetrisches Konfidenzintervall für p zum Niveau $1-\alpha$.

asymptotische Konfidenzintervalle für p zum Niveau $1-\alpha$ bei großem Stichprobenumfang n:
r_n sei die relative Häufigkeit des Ereignisses A in einer unabhängigen Versuchsserie vom Umfang n. Mit den Quantilen der N(0;1)-Verteilung erhält man für die Wahrscheinlichkeit p ein
asymptotisches zweiseitiges Konfidenzintervall $[p_u; p_o]$ mit den Grenzen

$$p_{u,o} = \frac{n}{n+z^2}\left(r_n + \frac{z^2}{2n} \mp z \cdot \sqrt{\frac{r_n \cdot (1-r_n)}{n} + \frac{z^2}{4n^2}}\right) \quad \text{mit} \quad z = z_{1-\frac{\alpha}{2}}.$$

Mit den Quantilen $z = z_{1-\alpha}$ erhält man durch Weglassen der anderen Grenze **einseitige Konfidenzintervalle** für p zum Niveau $1-\alpha$.

Das zweiseitige Konfidenzintervall besitzt die

Länge:

$$l = \frac{2zn}{n+z^2} \cdot \sqrt{\frac{r_n \cdot (1-r_n)}{n} + \frac{z^2}{4n^2}} \quad ; \quad z = z_{1-\frac{\alpha}{2}} \quad . \tag{8.29}$$

Für $n \to \infty$ konvergiert die Länge gegen Null.

Beispiel 8.6 (Wahrscheinlichkeit einer Knabengeburt):
In der Bundesrepublik Deutschland waren im Jahre 1992 von den 809 114 Lebendgeborenen 414 807 männlich (Quelle: **Statistisches Jahrbuch 1994**). Für die Wahrscheinlichkeit p, daß ein neugeborenes Kind ein Knabe ist, erhält man hieraus den Schätzwert

$$\hat{p} = \frac{414\,807}{809\,114} = 0{,}51267 = r_n .$$

Gesucht ist ein zweiseitiges Konfidenzintervall für p zum Niveau 0,99. Mit dem 0,995-Quantil $z_{0,995} = 2{,}2758$, $n = 809\,114$ und der relativen Häufigkeit erhält man aus der obigen Formel das empirische Konfidenzintervall für die Wahrscheinlichkeit p einer Knabengeburt

$$[0{,}51211;\ 0{,}51322].$$

Damit ist statistisch nachgewiesen, daß die Wahrscheinlichkeit für eine Knabengeburt größer als 0,5 ist.

8.4.3.2 Exakte Konfidenzintervalle für p bei kleinem Stichprobenumfang

Bei kleinem Stichprobenumfang n müssen die empirischen Konfidenzintervalle direkt aus der Binomialverteilung bestimmt werden. Das empirische Konfidenzintervall soll aus der Realisierung $m = h_n(A)$ der absoluten Häufigkeit in einer unabhängigen Versuchsserie vom Umfang n bestimmt werden. Die Berechnung geschieht nach Clopper-Pearson (s. Abschnitt 8.2.2).

Wir setzen voraus, daß für die unbekannte Wahrscheinlichkeit $p = P(A)$ gilt $0 < p < 1$. In einer unabhängigen Versuchsserie vom Umfang n sei das Ereignis A genau m-mal eingetreten. Zunächst sollten zweiseitige Konfidenzintervalle bestimmt werden. Die durch (8.8) und (8.9) definierten Funktionen lauten

$$\begin{aligned} &v(p) \text{ maximal mit } \sum_{k \le v(p)} \binom{n}{k} p^k (1-p)^{n-k} \le \alpha_1 ; \\ &w(p) \text{ minimal mit } \sum_{k \ge w(p)} \binom{n}{k} p^k (1-p)^{n-k} \le \alpha_2 \end{aligned} \tag{8.30}$$

mit $\alpha_1 + \alpha_2 = \alpha$. Die Funktionen v(p) und w(p) sind offensichtlich in p monoton wachsend. Ein Beweis dafür ist z. B. bei **Schmetterer, L.** [1966], S. 315 zu finden.

Nach Satz 8.2 erhält man die Grenzen des empirischen Konfidenzintervalls mit $u_o = m$ als Lösungen der folgenden Gleichungen. Wegen Stetigkeit der Summen in p ist dabei jeweils das Gleichheitszeichen erreichbar.

$$\begin{aligned} &\sum_{k \ge m} \binom{n}{k} p_u^k (1-p_u)^{n-k} = \sum_{k=m}^{n} \binom{n}{k} p_u^k (1-p_u)^{n-k} = \alpha_1 ; \\ &\sum_{k \le m} \binom{n}{k} p_o^k (1-p_o)^{n-k} = \sum_{k=0}^{m} \binom{n}{k} p_o^k (1-p_o)^{n-k} = \alpha_2 ; \\ &m = h_n(A) = \text{absolute Häufigkeit} ; \ \alpha_1 + \alpha_2 = \alpha . \end{aligned} \tag{8.31}$$

Dann besitzt das **empirische Konfidenzintervall** $[p_u ; p_o]$ ein Niveau, welches mindestens gleich $1 - \alpha_1 - \alpha_2$ ist.

Die Gleichungen (8.31) können nur numerisch gelöst werden. Allgemein kann die Verteilungsfunktion einer Binomialverteilung durch die einer F-Verteilung dargestellt werden. Es gilt nämlich der

Satz 8.3 (Darstellung der Verteilungsfunktion einer Binomialverteilung durch die Verteilungsfunktion einer F-Verteilung):
Für jedes $r = 0, 1, \dots, n$ gilt

$$\begin{aligned} F(r,p) &= \sum_{k=0}^{r} \binom{n}{k} \cdot p^k \cdot (1-p)^{n-k} \\ &= 1 - F_{2(r+1),2(n-r)}\left(\frac{n-r}{r+1} \cdot \frac{p}{1-p}\right) \\ &= 1 - P\left(X_{2(r+1),2(n-r)} \le \frac{n-r}{r+1} \cdot \frac{p}{1-p}\right) . \end{aligned}$$

Dabei ist F die Verteilungsfunktion der F-Verteilung mit den angegebenen Freiheitsgraden (vgl. Abschnitt 6.7.6).

Beweis s. Bosch, K. [1993], S. 296.

Mit Satz 8.3 erhält man aus (8.31)

$$\alpha_1 = \sum_{k=m}^{n} \binom{n}{k} p_u^k (1-p_u)^{n-k} = 1 - \sum_{k=0}^{m-1} \binom{n}{k} p_u^k (1-p_u)^{n-k}$$

$$= F_{2m\,;\,2(n-m+1)}\left(\frac{n-m+1}{m} \cdot \frac{p_u}{1-p_u}\right).$$

$c_u = f_{2m\,,\,2(n-m+1)\,;\,\alpha_1}$ sei das α_1-Quantil der F-Verteilung mit den Freiheitsgraden $(2m\,,2(n-m-1))$. Da in Tabelle 5 im Anhang nur rechtsseitige Quantile aufgeführt sind, müssen wir die in Abschnitt 6.7.6 angegebene Umrechnungsformel benutzen:

$$c_u = f_{2m\,,\,2(n-m+1)\,;\,\alpha_1} = \frac{1}{f_{2(n-m+1)\,,\,2m\,;\,1-\alpha_1}}.$$

Mit diesem Quantil erhält man

$$\frac{n-m+1}{m} \cdot \frac{p_u}{1-p_u} = c_u\,; \quad p_u = \frac{m\,c_u}{n-m+1+m\,c_u}$$

$$p_u = \frac{m}{m + (n-m+1) f_{2(n-m+1)\,,\,2m\,;\,1-\alpha_1}}. \tag{8.32}$$

$$\alpha_2 = \sum_{k=0}^{m} \binom{n}{k} p_o^k (1-p_o)^{n-k}$$

$$= 1 - F_{2(m+1)\,,\,2(n-m)}\left(\frac{n-m}{m+1} \cdot \frac{p_o}{1-p_o}\right);$$

$$F_{2(m+1)\,,\,2(n-m)}\left(\frac{n-m}{m+1} \cdot \frac{p_o}{1-p_o}\right) = 1 - \alpha_2\,.$$

Das $(1-\alpha_2)$-Quantil

$$c_o = f_{2(m+1)\,,\,2(n-m)\,;\,1-\alpha_2}$$

der F-Verteilung mit $(2(m+1)\,;2(n-m))$ Freiheitsgraden ergibt

$$\frac{n-m}{m+1} \cdot \frac{p_o}{1-p_o} = c_o\,; \quad p_o = \frac{(m+1)\,c_o}{n-m+(m+1)\,c_o};$$

$$p_o = \frac{(m+1) \cdot f_{2(m+1)\,,\,2(n-m)\,;\,1-\alpha_2}}{n-m+(m+1) \cdot f_{2(m+1)\,,\,2(n-m)\,;\,1-\alpha_2}}. \tag{8.33}$$

Konfidenzintervalle für p zum Niveau $\geq 1-\alpha$ bei kleinem Stichprobenumfang n: Die Grenzen werden berechnet aus

$$p_u = \frac{m}{m + (n-m+1) \cdot f_{2(n-m+1), 2m; 1-\alpha_1}};$$

$$p_o = \frac{(m+1) \cdot f_{2(m+1), 2(n-m); 1-\alpha_2}}{n-m+(m+1) \cdot f_{2(m+1), 2(n-m); 1-\alpha_2}}.$$

zweiseitige: $[p_u; p_o]$; p_u; p_o mit $\alpha_1 + \alpha_2 = \alpha$;

einseitige: $[p_u; 1]$ mit $\alpha_1 = \alpha$;

$[0; p_o]$ mit $\alpha_2 = \alpha$.

Beispiel 8.7:
In einer unabhängigen Versuchsserie vom Umfang $n = 15$ trat ein Ereignis 6-mal ein. Gesucht ist ein zweiseitiges Konfidenzintervall für die Wahrscheinlichkeit p, dessen Niveau mindestens gleich 0,90 ist.
Wir bestimmen ein symmetrisches Konfidenzintervall mit $\alpha_1 = \alpha_2 = 0{,}05$. $n = 15$ und $m = 6$ ergibt

$f_{20, 12; 0,95} = 2{,}544$; $\quad p_u = \frac{6}{6 + 10 \cdot 2{,}544} = 0{,}191$;

$f_{14, 18; 0,95} = 2{,}290$; $\quad p_o = \frac{7 \cdot 2{,}290}{9 + 7 \cdot 2{,}290} = 0{,}640.$

Das Konfidenzintervall für p lautet: $[0{,}191; 0{,}640]$.

8.4.4 Konfidenzintervalle für den Parameter einer Poisson-Verteilung

Für eine mit dem Parameter λ Poisson-verteilte Zufallsvariable X gilt nach Abschnitt 6.4.6

$$E(X) = Var(X) = \lambda.$$

Der Parameter λ ist also gleichzeitig Erwartungswert und Varianz. Nach Beispiel 7.9 ist das Stichprobenmittel $\bar{x}$ die Maximum-Likelihood-Schätzung für λ.
Zur Berechnung von Konfidenzintervallen für λ benutzt man wie bei einer Wahrscheinlichkeit p bei großem Stichprobenumfang die Approximation durch die Normalverteilung. Falls nur eine einzige Realisierung m der Zufallsvariablen X vorliegt, wird das Konfidenzintervall analog zu dem der Binomialverteilung nach der Methode von Clopper-Pearson in Abschnitt 8.2.2 bestimmt.

8.4.4.1 Konfidenzintervalle für λ bei großem Stichprobenumfang

Bei großem Stichprobenumfang n (Faustregel: $n\lambda(1-\lambda) > 9$) ist die Zufallsvariable $\overline{X}$ des Mittelwerts näherungsweise normalverteilt mit

$$E(\overline{X}) = \lambda; \quad Var(\overline{X}) = \frac{\lambda}{n}.$$

Aus der Standardisierung

$$Z = \frac{\overline{X}-\lambda}{\sqrt{\lambda}} \cdot \sqrt{n}$$

bestimmen wir zunächst ein symmetrisches zweiseitiges asymptotisches Konfidenzintervall aus

$$2\Phi(z) - 1 \approx P\left(-z \le \frac{\overline{X}-\lambda}{\sqrt{\lambda}} \cdot \sqrt{n} \le z\right) = P\left((\overline{X}-\lambda)^2 \le \lambda \cdot \frac{z^2}{n}\right).$$

Mit der quadratischen Ergänzung ergeben sich die äquivalenten Ungleichungen

$$(\overline{X}-\lambda)^2 \le \lambda \cdot \frac{z^2}{n} \Leftrightarrow \overline{X}^2 - 2\lambda\overline{X} + \lambda^2 \le \lambda \cdot \frac{z^2}{n} \Leftrightarrow \lambda^2 - 2\lambda\left(\overline{X} + \frac{z^2}{2n}\right) \le -\overline{X}^2$$

$$\Leftrightarrow \left|\lambda - \overline{X} - \frac{z^2}{2n}\right|^2 \le -\overline{X}^2 + \overline{X}^2 + \frac{\overline{X}z^2}{n} + \frac{z^4}{4n^2} = \frac{\overline{X}z^2}{n} + \frac{z^4}{4n^2}$$

$$\Leftrightarrow \left|\lambda - \overline{X} - \frac{z^2}{2n}\right| \le \sqrt{\frac{\overline{X}z^2}{n} + \frac{z^4}{4n^2}} = \frac{z}{2n} \cdot \sqrt{4n\overline{X} + z^2}.$$

Damit gilt approximativ

$$P\left(\overline{X} + \frac{z^2}{2n} - \frac{z}{2n} \cdot \sqrt{4n\overline{X} + z^2} \le \lambda \le \overline{X} + \frac{z^2}{2n} + \frac{z}{2n} \cdot \sqrt{4n\overline{X} + z^2}\right) \approx 2\Phi(z) - 1.$$

Hieraus erhält man

asymptotische Konfidenzintervalle für λ zum Niveau $1-\alpha$ bei großem Stichprobenumfang:

Es sei $\overline{x}$ der Mittelwert einer Stichprobe mit großem Umgang n einer Poisson-verteilten Zufallsvariablen.

Für den Parameter λ erhält man mit den Quantilen der Standard-Normalverteilung ein

zweiseitiges Konfidenzintervall $[\lambda_u; \lambda_o]$ mit

$$\lambda_{u,o} = \overline{x} + \frac{z_{1-\alpha/2}^2}{2n} \mp \frac{z_{1-\alpha/2}}{2n} \cdot \sqrt{4n\overline{X} + z_{1-\frac{\alpha}{2}}^2}. \qquad (8.34)$$

Mit den Quantilen $z = z_{1-\alpha}$ erhält man durch Weglassen der anderen Grenze **einseitige Konfidenzintervalle** für λ zum Niveau $1-\alpha$.

8.4.4.2 Exakte Konfidenzintervalle für λ aus einer einzigen Realisierung

Falls nur eine einzige Realisierung der Poisson-verteilten Zufallsvariablen X vorliegt wie z. B. die absolute Häufigkeit bei seltenen Ereignissen, wird das Konfidenzintervall nach dem Verfahren von Clopper-Pearson aus Abschnitt 8.2.2 bestimmt:

$$v(\lambda) \text{ maximal mit } \sum_{k \le v(\lambda)} e^{-\lambda} \frac{\lambda^k}{k!} \le \alpha_1 ;$$

$$w(\lambda) \text{ minimal mit } \sum_{k \ge w(\lambda)} e^{-\lambda} \frac{\lambda^k}{k!} \le \alpha_2 .$$

Nach **Schmetterer, L.** [1966], S. 109 und 315 sind die Funktionen $v(\lambda)$ und $w(\lambda)$ streng monoton wachsend. Es sei m die Realisierung der Poisson-verteilten Zufallsvariablen. Die Grenzen λ_u und λ_o werden bestimmt aus

$$\sum_{k \le m} \frac{\lambda_o^k}{k!} \cdot e^{-\lambda_o} = \sum_{k=0}^{m} \frac{\lambda_o^k}{k!} \cdot e^{-\lambda_o} = \alpha_1 ; \tag{8.35}$$

$$\sum_{k \ge m} \frac{\lambda_u^k}{k!} \cdot e^{-\lambda_u} = \sum_{k=m}^{\infty} \frac{\lambda_u^k}{k!} \cdot e^{-\lambda_u} = \alpha_2 ; \quad \alpha_1 + \alpha_2 = \alpha .$$

Da die Funktionen auf der linken Seite in λ stetig sind, ist jeweils die Gleichheit erreichbar. Dann besitzt das empirische Konfidenzintervall $[\lambda_u ; \lambda_o]$ ein Niveau, das mindestens gleich $1 - \alpha$ ist.

Die Grenzen λ_u und λ_o können aus der Verteilungsfunktion der Chi-Quadrat-Verteilung berechnet werden. Nach Bosch, K. [1993], S. 189 gilt der

Satz 8.4 (Darstellung der Verteilungsfunktion einer Poisson-Verteilung durch die Verteilungsfunktion einer Chi-Quadrat-Verteilung):
An jeder Stelle $r = 0, 1, 2, \ldots$ gilt für die Verteilungsfunktion

$F(r, \lambda) = \sum_{k=0}^{r} \frac{\lambda^k}{k!} \cdot e^{-\lambda}$ der Poisson-Verteilung die Darstellung

$$F(r, \lambda) = 1 - P(\chi^2_{2(r+1)} \le 2\lambda) .$$

Dabei ist die Zufallsvariable $\chi^2_{2(r+1)}$ Chi-Quadrat-verteilt mit 2(r+1) Freiheitsgraden.

Damit erhält man aus (8.35)

$$\alpha_1 = \sum_{k=0}^{m} \frac{\lambda_o^k}{k!} \cdot e^{-\lambda_o} = 1 - P(\chi^2_{2m+2} \le 2\lambda_o) ;$$

$$P(\chi^2_{2m+2} \le 2\lambda_o) = 1 - \alpha_1 ; \tag{8.36}$$

$$\alpha_2 = 1 - \sum_{k=0}^{m-1} \frac{\lambda_u^k}{k!} \cdot e^{-\lambda_u} = P(\chi^2_{2m} \le 2\lambda_u) .$$

Mit den Quantilen der Chi-Quadrat-Verteilungen mit den angegebenen Freiheitsgraden erhält man

Konfidenzintervalle für den Paramter λ der Poisson-Verteilung aus einer einzigen Realisierung m zum Niveau $\geq 1-\alpha$:

zweiseitige: $$\left[\frac{1}{2}\chi^2_{2m;\frac{\alpha}{2}}\ ;\ \frac{1}{2}\chi^2_{2m+2;1-\frac{\alpha}{2}}\right];$$

einseitige: $$\left[\frac{1}{2}\chi^2_{2m;\alpha}\ ;\ \infty\right);\ \left(0\ ;\ \frac{1}{2}\chi^2_{2m+2;1-\alpha}\right]. \tag{8.37}$$

Beispiel 8.8:
Die Realisierung der Poisson-verteilten Zufallsvariablen sei $m = 4$. Zu $\gamma = 0{,}9$ lautet das zweiseitige Konfidenzintervall für den Parameter λ

$$\left[\frac{1}{2}\chi^2_{8;0{,}05}\ ;\ \frac{1}{2}\chi^2_{10;0{,}95}\right] = [\,1{,}366\,;\,9{,}154\,].$$

8.4.5 Konfidenzintervalle für den Parameter einer Exponentialverteilung

Die Zufallsvariable X sei exponentialverteilt mit dem Parameter λ. Sie besitzt die Dichte

$$f(x) = \begin{cases} 0 & \text{für } x < 0\,; \\ \lambda e^{-\lambda x} & \text{für } x \geq 0\,. \end{cases}$$

$\hat{\lambda} = \frac{1}{\bar{x}}$ ist die Maximum-Likelihood-Schätzung des Parameters λ (vgl. Aufgabe 7.5)

Für unabhängige Summen von Zufallsvariablen, die mit dem gleichen Parameter λ exponentialverteilt sind, gilt der

Satz 8.5 (Verteilungsfunktionen von Summen unabhängiger mit dem gleichen Parameter λ exponentialverteilter Zufallsvariabler):
Die Zufallsvariablen $X_1, X_2, \ldots, X_n$ seien unabhängig und exponentialverteilt mit dem gleichen Parameter λ. Dann ist die Summe

$$2\lambda \sum_{i=1}^{n} X_i$$

Chi-Quadrat-verteilt mit 2n Freiheitsgraden.

Beweis s. Bosch, K. [1993], S. 472.

Nach Satz 8.5 erhält man zweiseitige Konfidenzintervalle für λ

$$1-\alpha = P\left(\chi^2_{2n;\frac{\alpha}{2}} \leq 2\lambda\sum_{i=1}^{n} X_i \leq \chi^2_{2n;1-\frac{\alpha}{2}}\right)$$

$$= P\left(\frac{\chi^2_{2n;\frac{\alpha}{2}}}{2\sum_{i=1}^{n} X_i} \leq \lambda \leq \frac{\chi^2_{2n;1-\frac{\alpha}{2}}}{2\sum_{i=1}^{n} X_i}\right)$$

$$= P\left(\frac{\chi^2_{2n;\frac{\alpha}{2}}}{2n\overline{X}} \leq \lambda \leq \frac{\chi^2_{2n;1-\frac{\alpha}{2}}}{2n\overline{X}}\right).$$

Konfidenzintervalle für den Parameter λ der Exponentialverteilung zum Niveau $1-\alpha$:

zweiseitige: $\left[\frac{\chi^2_{2n;\frac{\alpha}{2}}}{2n\overline{x}} ; \frac{\chi^2_{2n;1-\frac{\alpha}{2}}}{2n\overline{x}}\right]$;

einseitige: $\left[\frac{\chi^2_{2n;\alpha}}{2n\overline{x}} ; \infty\right)$; $\left(0 ; \frac{\chi^2_{2n;1-\alpha}}{2n\overline{x}}\right]$. (8.38)

Hieraus erhält man unmittelbar

Konfidenzintervalle für den Erwartungswert $\frac{1}{\lambda}$ der Exponentialverteilung zum Niveau $1-\alpha$:

zweiseitige: $\left[\frac{2n\overline{x}}{\chi^2_{2n;1-\frac{\alpha}{2}}} ; \frac{2n\overline{x}}{\chi^2_{2n;\frac{\alpha}{2}}}\right]$;

einseitige: $\left[\frac{2n\overline{x}}{\chi^2_{2n;1-\alpha}} ; \infty\right)$; $\left(0 ; \frac{2n\overline{x}}{\chi^2_{2n;\alpha}}\right]$. (8.39)

Beispiel 8.9:
Die Zufallsvariable X der Lebensdauer bestimmter Geräte sei exponentialverteilt. Bei 50 zufällig ausgewählten Geräten betrug die mittlere Lebensdauer 2 046,8 Stunden. Für $\gamma = 0{,}95$ erhält man hieraus die untere Grenze des einseitigen Konfidenzintervalls für den Erwartungswert $E(X) = \frac{1}{\lambda}$

$$\frac{2n\overline{x}}{\chi^2_{2n;1-\alpha}} = \frac{2 \cdot 50 \cdot 2\,046{,}8}{124{,}432} = 1\,646{,}10 \text{ ; also } \frac{1}{\lambda} \geq 1\,646{,}10.$$

8.5 Konfidenzintervalle für die Differenz zweier Erwartungswerte

Es seien $\mu_X = E(X)$ und $\mu_Y = E(Y)$ die unbekannten Erwartungswerte der Zufallsvariablen X und Y. Wir setzen voraus, daß die Zufallsvariablen X und Y entweder beide normalverteilt sind, oder daß die Stichprobenumfänge so groß sind (Faustregel: mindestens 30), daß die Approximation durch die Normalverteilung benutzt werden darf. Im ersten Fall erhalten wir nach Abschnitt 8.4.1 exakte Konfidenzintervalle, im zweiten Fall handelt es sich um asymptotische Konfidenzintervalle (vgl. Abschnitt 8.4.2).

8.5.1 Konfidenzintervalle bei verbundenen Stichproben

Falls an n verschiedenen Individuen die Realisierungen der beiden Zufallsvariablen X und Y gemessen werden, entsteht eine verbundene (zweidimensionale) Stichprobe

$$(x, y) = \big((x_1, y_1), (x_2, y_2), \ldots, (x_n, y_n)\big).$$

Dann sind die Differenzen

$$d_i = x_i - y_i \text{ für } i = 1, 2, \ldots, n$$

unabhängige Realisierungen der Zufallsvariablen $D = X - Y$ mit dem Erwartungswert

$$E(D) = E(X - Y) = E(X) - E(Y) = \mu_X - \mu_Y. \tag{8.40}$$

Die Stichprobe der Differenzen

$$d = (d_1, d_2, \ldots, d_n)$$

besitze den Mittelwert

$$\overline{d} = \overline{x} - \overline{y} = \frac{1}{n}\sum_{i=1}^{n} d_i = \frac{1}{n}\sum_{i=1}^{n} (x_i - y_i)$$

und die Varianz

$$s_d^2 = \frac{1}{n-1}\sum_{i=1}^{n} (d_i - \overline{d})^2 = \frac{1}{n-1}\Big(\sum_{i=1}^{n} d_i^2 - n\,\overline{d}^2\Big).$$

Dann ist nach Voraussetzung die Schätzfunktion

$$\sqrt{n} \cdot \frac{\overline{X} - \overline{Y} - (\mu_X - \mu_Y)}{S_d} \tag{8.41}$$

(wenigstens näherungsweise) t-verteilt mit $n - 1$ Freiheitsgraden. Mit den Quantilen der t-Verteilung mit $n - 1$ Freiheitsgraden, den Mittelwerten $\overline{x}$ und $\overline{y}$ sowie der Standardabweichung s_d der Stichprobe der Differenzen $x_i - y_i$ erhält man

Konfidenzintervalle für $\mu_X - \mu_Y$ bei verbundenen Stichproben zum Niveau $1-\alpha$:

zweiseitige:

$$\left[\bar{x}-\bar{y}-t_{n-1\,;\,1-\frac{\alpha}{2}}\cdot\frac{s_d}{\sqrt{n}}\ ;\ \bar{x}-\bar{y}+t_{n-1\,;\,1-\frac{\alpha}{2}}\cdot\frac{s_d}{\sqrt{n}}\right];$$

einseitige: (8.42)

$$\left[\bar{x}-\bar{y}-t_{n-1\,;\,1-\alpha}\cdot\frac{s_d}{\sqrt{n}}\,;\,\infty\right);\left(-\infty\,;\,\bar{x}-\bar{y}+t_{n-1\,;\,1-\alpha}\cdot\frac{s_d}{\sqrt{n}}\right];$$

s_d = Standardabweichung der Stichprobe der Differenzen $x_i - y_i$.

Beispiel 8.10:

Bei 51 Personen wurden die Reaktionszeiten (in Sekunden) auf ein bestimmtes Signal einmal im nüchternen Zustand (y) und eine bestimmte Zeit nach dem Genuß einer vorgegebenen Menge Alkohol (x) gemessen. Dabei erhielt man folgende Werte

$$\bar{y}=0{,}41\,;\ \bar{x}=0{,}72\,;\ s_d = 0{,}438.$$

Für die Differenz $\mu_X - \mu_Y$ bestimmen wir zu $\gamma = 0{,}95$ ein einseitiges, nach unten beschränktes Konfidenzintervall. Die untere Grenze lautet

$$\bar{x}-\bar{y}-t_{50\,;\,0{,}95}\cdot\frac{s_d}{\sqrt{n}} = 0{,}72-0{,}41-1{,}6759\cdot\frac{0{,}438}{\sqrt{51}} = 0{,}207\,.$$

Das Konfidenzintervall für $\mu_X - \mu_Y$ lautet

$$[0{,}207\,;\,\infty)\,,\ \text{also}\ \mu_X - \mu_Y \geq 0{,}207\,.$$

Mit einer Sicherheitswahrscheinlichkeit von 0,95 ist damit statistisch nachgewiesen, daß die Reaktionszeit durch den Alkoholgenuß um mindestens 0,207 Sekunden größer wird.

8.5.2 Konfidenzintervalle bei nichtverbundenen Stichproben

In diesem Abschnitt wird vorausgesetzt, daß die beiden Zufallsvariablen X und Y unabhängig sind. Bezüglich der beiden Zufallsvariablen X und Y betrachten wir die Stichproben

$$x=(x_1,x_2,\ldots,x_{n_1})\ ;\ y=(y_1,y_2,\ldots,y_{n_2})\,.$$

Dabei dürfen die beiden Stichprobenumfänge n_1 und n_2 auch verschieden sein. Die beiden Stichproben besitzen die Mittelwerte und Varianzen

$$\bar{x} = \frac{1}{n_1}\sum_{i=1}^{n_1} x_i\ ;\quad \bar{y} = \frac{1}{n_2}\sum_{j=1}^{n_2} y_j\ ;$$

$$s_x^2 = \frac{1}{n_1-1}\sum_{i=1}^{n_1}(x_i-\bar{x})^2\ ;\quad s_y^2 = \frac{1}{n_2-1}\sum_{j=1}^{n_2}(y_j-\bar{y})^2\,.$$

8.5.2.1 Konfidenzintervalle bei bekannten Varianzen

Falls die beiden Varianzen $\sigma_X^2 = \text{Var}(X)$ und $\sigma_Y^2 = \text{Var}(Y)$ bekannt sind, besitzt die Zufallsvariable $\overline{X} - \overline{Y}$ die Parameter

$$E(\overline{X} - \overline{Y}) = \mu_X - \mu_Y;$$
$$\sigma^2_{\overline{X} - \overline{Y}} = \sigma_d^2 = \text{Var}(\overline{X} - \overline{Y}) = \text{Var}(\overline{X} + \overline{Y}) = \frac{\sigma_X^2}{n_1} + \frac{\sigma_Y^2}{n_2}.$$

Dann ist nach den Voraussetzungen die Stichprobenfunktion

$$\frac{\overline{X} - \overline{Y} - (\mu_X - \mu_Y)}{\sqrt{\frac{\sigma_X^2}{n_1} + \frac{\sigma_Y^2}{n_2}}} \tag{8.43}$$

(wenigstens näherungsweise) $N(0;1)$-verteilt. Mit den Quantilen der Standardnormalverteilung erhält man dann aus

$$P\left(\overline{X} - \overline{Y} - z_{1-\frac{\alpha}{2}} \cdot \sqrt{\frac{\sigma_X^2}{n_1} + \frac{\sigma_Y^2}{n_2}} \le \mu_X - \mu_Y \le \overline{X} - \overline{Y} + z_{1-\frac{\alpha}{2}} \cdot \sqrt{\frac{\sigma_X^2}{n_1} + \frac{\sigma_Y^2}{n_2}}\right)$$
$$= 1 - \alpha$$

zweiseitige Konfidenzintervalle für die Differenz $\mu_X - \mu_Y$.

Mit dem $(1-\alpha)$-Quantil $z_{1-\alpha}$ erhält man durch Weglasssen der anderen Grenze einseitige Konfidenzintervalle.

Konfidenzintervalle für $\mu_X - \mu_Y$ zum Niveau $1-\alpha$ bei nichtverbundenen Stichproben mit bekannten Varianzen:

zweiseitige:

$$\left[\overline{x} - \overline{y} - z_{1-\frac{\alpha}{2}} \cdot \sqrt{\frac{\sigma_X^2}{n_1} + \frac{\sigma_Y^2}{n_2}} \; ; \; \overline{x} - \overline{y} + z_{1-\frac{\alpha}{2}} \cdot \sqrt{\frac{\sigma_X^2}{n_1} + \frac{\sigma_Y^2}{n_2}}\right];$$

einseitige:

$$\left[\overline{x} - \overline{y} - z_{1-\alpha} \cdot \sqrt{\frac{\sigma_X^2}{n_1} + \frac{\sigma_Y^2}{n_2}} ; \infty\right); \left(-\infty ; \overline{x} - \overline{y} + z_{1-\alpha} \cdot \sqrt{\frac{\sigma_X^2}{n_1} + \frac{\sigma_Y^2}{n_2}}\right]. \tag{8.44}$$

8.5.2.2 Konfidenzintervalle bei unbekannten, aber gleichen Varianzen

Manchmal kann man davon ausgehen, daß die unbekannten Varianzen $\text{Var}(X) = \text{Var}(Y) = \sigma^2$ gleich sind. Dann gilt

$$E(\overline{X} - \overline{Y}) = \mu_X - \mu_Y; \quad \text{Var}(\overline{X} - \overline{Y}) = \sigma^2 \cdot \left(\frac{1}{n_1} + \frac{1}{n_2}\right) = \sigma^2 \cdot \frac{n_1 + n_2}{n_1 \cdot n_2}.$$

Die Zufallsvariable

$$\frac{\overline{X} - \overline{Y} - (\mu_X - \mu_Y)}{\sigma \cdot \sqrt{\frac{1}{n_1} + \frac{1}{n_2}}} = \frac{\overline{X} - \overline{Y} - (\mu_X - \mu_Y)}{\sigma} \cdot \sqrt{\frac{n_1 \cdot n_2}{n_1 + n_2}} \tag{8.45}$$

ist dann N(0;1)-verteilt. s_x^2 und s_y^2 sind die Realisierungen der Zufallsvariablen S_X^2 und S_Y^2. Die Stichprobenfunktionen

$$\frac{(n_1-1)\,S_X^2}{\sigma^2} \quad \text{und} \quad \frac{(n_2-1)\,S_Y^2}{\sigma^2}$$

sind Chi-Quadrat-verteilt mit n_1-1 und n_2-1 Freiheitsgraden. Wegen der Unabhängigkeit ist dann die Summe

$$W = \frac{(n_1-1)\,S_X^2}{\sigma^2} + \frac{(n_2-1)\,S_Y^2}{\sigma^2}$$

ebenfalls Chi-Quadrat-verteilt mit n_1+n_2-2 Freiheitsgraden.
Der Quotient

$$\frac{Z}{\sqrt{\dfrac{W}{n_1+n_2-2}}} = \frac{\overline{X}-\overline{Y}-(\mu_X-\mu_Y)}{\sqrt{(n_1-1)\,S_X^2+(n_2-1)\,S_Y^2}}\cdot\sqrt{\frac{n_1 n_2 (n_1+n_2-2)}{n_1+n_2}}$$

$$= \frac{\overline{X}-\overline{Y}-(\mu_X-\mu_Y)}{S_d} \tag{8.46}$$

mit

$$S_d^2 = \frac{(n_1+n_2)\cdot\left((n_1-1)\,S_X^2+(n_2-1)\,S_Y^2\right)}{n_1\cdot n_2\cdot(n_1+n_2-2)}$$

ist dann t-verteilt mit n_1+n_2-2 Freiheitsgraden.

Mit den Quantilen der t-Verteilung erhält man in

$$1-\alpha = P\left(-t_{n_1+n_2-2\,;\,1-\frac{\alpha}{2}} \le \frac{\overline{X}-\overline{Y}-(\mu_X-\mu_Y)}{S_d} \le t_{n_1+n_2-2\,;\,1-\frac{\alpha}{2}}\right)$$

$$= P\left(\overline{X}-\overline{Y}-t_{n_1+n_2-2\,;\,1-\frac{\alpha}{2}}\cdot S_d\,;\ \overline{X}-\overline{Y}+t_{n_1+n_2-2\,;\,1-\frac{\alpha}{2}}\cdot S_d\right)$$

zweiseitige Konfidenzintervalle für $\mu_X-\mu_Y$. Mit den $(1-\alpha)$-Quantilen ergeben sich durch Weglassen der anderen Grenze einseitige Konfidenzintervalle.

Konfidenzintervalle für $\mu_X-\mu_Y$ zum Niveau $1-\alpha$ bei gleichen, aber unbekannten Varianzen:
zweiseitige:

$$\left[\overline{x}-\overline{y}-t_{n_1+n_2-2\,;\,1-\frac{\alpha}{2}}\cdot s_d\,;\ \overline{x}-\overline{y}+t_{n_1+n_2-2\,;\,1-\frac{\alpha}{2}}\cdot s_d\right];$$

(8.47)

einseitige:

$$\left[\overline{x}-\overline{y}-t_{n_1+n_2-2\,;1-\alpha}\cdot s_d;\ +\infty\right);\ \left(-\infty\,;\ \overline{x}-\overline{y}+t_{n_1+n_2-2\,;1-\alpha}\cdot s_d\right]$$

$$\text{mit } s_d^2 = \frac{(n_1+n_2)\cdot\left((n_1-1)\,s_x^2+(n_2-1)\,s_y^2\right)}{n_1\cdot n_2\cdot(n_1+n_2-2)}.$$

8.5.2.3 Konfidenzintervalle bei unbekannten, verschiedenen Varianzen - das Behrens-Fisher-Problem

Falls die Varianzen σ_X^2 und σ_Y^2 der beiden Zufallsvariablen X und Y nicht bekannt und auch nicht gleich sind, ist auch bei normalverteilten Zufallsvariablen das Intervallschätzproblem für die Differenz der beiden Erwartungswerte nur näherungsweise lösbar. Die Zufallsvariable

$$\frac{\overline{X}-\overline{Y}-(\mu_X-\mu_Y)}{\sqrt{\frac{S_x^2}{n_1}+\frac{S_y^2}{n_2}}}$$

ist näherungsweise t-verteilt. Die Anzahl ν der Freiheitsgrade beträgt nach dem **Behrens-Fisher-Problem** (s. **Hartung, J.**, **Elpelt B.**, **Klösener K. H.** [1995]), S. 510 ungefähr

$$\nu \approx \frac{\left(\frac{s_x^2}{n_1}+\frac{s_y^2}{n_2}\right)^2}{\frac{1}{n_1-1}\cdot\left(\frac{s_x^2}{n_1}\right)^2+\frac{1}{n_2-1}\cdot\left(\frac{s_y^2}{n_2}\right)^2} \tag{8.48}$$

(dieser Wert muß abgerundet werden).

Konfidenzintervalle für $\mu_X-\mu_Y$ zum Niveau $1-\alpha$ bei beliebigen unbekannten Varianzen:
zweiseitige:

$$\left[\overline{x}-\overline{y}-t_{\nu\,;\,1-\frac{\alpha}{2}}\cdot\sqrt{\frac{s_x^2}{n_1}+\frac{s_y^2}{n_2}}\ ;\ \overline{x}-\overline{y}+t_{\nu\,;\,1-\frac{\alpha}{2}}\cdot\sqrt{\frac{s_x^2}{n_1}+\frac{s_y^2}{n_2}}\right];$$

(8.49)

einseitige:

$$\left[\overline{x}-\overline{y}-t_{\nu\,;\,1-\alpha}\sqrt{\frac{s_x^2}{n_1}+\frac{s_y^2}{n_2}}\ ;\ \infty\right);\left(-\infty\ ;\ \overline{x}-\overline{y}+t_{\nu\,;\,1-\alpha}\sqrt{\frac{s_x^2}{n_1}+\frac{s_y^2}{n_2}}\right]$$

ν wird nach (8.48) berechnet und abgerundet.

8.6 Konfidenzintervalle für den Quotienten zweier Varianzen

Wir setzen voraus, daß die Zufallsvariablen X und Y entweder normalverteilt oder die Stichprobenumfänge n_1 und n_2 so groß sind, daß die Approximation durch die Normalverteilung zulässig ist. Dabei sei

$$\mathrm{Var}(X)=\sigma_X^2\ ;\quad \mathrm{Var}(Y)=\sigma_Y^2\ .$$

In Abschnitt 8.5.2.2 wurden bereits folgende Stichprobenfunktionen eingeführt:

$$S_X^2 = \frac{1}{n_1 - 1} \sum_{i=1}^{n_1} (X_i - \overline{X})^2 \quad \text{und} \quad S_Y^2 = \frac{1}{n_2 - 1} \sum_{j=1}^{n_2} (Y_j - \overline{Y})^2 .$$

Die Testgrößen

$$\frac{(n_1 - 1) S_X^2}{\sigma_X^2} \quad \text{und} \quad \frac{(n_2 - 1) S_Y^2}{\sigma_Y^2}$$

sind unabhängig und Chi-Quadrat-verteilt mit $n_1 - 1$ bzw. $n_2 - 1$ Freiheitsgraden. Nach Abschnitt 6.7.6 ist damit die Testgröße

$$\frac{S_Y^2}{\sigma_Y^2} : \frac{S_X^2}{\sigma_X^2} = \frac{S_Y^2}{S_X^2} \cdot \frac{\sigma_X^2}{\sigma_Y^2} \tag{8.50}$$

F-verteilt mit $(n_2 - 1, n_1 - 1)$ Freiheitsgraden.

Mit den Quantilen der F-Verteilung mit $(n_2 - 1, n_1 - 1)$ Freiheitsgraden gilt nach den obigen Ausführungen

$$\begin{aligned} 1 - \alpha &= P\left(f_{n_2 - 1, n_1 - 1; \frac{\alpha}{2}} \le \frac{S_Y^2}{S_X^2} \cdot \frac{\sigma_X^2}{\sigma_Y^2} \le f_{n_2 - 1, n_1 - 1; 1 - \frac{\alpha}{2}}\right) \\ &= P\left(\frac{S_X^2}{S_Y^2} \cdot f_{n_2 - 1, n_1 - 1; \frac{\alpha}{2}} \le \frac{\sigma_X^2}{\sigma_Y^2} \le \frac{S_X^2}{S_Y^2} \cdot f_{n_2 - 1, n_1 - 1; 1 - \frac{\alpha}{2}}\right). \end{aligned}$$

Da die linksseitigen Quantile der F-Verteilung nicht vertafelt sind, benutzt man die Umrechnungsformel aus Abschnitt 6.7.6

$$f_{n_2 - 1, n_1 - 1; \frac{\alpha}{2}} = \frac{1}{f_{n_1 - 1, n_2 - 1; 1 - \frac{\alpha}{2}}} .$$

Damit erhält man

Konfidenzintervalle für den Quotienten σ_X^2/σ_Y^2 zum Niveau $1 - \alpha$

zweiseitige:

$$\left[\frac{s_x^2}{s_y^2} \cdot \frac{1}{f_{n_1 - 1, n_2 - 1; 1 - \frac{\alpha}{2}}} \; ; \; \frac{s_x^2}{s_y^2} \cdot f_{n_2 - 1, n_1 - 1; 1 - \frac{\alpha}{2}}\right] ;$$

einseitige: (8.51)

$$\left[\frac{s_x^2}{s_y^2} \cdot \frac{1}{f_{n_1 - 1, n_2 - 1; 1 - \alpha}} ; \infty\right) ; \left(0 ; \frac{s_x^2}{s_y^2} \cdot f_{n_2 - 1, n_1 - 1; 1 - \alpha}\right].$$

Beispiel 8.11:
Von einer bestimmten Maschine werden Eisenrohre einer vorgegebenen Soll-Länge (in mm) zugeschnitten. Y sei die Zufallsvariable der Länge der Rohre. Bei einer neuen Maschine sei X die Länge der Rohre. Bei der alten Maschine wurde eine Stichprobe vom Umfang $n_2 = 501$ gezogen mit der Varianz $s_y^2 = 5{,}94$. Bei der neuen Maschine ergab eine Stichprobe vom Umfang $n_1 = 201$ die Varianz $s_x^2 = 4{,}13$.
Für den Quotienten σ_X^2 / σ_Y^2 der Varianzen der beiden Zufallsvariablen soll zum Niveau $\gamma = 0{,}95$ ein einseitiges, nach oben beschränktes Konfidenzintervall bestimmt werden. Aus (8.51) erhalten wir die obere Grenze

$$\frac{s_x^2}{s_y^2} \cdot f_{500\,,\,200\,;\,0{,}95} = \frac{4{,}13}{5{,}94} \cdot 1{,}328 = 0{,}923\,.$$

Damit erhält man mit einer Sicherheitswahrscheinlichkeit von 0,923 die Aussage

$$\frac{\sigma_X^2}{\sigma_Y^2} \le 0{,}923 \quad \Leftrightarrow \quad \sigma_X^2 \le 0{,}923 \cdot \sigma_Y^2\,.$$

Die neue Maschine hat eine kleinere Varianz und arbeitet daher präziser.

8.7 Aufgaben

Aufgabe 8.1:
Eine Zufallsvariable X besitze die bekannte Varianz $\sigma^2 = 16$.

a) Für den unbekannten Erwartungswert μ soll mit Hilfe von $\overline{x}$ ein zweiseitiges Konfidenzintervall zum Konfidenzniveau $\gamma = 0{,}99$ bestimmt werden. Wie groß muß der Stichprobenumfang n mindestens sein, damit die Länge des symmetrischen Konfidenzintervalls höchstens 0,5 ist?
b) Aus einer Stichprobe vom Umfang $n = 100$ erhielt man das symmetrische Konfidenzintervall $[498\,;\,501{,}5]$. Zu welchem Konfidenzniveau wurde das Intervall berechnet?

Aufgabe 8.2:
Die Zufallsvariable X beschreibe die Gewichte (in Gramm) von Pfeffertüten.

a) Für den unbekannten Erwartungswert μ soll zum Niveau $\gamma = 0{,}99$ ein nur nach unten beschränktes einseitiges Konfidenzintervall der Gestalt $[c\,;\,+\infty)$ bestimmt werden. Dazu wurde bei 50 zufällig ausgewählten Tüten das Gewicht festgestellt mit dem Mittelwert $\overline{x} = 49{,}8$ Gramm und der Standardabweichung $s = 2{,}8$ Gramm. Berechnen Sie das Konfidenzintervall.
b) Bestimmen Sie mit dem Ergebnis aus a) ein zweiseitiges Konfidenzintervall für die Varianz σ^2 und eines für die Standardabweichung σ.

Aufgabe 8.3:
Zur Schätzung der Ausschußwahrscheinlichkeit p in einer Produktion wurden 2000 Stücke untersucht. Davon waren 88 fehlerhaft. Bestimmen Sie ein symmetrisches Konfidenzintervall für p zum Konfidenzniveau $\gamma = 0{,}95$.

Aufgabe 8.4:
Kurz vor einer Wahl soll in einer Blitzumfrage eine Prognose über den Stimmenanteil einer Partei A auf einen Prozentpunkt genau abgegeben werden. Es sei p die Wahrscheinlichkeit, daß ein zufällig ausgewählter Wahlberechtigter, der auch zur Wahl geht, die Partei A wählt. Wie viele Wähler müssen mindestens befragt werden, damit man für p ein Konfidenzintervall zum Niveau $\gamma = 0{,}95$ erhält, dessen Länge höchstens 0,01 ist

a) falls über p keine Vorinformation vorliegt,
b) falls man von der kleinen Partei A davon ausgehen kann, daß sie höchstens 12 % der abgegebenen Stimmen erhält, man also $r_n \le 0{,}12$ voraussetzen kann?

Hinweis: Ersetzen Sie zur Berechnung der Länge in (8.29) den Quotienten

$$\frac{2\,z\,n}{n + z^2} \text{ durch den Grenzwert (für } n \to \infty) \; 2\,z.$$

Aufgabe 8.5:
Aus einer zweidimensionalen Normalverteilung wurde eine Stichprobe vom Umfang $n = 200$ gezogen. Der Korrelationskoeffizient der Stichprobe ist $r = 0{,}02$. Bestimmen Sie daraus ein zweiseitiges Konfidenzintervall für den Korrelationskoeffizienten ρ zum Konfidenzniveau $\gamma = 0{,}08$.

Aufgabe 8.6:
Der Fettgehalt (in Prozent) von Wurstsorten wurde mit Hilfe von zwei verschiedenen Verfahren gemessen. Bei 100 Würsten erhielt man mit dem ersten Verfahren einen mittleren Fettgehalt von 38,7 %, mit dem zweiten Verfahren war der mittlere Fettgehalt 34,5 %. Die Meßwerte der Differenzen besitzt die Standardabweichung $s = 2.8$. Bestimmen Sie zum Konfidenzniveau $\gamma = 0{,}95$ ein zweiseitiges Konfidenzintervall für die Differenz der beiden Erwartungswerte.

Aufgabe 8.7:
Es wird vermutet, daß die mittlere Lebensdauer (in km) der Autoreifen vom Typ A um mindestens 10 000 km größer ist als die vom Typ B. Dazu wurden jeweils 100 Stück getestet mit dem Ergebnis:

Typ A: Mittelwert $\bar{x} = 52\,543$ km; Standardabweichung: $s_x = 4156$ km;
Typ B: Mittelwert $\bar{y} = 41\,065$ km; Standardabweichung: $s_y = 4023$ km.

Bestimmen Sie ein einseitiges Konfidenzintervall für die Differenz der beiden Erwartungswerte mit $\gamma = 0{,}95$ unter der Voraussetzung, daß beide Varianzen gleich sind.

Kapitel 9:
Parametertests

Eine Annahme über einen oder mehrere unbekannte Parameterwerte einer Verteilung nennt man Parameterhypothese. Unter einem **Parametertest** versteht man allgemein ein statistisches Verfahren, das zur Nachprüfung (Ablehnung oder Nichtablehnung) einer Parameterhypothese dient. Zur Testdurchführung benötigt man eine vom Parameter abhängige Stichprobenfunktion (Testfunktion), mit deren Realisierung die Testentscheidung getroffen wird. Sehr oft wird dabei als Testfunktion eine der erwartungstreuen Schätzfunktionen aus Kap. 7 und 8 benutzt.

9.1 Test von H_0: $p = p_0$ gegen H_1: $p = p_1$ - ein einfacher Alternativtest

In diesem Abschnitt betrachten wir als einführendes Beispiel den einfachsten Fall eines Parametertests, bei dem für den unbekannten Parameter ϑ nur zwei verschiedene vorgegebene Werte in Frage kommen. Dabei wird bereits die Problematik der allgemeinen Testtheorie deutlich.

Beispiel 9.1:
Ein Falschspieler besitzt zwei rein äußerlich nicht unterscheidbare Würfel. Der eine ist ideal; die Wahrscheinlichkeit, damit eine Sechs zu würfeln ist $p_0 = \frac{1}{6}$. Der zweite Würfel ist so verfälscht, daß die Wahrscheinlichkeit für eine Sechs $p_1 = \frac{1}{4}$ ist. Durch ein Versehen hat der Spieler beide Würfel durcheinander gebracht, so daß er nicht mehr weiß, welcher von beiden der verfälschte ist. Der Spieler hat mit einem der beiden Würfel 500mal geworfen. Dabei erhielt er 99mal eine Sechs. Die relative Häufigkeit der Augenzahl 6 ist also 0,198. Falls die relative Häufigkeit sehr nahe bei $\frac{1}{6}$ oder $\frac{1}{4}$ liegen würde, wäre es naheliegend, sich für denjenigen Parameterwert zu entscheiden, der am nächsten bei der relativen Häufigkeit liegt. Die relative Häufigkeit ist jedoch fast in der Mitte zwischen den beiden Werten. Daher ist eine Entscheidung ohne statistische Überlegungen kaum möglich. Die relative Häufigkeit liegt zwar etwas näher bei p_0 als bei p_1. Trotzdem ist es möglich, daß p_1 der richtige Parameter ist. Diese Konstellation könnte ja auf den Zufall zurückgeführt werden.

Allgemein sollen für die Wahrscheinlichkeit $p = P(A)$ eines beliebigen Ereignisses A nur die beiden Werte p_0 und p_1 in Frage kommen mit $p_0 < p_1$. Mit Hilfe eines statistischen Tests soll entschieden werden, welcher der beiden Werte der richtige ist.

Zur statistischen Lösung des Problems ist es naheliegend, das entsprechende Zufallsexperiment n-mal unabhängig durchzuführen und als Testgröße die absolute Häufigkeit $H_n(A)$ bzw. die relative Häufigkeit

$$R_n(A) = \frac{H_n(A)}{n} = \frac{X}{n}$$

zu benutzen. Die Zufallsvariable $X = H_n(A)$ ist binomialverteilt. Der eine Parameter n ist als Stichprobenumfang bekannt. Für den anderen Parameter p kommt nur einer der beiden Werte p_0 oder p_1 in Frage.
Wir betrachten die

Nullhypothese $H_0:\ p = p_0$

und die zugehörige

Alternative $H_1:\ p = p_1$.

Entweder ist die Nullhypothese H_0 oder die Alternative H_1 richtig. Bei richtiger Nullhypothese H_0 ist $X = H_n(A)$ binomialverteilt mit den Parametern n und $p = p_0$, andernfalls mit n und $p = p_1$.

Unter der Nullhypothese H_0 gilt

$$E(X) = n \cdot p_0; \quad Var(X) = n \cdot p_0 \cdot (1 - p_0);$$
$$E(R_n(A)) = \frac{1}{n} \cdot E(X) = p_0;$$
$$Var(R_n(A)) = \frac{1}{n^2} \cdot Var(X) = \frac{p_0 \cdot (1 - p_0)}{n}.$$

Falls H_1 richtig und somit H_0 falsch ist, erhält man

$$E(X) = n \cdot p_1; \quad Var(X) = n \cdot p_1 \cdot (1 - p_1);$$
$$E(R_n(A)) = \frac{1}{n} \cdot E(X) = p_1;$$
$$Var(R_n(A)) = \frac{1}{n^2} \cdot Var(X) = \frac{p_1 \cdot (1 - p_1)}{n}.$$

Damit die Approximation der Binomialverteilung durch die Normalverteilung benutzt werden kann, muß die Bedingung

$$n \cdot p_0 \cdot (1 - p_0) > 9 \quad \text{und} \quad n \cdot p_1 \cdot (1 - p_1) > 9$$

erfüllt sein. Mit einer noch näher zu bestimmenden **kritischen Grenze** c mit $p_0 < c < p_1$ gelangt man mit der relativen Häufigkeit $r_n(A)$ zur

Testentscheidung:

$r_n(A) > c \;\Rightarrow\;$ Entscheidung für $H_1:\ p = p_1$ (Ablehnung von H_0);
$r_n(A) \le c \;\Rightarrow\;$ Entscheidung für $H_0:\ p = p_0$.

Zunächst wäre es vielleicht naheliegend, sich für denjenigen Wahrscheinlichkeitswert zu entscheiden, bei dem die relative Häufigkeit am nächsten liegt. Dann müßte c als Mittelwert $c = \frac{1}{2}(p_0 + p_1)$ gewählt werden. Doch wir lassen die Wahl von c noch offen.

Bei dieser Testentscheidung können zwei Fehler (Fehlentscheidungen) gemacht werden: Eine Entscheidung für H_1, obwohl H_0 richtig ist, nennt man **Fehler 1. Art**, eine Entscheidung für H_0, obwohl H_1 richtig ist, heißt **Fehler 2. Art**. Die Wahrscheinlichkeit, daß bei einer Testentscheidung ein Fehler 1. Art gemacht wird, bezeichnen wir mit α. Dann heißt α die **Irrtumswahrscheinlichkeit 1. Art**. Die **Irrtumswahrscheinlichkeit 2. Art** β ist die Wahrscheinlichkeit für einen Fehler 2. Art. In der Tabelle 9.1 sind alle vier Entscheidungsmöglichkeiten zusammengestellt.

	Entscheidung für p_0	Entscheidung für p_1
p_0 richtig	richtige Entscheidung	Fehler 1. Art Irrtumswahrscheinlichkeit α
p_1 richtig	Fehler 2. Art Irrtumswahrscheinlichkeit β	richtige Entscheidung

Tab. 9.1: Entscheidungsmöglichkeiten beim Alternativtest

Beide Irrtumswahrscheinlichkeiten α und β hängen von der kritischen Grenze c ab.

Bei richtiger Nullhypothese H_0 ist für große n die absolute Häufigkeit $H_n(A)$ näherungsweise normalverteilt und zwar $N(np_0; np_0(1-p_0))$-verteilt. Dann ist die relative Häufigkeit

$$R_n(A) = \frac{1}{n} \cdot H_n(A) \quad \text{ungefähr} \quad N\left(p_0\,;\, \frac{p_0(1-p_0)}{n}\right)\text{-verteilt.}$$

Die standardisierte Testgröße

$$\frac{R_n(A) - p_0}{\sqrt{p_0(1-p_0)}} \cdot \sqrt{n}$$

ist ungefähr $N(0;1)$-verteilt. Mit der kritischen Grenze c gilt dann

$$\alpha = P(R_n(A) > c \mid p = p_0) = 1 - P(R_n(A) \le c \mid p = p_0) \tag{9.1}$$

$$\approx 1 - \Phi\left(\frac{c - p_0}{\sqrt{p_0(1-p_0)}} \cdot \sqrt{n}\right).$$

Mit dem $(1-\alpha)$-Quantil $z_{1-\alpha}$ der $N(0;1)$-Verteilung erhält man c als

$$c = p_0 + z_{1-\alpha} \cdot \sqrt{\frac{p_0(1-p_0)}{n}} \quad \text{mit} \quad \Phi(z_{1-\alpha}) = 1 - \alpha. \tag{9.2}$$

Durch die kritische Grenze c ist aber auch die Irrtumswahrscheinlichkeit 2. Art β bestimmt. Ein Fehler 2. Art wird gemacht, wenn man sich für p_0

entscheidet, obwohl p_1 der richtige Parameter ist. Beim richtigen Parameter p_1 ist

$$R_n(A) \quad \text{ungefähr} \quad N\left(p_1\,;\ \frac{p_1(1-p_1)}{n}\right)\text{- verteilt.}$$

Dann gilt

$$\beta = P(R_n(A) \le c \mid p = p_1) \approx \Phi\left(\frac{c - p_1}{\sqrt{p_1(1-p_1)}} \cdot \sqrt{n}\right). \tag{9.3}$$

Hieraus folgt mit $z_\beta = -z_{1-\beta}$

$$c = p_1 - z_{1-\beta} \cdot \sqrt{\frac{p_1(1-p_1)}{n}} \quad \text{mit} \quad \Phi(z_{1-\beta}) = 1 - \beta. \tag{9.4}$$

In den Gleichungen (9.2) und (9.4) treten die vier Größen c, n, α und β auf.

Im allgemeinen wird der Stichprobenumfang n vorgegeben. Dann ist (9.2) eine Bestimmungsgleichung für c und α. Gibt man sich bei fest gewähltem n die Irrtumswahrscheinlichkeit 1. Art α vor, so kann aus (9.2) die kritische Grenze c berechnet werden. Durch (9.3) ist dadurch die Irrtumswahrscheinlichkeit 2. Art β festgelegt. Bei konstantem Stichprobenumfang n hat eine Verkleinerung von α eine Vergrößerung von c und damit eine Vergrößerung von β zur Folge. Bei diesem Beispiel kann aber auch β vorgegeben werden. Dann wird c aus (9.4) und α aus (9.2) bestimmt (s. Bild 9.1).

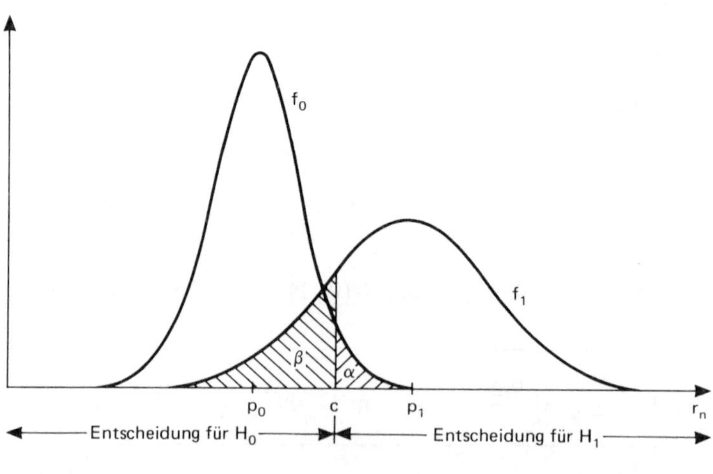

Bild 9.1: Irrtumswahrscheinlichkeiten 1. und 2. Art

Beispiel 9.1 (Fortsetzung):
In Beispiel 9.1 setzen wir $\alpha = 0{,}05$. Aus (9.2) erhalten wir die kritische Grenze $c = \frac{1}{6} + 1{,}645 \cdot \sqrt{\frac{1}{6} \cdot \frac{5}{6} \cdot \frac{1}{500}} = 0{,}194$.

Wegen $r_{500} = 0{,}198 > c$ entscheidet man sich für H_1: $p = p_1$. Die Nullhypothese H_0 wird abgelehnt, die Alternative H_1 angenommen. Man geht also davon aus, daß mit dem verfälschten Würfel geworfen wurde. Bei dieser Entscheidung beträgt die Irrtumswahrscheinlichkeit 1. Art 0,05.
Aus (9.3) erhalten wir die Irrtumswahrscheinlichkeit 2. Art

$$\beta \approx \Phi\left(\frac{0{,}194 - 0{,}25}{\sqrt{0{,}25 \cdot 0{,}75}} \cdot \sqrt{500}\right) = \Phi(-2{,}8918) = 1 - \Phi(2{,}8918) = 0{,}0019.$$

Falls man sich bei dem Test für $p = p_0$, also für den idealen Würfel entscheiden müßte, wäre die Irrtumswahrscheinlichkeit nur 0,0019.

Die beiden Varianzen

$$\frac{p_0(1-p_0)}{n} \quad \text{und} \quad \frac{p_1(1-p_1)}{n}$$

können beliebig klein gemacht werden, wenn der Stichprobenumfang n nur groß genug gewählt wird. Dann sind die jeweiligen Dichten f_0 bzw. f_1 von

$$R_n(A) \mid p = p_0 \quad \text{bzw.} \quad R_n(A) \mid p = p_1$$

an den Stellen p_0 bzw. p_1 sehr groß, während beide Funktionen rechts und links vom Gipfel sehr rasch gegen Null abfallen. Aus Bild 9.1 wird ersichtlich, daß bei großem Stichprobenumfang n beide Irrtumswahrscheinlichkeiten gleichzeitig klein werden.

Bedingung für $\alpha = \beta$:

Die kritische Grenze c soll nun so bestimmt werden, daß beide Irrtunswahrscheinlichkeiten gleich sind, also $\alpha = \beta$ erfüllt ist. Nach (9.2) und (9.4) muß dann wegen $z_{1-\alpha} = z_{1-\beta}$ die Bedingung

$$c = p_0 + z_{1-\alpha} \cdot \sqrt{\frac{p_0(1-p_0)}{n}} = p_1 - z_{1-\alpha} \cdot \sqrt{\frac{p_1(1-p_1)}{n}}$$

erfüllt sein. Hieraus erhält man unmittelbar

$$z_{1-\alpha} = \frac{p_1 - p_0}{\sqrt{\frac{p_0(1-p_0)}{n}} + \sqrt{\frac{p_1(1-p_1)}{n}}};$$

$$c = p_0 + \frac{(p_1 - p_0) \cdot \sqrt{\frac{p_0(1-p_0)}{n}}}{\sqrt{\frac{p_0(1-p_0)}{n}} + \sqrt{\frac{p_1(1-p_1)}{n}}}.$$

Damit lautet die

Bedingung für $\alpha = \beta$:
Bei der kritischen Grenze

$$c = \frac{p_0 \cdot \sqrt{\frac{p_1(1-p_1)}{n}} + p_1 \cdot \sqrt{\frac{p_0(1-p_0)}{n}}}{\sqrt{\frac{p_0(1-p_0)}{n}} + \sqrt{\frac{p_1(1-p_1)}{n}}} \tag{9.5}$$

sind beide Irrtunswahrscheinlichkeiten gleich mit

$$\alpha = \beta = 1 - \Phi\left(\frac{p_1 - p_0}{\sqrt{\frac{p_0(1-p_0)}{n}} + \sqrt{\frac{p_1(1-p_1)}{n}}}\right).$$

Beispiel 9.2 (vgl. Beispiel 9.1):
In Beispiel 9.1 soll für $n = 500$ die kritische Grenze so bestimmt werden, daß beide Irrtumswahrscheinlichkeiten gleich sind.

$$\sqrt{\frac{p_0(1-p_0)}{n}} = \sqrt{\frac{5}{6 \cdot 6 \cdot 500}} = 0{,}016667\,;$$

$$\sqrt{\frac{p_1(1-p_1)}{n}} = \sqrt{\frac{0{,}25 \cdot 0{,}75}{500}} = 0{,}019365\,;$$

$$c = \frac{\frac{1}{6} \cdot 0{,}019365 + \frac{1}{4} \cdot 0{,}016667}{0{,}019365 + 0{,}016667} = 0{,}205213\,.$$

Diese Grenze liegt etwas links von der Mitte $\frac{1}{2}(p_0 + p_1) = 0{,}208333$. Der Grund dafür sind die verschiedenen Varianzen

$$\mathrm{Var}(R_n(A) \mid p = p_0 = \tfrac{1}{6}) = 500 \cdot \frac{1}{6} \cdot \frac{5}{6} \approx 69{,}44$$

$$\mathrm{Var}(R_n(A) \mid p = p_1 = \tfrac{1}{4}) = 500 \cdot \frac{1}{4} \cdot \frac{3}{4} = 93{,}75\,.$$

$$\alpha = \beta = 1 - \Phi\left(\frac{\frac{1}{4} - \frac{1}{6}}{0{,}019365 + 0{,}016667}\right) = 1 - \Phi(2{,}312786) = 0{,}0104.$$

Vorgabe der beiden Irrtumswahrscheinlichkeiten α und β

Subtraktion der Gleichungen (9.2) und (9.4) ergibt

$$p_1 - p_0 = \frac{1}{\sqrt{n}} \cdot \left(z_{1-\alpha} \cdot \sqrt{p_0(1-p_0)} + z_{1-\beta} \cdot \sqrt{p_1(1-p_1)}\right).$$

Falls α und β vorgegeben werden, folgt hieraus

$$n = \frac{\left(z_{1-\alpha} \cdot \sqrt{p_0(1-p_0)} + z_{1-\beta} \cdot \sqrt{p_1(1-p_1)}\right)^2}{(p_1 - p_0)^2}\,. \tag{9.6}$$

Dabei muß n ganzzahlig aufgerundet werden.

Der notwendige Stichprobenumfang hängt entscheidend von der Differenz $p_1 - p_0$ ab. Dieses Ergebnis ist auch plausibel. Wenn p_0 und p_1 sehr nahe beieinander liegen, benötigt man viel Information zur Bestimmung des richtigen Parameters. Mit (9.6) erhält man aus (9.2) die kritische Grenze

$$\begin{aligned} c &= p_0 + z_{1-\alpha} \cdot \sqrt{\frac{p_0(1-p_0)}{n}} \\ &= p_0 + \frac{z_{1-\alpha} \cdot \sqrt{p_0(1-p_0)} \cdot (p_1 - p_0)}{z_{1-\alpha} \cdot \sqrt{p_0(1-p_0)} + z_{1-\beta} \cdot \sqrt{p_1(1-p_1)}} \\ &= \frac{p_0 \cdot z_{1-\beta} \cdot \sqrt{p_1(1-p_1)} + p_1 \cdot z_{1-\alpha} \cdot \sqrt{p_0(1-p_0)}}{z_{1-\alpha} \cdot \sqrt{p_0(1-p_0)} + z_{1-\beta} \cdot \sqrt{p_1(1-p_1)}} . \end{aligned}$$

Zusammenfassung:

Bestimmung von n und c aus vorgegebenem α und β:

$$n \geq \frac{\left(z_{1-\alpha} \cdot \sqrt{p_0(1-p_0)} + z_{1-\beta} \cdot \sqrt{p_1(1-p_1)}\right)^2}{(p_1 - p_0)^2} ;$$

$$c = \frac{p_0 \cdot z_{1-\beta} \cdot \sqrt{p_1(1-p_1)} + p_1 \cdot z_{1-\alpha} \cdot \sqrt{p_0(1-p_0)}}{z_{1-\alpha} \cdot \sqrt{p_0(1-p_0)} + z_{1-\beta} \cdot \sqrt{p_1(1-p_1)}} . \tag{9.7}$$

Beispiel 9.3:

Ein Produkt wird auf zwei Maschinen gefertigt. Die erste hat eine Ausschußwahrscheinlichkeit $p_0 = 0{,}04$, bei der zweiten ist die Ausschußwahrscheinlichkeit $p_1 = 0{,}05$. Zum Test der Nullhypothese H_0: $p = 0{,}04$ gegen die Alternative H_1: $p = 0{,}05$ soll für die relative Häufigkeit $r_n(F)$ der fehlerhaften Stücke der minimale Stichprobenumfang n und eine kritische Grenze c so bestimmt werden, daß beide Irrtumswahrscheinlichkeiten gleich 0,05 sind.

Aus (9.6) erhält man den minimalen Stichprobenumfang

$$n = \frac{(1{,}6449 \cdot \sqrt{0{,}04 \cdot 0{,}96} + 1{,}6449 \cdot \sqrt{0{,}05 \cdot 0{,}95})^2}{(0{,}01)^2} = 6\,809 \text{ (aufgerundet)}.$$

Kürzen durch $z_{1-\alpha} = z_{1-\beta}$ ergibt die kritische Grenze

$$c = \frac{0{,}04 \cdot \sqrt{0{,}05 \cdot 0{,}95} + 0{,}05 \cdot \sqrt{0{,}04 \cdot 0{,}96}}{\sqrt{0{,}05 \cdot 0{,}95} + \cdot \sqrt{0{,}04 \cdot 0{,}96}} = 0{,}0447.$$

Für n = 6 809 sind bei der Testentscheidung

$r_n > 0{,}0447 \Rightarrow$ Entscheidung für H_1: $p = 0{,}05$;
$r_n \leq 0{,}0447 \Rightarrow$ Entscheidung für H_0: $p = 0{,}04$

beide Irrtumswahrscheinlichkeiten gleich 0,05.

9.2 Test von $H_0: \mu = \mu_0$ gegen $H_1: \mu \neq \mu_0$

Die Zufallsvariable X des Gewichts der in einem Produktionsvorgang abgepackten Mengen besitze die konstante von der Maschineneinstellung unabhängige Varianz σ_0^2, welche aus Erfahrung bekannt ist. Der Erwartungswert μ kann sich als Maschineneinstellung im Laufe der Zeit ändern. Dabei sei $\mu = \mu_0$ ein vorgegebener Sollwert, der möglichst genau eingehalten werden soll. Zum Test der

Nullhypothese $H_0: \mu = \mu_0$

gegen die

Alternative $H_1: \mu \neq \mu_0$

werden n Pakete zufällig ausgewählt und das durchschnittliche Gewicht $\overline{x}$ festgestellt. Falls $\overline{x}$ vom Sollwert μ_0 stärker abweicht, wird man die Nullhypothese H_0 ablehnen, die Alternative H_1 also annehmen. Bei kleineren Abweichungen lehnt man H_0 nicht ab. Man sagt dann auch "das Ergebnis steht nicht im Widerspruch zur Nullhypothese" und geht davon aus, daß der wahre Parameter μ in der Nähe des Sollwertes μ_0 liegt. Mit einer noch näher zu bestimmenden kritischen Grenze c gelangt man zur

Testentscheidung:

$|\overline{x} - \mu_0| > c \quad \Rightarrow$ Entscheidung für $H_1: \mu \neq \mu_0$ (Ablehnung von H_0)

$|\overline{x} - \mu_0| \leq c \quad \Rightarrow$ keine Ablehnung von H_0.

Da die Parametermenge $\{\mu_0\}$ der Nullhypothese nur aus einem einzigen Element besteht, nennt man H_0 eine **einfache Hypothese**. Die Elemente der Alternativen $\{\mu \mid \mu \neq \mu_0\}$ befinden sich auf beiden Seiten von μ_0. Daher spricht man von einem **zweiseitigen Test.**

Wir setzen voraus, daß entweder die Zufallsvariable X normalverteilt oder der Stichprobenumfang n so groß ist, daß die Approximation durch die Normalverteilung zulässig ist. Die Testgröße $\overline{X}$ ist (ungefähr) $N\left(\mu\,;\,\frac{\sigma_0^2}{n}\right)$-verteilt. Dabei sei die Varianz bekannt, während der Erwartungswert μ von der Maschineneinstellung abhängt.

Zur geeigneten Bestimmung der Ablehnungsgrenze c wird die **Irrtumswahrscheinlichkeit 1. Art** α vorgegeben, z. B. $\alpha = 0{,}05$. α ist die Wahrscheinlichkeit dafür, daß die Nullhypothese fälschlicherweise, also zu unrecht abgelehnt wird. Bei richtiger Nullhypothese besitzt $\overline{X}$ den Erwartungswert μ_0. Dann erhalten wir über die Standardisierung für die kritische Grenze c die Bestimmungsgleichung

$$\begin{aligned}
\alpha &= P(|\overline{X} - \mu_0| > c) = 1 - P(-c \leq \overline{X} - \mu_0 \leq c) \qquad (9.8)\\
&= 1 - P\left(-\frac{c}{\sigma_0}\cdot\sqrt{n} \leq \frac{\overline{X} - \mu_0}{\sigma_0}\cdot\sqrt{n} \leq \frac{c}{\sigma_0}\cdot\sqrt{n}\right)\\
1 - \alpha &= P\left(-\frac{c}{\sigma_0}\cdot\sqrt{n} \leq \frac{\overline{X} - \mu_0}{\sigma_0}\cdot\sqrt{n} \leq \frac{c}{\sigma_0}\cdot\sqrt{n}\right)\\
&= \Phi\left(\frac{c}{\sigma_0}\cdot\sqrt{n}\right) - \Phi\left(-\frac{c}{\sigma_0}\cdot\sqrt{n}\right) = 2\cdot\Phi\left(\frac{c}{\sigma_0}\cdot\sqrt{n}\right) - 1;
\end{aligned}$$

$$\Phi\left(\frac{c}{\sigma_0}\cdot\sqrt{n}\right) = 1 - \frac{\alpha}{2}; \quad \frac{c}{\sigma_0}\cdot\sqrt{n} = z_{1-\frac{\alpha}{2}}\,.$$

Mit dem $(1 - \frac{\alpha}{2})$-Quantil der Standardnormalverteilung $z_{1-\frac{\alpha}{2}}$ erhält man damit die kritische Grenze

$$c = \frac{\sigma_0}{\sqrt{n}}\cdot z_{1-\frac{\alpha}{2}}\,. \qquad (9.9)$$

Falls die Entscheidungsregel mit dieser Grenze zur Ablehnung der Nullhypothese führt, ist α die zugehörige Irrtumswahrscheinlichkeit (1. Art). Wenn das Stichprobenmittel $\overline{x}$ von μ_0 um mehr als c abweicht, wird die Nullhypothese abgelehnt. Zusammen mit der Dichte der Zufallsvariablen $\overline{X}$ ist der Ablehnungsbereich in Bild 9.2 schraffiert.

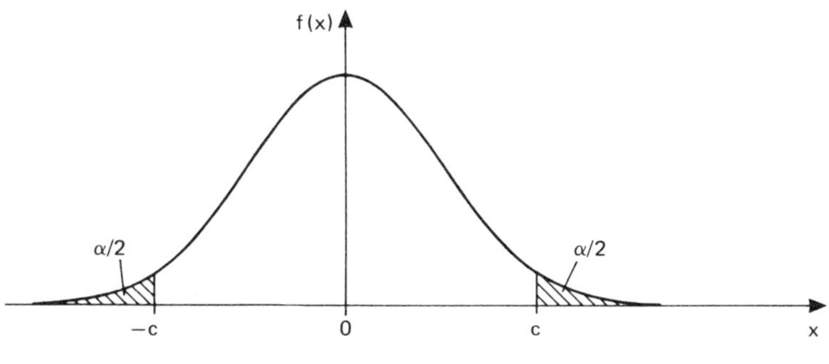

Bild 9.2: Ablehnungsbereich beim zweiseitigen Test

Falls die Nullhypothese H_0 nicht abgelehnt wird, obwohl sie falsch ist, wird ein **Fehler 2. Art** begangen. Dann ist der wahre Erwartungswert μ nicht bekannt, man weiß nur, daß $\mu \neq \mu_0$ ist. Im Falle $|\overline{x} - \mu_0| \leq c$ findet keine Ablehnung von H_0 statt. Die Irrtumswahrscheinlichkeit 2. Art hängt dann vom tatsächlichen Erwartungswert $\mu \neq \mu_0$ ab. Falls μ sehr weit von μ_0 entfernt ist, kann man davon ausgehen, daß die Irrtumswahrscheinlichkeit 2. Art klein ist. Wenn jedoch μ in der unmittelbaren Nähe von μ_0 liegt, wird die Irrtumswahrscheinlichkeit 2. Art sehr groß sein. Falls μ der tatsächliche Erwartungswert ist, besitzt die Testgröße $\overline{X}$ nicht den Erwartungswert μ_0, sondern den Erwartungswert μ. Dies muß bei der Standardisierung beachtet werden. Dann erhält man die Irrtumswahrscheinlichkeit 2. Art durch die Standardisierung bezüglich des tatsächlichen Erwartungswertes μ

$$\begin{aligned}\beta(\mu) &= P(|\overline{X}-\mu_0| \leq c \mid \mu) = P(-c \leq \overline{X}-\mu_0 \leq c \mid \mu) \qquad (9.10)\\ &= P(-c+\mu_0 \leq \overline{X} \leq c+\mu_0 \mid \mu)\\ &= P\left(\frac{-c+\mu_0-\mu}{\sigma_0}\cdot\sqrt{n} \leq \frac{\overline{X}-\mu}{\sigma_0}\cdot\sqrt{n} \leq \frac{c+\mu_0-\mu}{\sigma_0}\cdot\sqrt{n} \,\Big|\, \mu\right)\\ &= \Phi\left(\frac{c+\mu_0-\mu}{\sigma_0}\cdot\sqrt{n}\right) - \Phi\left(\frac{-c+\mu_0-\mu}{\sigma_0}\cdot\sqrt{n}\right).\end{aligned}$$

Falls μ weit von μ_0 entfernt ist, ist $\beta(\mu)$ klein. Doch in der Nähe von μ_0 kann β sehr groß werden. Zusammen mit (9.8) erhält man

$$\lim_{\mu\to\mu_0} \beta(\mu) = \Phi\left(\frac{c}{\sigma_0}\cdot\sqrt{n}\right) - \Phi\left(\frac{-c}{\sigma_0}\cdot\sqrt{n}\right) = 1-\alpha. \qquad (9.11)$$

Während die Irrtumswahrscheinlichkeit 1. Art α im allgemeinen klein vorgegeben wird, kann die Irrtumswahrscheinlichkeit 2. Art β unter Umständen sehr groß werden. Aus diesem Grund sollte die Nullhypothese im Falle einer Nichtablehnung nicht ohne weiteres angenommen werden.

Beispiel 9.4:
Die Zufallsvariable des Gewichts (in Gramm) von Zuckerpaketen besitze die bekannte Standardabweichung $\sigma_0 = 2{,}1$. Der Sollwert für den Erwartungswert sei $\mu_0 = 980$. Aus der Produktion wurden 100 Pakete zufällig ausgewählt mit dem Durchschnittsgewicht $\overline{x} = 980{,}52$. Kann diese Abweichung vom Sollwert auf den Zufall zurückgeführt werden oder ist sie so **signifikant**, daß damit die Nullhypothese H_0: $\mu = 980$ abgelehnt werden kann?

$\alpha = 0{,}05$ ergibt nach (9.9) $z_{1-\frac{\alpha}{2}} = z_{0{,}975} = 1{,}96$; $c = \frac{2{,}1}{10}\cdot 1{,}96 = 0{,}412$.

Wegen $|\overline{x}-\mu_0| = 0{,}52 > c$ wird die Nullhypothese H_0: $\mu = 980$ abgelehnt. Es ist also eine Neueinstellung der Anlage erforderlich. Falls bei diesem Test die Nullhypothese nicht abgelehnt wird, erhält man aus (9.10) die Irrtumswahrscheinlichkeit 2. Art als

$$\begin{aligned}\beta(\mu) &= P(|\overline{X}-980| \leq 0{,}412)\\ &= \Phi\left(\frac{980{,}412-\mu}{0{,}21}\right) - \Phi\left(\frac{979{,}588-\mu}{0{,}21}\right);\ \mu \neq 980.\end{aligned}$$

Die Irrtumswahrscheinlichkeit 2. Art ist in Abhängigkeit von μ in Bild 9.3 skizziert. Für $\mu \approx 980$ nimmt sie fast den Wert $1-\alpha$ an.

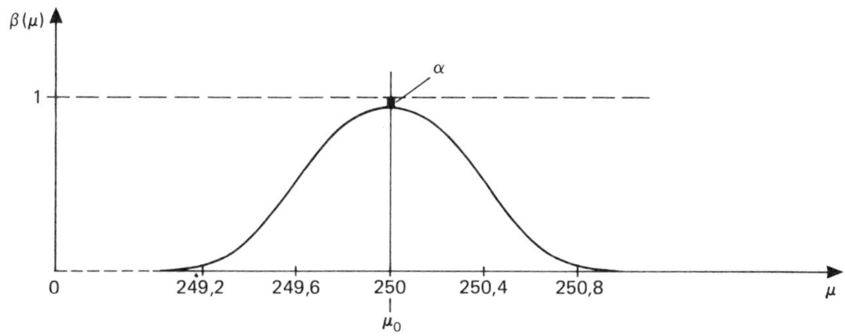

Bild 9.3: Irrtumswahrscheinlichkeiten 2. Art beim zweiseitigen Test

9.3 Test von $H_0: \mu \geq \mu_0$ gegen $H_1: \mu < \mu_0$

Beispiel 9.5:
Von den Füllmengen (in Gramm) einer hochwertigen Ware behauptet der Hersteller, der Erwartungswert betrage mindestens 250. Eine Behörde hat den Verdacht, daß der Erwartungswert unter 250 liegt. Um dies statistisch nachzuweisen, muß sie zu der Entscheidung $\mu < 250$ gelangen. Wir werden auf dieses Beispiel nach den theoretischen Untersuchungen zurückkommen.

Bezüglich des Erwartungswertes $\mu = E(X)$ testen wir die

Nullhypothese $\quad H_0: \mu \geq \mu_0$

gegen die

Alternative $\quad H_1: \mu < \mu_0$.

Die beiden Hypothesen nennt man **einseitig**. Daher handelt es sich um einen **einseitigen Test**. Wir setzen wieder wie in Abschnitt 9.2 eine normalverteilte Grundgesamtheit oder einen großen Stichprobenumfang n voraus. Dann ist die Zufallsvariable $\overline{X}$ des Mittelwertes einer Stichprobe vom Umfang n (näherungsweise) normalverteilt. Dabei sei die Varianz σ_0^2 bekannt. Somit ist $\overline{X} - \mu_0$ eine $N\left(0; \frac{\sigma_0^2}{n}\right)$-verteilte Testfunktion. Mit einer noch zu bestimmenden kritischen Grenze $c < 0$ gelangt man mit dem Mittelwert $\overline{x}$ einer Stichprobe vom Umfang n zur

Testentscheidung:

$\overline{x} - \mu_0 < c \quad \Rightarrow$ Entscheidung für $H_1: \mu < \mu_0$ (Ablehnung von H_0)

$\overline{x} - \mu_0 \geq c \quad \Rightarrow$ keine Ablehnung von H_0 .

Die Grenze c wird so bestimmt, daß die Wahrscheinlichkeit dafür, daß H_0 fälschlicherweise abgelehnt wird, falls μ_0 der richtige Erwartungswert ist, gleich α ist (Irrtumswahrscheinlichkeit 1. Art). Damit gilt

$$\alpha = P(\overline{X} - \mu_0 < c \mid \mu = \mu_0) = P\Big(\frac{\overline{X} - \mu_0}{\sigma_0} \cdot \sqrt{n} \le \frac{c}{\sigma_0} \cdot \sqrt{n} \mid \mu = \mu_0\Big)$$

$$= \Phi\Big(\frac{c}{\sigma_0} \cdot \sqrt{n}\Big).$$

$$\frac{c}{\sigma_0} \cdot \sqrt{n} = z_\alpha = -z_{1-\alpha}; \quad c = -\frac{\sigma_0}{\sqrt{n}} \cdot z_{1-\alpha}. \tag{9.12}$$

In Bild 9.4 ist der Ablehnungsbereich bei diesem einseitigen Test skizziert.

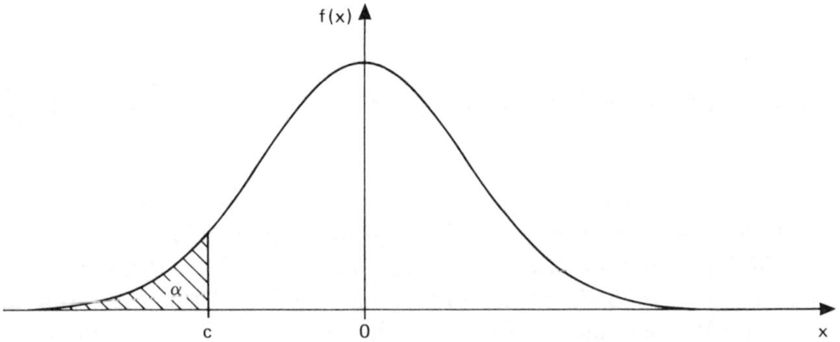

Bild 9.4: Ablehnungsbereich beim einseitigen Test

Irrtumswahrscheinlichkeiten 1. Art

Wenn die Grenzstelle μ_0 der tatsächliche Erwartungswert ist, dann ist α die Irrtumswahrscheinlichkeit 1. Art. Für jedes $\mu \ge \mu_0$ ist die Nullhypothese ebenfalls richtig. Falls $\mu > \mu_0$ der richtige Erwartungswert ist, muß bezüglich μ standardisiert werden. Dann lautet die von μ abhängige Irrtumswahrscheinlichkeit 1. Art

$$\alpha(\mu) = P\Big(\overline{X} - \mu_0 < c \mid \mu\Big) = P\Big(\overline{X} < c + \mu_0 \mid \mu\Big) \tag{9.13}$$

$$= P\Big(\frac{\overline{X} - \mu}{\sigma_0} \cdot \sqrt{n} < \frac{c + \mu_0 - \mu}{\sigma_0} \cdot \sqrt{n}\Big) = \Phi\Big(\frac{c + \mu_0 - \mu}{\sigma_0} \cdot \sqrt{n}\Big)$$

für $\mu \ge \mu_0$.

Die Funktion $\alpha(\mu)$ ist im Nullhypothesenbereich $\mu \ge \mu_0$ streng monoton fallend. Sie nimmt das Maximum $\alpha(\mu_0) = \alpha$ am linken Rand $\mu = \mu_0$ an. Daher ist bei diesem Test die Irrtumswahrscheinlichkeit 1. Art höchstens gleich α. Man nennt α das **Signifikanzniveau** der Tests.

Irrtumswahrscheinlichkeit 2. Art

Die Irrtumswahrscheinlichkeit 2. Art $\beta(\mu)$ hängt vom tatsächlichen Parameterwert $\mu < \mu_0$ ab. Es gilt

$$\begin{aligned} \beta(\mu) &= P\left(\overline{X} - \mu_0 \geq c \mid \mu\right) = P\left(\overline{X} \geq \mu_0 + c \mid \mu\right) \\ &= 1 - P\left(\frac{\overline{X} - \mu}{\sigma_0} \cdot \sqrt{n} < \frac{c + \mu_0 - \mu}{\sigma_0} \cdot \sqrt{n} \mid \mu\right) \\ &= 1 - \Phi\left(\frac{c + \mu_0 - \mu}{\sigma_0} \cdot \sqrt{n}\right) \text{ für } \mu < \mu_0. \end{aligned} \tag{9.14}$$

Im Alternativenbereich $\mu < \mu_0$ ist die Funktion $\beta(\mu)$ in μ monoton wachsend mit

$$\lim_{\mu \to \mu_0} \beta(\mu) = 1 - \Phi\left(\frac{c}{\sigma_0} \cdot \sqrt{n}\right) = 1 - \alpha.$$

Wie beim zweiseitigen Test in Abschnitt 9.2 kann die Irrtumswahrscheinlichkeit 2. Art sehr groß werden. Sie ist fast gleich $1 - \alpha$, wenn der Erwartungswert μ zwar kleiner als μ_0 ist, aber sehr nahe bei μ_0 liegt.

Gütefunktion und Operationscharakteristik

Die beiden in (9.13) und (9.14) vom Parameter μ abhängigen Irrtumswahrscheinlichkeiten können durch die gleiche Funktion dargestellt werden. Für beliebiges $\mu \in \mathbb{R}$ setzen wir

$$g(\mu) = P\left(\overline{X} - \mu_0 < c \mid \mu\right) = \Phi\left(\frac{c + \mu_0 - \mu}{\sigma_0} \cdot \sqrt{n}\right). \tag{9.15}$$

Diese für alle möglichen Parameterwerte μ definierte Funktion g heißt die **Gütefunktion** des Parametertests. Durch die Gütefunktion g können beide Irrtumswahrscheinlichkeiten dargestellt werden. Nach (9.13) und (9.14) gilt nämlich

$$\begin{aligned} \alpha(\mu) &= g(\mu) && \text{für } \mu \geq \mu_0; \\ \beta(\mu) &= 1 - g(\mu) && \text{für } \mu < \mu_0. \end{aligned} \tag{9.16}$$

Im Parameterbereich der Nullhypothese H_0 stellt die Gütefunktion $g(\mu)$ die von μ abhängigen Irrtumswahrscheinlichkeiten 1. Art $\alpha(\mu)$ dar, im Parameterbereich der Alternative H_1 ist $g(\mu) = 1 - \beta(\mu)$.

Anstelle der Gütefunktion kann auch die **Operationscharakteristik** (OC)

$$L(\mu) = 1 - g(\mu) \tag{9.17}$$

benutzt werden mit

$$\begin{aligned} \alpha(\mu) &= 1 - L(\mu) && \text{für } \mu \geq \mu_0; \\ \beta(\mu) &= L(\mu) && \text{für } \mu < \mu_0. \end{aligned} \tag{9.18}$$

Beispiel 9.6 (Fortsetzung von Beispiel 9.5):
Die Zufallsvariable X des Gewichts (in Gramm) aus Beispiel 9.5 sei normalverteilt. Ihre Standardabweichung $\sigma_0 = 5$ sei bekannt. Zum Test der Nullhypothese $H_0: \mu \geq 250$ gegen die Alternative $H_1: \mu < 250$ wird der Mittelwert $\overline{x}$ einer Stichprobe vom Umfang $n = 100$ benutzt. Welchen Wert muß $\overline{x}$ unterschreiten, damit die Nullhypothese höchstens mit einer Irrtumswahrscheinlichkeit $\alpha = 0{,}05$ abgelehnt werden kann? Aus (9.12) erhält man

$$c = -\frac{5}{\sqrt{100}} \cdot z_{0{,}95} = -0{,}8224.$$

Im Falle $\overline{x} - 250 < -0{,}8224$, also für $\overline{x} < 949{,}1776$ kann die Nullhypothese mit einer (maximalen) Irrtumswahrscheinlichkeit 0,05 abgelehnt werden.

Die Gütefunktion lautet bei diesem speziellen Test

$$g(\mu) = P\left(\overline{X} - 250 < -0{,}8824 \mid \mu\right) = \Phi(2 \cdot (249{,}1776 - \mu)).$$

Die Gütefunktion g ist in Bild 9.5 skizziert. Sie ist monoton fallend. An der Stelle $\mu_0 = 250$ hat sie den Wert $\alpha = 0{,}05$. Rechts von der Grenzstelle μ_0 stellt sie die Irrtumswahrscheinlichkeit 1. Art $\alpha(\mu)$ dar, und links davon ist $1 - g(\mu)$ gleich der Irrtumswahrscheinlichkeit 2. Art $\beta(\mu)$. Dabei wird deutlich, daß die Irrtumswahrscheinlichkeit 2. Art ungefähr gleich $1 - \alpha$ ist, wenn der Parameter $\mu < \mu_0$ in der Nähe von μ_0 liegt.

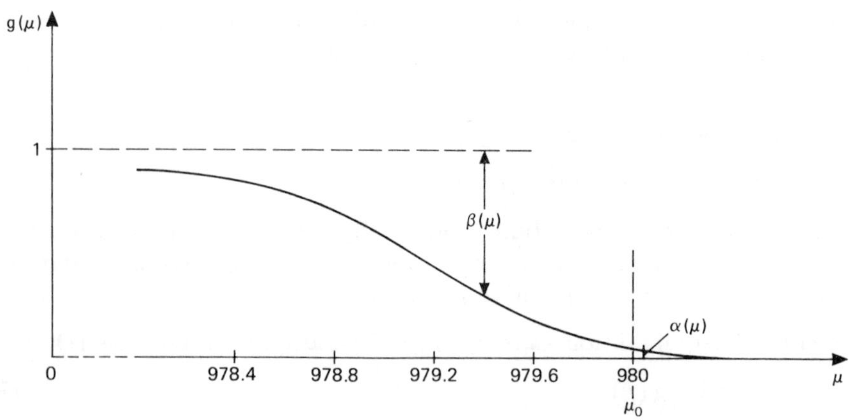

Bild 9.5: Gütefunktion und Irrtumswahrscheinlichkeiten beim einseitigen Test

9.4 Test von $H_0: \mu \leq \mu_0$ gegen $H_1: \mu > \mu_0$

Falls man zur Testentscheidung $\mu > \mu_0$ gelangen möchte, sollte als

Nullhypothese $H_0: \mu \leq \mu_0$

und als

Alternative $H_1: \mu > \mu_0$.

gewählt werden. Wie in Abschnitt 9.3 handelt es sich um einen **einseitigen Test**. Unter der Normalverteilungsannahne oder bei großen Stichprobenumfängen benutzen wir die $N\left(0; \frac{\sigma_0^2}{n}\right)$-verteilte Testfunktion $\overline{X} - \mu_0$. Dabei muß die Varianz σ_0^2 bekannt sein. Mit einer kritischen Grenze $c > 0$ gelangt man zur

Testentscheidung:

$\overline{x} - \mu_0 > c \Rightarrow$ Entscheidung für $H_1: \mu > \mu_0$ (Ablehnung von H_0)

$\overline{x} - \mu_0 \leq c \Rightarrow$ keine Ablehnung von H_0.

Aus dem **Signifikanzniveau** α, der maximalen Irrtumswahrscheinlichkeit 1. Art des Tests erhält man die Ablehnungsgrenze c aus

$$\begin{aligned} \alpha &= P(\overline{X} - \mu_0 > c \mid \mu = \mu_0) = 1 - P(\overline{X} - \mu_0 \leq c \mid \mu = \mu_0) \\ &= 1 - P\left(\frac{\overline{X} - \mu_0}{\sigma_0} \cdot \sqrt{n} \leq \frac{c}{\sigma_0} \cdot \sqrt{n} \mid \mu = \mu_0\right) \qquad (9.19) \\ &= 1 - \Phi\left(\frac{c}{\sigma_0} \cdot \sqrt{n}\right); \quad \Phi\left(\frac{c}{\sigma_0} \cdot \sqrt{n}\right) = 1 - \alpha; \end{aligned}$$

$$\frac{c}{\sigma_0} \cdot \sqrt{n} = z_{1-\alpha}; \quad c = \frac{\sigma_0}{\sqrt{n}} \cdot z_{1-\alpha}. \qquad (9.20)$$

Der Ablehnungsbereich ist in Bild 9.6 skizziert.

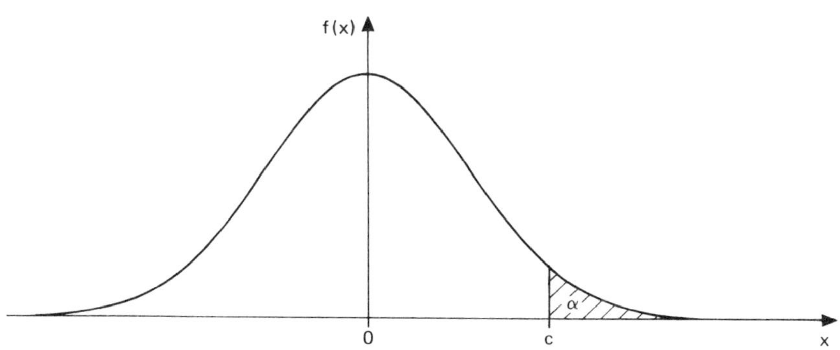

Bild 9.6: Ablehnungsbereich beim einseitigen Test

Die **Gütefunktion** lautet

$$g(\mu) = P(\overline{X} - \mu_0 > c \mid \mu) = 1 - P(\overline{X} - \mu_0 \leq c \mid \mu) \tag{9.21}$$

$$= 1 - P\left(\frac{\overline{X} - \mu}{\sigma_0} \cdot \sqrt{n} < \frac{c + \mu_0 - \mu}{\sigma_0} \cdot \sqrt{n}\right)$$

$$= 1 - \Phi\left(\frac{c + \mu_0 - \mu}{\sigma_0} \cdot \sqrt{n}\right).$$

Daraus erhält man die Irrtumswahrscheinlichkleiten 1. Art

$$\alpha(\mu) = g(\mu) = 1 - \Phi\left(\frac{c + \mu_0 - \mu}{\sigma_0} \cdot \sqrt{n}\right) \quad \text{für } \mu \leq \mu_0$$

und die Irrtumswahrscheinlichkeiten 2. Art

$$\beta(\mu) = 1 - g(\mu) = \Phi\left(\frac{c + \mu_0 - \mu}{\sigma_0} \cdot \sqrt{n}\right) \quad \text{für } \mu > \mu_0 .$$

Beispiel 9.7:
Von einer Zufallsvariablen X sei die Varianz 8 bekannt. Zum Test von

$$H_0: \mu \leq 100 \quad \text{gegen} \quad H_1: \mu > 100$$

wird das Stichprobenmittel $\overline{x}$ einer Stichprobe vom Umfang $n = 200$ benutzt. Aus (9.20) erhält man zu $\alpha = 0{,}01$ die Ablehnungsgrenze

$$c = \frac{\sqrt{8}}{\sqrt{200}} \cdot z_{0,99} = \frac{z_{0,99}}{5} = 0{,}4653.$$

Im Falle $\overline{x} - 100 > 0{,}4653$, also für $\overline{x} > 100{,}456$ wird die Nullhypothese H_0 abgelehnt, also H_1 angenommen.
Die Gütefunktion lautet nach (9.21)

$$g(\mu) = P(\overline{X} - 100 > c \mid \mu) = 1 - \Phi(5 \cdot (100{,}4563 - \mu)).$$

Sie ist in Bild 9.7 skizziert.

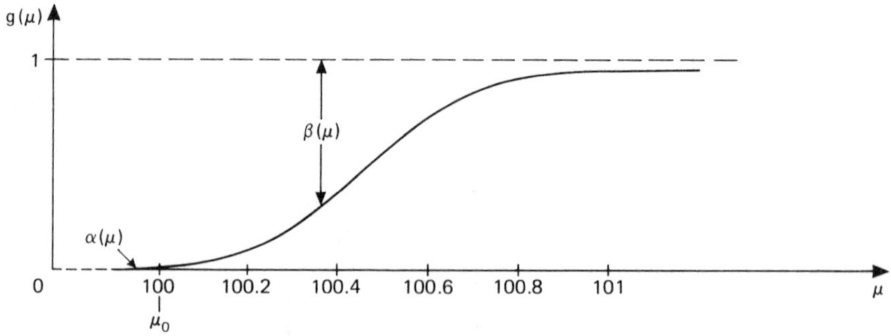

Bild 9.7: Gütefunktion und Irrtumswahrscheinlichkeiten beim einseitigen Test

9.5 Allgemeiner Aufbau eines Parametertests (Signifikanztests)

Bei der Behandlung der in den Abschnitten 9.1 bis 9.5 durchgeführten Tests ist die Vorgehensweise sehr ähnlich. Zuerst wird eine Nullhypothese H_0 und eine Alternative H_1 für den unbekannten Parameter ϑ aufgestellt. Danach bestimmt man die Verteilung einer vom Parameter abhängigen Testfunktion T_n. Mit Hilfe der Verteilungsfunktion der Testgröße wird ein Verwerfungsbereich der Nullhypothese festgelegt. In der Testentscheidung lehnt man die Nullhypothese genau dann ab, wenn die Realisierung der Testfunktion im Verwerfungsbereich liegt. In diesem Abschnitt soll allgemein das Vorgehen beim Parametertest gezeigt werden, unabhängig von der speziellen Verteilung der Testfunktion.

9.5.1 Nullhypothese und Alternative

Die Festlegung der Nullhypothese H_0 und Alternative H_1 muß völlig unabhängig von Stichprobenergebnissen erfolgen. Der Ablehnungsbereich der Nullhypothese wird mit Hilfe von absoluten Wahrscheinlichkeiten berechnet. Falls jedoch Stichprobenergebnisse mit einbezogen würden, lägen bedingte und keine absoluten Wahrscheinlichkeiten vor. Daher ist es empfehlenswert, die Nullhypothese und Alternative vor der Stichprobenerhebung festzulegen. Wenn z. B. in einer Versuchsserie ein Ereignis A die relative Häufigkeit $r_n(A) = 0{,}6$ besitzt, darf in Kenntnis dieses Ergebnisses mit dieser Stichprobe die Nullhypothese $H_0\colon p = 0{,}6$ nicht getestet werden. Mit diesem Ergebnis kann die Nullhypothese bestimmt nicht abgelehnt werden.

Bei einer Ablehnung der Nullhypothese ist die Irrtumswahrscheinlichkeit immer höchstens gleich α. Wie wir in den Abschnitten 9.2 bis 9.4 gesehen haben, kann bei einer Nichtablehnung die Irrtumswahrscheinlichkeit 2. Art sehr groß werden, unter Umständen sogar fast $1-\alpha$. Aus diesem Grund sollte man bemüht sein, nach Möglichkeit zu einer Ablehnung der Nullhypothese zu gelangen. Diese Asymmetrie muß bereits bei der Aufstellung von Nullhypothese und Alternative berücksichtigt werden. Ist z. B. p eine unbekannte Ausschußwahrscheinlichkeit, so sollte der Hersteller zu einer Entscheidung für $p < p_0$ gelangen. Aus diesem Grund sollte er den Test von $H_0\colon p \geq p_0$ gegen $H_1\colon p < p_0$ durchführen.

Falls eine Verbraucherzentrale der Überzeugung ist, die Behauptung des Herstellers $p \leq p_0$ sei falsch, so sollte sie $H_0\colon p \leq p_0$ gegen $H_1\colon p > p_0$ testen. Falls bei diesem Test die Nullhypothese abgelehnt wird, ist die Irrtumswahrscheinlichkeit höchstens gleich α. Dann ist der Hersteller mit großer Sicherheit einer falschen Angabe überführt. Falls bei diesem Test die Nullhypothese nicht abgelehnt werden kann, steht das Ergebnis nicht im Widerspruch zur Behauptung des Herstellers.

Bedingt durch die Problemstellung und Zielsetzung wird die Parametermenge Θ in zwei disjunkte Teilbereiche Θ_0 und Θ_1 zerlegt mit

$$\Theta = \Theta_0 \cup \Theta_1 \quad \text{mit} \quad \Theta_0 \cap \Theta_1 = \emptyset. \tag{9.22}$$

Die Teilmenge Θ_0 ist die Parametermenge der zugehörigen **Nullhypothese** H_0 und Θ_1 die Parametermenge der **Alternativen** H_1, also

$$H_0: \vartheta \in \Theta_0 ; \qquad H_1: \vartheta \in \Theta_1 . \tag{9.23}$$

Meistens werden Nullhypothesen H_0 der Art

$$\text{a) } \vartheta = \vartheta_0 ; \quad \text{b) } \vartheta \le \vartheta_0 ; \quad \text{c) } \vartheta \ge \vartheta_0$$

aufgestellt.

Die Nullhypothese H_0 ist falsch, wenn die Alternative H_1 richtig ist und umgekehrt. Eine Hypothese heißt **einfache Hypothese**, wenn die zugehörige Parametermenge Θ_0 nur aus einem einzigen Element besteht. Hypothesen, welche nicht einfach sind, nennt man **zusammengesetzt.**

Nullhypothese H_0	Alternative H_1	Gestalt von H_1
$\vartheta = \vartheta_0$	$\vartheta \neq \vartheta_0$	zweiseitig
$\vartheta \le \vartheta_0$	$\vartheta > \vartheta_0$	einseitig
$\vartheta \ge \vartheta_0$	$\vartheta < \vartheta_0$	einseitig

9.5.2 Testdurchführung

Nach der Aufstellung der Nullhypothese benutzt man die

Testdurchführung:

1. Man gibt ein **Signifikanzniveau (Testniveau)** α vor. Dabei ist α die maximale Wahrscheinlichkeit dafür, daß die Nullhypothese H_0 zu unrecht abgelehnt wird.

2. Man entscheidet sich für eine geeignete **Testfunktion**

   $$T = g_n(X_1, X_2, \ldots, X_n).$$

   Dabei muß die Verteilungsfunktion von T vom zu testenden Parameter ϑ abhängen mit $F_\vartheta(t) = P(T \le t \mid \vartheta)$.

3. Man bestimmt einen **Ablehnungsbereich (kritischen Bereich)** K mit

   $$P(T \in K \mid \vartheta) \le \alpha \quad \text{für alle } \vartheta \in \Theta_0 .$$

4. **Testentscheidung:** Falls die aus der Stichprobe berechnete Realisierung t_{ber} der Testfunktion T im kritischen Bereich K liegt, wird die Nullhypothese H_0 abgelehnt und die Alternative H_1 angenommen. Andernfalls kann die Nullhypothese H_0 nicht abgelehnt werden.

9.5.3 Irrtumswahrscheinlichkeiten

Bei dieser Testdurchführung sind zwei Fehlentscheidungen möglich.

Ein **Fehler erster Art** wird gemacht, wenn die Nullhypothese zu Unrecht abgelehnt wird. Ein solcher Fehler wird begangen, wenn $\vartheta \in \Theta_0$ ist und das Ereignis $(T \in K)$ eintritt. Die Wahrscheinlichkeit, einen Fehler erster Art zu machen, hängt vom tatsächlichen Parameterwert aus der Parametermenge Θ_0 der Nullhypothese ab. Diese von ϑ abhängige

Irrtumswahrscheinlichkeit 1. Art lautet

$$\alpha(\vartheta) = P(T \in K | \vartheta) \quad \text{für } \vartheta \in \Theta_0 . \tag{9.24}$$

Nach dem 3. Schritt ist die Irrtumswahrscheinlichkeit 1. Art höchstens gleich dem Signifikanzniveau α.

Bei einfachen Nullhypothesen $H_0: \vartheta = \vartheta_0$ ist die Irrtumswahrscheinlichkeit 1. Art eindeutig bestimmt durch $\alpha = P(T \in K | \vartheta_0)$. Bei zusammengesetzten Nullhypothesen kann die tatsächliche Irrtumswahrscheinlichkeit 1. Art kleiner als die zulässige obere Grenze α sein. Sie hängt vom wahren Parameter $\vartheta \in \Theta_0$ ab. Bei den meisten Tests ist $\alpha = \alpha(\vartheta_0)$, d. h. das Signifikanzniveau wird am Grenzpunkt angenommen. Dies ist bei allen Tests aus den Abschnitten 9.1 bis 9.4 der Fall.

Ein **Fehler zweiter Art** wird begangen, wenn die Nullhypothese fälschlicherweise nicht abgelehnt wird. Ein solcher Fehler entsteht dann, wenn $\vartheta \in \Theta_1$ ist und das Ereignis $(T \notin K)$ eintritt. Auch diese Fehlerwahrscheinlichkeit hängt vom tatsächlichen Wert $\vartheta \in \Theta_1$ ab. Die von ϑ abhängige

Irrtumswahrscheinlichkeit 2. Art lautet

$$\beta(\vartheta) = P(T \notin K | \vartheta) = 1 - P(T \in K | \vartheta) \quad \text{für } \vartheta \in \Theta_1 . \tag{9.25}$$

Beide Irrtumswahrscheinlichkeiten können bei großem Stichprobenumfang im allgemeinen nur dann gleichzeitig klein gemacht werden, wenn die beiden durch die Nullhypothese bestimmten Parametermengen Θ_0 und Θ_1 einen positiven Abstand voneinander haben.

Falls beide Mengen jedoch fließend ineinander übergehen, kann die Irrtumswahrscheinlichkeit β im ungünstigsten Fall fast gleich $1-\alpha$ werden (s. Abschnitte 9.2 bis 9.4). Dies ist meistens dann der Fall, wenn die Nullhypothese falsch ist, der wirkliche Parameterwert jedoch in der Nähe des Grenzpunktes ϑ_0 liegt. Aus diesem Grund sollte man im Falle einer Nichtablehnung die Nullhypothese nicht annehmen, sondern nur sagen, das Stichprobenergebnis stehe nicht in signifikantem Widerspruch zur Nullhypothese H_0.

9.5.4 Gütefunktion und Operationscharakteristik

Beide Irrtumswahrscheinlichkeiten können in Abhängigkeit vom wirklichen Parameter ϑ ausgedrückt werden durch die

Gütefunktion des Parametertests

$$g(\vartheta) = P(T \in K \mid \vartheta) \quad \text{für } \vartheta \in \Theta. \tag{9.26}$$

Dabei gilt für die Irrtumswahrscheinlichkeit 1. Art

$$\alpha(\vartheta) = g(\vartheta) \quad \text{für } \vartheta \in \Theta_0 .$$

Die Irrtumswahrscheinlichkeit 2. Art läßt sich darstellen als

$$\beta(\vartheta) = 1 - g(\vartheta) \quad \text{für } \vartheta \in \Theta_1 .$$

Anstelle der Gütefunktion benutzt man manchmal auch die **Operationscharakteristik** (OC)

$$L(\vartheta) = 1 - g(\vartheta) .$$

Der **beste Test** wäre natürlich einer mit der Gütefunktion

$$g(\vartheta) = \begin{cases} 0 & \text{für } \vartheta \in \Theta_0 ; \\ 1 & \text{für } \vartheta \in \Theta_1 . \end{cases} \tag{9.27}$$

Dieser Test würde immer mit Wahrscheinlichkeit Eins eine richtige Entscheidung liefern. Einen solchen Test gibt es jedoch im allgemeinen nicht. Läßt man den Stichprobenumfang n gegen ∞ gehen, dann konvergieren bei sehr vielen Tests die von n abhängigen Gütefunktionen gegen die ideale Gütefunktion (9.27). Dann sind die Tests wenigstens asymptotisch ideal.

Ein Test mit der Gütefunktion $g(\vartheta)$ besitzt genau dann das **Signifikanzniveau** α (maximale Irrtumswahrscheinlichkeit 1. Art), wenn gilt

$$\sup_{\vartheta \in \Theta_0} g(\vartheta) = \alpha .$$

Bei vielen Gütefunktionen $g(\vartheta)$ wird das Supremum (Maximum) an der Stelle ϑ_0 angenommen, auch wenn die Nullhypothese zusammengesetzt ist.

Die Irrtumswahrscheinlichkeit 1. Art $\alpha(\vartheta)$ ist durch das Signifikanzniveau α beschränkt mit $\alpha(\vartheta) \le \alpha$. Für die Wahrscheinlichkeit des Fehlers zweiter Art ist wegen $\beta(\vartheta) = 1 - g(\vartheta)$ der Verlauf der Gütefunktion im Bereich Θ_1 maßgebend. Je größer die Gütefunktion in diesem Bereich ist, umso kleiner ist die Irrtumswahrscheinlichkeit 2. Art.

Definition 9.1 (unverfälschter Test):
Ein Test zum Niveau α heißt **unverfälscht**, wenn gilt

$$g(\vartheta) \ge \alpha \quad \text{für alle } \vartheta \in \Theta_1 . \tag{9.28}$$

Bei einem unverfälschten Test ist die Wahrscheinlichkeit, die Nullhypothese abzulehnen, wenn sie richtig ist, nie größer als wenn sie falsch ist. Die meisten der in der Praxis benutzten Tests sind unverfälscht. Unter allen Tests zum Niveau α sind natürlich diejenigen interessant, bei denen die Irrtumswahrscheinlichkeit 2. Art $\beta(\vartheta)$ minimal wird.
In Analogie zur Definition 7.2 in Abschnitt 7.3.4 geben wir die

Definition 9.2 (konsistente Testfunktionen):
Eine Folge $T_n, n = 1, 2, \ldots$ von Testfunktionen heißt **konsistent**, wenn gilt

$$\lim_{n\to\infty} g(\vartheta) = 1 \quad \text{für jedes } \vartheta \in \Theta_1 . \tag{9.29}$$

Die Konsistenz sichert, daß die Irrtumswahrscheinlichkeit 2. Art mit wachsendem Stichprobenumfang n gegen Null konvergiert.

Definition 9.3 (gleichmäßig besserer Test):
Ein Test zum Niveau α mit der Gütefunktion $g(\vartheta)$ heißt **gleichmäßig besser** als der Test zum Niveau α mit der Gütefunktion $\tilde{g}(\vartheta)$, wenn gilt

$$g(\vartheta) \geq \tilde{g}(\vartheta) \quad \text{für alle } \vartheta \in \Theta_1 . \tag{9.30}$$

9.5.5 Bestimmung der kritischen Grenzen

Falls die Testfunktion T eine **stetige Zufallsvariable** ist mit einer von ϑ abhängigen Dichte, können die Ablehnungsbereiche in der Regel so gewählt werden, daß die Gütefunktion an der Grenzstelle ϑ_0 exakt den Wert α besitzt, also mit $g(\vartheta_0) = \alpha$. Bei **diskreten Zufallsvariablen** ist nicht jedes Niveau α erreichbar. Dann versucht man wie bei den Konfidenzintervallen in $g(\vartheta_0) \geq \alpha$ möglichst nahe an α heranzukommen. Dann ist $\alpha^* = g(\vartheta_0) \leq \alpha$ das tatsächliche Signifikanzniveau.

9.5.5.1 Zweiseitiger Test von $H_0: \vartheta = \vartheta_0$ gegen $H_1: \vartheta \neq \vartheta_0$

Zu vorgegebenem α bestimmt man die Grenzen c_u maximal und c_o minimal mit

$$P(T < c_u \mid \vartheta = \vartheta_0) \leq \alpha_1 \text{ und } P(T > c_o \mid \vartheta = \vartheta_0) \leq \alpha_2 \text{ mit } \alpha_1 + \alpha_2 = \alpha.$$

Meistens wählt man $\alpha_1 = \alpha_2 = \frac{\alpha}{2}$.

Ist die Realisierung t_{ber} der Testgröße T entweder kleiner als c_u oder größer als c_o, so wird die Nullhypothese H_0 abgelehnt. Andernfalls lehnt man die Nullhypothese nicht ab. Damit lautet der **Ablehnungsbereich**

$$K = (-\infty; c_u) \cup (c_o; +\infty).$$

Die Grenzen gehören hier nicht zum Ablehnungsbereich.

Die **Gütefunktion** lautet

$$g(\vartheta) = 1 - P(c_u \le T \le c_o \mid \vartheta) .$$

Besonders bei diskreten Testgrößen nimmt man oft die Grenzen zum Ablehnungsbereich. Mit

$$P(T \le c_u^* \mid \vartheta = \vartheta_0) \le \alpha_1 \; (= \tfrac{\alpha}{2}) \quad \text{und} \quad P(T \ge c_o^* \mid \vartheta = \vartheta_0) \le \alpha_2 \; (= \tfrac{\alpha}{2})$$

lautet der **Ablehnungsbereich**

$$K = (-\infty ; c_u^* \,] \cup [\, c_o^* ; +\infty).$$

9.5.5.2 Einseitiger Test von $H_0 : \vartheta \le \vartheta_0$ gegen $H_1 : \vartheta > \vartheta_0$

Zu vorgegebenem α bestimmt man die Ablehnungsgrenze c minimal mit

$$P(T > c \mid \vartheta = \vartheta_0) \le \alpha.$$

Ist die Realisierung t_{ber} der Testgröße T größer als c, so wird die Nullhypothese H_0 abgelehnt. Sonst wird sie nicht abgelehnt.

Damit lautet der **Ablehnungsbereich**

$$K = (c ; +\infty).$$

Die **Gütefunktion** lautet

$$g(\vartheta) = P(T > c \mid \vartheta) .$$

Auch hier kann man die Grenzen zum Ablehnungsbereich nehmen durch

$$P(T \ge c^* \mid \vartheta = \vartheta_0) \le \alpha ; \quad K = [\, c^* ; +\infty).$$

9.5.5.3 Einseitiger Test von $H_0 : \vartheta \ge \vartheta_0$ gegen $H_1 : \vartheta < \vartheta_0$

Zu vorgegebenem α bestimmt man die Ablehnungsgrenze c maximal mit

$$P(T < c \mid \vartheta = \vartheta_0) \le \alpha.$$

Ist die Realisierung t_{ber} der Testgröße T kleiner als c, so wird die Nullhypothese H_0 abgelehnt. Andernfalls wird sie nicht abgelehnt. Damit lautet der **Ablehnungsbereich**

$$K = (-\infty ; c).$$

Die **Gütefunktion** lautet

$$g(\vartheta) = P(T < c \mid \vartheta) .$$

Falls die Grenze zum Ablehnungsbereich gehören soll, benutzt man

$$P(T \le c^* \mid \vartheta = \vartheta_0) \le \alpha \text{ mit dem Ablehnungsbereich } K = (-\infty ; c^* \,].$$

9.6 Test einer Wahrscheinlichkeit p

In diesem Abschnitt sollen Tests für eine unbekannte Wahrscheinlichkeit $p = P(A)$ behandelt werden. Nach den allgemeinen Ausführungen in Abschnitt 9.5 können wir uns auf die Angabe einer geeigneten Testfunktion und deren Verteilung beschränken. Die Ablehnungsgrenzen der Nullhypothesen bei zwei- und einseitigen Tests werden nach Abschnitt 9.5 bestimmt und daher nur angegeben. Zum Test kann wie bei der Bestimmung von Konfidenzintervallen bei einem großen Stichprobenumfang die Approximation durch die Normalverteilung benutzt werden, während bei kleinem Stichprobenumfang die Binomialverteilung die Testfunktion ist.

9.6.1 Test von p bei großem Stichprobenumfang

Für die hypothetische Grenzsstelle p_0 gelte $np_0(1-p_0) > 9$. Dann ist die Zufallsvariable $R_n(A)$ der relativen Häufigkeit in einer unabhängigen Versuchsserie vom Umfang n ungefähr normalverteilt. Falls p_0 die richtige Wahrscheinlichkeit ist, so ist die Standardisierung

$$\frac{R_n(A) - p_0}{\sqrt{p_0(1-p_0)}} \cdot \sqrt{n} \tag{9.31}$$

ungefähr standard-normalverteilt. Mit der relativen Häufigkeit r_n des Ereignisses A in einer unabhängigen Versuchsserie vom Umfang n und den Quantilen der Standard-Normalverteilung gelangt man zu den

Testentscheidungen:

Nullhypothese H_0	Alternative H_1	Ablehnungsbereich von H_0
a) $p = p_0$	$p \neq p_0$	$\frac{\lvert r_n - p_0 \rvert}{\sqrt{p_0(1-p_0)}} \cdot \sqrt{n} > z_{1-\frac{\alpha}{2}}$
b) $p \leq p_0$	$p > p_0$	$\frac{r_n - p_0}{\sqrt{p_0(1-p_0)}} \cdot \sqrt{n} > z_{1-\alpha}$
c) $p \geq p_0$	$p < p_0$	$\frac{r_n - p_0}{\sqrt{p_0(1-p_0)}} \cdot \sqrt{n} < -z_{1-\alpha}$

Benutzt werden die Quantile der Standard-Normalverteilung mit

$$\Phi\left(z_{1-\frac{\alpha}{2}}\right) = 1 - \frac{\alpha}{2}\,; \quad \Phi(z_{1-\alpha}) = 1 - \alpha.$$

Sämtliche drei Tests sind unverfälscht.

Beispiel 9.8:
Ein herkömmliches Medikament besitzt eine aus Erfahrung bekannte Heilungswahrscheinlichkeit $p = 0{,}6$. Ein neu entwickeltes Medikament soll nur dann auf den Markt gebracht werden, wenn statistisch nachgewiesen ist, daß dessen Heilungswahrscheinlichkeit größer als 0,65 ist.

a) Zum Test der Nullhypothese H_0: $p \leq 0{,}65$ gegen die Alternative H_1: $p > 0{,}65$ mit $\alpha = 0{,}05$ wurde das Medikament 100 an der Krankheit leidenden Patienten verabreicht. Dabei wurden 68 geheilt. Mit der relativen Häufigkeit $r_{100} = 0{,}68$ lautet die Realisierung der Testgröße

$$z_{ber} = \frac{r_n - p_0}{\sqrt{p_0(1-p_0)}} \cdot \sqrt{n} = \frac{0{,}68 - 0{,}65}{\sqrt{0{,}65 \cdot (1 - 0{,}65)}} \cdot 10 = 0{,}629.$$

Die Ablehnungsgrenze ist $z_{1-\alpha} = z_{0,95} = 1{,}645$.

Wegen $z_{ber} < z_{1-\alpha}$ kann die Nullhypothese H_0 nicht abgelehnt werden. Es sind zwar mehr als 65 % der Patienten durch das neue Medikament geheilt worden. Das Ergebnis ist jedoch nicht signifikant, es kann auf den Zufall zurückgeführt werden.

b) Das Medikament werde 1000 Patienten verabreicht. Wie viele davon müssen mindestens geheilt werden, damit man sich mit $\alpha = 0{,}01$ für die Alternative $H_1 : p > 0{,}65$ entscheiden kann?

$$\frac{r_{1000} - 0{,}65}{\sqrt{0{,}65 \cdot (1 - 0{,}65)}} \cdot \sqrt{1000} > z_{0,99} = 2{,}3263$$

ergibt

$$r_{1000} > 0{,}65 + \frac{\sqrt{0{,}65 \cdot (1 - 0{,}65)}}{\sqrt{1000}} \cdot 2{,}3263 = 0{,}6851\,.$$

Es müssen also mindestens 686 der 1 000 Patienten geheilt werden.

9.6.2 Test von p bei kleinem Stichprobenumfang

Bei kleinem Stichprobenumfang n darf die Approximation durch die Normalverteilung nicht benutzt werden. Als Verteilung der Testgröße muß dann die Binomialverteilung verwendet werden. Zu vorgegebenen Irrtumswahrscheinlichkeiten werden die ganzzahligen Ablehnungsgrenzen c_u und c_o bestimmt aus

$$\begin{aligned} c_u = c_u(\alpha_1) \quad &\text{maximal mit} \quad \sum_{k=0}^{c_u} \binom{n}{k} p_0^k (1 - p_0)^{n-k} \leq \alpha_1; \\ c_o = c_o(\alpha_1) \quad &\text{minimal mit} \quad \sum_{k=c_o}^{n} \binom{n}{k} p_0^k (1 - p_0)^{n-k} \leq \alpha_2; \\ &\alpha_1 + \alpha_2 \,\hat{=}\, \alpha. \end{aligned} \tag{9.32}$$

Mit den daraus bestimmten kritischen Grenzen und der absoluten Häufigkeit h_n des Ereignisses A in einer Versuchsserie vom Umfang n erhält man zum Testniveau $\alpha^* \leq \alpha = \alpha_1 + \alpha_2$ die

Testentscheidungen:

Nullhypothese H_0	Alternative H_1	Ablehnungsbereich von H_0
a) $p = p_0$	$p \neq p_0$	$h_n \leq c_u(\alpha_1)$ oder $h_n \geq c_o(\alpha_2)$, $\alpha_1 + \alpha_2 = \alpha$
b) $p \leq p_0$	$p > p_0$	$h_n \geq c_o(\alpha)$
c) $p \geq p_0$	$p < p_0$	$h_n \leq c_u(\alpha)$

Hinweis: Die Grenzen gehören hier zum Ablehnungsbereich.

Die exakten Signifikanzniveaus α^* für die einzelnen Tests sind:

a) $$\alpha^* = \sum_{k=0}^{c_u} \binom{n}{k} p_0^k (1-p_0)^{n-k} + \sum_{k=c_o}^{n} \binom{n}{k} p_0^k (1-p_0)^{n-k} \leq \alpha;$$

b) $$\alpha^* = \sum_{k=c_o}^{n} \binom{n}{k} p_0^k (1-p_0)^{n-k} \leq \alpha;$$

c) $$\alpha^* = \sum_{k=0}^{c_u} \binom{n}{k} p_0^k (1-p_0)^{n-k} \leq \alpha.$$

Beispiel 9.9:
Zum Test der Nullhypothese $H_0: p \geq 0{,}4$ gegen die Alternative $H_1: p < 0{,}4$ wird das Experiment 25mal unabhängig durchgeführt. Die Testgröße sei die absolute Häufigkeit h_{25} des entsprechenden Ereignisses. Wie groß darf h_{25} höchstens sein, damit die Nullhypothese mit einer Irrtumswahrscheinlichkeit von höchstens $\alpha = 0{,}05$ abgelehnt werden kann? Die Grenze c_u muß nach c) maximal gewählt werden mit

$$\sum_{k=0}^{c_u} \binom{25}{k} \cdot 0{,}4 \cdot 0{,}6^{25-k} \leq 0{,}05.$$

Für $c_u = 5$ nimmt die Summe den Wert 0,0294 an. $c_u = 6$ ergibt die Summe 0,0736. Die absolute Häufigkeit h_{25} darf also höchstens gleich 5 sein. Das (tatsächliche) Signifikanzniveau ist dann $\alpha^* = 0{,}0294$.

9.7 Test eines Erwartungswertes

In den Abschnitten 9.2 bis 9.4 wurden zur Einführung Tests eines Erwartungswertes μ bei bekannter Varianz σ_0^2 durchgeführt. Als Testgröße wird dort die Zufallsvariable $\overline{X} - \mu_0$ benutzt. In diesem Abschnitt verwenden wir die Standardisierung des Mittelwertes $\overline{X}$, die bei bekannter Varianz N(0 ; 1) - verteilt ist. Falls die Varianz nicht bekannt ist, wird sie durch die Zufallsvariable S^2 der Stichprobenvarianz geschätzt. Dann ist die Testgröße t - verteilt mit n − 1 Freiheitsgraden. Allgemein sollen in diesem Abschnitt folgende Voraussetzungen erfüllt sein: Entweder ist die Zufallsvariable X normalverteilt oder der Stichprobenumfang n so groß, daß die Zufallsvariable $\overline{X}$ des Mittelwertes nach dem zentralen Grenzwertsatz näherungsweise normalverteilt ist. Unter der Normalverteilungsannahme sind die Tests für jeden beliebigen Stichprobenumfang exakt, andernfalls liefern sie für $n \geq 30$ brauchbare Näherungen.

9.7.1 Test eines Erwartungswertes μ bei bekannter Varianz σ_0^2

Die Varianz $Var(X) = \sigma_0^2$ der Zufallsvariablen X sei bekannt. Dann ist die standardisierte Zufallsvariable

$$Z = \frac{\overline{X} - \mu_0}{\sigma_0} \cdot \sqrt{n} \tag{9.33}$$

standard-normalverteilt, falls μ_0 der tatsächliche Erwartungswert von X ist. Mit der Realisierung aus einer einfachen Stichprobe

$$z_{ber} = \frac{\overline{x} - \mu_0}{\sigma_0} \cdot \sqrt{n}$$

und den Quantilen der Standard-Normalverteilung erhält man für den einseitigen und die beiden zweiseitigen Tests die

Testentscheidungen:

Nullhypothese H_0	Alternative H_1	Ablehnungsbereich von H_0
a) $\mu = \mu_0$	$\mu \neq \mu_0$	$\frac{\lvert\overline{x} - \mu_0\rvert}{\sigma_0} \cdot \sqrt{n} > z_{1-\frac{\alpha}{2}}$
b) $\mu \leq \mu_0$	$\mu > \mu_0$	$\frac{\overline{x} - \mu_0}{\sigma_0} \cdot \sqrt{n} > z_{1-\alpha}$
c) $\mu \geq \mu_0$	$\mu < \mu_0$	$\frac{\overline{x} - \mu_0}{\sigma_0} \cdot \sqrt{n} < -z_{1-\alpha}$

Sämtliche drei Tests sind **unverfälscht**. Beispiele s. Abschnitte 9.2 bis 9.4.

9.7.2 Test eines Erwartungswertes μ bei unbekannter Varianz

Falls die Varianz der Zufallsvariablen X nicht bekannt ist, schätzt man sie durch die Zufallsvariable S^2 der Varianz einer Stichprobe vom Umfang n. Nach Abschnitt 8.4.1.2 ist die Testgröße

$$T = \frac{\overline{X} - \mu_0}{S} \cdot \sqrt{n} \tag{9.34}$$

t-verteilt mit $n-1$ Freiheitsgraden, falls μ_0 der tatsächliche Erwartungswert von X ist. Mit der Realisierung

$$t_{ber} = \frac{\overline{x} - \mu_0}{s} \cdot \sqrt{n}$$

und den Quantilen der t-Verteilung mit $n-1$ Freiheitsgraden erhält man die

Testentscheidungen:

Nullhypothese H_0	Alternative H_1	Ablehnungsbereich von H_0
a) $\mu = \mu_0$	$\mu \neq \mu_0$	$\frac{\lvert \overline{x} - \mu_0 \rvert}{s} \cdot \sqrt{n} > t_{n-1;1-\frac{\alpha}{2}}$
b) $\mu \leq \mu_0$	$\mu > \mu_0$	$\frac{\overline{x} - \mu_0}{s} \cdot \sqrt{n} > t_{n-1;1-\alpha}$
c) $\mu \geq \mu_0$	$\mu < \mu_0$	$\frac{\overline{x} - \mu_0}{s} \cdot \sqrt{n} < -t_{n-1;1-\alpha}$

Alle drei Tests sind **unverfälscht.**

Beispiel 9.10:
Für den zweiseitigen Test von $H_0: \mu = 200$ gegen $H_1: \mu \neq 200$ wurde eine Stichprobe vom Umfang $n = 51$ gezogen mit dem Mittelwert $\overline{x} = 198{,}9$ und der Standardabweichung $s = 3{,}2$. Kann die Nullhypothese H_0 mit einer Irrtumswahrscheinlichkeit $\alpha = 0{,}05$ abgelehnt werden?
Die Realisierung der Testgröße lautet

$$t_{ber} = \frac{198{,}9 - 200}{3{,}2} \cdot \sqrt{51} = -2{,}4549\,; \quad t_{50;0{,}975} = 2{,}0086.$$

Wegen $\lvert t_{ber} \rvert > t_{50;0{,}975}$ wird die Nullhypothese abgelehnt.

9.8 Test einer Varianz

Beim Test der Varianz σ^2 benötigt man bei kleinem Stichprobenumfang n wie bei der Bestimmung von Konfidenzintervallen die Voraussetzung der Normalverteilung. Bei Zufallsvariablen, welche nicht normalverteilt sind, muß der Stichprobenumfang entsprechend groß sein, damit $\overline{X}$ näherungsweise normalverteilt ist (Faustregel: $n \geq 30$).

9.8.1 Test der Varianz bei bekanntem Erwartungswert μ_0

Falls der Erwartungswert μ_0 der Zufallsvariablen X bekannt ist, benutzt man als Testfunktion die Zufallsvariable

$$\frac{n\,\tilde{S}^2}{\sigma_0^2} = \frac{\sum\limits_{i=1}^{n} (X_i - \mu_0)^2}{\sigma_0^2}, \tag{9.35}$$

die nach Abschnitt 8.4.1.3 Chi-Quadrat-verteilt ist mit n Freiheitsgraden, wenn σ_0^2 die Varianz ist. Mit der Realisierung

$$\frac{n\,\tilde{s}^2}{\sigma_0^2} = \frac{1}{\sigma_0^2} \sum_{i=1}^{n} (x_i - \mu_0)^2 = \frac{1}{\sigma_0^2} \cdot [(n-1)\,s^2 + n\,(\overline{x} - \mu_0)^2]$$

der Testfunktion und den Quantilen der Chi-Quadrat-Verteilung mit n Freiheitsgraden gelangt man zu den

Testentscheidungen:

Nullhypothese H_0	Alternative H_1	Ablehnungsbereich von H_0
a) $\sigma^2 = \sigma_0^2$	$\sigma^2 \neq \sigma_0^2$	$\frac{n\,\tilde{s}^2}{\sigma_0^2} < \chi^2_{n;\frac{\alpha}{2}}$ oder $> \chi^2_{n;1-\frac{\alpha}{2}}$
b) $\sigma^2 \leq \sigma_0^2$	$\sigma^2 > \sigma_0^2$	$\frac{n\,\tilde{s}^2}{\sigma_0^2} > \chi^2_{n;1-\alpha}$
c) $\sigma^2 \geq \sigma_0^2$	$\sigma^2 < \sigma_0^2$	$\frac{n\,\tilde{s}^2}{\sigma_0^2} < \chi^2_{n;\alpha}$

Beispiel 9.11:
Die Zufallvariable X der Längen (in mm) von Metallstäben sei normalverteilt mit dem Erwartungswert $\mu_0 = 100$ und der Varianz $\sigma^2 = 5{,}5$. Die Maschine wurde neu eingestellt mit dem Ziel, die Varianz zu verkleinern. Die Firma, welche die Neueinstellung vornahm, behauptet, die Varianz würde dadurch auf unter 5 gesenkt. Bei der Neueinstellung werde der Erwartungswert $\mu_0 = 100$ nicht verändert.

a) Zum Test von H_0: $\sigma^2 \geq 5$ gegen H_1: $\sigma^2 < 5$ mit $\alpha = 0{,}05$ wurden 100 Stäbe zufällig ausgewählt. Die Stichprobe besitzt den Mittelwert $\overline{x} = 100{,}03$ und die Varianz $s^2 = 4{,}1$. Nach (8.22) erhält man

$$n \cdot \tilde{s}^2 = \sum_{i=1}^{n} (x_i - \mu_0)^2 = (n-1)\,s^2 + n\,(\overline{x} - \mu_0)^2 = 405{,}99.$$

$$\frac{n\tilde{s}^2}{\sigma_0^2} = \frac{405{,}99}{5} = 81{,}20\,; \quad \chi^2_{100\,;\,0{,}05} = 77{,}93\,; \quad \frac{n\tilde{s}^2}{\sigma_0^2} < \chi^2_{100\,;\,0{,}05}$$

$\Rightarrow$ die Nullhypothese kann nicht abgelehnt werden.

b) Zum Test aus a) wird eine Stichprobe vom Umfang $n = 500$ benutzt. Wie groß darf $\tilde{s}^2$ höchstens sein, damit H_0 mit einer Irrtumswahrscheinlichkeit von 0,01 abgelehnt werden kann? Nach Tab. 4 im Anhang gilt

$$\chi^2_{500\,;\,0{,}01} \approx \frac{1}{2}\,(z_{0{,}01} + \sqrt{2 \cdot 500 - 1}\,)^2 = \frac{1}{2}\,(\,-z_{0{,}99} + \sqrt{999}\,)^2 = 428{,}677.$$

$$\tilde{s}^2 < \frac{5}{500} \cdot \chi^2_{500\,;\,0{,}01} = 4{,}2868.$$

Die Varianz $\tilde{s}^2$ in a) unterschreitet zwar diese Grenze. H_0 kann in a) nicht abgelehnt werden, weil der Stichprobenumfang $n = 100$ dafür zu klein ist.

9.8.2 Test der Varianz bei unbekanntem Erwartungswert

Falls der Erwartungswert μ nicht bekannt ist, benutzt man nach Abschnitt 8.4.1.4 die Testfunktion

$$\frac{(n-1)\,S^2}{\sigma_0^2} = \frac{\sum_{i=1}^{n} (X_i - \overline{X})^2}{\sigma_0^2}, \tag{9.36}$$

die Chi-Quadrat-verteilt ist mit $n-1$ Freiheitsgraden, wenn σ_0^2 die tatsächliche Varianz ist. Mit der Realisierung dieser Tesgröße und den Quantilen der Chi-Quadrat-Verteilung mit $n-1$ Freiheitsgraden erhält man die

Testentscheidungen:

Nullhypothese H_0	Alternative H_1	Ablehnungsbereich von H_0
a) $\sigma^2 = \sigma_0^2$	$\sigma^2 \neq \sigma_0^2$	$\frac{(n-1)\,s^2}{\sigma_0^2} < \chi^2_{n-1\,;\,\frac{\alpha}{2}}$ oder $> \chi^2_{n-1\,;\,1-\frac{\alpha}{2}}$
b) $\sigma^2 \leq \sigma_0^2$	$\sigma^2 > \sigma_0^2$	$\frac{(n-1)\,s^2}{\sigma_0^2} > \chi^2_{n-1\,;\,1-\alpha}$
c) $\sigma^2 \geq \sigma_0^2$	$\sigma^2 < \sigma_0^2$	$\frac{(n-1)\,s^2}{\sigma_0^2} < \chi^2_{n-1\,;\,\alpha}$

Die beiden einseitigen Tests b) und c) sind **unverfälscht**. Für die Gütefunktion gilt $g(\sigma^2) \geq \alpha$ für $\sigma^2 \in \Theta_1$, falls die Alternative richtig ist. Die Wahrscheinlichkeit, die Nullhypothese abzulehnen, falls sie richtig ist, ist nicht größer als wenn sie falsch ist. Der zweiseitige Test a)

$$H_0 : \sigma^2 = \sigma_0^2 \;;\; H_1 : \sigma^2 \neq \sigma_0^2$$

ist jedoch **nicht unverfälscht** (s. Bosch, K. [1993], S.432ff). Dies wirkt sich besonders bei kleinen Stichprobenumfängen n aus.

Beispiel 9.12:
Zum Test von H_0: $\sigma^2 \leq 10$ gegen H_1: $\sigma^2 > 10$ wird die Varianz s^2 einer Stichprobe vom Umfang 51 benutzt. Wie groß muß s^2 mindestens sein, damit die Nullhypothese mit $\alpha = 0{,}05$ abgelehnt werden kann? Aus b) erhält man die Bedingung $s^2 > \frac{10}{50} \cdot \chi^2_{50\,;\,0{,}95} = \frac{1}{5} \cdot 67{,}5048 = 13{,}50.$

9.9 Test des Korrelationskoeffizienten bei Normalverteilungen

Für die nachfolgenden Tests wird vorausgesetzt, daß die zweidimensionale Zufallsvariable (X, Y) normalverteilt ist mit dem Korrelationskoeffizienten ρ.

9.9.1 Test von $\rho = 0$ (Test auf Unabhängigkeit)

Im Falle $\rho = 0$ sind die beiden normalverteilten Zufallsvariablen X und Y unabhängig (s. Satz 6.21). Aus diesem Grund handelt es sich bei dem zweiseitigen Test um einen Test auf Unabhängigkeit der beiden normalverteilten Zufallsvariablen.

$$R_n = \frac{\sum\limits_{i=1}^{n} (X_i - \overline{X})(Y_i - \overline{Y})}{\sqrt{\left(\sum\limits_{i=1}^{n} (X_i - \overline{X})^2\right) \cdot \left(\sum\limits_{i=1}^{n} (Y_i - \overline{Y})^2\right)}}$$

ist eine asymptotisch erwartungstreue Schätzfunktion für ρ. Für $\rho = 0$ ist bei normalverteilten Zufallsvariablen nach **R. A. Fisher** die Testfunktion

$$T = \sqrt{n-2} \cdot \frac{R_n}{\sqrt{1 - R_n^2}} \tag{9.37}$$

t-verteilt mit $n - 2$ Freiheitsgraden. Mit dem Korrelationskoeffizienten r einer zweidimensionalen Stichprobe (x, y) vom Umfang n und den Quantilen der t-Verteilung mit $n - 2$ Freiheitsgraden erhält man die

Testentscheidungen:

Nullhypothese H_0	Alternative H_1	Ablehnungsbereich von H_0
a) $\rho = 0$	$\rho \neq 0$	$\sqrt{n-2} \cdot \frac{\lvert r \rvert}{\sqrt{1-r^2}} > t_{n-2;1-\alpha/2}$
b) $\rho \leq 0$	$\rho > 0$	$\sqrt{n-2} \cdot \frac{r}{\sqrt{1-r^2}} > t_{n-2;1-\alpha}$
c) $\rho \geq 0$	$\rho < 0$	$\sqrt{n-2} \cdot \frac{r}{\sqrt{1-r^2}} < -t_{n-2;1-\alpha}$

Beispiel 9.13:
Wie groß muß der Betrag $\lvert r \rvert$ des Korrelationskoeffizienten einer Stichprobe vom Umfang $n = 500$ zweier normalverteilter Zufallsvariabler mindestens sein, damit man mit $\alpha = 0{,}05$ die Nullhypothese der Unabhängigkeit der beiden Zufallsvariablen ablehnen kann?

Mit dem Quantil $t_{498;0,975} \approx z_{0,975} = 1{,}96$ folgt aus a)

$$\frac{\lvert r \rvert}{\sqrt{1-r^2}} > \frac{1{,}96}{\sqrt{498}} \quad \Leftrightarrow \text{(Quadrieren)} \quad \frac{r^2}{1-r^2} > 0{,}007713773\,;$$

$r^2 > 0{,}007713773 \cdot (1-r^2)$; $1{,}007713773 \cdot r^2 > 0{,}0076547$; $\lvert r \rvert > 0{,}0875$.

9.9.2 Test von ρ mit der Fisher-Transformation

Für $\rho \neq 0$ ist die Verteilung von R_n schief. Nach Abschnitt 8.4.1.5 ist für große n ($n \geq 50$, falls $\lvert \rho \rvert$ nicht zu große Werte annimmt) die Testgröße

$$\frac{\sqrt{n-3}}{2} \cdot \left(\ln \frac{1+R_n}{1-R_n} - \ln \frac{1+\rho}{1-\rho} \right) \tag{9.38}$$

ungefähr $N(0;1)$ - verteilt. Mit dem Korrelationskoeffizienten r einer Stichprobe und den Quantilen der $N(0;1)$ - Verteilung erhält man die

Testentscheidungen:

Nullhypothese H_0	Alternative H_1	Ablehnungsbereich von H_0
a) $\rho = \rho_0$	$\rho \neq \rho_0$	$\frac{\sqrt{n-3}}{2} \left\lvert \ln \frac{1+r}{1-r} - \ln \frac{1+\rho_0}{1-\rho_0} \right\rvert > z_{1-\frac{\alpha}{2}}$
b) $\rho \leq \rho_0$	$\rho > \rho_0$	$\frac{\sqrt{n-3}}{2} \left(\ln \frac{1+r}{1-r} - \ln \frac{1+\rho_0}{1-\rho_0} \right) > z_{1-\alpha}$
c) $\rho \geq \rho_0$	$\rho < \rho_0$	$\frac{\sqrt{n-3}}{2} \left(\ln \frac{1+r}{1-r} - \ln \frac{1+\rho_0}{1-\rho_0} \right) < -z_{1-\alpha}$

Beispiel 9.14:
Zum Test der Nullhypothese $H_0: \rho \le 0{,}7$ gegen $H_1: \rho > 0{,}7$ mit $\alpha = 0{,}05$ wurde aus einer Stichprobe vom Umfang $n = 400$ der Korrelationskoeffizient $r = 0{,}745$ berechnet. Daraus erhält man die Testgröße

$$\frac{\sqrt{397}}{2}\left(\ln\frac{1+0{,}745}{1-0{,}745} - \ln\frac{1+0{,}7}{1-0{,}7}\right) = 1{,}879.$$

Da die Testgröße das Quantil $z_{1-\alpha} = z_{0,95} = 1{,}65$ übersteigt, wird die Nullhypothese abgelehnt.

9.10 Test des Parameters einer Poisson-Verteilung

Wie bei der Bestimmung von Konfidenzintervallen in Abschnitt 8.4.4 benutzt man bei großem Stichprobenumfang die asymptotisch normalverteilte Testgröße. Bei einer einzigen Realisierung wird die Poisson-Verteilung exakt durch eine Chi-Quadrat-Verteilung dargestellt.

9.10.1 Test von λ bei großem Stichprobenumfang n

Bei großem Stichprobenumfang n ist die Testgröße

$$\frac{\overline{X} - \lambda_0}{\sqrt{\lambda_0}} \cdot \sqrt{n} \tag{9.39}$$

näherungsweise $N(0;1)$-verteilt, falls λ_0 der tatsächliche Parameter der Poisson-Verteilung ist. Mit dem Mittelwert $\overline{x}$ einer Stichprobe und den Quantilen der Standard-Normalverteilung gelangt man zu den

Testentscheidungen:

Nullhypothese H_0	Alternative H_1	Ablehnungsbereich von H_0
a) $\lambda = \lambda_0$	$\lambda \ne \lambda_0$	$\frac{\lvert\overline{x} - \lambda_0\rvert}{\sqrt{\lambda_0}} \cdot \sqrt{n} > z_{1-\frac{\alpha}{2}}$
b) $\lambda \le \lambda_0$	$\lambda > \lambda_0$	$\frac{\overline{x} - \lambda_0}{\sqrt{\lambda_0}} \cdot \sqrt{n} > z_{1-\alpha}$
c) $\lambda \ge \lambda_0$	$\lambda < \lambda_0$	$\frac{\overline{x} - \lambda_0}{\sqrt{\lambda_0}} \cdot \sqrt{n} < -z_{1-\alpha}$

Beispiel 9.15:

a) Zum Test der Nullhypothese $H_0: \lambda \geq 4$ gegen $H_1: \lambda < 4$ mit $\alpha = 0{,}05$ wurde von einer Stichprobe vom Umfang 50 der Mittelwert $\overline{x} = 3{,}71$ berechnet. Die Realisierung der Testgröße lautet

$$\frac{\overline{x} - \lambda_0}{\sqrt{\lambda_0}} \cdot \sqrt{n} = \frac{3{,}71 - 4}{\sqrt{4}} \cdot \sqrt{50} = -1{,}025; \quad -z_{0,95} = -1{,}6449.$$

Weil die Realisierung der Testgröße das Qunatil nicht unterschreitet, kann die Nullhypothese nicht abgelehnt werden.

b) Wie groß müßte der Stichprobenumfang n mindestens sein, damit man sich mit dem Ergebnis aus a) mit $\alpha = 0{,}05$ für $\lambda < 4$ entscheiden könnte?

$$\frac{3{,}71 - 4}{\sqrt{4}} \cdot \sqrt{n} < -1{,}6449; \quad \sqrt{n} > \frac{2}{0{,}29} \cdot 1{,}6449; \quad n \geq 129 \text{ (aufgerundet).}$$

9.10.2 Test von λ aus einer einzigen Realisierung

Von der Poisson-verteilten Zufallsvariablen X liege nur eine einzige Realisierung m vor, z. B. eine absolute Häufigkeit bei seltenen Ereignissen. Ist λ_0 der tatsächliche Parameter, so gilt

$$P(X = k) = \frac{\lambda_0^k}{k!} \cdot e^{-\lambda_0} \quad \text{für } k = 0, 1, 2, \dots .$$

Die Ablehnungsgrenzen werden analog zu denen beim Test einer Wahrscheinlichkeit in Abschnitt 9.6.2 berechnet. Dabei benutzt man die im Satz 8.4 in Abschnitt 8.4.4.2 angegebene Darstellung der Poisson-Verteilung durch eine Chi-Quadrat-Verteilung mit

$$\sum_{k=0}^{r} \frac{\lambda^k}{k!} \cdot e^{-\lambda} = 1 - P(\chi^2_{2(r+1)} \leq 2\lambda).$$

Zu vorgegebenen Irrtumswahrscheinlichkeiten bestimmt man die ganzzahligen Ablehnungsgrenzen c_u und c_o aus

$c_u = c_u(\alpha_2)$ maximal mit

$$\alpha_2 \geq \sum_{k=0}^{c_u} \frac{\lambda_0^k}{k!} \cdot e^{-\lambda_0} = 1 - P(\chi^2_{2(c_u+1)} \leq 2\lambda_0);$$

$c_o = c_o(\alpha_1)$ minimal mit

$$\alpha_1 \geq \sum_{k=c_o}^{\infty} \frac{\lambda_0^k}{k!} \cdot e^{-\lambda_0} = 1 - \sum_{k=0}^{c_o - 1} \frac{\lambda_0^k}{k!} \cdot e^{-\lambda_0} = P(\chi^2_{2c_o} \leq 2\lambda_0).$$

Mit der Realisierung m der Poisson-verteilten Zufallsvariablen und den oben berechneten Quantilen erhält man zum Signifikanzniveau $\alpha^* \leq \alpha$ die

Testentscheidungen:

Nullhypothese H_0	Alternative H_1	Ablehnungsbereich von H_0
a) $\lambda = \lambda_0$	$\lambda \neq \lambda_0$	$m \leq c_u(\frac{\alpha}{2})$ oder $m \geq c_o(\frac{\alpha}{2})$
b) $\lambda \leq \lambda_0$	$\lambda > \lambda_0$	$m \geq c_o(\alpha)$
c) $\lambda \geq \lambda_0$	$\lambda < \lambda_0$	$m \leq c_u(\alpha)$

Die Grenzen gehören dabei zum Ablehnungsbereich.

Die exakten Signifikanzniveaus α^* für die einzelnen Tests sind:

a) $$\alpha^* = \sum_{k=0}^{c_u} \frac{\lambda_0^k}{k!} \cdot e^{-\lambda_0} + \sum_{k=c_o}^{\infty} \frac{\lambda_0^k}{k!} \cdot e^{-\lambda_0} \leq \alpha\,;$$

b) $$\alpha^* = \sum_{k=c_o}^{\infty} \frac{\lambda_0^k}{k!} \cdot e^{-\lambda_0} \leq \alpha;$$

c) $$\alpha^* = \sum_{k=0}^{c_u} \frac{\lambda_0^k}{k!} \cdot e^{-\lambda_0} \leq \alpha.$$

Beispiel 9.16:

a) Zum Test mit $\alpha = 0{,}1$ von $H_0\colon \lambda \geq 4$ gegen $H_1\colon \lambda < 4$ erhält man als Realisierung der Poisson-Verteilung den Wert $m = 3$. Kann damit die Nullhypothese abgelehnt werden? Die Ablehnungsgrenze c_u erhält man aus

$$c_u \text{ maximal mit } \sum_{k=0}^{c_u} \frac{4^k}{k!} \cdot e^{-4} \leq 0{,}1\,;\quad c_u = 1\,.$$

Wegen $m > c_u$ kann die Nullhypothese nicht abgelehnt werden.

b) Mit $\alpha = 0{,}05$ soll $H_0\colon \lambda \leq 10$ gegen $H_1\colon \lambda > 10$ getestet werden. Wie groß muß die Realisierung m der Poisson-Verteilung mindestens sein, damit H_0 abgelehnt werden kann? c_o muß minimal sein mit

$$0{,}05 \geq \sum_{k=c_o}^{\infty} \frac{(10)^k}{k!} \cdot e^{-10} = P(\chi^2_{2c_o} \leq 20)\,.$$

Aus Tabelle 4 im Anhang kann man ablesen, daß nur bei den Chi-Quadrat-Verteilungen mit mindestens 32 Freiheitsgraden die 0,05-Quantile größer als 20 sind. Also muß $2c_0 = 32$ sein mit $c_0 = 16$. Daraus folgt $m \geq 16$. Das (tatsächliche) Signifikanzniveau lautet

$P(\chi^2_{32} \leq 20) = 0{,}04874$.

9.11 Test des Parameters einer Exponentialverteilung

Die Zufallsvariablen $X_1, X_2, \ldots, X_n$ seien unabhängig und exponentialverteilt mit dem gleichen Parameter λ. Dann ist nach Satz 8.5 in Abschnitt 8.4.5 die Testfunktion

$$V = 2\lambda_0 \sum_{i=1}^{n} X_i = 2\lambda_0 n \overline{X} \tag{9.40}$$

Chi-Quadrat-verteilt mit 2n Freiheitsgraden, wenn λ_0 der tatsächliche Parameter ist. Falls jedoch $\lambda < \lambda_0$ der wirkliche Parameter ist, so ist die Zufallsvariable V nicht mehr Chi-Quadrat-verteilt, sondern die Zufallsvariable

$$V = 2\lambda n \overline{X} \qquad \text{mit} \qquad P\left(2\lambda n \overline{X} < \chi^2_{2n;\alpha}\right) = \alpha .$$

Unter der Nullhypothese b) gilt $\frac{\lambda_0}{\lambda} \geq 1$. Daraus folgt

$$\begin{aligned}\alpha = {} & P\left(2\lambda n \overline{X} < \chi^2_{2n;\alpha}\right) = P\left(2\lambda_0 n \overline{X} < \frac{\lambda_0}{\lambda} \chi^2_{2n;\alpha}\right) \\ \geq {} & P(2\lambda_0 n \overline{X} < \chi^2_{2n;\alpha});\end{aligned}$$

$2\lambda_0 n\overline{x} < \chi^2_{2n;\alpha}$ ist daher der Ablehnungsbereich beim einseitigen Test b).

Unter der Nullhypothese c) gilt $\frac{\lambda_0}{\lambda} \leq 1$. Daraus folgt

$$\begin{aligned}\alpha &= P\left(2\lambda n \overline{X} > \chi^2_{2n;1-\alpha}\right) \\ &= P\left(2\lambda_0 n \overline{X} > \frac{\lambda_0}{\lambda} \cdot \chi^2_{2n;1-\alpha}\right) \geq P\left(2\lambda_0 n \overline{X} > \chi^2_{2n;1-\alpha}\right).\end{aligned}$$

$2\lambda_0 n\overline{x} > \chi^2_{2n;1-\alpha}$ ist der Ablehnungsbereich des einseitigen Tests c).

Daher gelangt man mit dem Mittelwert $\overline{x}$ und den Quantilen der Chi-Quadrat-Verteilung mit 2n Freiheitsgraden zu den

Testentscheidungen:

Nullhypothese H_0	Alternative H_1	Ablehnungsbereich von H_0
a) $\lambda = \lambda_0$	$\lambda \neq \lambda_0$	$2\lambda_0 n \overline{x} < \chi^2_{2n;\frac{\alpha}{2}}$ oder $> \chi^2_{2n;1-\frac{\alpha}{2}}$
b) $\lambda \leq \lambda_0$	$\lambda > \lambda_0$	$2\lambda_0 n \overline{x} < \chi^2_{2n;\alpha}$
c) $\lambda \geq \lambda_0$	$\lambda < \lambda_0$	$2\lambda_0 n \overline{x} > \chi^2_{2n;1-\alpha}$

Beispiel 9.17:
Die Zufallsvariable der Betriebsdauer (in Stunden) bestimmter Geräte sei exponentialverteilt. Der Hersteller behauptet, der Erwartungswert μ sei größer als 1 000 Stunden.

a) Zum Test wurde die Betriebsdauer bei 50 Geräten festgestellt mit dem Mittelwert $\bar{x} = 1\,005{,}5$. Kann damit die Behauptung des Herstellers mit einer Irrtumswahrscheinlichkeit $\alpha = 0{,}05$ bestätigt werden? Wegen $\mu = \frac{1}{\lambda}$ sind folgende Hypothesen und Alternativen gleichwertig

$$H_0: \mu \leq 1\,000 \quad \Leftrightarrow \quad H_0: \lambda \geq \frac{1}{1\,000} = 0{,}001$$

$$H_1: \mu > 1\,000 \quad \Leftrightarrow \quad H_1: \lambda < 0{,}001.$$

Damit muß der einseitige Test c) mit $\lambda_0 = 0{,}001$ durchgeführt werden.

$$2\lambda_0 n \bar{x} = 2 \cdot 0{,}001 \cdot 50 \cdot 1\,005{,}5 = 100{,}55\ ; \quad \chi^2_{100\,;\,0{,}95} = 124{,}34\,.$$

Weil die Realisierung der Testgröße dieses Quantil nicht übersteigt, kann die Nullhypothese H_0 nicht abgelehnt, die Alternative H_1 also nicht angenommen werden.

b) Wie groß muß der Mittelwert $\bar{x}$ einer Stichprobe vom Umfang 200 mindestens sein, damit man mit einer Irrtumswahrscheinlichkeit von $\alpha = 0{,}05$ die Entscheidung $\mu > 1\,000$ treffen kann? Aus Tabelle 4 erhält man

$$400 \cdot 0{,}001 \cdot \bar{x} > \chi^2_{400\,;\,0{,}99} \approx \frac{1}{2}(z_{0{,}95} + \sqrt{800-1})^2 = 447{,}347\,;$$

$$\bar{x} > 1\,118{,}37\,.$$

9.12 Test der Differenz zweier Erwartungswerte

Wie bei der Bestimmung von Konfidenzintervallen in Abschnitt 8.5 wird vorausgesetzt, daß entweder die beiden Zufallsvariablen X und Y, deren Erwartungswerte μ_X und μ_Y miteinander verglichen werden, normalverteilt sind oder daß die Stichprobenumfänge entsprechend groß sind (Faustregel: mindestens gleich 30).

Allgemein soll getestet werden, ob die Differenz $\mu_X - \mu_Y$ der beiden Erwartungswerte gleich, kleiner oder größer als eine fest vorgegebene Konstante c (Differenz) ist. $c = 0$ ergibt als Spezialfall den **Test auf Gleichheit** der beiden Erwartungswerte.

Wenn $\mu_X - \mu_Y = c$ erfüllt ist, besitzt die Zufallsvariable $X - Y$ den Erwartungswert $E(X - Y) = \mu_X - \mu_Y = c$.

9.12.1 Test bei verbundenen Stichproben

Bei verbundenen, am gleichen Individuum gemessenen Stichproben (s. Abschnitt 8.5.1)

$$(x, y) = ((x_1, y_1), (x_2, y_2), \ldots, (x_n, y_n))$$

verwendet man die Stichprobe der Differenzen

$$d_i = x_i - y_i \quad \text{für } i = 1, 2, \ldots, n.$$

Die Stichprobe besitze den Mittelwert und die Varianz

$$\bar{d} = \frac{1}{n} \sum_{i=1}^{n} d_i = \bar{x} - \bar{y}; \qquad s_d^2 = \frac{1}{n-1} \sum_{i=1}^{n} (d_i - \bar{d})^2. \tag{9.41}$$

Wenn $\mu_X - \mu_Y = c$ ist, besitzt die Zufallsvariable $D = X - Y$ der Differenzen den Erwartungswert $\mu_X - \mu_Y = c$. Dann ist die Standardisierung

$$\frac{\bar{D} - c}{S_d} \cdot \sqrt{n} = \frac{\bar{X} - \bar{Y} - c}{S_d} \cdot \sqrt{n} \tag{9.42}$$

(ungefähr) t-verteilt mit $n - 1$ Freiheitsgraden. Mit der Realisierung der Testfunktion

$$\frac{\bar{d} - c}{s_d} \cdot \sqrt{n} = \frac{\bar{x} - \bar{y} - c}{s_d} \cdot \sqrt{n}$$

und den Quantilen der t-Verteilung mit $n - 1$ Freiheitsgraden erhält man für den zweiseitigen und die beiden einseitigen Tests die

Testentscheidungen:

Nullhypothese H_0	Alternative H_1	Ablehnungsbereich von H_0
a) $\mu_X - \mu_Y = c$	$\mu_X - \mu_Y \neq c$	$\frac{\lvert \bar{x} - \bar{y} - c \rvert}{s_d} \cdot \sqrt{n} > t_{n-1;1-\frac{\alpha}{2}}$
b) $\mu_X - \mu_Y \leq c$	$\mu_X - \mu_Y > c$	$\frac{\bar{x} - \bar{y} - c}{s_d} \cdot \sqrt{n} > t_{n-1;1-\alpha}$
c) $\mu_X - \mu_Y \geq c$	$\mu_X - \mu_Y < c$	$\frac{\bar{x} - \bar{y} - c}{s_d} \cdot \sqrt{n} < -t_{n-1;1-\alpha}$

Beispiel 9.18:
Es wird vermutet, daß die Reaktionszeit (in Sekunden) auf ein bestimmtes Signal durch den Genuß einer bestimmten Menge Alkohol um mehr als 0,2 Sekunden erhöht wird.

a) Zum Test von H_0: $\mu_X - \mu_Y \leq 0{,}2$ gegen H_1: $\mu_X - \mu_Y > 0{,}2$ mit $\alpha = 0{,}05$ wurden bei 100 zufällig ausgewählten Personen die Reaktionszeiten im nüchternen Zustand und eine Stunde nach dem Genuß einer bestimmten Menge Alkohol gemessen. Dabei erhielt man die Werte:

$\bar{y} = 0{,}95$ (ohne Alkohol); $\bar{x} = 1{,}18$ (mit Alkohol); $s_d = 0{,}19$.

$$\frac{\bar{x}-\bar{y}-c}{s_d}\cdot\sqrt{n} = \frac{1{,}18-0{,}95-0{,}2}{0{,}19}\cdot\sqrt{100} = 1{,}579;\quad t_{99\,;\,0,95} = 1{,}6604.$$

Da die Realisierung der Testgröße dieses Quantil nicht überschreitet, kann eine signifikante Erhöhung der Reaktionszeit um mindestens 0,2 Sekunden nicht festgestellt werden.

b) Welche signifikante Mindesterhöhung c hätte mit dem Test gerade noch bestätigt werden können? Aus

$$\frac{1{,}18-0{,}95-c}{0{,}19}\cdot\sqrt{100} > t_{99\,;\,0,95} = 1{,}66039$$

folgt $c \le 1{,}18-0{,}95-\frac{0{,}19}{10}\cdot t_{99\,;\,0,95} = 0{,}1985$.

9.12.2 Test bei nichtverbundenen Stichproben

In diesem Abschnitt sollen die unbekannten Erwartungswerte $\mu_X = E(X)$ und $\mu_Y = E(Y)$ von zwei **unabhängigen Zufallsvariablen** X und Y miteinander verglichen werden. Die Testfunktionen können unmittelbar aus Abschnitt 8.5.2 (Konfindenzintervalle) übernommen werden. Aus zwei unabhängigen Stichproben

$$x = (x_1, x_2, \ldots, x_{n_1})\,;\quad y = (y_1, y_2, \ldots, y_{n_2})$$

werden die Mittelwerte $\bar{x}$ und $\bar{y}$ berechnet, wenn nötig auch die Varianzen s_x^2 und s_y^2.

9.12.2.1 Test der Erwartungswerte bei bekannten Varianzen

Die Varianzen $\sigma_X^2 = Var(X)$ und $\sigma_Y^2 = Var(Y)$ seien bekannt. Dann besitzt die Zufallsvariable $\overline{X}-\overline{Y}$ die Parameter

$$E(\overline{X}-\overline{Y}) = \mu_X - \mu_Y\,;\quad \sigma_d^2 = Var(\overline{X}-\overline{Y}) = \frac{\sigma_X^2}{n_1} + \frac{\sigma_Y^2}{n_2}.$$

Dann ist die Testfunktion

$$Z = \frac{\overline{X}-\overline{Y}-c}{\sqrt{\frac{\sigma_X^2}{n_1}+\frac{\sigma_Y^2}{n_2}}}. \tag{9.43}$$

(wenigstens näherungsweise) N(0;1)-verteilt, wenn $\mu_X - \mu_Y = c$ die tatsächliche Differenz ist. Mit den Quantilen der Standard-Normalverteilung und der Realisierung

$$z_{ber} = \frac{\bar{x} - \bar{y} - c}{\sqrt{\frac{\sigma_X^2}{n_1} + \frac{\sigma_Y^2}{n_2}}} \tag{9.44}$$

gelangt man zu den

Testentscheidungen:

Nullhypothese H_0	Alternative H_1	Ablehnungsbereich von H_0
a) $\mu_X - \mu_Y = c$	$\mu_X - \mu_Y \neq c$	$\lvert z_{ber} \rvert > z_{1-\frac{\alpha}{2}}$
b) $\mu_X - \mu_Y \leq c$	$\mu_X - \mu_Y > c$	$z_{ber} > z_{1-\alpha}$; z_{ber} s. (9.44)
c) $\mu_X - \mu_Y \geq c$	$\mu_X - \mu_Y < c$	$z_{ber} < -z_{1-\alpha}$

9.12.2.2 Test bei unbekannten, aber gleichen Varianzen

Im Falle gleicher (unbekannter) Varianzen $\sigma_X^2 = \sigma_Y^2$ ist nach Abschnitt 8.5.2.2 die Testfunktion

$$T = \frac{\bar{X} - \bar{Y} - c}{\sqrt{(n_1 - 1) S_x^2 + (n_2 - 1) S_y^2}} \cdot \sqrt{\frac{n_1 n_2 (n_1 + n_2 - 2)}{n_1 + n_2}} \tag{9.45}$$

(wenigstens näherungsweise) t-verteilt mit $n_1 + n_2 - 2$ Freiheitsgraden, wenn $\mu_X - \mu_Y = c$ ist. Mit der Realisierung

$$t_{ber} = \frac{\bar{x} - \bar{y} - c}{\sqrt{(n_1 - 1) s_x^2 + (n_2 - 1) s_y^2}} \cdot \sqrt{\frac{n_1 n_2 (n_1 + n_2 - 2)}{n_1 + n_2}} \tag{9.46}$$

und den Quantilen der t-Verteilung mit $n_1 + n_2 - 2$ Freiheitsgraden gelangt man zu den

Testentscheidungen:

Nullhypothese H_0	Alternative H_1	Ablehnungsbereich von H_0
a) $\mu_X - \mu_Y = c$	$\mu_X - \mu_Y \neq c$	$\lvert t_{ber} \rvert > t_{n_1+n_2-2;\,1-\frac{\alpha}{2}}$
b) $\mu_X - \mu_Y \leq c$	$\mu_X - \mu_Y > c$	$t_{ber} > t_{n_1+n_2-2;\,1-\alpha}$
c) $\mu_X - \mu_Y \geq c$	$\mu_X - \mu_Y < c$	$t_{ber} < -t_{n_1+n_2-2;\,1-\alpha}$

Beispiel 9.19:
Eine Abfüllanlage mußte neu eingestellt werden. Zum Test mit $\alpha = 0{,}05$, daß bei der Neueinstellung der Erwartungswert der Füllmenge in cm^3 unverändert blieb, wurden eine Stichprobe (x) vor und eine (y) nach der Einstellung ausgewertet mit
$\overline{x} = 980{,}0$; $s_x^2 = 5{,}81$; $n_1 = 100$; $\overline{y} = 979{,}2$; $s_y^2 = 6{,}04$; $n_2 = 50$.
Man kann davon ausgehen, daß sich die Varianz der Füllmenge bei der Neueinstellung nicht verändert hat. Für den zweiseitigen Test lautet die Realisierung der Testfunktion für c = 0

$$|t_{ber}| = \frac{980{,}0 - 979{,}2}{\sqrt{99 \cdot 5{,}81 + 49 \cdot 6{,}04}} \cdot \sqrt{\frac{100 \cdot 50 \cdot 148}{150}} = 1{,}9038;$$

$$t_{148;0{,}975} = 1{,}976.$$

Wegen $|t_{ber}| < t_{148;0{,}975}$ kann statistisch keine signifikante Änderung des Erwartungswertes μ festgestellt werden.

9.12.2.3 Test ohne Information über die Varianzen (Behrens-Fisher-Problem)

Falls die Varianzen σ_X^2 und σ_Y^2 der beiden Zufallsvariablen X und Y nicht bekannt und auch nicht gleich sind, ist nach Abschnitt 8.5.2.3 die Testfunktion

$$T = \frac{\overline{X} - \overline{Y} - c}{\sqrt{\frac{S_x^2}{n_1} + \frac{S_y^2}{n_2}}} \tag{9.47}$$

näherungsweise t-verteilt, wenn $\mu_X - \mu_Y = c$ die tatsächliche Differenz der Erwartungswerte ist. Die Anzahl der Freiheitsgrade erhält man aus

$$\nu \approx \frac{\left(\frac{s_x^2}{n_1} + \frac{s_y^2}{n_2}\right)^2}{\frac{1}{n_1 - 1} \cdot \left(\frac{s_x^2}{n_1}\right)^2 + \frac{1}{n_2 - 1} \cdot \left(\frac{s_y^2}{n_2}\right)^2} \quad \text{(runden!)}. \tag{9.48}$$

Mit der Realisierung

$$t_{ber} = \frac{\overline{x} - \overline{y} - c}{\sqrt{\frac{s_x^2}{n_1} + \frac{s_y^2}{n_2}}} \tag{9.49}$$

und den Quantilen der t-Verteilung mit den nach (9.48) berechneten Freiheitsgraden ν erhält man die

Testentscheidungen:

Nullhypothese H_0	Alternative H_1	Ablehnungsbereich von H_0
a) $\mu_X - \mu_Y = c$	$\mu_X - \mu_Y \neq c$	$\lvert t_{ber} \rvert > t_{\nu;1-\frac{\alpha}{2}}$
b) $\mu_X - \mu_Y \leq c$	$\mu_X - \mu_Y > c$	$t_{ber} > t_{\nu;1-\alpha}$; t_{ber} s. (9.49)
c) $\mu_X - \mu_Y \geq c$	$\mu_X - \mu_Y < c$	$t_{ber} < -t_{\nu;1-\alpha}$

Beispiel 9.20:
Eine Abfüllanlage wurde neu eingestellt. Zum Test der Nullhypothese, daß die Erwartungswerte der Gewichte vor und nach der Neueinstellung gleich sind, wurden aus zwei Stichproben die folgenden Werte gemessen:
vor der Neueinstellung: $n_2 = 50$; $\bar{y} = 248{,}1$; $s_y^2 = 16{,}9$;

nach der Neueinstellung: $n_1 = 30$; $\bar{x} = 249{,}8$; $s_x^2 = 18{,}5$.

Der Test soll mit $\alpha = 0{,}05$ durchgeführt werden. Mit $c = 0$ erhält man die Realisierung der Testgröße

$$t_{ber} = \frac{249{,}8 - 248{,}1}{\sqrt{\frac{18{,}5}{30} + \frac{16{,}9}{50}}} = 1{,}740;$$

$$\frac{\left(\frac{18{,}5}{30} + \frac{16{,}9}{50}\right)^2}{\frac{1}{29}\cdot\left(\frac{18{,}5}{30}\right)^2 + \frac{1}{49}\cdot\left(\frac{16{,}9}{50}\right)^2} \approx 59 \text{ (gerundet) } = \nu \text{ (Freiheitsgrade).}$$

$t_{59;0{,}975} = 2{,}001$. Wegen $\lvert t_{ber} \rvert < t_{59;0{,}975}$ kann die Nullhypothese nicht abgelehnt werden. Eine Veränderung des Erwartungswertes durch die Neueinstellung kann also nicht signifikant nachgewiesen werden.

9.13 Test des Quotienten zweier Varianzen bei Normalverteilungen

Wir betrachten zwei unabhängige normalverteilte Zufallsvariablen mit den unbekannten Varianzen σ_X^2 und σ_Y^2. Getestet werden soll, ob der Quotient σ_X^2/σ_Y^2 kleiner, gleich oder größer als eine vorgegebene positive Konstante d ist. $d = 1$ ergibt als Spezialfall den Test auf **Gleichheit der beiden Varianzen.**

a) $H_0 : \frac{\sigma_X^2}{\sigma_Y^2} = d$ ist gleichwertig mit $\sigma_X^2 = d \cdot \sigma_Y^2$;

b) $H_0 : \frac{\sigma_X^2}{\sigma_Y^2} \leq d$ ist gleichwertig mit $\sigma_X^2 \leq d \cdot \sigma_Y^2$;

c) $H_0 : \frac{\sigma_X^2}{\sigma_Y^2} \geq d$ ist gleichwertig mit $\sigma_X^2 \geq d \cdot \sigma_Y^2$.

Nach Abschnitt 8.6 und Abschnitt 6.7.6 ist die Testfunktion

$$\frac{S_X^2}{\sigma_X^2} : \frac{S_Y^2}{\sigma_Y^2} = \frac{S_X^2}{S_Y^2} \cdot \frac{\sigma_Y^2}{\sigma_X^2} \tag{9.50}$$

F-verteilt mit $(n_2 - 1, n_1 - 1)$ Freiheitsgraden. Dann gilt

$$1 - \alpha = P\left(\frac{S_X^2}{S_Y^2} \cdot \frac{\sigma_Y^2}{\sigma_X^2} > f_{n_1 - 1, n_2 - 1 ; 1 - \alpha} \right)$$

$$= P\left(\frac{S_X^2}{S_Y^2} > \frac{\sigma_X^2}{\sigma_Y^2} \cdot f_{n_1 - 1, n_2 - 1 ; 1 - \alpha} \right).$$

Wenn $\frac{\sigma_X^2}{\sigma_Y^2} = d$ richtig ist, gilt

$$1 - \alpha = P\left(\frac{S_X^2}{S_Y^2} > d \cdot f_{n_1 - 1, n_2 - 1 ; 1 - \alpha} \right).$$

Im Falle $\frac{\sigma_X^2}{\sigma_Y^2} > d$ gibt es eine Zahl $k > 1$ mit $\frac{\sigma_X^2}{\sigma_Y^2} = k \cdot d$. Dann gilt

$$P\left(\frac{S_X^2}{S_Y^2} > k\, d\, f_{n_1 - 1, n_2 - 1 ; 1 - \alpha} \right) \leq P\left(\frac{S_X^2}{S_Y^2} > d\, f_{n_1 - 1, n_2 - 1 ; 1 - \alpha} \right) = 1 - \alpha.$$

Damit ist

$$\frac{s_x^2}{s_y^2} > d \cdot f_{n_1 - 1, n_2 - 1 ; 1 - \alpha}$$

der Ablehnungsbereich der Nullhypothese b) $H_0 : \frac{S_X^2}{S_Y^2} \leq d$.

Für $\frac{\sigma_X^2}{\sigma_Y^2} < d$ gibt es eine Zahl $k < 1$ mit $\frac{\sigma_X^2}{\sigma_Y^2} = k\, d$. Dann gilt

$$\alpha = P\left(\frac{S_X^2}{S_Y^2} \cdot \frac{\sigma_Y^2}{\sigma_X^2} < f_{n_1 - 1, n_2 - 1 ; \alpha} \right)$$

$$= P\left(\frac{S_X^2}{S_Y^2} < \frac{\sigma_X^2}{\sigma_Y^2} \cdot f_{n_1 - 1, n_2 - 1 ; \alpha} \right);$$

$$P\left(\frac{S_X^2}{S_Y^2} < k\, d\, f_{n_1 - 1, n_2 - 1 ; \alpha} \right) \leq P\left(\frac{S_X^2}{S_Y^2} < d f_{n_1 - 1, n_2 - 1 ; \alpha} \right) = \alpha.$$

$$\frac{s_x^2}{s_y^2} < d \cdot f_{n_1-1,n_2-1;\alpha} = \frac{d}{f_{n_2-1,n_1-1;1-\alpha}}$$

ist der Ablehnungsbereich der Nullhypothese c) $H_0: \frac{\sigma_X^2}{\sigma_Y^2} \geq d$.

Mit den Stichprobenvarianzen und den Quantilen der F-Verteilung mit (n_1-1, n_2-1) bzw. (n_2-1, n_1-1) Freiheitsgraden erhält man damit die

Testentscheidungen:

Nullhypothese H_0	Alternative H_1	Ablehnungsbereich von H_0
a) $\frac{\sigma_X^2}{\sigma_Y^2} = d$	$\frac{\sigma_X^2}{\sigma_Y^2} \neq d$	$\frac{s_x^2}{s_y^2} > d \cdot f_{n_1-1,n_2-1;1-\frac{\alpha}{2}}$ oder $< \frac{d}{f_{n_2-1,n_1-1;1-\frac{\alpha}{2}}}$
b) $\frac{\sigma_X^2}{\sigma_Y^2} \leq d$	$\frac{\sigma_X^2}{\sigma_Y^2} > d$	$\frac{s_x^2}{s_y^2} > d \cdot f_{n_1-1,n_2-1;1-\alpha}$
c) $\frac{\sigma_X^2}{\sigma_Y^2} \geq d$	$\frac{\sigma_X^2}{\sigma_Y^2} < d$	$\frac{s_x^2}{s_y^2} < \frac{d}{f_{n_2-1,n_1-1;1-\alpha}}$

(n_1 = Umfang der x-Stichprobe, n_2 = Umfang der y-Stichprobe).

Beispiel 9.21:

Eine Firma behauptet, in einer Abfüllanlage werde durch den Einbau einer speziellen Vorrichtung die Standardabweichung der Zufallsvariablen der Füllmenge um mehr als 10% verkleinert. Vor der Umrüstung wurde aus einer Stichprobe vom Umfang 201 die Standardabweichung $s_y = 4{,}3$ bestimmt. Nach der Umrüstung soll in einer Stichprobe vom Umfang 101 die Standardabweichung s_x bestimmt werden. Wie groß darf s_x höchstens sein, damit man der Behauptung der Firma mit einer Irrtumswahrscheinlichkeit $\alpha = 0{,}05$ glauben kann?

Es muß der einseitige Test c) durchgeführt werden.

$$H_0: \frac{\sigma_X}{\sigma_Y} \geq 0{,}9 \iff \frac{\sigma_X^2}{\sigma_Y^2} \geq 0{,}81; \quad H_1: \frac{\sigma_X^2}{\sigma_Y^2} < 0{,}81.$$

Mit $d = 0{,}81$ erhält man aus c) den Ablehnungsbereich

$$\frac{s_x^2}{s_y^2} < \frac{d}{f_{100,200;0,95}}; \quad s_x^2 < \frac{0{,}81 \cdot s_y^2}{f_{100,200;0,95}} = \frac{0{,}81 \cdot (4.3)^2}{1{,}32064} = 11{,}3407;$$

$\underline{s_x < 3{,}3676.}$

9.14 Test auf Gleichheit der Korrelationskoeffizienten zweier Normalverteilungen

Wir betrachten zwei voneinander unabhängige normalverteilte zweidimensionale Zufallsvariablen (X_1, Y_1) und (X_2, Y_2) mit den Korrelationskoeffizienten

$$\rho_1 = \rho(X_1, Y_1) \text{ und } \rho_2 = \rho(X_2, Y_2).$$

Zum Test auf Gleichheit der beiden Korrelationskoeffizienten wird bezüglich (X_1, Y_1) eine einfache Stichprobe vom Umfang n_1 mit dem empirischen Korrelationskoeffizienten r_1 und bezüglich (X_2, Y_2) eine einfache Stichprobe vom Umfang n_2 mit dem empirischen Korrelationskoeffizienten r_2 gezogen. Diese Stichprobenkorrelationen sind Realisierungen der beiden unabhängigen Zufallsvariablen $R_{n_1}^{(1)}$ und $R_{n_2}^{(2)}$. Nach Abschnitt 8.4.1.5 sind die Fisher-Transformationen

$$U_1 = \frac{1}{2}\ln\frac{1+R_{n_1}^{(1)}}{1-R_{n_1}^{(1)}}; \quad U_2 = \frac{1}{2}\ln\frac{1+R_{n_2}^{(2)}}{1-R_{n_2}^{(2)}} \tag{9.51}$$

näherungsweise normalverteilt mit den Varianzen

$$\operatorname{Var}(U_1) = \frac{1}{n_1 - 3}; \quad \operatorname{Var}(U_2) = \frac{1}{n_2 - 3}.$$

Falls beide Korrelationskoeffizienten ρ_1 und ρ_2 gleich sind, ist die Differenz $U_1 - U_2$ asymptotisch normalverteilt mit dem Erwartungswert 0 und der Varianz

$$\operatorname{Var}(U_1 - U_2) = \operatorname{Var}(U_1) + \operatorname{Var}(U_2) = \frac{1}{n_1 - 3} + \frac{1}{n_2 - 3}.$$

Dann ist die standardisierte Testgröße

$$Z = \frac{U_1 - U_2}{\sqrt{\frac{1}{n_1 - 3} + \frac{1}{n_2 - 3}}} = \frac{\frac{1}{2}\ln\frac{1+R_{n_1}^{(1)}}{1-R_{n_1}^{(1)}} - \frac{1}{2}\ln\frac{1+R_{n_2}^{(2)}}{1-R_{n_2}^{(2)}}}{\sqrt{\frac{1}{n_1 - 3} + \frac{1}{n_2 - 3}}}$$

für große n_1 und n_2 näherungsweise $N(0;1)$-verteilt. Mit der Realisierung dieser Zufallsvariablen

$$z_{ber} = \frac{\frac{1}{2}\ln\frac{1+r_1}{1-r_1} - \frac{1}{2}\ln\frac{1+r_2}{1-r_2}}{\sqrt{\frac{1}{n_1 - 3} + \frac{1}{n_2 - 3}}} \tag{9.52}$$

und den Quantilen der Standard-Normalverteilung erhält man die

Testentscheidungen:

Nullhypothese H_0	Alternative H_1	Ablehnungsbereich von H_0
a) $\rho_1 = \rho_2$	$\rho_1 \neq \rho_2$	$\lvert z_{ber} \rvert > z_{1-\frac{\alpha}{2}}$
b) $\rho_1 \leq \rho_2$	$\rho_1 > \rho_2$	$z_{ber} > z_{1-\alpha}$
c) $\rho_1 \geq \rho_2$	$\rho_1 < \rho_2$	$z_{ber} < -z_{1-\alpha}$

Schätzung des gemeinsamen Korrelationskoeffizienten

Falls man die Nullhypothese der Gleichheit beider Korrelationskoeffizienten nicht ablehnen kann, läßt sich aus beiden Stichproben eine **gemeinsame Schätzfunktion** $\alpha_1 U_1 + \alpha_2 U_2$ für den gemeinsamen Korrelationskoeffizienten ρ folgendermaßen bestimmen:
Zuerst wird der gemeinsame Erwartungswert ξ der beiden Fisher-Transformationen U_1 und U_2 geschätzt. Aus $E(U_1) = E(U_2) = \xi$ folgt

$$E(\alpha_1 U_1 + \alpha_2 U_2) = \alpha_1 E(U_1) + \alpha_2 E(U_2) = (\alpha_1 + \alpha_2)\xi .$$

Für eine erwartungstreue Schätzfunktion muß also $\alpha_1 + \alpha_2 = 1$ sein. Daraus soll nun die Schätzfunktion mit der kleinsten Varianz bestimmt werden.

$$\mathrm{Var}(\alpha_1 U_1 + \alpha_2 U_2) = \alpha_1^2 \mathrm{Var}(U_1) + \alpha_2^2 \mathrm{Var}(U_2)$$

$$= \frac{\alpha_1^2}{n_1 - 3} + \frac{\alpha_2^2}{n_2 - 3} = \frac{\alpha_1^2}{n_1 - 3} + \frac{(1-\alpha_1)^2}{n_1 - 3} \to \min.$$

Differentiation nach α_1 ergibt die Gleichung

$$\frac{2\alpha_1}{n_1 - 3} - \frac{2(1-\alpha_1)}{n_2 - 3} = 0.$$

Division durch 2 und Multiplikation mit $(n_1 - 3) \cdot (n_2 - 3)$ liefert

$$(n_2 - 3)\alpha_1 + (n_1 - 3)\alpha_1 = n_1 - 3$$

$$\alpha_1 = \frac{n_1 - 3}{(n_1 - 3) + (n_2 - 3)}; \quad \alpha_2 = \frac{n_2 - 3}{(n_1 - 3) + (n_2 - 3)} .$$

Damit erhält man die gemeinsame **wirksamste** Schätzfunktion

$$T = \frac{(n_1 - 3)U_1 + (n_2 - 3)U_2}{(n_1 - 3) + (n_2 - 3)} . \tag{9.53}$$

Sie besitzt die Varianz

$$\mathrm{Var(T)} = \frac{(n_1-3)^2\,\mathrm{Var}(U_1) + (n_2-3)^2\,\mathrm{Var}(U_2)}{[(n_1-3)+(n_2-3)]^2} = \frac{1}{(n_1-3)+(n_2-3)}\,.$$

Die Realisierung dieser Schätzfunktion ist

$$\hat{\xi} = \frac{(n_1-3)u_1 + (n_2-3)u_2}{(n_1-3)+(n_2-3)}$$

$$= \frac{(n_1-3)\frac{1}{2}\ln\frac{1+r_1}{1-r_1} + (n_2-3)\frac{1}{2}\ln\frac{1+r_2}{1-r_2}}{(n_1-3)+(n_2-3)}\,.$$

Hieraus erhält man den Schätzwert für den gemeinsamen Korrelationskoeffizienten ρ

$$\frac{1}{2}\ln\frac{1+\hat{\rho}}{1-\hat{\rho}} = \hat{\xi}; \quad \hat{\rho} = \frac{e^{2\hat{\xi}}-1}{e^{2\hat{\xi}}+1}\,.$$

Schätzwert für den gemeinsamen Korrelationskoeffizienten:

$$\hat{\rho} = \frac{e^{2\hat{\xi}}-1}{e^{2\hat{\xi}}+1} \quad \text{mit} \tag{9.54}$$

$$\hat{\xi} = \frac{(n_1-3)\frac{1}{2}\ln\frac{1+r_1}{1-r_1} + (n_2-3)\frac{1}{2}\ln\frac{1+r_2}{1-r_2}}{(n_1-3)+(n_2-3)}\,.$$

Beispiel 9.22:

Die Stichprobe vom Umfang $n_1 = 100$ aus der ersten normalverteilten Grundgesamtheit besitze den Korrelationskoeffizienten $r_1 = 0{,}52$, die Stichprobe vom Umfang $n_2 = 200$ aus der zweiten normalverteilten Grundgesamtheit den Korrelationskoeffizienten $r_2 = 0{,}57$. Getestet werden soll mit $\alpha = 0{,}05$ die Nullhypothese, daß die beiden zweidimensionalen Zufallsvariablen den gleichen Korrelationskoeffizienten ρ besitzen.

Die Testfunktion besitzt die Realisierung

$$|z_{ber}| = \frac{\left|\frac{1}{2}\cdot\ln\frac{1+0{,}52}{1-0{,}52} - \frac{1}{2}\cdot\ln\frac{1+0{,}57}{1-0{,}57}\right|}{\sqrt{\frac{1}{100-3}+\frac{1}{200-3}}} = 0{,}574.$$

Wegen $|z_{ber}| < z_{0,975} = 1{,}96$ kann die Nullhypothese der Gleichheit der beiden Varianzen mit $\alpha = 0{,}05$ nicht abgelehnt werden.

9.15 Test auf Gleichheit zweier Wahrscheinlichkeiten bei großen Stichprobenumfängen

In diesem Abschnitt nehmen wir an, daß die beiden Stichprobenumfänge so groß sind, daß die Binomialverteilungen durch Normalverteilungen approximiert werden können. In der ersten Versuchsserie vom Umfang n_1 besitze das Ereignis A die absolute Häufigkeit h_1, in der zweiten Versuchsserie vom Umfang n_2 habe das Ereignis A die absolute Häufigkeit h_2. Für die relativen Häufigkeiten r_1 und r_2 gelte dabei

$$n_1 \cdot r_1 \cdot (1-r_1) > 9 \quad \text{und} \quad n_2 \cdot r_2 \cdot (1-r_2) > 9 .$$

Im Falle $p_1 = p_2$ ist die gesamte Serie vom Umfang $n = n_1 + n_2$ binomialverteilt mit dem Parameter $p = p_1 = p_2$. Die unbekannte Wahrscheinlichkeit p wird aus der gesamten Serie geschätzt. Die Maximum-Likelihood-Schätzung ist die relative Häufigkeit

$$\hat{p} = \frac{h_1 + h_2}{n_1 + n_2} = r_{ges} .$$

Die Zufallsvariablen der relativen Häufigkeiten R_1 und R_2 sind asymptotisch normalverteilt. Im Falle $p_1 = p_2 = p$ gilt

$$E(R_1) = p \; ; \; Var(R_1) = \frac{p(1-p)}{n_1} \; ;$$
$$E(R_2) = p \; ; \; Var(R_2) = \frac{p(1-p)}{n_2} \; .$$

Wegen der Unabhängigkeit der beiden Zufallsvariablen ist die Differenz ungefähr normalverteilt mit

$$E(R_1 - R_2) = 0 ;$$
$$Var(R_1 - R_2) = Var(R_1) + Var(R_2) = p \cdot (1-p) \cdot \left(\frac{1}{n_1} + \frac{1}{n_2} \right) .$$

Da die Schätzfunktion für p konsistent ist, ist die Testgröße

$$Z = \frac{R_1 - R_2}{\sqrt{r_{ges} \cdot (1 - r_{ges}) \cdot \left(\frac{1}{n_1} + \frac{1}{n_2} \right)}} \tag{9.55}$$

unter der Nullhypothese H_0: $p_1 = p_2$ ungefähr $N(0;1)$ - verteilt.

Mit den Realisierungen

$$z_{ber} = \frac{r_1 - r_2}{\sqrt{r_{ges} \cdot (1 - r_{ges}) \cdot \left(\frac{1}{n_1} + \frac{1}{n_2} \right)}} \quad \text{mit} \quad r_{ges} = \frac{h_1 + h_2}{n_1 + n_2} \tag{9.56}$$

und den Quantilen der Standard-Normalverteilung erhält man die

Testentscheidungen:

Nullhypothese H_0	Alternative H_1	Ablehnungsbereich von H_0
a) $p_1 = p_2$	$p_1 \neq p_2$	$\lvert z_{ber} \rvert > z_{1-\frac{\alpha}{2}}$
b) $p_1 \leq p_2$	$p_1 > p_2$	$z_{ber} > z_{1-\alpha}$
c) $p_1 \geq p_2$	$p_1 < p_2$	$z_{ber} < -z_{1-\alpha}$

Beispiel 9.23:
Eine Firma bezieht aus zwei Werken die gleiche Ware. Zum Test auf Gleichheit der beiden Ausschußwahrscheinlichkeiten mit $\alpha = 0{,}05$ wurden aus der ersten Sendung 400 zufällig ausgewählte Stücke geprüft. Dabei waren 31 fehlerhaft. In der zweiten Lieferung befanden sich unter 500 ausgewählten Stücken 41 fehlerhafte. Hieraus erhält man

$$r_1 = 0{,}0775\,;\; r_2 = 0{,}082\,;\; r_{ges} = \frac{31+41}{400+500} = 0{,}08\,;$$

$$\lvert z_{ber} \rvert = \frac{\lvert 0{,}0775 - 0{,}082 \rvert}{\sqrt{0{,}08 \cdot 0{,}92 \cdot \left(\frac{1}{400} + \frac{1}{500}\right)}} = 0{,}2473\,.$$

Wegen $\lvert z_{ber} \rvert < z_{0,975} = 1{,}96$ kann die Nullhypothese der Gleichheit der beiden Ausschußwahrscheinlichkeiten nicht abgelehnt werden.

9.16 Test auf Gleichheit mehrerer Varianzen bei Normalverteilungen - der Bartlett-Test

Die m unabhängigen Zufallsvariablen X_i seien normalverteilt mit den (unbekannten) Varianzen σ_i^2, $i = 1, 2, \ldots, m$. Getestet werden soll die Nullhypothese

$$H_0: \quad \sigma_1^2 = \sigma_2^2 = \ldots = \sigma_m^2 \quad \text{(Gleichheit aller m Varianzen)}$$

gegen die Alternative

$$H_1: \sigma_{i_1}^2 \neq \sigma_{i_2}^2 \quad \text{für mindestens ein Paar } i_1 \neq i_2\,.$$

Zum Test benutzt man bezüglich der Zufallsvariablen X_i die Stichproben vom Umfang n_i

$$x_i = (x_{i1}, x_{i2}, \ldots, x_{in_i}) \quad \text{für } i = 1, 2, \ldots, m.$$

Sie besitzen die Kenngrößen

$$\overline{x}_i = \frac{1}{n_i} \sum_{j=1}^{n_i} x_{ij} \; ; \quad s_i^2 = \frac{1}{n_i - 1} \sum_{j=1}^{n_i} (x_{ij} - \overline{x}_i)^2 \, .$$

Falls die Nullhypothese richtig ist mit der gemeinsamen Varianz σ^2, sind die m unabhängigen Zufallsvariablen

$$\frac{(n_i - 1) S_i^2}{\sigma^2} \, , \quad i = 1, 2, \ldots, m$$

jeweils Chi-Quadrat-verteilt mit $n_i - 1$ Freiheitsgraden. Unter derNullhypothese H_0 kann die unbekannte gemeinsame Varianz σ^2 geschätzt werden durch

$$s^2 = \frac{1}{n - m} \sum_{i=1}^{m} (n_i - 1) s_i^2 \quad \text{mit} \quad n = \sum_{i=1}^{m} n_i \, . \tag{9.57}$$

M. S. Bartlett hat 1934 gezeigt, daß die Testgröße

$$\chi^2 = \frac{1}{C} \left[(n - m) \cdot \ln S^2 - \sum_{i=1}^{m} (n_i - 1) \cdot \ln S_i^2 \right] \tag{9.58}$$

mit

$$C = 1 + \frac{1}{3(n-1)} \left(\sum_{i=1}^{m} \frac{1}{n_i - 1} - \frac{1}{n - m} \right) \tag{9.59}$$

asymptotisch Chi-Quadrat-verteilt ist mit $m - 1$ Freiheitsgraden. Mit dem Quantil dieser Chi-Quadrat-Verteilung, der nach (9.57) berechneten Stichprobenvarianz s^2 und der Konstanten C aus (9.59) lautet die

Testentscheidung:

Im Falle $\frac{1}{C} \cdot \left((n - m) \cdot \ln s^2 - \sum_{i=1}^{m} (n_i - 1) \cdot \ln s_i^2 \right) > \chi^2_{m-1;\,1-\alpha}$

wird die Nullhypothese H_0 abgelehnt, sonst nicht.

9.17 Test auf Gleichheit mehrerer Varianzen stetiger Verteilungen - der Chi-Quadrat-Test von Scheffé

Im Gegensatz zum Bartlett-Test aus Abschnitt 9.16 setzt der Chi-Quadrat-Test von Scheffé keine Normalverteilung, sondern nur die **Stetigkeit** der Zufallsvariablen sowie die Existenz der vierten Momente voraus. Es handelt sich um einen asymptotischen Test. Daher müssen alle Stichprobenumfänge entsprechend groß sein. Als Faustregel gilt: $n_i \geq 10$. Getestet werden soll die Nullhypothese

$$H_0 : \quad \sigma_1^2 = \sigma_2^2 = \ldots = \sigma_m^2 \quad \text{(Gleichheit aller m Varianzen)} \tag{9.60}$$

gegen die Alternative

$$H_1: \sigma^2_{i_1} \neq \sigma^2_{i_2} \quad \text{für mindestens ein Paar } i_1 \neq i_2 .$$

Dabei wird vorausgesetzt, daß die m Zufallsvariablen mit den entsprechenden Varianzen **stetig** sind.

Zur Berechnung der Testgröße benutzen wir die m Einzelstichproben

$$x_i = (x_{i1}, x_{i2}, \ldots, x_{in_i}) \quad \text{für } i = 1, 2, \ldots, m$$

aus Abschnitt 9.16 mit

$$\bar{x}_i = \frac{1}{n_i} \sum_{j=1}^{n_i} x_{ij}\,; \quad s_i^2 = \frac{1}{n_i - 1} \sum_{j=1}^{n_i} (x_{ij} - \bar{x}_i)^2 \quad \text{für } i = 1, 2, \ldots, m.$$

Die m Einzelstichproben werden zu einer Gesamtstichprobe

$$x = (x_{11}, \ldots, x_{1n_1}; x_{21}, \ldots, x_{2n_2}; \ldots; x_{m1}, \ldots, x_{mn_m})$$

vom Umfang $n = \sum_{i=1}^{m} n_i$ zusammengefaßt mit dem Gesamtmittel

$$\bar{x} = \frac{1}{n} \sum_{i=1}^{m} \sum_{j=1}^{n_i} x_{ij} = \sum_{i=1}^{m} \frac{n_i}{n} \bar{x}_i . \tag{9.61}$$

Das Gesamtmittel $\bar{x}$ ist das im Verhältnis der Stichprobenumfänge gewichtete Mittel der einzelnen Gruppenmittel $\bar{x}_i$. **H. Scheffé** hat 1953 folgende Testgröße vorgeschlagen:

$$W_i = \ln\left(\frac{1}{n_i - 1} \sum_{j=1}^{n_i} (X_{ij} - \bar{X}_i)^2\right) \quad \text{für } i = 1, 2, \ldots, m\,;$$

$$W = \frac{1}{n-m} \sum_{i=1}^{m} (n_i - 1) \cdot W_i \qquad \text{mit } n = \sum_{i=1}^{m} n_i\,;$$

$$C = 2 + \frac{n-m}{n}\left(\frac{1}{n \cdot \overline{X}^2} \sum_{i=1}^{m} \sum_{j=1}^{n_i} (x_{ij} - \bar{x}_i)^4 - 3\right);$$

$$\chi^2 = \frac{1}{C} \sum_{i=1}^{n} (n_i - 1) \cdot (W_i - W)^2. \tag{9.62}$$

Diese Testgröße ist asymptotisch Chi-Quadrat-verteilt mit m − 1 Freiheitsgraden.

Mit dem $(1-\alpha)$-Quantil $\chi^2_{m-1;1-\alpha}$ der Chi-Quadrat-Verteilung mit m − 1 Freiheitsgraden erhält man die

Testentscheidung:
Im Falle $\chi^2_{ber} > \chi^2_{m-1;1-\alpha}$ wird die Nullhypothese der Gleichheit aller m Varianzen abgelehnt.

9.18 Test auf Gleichheit mehrerer Korrelationskoeffizienten bei Normalverteilungen

Die unabhängigen zweidimensionalen normalverteilten Zufallsvariablen (X_i, Y_i) sollen die Korrelationskoeffizienten ρ_i besitzen für $i = 1, \ldots, m$. Getestet wird die Nullhypothese

$$H_0: \rho_1 = \rho_2 = \ldots = \rho_m$$

gegen die Alternative

$$H_1: \rho_{i_1} \neq \rho_{i_2} \quad \text{für mindestens ein Paar } i_1 \neq i_2 .$$

Von jeder der m unabhängigen zweidimensionalen Zufallsvariablen (X_i, Y_i) liege eine Stichprobe vom Umfang n_i vor mit dem empirischen Korrelationskoeffizienten r_i. Dieser Wert ist Realisierung der Zufallsvariablen $R_{n_i}^{(i)}$. Nach Abschnitt 8.4.1.5 sind die Fisher-Transformationen

$$U_i = \frac{1}{2} \ln \frac{1 + R_{n_i}^{(i)}}{1 - R_{n_i}^{(i)}}$$

asymptotisch normalverteilt mit der Varianz $\frac{1}{n_i - 3}$ für $i = 1, 2, \ldots, m$. Falls die Nullhypothese H_0 richtig ist, besitzen diese Zufallsvariablen asymptotisch den gleichen Erwartungswert

$$E(U_i) = \xi = \frac{1}{2} \ln \frac{1+\rho}{1-\rho} .$$

Dann sind die unabhängigen Zufallsvariablen $\sqrt{n_i - 3} \cdot (U_i - \xi)$ asymptotisch standard-normalverteilt. Bei bekanntem ξ ist die Quadratsumme

$$\sum_{i=1}^{m} (n_i - 3) \cdot (U_i - \xi)^2 = \sum_{i=1}^{m} (n_i - 3) \cdot \left(\frac{1}{2} \ln \frac{1 + R_{n_i}^{(i)}}{1 - R_{n_i}^{(i)}} - \xi \right)^2 \tag{9.63}$$

asymptotisch Chi-Quadrat-verteilt mit m Freiheitsgraden. Der unbekannte Erwartungswert ξ wird in Analogie zu den Ausführungen aus Abschnitt 9.14 geschätzt durch

$$\hat{\xi} = \frac{\sum_{i=1}^{m} (n_i - 3)\, u_i}{\sum_{i=1}^{m} (n_i - 3)} = \frac{\sum_{i=1}^{m} (n_i - 3) \frac{1}{2} \ln \frac{1 + r_i}{1 - r_i}}{\sum_{i=1}^{m} (n_i - 3)} . \tag{9.64}$$

Die zugehörige Schätzfunktion

$$T = \frac{\sum_{i=1}^{m} (n_i - 3)\, U_i}{\sum_{i=1}^{m} (n_i - 3)} = \frac{\sum_{i=1}^{m} (n_i - 3) \frac{1}{2} \ln \frac{1 + R_i}{1 - R_i}}{\sum_{i=1}^{m} (n_i - 3)} \tag{9.65}$$

besitzt dann die Varianz

$$\mathrm{Var(T)} = \frac{1}{\sum\limits_{i=1}^{m} (n_i - 3)} .$$

Dann ist die Testgröße

$$\chi^2 = \sum_{i=1}^{m} (n_i - 3)(u_i - \hat{\xi})^2 = \sum_{i=1}^{m} (n_i - 3)(u_i^2 - 2\,u_i\,\hat{\xi} + \hat{\xi}^2) \tag{9.66}$$

$$= \sum_{i=1}^{m} (n_i - 3)\,u_i^2 - \frac{\left(\sum\limits_{i=1}^{m} (n_i - 3)\,u_i\right)^2}{\sum\limits_{i=1}^{m} (n_i - 3)}$$

Realisierung einer Zufallsvariablen, die asymptotisch **Chi-Quadrat-verteilt** ist mit **m − 1 Freiheitsgraden**. Mit

$$u_i = \tfrac{1}{2} \ln \frac{1 + r_i}{1 - r_i} \; ; \quad \chi^2_{\text{ber}} = \sum_{i=1}^{m} (n_i - 3)\,u_i^2 - \frac{\left(\sum\limits_{i=1}^{m} (n_i - 3)\,u_i\right)^2}{\sum\limits_{i=1}^{m} (n_i - 3)}$$

und dem $(1-\alpha)$-Quantil $\chi^2_{m-1\,;\,1-\alpha}$ der Chi-Quadrat-Verteilung mit $m-1$ Freiheitsgraden erhält man die

Testentscheidung:
Im Falle $\chi^2_{\text{ber}} > \chi^2_{m-1\,;\,1-\alpha}$ wird die Nullhypothese der Gleichheit der m Korrelationskoeffizienten abgelehnt, sonst steht das Ergebnis nicht in signifikantem Widerspruch zur Nullhypothese.

Schätzung des gemeinsamen Korrelationskoeffizienten

Falls alle m Korrelationskoeffizienten gleich sind, erhält man aus dem Schätzwert $\hat{\xi}$ aus (9.64) einen Schätzwert des gemeinsamen Korrelationskoeffizienten ρ durch Lösen der Gleichung

$$\tfrac{1}{2} \cdot \ln \frac{1 + \hat{\rho}}{1 - \hat{\rho}} = \hat{\xi} \qquad \text{als}$$

$$\hat{\rho} = \frac{e^{2\hat{\xi}} - 1}{e^{2\hat{\xi}} + 1} \quad \text{mit} \quad \hat{\xi} = \frac{\sum\limits_{i=1}^{m} (n_i - 3)\,\tfrac{1}{2} \ln \frac{1 + r_i}{1 - r_i}}{\sum\limits_{i=1}^{m} (n_i - 3)} . \tag{9.67}$$

Beispiel 9.24:
Bezüglich dreier zweidimensionaler normalverteilter Zufallsvariabler wurden Stichproben der Längen $n_1 = n_2 = n_3 = 50$ gezogen mit den empirischen Korrelationskoeffizienten $r_1 = 0{,}27$; $r_2 = 0{,}21$; $r_3 = 0{,}32$. Der Test auf Gleichheit der Korrelationskoeffizienten soll mit $\alpha = 0{,}05$ durchgeführt werden. Hier erhält man die Werte:
$u_1 = 0{,}2769$; $u_2 = 0{,}2132$; $u_3 = 0{,}3316$; $\chi^2_{ber} = 0{,}3305 < \chi^2_{2;0,95} = 5{,}99$.
Daher kann die Nullhypothese der Gleichheit der drei Korrelationskoeffizienten ρ_1, ρ_2, ρ_3 nicht abgelehnt werden.

Für den gemeinsamen Korrelationskoeffizienten ρ erhält man aus (9.67) $\hat{\xi} = 0{,}2739$ und hiermit den Schätzwert $\hat{\rho} = \frac{e^{2\hat{\xi}} - 1}{e^{2\hat{\xi}} + 1} = 0{,}2672.$

9.19 Aufgaben

Aufgabe 9.1:
In einer Schießbude sind durch ein Versehen zwei Gewehre vertauscht worden. Fest steht nur noch, daß eines davon eine Trefferwahrscheinlichkeit von 0,5, das andere eine von 0,8 hat. Zur Identifizierung der Gewehre geht der Schießbudenbesitzer folgendermaßen vor: Mit einem der beiden Gewehre gibt er 4 Schüsse ab. Falls mindestens 3 davon treffen, entscheidet er sich bei dem ausgewählten Gewehr für eine Trefferwahrscheinlichkeit von 0,8, sonst für 0,5.
a) Zeichnen Sie die Entscheidungsbereiche.
b) Formulieren Sie die möglichen Fehlentscheidungen.
c) Berechnen Sie die Irrtumswahrscheinlichkeiten.

Aufgabe 9.2:
In der vorhergehenden Aufgabe schießt der Schießbudenbesitzer 200mal. Bei mindestens 120 Treffern entscheidet er sich für $p = 0{,}8$, sonst für $p = 0{,}5$. Lösen Sie die Aufgabe näherungsweise mit Hilfe der Normalverteilung.

Aufgabe 9.3:
Der Lieferant einer Ware behauptet, die Ausschußwahrscheinlichkeit seiner Ware sei höchstens 0,06. Ein Abnehmer prüft 500 zufällig ausgewählte Stücke. Bei welcher Mindestanzahl fehlerhafter Stücke in dieser Stichprobe kann der Abnehmer die Behauptung des Lieferanten zurückweisen mit einer Irrtumswahrscheinlichkeit
a) $\alpha = 0{,}05$; b) $\alpha = 0{,}02$; c) $\alpha = 0{,}01$?

Aufgabe 9.4:

Von einer normalverteilten Zufallsvariablen X ist bekannt, daß sie entweder $N(\mu_0;\sigma_0^2)$- oder $N(\mu_1;\sigma_1^2)$-verteilt ist mit $\mu_0 < \mu_1$. Die beiden Varianzen seien bekannt. Der Test $H_0: \mu = \mu_0$ gegen $H_1: \mu = \mu_1$ wird mit dem Mittelwert $\overline{X}$ einer Stichprobe vom Umfang n durchgeführt.

a) Bestimmen Sie bei festem n die kritische Grenze c so, daß beide Irrtumswahrscheinlichkeiten gleich groß sind. Wie groß sind diese?

b) Welche Bedingung muß erfüllt sein, daß bei gleichen Irrtumswahrscheinlichkeiten $\alpha = \beta$ die kritische Grenze immer in der Mitte der beiden Parameterwerte liegt?

c) Wie groß muß der Stichprobenumfang n mindestens sein, damit gilt $\alpha = \beta = 0{,}05$?

Aufgabe 9.5:

Der Hersteller eines Medikaments behauptet, die Heilungswahrscheinlichkeit durch dieses Medikament sei mindestens gleich 0,9. In einem Krankenhaus wurde das Medikament 400 Patienten verabreicht, 340 wurden geheilt. Kann mit einer Irrtumswahrscheinlichkeit $\alpha = 0{,}01$ die Behauptung des Herstellers widerlegt werden?

Aufgabe 9.6:

Die Gewichte (in Gramm) von Pfeffertüten seien normalverteilt mit der konstanten Standardabweichung $\sigma_0 = 1{,}5$, während der Erwartungswert μ von der Maschineneinstellung abhängt. Zum Test von H_0: $\mu = 80$ (Sollwert) gegen H_1: $\mu \neq 80$ werde der Mittelwert $\overline{x}$ einer Stichprobe vom Umfang n = 80 benutzt. Für $|\overline{x} - 80| > c$ soll die Nullhypothese abgelehnt werden.

a) Bestimmen Sie die Ablehnungsgrenze c für $\alpha = 0{,}05$.

b) Wie lautet die Gleichung der Gütefunktion?

c) Bestimmen Sie die Irrtumswahrscheinlichkeit 2. Art, falls 80,5 der tatsächliche Erwartungswert ist.

Aufgabe 9.7:

Die Zufallsvariable X der Temperatur (in Grad) eines Kühlregals in einem Supermarkt besitze im Idealfall den Erwartungswert $\mu = -15$. Um größere Temperaturschwankungen zu vermeiden, soll die Standardabweichung σ kleiner als 0,6 sein. Zum Test der Standardabweichung wurde eine Stichprobe vom Umfang n = 20 gezogen mit dem Ergebnis:

$$\sum_{i=1}^{20} x_i = 304{,}5\,; \quad \sum_{i=1}^{20} x_i^2 = 4\,648{,}8\,.$$

Kann damit die Behauptung $\sigma < 0{,}6$ mit $\alpha = 0{,}05$ bestätigt werden, falls a) $\mu = -15$ gesichert ist; b) $\mu = -15$ nicht gesichert ist?

Aufgabe 9.8:
Von einer Anlage wird eine Verpackung hergestellt und gleichzeitig mit einem Lebensmittel gefüllt. X und Y seien die Zufallsvariablen der Gewichte der Verpackung und des Inhalts. Unter der Normalverteilungsannahme soll ein Test auf Unabhängigkeit von X und Y durchgeführt werden. Dazu wird eine Stichprobe vom Umfang $n = 50$ gezogen. In welchem Bereich muß der Korrelationskoeffizient r der Stichprobe liegen, damit die Nullhypothese der Unabhängigkeit von X und Y mit $\alpha = 0{,}05$ nicht abgelehnt werden kann?

Aufgabe 9.9:
Die Anzahl X der Druckfehler pro Seite in einer Zeitung sei Poisson-verteilt mit unbekanntem Parameter λ. Zum Test von H_0: $\lambda \geq 1$ gegen $H_1 : \lambda < 1$ werden 100 Seiten auf Tippfehler hin untersucht. In welchem Bereich muß die mittlere Anzahl von Fehlern pro Seite liegen, damit H_0 mit $\alpha = 0{,}05$ abgelehnt werden kann?

Aufgabe 9.10:
In einem Geschäft sei die Bedienungszeit pro Kunde (in Minuten) exponentialverteilt mit unbekanntem Erwartungswert μ. Zum Test von H_0: $\mu \leq 5$ gegen H_1: $\mu > 5$ wird die gesamte Bedienungszeit für 50 Kunden festgestellt. Wie groß muß diese Gesamtzeit mindestens sein, damit die Nullhypothese mit einer Irrtumswahrscheinlichkeit $\alpha = 0{,}05$ abgelehnt werden kann?

Aufgabe 9.11:
Auf zwei Maschinen werden Werkstücke gefertigt. Es wird vermutet, daß der Erwartungswert der Bearbeitungszeit (in Minuten) bei der Maschine I um mehr als 2 Minuten größer ist als bei der Maschine II. Zum Test mit $\alpha = 0{,}05$ wurden folgende Größen bestimmt:
Maschine I: Umfang $n_1 = 100$; $\bar{x} = 12{,}9$; $s_x = 2{,}4$;
Maschine II: Umfang $n_2 = 120$; $\bar{y} = 11{,}2$; $s_y = 2{,}3$.
Führen Sie den Test durch unter der Voraussetzung, daß beide Varianzen gleich sind.

Aufgabe 9.12:
Eine Firma behauptet, bei der Herstellung von Autoreifen werde durch die Zugabe eines bestimmten Mittels die Standardabweichung der Lebensdauer um mindestens 20 % verkleinert. Zum Test dieser Behauptung wurde bei der alten Produktion von 1000 Reifen die Lebensdauer in km festgestellt. Dabei betrug die Standardabweichung 4223 km. Von 25 mit dem Zusatzmittel produzierten Reifen werde in einem Schnelltest jeweils die Lebensdauer festgestellt. Wie groß darf die Standardabweichung s höchstens sein,

damit die obige Behauptung mit einer Irrtumswahrscheinlichkeit von a) $\alpha = 0{,}05$; b) $\alpha = 0{,}01$ als gesichert angesehen werden kann?

Aufgabe 9.13:

Es wird vermutet, daß bei einem Blutalkoholgehalt von 0,8 Promille die Reaktionszeit auf ein bestimmtes Signal mindestens um 50 % größer ist als bei 0 Promille.

a) Stellen Sie die Nullhypothese H_0 und die zugehörige Alternative H_1 auf, falls Sie von der Bestätigung der Vermutung fest überzeugt sind.

b) Zum Test wurden bei 10 Personen die Reaktionszeiten (in Sekunden) x_i bei 0 Promille und später die Reaktionszeiten y_i bei 0,8 Promille festgestellt:

Person i	1	2	3	4	5	6	7	8	9	10
x_i	0,18	0,21	0,15	0,23	0,19	0,23	0,27	0,14	0,22	0,16
y_i	0,29	0,34	0,24	0,37	0,32	0,38	0,51	0,24	0,30	0,27

Führen Sie unter der Normalverteilungsannahme den Test mit $\alpha = 0{,}05$ durch.

Aufgabe 9.14:

Die Zufallsvariable X des Gewichts (in Gramm) der von einer Anlage abgefüllten Pakete sei normalverteilt. Der Erwartungswert μ kann sich im Laufe der Zeit ändern, während die Standardabweichung $\sigma_0 = 3$ konstant ist. Zum Test von

$$H_0: |\mu - 1000| \geq 2 \quad \text{gegen } H_1: |\mu - 1000| < 2$$

wird mit dem Mittelwert $\bar{x}$ des Gewichts von 400 zufällig ausgewählten Paketen folgende Entscheidung getroffen:

Im Falle $|\bar{x} - 1000| < 1$ wird H_0 zugunsten von H_1 abgelehnt. Bestimmen Sie das Signifikanzniveau α^* (größte Irrtumswahrscheinlichkeit 1. Art) des Tests.

Kapitel 10: Nichtparametrische Tests

In Kapitel 9 wurden Hypothesen getestet, die sich ausschließlich auf Parameterwerte bezogen. In diesem Kapitel lassen wir Hypothesen zu, die sich nicht nur auf spezielle Parameter stützen. Es werden z. B. Tests dafür angegeben, ob eine Zufallsvariable eine bestimmte Verteilung besitzt oder zu einer Klasse von Verteilungen gehört. Weiter werden Tests auf Gleichheit mehrerer Verteilungen oder auf Unabhängigkeit von Zufallsvariablen behandelt. Schließlich werden Konfidenzintervalle für den Median bestimmt. Dabei benötigt man im allgemeinen keine Voraussetzungen über die unbekannten Verteilungen. Bei manchen Verfahren muß allerdings die **Stetigkeit** der Zufallsvariablen vorausgesetzt werden.

10.1 Chi-Quadrat-Test der Wahrscheinlichkeiten einer Ereignisdisjunktion

Beispiel 10.1:
Zum Test der Nullhypothese H_0: ein Würfel ist ideal, müssen gleichzeitig sechs Wahrscheinlichkeiten getestet werden, denn diese sind bei einem idealen Würfel alle gleich $\frac{1}{6}$. Die Nullhypothese lautet also

$$H_0: p_i = P(X = i) = \frac{1}{6} \quad \text{für } i = 1, 2, \ldots, 6.$$

Weil die Summe aller 6 Wahrscheinlichkeiten gleich Eins ist, handelt es sich im Grunde genommen nur um den Test von 5 Wahrscheinlichkeiten. Es ist naheliegend, daß man zum Test die relativen bzw. absoluten Häufigkeiten der einzelnen Augenzahlen benutzt. Falls einige oder alle relativen Häufigkeiten r_i von den hypothetischen Wahrscheinlichkeiten $p_i = \frac{1}{6}$ stärker abweichen, wird man die Nullhypothese ablehnen. Nach der allgemeinen Theorie werden wir auf dieses Beispiel zurückkommen.

Allgemein sei $A_1, A_2, \ldots, A_r$ eine vollständige Ereignisdisjunktion, also paarweise unvereinbare Ereignisse, von denen bei jeder Versuchsdurchführung genau eines eintreten muß. Für diese Ereignisse gilt also

$$\Omega = \bigcup_{i=1}^{r} A_i \quad \text{mit} \quad A_i \cap A_j = \emptyset \quad \text{für } i \neq j. \tag{10.1}$$

Bezüglich vorgegebener Wahrscheinlichkeiten $p_1, p_2, \ldots, p_r$ mit

$$p_i > 0 \text{ für alle i} \quad \text{und} \quad \sum_{i=1}^{r} p_i = 1$$

soll folgende Nullhypothese getestet werden:

$$H_0: \; P(A_1) = p_1; \; P(A_2) = p_2; \; \ldots; \; P(A_r) = p_r \tag{10.2}$$

Wegen $\sum\limits_{i=1}^{r} p_i = 1$ sind nur $r-1$ Wahrscheinlichkeiten zu testen.

Zum Test werden in einer unabhängigen Versuchsserie vom Umfang n die absoluten Häufigkeiten $h_i = h_n(A_i)$ für $i = 1, 2, \ldots, r$ bestimmt.

In der unabhängigen Versuchsserie vom Umfang n sei Y_i die Zufallsvariable der absoluten Häufigkeit des Ereignisses A_i. Bei richtiger Nullhypothese H_0 ist Y_i binomialverteilt mit den Parametern

$$E(Y_i) = np_i; \quad Var(Y_i) = np_i(1-p_i) \quad \text{für } i = 1, 2, \ldots, r.$$

Für große n ist Y_i ungefähr normalverteilt. Dann sind die Zufallsvariablen

$$Z_i = \frac{Y_i - np_i}{\sqrt{np_i}} \tag{10.3}$$

ebenfalls näherungsweise normalverteilt mit

$$E(Z_i) = 0; \quad Var(Z_i) = \frac{1}{np_i} \cdot Var(Y_i) = 1 - p_i \quad \text{für } i = 1, \ldots, r. \tag{10.4}$$

Wegen

$$\sum_{i=1}^{r} Y_i = n \tag{10.5}$$

sind die Zufallsvariablen Y_i und damit auch die Zufallsvariablen Z_i nicht unabhängig.

Zu Ehren von **E. S. Pearson** (1895 – 1980) heißt die Stichprobenfunktion

$$\chi^2 = \sum_{i=1}^{r} \frac{(Y_i - np_i)^2}{np_i} \tag{10.6}$$

Pearsonsche Testfunktion. Sie ist **asymptotisch Chi-Quadrat-verteilt** mit $r-1$ Freiheitsgraden, falls H_0 richtig ist.

Die Approximation durch die asymptotische Chi-Quadrat-Verteilung darf bereits dann benutzt werden, wenn von den erwarteten Häufigkeiten np_i höchstens 20 % kleiner als 5, aber alle mindestens gleich Eins sind. Sollte diese Bedingung nicht erfüllt sein, so müssen von den Ereignissen A_i manche zusammengefaßt werden, bis die Approximationsbedingung für die zusammengefaßte Ereignisdisjunktion erfüllt ist. Andernfalls muß der Stichprobenumfang n vergrößert werden.

Die Realiserung der Testfunktion kann umgeformt werden durch

$$\begin{aligned} \chi^2_{ber} &= \sum_{i=1}^{r} \frac{(h_i - np_i)^2}{np_i} = \sum_{i=1}^{r} \frac{h_i^2 - 2nh_ip_i + n^2p_i^2}{np_i} \\ &= \sum_{i=1}^{r} \frac{h_i^2}{np_i} - 2\underbrace{\sum_{i=1}^{n} h_i}_{=n} + n\underbrace{\sum_{i=1}^{n} p_i}_{=1} \qquad (10.7) \\ &= \frac{1}{n}\sum_{i=1}^{r} \frac{h_i^2}{p_i} - n. \end{aligned}$$

Testdurchführung:

1. Die hypothetischen Wahrscheinlichkeiten der Nullhypothese lauten

$$H_0: \; P(A_i) = p_i \quad \text{für } i = 1, 2, \ldots, r \quad \text{mit} \sum_{i=1}^{r} p_i = 1\,.$$

Von den erwarteten Häufigkeiten np_i seien höchstens 20 % kleiner als 5, aber alle mindestens gleich Eins. Andernfalls müssen Ereignisse zusammengefaßt oder der Stichprobenumfang n vergrößert werden.

2. Man bestimme die absoluten Häufigkeiten $h_1, h_2, \ldots, h_r$ der Ereignisse $A_1, A_2, \ldots, A_r$ in einer Versuchsserie vom Umfang n.

3. Man berechne die Testgröße

$$\chi^2_{\text{ber}} = \sum_{i=1}^{r} \frac{(h_i - np_i)^2}{np_i} = \frac{1}{n} \sum_{i=1}^{r} \frac{h_i^2}{p_i} - n.$$

4. Man bestimme das $(1-\alpha)$-Quantil $\chi^2_{r-1;1-\alpha}$ der Chi-Quadrat-Verteilung mit $r-1$ Freiheitsgraden.

5. Testentscheidung: Im Falle $v > \chi^2_{r-1;1-\alpha}$ wird die Nullhypothese H_0 abgelehnt, sonst wird H_0 nicht abgelehnt.

Bemerkung: In der Testgröße werden die auftretenden absoluten Häufigkeiten h_i mit den erwarteten Häufigkeiten np_i verglichen. Je weniger diese Werte voneinander abweichen, umso kleiner wird die Testgröße. Sie verschwindet nur dann, wenn alle Häufigkeiten h_i mit den erwarteten Häufigkeiten np_i übereinstimmen. Kleine Abweichungen können auf den Zufall zurückgeführt werden, größere stehen in signifikantem Widerspruch zur Nullhypothese. Aus diesem Grund benutzt man zur Testentscheidung nur das $(1-\alpha)$-Quantil der Chi-Quadrat-Verteilung (einseitiger Test).

Falls die Nullhypothese auf Grund des Stichprobenergebnisses nicht abgelehnt werden kann, folgt daraus keineswegs, daß sie richtig ist. Die entsprechende Irrtumswahrscheinlichkeit 2. Art kann bei einer Nichtablehnung sehr groß sein, besonders dann, wenn die Nullhypothese falsch ist, aber die tatsächlichen Wahrscheinlichkeiten in der Nähe der hypothetischen Wahrscheinlichkeiten liegen. In einem solchen Fall steht das Stichprobenergebnis nicht in signifikantem Widerspruch zur Nullhypothese.

Der Chi-Quadrat-Test ist **konsistent** und **unverfälscht**.

Beim Test auf Gleichheit aller r Wahrscheinlichkeiten, also bei der Nullhypothese

$$H_0: P(A_1) = P(A_2) = \ldots = P(A_r) = \frac{1}{r}$$

vereinfacht sich die Berechnung der Testgröße zu

$$\chi^2_{\text{ber}} = \frac{r}{n} \sum_{i=1}^{r} h_i^2 - n \quad \text{für } p_1 = p_2 = \ldots = p_r = \frac{1}{r}. \tag{10.8}$$

Beispiel 10.2 (vgl. Beispiel 10.1):
Zum Test mit $\alpha = 0{,}05$, ob ein Würfel ideal ist wird n-mal unabhängig geworfen. Wegen $p_i = \frac{1}{6}$ muß die Approximationsbedingung

$$np_i = \frac{n}{6} \geq 5 \text{ , also } n \geq 30$$

erfüllt sein. Mit dem Würfel wurde 120mal geworfen. Dabei erhielt man die Häufigkeiten der Augenzahlen

Augenzahl	1	2	3	4	5	6
Häufigkeit	22	17	19	24	20	18

Die erwartete Augenzahl ist jeweils gleich 20. Aus (10.8) erhält man mit $r = 6$ die Realisierung der Testfunktion

$$\chi^2_{\text{ber}} = \frac{r}{n} \sum_{i=1}^{r} h_i^2 - n = \frac{6}{120} \cdot 2434 - 120 = 1{,}7 .$$

Das 0,95-Quantil der Chi-Quadrat-Verteilung lautet $\chi^2_{5\,;\,0{,}95} = 11{,}07$. Wegen $\chi^2_{\text{ber}} < \chi^2_{5\,;\,0{,}95}$ kann die Nullhypothese nicht abgelehnt werden. Das Ergebnis steht nicht in signifikantem Widerspruch zur Idealtität des Würfels.

Stetigkeitskorrektur nach Yates

Beim Chi-Quadrat-Test wird eine diskrete Verteilung durch eine stetige approximiert. Daher wird im allgemeinen das Quantil der exakten Verteilung der Testfunktion von dem der Chi-Quadrat-Verteilung abweichen. Falls man beim Test der diskreten Verteilung die Testgröße aus der stetigen Verteilung ohne Korrektur berechnet, besteht die Tendenz, die Nullhypothese zu oft abzulehnen. Aus diesem Grund sollte die Testgröße ähnlich wie bei der Approximation der Binomialverteilung durch eine Normalverteilung in Abschnitt 6.7.3.3 korrigiert werden. **F. Yates** hat im Jahre 1934 gezeigt, daß bei der korrigierten Testgröße

$$\chi^2_{\text{ber}} = \sum_{i=1}^{r} \frac{\left(|h_i - np_i| - \frac{1}{2} \right)^2}{np_i} \tag{10.9}$$

die Chi-Quadrat-Approximation verbessert wird. Diese Korrektur muß nur bei einem Freiheitsgrad, also für $r = 2$ benutzt werden. Bei mehr als einem Freiheitsgrad kann auf die Korrektur verzichtet werden.

Test einer einzigen Wahrscheinlichkeit

Mit diesem Chi-Quadrat-Test kann auch der zweiseitige Test der Wahrscheinlichkeit $p = P(A)$ eines beliebigen Ereignisses A

$$H_0 : p = p_0 \quad \text{gegen} \quad H_1 : p \neq p_0 \tag{10.10}$$

durchgeführt werden. Zum Signifikanzniveau α soll der **Ablehnungsbereich** von H_0 bestimmt werden.

In einer unabhängigen Versuchsserie vom Umfang n sei das Ereignis A m-mal eingetreten, also

$$m = h_n(A).$$

Bei diesem speziellen Test besitzt die Chi-Quadrat-Verteilung nur einen Freiheitsgrad. Nach Abschnitt 6.7.4 ist dann diese Zufallsvariable mit einem Freiheitsgrad gleich dem Quadrat der $N(0;1)$-verteilten Zufallsvariablen Z, also

$$\chi_1^2 = Z^2.$$

Hieraus folgt

$$\begin{aligned} 1-\alpha &= P(\chi_1^2 \le \chi^2_{1;1-\alpha}) = P(Z^2 \le \chi^2_{1;1-\alpha}) \\ &= P\left(-\sqrt{\chi^2_{1;1-\alpha}} \le Z \le \sqrt{\chi^2_{1;1-\alpha}}\right) \\ &= P\left(-z_{1-\frac{\alpha}{2}} \le Z \le z_{1-\frac{\alpha}{2}}\right). \end{aligned}$$

Damit gilt

$$\chi^2_{1;1-\alpha} = z^2_{1-\frac{\alpha}{2}}. \tag{10.11}$$

Mit $r = 2$; $p_1 = p_0$; $p_2 = 1 - p_0$; $h_1 = m$; $h_2 = n - m$ erhält man mit der Realisierung der nach Yates korrigierten Testfunktion (10.9) mit Hilfe der quadratischen Ergänzung den Ablehnungsbereich durch

$$\begin{aligned} \chi^2_{ber} &= \frac{\left(|m - np_0| - \frac{1}{2}\right)^2}{np_0} + \frac{\left(|n - m - n(1-p_0)| - \frac{1}{2}\right)^2}{n(1-p_0)} \\ &= \frac{\left(|m - np_0| - \frac{1}{2}\right)^2}{np_0} + \frac{\left(|-m + np_0| - \frac{1}{2}\right)^2}{n(1-p_0)} \\ &= \frac{\left(|m - np_0| - \frac{1}{2}\right)^2}{np_0} + \frac{\left(|m - np_0| - \frac{1}{2}\right)^2}{n(1-p_0)} \\ &= \frac{[(1-p_0) + p_0]\cdot\left(|m - np_0| - \frac{1}{2}\right)^2}{np_0(1-p_0)} \\ &= \frac{\left(|m - np_0| - \frac{1}{2}\right)^2}{np_0(1-p_0)} > \chi^2_{1;1-\alpha} = z^2_{1-\frac{\alpha}{2}}; \end{aligned}$$

$$\left||m - np_0| - \tfrac{1}{2}\right| > \sqrt{np_0(1-p_0)} \cdot z_{1-\frac{\alpha}{2}}.$$

Damit lautet mit der absoluten Häufigkeit $h_n(A)$ der

Ablehnungsbereich von $H_0 : p = p_0$ gegen $H_1 : p \neq p_0$

$$\left|\,|h_n(A) - np_0| - \tfrac{1}{2}\,\right| > \sqrt{np_0(1-p_0)} \cdot z_{1-\frac{\alpha}{2}} \,. \qquad (10.12)$$

Ohne die Stetigkeitskorrektur $\frac{1}{2}$ ist dies aber gerade der Ablehnungsbereich des entsprechenden zweiseitigen Tests aus Abschnitt 9.6.1, bei dem die Binomialverteilung durch die Normalverteilung approximiert wird.

Beispiel 10.3:
In einer großen Warenlieferung sei p die Wahrscheinlichkeit, daß ein zufällig ausgewähltes Stück fehlerhaft ist. Zum Test der Nullhypothese H_0: $p = 0{,}08$ gegen H_1: $p \neq 0{,}08$ werden aus der Sendung 200 Stücke zufällig ausgewählt und geprüft. Dabei seien 19 fehlerhaft. Kann die Nullhypothese mit $\alpha = 0{,}05$ abgelehnt werden? Aus (10.11) und (10.12) erhalten wir

$$\left|\,|h_n(A) - np_0| - \tfrac{1}{2}\,\right| = 2{,}5\,;$$

$$\sqrt{n\,p_0(1-p_0)} \cdot z_{0{,}975} = \sqrt{200 \cdot 0{,}08 \cdot 0{,}92} \cdot 1{,}96 \approx 7{,}52\,.$$

Da die Realisierung der Testgröße kleiner als 7,52 ist, kann die Nullhypothese H_0 nicht abgelehnt, also H_1 nicht angenommen werden.

10.2 Chi-Quadrat-Anpassungstest für eine beliebige Verteilung

Es sei F eine unbekannte Verteilungsfunktion einer Zufallsvariablen Y. Mit dem Chi-Quadrat-Anpassungstest können zwei Arten von Hypothesen getestet werden:

a) $H_0: \; F = F_0\,; \; H_1 : F \neq F_0\,.$

Dabei ist F_0 eine hypothetische (fest vorgegebene) Verteilungsfunktion.

b) H_0: F gehört zu einer Klasse von Verteilungsfunktionen, die durch m (unbekannte) Parameter $\theta_1, \theta_2, \ldots, \theta_m$ eindeutig bestimmt sind.

H_1 : F gehört nicht zu dieser Klasse.

In a) muß die Verteilungsfuktion $F_0(x)$ vollständig vorgegeben werden, z. B. daß die Zufallsvariable X normalverteilt ist mit dem Erwartungswert $\mu = 100$ und der Varianz $\sigma^2 = 5$, also $N(100; 5)$ - verteilt ist.
In b) kann z. B. getestet werden, ob eine Zufallsvariable Poisson-verteilt, binomialverteilt, exponentialverteilt oder normalverteilt ist. Dabei müssen die Parameter nicht vorgegeben werden. Sie werden aus der Stichprobe geschätzt.

Testdurchführung:

1. Die x-Achse (Wertemenge) wird in $r \geq 2$ disjunkte Intervalle zerlegt:

$$A_1 = (-\infty; z_1]; \; A_2 = (z_1; z_2]; \; \ldots; \; A_{r-1} = (z_{r-2}; z_{r-1}];$$

$$A_r = (z_{r-1}; +\infty) \quad \text{mit} \quad z_1 < z_2 < \ldots < z_{r-1}.$$

2. Aus einer Stichprobe vom Umfang n werden die Klassenhäufigkeiten h_i, also die Anzahl der Stichprobenwerte bestimmt, die in der Klasse A_i liegen für $i = 1, 2, \ldots, r$.

3. Für die Zufallsvariable X mit der Verteilungsfunktion F_0 werden die hypothetischen Klassenwahrscheinlichkeiten $P(X \in A_i) = p_i$ berechnet für $i = 1, 2, \ldots, r$. Im Fall b) hängen diese Klassenwahrscheinlichkeiten von den m unbekannten Parametern ab, also $p_i(\theta_1, \theta_2, \ldots, \theta_m)$.

4. Im Falle b) gibt es für die Parameterschätzung zwei Möglichkeiten:
   α) Die Parameterwerte werden so geschätzt, daß die Wahrscheinlichkeit für alle r beobachteten Klassenhäufigkeiten maximal ist (Maximum-Likelihood-Prinzip für die Klassenhäufigkeiten). Diese Werte werden in die nachfolgende Testfunktion eingesetzt.
   β) Man bestimme nach der Minimum-Chi-Quadrat-Methode die m Parameter so, daß die von den Parametern abhängige Testgröße

$$\chi^2_{\text{ber}} = \sum_{i=1}^{r} \frac{(h_i - np_i)^2}{np_i} = \frac{1}{n} \sum_{i=1}^{r} \frac{h_i^2}{p_i} - n$$

   minimal wird (vgl. **Witting, H.; Nölle, G.** [1970], S. 89).

   Im Fall a) wird diese Testgröße direkt berechnet.

   Die Klasseneinteilung ist dabei so vorzunehmen, daß für mindestens 80% der Klassen die erwarteten Klassenhäufigkeiten np_i mindestens gleich 5 und die restlichen mindestens gleich Eins sind. Andernfalls müssen Klassen zusammengefaßt werden.

5. Man bestimme das $(1-\alpha)$-Quantil $\chi^2_{r-m-1;1-\alpha}$ der Chi-Quadrat-Verteilung mit $r-m-1$ Freiheitsgraden. Dabei ist m die Anzahl der geschätzten Parameter.

6. Testentscheidung: Im Falle $\chi^2_{\text{ber}} > \chi^2_{r-m-1;1-\alpha}$ wird die Nullhypothese H_0 abgelehnt, sonst nicht.

Hinweis zur Testentscheidung

Durch die Klasseneinteilung wird in Wirklichkeit nur getestet, ob die Zufallsvariable die mit Hilfe der hypothetischen Verteilungsfunktion F_0 berechneten Klassenwahrscheinlichkeiten besitzt. Falls man zu einer Ablehnung dieser Klassenwahrscheinlichkeiten kommt, kann gleichzeitig die Nullhypothese abgelehnt werden. Wäre die Nullhypothese nämlich richtig, so müßten auch die daraus berechneten Klassenwahrscheinlichkeiten korrekt sein.

Falls die Nullhypothese nicht abgelehnt werden kann, tritt neben der Irrtumswahrscheinlichkeit 2. Art ein zusätzliches Problem auf. Falls die berechneten Klassenwahrscheinlichkeiten richtig wären, müßte die Nullhypothese noch keineswegs erfüllt sein. Die tatsächliche Verteilungsfunktion könnte ja von F_0 abweichen und trotzdem die gleichen Klassenwahrscheinlichkeiten besitzen. Dieses zusätzliche Problem kann vernachlässigt werden, wenn die Klasseneinteilung sehr fein gewählt wird. Dazu benötigt man allerdings einen sehr großen Stichprobenumfang n.

Geeignete Wahl der Anzahl der Klassen

Wegen der Klassenbesetzung sollte man nicht zu viele Klassen wählen. Andererseits ist bei einer kleinen Klassenzahl der Informationsverlust, der durch die Klasseneinteilung entsteht, groß. Es hat sich als brauchbar erwiesen, die Klassenanzahl ungefähr $\sqrt{n}$ zu wählen.

Beispiel 10.4 (Test auf Binomialverteilung):
500 Familien mit 3 Kindern wurden zufällig ausgewählt und die Anzahl der Mädchen festgestellt. Dabei erhielt man das folgende Ergebnis:

Anzahl der Mädchen	0	1	2	3
Anzahl der Familien	69	192	174	65

Damit soll mit $\alpha = 0{,}05$ getestet werden, ob die Zufallsvariable der Anzahl der Mädchen binomialverteilt ist. Da Familien mit drei Kindern befragt wurden, ist $n = 3$. Der Parameter $p = P(\text{ein Kind ist ein Mädchen})$ wird aus der Stichprobe mit dem Maximum-Likelihood-Prinzip geschätzt. Nach Beispiel 7.4 ist die Maximum-Likelihood-Schätzung die relative Häufigkeit. Alle 500 Familien haben zusammen $500 \cdot 3 = 1\,500$ Kinder. Davon sind $1 \cdot 192 + 2 \cdot 174 + 3 \cdot 65 = 735$ Mädchen. Damit lautet die Schätzung für die Wahrscheinlichkeit einer Mädchengeburt

$$\hat{p} = \frac{735}{1\,500} = 0{,}49\,.$$

Falls tatsächlich eine Binomialverteilung vorliegt, erhält man mit diesem Schätzwert die Wahrscheinlichkeiten

$$p_i = P(X = i) = \binom{3}{i} \cdot 0{,}49^{\,i} \cdot 0{,}51^{3-i} \quad \text{für } i = 0\,,1\,,2\,,3.$$

Zusammen mit den beobachteten Häufigkeiten h_i sind die erwarteten Häufigkeiten $500 \cdot p_i$ in der nachfolgenden Tabelle eingetragen

Anzahl der Mädchen	0	1	2	3
beobachtete Häufigkeiten	69	192	174	65
erwartete Häufigkeiten	66,33	191,17	183,68	58,82

Daraus erhalten wir die Realisierung der Testfunktion

$$\chi^2_{\text{ber}} = \sum_{i=0}^{3} \frac{(h_i - 500p_i)^2}{500p_i} = 1{,}27\,.$$

Weil $r = 4$ Klassen benutzt und $m = 1$ Parameter geschätzt wurde, lautet das Quantil $\chi^2_{4-1-1\,;\,0{,}95} = \chi^2_{2\,;\,0{,}95} = 5{,}99$. Wegen $\chi^2_{\text{ber}} < \chi^2_{2\,;\,0{,}95}$ kann die Nullhypothese der Binomialverteilung nicht abgelehnt werden. Das Ergebnis steht nicht in signifikantem Widerspruch zur Binomialverteilung

Beispiel 10.5 (Test auf Poisson-Verteilung):
Es wird vermutet, daß die Zufallsvariable X der Anzahl der Druckfehler pro Seite in einem 500-seitigen Buch Poisson-verteilt ist. Zum Test mit $\alpha = 0{,}001$ wurde auf jeder Seite des Buches die Anzahl der Druckfehler festgestellt. Dabei erhielt man das Ergebnis

Anzahl der Druckfehler	0	1	2	3	4
beobachtete Häufigkeiten	420	46	22	10	2

Nach Beispiel 7.9 ist die Maximum-Likelihood-Schätzung des Parameters λ das Stichprobenmittel, also

$$\hat{\lambda} = \bar{x} = \frac{1}{500}(1 \cdot 46 + 2 \cdot 22 + 3 \cdot 10 + 4 \cdot 2) = \frac{128}{500} = 0{,}256\,.$$

Damit erhalten wir die geschätzten Wahrscheinlichkeiten

$$p_i = \frac{0{,}256^{\,i}}{i!} \cdot e^{-0{,}256} \quad \text{für } i = 0\,,1\,,\ldots\,.$$

Alle Werte von 3 ab werden zu einer Klasse zusammengefaßt. Die vierte Klasse $\{x \geq 3\}$ besitzt dann die Klassenwahrscheinlichkeit

$$1 - p_0 - p_1 - p_2\,.$$

In der nachfolgenden Tabelle sind die beobachteten und die erwarteten Klassenhäufigkeiten zusammengestellt

Anzahl der Druckfehler	0	1	2	≥ 3
beobachtete Häufigkeiten	420	46	22	12
erwartete Häufigkeiten	387,07	99,09	12,68	1,16

Damit lautet die Realisierung der Testfunktion

$$\chi^2_{\text{ber}} = \sum_{i=0}^{3} \frac{(h_i - 500p_i)^2}{500p_i} = 139{,}9.$$

Da ein Parameter geschätzt wurde, lautet das Quantil $\chi^2_{2\,;\,0{,}999} = 13{,}82$. Wegen $\chi^2_{\text{ber}} > \chi^2_{2\,;\,0{,}999}$ wird die Nullhypothese der Poisson-Verteilung abgelehnt.

Beispiel 10.6 (Test auf Normalverteilung):
Zum Test auf Normalverteilung mit $\alpha = 0{,}05$ wurden die Werte einer Stichprobe bereits in der nachfolgenden Klasseneinteilung sortiert

Klasseneinteilung z_i	Häufigkeit	$F(z_i)$ (recht. Rand)	p_i (Wahrsch.) $F(z_i) - F(z_{i-1})$	erwartete Häufigkeit
$x \leq 90$	12	0,123070	0,123070	12,3070
$90 < x \leq 95$	17	0,260430	0,137361	13,7361
$95 < x \leq 100$	22	0,450554	0,190124	19,0124
$100 < x \leq 105$	20	0,653023	0,202470	20,2470
$105 < x \leq 110$	15	0,818919	0,165896	16,5896
$110 < x$	14	1,000000	0,181081	18,1081
Summe	100	– –	1,000002	100,0002

Die Originalstichprobe besitzc dabei den Mittelwert $\overline{x} = 101{,}2$ und die Varianz $s^2 = 94{,}2$. Nach Beispiel 7.10 lauten bei einer Normalverteilung die Maximum-Likelihood-Schätzungen

$$\hat{\mu} = \overline{x} = 101{,}2\,; \quad \hat{\sigma}^2 = \frac{n-1}{n} \cdot s^2 = \frac{99}{100} \cdot 94{,}2 = 93{,}258\,.$$

Mit diesen Parametern wird Verteilungsfunktion der Normalverteilung bestimmt. An den oberen Grenzstellen z_i der Klasseneinteilung erhalten wir den Wert der Verteilungsfunktion über die Standardisierung

$$F(z_i) = P(X \leq z_i) = \Phi\left(\frac{z_i - 101{,}2}{\sqrt{93{,}258}}\right).$$

Diese Werte sind in der dritten Spalte der obigen Tabelle eingetragen. In der vierten Spalte stehen die Klassenwahrscheinlichkeiten

$$p_i = F(z_i) - F(z_{i-1}).$$

In der fünften Spalte sind die erwarteten Klassenhäufigkeiten $100 \cdot p_i$ aufgeführt. Hieraus erhält man die Realisierung der Testfunktion

$$\chi^2_{\text{ber}} = \sum_{i=1}^{6} \frac{(h_i - np_i)^2}{np_i} = 2{,}34\,.$$

Da $m = 2$ Parameter geschätzt wurden, lautet das Quantil

$$\chi^2_{r-m-1\,;\,1-\alpha} = \chi^2_{6-2-1\,;\,1-\alpha} = \chi^2_{3\,;\,0{,}95} = 7{,}815\,.$$

Wegen $\chi^2_{\text{ber}} < \chi^2_{r-m-1\,;\,1-\alpha}$ kann die Nullhypothese der Normalverteilung nicht abgelehnt werden.

10.3 Chi-Quadrat - Unabhängigkeitstest

Im Unabhängigkeitstest wird die Nullhypothese

H_0: die beiden Zufallsvariablen X und Y sind unabhängig

getestet. Zur Testdurchführung wird der Wertebereich der Zufallsvariablen X in m disjunkte Klassen $S_1, S_2, \ldots, S_m$ und der Wertevorrat von Y in r disjunkte Klassen $G_1, G_2, \ldots, G_r$ eingeteilt.

In einer zweidimensionalen Stichprobe

$$(x,y) = \big((x_1,y_1),(x_2,y_2),\ldots,(x_n,y_n)\big)$$

vom Umfang n wird für alle Klassenpaare (S_j, G_k) die Anzahl der Stichprobenpaare bestimmt, welche in dieser Klasse liegen. Diese absolute Häufigkeit bezeichnen wir mit h_{jk}. Die Klasseneinteilung muß so vorgenommen werden, daß alle $m \cdot r$ absoluten Häufigkeiten mindestens gleich 5 sind. Nach Abschnitt 3.2.1 können die absoluten Häufigkeiten in einer Kontingenztafel (Tabelle 10.1) übersichtlich dargestellt werden.

X	Y: G_1	G_2	...	G_k	...	G_r	Summe
S_1	h_{11}	h_{12}	...	h_{1k}	...	h_{1r}	$h_{1\cdot}$
S_2	h_{21}	h_{22}	...	h_{2k}	...	h_{2r}	$h_{2\cdot}$
⋮	⋮	⋮		⋮		⋮	⋮
S_j	h_{j1}	h_{j2}	...	h_{jk}	...	h_{jr}	$h_{j\cdot}$
⋮	⋮	⋮		⋮		⋮	⋮
S_m	h_{m1}	h_{m2}	...	h_{mk}	...	h_{mr}	$h_{m\cdot}$
Summe	$h_{\cdot 1}$	$h_{\cdot 2}$	...	$h_{\cdot k}$	...	$h_{\cdot r}$	$h_{\cdot\cdot} = n$

Tab. 10.1: Kontingenztafel beim Unabhängigkeitstest

Die gemeinsamen (unbekannten) Klassenwahrscheinlichkeiten werden mit

$$p_{jk} = P(X \in S_j\,; Y \in G_k)\,;\ j = 1,2,\ldots,m;\ \ k = 1,2,\ldots,r \qquad (10.13)$$

bezeichnet. Mit den Bezeichnungen aus Abschnitt 6.2.1 erhält man die Randwahrscheinlichkeiten

$$\begin{aligned} P(X \in S_j) &= p_{j\cdot} = \sum_{k=1}^{r} p_{jk} \quad \text{für } j = 1,2,\ldots,m\,; \\ P(Y \in G_k) &= p_{\cdot k} = \sum_{j=1}^{m} p_{jk} \quad \text{für } k = 1,2,\ldots,r. \end{aligned} \qquad (10.14)$$

Die Randwahrscheinlichkeiten $p_{j\cdot}$ und $p_{\cdot k}$ sind nicht bekannt. Um den Chi-Quadrat-Test aus Abschnitt 10.2 anwenden zu können, müssen diese Wahrscheinlichkeiten nach dem Maximum-Likelihood-Prinzip geschätzt werden. Nach Beispiel 7.8 sind die relativen (Rand-) Häufigkeiten die Maximum-Likelihood-Schätzungen für die unbekannten Wahrscheinlichkeiten

$$\hat{p}_{j\cdot} = \frac{h_{j\cdot}}{n} = \frac{\sum_{k=1}^{r} h_{jk}}{n}\,; \quad \hat{p}_{\cdot k} = \frac{h_{\cdot k}}{n} = \frac{\sum_{j=1}^{m} h_{jk}}{n}\,. \tag{10.15}$$

Falls die Nullhypothese richtig ist, besitzen die $m \cdot r$ Ereignisse

$$A_{jk} = (X \in S_j\,; Y \in G_k)$$

die Wahrscheinlichkeiten

$$P(A_{jk}) = p_{jk} = p_{j\cdot} \cdot p_{\cdot k} \quad \text{für } j = 1, 2, \ldots, m; \; k = 1, 2, \ldots, r. \tag{10.16}$$

Dann besitzt die binomialverteilte Zufallsvariable Y_{jk} der absoluten Häufigkeit von A_{jk} in einer unabhängigen Versuchsserie vom Umfang n den Erwartungswert

$$\mu_{jk} = E(Y_{jk}) = n \cdot p_{jk} = n \cdot p_{j\cdot} \cdot p_{\cdot k}\,. \tag{10.17}$$

Diese erwarteten Klassenhäufigkeiten besitzen die Maximum-Likelihood-Schätzungen

$$\hat{\mu}_{jk} = n \cdot \frac{h_{j\cdot}}{n} \cdot \frac{h_{\cdot k}}{n} = \frac{h_{j\cdot} \cdot h_{\cdot k}}{n}. \tag{10.18}$$

Da $m + r - 2$ Parameter geschätzt wurden, ist nach Abschnitt 10.2 die Testgröße

$$\chi^2 = \sum_{j=1}^{m} \sum_{k=1}^{r} \frac{\left(Y_{jk} - \frac{h_{j\cdot} \cdot h_{\cdot k}}{n}\right)^2}{\frac{h_{j\cdot} \cdot h_{\cdot k}}{n}} = n \sum_{j=1}^{m} \sum_{k=1}^{r} \frac{\left(Y_{jk} - \frac{h_{j\cdot} \cdot h_{\cdot k}}{n}\right)^2}{h_{j\cdot} \cdot h_{\cdot k}}$$

näherungsweise Chi-Quadrat-verteilt, falls H_0 richtig ist. Insgesamt gibt es $m \cdot r$ Klassen. Geschätzt wurden $m + r - 2$ Parameter. Damit lautet die Anzahl der Freiheitsgrade $m \cdot r - (m + r - 2) - 1 = (m - 1) \cdot (r - 1)$.

Für die Realisierung dieser Testfunktion erhält man

$$\chi^2_{\text{ber}} = n \sum_{j,k} \frac{\left(h_{jk} - \frac{h_{j\cdot} \cdot h_{\cdot k}}{n}\right)^2}{h_{j\cdot} \cdot h_{\cdot k}} = n \sum_{j,k} \frac{h_{jk}^2 - 2h_{jk} \cdot \frac{h_{j\cdot} \cdot h_{\cdot k}}{n} + \frac{h_{j\cdot}^2 \cdot h_{\cdot k}^2}{n^2}}{h_{j\cdot} \cdot h_{\cdot k}}$$

$$= n \sum_{j,k} \frac{h_{jk}^2}{h_{j\cdot} \cdot h_{\cdot k}} - \frac{2}{n^2} \underbrace{\sum_{j,k} h_{jk}}_{=n} + \frac{1}{n} \underbrace{\sum_{j} h_{j\cdot}}_{=n} \underbrace{\sum_{j} h_{\cdot k}}_{=n}$$

$$= n \cdot \left(\sum_{j,k} \frac{h_{jk}^2}{h_{j\cdot} \cdot h_{\cdot k}} - 1 \right).$$

Testdurchführung:

1. Man teile den Wertevorrat der Zufallsvariablen X in m Klassen und den von Y in r Klassen ein. Aus einer zweidimensionalen Stichprobe vom Umfang n bestimme man die absoluten Häufigkeiten h_{jk} der Stichprobenpaare, deren x-Werte in der j-ten Klasse von X und deren y-Werte in der k-ten Klasse von Y liegen.
   Von den festgestellten Klassenhäufigkeiten dürfen höchstens 20 % kleiner als 5, aber alle müssen mindestens gleich Eins sein. Andernfalls müssen Klassen zusammengefaßt oder der Stichprobenumfang n vergrößert werden.
2. Man berechne die Testgröße
$$\chi^2_{ber} = n \cdot \left(\sum_{j=1}^{m} \sum_{k=1}^{r} \frac{h_{jk}^2}{h_{j\cdot} \cdot h_{\cdot k}} - 1 \right). \tag{10.19}$$
3. Testentscheidung:
   Im Falle $\chi^2_{ber} > \chi^2_{(m-1)(r-1);1-\alpha}$ wird die Nullhypothese der Unabhängigkeit der beiden Zufallsvariablen X und Y abgelehnt.

Vierfeldertafel (Spezialfall)

Im Falle $m = r = 2$ gibt es insgesamt vier gemeinsame Häufigkeiten. Dann ist die Kontingenztafel eine **Vierfeldertafel**. Mit einer solchen Vierfeldertafel kann z. B. getestet werden, ob die beiden **Ereignisse A** und **B unabhängig** sind.

	A	$\overline{A}$	Zeilensummen
B	h_{11}	h_{12}	$h_{1\cdot}$
$\overline{B}$	h_{21}	h_{22}	$h_{2\cdot}$
Spalten-summen	$h_{\cdot 1}$	$h_{\cdot 2}$	$h_{\cdot\cdot} = n$

Dabei stimmen die absoluten Häufigkeiten überein mit

$$h_{11} = h_n(B \cap A); \; h_{12} = h_n(B \cap \overline{A}); \; h_{21} = h_n(\overline{B} \cap A); \; h_{22} = h_n(\overline{B} \cap \overline{A}).$$

Durch elementare Rechnung geht die Testgröße über in

$$\chi^2_{ber} = \frac{n \cdot (h_{11} \cdot h_{22} - h_{12} \cdot h_{21})^2}{h_{1\cdot} \cdot h_{2\cdot} \cdot h_{\cdot 1} \cdot h_{\cdot 2}}. \tag{10.20}$$

Weil die Anzahl der Freiheitsgrade gleich 1 ist, können nach (10.11) die Quadrate der Quantile der N(0 ; 1) - Verteilung benutzt werden mit

$$\chi^2_{1;1-\alpha} = z^2_{1-\frac{\alpha}{2}}.$$

Da die Testgröße der Chi-Quadrat-Verteilung nur einen Freiheitsgrad besitzt, sollte die Stetigkeitskorrektur nach **Yates** berücksichtigt werden. Dabei gilt nach Yates:

$n < 20$:
Bei kleinen Stichprobenumfängen $n < 20$ sollte der Chi-Quadrat-Test mit Hilfe der Vierfeldertafel nicht benutzt werden. In diesem Fall kann der exakte Test von Fisher benutzt werden (s. Abschnitt 10.5).

$20 \leq n \leq 200$:
In diesem Bereich eignet sich die nach Yates **korrigierte Teststatistik**

$$\chi^2_{\text{ber}} = \frac{n \cdot \left(\left| h_{11} \cdot h_{22} - h_{12} \cdot h_{21} \right| - \frac{n}{2} \right)^2}{h_{1\cdot} \cdot h_{2\cdot} \cdot h_{\cdot 1} \cdot h_{\cdot 2}} . \tag{10.21}$$

$n > 200$: Hier kann auf die Yates-Korrektur verzichtet werden.

Beispiel 10.7 (Test auf Unabhängigkeit zweier Ereignisse):
Von 500 zufällig ausgewählten Personen ließen sich 98 gegen Grippe impfen. Von den geimpften erkrankten 8 und von den nicht geimpften 71 an Grippe. Hier werden also gleichzeitig die Ereignisse G (geimpft); $\overline{G}$ (nicht geimpft); E (erkrankt) und $\overline{E}$ (nicht erkrankt) untersucht.
Mit $\alpha = 0{,}05$ soll getestet werden, ob die beiden Ereignisse G und E unabhängig sind. Nachfolgend ist die Vierfeldertafel für die absoluten Häufigkeiten dargestellt.

	E (erkrankt)	$\overline{E}$ (nicht erkrankt)	Summe
G (geimpft)	8	90	98
$\overline{G}$ (nicht geimpft)	71	331	402
Summe	79	421	500

Wegen $n > 200$ kann auf die Yates - Korrektur verzichtet werden. Die Realisierung der Testfunktion lautet

$$\chi^2_{\text{ber}} = \frac{500 \cdot (8 \cdot 331 - 71 \cdot 90)^2}{79 \cdot 421 \cdot 98 \cdot 402} = 5{,}34.$$

Das 0,95-Quantil der Chi-Quadrat-Verteilung mit einem Freiheitsgrad beträgt

$$\chi^2_{1\,;\,0{,}95} = z^2_{0{,}95} = 3{,}84.$$

Wegen $\chi^2_{\text{ber}} > 3{,}84$ kann die Nullhypothese der Unabhängigkeit der beiden Ereignisse abgelehnt werden. Man kann also davon ausgehen, daß durch die Impfung die Krankheitsquote gesenkt wird.
Mit der nach Yates korrigierten Teststatistik erhält man die Realisierung $\chi^2_{\text{ber}} = 4{,}65$, welche ebenfalls die Ablehnung der Unabhängigkeit der beiden Ereignisse zur Folge hat.

10.4 Chi-Quadrat-Homogenitätstest - Test auf Gleichheit mehrerer Verteilungen

Mit dem Chi-Quadrat-Homogenitätstest soll getestet werden, ob m Zufallsvariablen $X_1, X_2, \ldots, X_m$ die gleiche Verteilung besitzen. Dabei muß vorausgesetzt werden, daß die Wertebereiche von allen m Zufallsvariablen übereinstimmen.

Der Wertebereich W wird in r disjunkte Klassen $G_1, G_2, \ldots, G_r$ eingeteilt. Mit dieser Klasseneinteilung wird getestet, ob alle m Zufallsvariablen die gleichen Klassenwahrscheinlichkeiten besitzen, also die Nullhypothese

$$H_0: p_{jk} = P(X_j \in G_k) = p_k \quad \text{für } j = 1, 2, \ldots, m; \; k = 1, 2, \ldots, r.$$

Zur Testdurchführung wird bezüglich jeder der m Zufallsvariablen eine einfache Stichprobe gezogen. Dabei können die Stichprobenumfänge n_j verschieden groß sein. Die Anzahl der Werte der j-ten Stichprobe, welche in der Klasse G_k liegen, bezeichnen wir mit h_{jk}. Diese Häufigkeiten werden in die Kontingenztafel (Tab. 10.2) eingetragen. Die Zeilensumme $h_{j\cdot} = n_j$ ist gleich dem Umfang der j-ten Stichprobe.

	Klasseneinteilung							Summe
	G_1	G_2	...	G_k	...	G_r		
X_1	h_{11}	h_{12}	...	h_{1k}	...	h_{1r}		n_1
X_2	h_{21}	h_{22}	...	h_{2k}	...	h_{2r}		n_2
$\vdots$	$\vdots$	$\vdots$		$\vdots$		$\vdots$		$\vdots$
X_j	h_{j1}	h_{j2}	...	h_{jk}	...	h_{jr}		n_j
$\vdots$	$\vdots$	$\vdots$		$\vdots$		$\vdots$		$\vdots$
X_m	h_{m1}	h_{m2}	...	h_{mk}	...	h_{mr}		n_m
Summe	$h_{\cdot 1}$	$h_{\cdot 2}$	...	$h_{\cdot k}$	...	$h_{\cdot r}$		$h_{\cdot\cdot} = n$

Tab. 10.2: Kontingenztafel beim Homogenitätstest

Bei richtiger Nullhypothese sind die mit den Zufallsvariablen Y_{jk} der absoluten Klassenhäufigkeiten gebildeten Testfunktionen

$$\chi_j^2 = \sum_{k=1}^{r} \frac{(Y_{jk} - n_j \cdot p_k)^2}{n_j \cdot p_k}, \quad j = 1, 2, \ldots, m \tag{10.22}$$

asymptotisch Chi-Quadrat-verteilt mit $r - 1$ Freiheitsgraden, falls die Klassenwahrscheinlichkeiten p_k bekannt wären. Wegen der vorausgesetzten Unabhängigkeit der einzelnen Zufallsvariablen X_j ist die Summe

$$\chi^2 = \sum_{j=1}^{r} \chi_j^2 = \sum_{j=1}^{m} \sum_{k=1}^{r} \frac{(Y_{jk} - n_j \cdot p_k)^2}{n_j \cdot p_k} \tag{10.23}$$

asymptotisch Chi-Quadrat-verteilt mit $m \cdot (r-1)$ Freiheitsgraden. Die unbekannten Wahrscheinlichkeiten p_k werden aus der gesamten Stichprobe vom Umfang $n = h_{..} = \sum_{j=1}^{m} n_j$ nach der Maximum-Likelihood-Methode, also durch die relativen Häufigkeiten geschätzt:

$$\hat{p}_k = \frac{h_{\cdot k}}{n} \quad \text{für} \quad k = 1, 2, \ldots, r.$$

Wegen $\sum_{k=1}^{r} p_k = 1$ müssen nur $r-1$ Parameter geschätzt werden.

Dann ist die Testgröße

$$\chi^2 = \sum_{j=1}^{m} \sum_{k=1}^{r} \frac{\left(Y_{jk} - \frac{n_j \cdot h_{\cdot k}}{n}\right)^2}{\frac{n_j \cdot h_{\cdot k}}{n}} = n \cdot \left(\sum_{j,k} \frac{Y_{jk}^2}{n_j \cdot h_{\cdot k}} - 1 \right) \tag{10.24}$$

asymptotisch Chi-Quadrat-verteilt mit $m(r-1) - (r-1) = (m-1) \cdot (r-1)$ Freiheitsgraden, falls H_0 richtig ist. Die Testgröße für den Homogenitätstest stimmt mit der Testgröße des Unabhängigkeitstests aus Abschnitt 10.3 überein mit $h_{j\cdot} = n_j$.

Testdurchführung:

1. Man teile den gemeinsamen Wertevorrat aller m Zufallsvariablen in r Klassen $G_1, G_2, \ldots, G_r$ ein. Bezüglich jeder der m Zufallsvariablen X_j, $j = 1, 2, \ldots, m$ wird eine einfache Stichprobe vom Umfang n_j gezogen. Dabei sei h_{jk} die absolute Häufigkeit der Werte der j-ten Stichprobe, die zur Klasse G_k gehören.
   Von den Klassenhäufigkeiten h_{jk} dürfen höchstens 20 % kleiner als 5 sein, alle müssen aber mindestens Eins sein. Andernfalls müssen Klassen zusammengefaßt oder die Stichprobenumfänge vergrößert werden.
2. Aus der Kontingenztafel (Tabelle) 10.2 berechnet man die Testgröße

   $$\chi^2_{ber} = n \cdot \left(\sum_{j=1}^{m} \sum_{k=1}^{r} \frac{h_{jk}^2}{n_{j\cdot} \cdot h_{\cdot k}} - 1 \right).$$

3. Man bestimme das $(1-\alpha)$-Quantil $\chi^2_{(m-1)(r-1);1-\alpha}$ der Chi-Quadrat-Verteilung mit $(m-1) \cdot (r-1)$ Freiheitsgraden.
4. Testentscheidung: Im Falle $\chi^2_{ber} > \chi^2_{(m-1)(r-1);1-\alpha}$ wird die Nullhypothese, daß die m Zufallsvariablen die gleiche Verteilung besitzen, abgelehnt.

Test auf Gleichheit zweier Wahrscheinlichkeiten

Es soll getestet werden, ob in zwei verschiedenen Grundgesamtheiten das Ereignis A die gleiche Wahrscheinlichkeit besitzt. Zu diesem Test benutzt man die Vierfeldertafel

	A	$\overline{A}$	Zeilensummen
1. Grundgesamtheit	h_{11}	h_{12}	n_1
2. Grundgesamtheit	h_{21}	h_{22}	n_2
Spaltensummen	$h_{\cdot 1}$	$h_{\cdot 2}$	$n = h_{\cdot\cdot}$

Der Test wird wie in Abschnitt 10.3 durchgeführt.

Für **n ≤ 20** sollte dieser Test nicht verwendet werden, sondern der exakte Test von Fisher aus Abschnitt 10.5.

Für **20 ≤ n ≤ 200** benutzt man die nach Yates korrigierte Teststatistik

$$\chi^2_{\text{ber}} = \frac{n \cdot \left(\left| h_{11} \cdot h_{22} - h_{12} \cdot h_{21} \right| - \frac{n}{2}\right)^2}{n_1 \cdot n_2 \cdot h_{\cdot 1} \cdot h_{\cdot 2}} . \tag{10.25}$$

Weil die Anzahl der Freiheitsgrade gleich 1 ist, können nach (10.11) die Quadrate der Quantile der N(0 ; 1) - Verteilung verwendet werden mit

$$\chi^2_{1\,;\,1-\alpha} = z^2_{1-\frac{\alpha}{2}} .$$

Für **n > 200** verwendet man die Testfunktion

$$\chi^2_{\text{ber}} = \frac{n \cdot (h_{11} \cdot h_{22} - h_{12} \cdot h_{21})^2}{n_1 \cdot n_2 \cdot h_{\cdot 1} \cdot h_{\cdot 2}} . \tag{10.26}$$

Beispiel 10.8 (vgl. Beispiel 9.23):

Der Test auf Gleichheit der beiden Wahrscheinlichkeiten in Beispiel 9.23 soll mit Hilfe des Homogenitätstests durchgeführt werden. Aus den dortigen Angaben erhält man die Vierfeldertafel

	fehlerhaft	fehlerfrei	Summe
Werk I	31	369	400
Werk II	41	459	500
Summe	72	838	900

Damit lautet die Testgröße

$$\chi^2_{\text{ber}} = \frac{900 \cdot (31 \cdot 459 - 41 \cdot 369)^2}{72 \cdot 838 \cdot 400 \cdot 500} = 0{,}0604 .$$

Wegen $\chi^2_{\text{ber}} < \chi^2_{1\,;\,0,95} = z^2_{0,95} = 3{,}84$ kann die Nullhypothese, daß beide Ausschußwahrscheinlichkeiten gleich sind, nicht abgelehnt werden.

10.5 Der Fisher-Test bei Vierfeldertafeln

Bei kleinem Stichprobenumfang $n < 20$ ist weder der Chi-Quadrat-Unabhängigkeitstest aus Abschnitt 10.3 noch der Homogenitätstest aus Abschnitt 10.4 zulässig, auch wenn die Yates-Korrektur berücksichtigt würde. In beiden Fällen kann jedoch der Test von Fisher angewandt werden.

a) Von zwei Ereignissen A und B soll die Nullhypothese getestet werden:

$$H_0: \text{ die beiden Ereignisse A und B sind unabhängig.} \qquad (10.27)$$

Mit Hilfe von bedingten Wahrscheinlichkeiten gibt es für die Nullhypothese die gleichwertige Darstellung

$$H_0: \quad P(A \mid B) = P(A \mid \overline{B}). \qquad (10.28)$$

Dazu benutzt man die Vierfeldertafel

	A	$\overline{A}$	Zeilensummen
B	h_{11}	h_{12}	$\mathbf{h_{1\cdot}}$
$\overline{B}$	h_{21}	h_{22}	$\mathbf{h_{2\cdot}}$
Spaltensummen	$\mathbf{h_{\cdot 1}}$	$\mathbf{h_{\cdot 2}}$	$\mathbf{n = h_{\cdot\cdot}}$

b) Im Test auf **Gleichheit zweier Wahrscheinlichkeiten** soll getestet werden, ob in zwei verschiedenen Grundgesamtheiten das Ereignis A die gleiche Wahrscheinlichkeit besitzt. Zu diesem Test benutzt man die Vierfeldertafel

	A	$\overline{A}$	Zeilensummen
1. Grundgesamtheit (B)	h_{11}	h_{12}	$\mathbf{h_{1\cdot}}$
2. Grundgesamtheit ($\overline{B}$)	h_{21}	h_{22}	$\mathbf{h_{2\cdot}}$
Spaltensummen	$\mathbf{h_{\cdot 1}}$	$\mathbf{h_{\cdot 2}}$	$\mathbf{n = h_{\cdot\cdot}}$

Ist $p_1 = P(A)$ die Wahrscheinlichkeit von A in der ersten Grundgesamtheit und $p_2 = P(A)$ die Wahrscheinlichkeit in der zweiten Grundgesamtheit, so lautet die Nullhypothese

$$H_0: \; p_1 = p_2 . \qquad (10.29)$$

Der nach **R. A. Fisher** (1890 – 1962) benannte exakte Test von Fisher benutzt nur die Testgröße h_{11}, also die absolute Häufigkeit (Besetzungszahl) der ersten Klasse. Man betrachtet sämtliche möglichen Vierfeldertafeln, welche die **gleichen Randsummen wie die beobachtete Vierfeldertafel** besitzen. Durch die Besetzungszahl h_{11} ist jede dieser Vierfeldertafeln mit fest vorgegebenen Randsummen eindeutig bestimmt. Es handelt sich also um einen **bedingten Test.**

Die absolute Häufigkeit h_{11} sei Realisierung der Zufallsvariablen V. Diese Testgröße V ist unter den vorgegebenen Randsummen hypergeometrisch verteilt (vgl. Abschnitt 6.4.3). Zur Berechnung der Wahrscheinlichkeiten geht man von den beobachteten Randsummen $h_{\cdot 1}, h_{\cdot 2}, h_{1\cdot}$ und $h_{2\cdot}$ aus, wobei die Gültigkeit der Nullhypothese der Unabhängigkeit vorausgesetzt wird.

Gegeben seien n Elemente, von denen $h_{\cdot 1}$ die Eigenschaft A besitzen, während die restlichen $n - h_{\cdot 1} = h_{\cdot 2}$ diese Eigenschaft nicht aufweisen. Aus den n Elementen werden $h_{1\cdot}$ ausgewählt. Dann ist die Wahrscheinlichkeit dafür, daß k dieser ausgewählten Elemente die Eigenschaft A besitzen, gleich

$$P(V = k) = \frac{\binom{h_{\cdot 1}}{k} \cdot \binom{h_{\cdot 2}}{h_{1\cdot} - k}}{\binom{n}{h_{1\cdot}}} = \frac{h_{1\cdot}!\, h_{2\cdot}!\, h_{\cdot 1}!\, h_{\cdot 2}!}{n!\, k!\, (h_{\cdot 1} - k)!\, (h_{1\cdot} - k)!\, (h_{\cdot 2} - h_{1\cdot} + k)!}$$

für $k \leq h_{\cdot 1}$ und $h_{\cdot 1} - k \leq h_{\cdot 2}$.

Die beobachtete Vierfeldertafel besitzt die Wahrscheinlichkeit

$$P(V = h_{11}) = \frac{h_{1\cdot}!\, h_{2\cdot}!\, h_{\cdot 1}!\, h_{\cdot 2}!}{n!\, h_{11}!\, h_{12}!\, h_{21}!\, h_{22}!} . \tag{10.30}$$

Im Zähler dieses Bruchs steht bei jeder möglichen Kontingenztafel das Produkt der Fakultäten aller vier Randhäufigkeiten. Im Nenner ist das Produkt der Fakultät von n und der Fakultäten der vier Besetzungszahlen.

Als Testgröße wird die Zellenbesetzung V benutzt. Mit Hilfe der oben berechneten Wahrscheinlichkeiten $P(V = k)$ berechnet man die Quantile

$$c_u(\alpha) \text{ maximal mit } \sum_{k \leq c_u} P(V = k) \leq \alpha ;$$

$$c_o(\alpha) \text{ minimal mit } \sum_{k \geq c_o} P(V = k) \leq \alpha .$$

Bei **Finney, D. J.** u. a. [1963] ist die Verteilung der Testgröße V bis $n = 100$ tabelliert.

Der exakte Test von Fisher hat den Vorteil, daß mit ihm im Gegensatz zum Chi-Quadrat-Unabhängigkeitstest auch **einseitige Hypothesen** der Art (10.28) und (10.29) getestet werden können (vgl. nachfolgende Tabelle).

Testentscheidungen:

Nullhypothese H_0	Alternative H_1	Ablehnungsbereich von H_0
a) $P(A \mid B) = P(A \mid \overline{B})$ $p_1 = p_2$	$P(A \mid B) \neq P(A \mid \overline{B})$ $p_1 \neq p_2$	$h_{11} \leq c_u(\frac{\alpha}{2})$ oder $h_{11} \geq c_o(\frac{\alpha}{2})$
b) $P(A \mid B) \leq P(A \mid \overline{B})$ $p_1 \leq p_2$	$P(A \mid B) > P(A \mid \overline{B})$ $p_1 > p_2$	$h_{11} \geq c_o(\alpha)$
c) $P(A \mid B) \geq P(A \mid \overline{B})$ $p_1 \geq p_2$	$P(A \mid B) < P(A \mid \overline{B})$ $p_1 < p_2$	$h_{11} \leq c_u(\alpha)$

Beispiel 10.9:
Von 15 an einer bestimmten Krankheit leidenden Personen wurde 10 ein bestimmtes Medikament verabreicht. Davon wurden 5 geheilt. Von den restlichen 5 Personen, die das Medikament nicht erhielten, wurden 2 geheilt. Getestet werden soll mit $\alpha = 0{,}1$ die Nullhypothese H_0: das Medikament erhöht die Heilungschance nicht gegen H_1: durch das Medikament wird die Heilungschance vergrößert.

Die Kontingenztafel wird so aufgestellt, daß die Besetzungszahl h_{11} am kleinsten ist. Mit den Ereignissen M: "das Medikament wurde der Person" verabreicht und G: "die Person wurde geheilt" erhält man die Vierfeldertafel.

	G	$\overline{G}$	Zeilensummen
$\overline{M}$	2	3	**5**
M	5	5	**10**
Spalten-summen	**7**	**8**	**15**

Für diesen einseitigen Test werden die Wahrscheinlichkeiten für die Vierfeldertafeln mit $k = h_{11} \leq 2$ berechnet. Neben der beobachteten Vierfeldertafel gibt es noch die beiden Vierfeldertafeln mit den Besetzungen

1	4
6	4

und

0	5
7	3

Bei den vorgegebenen Randsummen besitzt die Zufallsvariable V die Wahrscheinlichkeiten

$$P(V = 2) = \frac{5! \cdot 10! \cdot 7! \cdot 8!}{15! \cdot 2! \cdot 3! \cdot 5! \cdot 5!} \approx 0{,}39161 ;$$

$$P(V = 1) = \frac{5! \cdot 10! \cdot 7! \cdot 8!}{15! \cdot 1! \cdot 4! \cdot 6! \cdot 4!} \approx 0{,}16317 ;$$

$$P(V = 0) = \frac{5! \cdot 10! \cdot 7! \cdot 8!}{15! \cdot 0! \cdot 5! \cdot 7! \cdot 3!} \approx 0{,}01865 .$$

Falls die Nullhypothese richtig ist, gilt

$$P(V \leq 2) \approx 0{,}5734.$$

Damit kann die Nullhypothese nicht abgelehnt werden. Von den Personen ohne Medikament wurden zwar nur 40 % geheilt, von denen mit dem Medikament dagegen 50 %. Dieser Unterschied ist noch nicht signifikant, er kann bei einem so kleinen Stichprobenumfang n = 15 auf den Zufall zurückgeführt werden. Mit der Irrtumswahrscheinlichkeit $\alpha = 0{,}02$ könnte die Nullhypothese nur dann abgelehnt werden, wenn von den fünf Personen ohne Medikament keine einzige geheilt würde.

10.6 Kolmogorow-Smirnow-Einstichproben-Test

Eine Zufallsvariable X besitze eine unbekannte **stetige** Verteilungsfunktion F(x). Wir betrachten folgende Hypothesen

Nullhypothese $H_0 : F(x) = F_0(x)$ für alle x;

Alternative $H_1 : F(x) \neq F_0(x)$ für mindestens ein x.

Dabei ist $F_0(x)$ eine fest vorgegebene hypothetische stetige Verteilungsfunktion. $F_0(x)$ darf keine unbekannten Parameter enthalten, die geschätzt werden müßten. Im Gegensatz zum Chi-Quadrat-Anpassungstest ist dafür der Kolmogorow-Smirnow-Test nicht zulässig.

Nach dem Hauptsatz der mathematischen Statistik (Satz 6.42 aus Abschnitt 6.16.4) konvergiert die Folge der aus entsprechenden Stichproben berechneten empirischen Verteilungsfunktionen $F_n(x)$ (vgl. Abschnitt 2.3) mit Wahrscheinlichkeit Eins gleichmäßig gegen die Verteilungsfunktion F(x) der entsprechenden Zufallsvariablen. Im allgemeinen wird daher die maximale Abweichung der empirischen Verteilungsfunktion aus einer einfachen Stichprobe $(x_1, x_2, \ldots, x_n)$ vom Umfang n

$$F_n(x) = \frac{\text{Anzahl der Stichprobenwerte, die kleiner oder gleich x sind}}{n}$$

von der Verteilungsfunktion $F(x) = P(X \leq x)$, also

$$\sup_{x \in \mathbb{R}} |F_n(x) - F(x)| \tag{10.31}$$

beliebig klein sein, wenn der Stichprobenumfang n nur groß genug gewählt wird. Bei richtiger Nullhypothese ist $F_0(x)$ die Verteilungsfunktion. Daher benutzt man als Testgröße

$$d_n = \sup_x |F_n(x) - F_0(x)|. \tag{10.32}$$

d_n ist der maximale Abstand der Verteilungsfunktion der Stichprobe von der hypothetischen Verteilungsfunktion $F_0(x)$ (s. Bild 10.1).

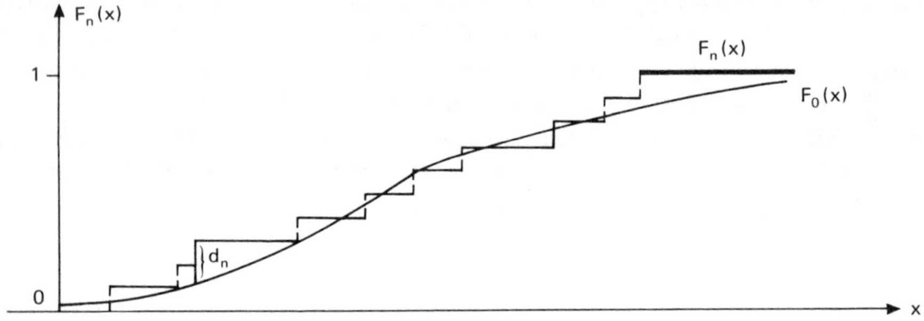

Bild 10.1: Bestimmung der Testgröße beim Kolmogorow-Smirnow-Test

Praktische Berechnung des maximalen Abstands d_n

Weil die Verteilungsfunktion $F_0(x)$ monoton wachsend ist, kann der maximale Abstand d_n folgendermaßen bestimmt werden (s. Bild 10.2). Die Sprungstellen von $F_n(x)$ bezeichnen wir mit x_j^* für i = 1, 2, ..., m. Falls alle Stichprobenwerte x_i verschieden sind, ist jeder Stichprobenwert eine Sprungstelle. An jeder Sprungstelle x_j^* werden die maximalen Abstände der unteren und der oberen Treppenstufe von der Funktion F_0 bestimmt. Die obere Treppenstufe besitzt den Funktionswert $F_n(x_j^*)$, während $F_n(x_{j-1}^*)$ der Funktionswert der unteren Treppenstufe ist. Dabei ist $F(x_0^*) = 0$.

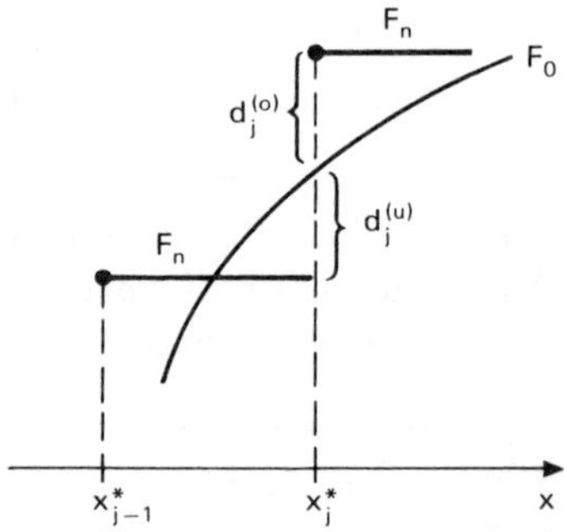

Bild 10.2 Abstandsbestimmung

Die beiden Abstände an der Stelle x_j^* lauten

$$d_j^{(o)} = |F_n(x_j^*) - F_0(x_j^*)|; \quad d_j^{(u)} = |F_n(x_{j-1}^*) - F_0(x_j^*)|. \tag{10.33}$$

Daraus erhält man das Maximum des Abstandes

$$d_n = \max_j (d_j^{(o)}, d_j^{(u)}). \tag{10.34}$$

Der maximale Abstand d_n ist Realisierung der Zufallsvariablen D_n. Man kann zeigen, daß die Quantile der Testgröße D_n gar nicht mehr von der Verteilungsfunktion F_0 abhängen. Für kleine n können sie mit Hilfe kombinatorischer Überlegungen bestimmt werden. Allerdings ist die Herleitung nicht elementar. In Tabelle 6 sind für den zweiseitigen Test für $n \leq 40$ die Quantile angegeben und eine Näherung für $n > 40$. Der folgende Satz stammt von **A. N. Kolmogorow** (1903 – 1987) und **N. V. Smirnow**.

Satz 10.1 (Satz von Kolmogorow-Smirnow):
Falls $F_0(x)$ die tatsächliche Verteilungsfunktion ist, gilt für jedes $\lambda > 0$

$$\lim_{n\to\infty} P(\sqrt{n}\cdot D_n \leq \lambda) = Q(\lambda) = 1 - 2\sum_{k=1}^{\infty} (-1)^{k-1} e^{-2k^2\lambda^2}. \quad (10.35)$$

Die Approximation

$$P\left(D_n \leq \frac{\lambda}{\sqrt{n}}\right) \approx Q(\lambda) = 1 - 2\sum_{k=1}^{\infty} (-1)^{k-1} e^{-2k^2\lambda^2}$$

ist bereits für $n \geq 40$ recht brauchbar.

Im Falle $1-\alpha \geq 0{,}80$ gilt für $n > 40$ die Näherung

$$P\left(D_n \leq \frac{\lambda_{1-\alpha}}{\sqrt{n}}\right) \approx 1-\alpha \quad \text{für } \lambda_{1-\alpha} = \sqrt{-\tfrac{1}{2}\ln\tfrac{\alpha}{2}}\,. \quad (10.36)$$

Praktische Durchführung des Tests
Getestet werden soll $H_0 : F(x) = F_0(x)$ für alle x (zweiseitig).

1. Schritt : **Berechnung der Testgröße:**

Aus einer Stichprobe vom Umfang n bestimme man die empirische Verteilungsfunktion

$$F_n(x) = \frac{\text{Anzahl der Stichprobenwerte, die kleiner oder gleich x sind}}{n}.$$

Die Sprungstellen von F_n seien $x_1^*, x_2^*, x_3^*, \ldots$. Wegen der Stetigkeit der Verteilungsfunktion sind mit Wahrscheinlichkeit Eins sämtliche n Stichprobenwerte verschieden, so daß es im allgemeinen genau n Sprungstellen mit der gleichen Sprunghöhe $\frac{1}{n}$ gibt. Durch Runden können vor allem bei großem n trotzdem übereinstimmende Werte entstehen. Nach (10.33) berechne man die maximale Abweichung $d_n = \max_j (d_j^{(o)}, d_j^{(u)})$.

2. Schritt: **Bestimmung der Quantile:**

Zum Testniveau α bestimme man das $(1-\alpha)$-Quantil $d_{n;1-\alpha}$ aus der Tabelle 6 im Anhang oder nach (10.35) bzw. (10.36).

3. Schritt: **Testentscheidung:**

Im Falle $d_n > d_{n;1-\alpha}$ wird H_0: " $F(x) = F_0(x)$ für alle x" abgelehnt, d. h. H_1 : " $F(x) \neq F_0(x)$ für mindestens ein x" wird angenommen.

Beispiel 10.10:
Mit $\alpha = 0{,}05$ soll die Nullhypothese getestet werden, daß die stetige Zufallsvariable X im Intervall $[0; 10]$ gleichmäßig verteilt ist, also die Verteilungsfunktion

$$F_0(x) = \begin{cases} 0 & \text{für } x < 0; \\ 0{,}1 \cdot x & \text{für } 0 \leq x \leq 10; \\ 1 & \text{für } x > 10 \end{cases}$$

besitzt. Dazu wurde eine Stichprobe vom Umfang $n = 20$ gezogen. Die gerundeten Werte sind bereits der Größe nach geordnet und in der ersten Spalte der Tabelle 10.3 eingetragen. In der zweiten Spalte stehen die Werte der hypothetischen Verteilungsfunktion F_0, in der dritten die der empirischen Verteilungsfunktion F_n. In der vierten Spalte wurden die Abstände der unteren Treppenstufen, in der 5. Spalte die der oberen Treppenstufen der empirischen Verteilungsfunktion F_n von F_0 nach (10.33) berechnet.

x_i	$F_0(x_i)$	$F_n(x_i)$	$d_i^{(u)}$	$d_i^{(o)}$
0,2	0,02	0,05	0,05	0,03
0,9	0,09	0,10	0,04	0,01
2,0	0,20	0,15	0,10	0,05
2,9	0,29	0,20	0,14	0,09
3,6	0,36	0,25	0,16	0,11
4,0	0,40	0,30	0,15	0,10
4,2	0,42	0,35	0,12	0,07
4,5				
4,5	0,45	0,45	0,10	0,00
5,0	0,50	0,50	0,05	0,00
6,0	0,60	0,55	0,10	0,05
6,6	0,66	0,60	0,11	0,06
7,0	0,70	0,65	0,10	0,05
8,2	0,82	0,70	**0,17**	0,12
8,5	0,85	0,75	0,15	0,10
9,0	0,90	0,80	0,15	0,10
9,2	0,92	0,85	0,12	0,07
9,5	0,95	0,90	0,10	0,05
9.8	0,98	0,95	0,08	0,03
9,9	0,99	1,00	0,04	0,01

Tab. 10.3: Praktische Berechnung beim Kolmogorow-Smirnow-Test

Als Realisierung der Testfunktion erhält man als maximalen Abstand der empirischen Verteilungsfunktion F_n von der hypothetischen Verteilungsfunktion $d_n = 0{,}17$. Wegen $d_n < d_{20,\,0{,}95} = 0{,}294$ kann die Nullhypothese der gleichmäßigen Verteilung in $[0; 10]$ nicht abgelehnt werden.

Eigenschaften des Kolmogorow-Smirnow-Tests

1.) Der Kolmogorow-Smirnow-Test ist **konsistent**, aber **nicht unverfälscht.**

2.) Für $n \to \infty$ wird durch diesen Test jede Abweichung der Verteilung der Grundgesamtheit von der hypothetischen Verteilung festgestellt.

3.) Voraussetzung für den Test ist die Stetigkeit der hypothetischen Verteilungsfunktion $F_0(x)$, weil in diesem Fall die Verteilung der Testgröße von der Funktion $F_0(x)$ unabhängig ist. Wendet man den Test zusammen mit den aus der stetigen Verteilung bestimmten Quantilen auf die Verteilung einer diskreten Zufallsvariablen an, so ist er **konservativ.** Die Irrtumswahrscheinlichkeit 1. Art ist höchstens kleiner als α. Damit ist die Güte eventuell geringer.

4.) Im Gegensatz zum Chi-Quadrat-Test dürfen keine unbekannten Parameter geschätzt werden. Doch auch gegenüber solchen Schätzungen ist der Test **konservativ**, falls stetige Quantile benutzt werden.

10.7 Vergleich des Kolmogorow-Smirnow-mit dem Chi-Quadrat-Test

Der Chi-Quadrat-Test hat den Vorteil, daß er nicht nur auf stetige, sondern auch auf diskrete Verteilungen angewandt werden kann. Gleichzeitig können dabei noch unbekannte Parameter geschätzt werden, ohne daß das Signifikanzniveau sich ändert. Der Nachteil dieses Tests besteht in der benötigten Klasseneinteilung, die oft willkürlich gewählt wird. Durch eine Klasseneinteilung geht Information über die Stichprobe verloren. In Wirklichkeit testet man somit nicht die Verteilung, sondern daraus abgeleitete Klassenwahrscheinlichkeiten. Die Testgröße ist nur asymptotisch Chi-Quadrat-verteilt. Daher handelt es sich um einen asymptotischen Test, der nur bei sehr großem Stichprobenumfang angewandt werden sollte.

Der Kolmogorow-Smirnow-Test hat den Vorteil, daß mit der empirischen Verteilungsfunktion bei der Testdurchführung jeder einzelne Stichprobenwert ohne Informationsverlust benutzt wird. Bei stetiger hypothetischer Verteilungsfunktion $F_0(x)$ ist die Verteilung der Testgröße für jeden beliebigen Stichprobenumfang n exakt berechenbar und meistens vertafelt. Aus diesem Grund sollte bei stetig verteilten Grundgesamtheiten der Kolmogorow-Smirnow-Test dem Chi-Quadrat-Test vorgezogen werden.
Da beim Test auf gewisse Verteilungstypen wie z. B. beim Test auf Normal- oder auf Exponentialverteilung Parameter geschätzt werden müssen, sollte hierfür der Chi-Quadrat-Test benutzt werden.

10.8 Konfidenzstreifen für eine stetigeVerteilungsfunktion

Zur Bestimmung einseitiger bzw. zweiseitiger Konfidenzbereiche für eine **stetige** Verteilungsfunktion F benutzen wir die theoretischen Grundlagen des Kolmogorow-Smirnow-Einstichprobentests aus Abschnitt 10.6.
Die Verteilungsfunktion F (x) einer stetigen Zufallsvariablen X sei nicht bekannt. Man weiß nur, daß sie stetig ist. Die Realisierung der Zufallsvariablen $Y_n(x)$ sei die empirische Verteilungsfunktion $F_n(x)$. Dann gilt nach Abschnitt 10.6

$$P\Big(D_n = \sup_{x \in \mathbb{R}} |Y_n(x) - F(x)| \leq d_{n;1-\alpha}\Big) = 1 - \alpha. \tag{10.37}$$

Damit erhält man für die gesamte Verteilungsfunktion F(x) aus der empirischen Verteilungsfunktion F_n den

zweiseitigen Konfidenzbereich für die unbekannte Verteilungsfunktion F:

$$F_n(x) - d_{n;1-\alpha} \leq F(x) \leq F_n(x) + d_{n;1-\alpha}$$ (Qunatile s. Tab. 6).

Zur Bestimmung von einseitigen Konfidenzbereichen benötigt man einseitige Quantile $d^+_{n;1-\alpha} \approx d_{n;1-2\alpha}$. Diese sind in Tabelle 6 im Anhang ebenfalls tabelliert. Für die entsprechende Zufallsvariable D_n^+ , aus deren Verteilung die einseitigen Quantile berechnet werden, gilt der

Satz 10.2 (Satz von Kolmogorow-Smirnow):
Falls $F_0(x)$ die tatsächliche Verteilungsfunktion ist, gilt für jedes $\lambda > 0$

$$\lim_{n\to\infty} P(\sqrt{n} \cdot D_n^+ \leq \lambda) = 1 - e^{-2\lambda^2}. \tag{10.38}$$

Die Approximation

$$P\Big(D_n^+ \leq \frac{\lambda}{\sqrt{n}}\Big) \approx 1 - e^{-2\lambda^2}$$

ist bereits für $n \geq 40$ recht brauchbar.

Im Falle $1 - \alpha \geq 0{,}80$ gilt für $n > 40$ die Näherung

$$P\Big(D_n^+ \leq \frac{\lambda_{1-\alpha}}{\sqrt{n}}\Big) \approx 1 - \alpha \quad \text{für } \lambda_{1-\alpha} = \sqrt{-\tfrac{1}{2}\ln\tfrac{\alpha}{2}}\ . \tag{10.39}$$

Damit erhält man

einseitige Konfidenzbereiche für die unbekannte Verteilungsfunktion F:

$$F_n(x) - d^+_{n;1-\alpha} \leq F(x); \quad F(x) \leq F_n(x) + d^+_{n;1-\alpha}$$

mit $d^+_{n;1-\alpha} \approx d_{n;1-2\alpha}$ (Quantile s. Tabelle 6 im Anhang).

10.9 Der Kolmogorow-Smirnow-Zweistichproben-Test

In diesem Abschnitt soll getestet werden, ob zwei **stetige** Zufallsvariablen X und Y die gleiche Verteilungsfunktion besitzen. Mit

$$F(x) = P(X \le x) \quad \text{und} \quad G(y) = P(Y \le y)$$

werden die Hypothesen getestet

$$H_0 : F(x) = G(x) \qquad \text{für alle } x\,;$$

$$H_1 : F(x) \neq G(x) \qquad \text{für mindestens ein } x.$$

Zur Testdurchführung berechnet man aus zwei unabhängigen Stichproben vom Umfang n_1 und n_2

$$(x_1, x_2, \dots, x_{n_1}) \quad \text{und} \quad (y_1, y_2, \dots, y_{n_2})$$

die empirischen Verteilungsfunktionen

$$F_{n_1}(z) = \frac{\text{Anzahl der x-Werte, die kleiner oder gleich z sind}}{n_1}\,;$$

$$G_{n_2}(z) = \frac{\text{Anzahl der y-Werte, die kleiner oder gleich z sind}}{n_2}\,.$$

Als Testgröße benutzt man die maximale Abweichung

$$d_{n_1, n_2} = \sup_{z \in \mathbb{R}} | F_{n_1}(z) - G_{n_2}(z) | \,. \tag{10.40}$$

Die Testgröße D_{n_1, n_2} besitzt die Realisierung d_{n_1, n_2}.

Bei Richtigkeit der Nullhypothese $F(x) = G(x)$ sind alle $n_1 + n_2$ Werte beider Stichproben Realisierungen der gleichen Zufallsvariablen, welche die Verteilungsfunktion F besitzt. Wegen der vorausgesetzten Stetigkeit sind mit Wahrscheinlichkeit Eins alle Stichprobenwerte verschieden. Zur Berechnung der Verteilung der Testgrößen benutzt man die der Größe nach geordnete vereinigte Stichprobe. Von den $n_1 + n_2$ Plätzen der gesamten Stichprobe können n_1 mit x-Werten belegt werden. Dafür gibt es insgesamt

$$\binom{n_1 + n_2}{n_1} = \frac{(n_1 + n_2)!}{n_1! \cdot n_2!} \tag{10.41}$$

verschiedene Kombinationen, von denen jede gleichwahrscheinlich ist. Für jede dieser Kombinationen lassen sich die Werte der Testgrößen bestimmen.

Beispiel 10.11 ($n_1 = 2$; $n_2 = 4$):
Hier gibt es insgesamt 15 verschiedene Kombinationen. Für die Stichprobe x y y x y y erhält man

Stichprobenwert	x	y	y	x	y	y
$F_{n_1}(z)$	1/2	1/2	1/2	1	1	1
$G_{n_2}(z)$	0	1/4	1/2	1/2	3/4	1
$F_{n_1}(z) - G_{n_2}(z)$	1/2	1/4	0	1/2	1/4	0

Bei dieser Kombination ist $d_{2;4} = \frac{1}{2}$.

Bei kleinen Stichprobenumfängen können die Quantile der Testgrößen mit Hilfe aller möglichen Stichprobenkombinationen exakt bestimmt werden. Die Verteilungen der Testgrößen sind unabhängig von der Verteilungsfunktion $F(x)$. Wie beim Kolmogorow-Smirnow-Einstichprobentest handelt es sich um **verteilungsfreie Teststatistiken.**

Für **unterschiedliche Stichprobenumfänge** n_1, n_2 sind Ablehnungsgrenzen in **Bradley, J.V.** [1968] angegeben. Bei **Hollander, M.; Wolfe, D.A.** [1973] sind die exakten Überschreitungswahrscheinlichkeiten aufgeführt.

Rekursionsformeln zur Berechnung von Quantilen sind bei **Gibbons, J.D.; Chakrabarti, S.** [1992] und **Pratt, J.W.; Gibbons, J.D.** [1981] aufgeführt.

Im Falle $\mathbf{n_1 = n_2 = n}$ vereinfacht sich die Berechnung. Für diesen Fall sind in Tabelle 7 im Anhang für $n \leq 40$ Quantile angegeben.

Asymptotisch lassen sich wie beim Einstichproben-Test die Quantile wesentlich einfacher berechnen. Analog zu Satz 10.1 gilt der

Satz 10.3 (Satz von Kolmogorow-Smirnow):
$F = G$ sei eine stetige Verteilungsfunktion. Dann gilt für jedes $\lambda > 0$

$$\lim_{n_1, n_2 \to \infty} P\left(D_{n_1, n_2} \leq \lambda \sqrt{\frac{n_1 + n_2}{n_1 \cdot n_2}}\right)$$

$$= Q(\lambda) = 1 - 2 \sum_{k=1}^{\infty} (-1)^{k-1} e^{-2k^2\lambda^2} . \qquad (10.42)$$

Für $n_1 + n_2 \geq 40$ sind folgende Näherungen recht brauchbar:

$$d_{n_1, n_2; 1-\alpha} \approx \lambda_{1-\alpha} \cdot \sqrt{\frac{n_1 + n_2}{n_1 \cdot n_2}} \quad \text{mit} \quad Q(\lambda_{1-\alpha}) = 1 - \alpha;$$

$$d_{n_1, n_2; 1-\alpha} \approx \sqrt{-\frac{1}{2} \ln \frac{\alpha}{2}} \cdot \sqrt{\frac{n_1 + n_2}{n_1 \cdot n_2}} \quad \text{für } 1 - \alpha \geq 0{,}80 .$$

Die Grenzfunktion $Q(\lambda)$ stimmt mit der aus dem Einstichprobentest (Satz 10.1) überein.

10.10 Der allgemeine Vorzeichen-Test

Zum Test, ob der Genuß einer bestimmten Menge Alkohol die Reaktionszeit auf ein bestimmtes Signal beeinflußt, ist es naheliegend, die Reaktionszeiten vor und nach dem Alkoholgenuß festzustellen und ihre Differenzen zu berechnen. Falls kein Einfluß vorhanden ist, sind die Abweichungen zufällig. Dann müßten etwa die Hälfte der Differenzen positiv und die andere Hälfte negativ sein. Über die Größe der einzelnen Abweichungen wird bei diesem Test allerdings nichts ausgesagt. Die einzelnen Abweichungsgrößen werden beim Wilcoxon-Vorzeichenrangtest in Abschnitt 10.12 berücksichtigt. Der hier behandelte allgemeine Vorzeichentest kann zum Test eines Medians oder zum Test auf Symmetrie einer Verteilung benutzt werden.

10.10.1 Vorzeichen-Test bei stetigen Zufallsvariablen

Es sei Y eine stetige Zufallsvariable. Wegen der vorausgesetzten Stetigkeit gilt

$$P(Y = 0) = 0.$$

Einer der folgenden Tests soll durchgeführt werden:

$$\begin{aligned} &\text{a)}\ H_0\colon\ P(Y>0) = P(Y<0)\,; &&H_1\colon\ P(Y>0) \neq P(Y<0) \\ &\text{b)}\ H_0\colon\ P(Y>0) \leq P(Y<0)\,; &&H_1\colon\ P(Y>0) > P(Y<0) \qquad (10.43) \\ &\text{c)}\ H_0\colon\ P(Y>0) \geq P(Y<0)\,; &&H_1\colon\ P(Y>0) < P(Y<0)\,. \end{aligned}$$

Zur Testdurchführung wird aus einer unabhängigen Stichprobe

$$y = (y_1, y_2, \ldots, y_n)$$

die Anzahl der positiven Stichprobenwerte bestimmt. Im Falle

$$P(Y<0) = P(Y<0) = \frac{1}{2} \qquad (10.44)$$

tritt ein Wert $y_i = 0$ nur mit Wahrscheinlichkeit 0 auf. Trotzdem kann es vor allem wegen von Rundungen vorkommen, daß manche Stichprobenwerte gleich Null sind. Dann spricht man von **Bindungen**. Dieser Fall wird im Abschnitt 10.10.2 behandelt. Wie gehen zunächst von Stichproben ohne Bindungen aus, d. h. wir setzen voraus, daß alle n Stichprobenwerte von 0 verschieden sind. Wegen der vorausgesetzten Stetigkeit der Zufallsvariablen ist dies mit Wahrscheinlichkeit Eins der Fall.

Es sei V_n^+ die Zufallsvariable der Anzahl der positiven Stichprobenwerte. Unter der Bedingung (10.44) ist V_n^+ binomialverteilt mit den Parametern n (Stichprobenumfang) und p = 0,5. Damit gilt

$$P(V_n^+ = k) = \binom{n}{k} \cdot \frac{1}{2^n} \quad \text{für} \quad k = 0, 1, \ldots, n\,. \qquad (10.45)$$

Da die Testgröße V_n^+ diskret ist, kann im allgemeinen eine vorgegebene Irrtumswahrscheinlichkeit α nicht exakt eingehalten werden. Unter der Nullhypothese a) ist wegen $p = \frac{1}{2}$ die Verteilung von V_n^+ symmetrisch.
Die kritischen Grenzen werden bestimmt durch

$$k(\alpha) \text{ maximal mit } P(V_n^+ \leq k(\alpha)) = \sum_{k=0}^{k(\alpha)} \binom{n}{k} \cdot \frac{1}{2^n} \leq \alpha. \qquad (10.46)$$

Mit der Anzahl v_n^+ der positiven Stichprobenwerte erhält man die

Testentscheidungen:

Nullhypothese H_0	Alternative H_1	Ablehnungsbereich von H_0
$P(Y>0) = P(Y<0)$	$P(Y>0) \neq P(Y<0)$	$v_n^+ \leq k(\frac{\alpha}{2})$ oder $v_n^+ \geq n - k(\frac{\alpha}{2})$
$P(Y>0) \leq P(Y<0)$	$P(Y>0) > P(Y<0)$	$v_n^+ \geq n - k(\alpha)$
$P(Y>0) \geq P(Y<0)$	$P(Y>0) < P(Y<0)$	$v_n^+ \leq k(\alpha)$

Bei großem Stichprobenumfang n kann die Binomialverteilung durch die Normalverteilung approximiert werden. Unter der Bedingung (10.44) genügt $n > 36$. Dann besitzt V_n^+ die Kenngrößen

$$E(V_n^+) = \frac{n}{2}; \quad Var(V_n^+) = \frac{n}{4}.$$

Die Approximation ergibt mit der Stetigkeitskorrektur

$$P(V_n^+ \leq k(\alpha)) \approx \Phi\left(\frac{k(\alpha) + 0{,}5 - \frac{n}{2}}{0{,}5 \cdot \sqrt{n}} \right);$$

$$k(\alpha) \approx \frac{n}{2} - 0{,}5 + \frac{\sqrt{n}}{2} \cdot z_\alpha. \qquad (10.47)$$

10.10.2 Vorzeichen-Test bei beliebigen Zufallsvariablen

Bei beliebigen Zufallsvariablen kann die Wahrscheinlichkeit $P(Y = 0)$ von Null verschieden sein. Dann wird im Vorzeichen-Test ohne Stetigkeitsvoraussetzung eine der Nullhypothesen aus (10.43) getestet.

Besonders im Fall $P(Y = 0) > 0$ werden **Bindungen** auftreten, also Stichprobenwerte verschwinden. Zunächst wäre es vielleicht naheliegend, die verschwindenden Stichprobenwerte gleichmäßig auf die positiven und negati ven Werte aufzuteilen. Die Zuordnung könnte aber auch zufällig (gleich wahrscheinlich) erfolgen.

Besser ist es jedoch, in einem solchen Fall die Werte der Bindungen einfach wegzulassen und den Test aus Abschnitt 10.10.2 mit dem reduzierten Stichprobenumfang durchzuführen. Dann bleibt der Test konservativ, d.h. die Irrtumswahrscheinlichkeit 1. Art wird dadurch nicht vergrößert.

Zum Nachweis, daß der Test konservativ bleibt, gehen wir allgemein von einem festen Stichprobenumfang N aus. Dabei seien m Stichprobenwerte positiv und r negativ. Damit wird der Vorzeichen-Test aus Abschnitt 10.10.1 mit diesen $n = m + r$ Werten ohne Bindung (reduzierte Stichprobe) durchgeführt. Wir nehmen an, die entsprechende Nullhypothese sei richtig und K der (kritische) Ablehnungsbereich des Tests. Die Zufallsvariable W sei die Anzahl der von Null verschiedenen Stichprobenwerten aus der gesamten Stichprobe vom Umfang N mit

$$p_n = P(W = n); \quad n = 0, 1, \ldots, N; \quad \sum_{n=0}^{N} p_n = 1.$$

Für jedes n gilt dann bei richtiger Nullhypothese

$$P(Z \in K \mid W = n) \leq \alpha.$$

Aus dem Satz von der vollständigen Ereignisdisjunktion erhält man hiermit

$$P(Z \in K) = \sum_{n=0}^{N} P(Z \in K \mid W = n) \cdot p_n \leq \alpha \sum_{n=0}^{N} p_n = \alpha.$$

Damit ist gezeigt, daß die Bindungswerte weggelassen werden können, ohne daß sich die Irrtumswahrscheinlichkeit vergrößert.

10.10.3 Test auf zufällige Abweichungen bei verbundenen Stichproben

Gegeben ist eine zweidimensionale Zufallsvariable (X, Y). Jedem Versuchsergebnis ω werden zwei verbundene Zahlenwerte $X(\omega)$ und $Y(\omega)$ zugeordnet. Bezüglich der Differenz soll eine der folgenden drei Tests durchgeführt werden:

a) H_0: $P(Y - X > 0) = P(Y - X < 0)$; H_1: $P(Y - X > 0) \neq P(Y - X < 0)$;

b) H_0: $P(Y - X > 0) \leq P(Y - X < 0)$; H_1: $P(Y - X > 0) > P(Y - X < 0)$;

c) H_0: $P(Y - X > 0) \geq P(Y - X < 0)$; H_1: $P(Y - X > 0) < P(Y - X < 0)$.

Mit der Zufallsvariablen $D = Y - X$ der Differenz kann unmittelbar der Vorzeichen-Test durchgeführt werden, wobei die Bindungen nach Abschnitt 10.10.2 weggelassen werden.

Zur Anwendung des Vorzeichen-Tests gehen wir von einer **verbundenen Stichprobe**

$$(x, y) = ((x_1, y_1), (x_2, y_2), \ldots, (x_n, y_n))$$

vom Umfang n aus. Dabei sind die Stichprobenwerte x_i unabhängige Realisierungen der Zufallsvariablen X und die y_i entsprechende Realisierungen der Zufallsvariablen Y. Da es sich um eine verbundene Stichprobe handelt, sind die beiden Zufallsvariablen voneinander abhängig.

Als Testgröße dient die Zufallsvariable V_n^+ der Anzahl der positiven Differenzen. Unter der Nullhypothese a) ist sie binomialverteilt mit $p = 0{,}5$ und n (= Anzahl der nichtverschwindenden Stichprobenwerte).

Beispiel 10.12:
Bei 500 zufällig ausgewählten Personen wurden die Reaktionszeiten auf zwei verschiedene Reizsignale gemessen. Dabei waren bei 271 Personen die Reaktionszeiten auf das zweite Signal größer und bei 214 kleiner als auf das erste Signal. Bei den restlichen 15 Personen wurden gleiche Zeiten gemessen.
Mit diesem Ergebnis soll mit $\alpha = 0{,}05$ getestet werden, ob die positiven Differenzen allgemein eine größere Wahrscheinlichkeit besitzen als die negativen Differenzen. Es handelt sich um den Test b). Die Stichprobe ist eine verbundene Stichprobe (Meßwerte am gleichen Individuum). Da 15 Werte verschwinden, ist der reduzierte Stichprobenumfang $n = 485$. Mit der Approximation durch die Normalverteilung erhält man aus (10.47)

$$k(0{,}05) \approx \frac{485}{2} - 0{,}5 + \frac{\sqrt{485}}{2} \cdot z_{0{,}05} = 224\,;\; n - k(0{,}05) = 261\,;$$
$$v_{485}^+ = 271 > n - k(0{,}05)\,.$$

Testentscheidung: Die Wahrscheinlichkeit, daß durch den Alkoholgenuß die Reaktionszeit vergrößert wird, ist also größer als die Wahrscheinlichkeit für eine Verkleinerung der Reaktionszeit.

10.10.4 Vorzeichen-Test für den Median bei stetigen Verteilungen

Für den Median $\tilde{\mu}$ einer stetigen Zufallsvariablen X gilt

$$P(X > \tilde{\mu}) = P(X < \tilde{\mu}) = \tfrac{1}{2}\,. \tag{10.48}$$

Mit $Y = X - \tilde{\mu}$ geht diese Gleichung über in

$$P(Y > 0) = P(Y < 0) = \tfrac{1}{2}\,.$$

Damit kann der Vorzeichen-Test aus Abschnitt 10.10.1 (bzw. 10.10.2) unmittelbar zum Test des Medians $\tilde{\mu}$ benutzt werden. In der Stichprobe werden alle Werte weggelassen, die mit dem hypothetischen Grenzwert $\tilde{\mu}_0$ übereinstimmen. Als Testgröße V_n^+ benutzt man die Anzahl derjenigen Stichprobenwerte in der reduzierten Stichprobe, welche größer als $\tilde{\mu}_0$ sind. Falls $\tilde{\mu}_0$ der tatsächliche Median ist, ist diese Testgröße binomialverteilt mit den Parametern $p = 0{,}5$ und dem um die Bindungen bereinigten Stichprobenumfang n. Damit erhält man die

Testentscheidungen:

Nullhypothese H_0	Alternative H_1	Ablehnungsbereich von H_0
a) $\tilde{\mu} = \tilde{\mu}_0$	$\tilde{\mu} \neq \tilde{\mu}_0$	$v_n^+ \leq k(\frac{\alpha}{2})$ oder $v_n^+ \geq n - k(\frac{\alpha}{2})$
b) $\tilde{\mu} \leq \tilde{\mu}_0$	$\tilde{\mu} > \tilde{\mu}_0$	$v_n^+ \geq n - k(\alpha)$
c) $\tilde{\mu} \geq \tilde{\mu}_0$	$\tilde{\mu} < \tilde{\mu}_0$	$v_n^+ \leq k(\alpha)$

Beispiel 10.13:
Zum Test von $H_0 : \tilde{\mu} = 5$ gegen $H_1 : \tilde{\mu} \neq 5$ mit $\alpha = 0{,}05$ soll eine Stichprobe vom Umfang $n = 200$ ausgewertet werden. Dabei wird vorausgesetzt, daß alle Stichprobenwerte von 5 verschieden sind. v_{200}^+ sei die Anzahl der Stichprobenwerte, die größer als 5 sind. In welchem Bereich muß v_{200}^+ liegen, damit die Nullhypothese abgelehnt werden kann? Aus der Approximation der Binomialverteilung durch die Normalverteilung erhält man unter der Nullhypothese

$$E(V_{200}^+) = 100\,; \quad Var(V_{200}^+) = 50\,;$$

$$0{,}05 = P(\,|\,V_{200}^+ - 100\,| \geq c) = 1 - P(\,|\,V_{200}^+ - 100\,| < c)\,;$$

$$\begin{aligned} 0{,}95 &= P(\,|\,V_{200}^+ - 100\,| < c) = P(100 - c < V_{200}^+ < 100 + < c) \\ &= P\Big(-\frac{c}{\sqrt{50}} < Z < \frac{c}{\sqrt{50}}\Big) = 2\Phi\Big(\frac{c}{\sqrt{50}}\Big) - 1\,; \end{aligned}$$

$\frac{c}{\sqrt{50}} = z_{0,975}$; $c = 14$ (aufgerundet); zur Ablehnung muß also gelten

$$|\,v_{200}^+ - 100\,| \geq 14\,.$$

10.11 Konfidenzintervalle für den Median bei stetigen Zufallsvariablen

Für den unbekannten Median $\tilde{\mu}$ einer **stetigen** Zufallsvariablen X sollen aus einer Stichprobe $(x_1, x_2, \ldots, x_n)$ vom Umfang n Konfidenzintervalle bestimmt werden. Wie bei der Bestimmung der Rangzahlen in Abschnitt 3.3.3.1 werden die Stichprobenwerte der Größe nach geordnet durch

$$x_{(1)} \leq x_{(2)} \leq x_{(3)} \leq \ldots \leq x_{(n)}\,. \tag{10.49}$$

Einseitige Konfidenzintervalle

Wir betrachten die Zufallsvariable $X_{(m)}$ der m-ten Rangzahl in (10.49). Das Ereignis $(X_{(m)} \leq \tilde{\mu})$ tritt genau dann ein, wenn mindestens m Stichprobenwerte nicht größer als der Median $\tilde{\mu}$ sind. Wegen der vorausgesetzten Stetigkeit ist jeder der n Stichprobenwerte mit Wahrscheinlichkeit 0,5 nicht größer als der Median. Die Zufallsvariable V, welche die Anzahl der Stichprobenwerte beschreibt, welche den Median nicht übersteigen, ist binomialverteilt mit den Parametern n und p = 0,5 (vgl. Vorzeichentest aus Abschnitt 10.10). Daher gilt bezüglich des Medians $\tilde{\mu}$

$$P\,(X_{(m)} \leq \tilde{\mu}) = \frac{1}{2^n}\sum_{i=m}^{n}\binom{n}{i} \text{ für } m = 1, 2, \ldots, n\,. \tag{10.50}$$

Die Zahl m_u wird maximal bestimmt mit $\frac{1}{2^n}\sum\limits_{i=m_u}^{n}\binom{n}{i} \geq 1-\alpha$, also mit

$$\frac{1}{2^n}\sum_{i=0}^{m_u-1}\binom{n}{i} = 1 - \frac{1}{2^n}\sum_{i=m_u}^{n}\binom{n}{i} \leq \alpha.$$

Damit gilt

$$m_u = 1 + k_\alpha\,;\; k_\alpha \text{ maximal mit } \frac{1}{2^n}\sum_{i=0}^{k_\alpha}\binom{n}{i} \leq \alpha. \tag{10.51}$$

Das Ereignis $(\tilde{\mu} \leq X_{(r)})$ tritt genau dann ein, wenn links vom Median $\tilde{\mu}$ höchstens r − 1 Stichprobenwerte liegen. Die Wahrscheinlichkeit dafür ist

$$P\,(\tilde{\mu} \leq X_{(r)}) = \frac{1}{2^n}\sum_{i=0}^{r-1}\binom{n}{i}\,. \tag{10.52}$$

m_o wird minimal gewählt mit $\frac{1}{2^n}\sum\limits_{i=0}^{m_o-1}\binom{n}{i} \geq 1-\alpha$, also mit

$$\frac{1}{2^n}\sum_{i=m_o}^{n}\binom{n}{i} \leq \alpha.$$

Wegen $p = \frac{1}{2}$ ist die Binomialverteilung symmetrisch. Aus

$$\frac{1}{2^n}\sum_{i=m_o}^{n}\binom{n}{i} = \frac{1}{2^n}\sum_{i=0}^{n-m_o}\binom{n}{i}$$

folgt

$$m_o = n - k_\alpha;\; k_\alpha \text{ s. (10.51).}$$

Zweiseitige Konfidenzintervalle

Wegen der vorausgesetzten Stetigkeit gilt

$$P\,(X_{(m_u)} \le \tilde{\mu}) = P\,(X_{(m_u)} \le \tilde{\mu} \le X_{(m_o)}) + P\,(\tilde{\mu} \ge X_{(m_o)})\,.$$

Daraus folgt

$$P\,(X_{(m_u)} \le \tilde{\mu} \le X_{(m_o)}) = P\,(X_{(m_u)} \le \tilde{\mu}) - P(X_{(m_o)} \le \tilde{\mu}\,)$$

$$= \frac{1}{2^n}\sum_{i=m_u}^{n}\binom{n}{i} - \frac{1}{2^n}\sum_{i=m_o}^{n}\binom{n}{i} = \frac{1}{2^n}\sum_{i=m_u}^{m_o-1}\binom{n}{i}.$$

m_u wird maximal und m_o minimal bestimmt mit $\frac{1}{2^n}\sum_{i=m_u}^{m_o-1}\binom{n}{i} \ge 1-\alpha.$

Zentrale Konfindenzintervalle erhält man aus

$$\frac{1}{2^n}\sum_{i=0}^{m_u-1}\binom{n}{i} \le \frac{\alpha}{2} \quad \text{und} \quad \frac{1}{2^n}\sum_{i=m_o}^{n}\binom{n}{i} \le \frac{\alpha}{2} \tag{10.53}$$

mit $m_u = 1 + k_{\frac{\alpha}{2}}$; $m_o = n - k_{\frac{\alpha}{2}}$; $k_{\frac{\alpha}{2}}$ maximal mit $\frac{1}{2^n}\sum_{i=0}^{k_{\alpha/2}}\binom{n}{i} \le \frac{\alpha}{2}.$

Quantile der Testfunktion bei großem Stichprobenumfang

Bei großem Stichprobenumfang $n > 36$ kann die Binomialverteilung durch die Normalverteilung approximiert werden. Dann erhält man das Quantil k_α mit der Stetigkeitskorrektur aus

$$P\,(X \le k_\alpha) = \frac{1}{2^n}\sum_{i=0}^{k_\alpha}\binom{n}{i} \approx \Phi\left(\frac{k_\alpha + 0{,}5 - \frac{n}{2}}{0{,}5\cdot\sqrt{n}}\right) = \alpha\,;$$

$$k_\alpha \approx -0{,}5 + \frac{n}{2} + \frac{\sqrt{n}}{2}\cdot z_\alpha\,. \tag{10.54}$$

Dieser Wert muß ganzzahlig abgerundet werden.

Konfidenzintervalle für den Median $\tilde{\mu}$ zum Niveau $\ge 1-\alpha = \gamma$:
Mit den kritischen Grenzen k_α bzw. $k_{\frac{\alpha}{2}}$ der Binomialverteilung mit den Parametern n und $p = 0{,}5$ und den entsprechenden Ranggrößen erhält man für den Median $\tilde{\mu}$ die Konfidenzintervalle:

zweiseitige: $[x_{(1+k_{\alpha/2})}\,;\, x_{(n-k_{\alpha/2})}]$;

einseitige: $[x_{(1+k_\alpha)}\,;\, \infty)$; $(-\infty\,;\, x_{(n-k_\alpha)}]$;

$k_{\frac{\alpha}{2}}$ maximal mit $\frac{1}{2^n}\sum_{i=0}^{k_{\alpha/2}}\binom{n}{i} \le \frac{\alpha}{2}$; k_α maximal mit $\frac{1}{2^n}\sum_{i=0}^{k_\alpha}\binom{n}{i} \le \alpha$.

Beispiel 10.14:
Von einer Maschine werden Konservendosen automatisch abgefüllt. Zur Bestimmung eines zweiseitigen Konfidenzintervalls für den Median $\widetilde{\mu}$ des Gewichts (in Gramm) zu $\gamma = 0{,}95$ wurden 40 Dosen zufällig ausgewählt und gewogen. Dabei erhielt man die bereits der Größe nach sortierten Werte:
495,7; 497,1; 497,5; 498,3; 498,6; 499,8; 499,9; 500,1; 500,2; 500,4;
500,5; 500,9; 501,0; 501,4; 501,5; 501,6; 501,6; 501,7; 501,8; 501,9;
502,1; 502,3; 502,4; 502,5; 502,7; 502,8; 503,0; 503,1; 503,2; 503,6;
504,0; 504,4; 504,6; 504,8; 505,1; 505,3; 505,8; 506,7; 507,1; 508,0.

Zur Bestimmung des Quantils der Binomialverteilung benutzen wir die Normalverteilungsapproximation. Aus (10.54) erhält man mit $\alpha = 0{,}05$ das Quantil

$$k_{0,025} \approx -0{,}5 + \frac{40}{2} + \frac{\sqrt{40}}{2} \cdot z_{0,025} = 13 \text{ (abgerundet).}$$

Damit erhält man für den unbekannten Median $\widetilde{\mu}$ zum Konfidenzniveau $1 - \alpha = 0{,}95$ das zweiseitige Konfidenzintervall

$$[x_{(14)};\ x_{(27)}] = [501{,}4;\ 503{,}0].$$

10.12 Tests und Konfidenzintervalle für Quantile einer stetigen Zufallsvariablen

In diesem Abschnitt betrachten wir nur **stetige** Zufallsvariablen X. Da die Verteilungsfunktion F einer stetigen Zufallsvariablen X stetig ist, nimmt sie jeden Wert zwischen 0 und 1 an. Dann ist ein q-Quantil nach (6.83) in Abschnitt 6.5.2.4 erklärt durch

$$F(\xi_q) = P(X \le \xi_q) = q. \tag{10.55}$$

Um Verwechslungen mit der Irrtumswahrscheinlichkeit α auszuschließen, benutzen wir hier die Bezeichnung q-Quantil für $0 < q < 1$ und nicht α-Quantil. Zusätzlich setzen wir voraus, daß die stetige Verteilungsfunkion F im Bereich $0 < F(x) < 1$ streng monoton wachsend ist. Dann sind alle Quantile durch (10.55) eindeutig bestimmt. Mit einem vorgegebenen Wert x_0 soll einer der drei folgenden Tests durchgeführt werden

a) $H_0\colon \xi_q = x_0$; $\quad H_1\colon \xi_q \ne x_0$;

b) $H_0\colon \xi_q \le x_0$; $\quad H_1\colon \xi_q > x_0$;

c) $H_0\colon \xi_q \ge x_0$; $\quad H_1\colon \xi_q < x_0$.

Für $q = 0{,}5$ ist $\xi_{0,5} = \widetilde{\mu}$ der Median. Tests und Konfidenzintervalle für den Median sind also Spezialfälle aus diesem Abschnitt.

10.12.1 Tests von Quantilen

Aus einer Stichprobe vom Umfang n berechnen wir als Testgröße V_n die Anzahl der Stichprobenwerte, die kleiner als x_0 sind. Wegen der vorausgesetzten Stetigkeit sind mit Wahrscheinlichkeit Eins alle n Stichprobenwerte von x_0 verschieden. Mit $P(X \le x_0) = F(x_0)$ ist die Testgröße V_n binomialverteilt mit den Parametern n und $p = F(x_0)$. Dabei gilt

$$P(V_n = k) = \binom{n}{k} \cdot [F(x_0)]^k \cdot [1 - F(x_0)]^{n-k}, \; k = 0, 1, \ldots, n. \qquad (10.56)$$

Aus der vorausgesetzten strengen Monotonie von F folgt

$$\xi_q > x_0 \;\Leftrightarrow\; F(x_0) < q; \quad \xi_q < x_0 \;\Leftrightarrow\; F(x_0) > q. \qquad (10.57)$$

Im Falle $F(x_0) \ne 0{,}5$ ist die Verteilung von V_n nicht symmetrisch. Dann kann zur Bestimmung der kritischen Grenzen keine Symmetrie benutzt werden. Die Ablehnungsgrenzen werden bestimmt aus

$k_u(\alpha)$ maximal mit

$$P(V_n \le k_u(\alpha)) = \sum_{k=0}^{k_u(\alpha)} \binom{n}{k} \cdot [F(x_0)]^k \cdot [1 - F(x_0)]^{n-k} \le \alpha;$$

$k_o(\alpha)$ minimal mit (10.58)

$$P(V_n \ge k_o(\alpha)) = \sum_{k_o(\alpha)}^{n} \binom{n}{k} \cdot [F(x_0)]^k \cdot [1 - F(x_0)]^{n-k} \le \alpha.$$

Ablehnungsgrenzen bei großem Stichprobenumfang

Für $n \cdot F(x_0) \cdot [1 - F(x_0)] > 36$ kann die Approximation durch die Normalverteilung mit Stetigkeitskorrektur benutzt werden:

$$P(V_n \le k_u(\alpha)) \approx \Phi\left(\frac{k_u(\alpha) - n \cdot F(x_0) + 0{,}5}{\sqrt{n \cdot F(x_0) \cdot [1 - F(x_0)]}} \right) \qquad (10.59)$$

$$P(V_n \ge k_o(\alpha)) = 1 - P(V_n \le k_o(\alpha) - 1) \approx 1 - \Phi\left(\frac{k_o(\alpha) - n \cdot F(x_0) - 0{,}5}{\sqrt{n \cdot F(x_0) \cdot [1 - F(x_0)]}} \right).$$

Mit diesen kritischen Grenzen und der Anzahl v_n der Stichprobenwerte, welche kleiner als x_0 sind, erhält man die

Testentscheidungen:

Nullhypothese H_0	Alternative H_1	Ablehnungsbereich von H_0
a) $\xi_q = x_0$	$\xi_q \ne x_0$	$v_n \le k_u(\frac{\alpha}{2})$ oder $v_n \ge k_o(\frac{\alpha}{2})$
b) $\xi_q \le x_0$	$\xi_q > x_0$	$v_n \ge k_o(\alpha)$
c) $\xi_q \ge x_0$	$\xi_q < x_0$	$v_n \le k_u(\alpha)$

10.12.2 Konfidenzintervalle für Quantile

Konfidenzintervalle für das q-Qunatil ξ_q aus (10.55) werden analog zu den Konfidenzintervallen für den Median aus Abschnitt 10.11 bestimmt. Dazu werden die Stichprobenwerte der Größe nach geordnet. Wegen der vorausgesetzten Stetigkeit gilt mit Wahrscheinlichkeit 1

$$x_{(1)} < x_{(2)} < x_{(3)} < \ldots < x_{(n)}.$$

Einseitige Konfidenzintervalle

Für festes r mit $1 \le r \le n$ ist $\xi_q \le x_{(r)}$ genau dann erfüllt, wenn mindestens die Stichprobenwerte $x_{(r)}, x_{(r+1)}, \ldots, x_{(n)}$ größer oder gleich ξ_q sind. Dann dürfen höchstens $r-1$ Stichprobenwerte kleiner als ξ_q sein. Wegen der vorausgesetzten Stetigkeit ist jeder einzelne Stichprobenwert mit Wahrscheinlichkeit

$$P(X < \xi_q) = P(X \le \xi_q) = q \tag{10.60}$$

kleiner als ξ_q. Die Zufallsvariable der Anzahl der Stichprobenwerte, die kleiner als ξ_q sind, ist binomialverteilt mit den Parametern n und q. Ein einseitiges Konfidenzintervall erhält man aus

$$P(\xi_q \le X_{(m_o)}) = \sum_{i=0}^{m_o-1} \binom{n}{i} \cdot q^i \cdot (1-q)^{n-i} \ge 1-\alpha = \gamma.$$

m_o ist minimal zu bestimmen aus

$$\sum_{i=m_o}^{n} \binom{n}{i} \cdot q^i \cdot (1-q)^{n-i} \le \alpha = 1-\gamma. \tag{10.61}$$

Das Ereignis $(X_{(m)} \le \xi_q)$ tritt genau dann ein, wenn mindestens m Stichprobenwerte nicht größer als ξ_q sind. Damit gilt

$$P(X_{(m)} \le \xi_q) = \sum_{i=m}^{n} \binom{n}{i} \cdot q^i \cdot (1-q)^{n-i}. \tag{10.62}$$

Das zweite einseitige Konfidenzintervall erhält man somit aus

$$P(X_{(m_u)} \le \xi_q) = \sum_{i=m_u}^{n} \binom{n}{i} \cdot q^i \cdot (1-q)^{n-i} \ge 1-\alpha = \gamma.$$

m_u ist maximal zu bestimmen mit

$$\sum_{i=0}^{m_u-1} \binom{n}{i} \cdot q^i \cdot (1-q)^{n-i} \le \alpha = 1-\gamma. \tag{10.63}$$

Zweiseitige Konfidenzintervalle erhält man aus

$$P(X_{(m_u)} \le \xi_q \le X_{(m_0)}) = \sum_{i=m_u}^{m_o-1} \binom{n}{i} \cdot q^i \cdot (1-q)^{n-i} \ge 1-\alpha. \tag{10.64}$$

Zusammenfassung:

Konfidenzintervalle für das q-Quantil ξ_q mit $F(\xi_q) = q$ zum Niveau $1-\alpha^* \geq 1-\alpha = \gamma$:

zweiseitige:

$$[X_{(m_u)}\,;\,X_{(m_o)}] \quad \text{mit} \quad \sum_{i=m_u}^{m_o-1} \binom{n}{i} \cdot q^i \cdot (1-q)^{n-i} = 1-\alpha^* \geq 1-\alpha = \gamma$$

$$\Leftrightarrow \sum_{i=0}^{m_u-1} \binom{n}{i} \cdot q^i \cdot (1-q)^{n-i} + \sum_{i=m_o}^{n} \binom{n}{i} \cdot q^i \cdot (1-q)^{n-i} \leq \alpha;$$

einseitige:

$$[X_{(m_u)}\,;\,\infty)\,;\; m_u \text{ maximal mit } \alpha^* = \sum_{i=0}^{m_u-1} \binom{n}{i} \cdot q^i \cdot (1-q)^{n-i} \leq \alpha;$$

$$(-\infty;\, X_{(m_o)}];\; m_o \text{ minimal mit } \alpha^* = \sum_{i=m_o}^{n} \binom{n}{i} \cdot q^i \cdot (1-q)^{n-i} \leq \alpha.$$

Praktische Berechnung der kritischen Grenzen

a) Bei kleinem Stichprobenumfang n müssen die kritischen Grenzen direkt aus der Binomialverteilung nach der angegebenen Formel berechnet werden. Dabei kann die im Satz 8.3 in Abschnitt 8.4.3.2 angegebene Darstellung durch die F-Verteilung benutzt werden mit

$$\sum_{i=0}^{m-1} \binom{n}{i} \cdot q^i \cdot (1-q)^{n-i} = 1 - F_{2m;\,2(n-m+1)}\left(\frac{n-m+1}{m} \cdot \frac{q}{1-q}\right).$$

b) Bei großem Stichprobenumfang mit $n \cdot q \cdot (1-q) > 9$ kann die Approximation der Binomialverteilung durch die Normalverteilung mit Stetigkeitskorrektur verwendet werden mit

$$\sum_{i=0}^{m-1} \binom{n}{i} \cdot q^i \cdot (1-q)^{n-i} \approx \Phi\left(\frac{m-0{,}5-nq}{\sqrt{nq(1-q)}}\right).$$

Beispiel 10.15:
Bezüglich einer stetigen Zufallsvariablen liege eine Stichprobe vom Umfang $n = 2\,000$ vor. Für das 0,95-Quantil $\xi_{0{,}95}$ ist ein zweiseitiges Konfidenzintervall zum Konfidenzniveau $1-\alpha = 0{,}95$ gesucht. Welche Rangstatistiken müssen dazu benutzt werden?
Wegen $nq(1-q) = 95$ können die zur Grenzberechnung benötigten Quantile der Binomialverteilung aus der Normalverteilungsapproximation bestimmt werden durch

$$\sum_{i=0}^{m_u-1} \binom{2000}{i} \cdot 0{,}95^{\,i} \cdot 0{,}05^{2000-i} \approx \Phi\left(\frac{m_u - 0{,}5 - 1900}{\sqrt{95}}\right) = 0{,}025;$$

$$m_u \approx 1900{,}5 + \sqrt{95} \cdot (-1{,}96) = 1881 \text{ (abgerundet).}$$

$$\sum_{i=m_o}^{2000} \binom{2000}{i} \cdot 0{,}95^i \cdot 0{,}05^{2000-i}$$

$$= 1 - \sum_{i=0}^{m_o-1} \binom{2000}{i} \cdot 0{,}95^i \cdot 0{,}05^{2000-i} = 0{,}025;$$

$$0{,}975 = \sum_{i=0}^{m_o-1} \binom{2000}{i} \cdot 0{,}95^i \cdot 0{,}05^{2000-i} \approx \Phi\left(\frac{m_o - 0{,}5 - 1900}{\sqrt{95}}\right);$$

$$m_o \approx 1900{,}5 + \sqrt{95} \cdot 1{,}96 = 1920 \text{ (aufgerundet).}$$

Damit erhält man für das 95%-Quantil $\xi_{0,95}$ das zweiseitige Konfidenzintervall $[\, x_{(1881)}\, ;\, x_{(1920)}\,]$.

10.13 Der Vorzeichen-Rangtest (Symmetrie-Test) nach Wilcoxon

Falls eine Zufallsvariable X symmetrisch zur Stelle s ist, gilt

$$P(X < s) = P(X > s). \tag{10.65}$$

Mit $Y = X - s$ ist die Bedingung (10.55) gleichwertig mit

$$H_0\colon P(Y > 0) = P(Y < 0). \tag{10.66}$$

Prinzipiell könnte man diese Bedingung mit dem allgemeinen Vorzeichen-Test aus Abschnitt 10.10 testen. Dort wird allerdings nur die Hypothese untersucht, daß positive und negative Werte gleichwahrscheinlich sind. Über die Verteilung der beiden Bereiche wird keine Aussage gemacht. Falls H_0 falsch ist, kann die Verteilung auch nicht zu s symmetrisch sein. Wenn jedoch H_0 richtig ist, folgt aus ihr keineswegs die Symmetrie der Verteilung zur Stelle s. Die Verteilung könnte ja schief sein und trotzdem die Bedingung (10.65) erfüllen.

Die Verteilung einer Zufallsvariablen X ist genau dann **symmetrisch** zur Stelle ϑ_0, falls gilt

$$P(X \le \vartheta_0 - x) = P(X \ge \vartheta_0 + x) \quad \text{für alle x.} \tag{10.67}$$

Im diskreten Fall ist das Stabdiagramm symmetrisch zur Stelle ϑ_0, im stetigen Fall ist die Dichte symmetrisch zu ϑ_0 mit $f(\vartheta_0 - x) = f(\vartheta_0 + x)$.

Getestet werden soll die Nullhypothese

H_0: die Verteilung ist symmetrisch zur Stelle ϑ_0.

Die Symmetrie-Stelle ϑ_0 ist dann gleichzeitig der Median $\tilde{\mu}$, also $\vartheta_0 = \tilde{\mu}$. Falls der Erwartungswert existiert, stimmt auch er mit ϑ_0 überein.

Bei einer symmetrischen Verteilung mit der Symmetrie-Stelle ϑ_0 ist die Zufallsvariable $Y = X - \vartheta_0$ symmetrisch um 0 verteilt. Dann besitzen die beiden Zufallsvariablen Y und $-Y$ die gleiche Verteilung.

Zum Test berechnet man aus einer Stichprobe $x = (x_1, x_2, \ldots, x_n)$ die transformierte Stichprobe

$$y = x - \vartheta_0 = (x_1 - \vartheta_0, x_2 - \vartheta_0, \ldots, x_n - \vartheta_0) = (y_1, y_2, \ldots, y_n).$$

Wenn die Nullhypothese H_0 richtig ist, werden sich die positiven und negativen Differenzen "ähnlich verhalten".

10.13.1 Der Vorzeichen-Rangtest ohne Bindungen

Wir setzen voraus, daß die Zufallsvariable X **stetig** ist. Dann gilt für die Symmetrie-Stelle ϑ_0 wegen $P(X = \vartheta_0) = 0$

$$P(X < \vartheta_0) = P(X > \vartheta_0) = \tfrac{1}{2}. \tag{10.68}$$

Wegen der vorausgesetzten Stetigkeit sind in der transformierten Stichprobe y mit Wahrscheinlichkeit Eins alle n Werte voneinander und von Null verschieden. Dann treten keine Bindungen auf.

Die nach **F. Wilcoxon** (1892 – 1965) benannte Testgröße wird folgendermaßen berechnet:

1) Die Beträge $|y_i| = |x_i - \vartheta_0|$ der transformierten Stichprobe werden der Größe nach geordnet

$$|y_{(1)}| < |y_{(2)}| < \ldots < |y_{(n)}|.$$

Wegen der vorausgesetzten Stetigkeit sind mit Wahrscheinlichkeit Eins alle n Ränge verschieden, so daß gleiche Ränge (Bindungen) im wesentlichen nur auf das Runden zurückzuführen sind.

2) Der Stichprobenwert y_i besitze in dieser Anordnung den Rang r_i (vgl. Abschnitt 3.3.3.1).

Als Testgröße wird die Summe der Ränge w_n^+ der positiven y-Werte bestimmt.

Genauso könnte man auch die Summe der Ränge w_n^- der negativen y-Werte benutzen.

Die Summe aller Ränge beträgt $1 + 2 + \ldots + n = \frac{n(n+1)}{2}$. Daher gilt

$$w_n^+ + w_n^- = \frac{n(n+1)}{2}. \tag{10.69}$$

w_n^+ bzw. w_n^- sind Realisierungen der Zufallsvariablen W_n^+ bzw. W_n^-. Falls die Nullhypothese der Symmetrie der Verteilung zur Stelle ϑ_0 richtig ist, besitzen beide Zufallsvariablen W_n^+ und W_n^- die gleiche Verteilung und somit auch den gleichen Erwartungswert und die gleiche Varianz. Aus

$$W_n^+ + W_n^- = \frac{n(n+1)}{2}$$

folgt dann unter der Nullhypothese H_0

$$E(W_n^+ \mid H_0) = E(W_n^- \mid H_0) = \frac{n(n+1)}{4}. \qquad (10.70)$$

Die Testgröße kann dargestellt werden in der Form

$$W_n^+ = \sum_{i=1}^{n} i \cdot Z_i \quad \text{mit} \quad Z_i = \begin{cases} 1, & \text{falls } Y_i > 0; \\ 0, & \text{falls } Y_i < 0. \end{cases}$$

Unter der Nullhypothese H_0 gilt

$$E(Z_i) = E(Z_i^2) = P(Z_i > 0) = \tfrac{1}{2}; \quad Var(Z_i) = \tfrac{1}{4}.$$

Aus der Unabhängigkeit der Zufallsvariablen Z_i erhält man unter der Nullhypothese H_0

$$\begin{aligned} E(W_n^+ \mid H_0) &= \sum_{i=1}^{n} i \cdot \tfrac{1}{2} = \frac{n(n+1)}{4}; \\ Var(W_n^+ \mid H_0) &= \sum_{i=1}^{n} i^2 \cdot \tfrac{1}{4} = \frac{n(n+1)(2n+1)}{24}. \end{aligned} \qquad (10.71)$$

Die Verteilung der Testgröße W_n^+

Die Testgröße W_n^+ besitzt den Wertevorrat $\{0, 1, 2, \ldots, \frac{n(n+1)}{2}\}$.

Das Ereignis $(W_n^+ = 0)$ tritt ein, wenn alle n Stichprobenwerte y_i negativ sind. Sind sämtliche Stichprobenwerte y_i positiv, so ist die Realisierung gleich $\frac{n(n+1)}{2}$. Unter der Nullhypothese H_0 ist W_n^+ **symmetrisch verteilt** um den Erwartungswert $\frac{n(n+1)}{4}$.

Die Wahrscheinlichkeiten $P(W_n^+ = k)$ können durch folgende kombinatorische Überlegung bestimmt werden:

Falls die i-te Rangzahl r_i durch einen positiven Stichprobenwert y_i erzeugt wird, soll die i-te Stelle mit einem +, sonst mit einem − besetzt werden. Dadurch entsteht eine Kette aus n Symbolen

$$+ - - + \ldots - + - + .$$

Unter der Nullhypothese H_0 steht an jeder Stelle unabhängig von den übrigen mit Wahrscheinlichkeit 0,5 ein +. Insgesamt gibt es dann 2^n gleichwahrscheinliche Belegungsmöglichkeiten. Dabei setzen wir

$$P(W_n^+ = k) = \frac{u_n(k)}{2^n}.$$

Unter Berücksichtigung der Symmetrie können die günstigen Fälle $u_n(k)$ kombinatorisch bestimmt werden. Speziell gilt unter H_0

$$u_n(0) = u_n\left(\frac{n(n+1)}{2}\right) = 1.$$

Beispiel 10.16 (n = 6):
Der maximale Wert lautet $w_{max}^+ = \frac{6 \cdot 7}{2} = 21$. Insgesamt gibt es $2^6 = 64$ verschiedene Möglichkeiten. Die Verteilung ist symmetrisch zum Erwartungswert

$$E(W_6^+) = \frac{6 \cdot 7}{4} = 10{,}5 \qquad \text{mit} \qquad P(W_6^+ = k) = P(W_6^+ = 21 - k).$$

Daher genügt die Berechnung der Wahrscheinlichkeiten für $k = 11, \ldots, 21$. Die übrigen erhält man mit der obigen Formel.

k	Rangtupel der positiven Differenzen	$u_6(k)$	$P(W_6^+ = k)$
21	(1,2,3,4,5,6)	1	$\frac{1}{64}$
20	(2,3,4,5,6)	1	$\frac{1}{64}$
19	(1,3,4,5,6)	1	$\frac{1}{64}$
18	(1,2,4,5,6); (3,4,5,6)	2	$\frac{2}{64}$
17	(1,2,3,5,6); (2,4,5,6)	2	$\frac{2}{64}$
16	(1,2,3,4,6); (2,3,5,6); (1,4,5,6)	3	$\frac{3}{64}$
15	(1,2,3,4,5); (2,3,4,6); (1,3,5,6); (4,5,6)	4	$\frac{4}{64}$
14	(2,3,4,5); (1,3,4,6); (1,2,5,6); (3,5,6)	4	$\frac{4}{64}$
13	(1,3,4,5); (1,2,4,6); (2,5,6); (3,4,6)	4	$\frac{4}{64}$
12	(1,2,4,5); (1,2,3,6); (2,4,6); (3,4,5)	4	$\frac{4}{64}$
11	(1,2,3,5); (2,3,6); (2,4,5); (1,4,6); (2,3,6); (5,6)	6	$\frac{6}{64}$

Rekursionsformel für $u_n(k)$
Wir nehmen an, die Verteilung der Zufallsvariablen W_{n-1}^+ sei bekannt, also die Wahrscheinlichkeiten

$$P(W_{n-1}^+ = k) = \frac{u_{n-1}(k)}{2^{n-1}} \quad \text{für } k = 0, 1, 2, \ldots, \frac{(n-1)n}{2}.$$

Mit der n-ten Stichprobenvariablen Y_n betrachten wir die vollständige Ereignisdisjunktion

$$(Y_n > 0)\ ;\ (Y_n < 0) \quad \text{mit } P(Y_n > 0) = P(Y_n < 0) = \tfrac{1}{2}\,.$$

Dann erhält man mit dem Satz von der vollständigen Ereignisdisjunktion:

$$\frac{u_n(k)}{2^n} = P(W_n^+ = k)$$

$$= P(W_n^+ = k \mid Y_n > 0) \cdot P(Y_n > 0) + P(W_n^+ = k \mid Y_n < 0) \cdot P(Y_n < 0)$$

$$= \tfrac{1}{2} \cdot P(W_{n-1}^+ = k - n) + \tfrac{1}{2} \cdot P(W_{n-1}^+ = k)$$

$$= \frac{1}{2} \cdot \frac{u_{n-1}(k-n)}{2^{n-1}} + \frac{1}{2} \cdot \frac{u_{n-1}(k)}{2^{n-1}} = \frac{u_{n-1}(k-n) + u_{n-1}(k)}{2^n}\,.$$

Somit gilt allgemein die

Rekursionsformel:

$$u_n(k) = u_{n-1}(k-n) + u_{n-1}(k) \quad \text{mit} \quad u_n(0) = u_n\left(\frac{n(n+1)}{2}\right) = 1.$$

In Tabelle 8 im Anhang sind Quantile $w_{n;\alpha}^+$ aufgeführt.

Asymptotische Verteilung von W_n^+

In der Darstellung

$$W_n^+ = \sum_{i=1}^{n} i \cdot Z_i \quad \text{mit} \quad Z_i = \begin{cases} 1, \text{ falls } Y_i > 0; \\ 0, \text{ falls } Y_i < 0 \end{cases}$$

sind die einzelnen Summenvariablen Z_i voneinander unabhängig. Daher gilt für die Summe der zentrale Grenzwertsatz. Dann konvergiert die Folge der Verteilungsfunktionen der standardisierten Summen

$$Z_n = \frac{W_n^+ - E(W_n^+)}{\sqrt{Var(W_n^+)}} = \frac{W_n^+ - \frac{n(n+1)}{4}}{\sqrt{\frac{n(n+1)(2n+1)}{24}}}$$

gegen die Verteilungsfunktion Φ der Standard-Normalverteilung. Mit der Stetigkeitskorrektur 0,5 erhält man für **n > 20** die brauchbare Näherung

$$P(W_n^+ \le k) = P(W_n^+ \le k + 0{,}5) \approx \Phi\left(\frac{k + 0{,}5 - \frac{n(n+1)}{4}}{\sqrt{\frac{n(n+1)(2n+1)}{24}}}\right). \tag{10.72}$$

Mit der Summe w_n^+ der positiven Differenzen $x_i - \vartheta_0$ und den kritischen Grenzen $w_{n;\frac{\alpha}{2}}^+$ maximal mit $P(W_n^+ \le w_{n;\frac{\alpha}{2}}^+) \le \frac{\alpha}{2}$ erhält man die

Testentscheidung:

Im Falle $w_n^+ \leq w^+_{n;\frac{\alpha}{2}}$ oder $w_n^+ \geq \frac{n(n+1)}{2} - w^+_{n;\frac{\alpha}{2}}$

wird die Nullhypothese der Symmetrie zur Stelle ϑ_0 abgelehnt.

Für $n \leq 60$ sind Quantile $w^+_{n;\alpha}$ in Tabelle 8 im Anhang vertafelt.

10.13.2 Der Vorzeichen-Rangtest bei Bindungen

Falls die Zufallsvariable X diskret ist, werden Stichprobenwerte mit gleichem Betrag, also Bindungen auftreten. Wenn $P(X = \vartheta_0) > 0$ ist, entstehen auch Nulldifferenzen $y_i = x_i - \vartheta_0 = 0$. Die **Nulldifferenzen** werden weggelassen und der Test mit dem reduzierten Stichprobenumfang durchgeführt.

Falls von den nichtverschwindenden y-Werten Beträge gleich sind, benutzt man **Durchschnittsränge**. Dadurch ändert sich der Erwartungswert der reduzierten Testgröße W_n^+ nicht. Die Varianz wird jedoch verkleinert. Wenn es bezüglich der Testgröße insgesamt m verschiedene Bindungsgruppen gibt mit jeweils b_j ranggleichen Elementen für $j = 1, 2, \ldots, m$, erhält man nach Lemma 3.1 und aus (3.36) in Abschnitt 3.3.3.3 unter der Nullhypothese H_0:

$$\begin{aligned} E(W_n^+ | H_0) &= \frac{n(n+1)}{4}; \\ Var(W_n^+ | H_0) &= \frac{n(n+1)(2n+1)}{24} - \frac{1}{48} \sum_{j=1}^{m} (b_j^3 - b_j) . \end{aligned} \tag{10.73}$$

Für $n > 25$ ist die standardisierte Zufallsvariable

$$Z_n = \frac{W_n^+ - \frac{n(n+1)}{4}}{\sqrt{\frac{n(n+1)(2n+1)}{24} - \frac{1}{48} \sum_{j=1}^{m} (b_j^3 - b_j)}}$$

näherungsweise $N(0;1)$-verteilt. Mit dieser Testgröße kann dann der Test durchgeführt werden.

Beispiel 10.17:
Mit der Stichprobe

$-50, -45, -40, -35, -30, -25, -20, -15, -14, -11,$
$1, 2, 3, 4, 5, 6, 7, 8, 9, 10$

soll die Nullhypothese H_0 getestet werden, daß die Verteilung der Zufallsvariablen X zur Stelle s = 0 symmetrisch ist.

a) Mit dem allgemeinen Vorzeichentest aus Abschnitt 10.10 erhält man die Testgröße $v_{20}^+ = 10$. Sogar für $\alpha = 0{,}5$ kann mit diesem Test die Nullhypothese nicht abgelehnt werden.

b) Der Wilcoxon-Vorzeichenrangtest liefert die Testgröße $w_{20}^+ = \frac{10 \cdot 11}{2} = 55$. Wegen $w_{20}^+ < w_{20;0,05}^+ = 60$ (Tab. 8) kann die Nullhypothese mit $\alpha = 0{,}1$ abgelehnt werden.

10.14 Der Wilcoxon-Rangsummentest

Gegeben sind zwei unabhängige **stetige** Zufallsvariablen X und Y mit den unbekannten (stetigen) Verteilungsfunktionen

$$F(x) = P(X \leq x) \quad \text{und} \quad G(y) = P(Y \leq y).$$

Mit dem nach **F. Wilcoxon** (1892 – 1965) benannten Rangsummentest können die beiden Verteilungsfunktionen auf Gleichheit getestet werden, also

$$H_0 : F(z) = G(z) \qquad \text{für alle } z\,;$$

$$H_1 : F(z) \neq G(z) \qquad \text{für mindestens ein } z.$$

Wie beim Kolmogorow-Smirnow-Zweistichprobentest soll hier nur der zweiseitige Test behandelt werden.

Zur Testdurchführung benutzt man zwei unabhängige Stichproben vom Umfang n_1 und n_2 bezüglich der beiden Zufallsvariablen X und Y

$$(x_1, x_2, \ldots, x_{n_1}) \quad \text{und} \quad (y_1, y_2, \ldots, y_{n_2}).$$

Die beiden Stichproben werden zu einer einzigen Stichprobe

$$z = (x_1, x_2, \ldots, x_{n_1}, y_1, y_2, \ldots, y_{n_2}) = (z_1, z_2, \ldots, z_n)$$

vom Umfang $n = n_1 + n_2$ zusammengefaßt. Diese Stichprobe wird in aufsteigender Rangfolge geordnet

$$z_{(1)} \leq z_{(2)} \leq z_{(3)} \leq \ldots \leq z_{(n_1+n_2)}\,. \tag{10.74}$$

Wegen der vorausgesetzten Stetigkeit der beiden Zufallsvariablen X und Y sind mit Wahrscheinlichkeit Eins alle n Ränge verschieden, so daß gleiche Ränge (Bindungen) im wesentlichen auf das Runden zurückzuführen sind.

In der zusammengesetzten Stichprobe besitzen die Werte der beiden Ausgangsstichproben die in Abschnitt 3.3.3.1 erklärten Ränge $R(x_i)$ und $R(y_j)$ für $i = 1, 2, \ldots, n_1$; $j = 1, 2, \ldots, n_2$. Als Testgröße benutzt man entweder die Summe aller Ränge $R(x_i)$ der x-Werte oder die Summe der Ränge $R(y_j)$ der y-Werte in der gesamten Stichprobe

$$w^{(1)}_{n_1;n_2} = \sum_{i=1}^{n_1} R(x_i); \quad w^{(2)}_{n_1;n_2} = \sum_{j=1}^{n_2} R(y_j). \tag{10.75}$$

In der Praxis wird man sich für die Rangsumme derjenigen Stichprobe mit dem kleineren Umfang entscheiden, da dann der Rechenaufwand am geringsten ist. Es gilt

$$\begin{aligned} w^{(1)}_{n_1;n_2} + w^{(2)}_{n_1;n_2} &= \sum_{i=1}^{n_1} R(x_i) + \sum_{j=1}^{n_2} R(y_j) \\ &= \sum_{i=1}^{n} i = \frac{n(n+1)}{2} \quad \text{mit } n = n_1 + n_2 . \end{aligned} \tag{10.76}$$

$w^{(1)}_{n_1;n_2}$ und $w^{(2)}_{n_1;n_2}$ seien Realisierungen der Zufallsvariablen (Testfunktionen) $W^{(1)}_{n_1;n_2}$ und $W^{(2)}_{n_1;n_2}$.

Bei Richtigkeit der Nullhypothese, also bei Gleichheit der beiden Verteilungsfunktionen F und G ist die Zufallsvariable jeder Rangzahl $R(x_i)$ und $R(y_j)$ auf $\{1, 2, \ldots, n\}$, $n = n_1 + n_2$ gleichmäßig verteilt. Nach Abschnitt 6.4.1 besitzt dann jede Rangzahl den Erwartungswert $\frac{n+1}{2}$. Summation ergibt die Erwartungswerte der beiden Testgrößen.

$$E(W^{(1)}_{n_1;n_2}) = n_1 \cdot \frac{n+1}{2}; \quad E(W^{(2)}_{n_1;n_2}) = n_2 \cdot \frac{n+1}{2}. \tag{10.77}$$

Die einzelnen Rangzahlen sind nicht unabhängig. Es gilt

$$\operatorname{Var}(W^{(1)}_{n_1;n_2}) = \operatorname{Var}(W^{(2)}_{n_1;n_2}) = \frac{n_1 \cdot n_2 \cdot (n+1)}{12} \tag{10.78}$$

(s. Bosch, K. [1993], S. 713).

Wir entscheiden uns für die Testgröße $W^{(1)}_{n_1;n_2}$. Im Falle $w^{(1)}_{n_1;n_2} > w^{(2)}_{n_1;n_2}$ wird eine Variablenumbenennung vorgenommen.

Die Verteilung der Testgröße $W^{(1)}_{n_1;n_2}$

Für die Realisierungen der Zufallsvariablen $W^{(1)}_{n_1;n_2}$ gilt

kleinster Wert: $1 + 2 + \ldots + n_1 = \frac{n_1(n_1+1)}{2}$;

größter Wert: $(n_2+1) + (n_2+2) + \ldots + (n_2+n_1) = n_1 \cdot n_2 + \frac{n_1(n_1+1)}{2}$

$$= \frac{n_1(n_1 + 2n_2 + 1)}{2} = \frac{n_1(2n - n_1 + 1)}{2}.$$

Die Verteilung von $W^{(1)}_{n_1;n_2}$ unter H_0 kann kombinatorisch bestimmt werden, was für große n_1 und n_2 allerdings recht aufwendig ist. Von den $n_1 + n_2$ Rangplätzen der Vereinigungsstichprobe müssen n_1 mit x-Werten besetzt werden. Die Anzahl der Möglichkeiten dafür lautet

$\binom{n_1+n_2}{n_1}$.

Wir bezeichnen mit $r_{n_1;n_2}(k)$ die Anzahl der verschiedenen möglichen Vereinigungsstichproben, für welche $w^{(1)}_{n_1;n_2} = k$ ist. Dann gilt

$$P\left(W^{(1)}_{n_1;n_2} = k\right) = \frac{r_{n_1;n_2}(k)}{\binom{n_1+n_2}{n_1}}. \tag{10.79}$$

Die Verteilung von $W^{(1)}_{n_1;n_2}$ ist unter der Nullhypothese H_0 $(F = G)$ **symmetrisch** zum Erwartungswert

$$E(W^{(1)}_{n_1;n_2}) = \frac{n_1 \cdot (n_1+n_2+1)}{2}. \tag{10.80}$$

Daher kann man sich bei der Berechnung der Wahrscheinlichkeiten auf eine Hälfte beschränken. Für die kleinste und größte Rangsumme gibt es nur einen einzigen günstigen Fall, also

$$r_{n_1;n_2}\left(\frac{n_1(n_1+1)}{2}\right) = r_{n_1;n_2}\left(\frac{n_1(n_1+2n_2+1)}{2}\right) = 1. \tag{10.81}$$

Nach **Büning, H.; Trenkler, G.** [1994], S. 133 gilt die **Rekursionsformel:**

$$r_{n_1;n_2}(k) = r_{n_1-1;n_2}(k-n) + r_{n_1;n_2-1}(k)\ , \ n = n_1 + n_2. \tag{10.82}$$

Dabei ist $r_{ij}(k) = 0$ für $k < \frac{i\cdot(i+1)}{2}$. Hieraus folgt

$$P\left(W^{(1)}_{n_1;n_2} = k\right) = \frac{r_{n_1;n_2}(k)}{\binom{n}{n_1}} = \frac{r_{n_1-1;n_2}(k-n) + r_{n_1;n_2-1}(k)}{\binom{n}{n_1}}$$

$$= \frac{n_1}{n}\cdot P\left(W^{(1)}_{n_1-1;n_2} = k-n\right) + \frac{n_2}{n}\cdot P\left(W^{(1)}_{n_1;n_2-1} = k\right),\ n = n_1 + n_2.$$

Beispiel 10.18 ($n_1 = 3$; $n_2 = 4$):

Die Testgröße $W^{(1)}_{3;4}$ besitzt den Erwartungswert $E(W^{(1)}_{3;4}) = 12$ und den Wertebereich $\{6, 7, \ldots, 18\}$. Daher genügt die Berechnung der Wahrscheinlichkeiten für die Rangsummen von 6 bis 12. Die restlichen erhält man aus

$$P(W^{(1)}_{3;4} = 12+k) = P(W^{(1)}_{3;4} = 12-k).$$

Insgesamt gibt es $\binom{7}{3} = 35$ verschiedene Rangaufteilungen.

k	Ränge der x-Werte	$r_{3;4}(k)$	$P(W^+_{3;4}=k)$
6	(1,2,3)	1	1/35
7	(1,2,4)	1	1/35
8	(1,2,5); (1,3,4)	2	2/35
9	(1,2,6); (1,3,5); (2,3,4)	3	3/35
10	(1,2,7); (1,3,6); (1,4,5); (2,3,5)	4	4/35
11	(1,3,7); (1,4,6); (2,3,6); (2,4,5)	4	4/35
12	(1,4,7); (1,5,6); (2,3,7); (2,4,6); (3,4,5)	5	5/35

Kritische Grenzen

$$w^{(1)}_{n_1;n_2;1-\alpha} \text{ minimal mit } P\left(W^{(1)}_{n_1;n_2} \leq w^{(1)}_{n_1;n_2;1-\alpha}\right) \geq 1-\alpha$$

sind in Tabelle 9 im Anhang vertafelt. Bei **Hollander, M.; Wolfe, D. A.** [1973] sind die exakten Überschreitungswahrscheinlichkeiten angegeben.

Asymptotische Verteilung von $W^{(1)}_{n_1;n_2}$

Nach **Pfanzagl, J.** [1974], S. 152 kann ab n_1, $n_2 \geq 4$ und $n_1 + n_2 \geq 30$ die Normalverteilungsapproximation benutzt werden. Dann ist die Testgröße

$$Z = \frac{W^{(1)}_{n_1;n_2} - \frac{n_1(n_1+n_2+1)}{2}}{\sqrt{\frac{n_1 \cdot n_2 \cdot (n_1+n_2+1)}{12}}} \qquad (10.83)$$

ungefähr N(0; 1)-verteilt.

Mit der Rangsumme $w^{(1)}_{n_1;n_2}$ der x-Werte (Stichprobenumfang n_1) und der kritischen Grenzen $w^{(1)}_{n_1;n_2;\frac{\alpha}{2}}$ erhält man die

Testentscheidung:
Im Falle

$$w^{(1)}_{n_1;n_2} \leq w^{(1)}_{n_1;n_2;\frac{\alpha}{2}} \text{ oder } w^{(1)}_{n_1;n_2} \geq n_1(n_1+n_2+1) - w^{(1)}_{n_1;n_2;\frac{\alpha}{2}}$$

wird die Nullhypothese H_0 der Gleichheit der beiden Verteilungsfunktionen F und G abgelehnt, sonst wird H_0 nicht abgelehnt.

Beispiel 10.19:
Von 15 Pflanzen wurden 5 mit einem bestimmten Mittel behandelt. Nach einiger Zeit wurden die Größen der Pflanzen in (cm) festgestellt:

mit Behandlung	23,5 ; 23,0 ; 20,5 ; 22,4 ; 24,5 ;
ohne Behandlung	21,0 ; 18,5 ; 19,5 ; 17,2 ; 22,5 ; 20,8 ; 19,2 ; 19,3 ; 21,4; 22,0.

Getestet werden soll mit $\alpha = 0{,}05$ die Nullhypothese: Die Behandlung hat auf das Wachstum keinen Einfluß. Die Rangzahlen der vereinigten Stichprobe lautet.

Rang	1	2	3	4	5	6	7	8	9	10
	17,2	18,5	19,2	19,3	19,5	**20,5**	20,8	21,0	21,4	22,0

11	12	13	14	15
22,4	22,5	**23,0**	**23,5**	**24,5**

Die Rangplätze der behandelten Pflanzen sind fett gekennzeichnet. Sie besitzen die Rangsumme $w^{(1)}_{5\,;\,10} = 59$. Aus der Tabelle 9 im Anhang erhält man $w^{(1)}_{5\,;\,10\,;\,0{,}025} = 23$. Wegen

$$w^{(1)}_{n_1\,;\,n_2} \geq n_1(n_1 + n_2 + 1) - w^{(1)}_{n_1\,;\,n_2\,;\,\alpha/2} = 57$$

wird die Nullhypothese abgelehnt. Die Behandlung hat also Einfluß auf das Wachstum.

Testgröße bei Bindungen

Falls Bindungen (gleiche Stichprobenwerte) auftreten, werden nach Abschnitt 3.3.3.2 Durchschnittsränge benutzt. Bei nur wenigen Bindungen können die Wahrscheinlichkeiten für die Rangsummen bei den aufgetretenen Bindungen direkt berechnet werden. Falls viele Bindungen vorkommen, benutzt man die Normalverteilungsapproximation. Dann bleibt zwar der Erwartungswert der Testgröße gleich, die Varianz ändert sich jedoch. Falls m Bindungsgruppen vorhanden sind mit jeweils b_j gleichen Elementen, benutzt man nach **Hollander, M.; Wolfe, D. A.** [1973], S. 69

$$E(W^{(1)}_{n_1\,;\,n_2}) = n_2 \cdot \frac{n_1 + n_2 + 1}{2}\,; \tag{10.84}$$

$$\mathrm{Var}(W^{(1)}_{n_1\,;\,n_2}) = \frac{n_1 \cdot n_2}{12} \cdot \left(n_1 + n_2 + 1 - \frac{\sum_{j=1}^{m} (b_i^3 - b_j)}{(n_1 + n_2)(n_1 + n_2 - 1)} \right).$$

Bei der Approximation durch die Normalverteilung sind diese Kenngrößen zu benutzen.

10.15 Aufgaben

Aufgabe 10.1:
Bei einem Zufallsexperiment soll genau eines der drei möglichen paarweise unvereinbaren Ereignisse A, B und C eintreten. Zum Test der Nullhypothese

$$H_0: P(A) = \frac{1}{2} \cdot P(B) = \frac{1}{3} \cdot P(C)$$

wurde das Experiment 600mal durchgeführt, wobei sich folgende Häufigkeiten ergaben: $h_{600}(A) = 84$; $h_{600}(B) = 187$; $h_{600}(C) = 329$. Kann die Nullhypothese mit einer Irrtumswahrscheinlichkeit $\alpha = 0{,}05$ abgelehnt werden?

Aufgabe 10.2:
Eine Firma verkauft eine Ware in 5 Güteklassen. Nach ihren Angaben sind die Wahrscheinlichkeiten dafür, daß ein zufällig ausgewähltes Stück den einzelnen Güteklassen angehört, in der nachfolgenden Tabelle zusammengestellt:

Güteklasse	I	II	III	IV	V
Wahrscheinlichkeit	0,10	0,20	0,35	0,25	0,10

Zum Test wurden 200 Stücke zufällig ausgewählt mit dem Ergebnis

Güteklasse	I	II	III	IV	V
Häufigkeit	18	36	58	58	20

Testen Sie mit mit $\alpha = 0{,}05$, ob die Angaben des Herstellers richtig sind.

Aufgabe 10.3:
Ein Student sollte als Hausaufgabe 50mal aus den Ziffern 0, 1, 2, ... , 9 eine zufällig auswählen. Dabei brachte er das folgende Ergebnis mit

Ziffer	0	1	2	3	4	5	6	7	8	9
Häufigkeit	0	2	6	8	6	7	5	10	3	3

Der Professor hat den Verdacht, daß der Student das Zufallsexperiment gar nicht durchgeführt, sondern die Tabelle willkürlich angefertigt hat. Läßt sich dieser Verdacht mit einer Irrtumswahrscheinlichkeit a) $\alpha = 0{,}05$, b) $\alpha = 0{,}1$ bestätigen?

Aufgabe 10.4:
Zum Test, ob ein Würfel unverfälscht ist, wurde er 120mal geworfen. Dabei erhielt man als Summe der Quadrate der Häufigkeiten für die einzelnen Augenzahlen 2 669. Kann man die Nullhypothese der Unverfälschtheit des Würfels mit der Irrtumswahrscheinlichkeit a) $\alpha = 0{,}05$, b) $\alpha = 0{,}01$ ablehnen?

Aufgabe 10.5:
Es wird vermutet, daß die Lebensdauer (in Stunden) bestimmter Geräte exponentialverteilt ist. Zum Test wurde die Betriebsdauer von 25 Geräten festgestellt:
232; 105; 523; 549; 776; 276; 196; 180; 305; 994; 420; 630; 68; 163; 407; 782; 389; 619; 1 478; 17; 980;222; 269; 501; 231.
Führen Sie den Test mit $\alpha = 0{,}05$ durch.

Aufgabe 10.6:
Glühbirnen werden in Dreierpackungen verkauft. Bei einer Überprüfung von 1000 Packungen auf die Anzahl der beschädigten Glühbirnen erhielt man folgendes Ergebnis:

Anzahl der fehlerhaften Glühbirnen pro Packung	0	1	2	3
absolute Häufigkeit	880	61	34	25

Es sei X die Zufallsvariable der Anzahl der fehlerhaften Glühbirnen je Packung in der Gesamtproduktion. Testen Sie mit $\alpha = 0{,}01$ jeweils die Hypothese:
a) X ist binomialverteilt;
b) X ist Poisson-verteilt.

Aufgabe 10.7
Zum Test auf Normalverteilung des Gewichts (in Gramm) mit $\alpha = 0{,}05$ wurden bei 50 Paketen folgende Gewichte festgestellt:

Klasseneinteilung	absolute Häufigkeit
$x \leq 100$	8
$100 < x \leq 105$	16
$105 < x \leq 110$	19
$100 < x$	7

Die Stichprobe besitze den Mittelwert $\overline{x} = 104{,}6$ und die Standardabweichung $s = 5{,}2$. Testen Sie auf Normalverteilung mit $\alpha = 0{,}05$.

Aufgabe 10.8:
Bei der Befragung von Personen, ob sie trinken bzw. rauchen, erhielt man folgende Häufigkeiten:

	Raucher	Nichtraucher
Trinker	120	70
Nichttrinker	48	62

Testen Sie mit $\alpha = 0{,}01$, ob die beiden Merkmale "Rauchen" und "Trinken" unabhängig sind.

Aufgabe 10.9:
In einer Meinungsumfrage wurden 150 Personen nach ihrer Meinung über die zukünftige Konjunkturentwicklung befragt mit folgendem Ergebnis:

	aufwärts	abwärts	bleibt gleich	weiß nicht
Männer	29	11	23	18
Frauen	14	16	17	22

Testen Sie mit $\alpha = 0{,}05$ ob die Prognosen vom Geschlecht unabhängig sind.

Aufgabe 10.10:
Jemand hat den Verdacht, daß die von einem Computer erzeugten Zufallszahlen im Intervall $[0;1]$ nicht gleichmäßig verteilt sind. Zum Test auf gleichmäßige Verteilung wurden vom Computer 10 Zufallszahlen erzeugt

0,39; 0,28; 0,10; 0,12; 0,68; 0,52; 0,19; 0,99; 0,64; 0,36.

Führen Sie mit $\alpha = 0{,}05$ den Kolmogorow-Smirnow-Test durch.

Aufgabe 10.11:
Zum Test der Nullhypothese H_0, daß zwei stetige Zufallsvariablen die gleiche Verteilungsfunktion besitzen, werden zwei Stichproben vom Umfang $n_1 = 200$ und $n_2 = 300$ gezogen. Dabei sei d die maximale Abweichung der beiden empirischen Verteilungsfunktionen. Wie groß muß d mindestens sein, damit H_0 abgelehnt werden kann mit
a) $\alpha = 0{,}05$; b) $\alpha = 0{,}01$?

Aufgabe 10.12:
Ein Ölkonzern behauptet, durch einen Zusatz im Benzin werde der Verbrauch gesenkt. Dazu wurden bei 15 verschiedenen Fahrzeugen der Verbrauch im l/100km einmal ohne und einmal mit dem Zusatz gemessen:

ohne Zusatz	9,5	8,2	11,3	7,9	9,2	12,3	7,2	6,8	13,5
mit Zusatz	9,1	8,3	10,4	7,1	9,1	11,5	7,4	7,1	12,9

ohne Zusatz	10,5	8,9	7,3	8,3	11,6	10,5
mit Zusatz	9,9	8,6	7,5	8,1	11,2	10,6

Testen Sie mit $\alpha = 0{,}05$ die Nullhypothese H_0: Durch den Zusatz ändert sich der Benzinverbrauch nicht

a) mit dem gewöhnlichen Vorzeichentest,

b) mit dem Vorzeichen-Rangtest.

Aufgabe 10.13:

Bei 25 Flaschen wurden die Füllmengen [in ml] gemessen. Dabei erhielt man die der Größe nach geordneten Werte:

690; 695; 697,3; 698,5; 699; 699,3; 700; 700,2; 700,3; 700,5; 700,9; 701; 701; 701,1; 701,2; 701,4; 701,5; 702; 702,1; 702,5; 702,8; 703; 703,4; 703,8; 704.

Bestimmen Sie zu $\gamma = 0{,}95$

a) ein zweiseitiges Konfidenzintervall für den Median;

b) ein nach unten begrenztes einseitiges Konfidenzintervall für das 0,75-Quantil.

Aufgabe 10.14:

Bei einem Test konnten 25 Punkte erreicht werden. Zum Test von H_0: die Verteilung der Punktezahl ist symmetrisch zu 12,5 mit $\alpha = 0{,}05$ soll folgende Stichprobe benutzt werden:

Punktezahlen 16 8 11 19 7 12 25 6 13 21 9 14 17

Kann damit H_0 abgelehnt werden?

Aufgabe 10.15:

Bezüglich der stetigen Zufallsvariablen X und Y wurden folgende Stichproben gezogen:

x: 45,1; 48,2; 40,1; 52,5; 61,9; 59,3; 41,2; 52,7; 68,4; 49,6; 54,7; 69,0; 53,5; 64,7; 42,1;

y: 65,1; 40,2; 51,7; 49,6; 41,3; 62,0; 45,9; 54,2; 48,4; 42,7; 59,9; 46,4; 62,9; 56,4; 41,8; 48,5; 59,3; 47,4; 50,9; 41,8.

Testen Sie mit $\alpha = 0{,}05$ die Nullhypothese, daß beide Zufallsvariablen die gleiche Verteilungsfunktion besitzen.

Hinweis: Benutzen Sie die asymptotische Verteilung der Testgröße.

Kapitel 11: Varianzanalyse

Auf die Ausprägungen eines bestimmten Merkmals haben oft verschiedene Einflußfaktoren unterschiedliche Wirkung. So hängt z. B. der Ertrag oft von der Sorte, der Düngung, dem Anbauort oder der Anbauart ab. Die verschiedenen Realisierungen eines (Einfluß-) Faktors bezeichnet man als Stufen des Faktors. Mit der von **R. A. Fisher** entwickelten Varianzanalyse ist es möglich, solche verschiedenartige Einflüsse statistisch nachzuweisen oder verschiedene Effekte zu schätzen. Wir behandeln hier nur zwei elementare Fälle der Varianzanalyse mit **festen Effekten.** In der **einfachen Varianzanalyse** wird nur der Einfluß eines einzigen Faktors untersucht. Bei der **doppelten Varianzanalyse** liegen zwei verschiedene Faktoren vor. Bezüglich weiterer Modelle sei auf weiterführende Literatur verwiesen, z. B. auf **Schach, S.; Schäfer, T.** [1978], **Scheffé, H.** [1959] und **Bosch, K.** [1993], S. 495 – 589.

11.1 Einfache Varianzanalyse

11.1.1 Modellbeschreibung

Bei der einfachen Varianzanalyse benutzt man die
Modellvoraussetzung:
m Zufallsvariablen $X_1, X_2, \ldots, X_m$ seien unabhängig und sollen alle die gleiche Varianz σ_e^2 besitzen. Die Erwartungswerte $\mu_i = E(X_i)$ können dabei verschieden sein. Bei Normalverteilungen kann ein Test auf Gleichheit der m Varianzen mit Hilfe des Bartlett-Tests aus Abschnitt 9.16 durchgeführt werden. Bei allgemeinen stetigen Verteilungen kann der Test von Scheffé aus Abschnitt 9.17 benutzt werden.

Mit der Darstellung

$$X_i = \mu_i + E_i \tag{11.1}$$

erhält man die unabhängigen Zufallsvariablen $E_1, E_2, \ldots, E_m$, die nach der Modellvoraussetzung alle den Erwartungswert 0 und die gleiche Varianz σ_e^2 besitzen. Man nennt E_i auch **Fehlervariable.** Die Realisierungen der Zufallsvariablen X_i schwanken zufällig um den **festen Effekt** μ_i.

Zur Schätzung und für Tests der Parameter μ_i und σ_e^2 wird eine sogenannte Varianzanalyse durchgeführt. Dazu benötigt man wie in den Abschnitten 9.16 und 9.17 bezüglich jeder der m Zufallsvariablen X_i eine unabhängige Stichprobe vom Umfang n_i

$$x_i = (x_{i1}, x_{i2}, \ldots, x_{in_i}).$$

Die Stichprobenwerte x_{ij} sind Realisierungen der unabhängigen Zufallsvariablen $X_{ij} = \mu_i + E_{ij}$ mit

$$E(X_{ij}) = \mu_i \quad \text{und} \quad Var(X_{ij}) = \sigma_e^2 \quad \text{für } j = 1, 2, \ldots, n_i; \quad i = 1, 2, \ldots, m.$$

Damit erhält man das allgemeine **Modell:**

Die Zufallsvariablen X_{ij} besitzen die Darstellung

$$X_{ij} = \mu_i + E_{ij} \quad \text{für } j = 1, 2, \ldots, n_i; \quad i = 1, 2, \ldots, m. \tag{11.2}$$

Dabei sind die Zufallsvariablen E_{ij} unabhängig mit

$$E(E_{ij}) = 0 \quad \text{und} \quad Var(E_{ij}) = \sigma_e^2 \quad \text{für alle i und j}^2.$$

11.1.2 Quadratsummenzerlegung

Die i-te Stichprobe $x_i = (x_{i1}, \ldots, x_{in_i})$ vom Umfang n_i besitzt die Größen

$$\text{Summe der Stichprobenwerte:} \quad x_{i\cdot} = \sum_{j=1}^{n_i} x_{ij};$$

$$\text{Mittelwert:} \quad \bar{x}_i = \frac{x_{i\cdot}}{n_i} = \frac{1}{n_i}\sum_{j=1}^{n_i} x_{ij}; \tag{11.3}$$

$$\text{Varianz:} \quad s_i^2 = \frac{1}{n_i - 1}\sum_{j=1}^{n_i} (x_{ij} - \bar{x}_i)^2 \quad \text{für} \quad i = 1, 2, \ldots, m.$$

Die Stichprobenwerte x_{ij} jeder Gruppe werden zusammen mit den Umfängen n_i, den Summen $x_{i\cdot}$ und Mittelwerten $\bar{x}_i$ für $i = 1, 2, \ldots, m$ in der Tabelle 11.1 übersichtlich dargestellt.

Gruppe	Stichprobenwerte	Gruppen-umfang	Zeilen-summe	Gruppen-mittel
1	x_{11} x_{12} x_{13} ...... x_{1n_1}	n_1	$x_{1\cdot}$	$\bar{x}_1$
2	x_{21} x_{22} x_{23} ...... x_{2n_2}	n_2	$x_{2\cdot}$	$\bar{x}_2$
⋮	....	⋮	⋮	⋮
i	x_{i1} x_{i2} x_{i3} ...... x_{in_i}	n_i	$x_{i\cdot}$	$\bar{x}_i$
⋮	....	⋮	⋮	⋮
m	x_{m1} x_{m2} x_{m3} ...... x_{mn_m}	n_m	$x_{m\cdot}$	$\bar{x}_m$
Gesamt	Summe	n	$x_{\cdot\cdot}$	$\bar{x} = \frac{x_{\cdot\cdot}}{n}$

Tab. 11.1: Schema für die einfache Varianzanalyse

Das Gruppenmittel $\overline{x}_i$ ist ein erwartungstreuer Schätzwert für den Erwartungswert μ_i. Wegen der Modellvoraussetzung ist jede Stichprobenvarianz s_i^2 ein erwartungstreuer Schätzwert für die gemeinsame Varianz σ_e^2. Für die Schätzfunktionen gilt

$$E(\overline{X}_i) = \mu_i\,; \quad E\Big(\frac{1}{n_i-1}\sum_{j=1}^{n_i}(X_{ij}-\overline{X}_i)^2\Big) = \sigma_e^2 \quad \text{für alle i.} \tag{11.4}$$

Die m Einzelstichproben werden zu einer Gesamtstichprobe

$$x = (x_{11},\ldots,x_{1n_1}\,;\,x_{21},\ldots,x_{2n_2}\,;\,\ldots\,;\,x_{m1},\ldots,x_{mn_m})$$

vom Umfang $n = \sum_{i=1}^{m} n_i$ zusammengefaßt mit dem Gesamtmittel

$$\overline{x} = \frac{1}{n}\sum_{i=1}^{m}\sum_{j=1}^{n_i} x_{ij} = \frac{1}{n}\sum_{i=1}^{m} x_{i\cdot} = \frac{x_{\cdot\cdot}}{n} = \sum_{i=1}^{m}\frac{n_i}{n}\overline{x}_i\,. \tag{11.5}$$

Das Gesamtmittel $\overline{x}$ ist das im Verhältnis der Stichprobenumfänge n_i gewichtete Mittel der einzelnen Gruppenmittel $\overline{x}_i$.

Für die Summe q_{ges} der Abweichungsquadrate aller Stichprobenwerte vom Gesamtmittelwert $\overline{x}$ wird folgende Zerlegung durchgeführt

$$\begin{aligned} q_{ges} &= \sum_{i=1}^{m}\sum_{j=1}^{n_i}(x_{ij}-\overline{x})^2 = \sum_{i=1}^{m}\sum_{j=1}^{n_i}\left[(x_{ij}-\overline{x}_i)+(\overline{x}_i-\overline{x})\right]^2 \\ &= \sum_{i=1}^{m}\sum_{j=1}^{n_i}(\overline{x}_i-\overline{x})^2 + \sum_{i=1}^{m}\sum_{j=1}^{n_i}(x_{ij}-\overline{x}_i)^2 + \underbrace{2\sum_{i=1}^{m}\sum_{j=1}^{n_i}(x_{ij}-\overline{x}_i)(\overline{x}_i-\overline{x})}_{=0}\,; \\ &= \underbrace{\sum_{i=1}^{m} n_i(\overline{x}_i-\overline{x})^2}_{=q_{zw}} + \underbrace{\sum_{i=1}^{m}\sum_{j=1}^{n_i}(x_{ij}-\overline{x}_i)^2}_{=q_{in}}\,. \end{aligned}$$

Für die nachfolgende Rechnung benutzen wir die Eigenschaft

$$\sum_{\nu=1}^{N}(z_\nu-\overline{z})^2 = \sum_{\nu=1}^{N} z_\nu^2 - N\,\overline{z}^2\,; \qquad \overline{z} = \frac{1}{N}\sum_{\nu=1}^{N} z_\nu \quad \text{(Mittelwert)}.$$

Damit ist die gesamte Quadratsumme

$$q_{ges} = \sum_{i=1}^{m}\sum_{j=1}^{n_i}(x_{ij}-\overline{x})^2 = \sum_{i=1}^{m}\sum_{j=1}^{n_i} x_{ij}^2 - \frac{x_{\cdot\cdot}^2}{n} \tag{11.6}$$

additiv zerlegbar in die Summe der Abstandsquadrate der Gruppenmittel $\overline{x}_i$ von ihrem gewichteten Mittel $\overline{x}$ (= Gesamtmittel)

$$q_{zw} = \sum_{i=1}^{m} n_i(\overline{x}_i-\overline{x})^2 = \sum_{i=1}^{m}\frac{x_{i\cdot}^2}{n_i} - \frac{x_{\cdot\cdot}^2}{n} \tag{11.7}$$

und in die Summe der Abstandsquadrate der einzelnen Gruppenwerte von ihrem Gruppenmittel (Rest)

$$q_{in} = \sum_{i=1}^{m}\sum_{j=1}^{n_i}(x_{ij}-\bar{x}_i)^2 = \sum_{i=1}^{m}\sum_{j=1}^{n_i} x_{ij}^2 - \sum_{i=1}^{m}\frac{x_{i\cdot}^2}{n_i}\,. \tag{11.8}$$

Für die praktische Rechnung ist es sinnvoll, zuerst q_{ges} und q_{zw} und daraus die Differenz $q_{in} = q_{ges} - q_{zw}$ zu berechnen. Aus

$$E(X_{ij}) = \mu_i\,;\;\; Var(X_{ij}) = \sigma_e^2$$

und den Eigenschaften des Erwartungswertes und der Varianz von Summen unabhängiger Zufallsvariabler folgt unmittelbar

$$E(X_{i\cdot}) = n_i\cdot\mu_i\,;\;\; Var(X_{i\cdot}) = n_i\cdot\sigma_e^2 \quad \text{für } i=1,2,\ldots,m\,;$$

$$E(X_{\cdot\cdot}) = \sum_{i=1}^{m} n_i\cdot\mu_i\,;\;\; Var(X_{\cdot\cdot}) = \sum_{i=1}^{m} n_i\cdot\sigma_e^2 = n\cdot\sigma_e^2\,.$$

Für jede beliebige Zufallsvariable Y gilt $E(Y^2) = Var(Y) + [\,E(Y)\,]^2$.

Wendet man diese Formel auf die obigen Zufallsvariablen an, so erhält man unmittelbar

$$\begin{aligned} &E(X_{ij}^2) = \sigma_e^2 + \mu_i^2\,;\quad E(X_{i\cdot}^2) = n_i\cdot\sigma_e^2 + n_i^2\cdot\mu_i^2\,;\\ &E(X_{\cdot\cdot}^2) = n\cdot\sigma_e^2 + \Big(\sum_{i=1}^{m} n_i\cdot\mu_i\Big)^2. \end{aligned} \tag{11.9}$$

Mit dem gewichteten Mittel der m Erwartungswerte μ_i

$$\bar{\mu} = \sum_{i=1}^{m}\frac{n_i}{n}\cdot\mu_i = \frac{1}{n}\sum_{i=1}^{m} n_i\cdot\mu_i$$

erhält man mit (11.9) die Erwartungswerte der Testgrößen

$$\begin{aligned} E(Q_{ges}) &= E\Big(\sum_{i=1}^{m}\sum_{j=1}^{n_i}(X_{ij}-\bar{X})^2\Big) = \sum_{i=1}^{m}\sum_{j=1}^{n_i} E(X_{ij}^2) - \frac{1}{n}E(X_{\cdot\cdot}^2)\\ &= \sum_{i=1}^{m}\sum_{j=1}^{n_i}(\sigma_e^2+\mu_i^2) - \sigma_e^2 - \frac{1}{n}\Big(\sum_{i=1}^{m} n_i\cdot\mu_i\Big)^2\\ &= n\cdot\sigma_e^2 + \sum_{i=1}^{m} n_i\cdot\mu_i^2 - \sigma_e^2 - n\Big(\underbrace{\sum_{i=1}^{m}\frac{n_i}{n}\cdot\mu_i}_{=\bar{\mu}}\Big)^2\\ &= (n-1)\cdot\sigma_e^2 + \sum_{i=1}^{m} n_i\cdot(\mu_i-\bar{\mu})^2\,; \end{aligned}$$

$$\begin{aligned} E(Q_{zw}) &= E\Big(\sum_{i=1}^{m} n_i(\bar{X}_{i\cdot}-\bar{X})^2\Big) = \sum_{i=1}^{m}\frac{1}{n_i}E(X_{i\cdot}^2) - \frac{1}{n}E(X_{\cdot\cdot}^2)\\ &= \sum_{i=1}^{m}(\sigma_e^2 + n_i\cdot\mu_i^2) - \sigma_e^2 - n\cdot\Big(\underbrace{\sum_{i=1}^{m}\frac{n_i}{n}\cdot\mu_i}_{=\bar{\mu}}\Big)^2\\ &= (m-1)\cdot\sigma_e^2 + \sum_{i=1}^{m} n_i\cdot(\mu_i-\bar{\mu})^2\,; \end{aligned}$$

$$E(Q_{in}) = E(Q_{ges}) - E(Q_{zw}) = (n-1)\cdot\sigma_e^2 - (m-1)\cdot\sigma_e^2 = (n-m)\cdot\sigma_e^2 \,.$$

Division durch die Freiheitsgrade ergibt die Erwartungswerte

$$E\left(\frac{Q_{in}}{n-m}\right) = \sigma_e^2 \;;\; E\left(\frac{Q_{zw}}{m-1}\right) = \sigma_e^2 + \frac{1}{m-1}\sum_{i=1}^{m} n_i\cdot(\mu_i-\bar{\mu})^2 \,;$$

$$E\left(\frac{Q_{ges}}{n-1}\right) = \sigma_e^2 + \frac{1}{n-1}\sum_{i=1}^{m} n_i\cdot(\mu_i-\bar{\mu})^2 \qquad (10.10)$$

$$\text{mit } \bar{\mu} = \sum_{i=1}^{m}\frac{n_i}{n}\cdot\mu_i = \frac{1}{n}\sum_{i=1}^{m} n_i\cdot\mu_i \text{ (gewichtetes Mittel)} \,.$$

In der Tabelle 11.2 werden die Schätzgrößen und die gemittelten Summen zusammen mit ihren Erwartungswerten nochmals zusammengestellt.

Abstands-quadrate	Summen der Abstandsquadrate	Frei-heits-grade	gemit-telte Summen	Erwartungswerte der gemittelten Summen
zwischen den Gruppenmittel	$q_{zw} = \sum_{i=1}^{m} n_i(\bar{x}_i-\bar{x})^2$	$m-1$	$\frac{q_{zw}}{m-1}$	$\sigma_e^2 + \frac{a}{m-1}$
innerhalb der Gruppen (Rest)	$q_{in} = \sum_{i=1}^{m}\sum_{j=1}^{n_i}(x_{ij}-\bar{x}_i)^2$	$n-m$	$\frac{q_{in}}{n-m}$	$\boxed{\sigma_e^2}$
Gesamt	$q_{ges} = \sum_{i=1}^{m}\sum_{j=1}^{n_i}(x_{ij}-\bar{x})^2$	$n-1$	$\frac{q_{ges}}{n-1}$	$\sigma_e^2 + \frac{a}{n-1}$

$$\text{mit } a = \sum_{i=1}^{m} n_i(\mu_i-\bar{\mu})^2 \;;\; \bar{\mu} = \sum_{i=1}^{m}\frac{n_i}{n}\mu_i = \frac{1}{n}\sum_{i=1}^{m} n_i\mu_i \,.$$

Tab. 11.2: Tafel der einfachen Varianzanalyse

Nach der Modellvoraussetzung ist die Schätzfunktion $\frac{Q_{in}}{n-m}$ erwartungstreu für die unbekannte Varianz σ_e^2. Die beiden anderen Schätzfunktionen $\frac{Q_{zw}}{m-1}$ und $\frac{Q_{ges}}{n-1}$ sind jedoch nur dann erwartungstreu für σ_e^2, wenn $a = 0$ ist. Dann müssen alle m Erwartungswerte μ_i gleich $\bar{\mu}$ sein. Sonst sind die Erwartungswerte der Schätzfunktionen größer als σ_e^2. Dann würde durch sie die Varianz σ_e^2 überschätzt.

11.1.3 Schätzwerte für die Parameter des Modells

Die Gruppenmittel $\overline{X}_i$ sind wegen

$$E(\overline{X}_i) = \mu_i ; \quad Var(\overline{X}_i) = \frac{\sigma_e^2}{n_i}$$

erwartungstreue und konsistente Schätzfunktionen für die Erwartungswerte μ_i. Damit erhält man in

$$\hat{\mu}_i = \overline{x}_i \quad \text{für } i = 1, 2, \ldots, m \tag{11.11}$$

wenigstens für große Stichprobenumfänge n_i recht brauchbare Schätzwerte. Für die Varianz σ_e^2 ist $\frac{Q_{in}}{n-m}$ eine erwartungstreue Schätzfunktion mit

$$\hat{\sigma}_e^2 = \frac{q_{in}}{n-m} \,. \tag{11.12}$$

Bei normalverteilten Zufallsvariablen ist die Zufallsvariable Q_{in}/σ_e^2 Chi-Quadrat-verteilt mit $n-m$ Freiheitsgraden. Mit dieser Testfunktion können Konfidenzintervalle und Tests für σ_e^2 durchgeführt werden.

11.1.4 Test auf Gleichheit der Erwartungswerte bei Normalverteilungen

Unter der Normalverteilungsannahme soll die Nullhypothese

$$H_0 : \mu_1 = \mu_2 = \ldots = \mu_m \quad \text{(Gleichheit aller Erwartungswerte)}$$

gegen die Alternative

$$H_1 : \mu_{i_1} \neq \mu_{i_2} \quad \text{für mindestens ein Paar } i_1 \neq i_2$$

getestet werden. Falls H_0 richtig ist, sind auch $\frac{Q_{zw}}{m-1}$ und $\frac{Q_{ges}}{n-1}$ erwartungstreue Schätzfunktionen für die Varianz σ_e^2. Ferner ist dann Q_{zw}/σ_e^2 Chi-Quadrat-verteilt mit $m-1$ Freiheitsgraden und von Q_{in}/σ_e^2 unabhängig. Dann ist

$$V = \frac{Q_{zw}/(m-1) \cdot \sigma_e^2}{Q_{in}/(n-m) \cdot \sigma_e^2} = \frac{Q_{zw}/(m-1)}{Q_{in}/(n-m)} \tag{11.13}$$

als Quotient zweier unabhängiger Chi-Quadrat-verteilter Zufallsvariabler F-verteilt mit $(m-1, n-m)$ Freiheitsgraden.

Mit dem $(1-\alpha)$-Quantil $f_{m-1,\, n-m;\, 1-\alpha}$ der F-Verteilung lautet die

Testentscheidung:

Im Falle $\frac{q_{zw}/(m-1)}{q_{in}/(n-m)} > f_{m-1,\, n-m;\, 1-\alpha}$ wird H_0 abgelehnt.

Beispiel 11.1:
Bei der Untersuchung der Weizenerträge [in dz/ha] in Abhängigkeit von drei verschiedenen Düngemitteln erhielt man die folgenden Erträge

Düngemittel	Erträge	Gruppenumfang	Zeilensumme	Gruppenmittel
1	54,2 52,9 59,1 56,8	4	223	55,75
2	51,0 56,8 55,7	3	163,5	54,5
3	58,6 51,2 54,5 57,2 61	5	282,5	56,5.
Gesamt	Summe	12	669	55,75

$$\sum_{i=1}^{3} \frac{x_{i\cdot}^2}{n_i} = \frac{223^2}{4} + \frac{163{,}5^2}{3} + \frac{282{,}5^2}{5} = 37\,304{,}25 \ ; \quad \sum_{i=1}^{3} \sum_{j=1}^{n_i} x_{ij}^2 = 37\,403{,}32 \ ;$$

$$q_{zw} = 7{,}5 \ ; \quad q_{ges} = 106{,}57 \ ; \quad q_{in} = q_{ges} - q_{zw} = 99{,}07 \ .$$

Damit erhalten wir für die Durchführung der Varianzanalyse die Tafel

Abstandsquadrate	Summen der Abstandsquadrate	Freiheitsgrade	gemittelte Summen	Erwartungswerte der gemittelten Summen
zwischen den Gruppenmittel	$q_{zw} = 7{,}5$	2	3,75	$\sigma_e^2 + \frac{a}{2}$
innerhalb der Gruppen (Rest)	$q_{in} = 99{,}07$	9	11,008	$\boxed{\sigma_e^2}$
Gesamt	$q_{ges} = 106{,}57$	11	9,689	$\sigma_e^2 + \frac{a}{11}$

$$a = 4(\mu_1 - \bar{\mu})^2 + 3(\mu_2 - \bar{\mu})^2 + 5(\mu_3 - \bar{\mu})^2 \ ; \ \bar{\mu} = \frac{1}{12}(4\mu_1 + 3\mu_2 + 5\mu_3) \, .$$

Hieraus erhält man den Schätzwert für die gemeinsame Varianz

$$\hat{\sigma}_e^2 = 11{,}008 \, .$$

Zum Test auf Gleichheit der Erwartungswerte mit $\alpha = 0{,}05$ benutzt man die Realisierung der Testgröße

$$v_{ber} = \frac{q_{zw}/2}{q_{in}/9} = \frac{3{,}75}{11{,}008} = 0{,}341.$$

Das 0,95-Quantil der F-Verteilung ist $f_{2,9;0{,}95} = 4{,}26$. Wegen $v_{ber} < 4{,}26$ kann die Nullhypothese der Gleichheit der drei Erwartungswerte nicht abgelehnt werden. Als Schätzwert für die gleichen Erwartungswerte erhält man das Gesamtmittel $\hat{\mu} = \bar{x} = \frac{669}{12} = 55{,}75$.

11.2 Doppelte Varianzanalyse

Bei der doppelten (zweifachen) Varianzanalyse wird gleichzeitig der Einfluß zweier Faktoren auf ein bestimmtes Merkmal untersucht. Ein Beispiel dafür ist der Weizenertrag in Abhängigkeit von der Sorte und der Düngung. In diesem Beispiel ist der eine Faktor (A) die Sorte, der andere (Faktor B) das Düngemittel. Vom Faktor A (Zeileneinfluß) sollen a, vom Faktor B insgesamt b Stufen in den Versuch einbezogen werden. Insgesamt gibt es bei diesem Versuchsplan $a \cdot b$ verschiedene Klassen.

11.2.1 Modellbeschreibung

Die Effekte der beiden Faktoren sollen sich additiv überlagern. Wir behandeln nur den Fall der einfachen Klassenbesetzung. Die a Stufen des Zeilenfaktors A werden als Zeilennummern, die b Stufen des Spaltenfaktors B als Spaltennummern eingetragen. Dann besteht die gesamte Stichprobe x aus $a \cdot b$ Elementen

$$x_{ij}\ ;\ i = 1, 2, \ldots, a;\ j = 1, 2, \ldots, b.$$

Die Stichprobenwerte werden in einer Kontingenztafel (Tabelle 11.3) übersichtlich dargestellt, wobei gleichzeitig noch die Zeilensummen und Spaltensummen sowie deren Mittelwerte berechnet werden.

A Zeilen-nummer	B Spaltennummer 1	2	…	j	…	b	Zeilen-summen	Zeilen-mittel
1	x_{11}	x_{12}	…	x_{1j}	…	x_{1b}	$x_{1\cdot}$	$\bar{x}_{1\cdot}$
2	x_{21}	x_{22}	…	x_{2j}	…	x_{2b}	$x_{2\cdot}$	$\bar{x}_{2\cdot}$
⋮	⋯	⋯	⋯	⋯	⋯	⋯	⋮	⋮
i	x_{i1}	x_{i2}	…	x_{ij}	…	x_{ib}	$x_{i\cdot}$	$\bar{x}_{i\cdot}$
⋮	⋯	⋯	⋯	⋯	⋯	⋯	⋮	⋮
a	x_{a1}	x_{a2}	…	x_{aj}	…	x_{ab}	$x_{a\cdot}$	$\bar{x}_{a\cdot}$
Spalten-summen	$x_{\cdot 1}$	$x_{\cdot 2}$	…	$x_{\cdot j}$	…	$x_{\cdot b}$	$x_{\cdot\cdot}$	
Spalten-mittel	$\bar{x}_{\cdot 1}$	$\bar{x}_{\cdot 2}$	…	$\bar{x}_{\cdot j}$	…	$\bar{x}_{\cdot b}$		$\bar{x}$

Tab. 11.3: Schema der doppelten Varianzanalyse

Dabei erhält man:

Mittelwerte der i-ten Stufe des Faktors A: $\bar{x}_{i\cdot} = \frac{1}{b} \sum_{j=1}^{b} x_{ij} = \frac{x_{i\cdot}}{b}$;

Mittelwerte der j-ten Stufe des Faktors B: $\bar{x}_{\cdot j} = \frac{1}{a} \sum_{i=1}^{a} x_{ij} = \frac{x_{\cdot j}}{a}$.

Da alle Zeilen- bzw. Spaltenumfänge gleich sind, ist das gewichtete Gesamtmittel $\bar{x}$ gleich dem arithmetischen Mittel der einzelnen Mittelwerte:

$$\bar{x} = \frac{x_{\cdot\cdot}}{a \cdot b} = \frac{1}{a} \sum_{i=1}^{a} \bar{x}_{i\cdot} = \frac{1}{b} \sum_{j=1}^{b} \bar{x}_{\cdot j} .$$

Die beiden Faktoren A und B sollen sich additiv überlagern, wobei durch das Zusammentreffen bestimmter Stufen keine Wechselwirkung möglich sein soll. Damit erhalten wir das Modell

$$X_{ij} = \mu + \alpha_i + \beta_j + E_{ij}\, , \; i = 1, 2, \ldots, a\, ; \; j = 1, 2, \ldots, b. \qquad (11.14)$$

Dabei seien die Zufallsvariablen E_{ij} unabhängig mit dem Erwartungswert $E(E_{ij}) = 0$ und der gleichen Varianz $Var(E_{ij}) = \sigma_e^2$ für alle i und j.

Gleichzeitig setzen wir noch die **Reparametrisierungsbedingungen**

$$\sum_{i=1}^{a} \alpha_i = 0\, ; \quad \sum_{j=1}^{b} \beta_j = 0 \qquad (11.15)$$

voraus. Dann kann μ als mittlerer Einfluß aller $a \cdot b$ Stufen, α_i als zusätzlicher Einfluß der i-ten Stufe des Faktors A und β_j als zusätzlicher Einfluß der j-ten Stufe des Faktors B interpretiert werden. Aus (11.14) folgt

$$E(X_{ij}) = \mu + \alpha_i + \beta_j\, ; \quad Var(X_{ij}) = \sigma_e^2 .$$

11.2.2 Quadratsummenzerlegung

In Analogie zur einfachen Varianzanalyse bilden wir zunächst die Zufallsvariablen der Zeilen- und Spaltensummen. Dabei werden die Reparametrisierungen (11.15) benutzt.

$$X_{i\cdot} = \sum_{j=1}^{b} X_{ij} = b \cdot (\mu + \alpha_i) + E_{i\cdot}\, ;$$

$$X_{\cdot j} = \sum_{i=1}^{a} X_{ij} = a \cdot (\mu + \beta_j) + E_{\cdot j}\, ;$$

$$X_{\cdot\cdot} = a \cdot b \cdot \mu + E_{\cdot\cdot}\, ;$$

$$X_{ij}^2 = (\mu + \alpha_i + \beta_j)^2 + 2(\mu + \alpha_i + \beta_j) E_{ij} + E_{ij}^2\, ;$$

$$X_{i\cdot}^2 = b^2 \cdot (\mu + \alpha_i)^2 + E_{i\cdot}^2 + 2b \cdot (\mu + \alpha_i) E_{i\cdot}\, ;$$

$$X_{\cdot j}^2 = a^2 \cdot (\mu + \beta_j)^2 + E_{\cdot j}^2 + 2a \cdot (\mu + \beta_j) E_{\cdot j}\, ;$$

$$X_{\cdot\cdot}^2 = a^2 \cdot b^2 \cdot \mu^2 + 2 \cdot a \cdot b \cdot \mu \cdot E_{\cdot\cdot} + E_{\cdot\cdot}^2 .$$

Da die Zufallsvariablen E_{ij} unabhängig sind mit dem Erwartungswert 0 und der Varianz σ_e^2, gilt:

$$E(E_{ij}) = E(E_{i\cdot}) = E(E_{\cdot j}) = E(E_{\cdot\cdot}) = 0;$$

$$E(E_{ij}^2) = \mathrm{Var}(E_{ij}) = \sigma_e^2;$$

$$E(E_{i\cdot}^2) = b\sigma_e^2; \quad E(E_{\cdot j}^2) = a\sigma_e^2; \quad E(E_{\cdot\cdot}^2) = ab\sigma_e^2.$$

Hieraus erhält man mit den obigen Darstellungen

$$E(X_{ij}) = \mu + \alpha_i + \beta_j; \qquad E(X_{ij}^2) = (\mu + \alpha_i + \beta_j)^2 + \sigma_e^2;$$

$$E(X_{i\cdot}) = b\cdot(\mu+\alpha_i); \qquad E(X_{i\cdot}^2) = b^2\cdot(\mu+\alpha_i)^2 + b\cdot\sigma_e^2;$$

$$E(X_{\cdot j}) = a\cdot(\mu+\beta_j); \qquad E(X_{\cdot j}^2) = a^2\cdot(\mu+\beta_j)^2 + a\cdot\sigma_e^2;$$

$$E(X_{\cdot\cdot}) = a\cdot b\cdot\mu; \qquad E(X_{\cdot\cdot}^2) = a^2\cdot b^2\cdot\mu^2 + a\cdot b\cdot\sigma_e^2.$$

Die Summe der Abstandsquadrate aller a·b Stichprobenwerte vom Gesamtmittel wird folgendermaßen zerlegt:

$$q_{ges} = \sum_{i=1}^{a}\sum_{j=1}^{b}(x_{ij}-\bar{x})^2 = \sum_{i=1}^{a}\sum_{j=1}^{b}[(\bar{x}_{i\cdot}-\bar{x}) + (\bar{x}_{\cdot j}-\bar{x}) + (x_{ij}-\bar{x}_{i\cdot}-\bar{x}_{\cdot j}+\bar{x})]^2$$

$$= \underbrace{\sum_{i=1}^{a}\sum_{j=1}^{b}(\bar{x}_{i\cdot}-\bar{x})^2}_{=q_A} + \underbrace{\sum_{i=1}^{a}\sum_{j=1}^{b}(\bar{x}_{\cdot j}-\bar{x})^2}_{=q_B} + \underbrace{\sum_{i=1}^{a}\sum_{j=1}^{b}(x_{ij}-\bar{x}_{i\cdot}-\bar{x}_{\cdot j}+\bar{x})^2}_{=q_{Rest}} + R.$$

Wie bei der einfachen Varianzanalyse verschwindet auch hier die Summe R der gemischten Produkte, also R = 0.
Für die einzelnen Abstandsquadrate erhält man durch elementare Umformung folgende Darstellungen:

Mittelwerte des Faktors A vom Gesamtmittel:

$$q_A = b\sum_{i=1}^{a}(\bar{x}_{i\cdot}-\bar{x})^2 = \frac{1}{b}\sum_{i=1}^{a}x_{i\cdot}^2 - \frac{x_{\cdot\cdot}^2}{ab};$$

Mittelwerte des Faktors B vom Gesamtmittel:

$$q_B = a\sum_{j=1}^{b}(\bar{x}_{\cdot j}-\bar{x})^2 = \frac{1}{a}\sum_{j=1}^{b}x_{\cdot j}^2 - \frac{x_{\cdot\cdot}^2}{ab};$$

Gesamt:

$$q_{ges} = \sum_{i=1}^{a}\sum_{j=1}^{b}(x_{ij}-\bar{x})^2 = \sum_{i=1}^{a}\sum_{j=1}^{b}x_{ij}^2 - \frac{x_{\cdot\cdot}^2}{ab};$$

Rest (Fehlerabweichung):

$$q_{Rest} = q_{ges} - q_A - q_B.$$

Mit den Reparametrisierungsbedingungen (11.15) folgt

$$\sum_{i=1}^{a} (\mu + \alpha_i)^2 = a \cdot \mu^2 + \sum_{i=1}^{a} \alpha_i^2 \; ; \quad \sum_{j=1}^{b} (\mu + \beta_j)^2 = b \cdot \mu^2 + \sum_{j=1}^{b} \beta_j^2 \; ;$$

$$\sum_{i=1}^{a} \sum_{j=1}^{b} (\mu + \alpha_i + \beta_j)^2 = a \cdot b \cdot \mu^2 + b \sum_{i=1}^{a} \alpha_i^2 + a \sum_{j=1}^{b} \beta_j^2 \, .$$

Mit diesen Eigenschaften erhält man die Erwartungswerte

$$\begin{aligned} E(Q_A) &= \frac{1}{b} \sum_{i=1}^{a} E(X_{i\cdot}^2) - \frac{E(X_{\cdot\cdot}^2)}{a\,b} \\ &= b \sum_{i=1}^{a} (\mu + \alpha_i)^2 + a \cdot \sigma_e^2 - a \cdot b \cdot \mu^2 - \sigma_e^2 \\ &= b \cdot \left(a \cdot \mu^2 + \sum_{i=1}^{a} \alpha_i^2 \right) + (a-1) \cdot \sigma_e^2 - a \cdot b \cdot \mu^2 \\ &= (a-1) \cdot \sigma_e^2 + b \sum_{i=1}^{a} \alpha_i^2 \, . \end{aligned}$$

Analog erhält man aus Symmetrie-Gründen

$$E(Q_B) = (b-1) \cdot \sigma_e^2 + a \sum_{j=1}^{b} \beta_j^2 \, .$$

$$\begin{aligned} E(Q_{ges}) &= \sum_{i=1}^{a} \sum_{j=1}^{b} E(X_{ij}^2) - \frac{E(X_{\cdot\cdot}^2)}{a\,b} \\ &= \sum_{i=1}^{a} \sum_{j=1}^{b} (\mu + \alpha_i + \beta_j)^2 + a \cdot b \cdot \sigma_e^2 - a \cdot b \cdot \mu^2 - \sigma_e^2 \\ &= a \cdot b \cdot \mu^2 + b \sum_{i=1}^{a} \alpha_i^2 + a \sum_{j=1}^{b} \beta_j^2 + a \cdot b \cdot \sigma_e^2 - a \cdot b \cdot \mu^2 - \sigma_e^2 \\ &= (a \cdot b - 1) \cdot \sigma_e^2 + b \sum_{i=1}^{a} \alpha_i^2 + a \sum_{j=1}^{b} \beta_j^2 . \end{aligned}$$

$$\begin{aligned} E(Q_{Rest}) &= E(Q_{ges}) - E(Q_A) - E(Q_B) \\ &= (a\,b - 1 - a + 1 - b + 1) \cdot \sigma_e^2 = (a-1) \cdot (b-1)\, \sigma_e^2 \, . \end{aligned}$$

Division durch die jeweilige Anzahl der Freiheitsgrade ergibt

$$\begin{aligned} E\left(\frac{Q_{Rest}}{(a-1) \cdot (b-1)} \right) &= \sigma_e^2 \; ; \\ E\left(\frac{Q_A}{a-1} \right) &= \sigma_e^2 + \frac{b}{a-1} \sum_{i=1}^{a} \alpha_i^2 \; ; \\ E\left(\frac{Q_B}{b-1} \right) &= \sigma_e^2 + \frac{a}{b-1} \sum_{j=1}^{b} \beta_j^2 \; ; \\ E\left(\frac{Q_{ges}}{a \cdot b - 1} \right) &= \sigma_e^2 + \frac{b}{a \cdot b - 1} \sum_{i=1}^{a} \alpha_i^2 + \frac{a}{a \cdot b - 1} \sum_{j=1}^{b} \beta_j^2 \, . \end{aligned} \qquad (11.16)$$

Damit lautet die Tafel der doppelten Varianzanalyse

Abstands-quadrate	Summen der Abstandsquadrate	gemittelte Summen	Erwartungswerte der gem. Summen
Mittelwerte von A vom Gesamtmittel	$q_A = b \sum_{i=1}^{a} (\bar{x}_{i\cdot} - \bar{x})^2$	$\frac{q_A}{a-1}$	$\sigma_e^2 + \frac{b}{a-1} \sum_{i=1}^{a} \alpha_i^2$
Mittelwerte von B vom Gesamtmittel	$q_B = a \sum_{j=1}^{b} (\bar{x}_{\cdot j} - \bar{x})^2$	$\frac{q_B}{b-1}$	$\sigma_e^2 + \frac{a}{b-1} \sum_{j=1}^{b} \beta_j^2$
Rest	$q_{Rest} = q_{ges} - q_A - q_B$	$\frac{q_{Rest}}{(a-1)(b-1)}$	$\boxed{\sigma_e^2}$
Gesamt	$q_{ges} = \sum_{i=1}^{a} \sum_{j=1}^{b} (x_{ij} - \bar{x})^2$	$\frac{q_{ges}}{ab-1}$	$\tilde{\sigma}^2$

$$\tilde{\sigma}^2 = \sigma_e^2 + \frac{b}{a \cdot b - 1} \sum_{i=1}^{a} \alpha_i^2 + \frac{a}{a \cdot b - 1} \sum_{j=1}^{b} \beta_j^2 .$$

Tab. 11.4: Tafel der doppelten Varianzanalyse

11.2.3 Schätzwerte für die Parameter des Modells

Wegen $E(\overline{X}) = \mu$ und $\mathrm{Var}(\overline{X}) = \frac{\sigma_e^2}{a \cdot b}$ ist $\overline{X}$ eine erwartungstreue und konsistente Schätzfunktion für den Parameter μ.

Aus $E(X_{i\cdot}) = b(\mu + \alpha_i)$; $\mathrm{Var}(X_{i\cdot}) = b \cdot \sigma_e^2$ folgt

$$E(\overline{X}_{i\cdot}) = \mu + \alpha_i \; ; \quad \mathrm{Var}(\overline{X}_{i\cdot}) = \frac{\sigma_e^2}{b} .$$

Für β_j erhält man die analoge Formel, also

$$\alpha_i = E(\overline{X}_{i\cdot} - \overline{X}) \; ; \quad \beta_j = E(\overline{X}_{\cdot j} - \overline{X}) .$$

Damit erhält man aus den Mittelwerten die erwartungstreuen Schätzwerte

$$\hat{\mu} = \bar{x} \; ; \quad \hat{\alpha}_i = \bar{x}_{i\cdot} - \bar{x} \; ; \quad \hat{\beta}_j = \bar{x}_{\cdot j} - \bar{x} . \tag{11.17}$$

$\frac{Q_{Rest}}{(a-1) \cdot (b-1)}$ ist eine erwartungstreue Schätzfunktion für σ_e^2 mit

$$\hat{\sigma}_e^2 = \frac{q_{Rest}}{(a-1) \cdot (b-1)} . \tag{11.18}$$

Bei normalverteilten Zufallsvariablen ist die Zufallsvariable Q_{Rest}/σ_e^2 Chi-Quadrat-verteilt mit $(a-1) \cdot (b-1)$ Freiheitsgraden. Mit dieser Testfunktion erhält man Konfidenzintervalle und Tests der Fehlervarianz σ_e^2.

11.2.4 Tests auf unterschiedlichen Einfluß der Stufen eines Faktors bei Normalverteilungen

Unter der Voraussetzung der Normalverteilung sollen folgende Nullhypothesen getestet werden:

H_A: $\alpha_1 = \alpha_2 = \ldots = \alpha_a = 0$ (kein unterschiedlicher Einfluß des Faktors A);

H_B: $\beta_1 = \beta_2 = \ldots = \beta_b = 0$ (kein unterschiedlicher Einfluß des Faktors B).

Bei den jeweiligen Alternativen ist mindestens ein Paar α_{i_1} und α_{i_2} bzw. β_{i_1} und β_{i_2} mit $i_1 \neq i_2$ voneinander verschieden.

Unter der Nullhypothese H_A gilt: $E\left(\frac{Q_A}{a-1}\right) = \sigma_e^2$.

Bei Normalverteilungen ist die Testgröße:

$$V_A = \frac{Q_A/(a-1)}{Q_{Rest}/(a-1)\cdot(b-1)} \tag{11.19}$$

als Quotient zweier unabhängiger Chi-Quadrat-verteilter Zufallsvariabler F-verteilt mit $(a-1, (a-1)\cdot(b-1))$ Freiheitsgraden.

Entsprechend gilt unter der Nullhypothese H_B: $E\left(\frac{Q_B}{b-1}\right) = \sigma_e^2$.

Bei Normalverteilungen ist

$$V_B = \frac{Q_B/(b-1)}{Q_{Rest}/(a-1)\cdot(b-1)} \tag{11.20}$$

F-verteilt mit $(b-1, (a-1)\cdot(b-1))$ Freiheitsgraden.

Mit den $(1-\alpha)$ - Quantilen der F-Verteilungen erhält man die

Testentscheidungen:

a) Im Falle $v_A = \frac{q_A/(a-1)}{q_{Rest}/(a-1)(b-1)} > f_{a-1, (a-1)(b-1); 1-\alpha}$

wird H_A abgelehnt.

b) Für $v_B = \frac{q_B/(b-1)}{q_{Rest}/(a-1)(b-1)} > f_{b-1, (a-1)(b-1); 1-\alpha}$

wird H_B abgelehnt.

Beispiel 11.2:
In der nachfolgenden Tabelle sind Weizenerträge in Abhängigkeit von der Sorte und vom Anbauort gemessen worden. Unter der Normalverteilungsannahme soll mit $\alpha = 0{,}05$ getestet werden, ob die Sorte (Faktor A) oder der Anbauort (Faktor B) einen unterschiedlichen Einfluß auf den mittleren Ertrag hat.

A Sorte	B Anbauort 1	2	3	4	Zeilen-summen	Zeilenmittel
1	15	16	15	19	65	16,25
2	12	14	18	22	66	16,50
3	13	15	20	21	69	17,25
4	14	18	17	23	72	18
5	17	13	19	22	71	17,75
Summen	71	76	89	107	343	16,25
Mittel	14,2	15,2	17,8	21,4		$17,15 = \bar{x}$

Mit a = 5 und b = 4 erhält man folgende Werte:

$$q_A = \frac{1}{4}\sum_{i=1}^{5} x_{i\cdot}^2 - \frac{343^2}{20} = 9{,}30\,; \quad q_B = \frac{1}{5}\sum_{j=1}^{4} x_{\cdot j}^2 - \frac{343^2}{20} = 154{,}95;$$

$$q_{ges} = \sum_{i=1}^{5}\sum_{j=1}^{4} x_{ij}^2 - \frac{343^2}{20} = 208{,}55\,; \; q_{Rest} = q_{ges} - q_A - q_B = 44{,}30.$$

Abstands-quadrate	Summen der Abstandsquadrate	gemittelte Summen	Erwartungswerte
Mittelwerte von A vom Gesamtmittel	$q_A = 9{,}30$	2,323	$\sigma_e^2 + \sum_{i=1}^{5} \alpha_i^2$
Mittelwerte von B vom Gesamtmittel	$q_B = 154{,}95$	51,65	$\sigma_e^2 + \frac{5}{3}\sum_{j=1}^{4} \beta_j^2$
Rest	$q_{Rest} = 44{,}30$	3,692	$\boxed{\sigma_e^2}$
Gesamt	$q_{ges} = 208{,}55$	10,976	

Zum Test auf verschiedenen Einfluß der Sorte (Faktor A) lautet die Realisierung der Testgröße

$$v_A = \frac{2{,}323}{3{,}692} = 0{,}63.$$

Wegen $v_A < f_{4,12;0,95} = 3{,}26$ kann ein unterschiedlicher Einfluß der Sorte nicht festgestellt werden.

Zum Test des Einflusses des Anbauorts (Faktor B) erhält man die Testgröße

$$v_B = \frac{51,56}{3,692} = 13,99.$$

Wegen $v_B > f_{3,12;0,95} = 3,49$ kann die Nullhypothese, daß der Anbauort keinen unterschiedlichen Einfluß auf den Ertrag hat, abgelehnt werden. Der Anbauort hat also verschiedenen Einfluß auf den mittleren Ertrag.

Als Schätzwert für die Varianz in diesem Modell erhält man $\hat{\sigma}_e^2 = 3,692$.

11.3 Aufgaben

Aufgabe 11.1:
Ein bestimmtes Produkt wird auf drei verschiedenen Maschinen hergestellt. Die Zufallsvariablen der Fertigungszeiten auf den drei Maschinen seien näherungsweise normalverteilt. Dabei seien die Varianzen bei allen drei Maschinen gleich. Auf den drei Maschinen wurden folgende Fertigungszeiten festgestellt:

Maschine	Fertigungszeiten								
I	48,3	47,1	50,4	44,6	52,6	48,9	48,8	55,1	
II	48,3	50,3	42,3	46,1	45,4	50,3	44,4		
III	42,5	41,2	40,5	45,7	43,2	40,5	43,7	42,9	42,3

a) Führen Sie den Test auf Gleichheit der Erwartungswerte mit $\alpha = 0,05$ durch.
b) Geben Sie einen Schätzwert für die gemeinsame Varianz an.
c) Geben Sie Schätzwerte für die drei Erwartungswerte an.

Aufgabe 11.2:
In einer Klinik ist ein Arzt bezüglich einer bestimmten Art von Schmerzen der Ansicht, daß die mittlere Zeitdauer, in der sich ein Patient nach Einnahme einer Tablette schmerzfrei fühlt, gar nicht vom Wirkstoff der Tablette abhängt, sondern nur von der Tatsache, daß dem Patienten eine Tablette verabreicht wurde. Um dies zu prüfen, wurden Patienten, die an diesen Schmerzen litten, entweder ein sogenanntes Placebo (Tablette ohne Wirkstoff) oder eines von drei schmerzstillenden Mitteln verabreicht. In der nachfolgenden Tabelle ist zusammengestellt, wie viele Stunden sich die einzelnen Patienten schmerzfrei fühlten. Dabei seien die entsprechenden Zufallsvariablen näherungsweise normalverteilt mit gleicher Varianz.

	Schmerzfreie Zeit in Stunden								
Placebo	3,5	2,8	4,6	2,6	3,2	1,2	3,4	3,7	4,1
Tabl. A	1,8	4,0	0,9	2,3	2,9				
Tabl. B	2,1	3,8	4,2	4,5	2,3				
Tabl. C	1,7	2,0	2,6	3,6	3,1				

a) Testen Sie mit $\alpha = 0{,}05$ die Vermutung des Arztes.

b) Berechnen Sie einen Schätzwert für die gemeinsame Varianz.

c) Bestimmen Sie in Abhängigkeit von der Entscheidung in a) Schätzwerte für den oder die Erwartungswerte.

Aufgabe 11.3:

Testen Sie mit Hilfe der nachfolgenden Stichprobe, ob der Wochentag oder die Arbeitsschicht einen signifikanten Einfluß auf die Produktionsmengen (in Tonnen) eines Werkes haben ($\alpha = 0{,}05$). Dabei seien die Voraussetzungen der Varianzanalyse erfüllt.

	Frühschicht	Tagesschicht	Spätschicht
Montag	8,1	8,8	8,0
Dienstag	9,3	9,4	8,5
Mittwoch	9,5	8,6	8,7
Donnerstag	8,2	8,3	8,7
Freitag	7,8	8,1	7,7

Aufgabe 11.4:

Fünf verschiedene Zapfsäulen einer Tankstelle wurden folgendermaßen geprüft. Drei Prüfer entnahmen jeweils nach der Anzeige der Zapfsäule 20 Liter. Diese Menge wurde exakt nachgemessen. Die Differenzen zwischen den von den Zapfsäulen angezeigten und den gemessenen Werten (Einheit 10 cm^3) sind in der nachfolgenden Tabelle zusammengestellt.

	Zapfsäule				
Prüfer	1	2	3	4	5
I	0,1	1,2	− 3,0	− 4,9	− 3,1
II	− 1,3	− 2,0	0,6	− 3,6	− 3,0
III	− 1,9	1,6	2,9	1,1	− 1,8

Testen Sie unter der Normalverteilungsannahme mit $\alpha = 0{,}05$, ob die Prüfer unterschiedliche mittlere Meßwerte erhalten und ob die Zapfsäulen verschiedene mittlere Benzinmengen abgeben.

Kapitel 12: Einfache lineare Regression - lineare Regression bei einer einzigen unabhängigen Variablen

Bei der Korrelationsanalyse (vgl. Abschnitt 3.3 bei zweidimensionalen Stichproben und Abschnitt 6.9 bei zweidimensionalen Zufallsvariablen) wird der Zusammenhang zwischen zwei Zufallsvariablen bzw. zwei Merkmalen untersucht. Falls ein solcher Zusammenhang besteht, interessiert dabei nicht, ob die Ursache für den Zusammenhang eines der beiden Merkmale ist. Die Abhängigkeit könnte ja eine andere Ursache haben. Ziel der Korrelationsanalyse ist es also nicht, ein Merkmal als unabhängig, das andere als davon abhängig zu erkennen. Beide Merkmale werden dort gleichrangig (symmetrisch) behandelt.

In der **Regressionsanalyse** dagegen sollen Ursache und Wirkung des Zusammenhangs (Abhängigkeit) von Merkmalen festgestellt werden. Man möchte von einem oder gleichzeitig mehreren Merkmalen auf ein bestimmtes Merkmal schließen. Die Regressionsanalyse beschäftigt sich mehr oder weniger mit einem funktionalen Zusammenhang. Ihr Ziel ist es jedoch nicht, eine Zufallsvariable Y (Merkmal) im mathematischen Sinne eindeutig als Funktion anderer Zufallsvariabler darzustellen. Dieser funktionale Zusammenhang wird nur für die Erwartungswerte untersucht.

In Abschnitt 6.10 wurden nach dem Prinzip der kleinsten Erwartungswerte Regressionsgeraden zweier Zufallsvariabler eingeführt. Zweidimensionalen Stichproben wurden in Abschnitt 3.4.1 nach den Prinzip der kleinsten (vertikalen) Abstandsquadrate eine "Regressionsgerade" oder ein "Regressionspolynom" angepaßt. Dort wurden bereits die Begriffe Regressor, Regressand, Regressionsfunktion, Residuum und Bestimmtheitsmaß eingeführt. In der Regressionsanalyse soll für die dortigen Ausführungen ein geeignetes stochastisches Modell angegeben werden. Ähnlich wie in der Varianzanalyse können dann Tests und Konfidenzintervalle für die einzelnen Parameter angegeben werden. Dazu werden die in Abschnitt 3.4 eingeführten Begriffe und Methoden benutzt.

12.1 Das allgemeine Regressionsmodell

Für jede reelle Zahl x aus einem bestimmten Intervall $I \subset \mathbb{R}$ gebe es eine von dem Parameter x abhängige Zufallsvariable Y(x). Der Erwartungswert der Zufallsvariablen Y(x) hänge dabei von x ab, während die Varianz der Zufallsvariablen Y(x) unabhängig von x immer gleich σ^2 ist. Damit gilt

$$E(Y(x)) = f(x)\ ; \quad Var(Y(x)) = \sigma^2 \text{ für alle } x. \tag{12.1}$$

Wie bei der einfachen Varianzanalyse können die Zufallsvariablen additiv dargestellt werden in der Form

$$Y(x) = f(x) + E. \tag{12.2}$$

Dabei ist E eine Zufallsvariable, die sogenannte Fehlervariable mit dem Erwartungswert E(E)) = 0 und der Varianz $Var(E) = \sigma^2$.

Die Fehlervariable wird üblicherweise mit dem Buchstaben E bezeichnet. Dies muß beachtet werden, um Verwechslungen mit dem Erwartungswert auszuschließen. E(E)) stellt also den Erwartungswert der Fehlervariablen E dar.

Die Funktion f(x) heißt **Regressionsfunktion**. Um diese Regressionsfunktion schwanken die Realisierungen der Zufallsvariablen Y(x) mit konstanter Varianz σ^2.

Viele Regressionsfunktionen sind durch Parameter eindeutig bestimmt wie z. B. eine Regressionsgerade oder ein Regressionspolynom n-ten Grades. Falls die Funktion f(x) durch l Parameter $\alpha_1, \alpha_2, \ldots, \alpha_l$ eindeutig festgelegt ist, besitzt sie die Darstellung

$$y = f(\alpha_1, \alpha_2, \ldots, \alpha_l, x). \tag{12.3}$$

Ziel der Regressionsanalyse ist es dann, die Parameter sowie die Varianz σ^2 zu schätzen und zu testen. Ferner soll getestet werden, ob tatsächlich eine Regressionsfunktion eines bestimmten Typs z. B. eine Gerade oder eine Parabel vorliegt.

Zu fest vorgegebenen Werten $x_1, x_2, \ldots, x_n$ seien $y_i = y(x_i)$ Realisierungen der Zufallsvariablen

$$Y_i = Y(x_i) = f(x_i) + E_i.$$

Nach der Modellannahme sind die Zufallsvariablen E_i unabhängig mit

$$E(E_i) = 0\ ; \quad Var(E_i) = \sigma^2.$$

12.2 Lineare Regression

12.2.1 Die Regressionsgerade

Bei der linearen Regression ist die Regressionsfunktion eine Gerade

$$f(x) = \beta_0 + \beta_1 x \tag{12.4}$$

mit dem **Achsenabschnitt** β_0 und dem **Regressionskoeffizienten** (Steigung) β_1. Man geht also von folgendem Modell aus:

$$Y(x) = \beta_0 + \beta_1 x + E \quad \text{mit} \quad E(E) = 0 \text{ und } Var(E) = \sigma^2 .$$

Ziel der Regressionsanalyse ist es, die drei unbekannten Parameter β_0, β_1 und σ^2 zu schätzen oder zu testen bzw. nachzuprüfen, ob die Regressionsfunktion tatsächlich eine Gerade ist. Zur Durchführung bestimmt man zu n vorgegebenen Werten x_i die zugehörigen Realisierungen y_i der Zufallsvariablen $Y(x_i)$ für $i = 1, 2, \ldots, n$. Damit erhält man eine zweidimensionale Stichprobe aus n Wertepaaren

$$(x_i, y_i) \quad \text{für} \quad i = 1, 2, \ldots, n.$$

Der zu x_i gehörende Stichprobenwert y_i ist also Realisierung der Zufallsvariablen

$$Y_i = \beta_0 + \beta_1 x_i + E_i \quad \text{mit} \quad E(E_i) = 0 \text{ und } Var(E_i) = \sigma^2 . \tag{12.5}$$

Die Stichprobenwerte x_i werden vorgegeben. Daher handelt es sich um Konstanten und nicht um Realisierungen einer Zufallsvariablen. Trotzdem können folgende Kenngrößen berechnet werden:

$$\bar{x} = \frac{1}{n} \sum_{i=1}^{n} x_i ; \qquad s_x^2 = \frac{1}{n-1} \sum_{i=1}^{n} (x_i - \bar{x})^2 . \tag{12.6}$$

12.2.2 Schätzung der Parameter der Regressionsgeraden

Falls die Zufallsvariablen $Y(x_i)$ normalverteilt sind, sollen zunächst Achsenabschnitt β_0 und Regressionskoeffizient β_1 nach der **Maximum-Likelihood-Methode** geschätzt werden. Unter der Modellannahme besitzt Y_i die Dichte

$$f_i(y) = \frac{1}{\sqrt{2\pi} \cdot \sigma} \cdot e^{-\frac{(y - \beta_0 - \beta_1 x_i)^2}{2\sigma^2}} . \tag{12.7}$$

Dann lautet die Likelihood-Funktion der y-Stichprobe

$$L = \frac{1}{\left(\sqrt{2\pi} \cdot \sigma\right)^n} \cdot e^{-\frac{\sum_{i=1}^{n} (y_i - \beta_0 - \beta_1 x_i)^2}{2\sigma^2}} .$$

Logarithmieren ergibt

$$\ln L = -\frac{\sum_{i=1}^{n} (y_i - \beta_0 - \beta_1 x_i)^2}{2\sigma^2} - n \cdot \ln(\sqrt{2\pi}\,\sigma).$$

$$\frac{\partial \ln L}{\partial \beta_0} = 0 \text{ und } \frac{\partial \ln L}{\partial \beta_1} = 0$$

liefert die Gleichungen

$$\sum_{i=1}^{n} (y_i - \beta_0 - \beta_1 x_i) = 0 ; \quad \sum_{i=1}^{n} x_i \cdot (y_i - \beta_0 - \beta_1 x_i) = 0 .$$

Diese Gleichungen erhält man auch im allgemeinen Fall ohne Normalverteilungsannahme mit der in Abschnitt 3.4.1 benutzten **Methode der kleinsten Abstandsquadrate.** Summation ergibt das Gleichungssystem

$$\begin{aligned} \beta_0 + \quad \bar{x} \cdot \beta_1 &= \bar{y} \\ n\bar{x} \cdot \beta_0 + \sum_{i=1}^{n} x_i^2 \cdot \beta_1 &= \sum_{i=1}^{n} x_i y_i . \end{aligned}$$

Nach (3.39) erhält man hieraus die

Schätzungen der Parameter:

$$\hat{\beta}_1 = b_1 = \frac{\sum_{i=1}^{n} (x_i - \bar{x})(y_i - \bar{y})}{\sum_{i=1}^{n} (x_i - \bar{x})^2} = \frac{\sum_{i=1}^{n} x_i y_i - n\bar{x}\bar{y}}{\sum_{i=1}^{n} x_i^2 - n\bar{x}^2} = \frac{s_{xy}}{s_x^2} = r \cdot \frac{s_y}{s_x} ;$$

$$\hat{\beta}_0 = b_0 = \bar{y} - \hat{\beta}_1 \bar{x} ; \tag{12.8}$$

Regressionsgerade

$$\hat{y} - \bar{y} = b_1 \cdot (x - \bar{x}) = \frac{s_{xy}}{s_x^2} \cdot (x - \bar{x}) \quad \text{für } s_x^2 > 0.$$

Die Bedingung $s_x^2 > 0$ ist erfüllt, wenn nicht sämtliche Stichprobenwerte $x_1, x_2, \ldots, x_n$ übereinstimmen.

Die nach der Methode der kleinsten Abstandsquadrate gewonnenen Schätzwerte benutzt man auch im allgemeinen Fall, wo keine Normalverteilung vorliegt. Als Schätzung der Regressionsgeraden erhält man die Regressionsgerade von y bezüglich x der zweidimensionalen Stichprobe. Sie geht durch den Punkt mit den Koordinaten $\bar{x}$ und $\bar{y}$ der beiden Stichprobenmittelwerte.

Die Schätzwerte b_1 und b_0 sind Realisierungen der **Zufallsvariablen**

$$B_1 = \frac{\sum_{i=1}^{n} (x_i - \bar{x}) \cdot (Y_i - \bar{Y})}{\sum_{i=1}^{n} (x_i - \bar{x})^2} = \frac{\sum_{i=1}^{n} (x_i - \bar{x}) \cdot Y_i}{\sum_{i=1}^{n} (x_i - \bar{x})^2} ; \; B_0 = \bar{Y} - \bar{x} \cdot B_1 . \tag{12.9}$$

Wegen $\sum_{i=1}^{n} (x_i - \overline{x}) \cdot \overline{Y} = 0$

darf im Zähler von B_1 dieser Ausdruck weggelassen werden.

Aus der Modellgleichung (12.5) folgt

$$E(Y_i) = \beta_0 + \beta_1 x_i \,; \quad E(\overline{Y}) = \beta_0 + \beta_1 \overline{x}; \quad E(Y_i - \overline{Y}) = \beta_1(x_i - \overline{x}).$$

Da die x-Werte als Konstanten vorgegeben wurden, erhält man hiermit

$$E(B_1) = \frac{\sum_{i=1}^{n} (x_i - \overline{x}) \cdot E(Y_i - \overline{Y})}{\sum_{i=1}^{n} (x_i - \overline{x})^2} = \frac{\sum_{i=1}^{n} \beta_1 (x_i - \overline{x})^2}{\sum_{i=1}^{n} (x_i - \overline{x})^2} = \beta_1 ;$$

$$E(B_0) = E(\overline{Y}) - \overline{x} \cdot E(B_1) = \beta_0 + \beta_1 \overline{x} - \beta_1 \overline{x} = \beta_0 .$$

Beide Schätzfunktionen sind also **erwartungstreu.**

Allgemein gilt der

Satz 12.1:
Für die Schätzfunktionen

$$B_1 = \frac{\sum_{i=1}^{n} (x_i - \overline{x}) \cdot (Y_i - \overline{Y})}{\sum_{i=1}^{n} (x_i - \overline{x})^2} \quad \text{und} \quad B_0 = \overline{Y} - \overline{x} \cdot B_1$$

gilt

$$E(B_1) = \beta_1 ; \quad Var(B_1) = \frac{\sigma^2}{\sum_{i=1}^{n} (x_i - \overline{x})^2} ;$$

$$E(B_0) = \beta_0 ; \quad Var(B_0) = \sigma^2 \cdot \frac{\sum_{i=1}^{n} x_i^2}{n \sum_{i=1}^{n} (x_i - \overline{x})^2} ;$$

$$Cov(B_0, B_1) = -\overline{x} \cdot Var(B_1) = -\frac{\overline{x} \cdot \sigma^2}{\sum_{i=1}^{n} (x_i - \overline{x})^2} ;$$

$$\rho(B_0, B_1) = -\frac{\overline{x}}{\sqrt{\frac{1}{n} \sum_{i=1}^{n} x_i^2}} ;$$

$$Cov(\overline{Y}, B_1) = 0 .$$

Während $\overline{Y}$ und B_1 immer unkorreliert sind, sind die Zufallsvariablen B_0 und B_1 nur für $\overline{x} = 0$ unkorreliert.

Beweis s. o. und bei Bosch. K. [1993], S. 597.

12.2.3 Quadratsummenzerlegung (Varianzanalyse bezüglich $\overline{y}$)

Die bei der einfachen Varianzanalyse benutzte Methode der Quadratsummenzerlegung kann auch bei der Regressionsanalyse angewandt werden.

Nach (3.41) gilt $\overline{\hat{y}} = \overline{y}$. Damit erhält man

$$q_{ges} = \sum_{i=1}^{n} (y_i - \overline{y})^2 = \sum_{i=1}^{n} [(y_i - \hat{y}_i) + (\hat{y}_i - \overline{y})]^2$$

$$= \sum_{i=1}^{n} [(y_i - \hat{y}_i) + (\hat{y}_i - \overline{\hat{y}})]^2 = \underbrace{\sum_{i=1}^{n} (\hat{y}_i - \overline{\hat{y}})^2}_{= q_{in}} + \underbrace{\sum_{i=1}^{n} (y_i - \hat{y}_i)^2}_{= q_{Reg}}.$$

Auch hier verschwindet die Summe der gemischten Produkte. Die einzelnen Summanden haben folgende Bedeutung:

Gesamte Abweichungssumme der y-Werte von ihrem Mittelwert $\overline{y}$:

$$q_{ges} = \sum_{i=1}^{n} (y_i - \overline{y})^2 = \sum_{i=1}^{n} y_i^2 - n\,\overline{y}^2 = (n-1)\,s_y^2 .$$

Die Summe der Abweichungsquadrate von der Regressionsgeraden beträgt nach (3.43)

$$q_{Reg} = \sum_{i=1}^{n} (y_i - \hat{y}_i)^2 = (n-1) \cdot s_y^2 \cdot (1 - r^2) = (n-1)\,(s_y^2 - b_1^2 s_x^2).$$

Damit lautet die Summe der Abweichungsquadrate innerhalb (auf) der Regressionsgeraden:

$$q_{in} = q_{ges} - q_{Reg} = \sum_{i=1}^{n} (\hat{y}_i - \overline{\hat{y}})^2 = \sum_{i=1}^{n} \hat{y}_i^2 - n\,\overline{y}^2 = (n-1)\,b_1^2 s_x^2 .$$

Zur Berechnung der Erwartungswerte der entsprechenden Zufallsvariablen benutzt man die Modellgleichung

$$Y_i = \beta_0 + \beta_1 x_i + E_i \quad \text{mit} \quad E(E_i) = 0 \text{ und } Var(E_i) = \sigma^2$$

und die allgemein gültige Formel $E(Z^2) = Var(Z) + [E(Z)]^2$.

$$E(Y_i) = \beta_0 + \beta_1 x_i\,; \quad Var(Y_i) = \sigma^2; \quad E(Y_i^2) = (\beta_0 + \beta_1 x_i)^2 + \sigma^2;$$

$$E(\overline{Y}) = \beta_0 + \beta_1 \overline{x}; \quad Var(\overline{Y}) = \frac{\sigma^2}{n}; \quad E(\overline{Y}^2) = (\beta_0 + \beta_1 \overline{x})^2 + \frac{\sigma^2}{n}.$$

Aus

$$\hat{Y}_i = B_0 + B_1 x_i = \overline{Y} + B_1(x_i - \overline{x})$$

erhält man mit den Ergebnissen aus Satz 12.1

$$E(\hat{Y}_i) = E(B_0) + x_i \cdot E(B_1) = \beta_0 + \beta_1 x_i\,;$$

$$Var(\hat{Y}_i) = Var\big(\overline{Y} + B_1(x_i - \overline{x})\big) = Var(\overline{Y}) + (x_i - \overline{x})^2 \cdot Var(B_1)$$

$$= \frac{\sigma^2}{n} + \frac{(x_i - \overline{x})^2 \sigma^2}{\sum_{i=1}^{n} (x_i - \overline{x})^2} ;$$

$$E(\hat{Y}_i^2) = (\beta_0 + \beta_1 x_i)^2 + \frac{\sigma^2}{n} + \frac{(x_i - \overline{x})^2 \sigma^2}{\sum_{i=1}^{n} (x_i - \overline{x})^2} .$$

Für die Zufallsvariablen der Abweichungsquadrate erhält man mit den Ergebnissen aus Satz 12.1 die Erwartungswerte

$$E(Q_{in}) = E\Big((n-1) B_1^2 s_x^2\Big) = (n-1)\, s_x^2\, E(B_1^2)$$

$$= (n-1)\, s_x^2 \Big(Var(B_1) + [E(B_1)]^2\Big) = \sum_{i=1}^{n} (x_i - \overline{x})^2 \cdot \left(\frac{\sigma^2}{\sum_{i=1}^{n} (x_i - \overline{x})^2} + \beta_1^2 \right)$$

$$= \sigma^2 + \sum_{i=1}^{n} (x_i - \overline{x})^2 \beta_1^2 = \sigma^2 + (n-1)\, s_x^2\, \beta_1^2 .$$

$$E(Q_{ges}) = \sum_{i=1}^{n} E(Y_i^2) - n\, E(\overline{Y}^2)$$

$$= \sum_{i=1}^{n} \Big((\beta_0 + \beta_1 x_i)^2 + \sigma^2\Big) - n(\beta_0 + \beta_1 \overline{x})^2 - \sigma^2$$

$$= n\beta_0^2 + \beta_1^2 \sum_{i=1}^{n} x_i^2 + 2\beta_0\beta_1 n\overline{x} + n\sigma^2 - n\beta_0^2 - n\beta_1^2\overline{x}^2 - 2\beta_0\beta_1 n\overline{x} - \sigma^2$$

$$= (n-1)\sigma^2 + \beta_1^2 \Big(\sum_{i=1}^{n} x_i^2 - n\overline{x}^2 \Big) = (n-1)(\sigma^2 + s_x^2 \beta_1^2) .$$

$$E(Q_{Reg}) = E(Q_{ges}) - E(Q_{in}) = (n-2)\sigma^2 .$$

Damit erhält man die in Tabelle 12.1 dargestellte Tafel der Varianzanalyse bezüglich des Mittelwertes $\overline{y}$:

Variationsursache	Summen der Abweichungsquadrate	Freiheitsgrade	gemittelte Summen	Erwartungswerte der gemittelten Summen
auf der Regressionsgeraden	$q_{in} = \sum_{i=1}^{n} (\hat{y}_i - \overline{y})^2$	1	q_{in}	$\sigma^2 + (n-1)\, s_x^2\, \beta_1^2$
von der Regressionsgeraden	$q_{Reg} = \sum_{i=1}^{n} (y_i - \hat{y}_i)^2$	$n-2$	$s^2 = \frac{q_{Reg}}{n-2}$	$\boxed{\sigma^2}$
Gesamt	$q_{ges} = \sum_{i=1}^{n} (y_i - \overline{y})^2$	$n-1$	s_y^2	$\sigma^2 + s_x^2\, \beta_1^2$

Tab. 12.1: Tafel der Varianzanalyse bezüglich des Mittelwertes $\overline{y}$

$$\frac{q_{in}}{q_{ges}} = b_1^2 \cdot \frac{s_x^2}{s_y^2} = r^2$$

ist das in den Abschnitten 3.4.1 und 6.10 angegebene **Bestimmtheitsmaß**. Es stellt denjenigen Anteil an der Gesamtvarianz der y-Werte dar, der auf die Regressionsgerade zurückzuführen ist. Der Quotient q_{Reg}/q_{ges} ist als restlicher Anteil an der Gesamtvarianz das **Unbestimmtheitsmaß**.
Nur im Fall $\beta_1 = 0$ besitzen alle drei gemittelten Summen den gleichen Erwartungswert σ^2. Dann ist die Regressionsgerade horizontal und alle Zufallsvariablen Y_i haben unabhängig von x_i den gleichen Erwartungswert β_0. Die Zufallsvariable Y(x) ist dann von x unabhängig.

12.2.4 Schätzwerte für die Varianzen

Falls die Modellannahme der linearen Regression erfüllt ist, erhält man in den Zufallsvariablen

$$S^2 = \frac{Q_{Reg}}{n-2} = \frac{n-1}{n-2}\left(S_y^2 - B_1^2\, s_x^2\right) = \frac{1}{n-2} \sum_{i=1}^{n} (Y_i - \hat{Y}_i)^2$$

wegen

$$E(S^2) = E\left(\frac{Q_{Reg}}{n-2}\right) = \sigma^2 \tag{12.10}$$

eine **erwartungstreue Schätzfunktion** für die Varianz σ^2 mit der Realisierung

$$\hat{\sigma}^2 = s^2 = \frac{q_{Reg}}{n-2} = \frac{1}{n-2} \sum_{i=1}^{n} (y_i - \hat{y}_i)^2 = \frac{n-1}{n-2}\left(s_y^2 - b_1^2 s_x^2\right). \tag{12.11}$$

Für diese Schätzung müssen die Parameter der Regressionsgeraden nicht bekannt sein. Sie ist erwartungstreu, auch wenn die Zufallsvariablen nicht normalverteilt sind. Die einzige Forderung ist die Modellvoraussetzung.
Für die Varianzen der Zufallsvariablen B_0 und B_1, deren Realisierungen die Parameter b_0 und b_1 der empirischen Regressionsgeraden sind, und die Kovarianz $\hat{\sigma}_{B_0 B_1} = \mathrm{Cov}(B_0, B_1)$ erhält man mit s^2 nach Satz 12.1 den

Satz 12.2:
Folgende Schätzwerte sind **erwartungstreu:**

$$\hat{\sigma}^2 = s^2 = \frac{q_{Reg}}{n-2} = \frac{1}{n-2} \sum_{i=1}^{n} (y_i - \hat{y}_i)^2 ;$$

$$\hat{\sigma}_{B_0}^2 = s_{b_0}^2 = s^2 \cdot \frac{\sum_{i=1}^{n} x_i^2}{n \sum_{i=1}^{n} (x_i - \overline{x})^2} = s^2 \cdot \left(\frac{1}{n} + \frac{\overline{x}^2}{\sum_{i=1}^{n} (x_i - \overline{x})^2} \right);$$

$$\hat{\sigma}_{B_1}^2 = s_{b_1}^2 = \frac{s^2}{\sum_{i=1}^{n} (x_i - \overline{x})^2} ; \quad \hat{\sigma}_{B_0 B_1} = s_{b_0 b_1} = - \frac{\overline{x}\, s^2}{\sum_{i=1}^{n} (x_i - \overline{x})^2} .$$

12.2.5 Tests und Konfidenzintervalle für die einzelnen Parameter bei Normalverteilungen

Für jedes x sei die Zufallsvariable Y(x) normalverteilt. Dann ist beim linearen Regressionsmodell die Testfunktion

$$\frac{(n-2)\,S^2}{\sigma^2}$$

Chi-Quadrat-verteilt mit $n-2$ Freiheitsgraden, falls σ^2 die Varianz ist. Die Zufallsvariable des Regressionskoeffizienten

$$B_1 = \frac{\sum\limits_{i=1}^{n} (x_i - \overline{x}) \cdot Y_i}{\sum\limits_{i=1}^{n} (x_i - \overline{x})^2}$$

ist als Linearkombination unabhängiger normalverteilter Zufallsvariabler ebenfalls normalverteilt. Ihre Standardisierung

$$\frac{B_1 - \beta_1}{\sigma_{B_1}} = \frac{B_1 - \beta_1}{\sigma} \cdot \sqrt{\sum_{i=1}^{n} (x_i - \overline{x})^2} \qquad (12.12)$$

ist dann N(0 ; 1)-verteilt. Falls die Varianz σ^2 bekannt ist, wird diese Testfunktion benutzt. Andernfalls wird die Varianz σ^2 geschätzt durch

$$S^2 = \frac{Q_{Reg}}{n-2} = \frac{1}{n-2} \sum_{i=1}^{n} (Y_i - \hat{Y}_i)^2 .$$

Man kann zeigen, daß die beiden Zufallsvariablen B_1 und $S^2 = \frac{Q_{Reg}}{n-2}$ unabhängig sind. Dann ist die Testgröße

$$\frac{B_1 - \beta_1}{S_{B_1}} = \frac{B_1 - \beta_1}{S} \cdot \sqrt{\sum_{i=1}^{n} (x_i - \overline{x})^2} \qquad (12.13)$$

t-verteilt mit $n-2$ Freiheitsgraden.

Da $\overline{Y}$ und B_1 nach Satz 12.1 unabhängig sind, ist auch $B_0 = \overline{Y} - \overline{x} \cdot B_1$ normalverteilt. Damit ist

$$\frac{B_0 - \beta_0}{\sigma_{B_0}} = \frac{B_0 - \beta_0}{\sigma} \cdot \sqrt{\frac{n \sum\limits_{i=1}^{n} (x_i - \overline{x})^2}{\sum\limits_{i=1}^{n} x_i^2}}$$

N(0 ; 1)-verteilt. Ferner sind B_0 und S^2 unabhängig. Daher ist die Testgröße

$$\frac{B_0 - \beta_0}{S_{B_0}} = \frac{B_0 - \beta_0}{S} \cdot \sqrt{\frac{n \sum\limits_{i=1}^{n} (x_i - \overline{x})^2}{\sum\limits_{i=1}^{n} x_i^2}} \qquad (12.14)$$

t-verteilt mit $n-2$ Freiheitsgraden.

Zur Testdurchführung werden nach Satz 12.2 folgende Varianzen benutzt:

$$s^2 = \frac{q_2}{n-2} = \frac{1}{n-2}\sum_{i=1}^{n}(y_i - \hat{y}_i)^2 = \frac{n-1}{n-2}\cdot\left(s_y^2 - b^2 s_x^2\right);$$

$$s_{b_0}^2 = s^2 \cdot \frac{\sum_{i=1}^{n} x_i^2}{n\sum_{i=1}^{n}(x_i - \overline{x})^2}; \quad s_{b_1}^2 = \frac{s^2}{\sum_{i=1}^{n}(x_i - \overline{x})^2}.$$

Mit den Quantilen der t-Verteilung und der Chi-Quadrat-Verteilung mit jeweils $n-2$ Freiheitsgraden erhält man zum Signifikanzniveau α die

Testentscheidungen bei Normalverteilungen:

Nullhypothese H_0	Alternative H_1	Ablehnungsbereich von H_0
$\beta_0 = \hat{\beta}_0$	$\beta_0 \neq \hat{\beta}_0$	$\frac{\lvert b_0 - \hat{\beta}_0 \rvert}{s_{b_0}} > t_{n-2;1-\frac{\alpha}{2}}$
$\beta_0 \leq \hat{\beta}_0$	$\beta_0 > \hat{\beta}_0$	$\frac{b_0 - \hat{\beta}_0}{s_{b_0}} > t_{n-2;1-\alpha}$
$\beta_0 \geq \hat{\beta}_0$	$\beta_0 < \hat{\beta}_0$	$\frac{b_0 - \hat{\beta}_0}{s_{b_0}} < -t_{n-2;1-\alpha}$
$\beta_1 = \hat{\beta}_1$	$\beta_1 \neq \hat{\beta}_1$	$\frac{\lvert b_1 - \hat{\beta}_1 \rvert}{s_{b_1}} > t_{n-2;1-\frac{\alpha}{2}}$
$\beta_1 \leq \hat{\beta}_1$	$\beta_1 > \hat{\beta}_1$	$\frac{b_1 - \hat{\beta}_1}{s_{b_1}} > t_{n-2;1-\alpha}$
$\beta_1 \geq \hat{\beta}_1$	$\beta_1 < \hat{\beta}_1$	$\frac{b_1 - \hat{\beta}_1}{s_{b_1}} < -t_{n-2;1-\alpha}$
$\sigma^2 = \sigma_0^2$	$\sigma^2 \neq \sigma_0^2$	$(n-2)s^2/\sigma_0^2 < \chi^2_{n-2;\frac{\alpha}{2}}$ oder $(n-2)s^2/\sigma_0^2 > \chi^2_{n-2;1-\frac{\alpha}{2}}$
$\sigma^2 \leq \sigma_0^2$	$\sigma^2 > \sigma_0^2$	$(n-2)s^2/\sigma_0^2 > \chi^2_{n-2;1-\alpha}$
$\sigma^2 \geq \sigma_0^2$	$\sigma^2 < \sigma_0^2$	$(n-2)s^2/\sigma_0^2 < \chi^2_{n-2;\alpha}$

Test von $H_0 : \beta_1 = 0$ gegen $H_1 : \beta_1 \neq 0$ (horizontale Regressionsgerade)

Falls die Nullhypothese $H_0 : \beta_1 = 0$ richtig ist, liegt ein Testproblem aus der Varianzanalyse vor mit $\mu = \beta_0$. Dann ist die Regressionsgerade horizontal und sämtliche Zufallsvariablen $Y(x)$ besitzen den konstanten Erwartungswert $E(Y(x)) = \beta_0$. Zum Test werden die in der Tabelle 12.1 angegebenen Größen benutzt.

Unter der Nullhypothese H_0 ist bei Normalverteilungen die Testgröße

$$\frac{Q_{in}}{Q_{Reg}/(n-2)} = \frac{Q_{in}}{S^2} \quad \text{F-verteilt mit } (1, n-2) \text{ Freiheitsgraden.}$$

Mit den Quantilen dieser F-Verteilung erhält man die

Testentscheidung:

Im Falle $\frac{q_{in}}{q_{Reg}/(n-2)} = \frac{q_{in}}{s^2} > f_{1;\, n-2;\, 1-\alpha}$ wird die Nullhypothese H_0 abgelehnt.

Mit den obigen Testgrößen erhält zum Signifikanzniveau α

zweiseitige Konfidenzintervalle zum Niveau $1-\alpha$ bei Normalverteilungen:

a) für den Achsenabschnitt β_0:

$$\left[b_0 - s_{b_0} \cdot t_{n-2;1-\frac{\alpha}{2}} \,;\, b_0 + s_{b_0} \cdot t_{n-2;1-\frac{\alpha}{2}} \right];$$

b) für den Regressionskoeffizienten β_1:

$$\left[b_1 - s_{b_1} \cdot t_{n-2;1-\frac{\alpha}{2}} \,;\, b_1 + s_{b_1} \cdot t_{n-2;1-\frac{\alpha}{2}} \right];$$

c) für die Varianz σ^2:
$$\left[\frac{(n-2)\,s^2}{\chi^2_{n-2;1-\frac{\alpha}{2}}} \,;\, \frac{(n-2)\,s^2}{\chi^2_{n-2;\frac{\alpha}{2}}} \right].$$

Einseitige Konfidenzintervalle erhält man dadurch, daß $\frac{\alpha}{2}$ durch α ersetzt und eine Grenze weggelassen wird.

12.2.6 Test der Regressionsgeraden $\beta_0 + \beta_1 x$

Die in Abschnitt 12.2.5 angegebenen Tests und Konfidenzintervalle sind nur jeweils für einen einzigen Parameter β_0 oder β_1 gültig. Die Wahrscheinlichkeit dafür, daß ein einzelner Parameter im Konfidenzintervall liegt, ist gleich $1-\alpha$. Dies ist jedoch nicht die Wahrscheinlichkeit dafür, daß beide Parameter gleichzeitig in dem jeweiligen Konfidenzintervall liegen. Entsprechend ist die Irrtumswahrscheinlichkeit für jeden einzelnen Test gleich α. Auch hier handelt es sich nicht um die Irrtumswahrscheinlichkeit bei gleichzeitiger Durchführung der beiden Tests.

Für die Regressionsgerade soll die Nullhypothese

$$H_0:\ f(x) = \hat{\beta}_0 + \hat{\beta}_1 x \quad \text{für alle } x \in I$$

getestet werden gegen die Alternative

$$H_1:\ f(x) \neq \hat{\beta}_0 + \hat{\beta}_1 x \quad \text{für mindestens ein } x \in I\,.$$

Dabei sind $\hat{\beta}_0$ und $\hat{\beta}_1$ fest vorgegebene Zahlenwerte.

Zur Testdurchführung wird die Summe der Abstandsquadrate q_G von der tatsächlichen Regressionsgeraden $f(x) = \beta_0 + \beta_1 x$ zerlegt in

$$\begin{aligned} q_G &= \sum_{i=1}^{n} (y_i - \beta_0 - \beta_1 x_i)^2 \\ &= \sum_{i=1}^{n} \Big((y_i - b_0 - b_1 x_i) + (b_0 + b_1 x_i - \beta_0 - \beta_1 x_i)\Big)^2 \\ &= \underbrace{\sum_{i=1}^{n} (y_i - b_0 - b_1 x_i)^2}_{= q_{Reg}} + \underbrace{\sum_{i=1}^{n} (b_0 + b_1 x_i - \beta_0 - \beta_1 x_i)^2}_{= q_R}\,. \end{aligned}$$

Auch hier verschwindet die Summe der gemischten Produkte.

Nach (12.10) gilt $E(Q_{Reg}) = (n-2)\cdot\sigma^2$.

Der zweite Summand q_R stellt die Summe der (vertikalen) Abweichungsquadrate der Punkte auf der empirischen von der tatsächlichen Regressionsgeraden dar mit

$$\begin{aligned} q_R &= \sum_{i=1}^{n} (b_0 + b_1 x_i - \beta_0 - \beta_1 x_i)^2 = \sum_{i=1}^{n} \left[(b_0 - \beta_0) + (b_1 - \beta_1) x_i\right]^2 \\ &= \sum_{i=1}^{n} (b_0 - \beta_0)^2 + \sum_{i=1}^{n} (b_1 - \beta_1)^2 x_i^2 + 2\sum_{i=1}^{n} (b_0 - \beta_0)(b_1 - \beta_1) x_i \\ &= n(b_0 - \beta_0)^2 + (b_1 - \beta_1)^2 \sum_{i=1}^{n} x_i^2 + 2(b_0 - \beta_0)(b_1 - \beta_1)\, n\bar{x}\,. \end{aligned}$$

q_R ist Realisierung der Zufallsvariablen Q_R. Zur Berechnung des nachfolgenden Erwartungswertes werden die Ergebnisse aus Satz 12.1 benutzt.

$$\begin{aligned} E(Q_R) &= n\,E\Big((B_0 - \beta_0)^2\Big) + E\Big((B_1 - \beta_1)^2\Big)\sum_{i=1}^{n} x_i^2 \\ &\qquad + 2n\bar{x}\,E\big((B_0 - \beta_0)(B_1 - \beta_1)\big) \\ &= n\cdot \mathrm{Var}(B_0) + \mathrm{Var}(B_1)\sum_{i=1}^{n} x_i^2 + 2n\bar{x}\,\mathrm{Cov}(B_0, B_1) \end{aligned}$$

$$= \sigma^2 \frac{n \sum_{i=1}^{n} x_i^2}{n \sum_{i=1}^{n} (x_i - \overline{x})^2} + \sigma^2 \frac{\sum_{i=1}^{n} x_i^2}{\sum_{i=1}^{n} (x_i - \overline{x})^2} - \sigma^2 \frac{2 n \overline{x} \overline{x}}{\sum_{i=1}^{n} (x_i - \overline{x})^2}$$

$$= 2\sigma^2 \frac{\sum_{i=1}^{n} x_i^2 - n\overline{x}^2}{\sum_{i=1}^{n} (x_i - \overline{x})^2} = 2\sigma^2 \frac{\sum_{i=1}^{n} (x_i - \overline{x})^2}{\sum_{i=1}^{n} (x_i - \overline{x})^2} = 2\sigma^2 .$$

$$E(Q_G) = E(Q_R) + E(Q_{Reg}) = n\sigma^2.$$

Damit erhält man für diese Zerlegung die Tafel

Variations-ursache	Summen der Abweichungsquadrate	Freiheitsgrade	gemittelte Summen	Erwartungswerte
zwischen den Regressionsgeraden	$q_R = \sum_{i=1}^{n} (b_0 + b_1 x_i - \beta_0 - \beta_1 x_i)^2$	2	$\frac{q_R}{2}$	σ^2
von der emp. Regressionsgeraden	$q_{Reg} = \sum_{i=1}^{n} (y_i - b_0 - b_1 x_i)^2$	$n-2$	$s^2 = \frac{q_{Reg}}{n-2}$	σ^2
Gesamt	$q_G = \sum_{i=1}^{n} (y_i - \beta_0 - \beta_1 x_i)^2$	n	$\frac{q_G}{n}$	σ^2

Tab. 12.2: Tafel der Varianzanalyse bezüglich der Regressionsgeraden

Die Zufallsvariablen $\frac{Q_R}{\sigma^2}$ und $\frac{Q_{Reg}}{\sigma^2}$ sind im Falle der Normalverteilung unabhängig und unter der Nullhypothese H_0 Chi-Quadrat-verteilt mit 2 bzw. $n-2$ Freiheitsgraden. Dann ist der Quotient

$$\frac{Q_R/2\sigma^2}{Q_{Reg}/(n-2)\sigma^2} = \frac{Q_R}{2S^2}$$

$$= \frac{n(B_0 - \beta_0)^2 + (B_1 - \beta_1)^2 \sum_{i=1}^{n} x_i^2 + 2(B_0 - \beta_0)(B_1 - \beta_1) n \overline{x}}{2S^2}$$

F-verteilt mit $(2, n-2)$ Freiheitsgraden.

Damit erhält man zum Signifikanzniveau α die

Testdurchführung:
1. Schritt: Mit den Werten b_0, b_1 der empirischen Regressionsgeraden berechnet man

$$q_R = n(b_0 - \hat{\beta}_0)^2 + (b_1 - \hat{\beta}_1)^2 \sum_{i=1}^{n} x_i^2 + 2(b_0 - \hat{\beta}_0)(b_1 - \hat{\beta}_1) n \overline{x} .$$

2. Schritt: Man bestimmt

$$s^2 = \frac{q_{Reg}}{n-2} = \frac{1}{n-2} \sum_{i=1}^{n} (y_i - \hat{y}_i)^2 = \frac{n-1}{n-2} \cdot (s_y^2 - b_1^2 s_x^2) .$$

Daraus erhält man die **Testgröße** $\frac{q_R}{2s^2}$.

3. Schritt: Man bestimmt das $(1-\alpha)$-Quantil $f_{2,n-2;1-\alpha}$ der F-Verteilung mit $(2, n-2)$ Freiheitsgraden.

4. Schritt (Testentscheidung):
Im Falle $\frac{q_R}{2s^2} > f_{2,n-2;1-\alpha}$ wird die Nullhypothese H_0 abgelehnt.

12.2.7 Konfidenzintervalle für den Erwartungswert $\beta_0 + \beta_1 x_0$ an einer festen Stelle x_0 bei Normalverteilungen

In diesem Abschnitt setzen wir voraus, daß die Fehlervariable E normalverteilt, also $N(0;1)$-verteilt ist. Unter der Normalverteilungsannahme soll für jede feste Stelle x_0 ein Konfidenzintervall für den Erwartungswert $E(Y(x_0)) = \beta_0 + \beta_1 x_0$ bestimmt werden. Dazu betrachten wir die Zufallsvariable der empirischen Regressionsgeraden

$$B_0 + B_1 x_0 = \overline{Y} - B_1 \overline{x} + B_1 x_0 = \overline{Y} + (x_0 - \overline{x}) B_1 .$$

Die Zufallsvariablen $\overline{Y}$ und B_1 sind nach Satz 12.1 unkorreliert und als normalverteilte Zufallsvariablen somit unabhängig. Daraus folgt

$$E(B_0 + B_1 x_0) = E(B_0) + x_0 E(B_1) = \beta_0 + \beta_1 x_0 .$$

$$\mathrm{Var}(B_0 + B_1 x_0) = \mathrm{Var}(\overline{Y} + (x_0 - \overline{x}) \cdot B_1) = \mathrm{Var}(\overline{Y}) + (x_0 - \overline{x})^2 \cdot \mathrm{Var}(B_1)$$

$$= \frac{\sigma^2}{n} + (x_0 - \overline{x})^2 \frac{\sigma^2}{\sum_{i=1}^{n} (x_i - \overline{x})^2} = \sigma^2 \cdot \left[\frac{1}{n} + \frac{(x_0 - \overline{x})^2}{\sum_{i=1}^{n} (x_i - \overline{x})^2} \right]. \quad (12.15)$$

Als Linearkombination normalverteilter Zufallsvariabler ist die Zufallsvariable $B_0 + B_1 x_0$ normalverteilt. Dann ist ihre Standardisierung

$$\frac{B_0 + B_1 x_0 - \beta_0 - \beta_1 x_0}{\sigma \cdot \sqrt{\frac{1}{n} + \frac{(x_0 - \overline{x})^2}{\sum_{i=1}^{n} (x_i - \overline{x})^2}}}$$

$N(0;1)$-verteilt. Da die Zufallsvariablen B_0 und B_1 von S^2 unabhängig sind, ist auch Z unabhängig von der mit $n-2$ Freiheitsgraden Chi-Quadrat-verteilten Zufallsvariablen $\frac{(n-2)S^2}{\sigma^2}$. Dann ist der Quotient

$$\frac{B_0 + B_1 x_0 - \beta_0 - \beta_1 x_0}{S \cdot \sqrt{\frac{1}{n} + \frac{(x_0 - \bar{x})^2}{\sum\limits_{i=1}^{n} (x_i - \bar{x})^2}}} \tag{12.16}$$

t-verteilt mit $n-2$ Freiheitsgraden. Mit dem Quantil $t_{n-2;1-\frac{\alpha}{2}}$ der t-Verteilung mit $n-2$ Freiheitsgraden erhält man für jeden Wert x_0

Konfidenzintervalle für $\beta_0 + \beta_1 x_0$ (x_0 fest) zum Niveau $1-\alpha$ bei Normalverteilungen:

$[g_u(x_0);\ g_o(x_0)]$ mit

$$g_{u,o}(x_0) = b_0 + b_1 x_0 \mp t_{n-2;1-\frac{\alpha}{2}} \cdot s \cdot \sqrt{\frac{1}{n} + \frac{(x_0 - \bar{x})^2}{\sum\limits_{i=1}^{n} (x_i - \bar{x})^2}}\ ;$$

$$s^2 = \frac{q_{Reg}}{n-2} = \frac{1}{n-2} \sum_{i=1}^{n} (y_i - \hat{y}_i)^2 = \frac{n-1}{n-2} \cdot (s_y^2 - b_1^2 s_x^2).$$

Die beiden Funktionen $g_u(x_0)$ und $g_o(x_0)$ sind bei variablem x_0 Äste einer Hyperbel. Die Länge des Konfidenzintervalls wird für $x_0 = \bar{x}$ am kleinsten.

12.2.8 Konfidenzstreifen für die gesamte Regressionsgerade bei Normalverteilungen

In Abschnitt 12.2.7 werden Konfidenzintervalle für den Erwartungswert $E(Y(x_0)) = \beta_0 + \beta_1 x_0$ an einer bestimmten Stelle x_0 angegeben. In diesem Abschnitt soll ein simultaner Konfidenzbereich für die gesamte Regressionsgerade $E(Y(x)) = \beta_0 + \beta_1 x$ bestimmt werden.
Wegen

$$E(B_0 + B_1 x) = \beta_0 + \beta_1 x$$

gilt nach (12.15)

$$\begin{aligned} E\Big((B_0 + B_1 x - \beta_0 - \beta_1 x)^2\Big) &= \operatorname{Var}(B_0 + B_1 x) \\ &= \sigma^2 \cdot \left[\frac{1}{n} + \frac{(x - \bar{x})^2}{\sum\limits_{i=1}^{n} (x_i - \bar{x})^2}\right] \end{aligned}$$

Die Zufallsvariablen

$$\frac{(B_0 + B_1 x - \beta_0 - \beta_1 x)^2}{\sigma^2 \cdot \left[\frac{1}{n} + \frac{(x - \bar{x})^2}{\sum\limits_{i=1}^{n} (x_i - \bar{x})^2}\right]} \quad \text{und} \quad \frac{Q_{Reg}}{\sigma^2} = \frac{(n-2)\, S^2}{\sigma^2}$$

sind Chi-Quadrat-verteilt mit 2 bzw. $n-2$ Freiheitsgraden. Da B_0 und B_1 von S^2 unabhängig sind, sind auch diese beiden Chi-Quadrat-verteilten Zufallsvariablen unabhängig. Dann ist der Quotient

$$\frac{(B_0 + B_1 x - \beta_0 - \beta_1 x)^2}{2\, S^2 \left[\frac{1}{n} + \frac{(x - \bar{x})^2}{\sum\limits_{i=1}^{n} (x_i - \bar{x})^2}\right]} \tag{12.17}$$

F-verteilt mit $(2, n-2)$ Freiheitsgraden.

Mit dem $(1-\alpha)$-Quantil $f_{2,n-2;1-\alpha}$ gilt dann

$$P\left((B_0 + B_1 x - \beta_0 - \beta_1 x)^2 \le 2\, S^2 f_{2,n-2;1-\alpha} \left[\frac{1}{n} + \frac{(x - \bar{x})^2}{\sum\limits_{i=1}^{n} (x_i - \bar{x})^2}\right]\right) = 1 - \alpha.$$

Durch Wurzelziehen erhält man daraus

simultane Konfidenzstreifen für die gesamte Regressionsgerade $f(x) = \beta_0 + \beta_1 x$ zum Niveau $1-\alpha$ bei Normalverteilungen:

$[v_u(x);\ v_o(x)]$ mit

$$v_{u,o}(x) = b_0 + b_1 x \mp s \cdot 2 \cdot f_{2,n-2;1-\alpha} \cdot \left[\frac{1}{n} + \frac{(x - \bar{x})^2}{\sum\limits_{i=1}^{n} (x_i - \bar{x})^2}\right];$$

$$s^2 = \frac{q_{Reg}}{n-2} = \frac{1}{n-2} \sum_{i=1}^{n} (y_i - \hat{y}_i)^2 = \frac{n-1}{n-2} \cdot (s_y^2 - b_1^2 s_x^2).$$

Die beiden Funktionen $v_u(x)$ und $v_o(x)$ sind Äste einer Hyperbel. Der Konfidenzstreifen ist an der Stelle $x_0 = \bar{x}$ am schmalsten.

12.2.9 Test auf Linearität der Regressionsfunktion bei Normalverteilungen

In (12.2) sei die Zufallsvariable E normalverteilt. Unter dieser Normalverteilungsannahme soll folgende Nullhypothese getestet werden:

H_0 : die Regressionsfunktion f(x) ist eine Gerade.

Die Testdurchführung erfolgt wie bei der Varianzanalyse mit Hilfe der Quadratsummenzerlegung. Um Gruppenabweichungen bilden zu können, müssen zu mindestens einem x-Wert mindestens zwei y-Werte gehören.

In der gesamten Stichprobe sollen m verschiedene x-Werte $x_1^*, x_2^*, \ldots, x_m^*$ vorkommen. Zu x_i^* gehören die y-Werte $y_{i1}, y_{i2}, y_{i3}, \ldots, y_{in_i}$. Damit benutzt man das Schema für die Varianzanalyse

Gruppe	Stichprobenwerte	Gruppen-umfang	Zeilen-summe	Gruppen-mittel
x_1^*	$y_{11}\ y_{12}\ y_{13}\ \cdots\cdots\ y_{1n_1}$	n_1	$y_{1\cdot}$	$\bar{y}_1$
x_2^*	$y_{21}\ y_{22}\ y_{23}\ \cdots\cdots\ y_{2n_2}$	n_2	$y_{2\cdot}$	$\bar{y}_2$
x_3^*	$y_{31}\ y_{32}\ y_{33}\ \cdots\cdots\ y_{3n_3}$	n_3	$y_{3\cdot}$	$\bar{y}_3$
$\vdots$	....	$\vdots$	$\vdots$	$\vdots$
x_i^*	$y_{i1}\ y_{i2}\ y_{i3}\ \cdots\cdots\ y_{in_i}$	n_i	$y_{i\cdot}$	$\bar{y}_i$
$\vdots$	....	$\vdots$	$\vdots$	$\vdots$
x_m^*	$y_{m1}\ y_{m2}\ y_{m3}\ \cdots\ y_{mn_m}$	n_m	$y_{m\cdot}$	$\bar{y}_m$
Gesamt	Summe	n	$y_{\cdot\cdot}$	$\bar{y} = \frac{y_{\cdot\cdot}}{n}$

Tab. 12.3: Schema für die Varianzanalyse

Die gesamte Stichprobe vom Umfang $n = \sum_{i=1}^{m} n_i$ besitzt die Kenngrößen:

Mittelwert und Varianz aller x-Werte:

$$\bar{x} = \frac{1}{n} \sum_{i=1}^{m} n_i x_i^* \,; \quad s_x^2 = \frac{1}{n-1} \sum_{i=1}^{m} n_i (x_i^* - \bar{x})^2 = \frac{1}{n-1} \left(\sum_{i=1}^{m} n_i x_i^{*2} - n\bar{x}^2 \right).$$

Die einzelnen Stichproben besitzen die Größen:

Gruppenmittel: $\bar{y}_i = \frac{1}{n_i} \sum_{j=1}^{n_i} y_{ij} = \frac{y_{i\cdot}}{n_i}$ für $i = 1, 2, \ldots, m$;

Gesamtmittel: $\bar{y} = \frac{y_{\cdot\cdot}}{n} = \frac{1}{n} \sum_{i=1}^{m} \sum_{j=1}^{n_i} y_{ij} = \frac{1}{n} \sum_{i=1}^{m} y_{i\cdot} = \frac{1}{n} \sum_{i=1}^{m} n_i \bar{y}_i$;

Gesamtvarianz: $s_y^2 = \frac{1}{n-1}\Big(\sum_{i=1}^{m}\sum_{j=1}^{n_i} y_{ij}^2 - n\,\bar{y}^2\Big);$

Kovarianz: $s_{xy} = \frac{1}{n-1}\Big(\sum_{i=1}^{m} x_i^* \, y_{i\cdot} - n\,\bar{x}\,\bar{y}\Big).$

$b_1 = \frac{s_{xy}}{s_x^2}$ und $b_0 = \bar{y} - b_1\,\bar{x}$ ergibt die

empirische Regressionsgerade: $\hat{y} = b_0 + b_1 x$.

Zerlegt wird die Summe der vertikalen Abweichungsquadrate aller Punkte von der empirischen Regressionsgeraden mit $\hat{y}_i = b_0 + b_1\,x_i^*$

$$q_{ges} = \sum_{i=1}^{m}\sum_{j=1}^{n_i} (y_{ij} - b_0 - b_1\,x_i^*)^2 = \sum_{i=1}^{m}\sum_{j=1}^{n_i} \Big((y_{ij} - \bar{y}_i) + (\bar{y}_i - b_0 - b_1\,x_i^*)\Big)^2$$

$$= \underbrace{\sum_{i=1}^{m}\sum_{j=1}^{n_i} (y_{ij} - \bar{y}_i)^2}_{= q_{in}} + \underbrace{\sum_{i=1}^{m} n_i \cdot (\bar{y}_i - b_0 - b_1\,x_i^*)^2}_{= q_{Reg}} .$$

Die Summe der gemischten Produkte verschwindet. Dabei erhält man:

Gesamte Abweichungssumme:

$$q_{ges} = \sum_{i=1}^{m}\sum_{j=1}^{n_i} (y_{ij} - b_0 - b_1\,x_i^*)^2 = (n-1)\,(s_y^2 - b_1^2\,s_x^2)\,.$$

Abweichungsquadrate innerhalb der Gruppen:

$$q_{in} = \sum_{i=1}^{m}\sum_{j=1}^{n_i} (y_{ij} - \bar{y}_i)^2 = \sum_{i=1}^{m}\sum_{j=1}^{n_i} y_{ij}^2 - \sum_{i=1}^{m} \frac{y_{i\cdot}^2}{n_i}\,.$$

Gruppenmittel von der Regressionsgeraden:

$$q_{Reg} = \sum_{i=1}^{m}\sum_{j=1}^{n_i} (\bar{y}_i - b_0 - b_1\,x_i^*)^2 = \sum_{i=1}^{m} n_i\,(\bar{y}_i - b_0 - b_1\,x_i^*)^2.$$

Zur Berechnung der Erwartungswerte wird vorausgesetzt, daß eine lineare Regression vorliegt, wobei allerdings die Parameter nicht bekannt sein müssen. Dann gilt die Modellgleichung

$$Y_{ij} = \beta_0 + \beta_1\,x_i^* + E_{ij} \qquad \text{mit } E(E_{ij}) = 0 \text{ und } Var(E_{ij}) = \sigma^2 .$$

Dabei sind die Zufallsvariablen E_{ij} unabhängig und normalverteilt. Daraus folgt:

$$E(Y_{ij}) = \beta_0 + \beta_1\,x_i^*;\ Var(Y_{ij}) = \sigma^2;\ E(Y_{ij}^2) = (\beta_0 + \beta_1\,x_i^*)^2 + \sigma^2;$$

$$E(Y_{i\cdot}) = n_i\,(\beta_0 + \beta_1\,x_i^*)\ ;\ Var(Y_{i\cdot}) = n_i\,\sigma^2\ ;$$

$$E\left(\frac{Y_{i\cdot}^2}{n_i}\right) = n_i(\beta_0 + \beta_1 x_i^*)^2 + \sigma^2 .$$

$$\begin{aligned}
E(Q_{in}) &= \sum_{i=1}^{m}\sum_{j=1}^{n_i} E(Y_{ij}^2) - \sum_{i=1}^{m} E\left(\frac{Y_{i\cdot}^2}{n_i}\right) \\
&= \sum_{i=1}^{m} n_i\left((\beta_0 + \beta_1 x_i^*)^2 + \sigma^2\right) - \sum_{i=1}^{m}\left(n_i(\beta_0 + \beta_1 x_i^*)^2 + \sigma^2\right) \\
&= (n-m)\,\sigma^2.
\end{aligned}$$

$$E(Q_{ges}) = (n-1)\left(E(S_Y^2) - s_x^2 E(B_1^2)\right).$$

Nach Tabelle 12.1 gilt

$$E(S_Y^2) = \sigma^2 + s_x^2 \beta_1^2 .$$

Nach Satz 12.1 ist $E(B_1) = \beta_0$ und $\mathrm{Var}(B_1) = \dfrac{\sigma^2}{(n-1)\,s_x^2}$ mit

$$E(B_1^2) = \mathrm{Var}(B_1) + [E(B_1)]^2 = \frac{\sigma^2}{(n-1)\,s_x^2} + \beta_1^2 .$$

Daraus folgt

$$\begin{aligned}
E(Q_{ges}) &= (n-1)\left[\sigma^2 + s_x^2\beta_1^2 - s_x^2\left(\frac{\sigma^2}{(n-1)\,s_x^2} + \beta_1^2\right)\right] \\
&= (n-1)\,\sigma^2 - \sigma^2 = (n-2)\,\sigma^2.
\end{aligned}$$

$$E(Q_{Reg}) = E(Q_{ges}) - E(Q_{in}) = (m-2)\,\sigma^2.$$

Somit erhält man die Tafel

Abstands-quadrate	Summen der Abweichungsquadrate	Frei-heits-grade	gemit-telte Summen	Erwartungs-werte der gem. Summen
Gruppenmittel von der Regres-sionsgeraden	$q_{Reg} = \sum_{i=1}^{m} n_i(\bar{y}_i - b_0 - b_1 x_i^*)^2$	$m-2$	$\frac{q_{Reg}}{m-2}$	σ^2
innerhalb der Gruppen (Reg)	$q_{in} = \sum_{i=1}^{m}\sum_{j=1}^{n_i}(y_{ij} - \bar{y}_i)^2$	$n-m$	$\frac{q_{in}}{n-m}$	σ^2
Gesamt	$q_{ges} = (n-1)(s_y^2 - b_1^2 s_x^2)$	$n-2$	$\frac{q_{ges}}{n-2}$	σ^2

Tab. 12.4: Tafel der Varianzanalyse beim Test auf lineare Regression

Falls die Nullhypothese richtig ist, sind unter der Normalverteilungsannahme die beiden Zufallsvariablen

$\frac{Q_{Reg}}{\sigma^2}$ und $\frac{Q_{in}}{\sigma^2}$ Chi-Quadrat-verteilt mit $m-2$ bzw. $n-m$ Freiheitsgraden und voneinander unabhängig. Dann ist die Testgröße

$$F = \frac{Q_{Reg}/(m-2)}{Q_{in}/(n-m)}$$ F-verteilt mit $(m-2, n-m)$ Freiheitsgraden.

Mit dem $(1-\alpha)$ - Quantil $f_{m-2, n-m; 1-\alpha}$ erhält man die

> **Testentscheidung:**
>
> Im Falle $\frac{q_{Reg}/(m-2)}{q_{in}/(n-m)} > f_{m-2, n-m; 1-\alpha}$ wird die Nullhypothese H_0 der linearen Regression abgelehnt.

12.2.10 Beispiel einer linearen Regression

Beispiel 12.1:
Bei der Untersuchung des Fettgehalts y [in %] der Milch in Abhängigkeit des Rohfaseranteils [in %] im Futter bei einer bestimmten Kuh wurden die in der nachfolgenden Tabelle angegebenen Werte gemessen.

Rohfaser-anteil x_i^*	Stichprobenwerte					Gruppen-umfang	Zeilen-summe	Gruppen-mittel
12	3,3	3,4	3,0	2,9	3,1	5	15,7	3,14
14	3,5	3,8	3,3	3,5	3,4	5	17,5	3,50
16	3,5	3,7	3,4	3,6	3,7	5	17,9	3,58
18	3,7	4,1	3,7	3,6	4,0	5	19,1	3,82
20	4,1	3,9	4,2	3,9	4,0	5	20,1	4,02
Gesamt				Summe		25	90,3	$\bar{y} = 3,612$

a) Zunächst soll ein Test auf lineare Regression mit $\alpha = 0,05$ durchgeführt werden. Da alle fünf Gruppenumfänge gleich sind, ist das Gesamtmittel $\bar{y}$ gleich dem arithmetischen Mittel der einzelnen Gruppenmittel. Entsprechend ist $\bar{x}$ das arithmetische Mittel der fünf x-Werte.

   Mit $m = 5$ und $n = 25$ erhält man folgende Größen:

   $$\bar{x} = 16; \quad s_x^2 = \frac{1}{24}(6\,600 - 25 \cdot 16^2) = \frac{25}{3} \approx 8,3333;$$

Gesamtmittel: $\overline{y} = 3{,}612$;

$$s_y^2 = \frac{1}{24}(329{,}03 - 25 \cdot 3{,}612^2) = 0{,}11943 ;$$

$$s_{xy} = \frac{1}{24}(329{,}03 - 25 \cdot 3{,}612)^2 = 0{,}11943.$$

Hieraus erhält man

$$r = 0{,}869 ; \quad b_1 = \frac{s_{xy}}{s_x^2} = 0{,}104; \quad b_0 = \overline{y} - b_1 \overline{x} = 1{,}948$$

und die empirische Regressionsgerade

$$\hat{y} = 1{,}948 + 0{,}104\,x .$$

Die Schätzwerte der einzelnen Gruppen auf der Regressionsgeraden sind

$$\hat{y}_1 = 3{,}196 ; \ \hat{y}_2 = 3{,}404 ; \ \hat{y}_3 = 3{,}612 ; \ \hat{y}_4 = 3{,}82; \ \hat{y}_5 = 4{,}028.$$

Summe der Abstandsquadrate der Gruppenmittel von der Regressionsgeraden:

$$q_{Reg} = 5 \cdot \sum_{i=1}^{5} (\overline{y}_i - \hat{y}_i)^2 = 5\Big((3{,}14 - 3{,}196)^2 + (3{,}5 - 3{,}404)^2 + $$
$$+ (3{,}58 - 3{,}612)^2 + (3{,}82 - 3{,}82)^2 + (4{,}02 - 4{,}028)^2\Big) = 0{,}0672.$$

Summe der Abstandsquadrate aller Werte von der Regressionsgeraden:

$$q_{ges} = (n-1)(s_y^2 - b^2 s_x^2) = 24(0{,}11943 - 0{,}104^2 \cdot 8{,}3333) = 0{,}7032 .$$

Summe der Abweichungsquadrate innerhalb der Gruppen (Reg):

$$q_{in} = q_{ges} - q_{Reg} = 0{,}7032 - 0{,}0672 = 0{,}636.$$

Daraus erhält man die Testgröße

$$\frac{q_{Reg}/(m-2)}{q_{in}/(n-m)} = \frac{0{,}0672/3}{0{,}636/20} = 0{,}704.$$

Das 0,95-Quantil der F-Verteilung ist $f_{3,20;\,0,95} = 3{,}10$. Da dieses Quantil von der Testgröße nicht überschritten wird, kann die Nullhypothese, daß eine lineare Regression vorliegt, nicht abgelehnt werden.

b) Als Schätzwert für die Parameter des linearen Modells erhält man

$$\hat{\beta}_0 = b_0 = 1{,}948 ; \quad \hat{\beta}_1 = b_1 = 0{,}104 ;$$

$$\hat{\sigma}^2 = s^2 = \frac{q_{in}}{n-m} = \frac{0{,}636}{20} = 0{,}0318.$$

c) Zum Niveau $\gamma = 0{,}95$ ist ein Konfidenzintervall für den Erwartungswert an der Stelle $x_0 = 17$, also für

$$E(Y(17)) = f(17) = \beta_0 + \beta_1 \cdot 17$$

gesucht. Aus Abschnitt 12.2.7 erhält man die Grenzen

$$g_{u,o}(x_0) = b_0 + b_1 x_0 \mp t_{n-2;1-\frac{\alpha}{2}} \cdot s \cdot \sqrt{\frac{1}{n} + \frac{(x_0 - \bar{x})^2}{\sum\limits_{i=1}^{n} (x_i - \bar{x})^2}} ;$$

Mit $\bar{x} = 16$; $\sum\limits_{i=1}^{25} (x_i^2 - \bar{x})^2 = 24 \cdot s_x^2 = 24 \cdot \frac{25}{3} = 200$ folgt hieraus

$$g_{u,o}(17) = 1{,}948 + 0{,}104 \cdot 17 \mp t_{23;\,0{,}975} \cdot \sqrt{0{,}0318} \cdot \sqrt{\frac{1}{25} + \frac{1}{200}}$$

$$= 3{,}716 \mp 2{,}0687 \cdot 0{,}0378 .$$

Damit lautet das Konfidenzintervall für den Erwartungswert E(Y(17)):

$[g_u(17);\ g_o(17)] = [3{,}6378;\ 3{,}7942]$.

d) Zu $\gamma = 0{,}95$ soll ein Konfidenzbereich für die gesamte Regressionsgerade bestimmt werden. Aus Abschnitt 12.2.8 erhält man die Begrenzungslinien

$$v_{u,o}(x) = b_0 + b_1 x \mp s \cdot \sqrt{2 \cdot f_{2,n-2;1-\alpha} \cdot \left[\frac{1}{n} + \frac{(x - \bar{x})^2}{\sum\limits_{i=1}^{n} (x_i - \bar{x})^2} \right]}$$

$$= 1{,}948 + 0{,}104 \cdot x \mp \sqrt{0{,}0318} \cdot \sqrt{2 \cdot 3{,}4221 \cdot \left[\frac{1}{25} + \frac{(x-16)^2}{200}\right]} .$$

In Bild 12.1 ist die Punktwolke, die empirische Regressionsgerade der Stichprobe und das Konfidenzband für die gesamte Regressionsgerade $\beta_0 + \beta_1 x$ des linearen Modells skizziert. Die doppelt auftretenden Punkte sind mit × gekennzeichnet.

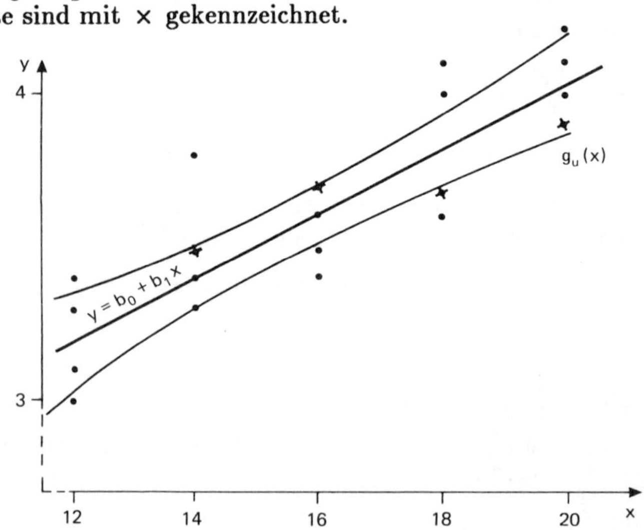

Bild 12.1: Konfidenzband für die gesamte Regressionsgerade

12.3 Transformation auf Linearität

Manchmal ist es möglich, ein nichtlineares Regressionsmodell auf ein lineares zu transformieren (vgl. Abschnitt 3.4.7). Dazu betrachten wir das

Beispiel 12.2:
Bei einem natürlichen Wachstumsprozeß liege folgende Regression vor

$$Y(x) = e^{\alpha+\beta x+E} = e^{\alpha+\beta x} \cdot e^{E} = e^{\alpha+\beta x} \cdot \tilde{E} . \tag{12.18}$$

Dabei seien α und β Konstanten. Die Zufallsvariable E besitze den Erwartungswert 0 und die Varianz σ^2. Bei diesem Modell ist die Fehlervariable multiplikativ.

Durch Logarithmieren (mit dem natürlichen Logarithmus) geht die Gleichung (12.18) mit $\ln \tilde{E} = E$ über in

$$W(x) = \ln Y(x) = \alpha + \beta x + E . \tag{12.19}$$

Bezüglich der transformierten Zufallsvariablen $W(x) = \ln Y(x)$ liegt dann eine lineare Regression vor. Dabei ist wesentlich, daß im Ausgangsmodell die Fehlervariable E im Exponenten steht. Zu beachten ist, daß im transformierten Modell nicht mehr die Zufallsvariable Y(x), sondern deren Logarithmus die abhängige Variable ist.

Das Regressionsmodell

$$Y(x) = e^{\alpha+\beta x} + E$$

läßt sich dagegen nicht in ein lineares Modell überführen. Man könnte zwar versuchen, nur die Regressionsfunktion zu logarithmieren. Dadurch bleibt jedoch die Fehlervariable nicht mehr additiv.

In der nachfolgenden Tabelle sind einige Regressionsmodelle angegeben, die sich in ein lineares Modell transformieren lassen.

Ausgangsmodell	transformiertes lineares Modell
$Y(x) = \alpha + \beta x^k + E$	$Y(x) = \alpha + \beta z + E$ mit $z = x^k$
$Y(x) = e^{\alpha+\beta x + E}$	$\ln Y(x) = \alpha + \beta x + E$
$Y(x) = \alpha x^{\beta} e^{E};\ \alpha, x > 0$	$\ln Y(x) = \ln \alpha + \beta z + E$ mit $z = \ln x$
$Y(x) = \dfrac{1}{\alpha + \beta x + E}$	$\dfrac{1}{Y(x)} = \alpha + \beta x + E$
$Y(x) = \alpha e^{\frac{\beta}{x} + E};\ \alpha, x > 0$	$\ln Y(x) = \ln \alpha + \beta z + E$ mit $z = \frac{1}{x}$

12.4 Vergleich der Parameter zweier Regressionsgeraden bei Normalverteilungen

Gegeben seien zwei voneinander unabhängige lineare Regressionsmodelle

$$\begin{aligned} Y^{(1)}(x) &= \beta_0^{(1)} + \beta_1^{(1)} x + E^{(1)} ; \\ Y^{(2)}(x) &= \beta_0^{(2)} + \beta_1^{(2)} x + E^{(2)} . \end{aligned} \tag{12.20}$$

Dabei seien die Zufallsvariablen $E^{(1)}$ und $E^{(2)}$ unabhängig und normalverteilt mit dem Erwartungswert 0 und den Varianzen σ_1^2 und σ_2^2.

Bezüglich beider Grundgesamtheiten werden aus zwei unabhängigen Stichproben

$$\left(x_1^{(1)}, y_1^{(1)}\right), \left(x_2^{(1)}, y_2^{(1)}\right), \ldots, \left(x_{n_1}^{(1)}, y_{n_1}^{(1)}\right);$$

$$\left(x_1^{(2)}, y_1^{(2)}\right), \left(x_2^{(2)}, y_2^{(2)}\right), \ldots, \left(x_{n_2}^{(2)}, y_{n_2}^{(2)}\right)$$

die jeweiligen empirischen Regressionsgeraden

$$\hat{y}^{(1)} = b_0^{(1)} + b_1^{(1)} x ; \quad \hat{y}^{(2)} = b_0^{(2)} + b_1^{(2)} x$$

berechnet. Ferner seien

$$q_{Reg}^{(1)} = \sum_{i=1}^{n_1} \left(y_i^{(1)} - \hat{y}_i^{(1)}\right)^2 \quad \text{und} \quad q_{Reg}^{(2)} = \sum_{j=1}^{n_2} \left(y_i^{(2)} - \hat{y}_i^{(2)}\right)^2$$

die Summen der Abweichungsquadrate der beiden Stichproben von der jeweiligen Regressionsgeraden.

12.4.1 Vergleich der beiden Varianzen σ_1^2 und σ_2^2

Als erwartungstreue Schätzwerte für die Varianzen erhält man

$$\hat{\sigma}_1^2 = s_1^2 = \frac{q_{Reg}^{(1)}}{n_1 - 2} ; \quad \hat{\sigma}_2^2 = s_2^2 = \frac{q_{Reg}^{(2)}}{n_2 - 2} .$$

Die beiden Testfunktionen $\frac{Q_{Reg}^{(1)}}{\sigma_1^2}$ und $\frac{Q_{Reg}^{(2)}}{\sigma_2^2}$ sind unter der Normalverteilungsannahme unabhängig und jeweils Chi-Quadrat-verteilt mit $n_1 - 1$ bzw. $n_2 - 1$ Freiheitsgraden. Dann ist der Quotient

$$\frac{Q_{Reg}^{(1)}}{\sigma_1^2} : \frac{Q_{Reg}^{(2)}}{\sigma_2^2} = \frac{Q_{Reg}^{(1)}}{Q_{Reg}^{(2)}} \cdot \frac{\sigma_2^2}{\sigma_1^2} \tag{12.21}$$

F-verteilt mit (n_1-1, n_2-1) Freiheitsgraden. Daraus erhält man

$$1-\alpha = P\left(f_{n_1-1, n_2-1; \frac{\alpha}{2}} \le \frac{Q_{Reg}^{(1)}}{Q_{Reg}^{(2)}} \cdot \frac{\sigma_2^2}{\sigma_1^2} \le f_{n_1-1, n_2-1; 1-\frac{\alpha}{2}}\right)$$

$$= P\left(\frac{1}{f_{n_2-1, n_1-1; 1-\frac{\alpha}{2}}} \le \frac{Q_{Reg}^{(1)}}{Q_{Reg}^{(2)}} \cdot \frac{\sigma_2^2}{\sigma_1^2} \le f_{n_1-1, n_2-1; 1-\frac{\alpha}{2}}\right)$$

$$= P\left(\frac{Q_{Reg}^{(2)}}{Q_{Reg}^{(1)}} \cdot \frac{1}{f_{n_2-1, n_1-1; 1-\frac{\alpha}{2}}} \le \frac{\sigma_2^2}{\sigma_1^2} \le \frac{Q_{Reg}^{(2)}}{Q_{Reg}^{(1)}} \cdot f_{n_1-1, n_2-1; 1-\frac{\alpha}{2}}\right).$$

Damit erhält man

Konfidenzintervalle für $\frac{\sigma_2^2}{\sigma_1^2}$ zum Niveau $\gamma = 1-\alpha$:
zweiseitige:

$$\left[\frac{q_{Reg}^{(2)}}{q_{Reg}^{(1)}} \cdot \frac{1}{f_{n_2-1, n_1-1; 1-\frac{\alpha}{2}}} ; \frac{q_{Reg}^{(2)}}{q_{Reg}^{(1)}} \cdot f_{n_1-1, n_2-1; 1-\frac{\alpha}{2}}\right];$$

einseitige:

$$\left[\frac{q_{Reg}^{(2)}}{q_{Reg}^{(1)}} \cdot \frac{1}{f_{n_2-1, n_1-1; 1-\alpha}} ; +\infty\right); \left[0 ; \frac{q_{Reg}^{(2)}}{q_{Reg}^{(1)}} \cdot f_{n_1-1, n_2-1; 1-\alpha}\right].$$

Aus (12.21) erhält man zum Signifikanzniveau α die

Testentscheidungen:

Nullhypothese H_0	Alternative H_1	Ablehnungsbereich von H_0
a) $\sigma_1^2 = \sigma_2^2$	$\sigma_1^2 \ne \sigma_2^2$	$\frac{q_{Reg}^{(1)}}{q_{Reg}^{(2)}} > f_{n_1-1, n_2-1; 1-\frac{\alpha}{2}}$ oder $< \frac{1}{f_{n_2-1, n_1-1; 1-\frac{\alpha}{2}}}$
b) $\sigma_1^2 \le \sigma_2^2$	$\sigma_1^2 > \sigma_2^2$	$\frac{q_{Reg}^{(1)}}{q_{Reg}^{(2)}} > f_{n_1-1, n_2-1; 1-\alpha}$
c) $\sigma_1^2 \ge \sigma_2^2$	$\sigma_1^2 < \sigma_2^2$	$\frac{q_{Reg}^{(1)}}{q_{Reg}^{(2)}} < \frac{1}{f_{n_2-1, n_1-1; 1-\alpha}}$

12.4.2 Vergleich der Regressionskoeffizienten $\beta_1^{(1)}$ und $\beta_1^{(2)}$

Zum Vergleich der beiden Regressionskoeffizienten $\beta_1^{(1)}$ und $\beta_1^{(2)}$ wird vorausgesetzt, daß die Varianzen σ_1^2 und σ_2^2 beider Modelle gleich σ^2 sind. Dann sind die Zufallsvariablen $B_1^{(1)}$ und $B_1^{(2)}$ unabhängig und

$$N\left(\beta_1^{(1)};\ \frac{\sigma^2}{\sum_{i=1}^{n_1}\left(\left(x_i^{(1)}-\overline{x}^{(1)}\right)^2\right)}\right)\text{- bzw. } N\left(\beta_1^{(2)};\ \frac{\sigma^2}{\sum_{i=1}^{n_2}\left(\left(x_i^{(2)}-\overline{x}^{(2)}\right)^2\right)}\right)\text{-}$$

verteilt. Die Differenz $B_1^{(1)} - B_1^{(2)}$ ist dann

$$N\left(\beta_1^{(1)} - \beta_1^{(2)};\ \frac{\sigma^2}{\sum_{i=1}^{n_1}\left(\left(x_i^{(1)}-\overline{x}^{(1)}\right)^2\right)} + \frac{\sigma^2}{\sum_{i=1}^{n_2}\left(\left(x_i^{(2)}-\overline{x}^{(2)}\right)^2\right)}\right)\text{-verteilt.}$$

Die unbekannte Varianz σ^2 wird geschätzt durch

$$s^2 = \frac{q_{Reg}}{n_1+n_2-4} = \frac{q_{Reg}^{(1)} + q_{Reg}^{(2)}}{n_1+n_2-4}\,.$$

$$t_{ber} = \frac{\left(b_1^{(1)} - b_1^{(2)}\right)\cdot\sqrt{n_1+n_2-4}}{\sqrt{\left(q_{Reg}^{(1)} + q_{Reg}^{(2)}\right)\cdot\left[\frac{1}{\sum_{i=1}^{n_1}\left(x_i^{(1)}-\overline{x}^{(1)}\right)^2} + \frac{1}{\sum_{i=1}^{n_2}\left(x_i^{(2)}-\overline{x}^{(2)}\right)^2}\right]}} \tag{12.22}$$

ist Realisierung einer t-verteilten Zufallsvariablen mit $n_1 + n_2 - 4$ Freiheitsgraden, falls beide Regressionskoeffizienten gleich sind.

Mit den Quantilen dieser t-Verteilung erhält man zum Niveau α die

Testentscheidungen:

Nullhypothese H_0	Alternative H_1	Ablehnungsbereich von H_0
a) $\beta_1^{(1)} = \beta_1^{(2)}$	$\beta_1^{(1)} \neq \beta_1^{(2)}$	$\lvert t_{ber.}\rvert > t_{n_1+n_2-4;1-\frac{\alpha}{2}}$
b) $\beta_1^{(1)} \leq \beta_1^{(2)}$	$\beta_1^{(1)} > \beta_1^{(2)}$	$t_{ber.} > t_{n_1+n_2-4;1-\alpha}$
c) $\beta_1^{(1)} \geq \beta_1^{(2)}$	$\beta_1^{(1)} < \beta_1^{(2)}$	$t_{ber.} < -t_{n_1+n_2-4;1-\alpha}$

Mit der Testgröße aus (12.22) können auch **Konfidenzintervalle** für die Differenz $\beta_1^{(1)} - \beta_1^{(2)}$ bestimmt werden.

12.4.3 Vergleich der beiden Achsenabschnitte $\beta_0^{(1)}$ und $\beta_0^{(2)}$

Auch zum Vergleich der beiden Achsenabschnitte sei die Gleichheit der beiden Varianzen vorausgesetzt. Dann erhält man analog zum vorhergehenden Abschnitt die Testgröße

$$t_{ber} = \frac{\left(b_0^{(1)} - b_0^{(2)}\right) \cdot \sqrt{n_1 + n_2 - 4}}{\sqrt{\left(q_{Reg}^{(1)} + q_{Reg}^{(2)}\right) \cdot \left[\frac{1}{n_1} + \frac{1}{n_2} + \frac{\left(\bar{x}^{(1)}\right)^2}{\sum\limits_{i=1}^{n_1}\left(x_i^{(1)} - \bar{x}^{(1)}\right)^2} + \frac{\left(\bar{x}^{(2)}\right)^2}{\sum\limits_{i=1}^{n_2}\left(x_i^{(2)} - \bar{x}^{(2)}\right)^2}\right]}}.$$

Sie ist Realisierung einer t-verteilten Zufallsvariablen mit $n_1 + n_2 - 4$ Freiheitsgraden, falls beide Achsenabschnitte gleich sind.

Mit den Quantilen dieser t-Verteilung lauten zum Signifikanzniveau α die

Testentscheidungen:

Nullhypothese H_0	Alternative H_1	Ablehnungsbereich von H_0
a) $\beta_0^{(1)} = \beta_0^{(2)}$	$\beta_0^{(1)} \neq \beta_0^{(2)}$	$\lvert t_{ber} \rvert > t_{n_1+n_2-4;1-\frac{\alpha}{2}}$
b) $\beta_0^{(1)} \leq \beta_0^{(2)}$	$\beta_0^{(1)} > \beta_0^{(2)}$	$t_{ber} > t_{n_1+n_2-4;1-\alpha}$
c) $\beta_0^{(1)} \geq \beta_0^{(2)}$	$\beta_0^{(1)} < \beta_0^{(2)}$	$t_{ber} < -t_{n_1+n_2-4;1-\alpha}$

Mit Hilfe der Realisierung t_{ber} können **Konfidenzintervalle** für die Differenz $\beta_0^{(1)} - \beta_0^{(2)}$ bestimmt werden.

12.5 Test auf Regressionsfunktionen, die von l Parametern abhängen, bei Normalverteilungen

Allgemein soll die Nullhypothese

$$H_0: \ E(Y(x)) = f(\alpha_1, \alpha_2, \ldots, \alpha_l, x) \tag{12.23}$$

getestet werden, bei der die Regressionsfunktion f(x) durch l Parameter eindeutig festgelegt ist. Ein Regressionspolynom p-ten Grades ist z. B. durch $p+1$ Parameter (Konstanten) bestimmt.

Aus einer zweidimensionalen Stichprobe

$$(x_1, y_1), (x_2, y_2), \ldots, (x_n, y_n)$$

werden die l Parameter wie bei der Regressionsgeraden durch das Prinzip der kleinsten vertikalen Abstandsquadrate geschätzt aus

$$Q^2(\alpha_1, \alpha_2, \ldots, \alpha_l) = \sum_{i=1}^{n} \left(y_i - f(\alpha_1, \alpha_2, \ldots, \alpha_l, x_i)\right)^2 \rightarrow \min. \quad (12.24)$$

Falls die Funktion f nach allen l Parametern differenzierbar ist, erhält man die Lösung von (12.24) eventuell durch Lösen der Gleichungen

$$\frac{\partial Q^2}{\partial \alpha_k} = -2\sum_{i=1}^{n} [y_i - f(\alpha_1, \alpha_2, \ldots, \alpha_l, x_i)] \cdot \frac{\partial f(\alpha_1, \alpha_2, \ldots, \alpha_l, x_i)}{\partial \alpha_k} = 0$$

$$\text{für } k = 1, 2, \ldots, l.$$

Wir nehmen an, das Minimierungsproblem sei eindeutig lösbar mit den Lösungen $a_1, a_2, \ldots, a_l$. Dann ist

$$\hat{y} = f(a_1, a_2, \ldots, a_l, x) \quad (12.25)$$

die empirische Regressionsfunktion. Zur Testdurchführung benutzt man das in Tab. 12.3 angegebene Schema mit m Gruppen der Längen n_i für $i = 1, 2, \ldots, m$. Mit den durch die Regressionsfunktion geschätzten Werten

$$\hat{y}_i = f(a_1, a_2, \ldots, a_l, x_i)$$

benutzt man analog die Quadratsummenzerlegung

$$\begin{aligned} q_{ges} &= \sum_{i=1}^{m} \sum_{j=1}^{n_i} (y_{ij} - \hat{y}_i)^2 = \sum_{i=1}^{m} \sum_{j=1}^{n_i} \left((y_{ij} - \bar{y}_i) + (\bar{y}_i - \hat{y}_i)\right)^2 \\ &= \underbrace{\sum_{i=1}^{m} \sum_{j=1}^{n_i} (y_{ij} - \bar{y}_i)^2}_{= q_{in}} + \underbrace{\sum_{i=1}^{m} n_i \cdot (\bar{y}_i - \hat{y}_i)^2}_{= q_{Reg}} . \end{aligned}$$

Unter der Nullhypothese ist die Testgröße

$$\frac{Q_{Reg}/(m-l)}{Q_{in}/(n-m)} \quad (12.26)$$

F-verteilt mit $(m-1, n-m)$ Freiheitsgraden.

Mit dem $(1-\alpha)$-Quantil $f_{m-l,n-m;1-\alpha}$ erhält man die

Testentscheidung:

Im Falle $\frac{q_{Reg}/(m-l)}{q_{in}/(n-m)} > f_{m-l,n-m;1-\alpha}$ wird H_0 abgelehnt.

Unter der Nullhypothese H_0 gilt ferner

$$E\left(\frac{Q_{Reg}}{m-l}\right) = \sigma^2 .$$

Beispiel 12.3:
Mit der Stichprobe

x_i^*	y_{ij}				Gruppen-mittel $\bar{y}_i$	Schätzwert $\hat{y}_i$
5	9,1	10,2	14,4	12,9	11,65	10,0268
10	20,9	17,7	19,7	21,1	19,85	20,0536
15	27,7	29,1	31,2	30,7	29,675	30,0804

soll für $\alpha = 0{,}05$ unter der Normalverteilungsannahme die Nullhypothese getestet werden, daß eine lineare Regressionsfunktion vorliegt, wobei die Regressionsgerade durch den Koordinatenursprung O geht, also

$$H_0: \ f(x) = \alpha \cdot x .$$

Die hypothetische Regressionsfunktion besitzt nur den Parameter α. Dieser wird geschätzt durch

$$Q^2(\alpha) = \sum_{i=1}^{n} (y_i - \alpha x_i)^2 \to \min.$$

$$-2 \sum_{i=1}^{n} (y_i - \alpha x_i) \cdot x_i = 0 ;$$

$$\hat{\alpha} = \frac{\sum_{i=1}^{n} x_i y_i}{\sum_{i=1}^{n} x_i^2} = \frac{2\,807{,}5}{1\,400} = 2{,}005357 ;$$

$$q_{Reg} = \sum_{i=1}^{3} 4 \cdot (\bar{y}_i - \hat{y}_i)^2 = 11{,}3623 ;$$

$$q_{in} = \sum_{i=1}^{3} \sum_{j=1}^{4} (y_{ij} - \bar{y}_i)^2 = 32{,}6475 ;$$

$$\frac{q_{Reg}/(m - l)}{q_{in}/(n - m)} = \frac{\frac{11{,}3623}{3 - 1}}{\frac{32{,}6475}{12 - 3}} = 1{,}5661 ;$$

$$f_{2,9;0{,}95} = 4{,}2565 .$$

Wegen $\frac{q_{Reg}/(m - l)}{q_{in}/(n - m)} < f_{m-l,n-m;1-\alpha}$ kann H_0 nicht abgelehnt werden.

Für die Varianz σ^2 erhält man den erwartungstreuen Schätzwert

$$s^2 = \frac{q_{Reg}}{m - l} = \frac{11{,}3623}{2} = 5{,}6811.$$

12.6 Aufgaben

Aufgabe 12.1:
Bei 25 Männern verschiedener Altersstufen wurde der systolische Blutdruck gemessen. Dabei ergaben sich folgende Werte:

Alter [Jahre]	Blutdruck [mm in HG]				
20	111	107	112	118	109
30	117	109	119	115	122
40	134	132	129	122	127
50	139	137	129	133	134
60	141	146	139	148	143

a) Testen Sie auf lineare Regression mit $\alpha = 0{,}05$.

b) Bestimmen Sie Schätzwerte für Parameter β_0 und β_1 der Regressionsgeraden $f(x) = \beta_0 + \beta_1 x$.

c) Geben Sie einen Schätzwert für die Varianz σ^2 an.

d) Berechnen Sie ein Konfidenzintervall zu $\gamma = 0{,}95$ für den Regressionskoeffizienten β_1.

e) Bestimmen Sie zu $\gamma = 0{,}95$ ein zweiseitiges Konfidenzintervall für den Erwartungswert $E(Y(35)) = \beta_0 + \beta_1 \cdot 35$ an der festen Stelle $x_0 = 35$.

Aufgabe 12.2:
Bei der Untersuchung des Fettgehalts y der Milch in Abhängigkeit des Rohfaseranteils x erhielt man bei einer bestimmten Kuh das Ergebnis:

$n = 40$; $\bar{x} = 16{,}25$; $s_x = 2{,}91$; Regressionsgerade: $\hat{y} = 0{,}094\,x + 2{,}48$;
Summe der vertikalen Abstandsquadrate: 1,150.

a) Bestimmen Sie zur Konfidenzwahrscheinlichkeit $\gamma = 0{,}95$ jeweils ein Konfidenzintervall für den Achsenabschnitt sowie für die Steigung der Regressionsgeraden und der Fehlervarianz.

b) Testen Sie mit $\alpha = 0{,}05$, ob bei der Regressionsgeraden der Achsenabschnitt bzw. die Steigung und die Fehlervarianz von den entsprechenden Werten aus Beispiel 12.1 verschieden sind.

Kapitel 13: Multiple lineare Regression

Das Modell der multiplen linearen Regression wurde bereits in Abschnitt 4.3 der beschreibenden Statistik kurz eingeführt. Dort wurden auch die Regressionsparameter nach der Methode der kleinsten Quadrate geschätzt. In diesem Kapitel beschränken wir uns auf die (erwartungstreuen) Schätzungen der Parameter und die Quadratsummenzerlegung. Ferner wird ein Test auf lineare Regression angegeben. Bezüglich weiterer Verfahren soll auf weiterführende Literatur hingewiesen werden, z. B. auf **Nollau, V.** [1975], **Searle, S. R.** [1971] und **Seber, G. A. G.** [1977] und [1984].

13.1 Das lineare Regressionsmodell

Die Regressionsfunktion f sei eine lineare Funktion von p unabhängigen Variablen

$$f(x_1, x_2, \ldots, x_p) = \beta_0 + \beta_1 x_1 + \ldots + \beta_p x_p = \beta_0 + \sum_{j=1}^{p} \beta_j x_j . \qquad (13.1)$$

Der einzige Regressand Y hänge also von p Regressoren ab in der Form

$$Y(x_1, x_2, \ldots, x_p) = \beta_0 + \beta_1 x_1 + \ldots + \beta_p x_p + E .$$

Dabei besitzt wie bei der einfachen linearen Regression (Kap. 12) die Fehlervariable E den Erwartungswert $E(E) = 0$ und die Varianz $Var(E) = \sigma^2$.

Zu jeder festen Wertekombination $(x_{i1}, x_{i2}, \ldots, x_{ip})$ der p Variablen gibt es einen Beobachtungswert y_i mit

$$y_i = \beta_0 + \beta_1 x_{i1} + \ldots + \beta_p x_{ip} + e_i \quad \text{für } i = 1, 2, \ldots, n. \qquad (13.2)$$

Dabei sind die **Residuen** e_i unabhängige Realisierungen der Zufallsvariablen E. Der Beobachtungswert y_i ist daher Realisierung der Zufallsvariablen

$$Y_i = \beta_0 + \beta_1 x_{i1} + \ldots + \beta_p x_{ip} + E_i \quad \text{für } i = 1, 2, \ldots, n. \qquad (13.3)$$

Die Zufallsvariablen E_i sind unkorreliert mit

$$E(E_i) = 0 \; ; \; Var(E_i) = \sigma^2 \text{ für alle } i ; \quad Cov(E_i, E_j) = 0 \text{ für } i \neq j .$$

Die Modellgleichungen lassen sich mit den in Abschnitt 4.3 eingeführten Matrizen übersichtlich darstellen in der Form

$$\begin{pmatrix} y_1 \\ y_2 \\ \vdots \\ y_n \end{pmatrix} = \begin{pmatrix} 1 & x_{11} & \cdots & x_{1p} \\ 1 & x_{21} & \cdots & x_{2p} \\ \vdots & \vdots & \vdots & \vdots \\ 1 & x_{n1} & \cdots & x_{np} \end{pmatrix} \cdot \begin{pmatrix} \beta_0 \\ \beta_1 \\ \vdots \\ \beta_p \end{pmatrix} + \begin{pmatrix} e_1 \\ e_2 \\ \vdots \\ e_n \end{pmatrix} . \qquad (13.4)$$

Die Spaltenvektoren $\vec{y}$, $\vec{\beta}$ und $\vec{e}$ sowie die Matrix X sind folgendermaßen erklärt:

$$\vec{y} = \begin{pmatrix} y_1 \\ y_2 \\ \vdots \\ y_n \end{pmatrix}; \vec{e} = \begin{pmatrix} e_1 \\ e_2 \\ \vdots \\ e_n \end{pmatrix}; \vec{\beta} = \begin{pmatrix} \beta_0 \\ \beta_1 \\ \vdots \\ \beta_p \end{pmatrix}; \ X = \begin{pmatrix} 1 & x_{11} & \cdots & x_{1p} \\ 1 & x_{21} & \cdots & x_{2p} \\ \vdots & \vdots & \vdots & \vdots \\ 1 & x_{n1} & \cdots & x_{np} \end{pmatrix} . \qquad (13.5)$$

Damit gehen die Modellgleichungen (13.3) über in

$$\vec{y} = X\vec{\beta} + \vec{e} \quad \text{bzw.} \quad \vec{Y} = X\vec{\beta} + \vec{E} . \qquad (13.6)$$

Für die beobachteten Werte (Realisierungen) werden wie in Abschnitt 4.3.1 kleine Buchstaben verwendet, für die entsprechenden Zufallsvariablen benutzen wir große Buchstaben. Zeilenvektoren werden mit $\vec{y}^{\,T}$, $\vec{\beta}^{\,T}$ und $\vec{e}^{\,T}$ bezeichnet.

Der **Erwartungswert eines Zufallsvektors** wird komponentenweise gebildet durch

$$E(\vec{E}) = \vec{0} \ ; \ E(\vec{Y}) = X\vec{\beta}. \qquad (13.7)$$

Dabei gilt für den transponierten Zeilenvektor

$$E(\vec{Y}^{T}) = (E(Y_1), E(Y_2), \ldots, E(Y_p)) . \qquad (13.8)$$

Die **Kovarianzmatrix** Σ der Zufallsvariablen $E_1, E_2, \ldots, E_n$ kann dargestellt werden als **Erwartungswert der Matrix**

$$\vec{E}^{T} \cdot \vec{E} = \begin{pmatrix} E_1^2 & E_1E_2 & \cdots & E_1E_n \\ E_2E_1 & E_2^2 & \cdots & E_2E_n \\ \vdots & \vdots & \vdots & \vdots \\ E_nE_1 & E_nE_2 & \cdots & E_n^2 \end{pmatrix}$$

$$\Sigma = E(\vec{E} \cdot E^{T}) = \sigma^2 \cdot I_n . \qquad (13.9)$$

Dabei wird der Erwartungswert elementenweise gebildet. I_n ist die n-dimensionale Einheitsmatrix.

13.2 Kleinste-Quadrate-Schätzungen

Der Vektor $(\beta_0, \beta_1, \beta_2, \ldots, \beta_p)^T$ des Modells wurden bereits in Abschnitt 4.3.1 nach der Methode der kleinsten Abweichungsquadrate geschätzt durch

$$\vec{b} = (X^T X)^{-1} X^T \vec{y} \,. \tag{13.10}$$

Dabei wird vorausgesetzt, daß die Matrix $X^T X$ nicht singulär ist. Wie bei der einfachen linearen Regression kann gezeigt werden, daß man bei Normalverteilungen diesen Vektor als Maximum-Likelihood-Schätzung erhält.

Der Schätzvektor $\vec{b}$ ist Realisierung des Zufallsvektors $\vec{B}$. Mit (13.7) erhält man den Erwartungswertvektor

$$\begin{aligned} E(\vec{B}) &= E((X^T X)^{-1} X^T \vec{Y}) = (X^T X)^{-1} X^T E(\vec{Y}) \\ &= (X^T X)^{-1} X^T X \vec{\beta} = \vec{\beta} \,. \end{aligned} \tag{13.11}$$

Damit sind unter der Modellvoraussetzung alle Zufallsvariablen B_k **erwartungstreue Schätzfunktionen** für β_k für $k = 0, 1, \ldots, p$.

Die **Kovarianzmatrix** des Schätzvektors $\vec{B}$ erhält man in der Form

$$\begin{aligned} \Sigma &= E\Big((\vec{B} - \vec{\beta})(\vec{B}^T - \vec{\beta}^T)\Big) \qquad (13.12) \\ &= E\Big((X^T X)^{-1} X^T [\vec{Y} - E(\vec{Y})] \cdot [\vec{Y}^T - E(\vec{Y}^T)]\, X (X^T X)^{-1}\Big) \\ &= (X^T X)^{-1} X^T E(\vec{E} \cdot \vec{E}^T) X (X^T X)^{-1} \\ &= (X^T X)^{-1} X^T [\sigma^2 \cdot I_n] X (X^T X)^{-1} = (X^T X)^{-1} \cdot \sigma^2 . \end{aligned}$$

Damit gilt der

Satz 13.1:
Es sei

$$C = \begin{pmatrix} c_{00} & c_{01} & \cdots & c_{0p} \\ c_{10} & c_{11} & \cdots & c_{1p} \\ \vdots & \vdots & \vdots & \vdots \\ c_{p0} & c_{p1} & \cdots & c_{pp} \end{pmatrix} = (X^T X)^{-1} \text{ die Inverse von } X^T X \,.$$

Dann lauten die **Varianzen und Kovarianzen der Schätzfunktionen**:

$$\begin{aligned} \sigma^2_{B_k} &= \operatorname{Var}(B_k) = \sigma^2 \cdot c_{kk} \quad \text{für } k = 0, 1, 2, \ldots, p; \\ \sigma_{B_k B_m} &= \operatorname{Cov}(B_k, B_m) = \sigma^2 \cdot c_{km} \quad \text{für } k \neq m \,. \end{aligned} \tag{13.13}$$

13.3 Quadratsummenzerlegung und das Bestimmtheitsmaß

Zu jedem beobachteten Wert y_i sei

$$\hat{y}_i = \sum_{k=0}^{p} x_{ik} b_k .$$

der durch die Regression geschätzte Wert. Der daraus gebildete Vektor besitzt die Darstellung $\vec{\hat{y}} = X\vec{b}$.

Nach (4.30) gilt die Quadratsummenzerlegung

$$\underbrace{\sum_{i=1}^{n} (y_i - \bar{y})^2}_{q_{ges}} = \underbrace{\sum_{i=1}^{n} (\hat{y}_i - \bar{\hat{y}})^2}_{q_{Reg}} + \underbrace{\sum_{i=1}^{n} (y_i - \hat{y}_i)^2}_{q_{Rest}} . \tag{13.14}$$

Die Reststreuung q_{Rest} ist Realisierung der Zufallsvariablen

$$Q_{Rest} = \sum_{i=1}^{n} (Y_i - \hat{Y}_i)^2.$$

Durch elementare Rechnung erhält man den Erwartungswert

$$E(Q_{Rest}) = (n-p-1)\,\sigma^2. \tag{13.15}$$

Damit ist die Zufallsvariable

$$S^2 = \frac{Q_{Rest}}{n-p-1}$$

eine **erwartungstreue Schätzfunktion** für die Fehlervarianz σ^2.

$$\frac{\sum_{i=1}^{n} (\hat{y}_i - \bar{\hat{y}})^2}{\sum_{i=1}^{n} (y_i - \bar{y})^2} = 1 - \frac{\sum_{i=1}^{n} e_i^2}{\sum_{i=1}^{n} (y_i - \bar{y})^2}$$

ist das **multiple Bestimmtheitsmaß** (vgl. Abschnitt 4.3.3).

13.4 Linearitätstest von Fisher

Bisher gingen wir davon aus, daß die Modellannahme der linearen Regression tatsächlich erfüllt ist. Ziel dieses Abschnittes ist es, einen Test auf lineare Regression anzugeben. Für diesen Test benötigt man die **Normalverteilungsannahme**. Es seien also $Y_1, Y_2, \ldots, Y_n$ unabhängige normalverteilte Zufallsvariablen mit den Erwartungswerten $E(Y_i)$ für $i = 1, 2, \ldots, n$ und der konstanten Varianz $Var(Y_i) = \sigma^2$ für alle i.

Die Nullhypothese über das Vorliegen einer multiplen linearen Regressionsfunktion lautet

$$H_0: \ E(Y_i) = \beta_0 + \beta_1 x_{i1} + \ldots + \beta_p x_{ip} \quad \text{für } i = 1, 2, \ldots, n. \tag{13.16}$$

Von jeder Zufallsvariablen Y_i werden zur Testdurchführung n_i unabhängige Realisierungen

$$y_{ij} \quad \text{für } j = 1, 2, \ldots, n_i \tag{13.17}$$

benutzt. Der Test ist nur dann durchführbar, wenn mindestens ein n_i größer als 1 ist. Der gesamte Stichprobenumfang beträgt dann

$$N = \sum_{i=1}^{n} n_i > n. \tag{13.18}$$

Aus den Mittelwerten

$$\bar{y}_i = \frac{1}{n_i} \sum_{j=1}^{n_i} y_{ij}$$

und den in Abschnitt 13.2 geschätzten Parametern berechnet man die Werte

$$\begin{aligned} q_{in} &= \sum_{i=1}^{n} \sum_{j=1}^{n_i} (y_{ij} - \bar{y}_i)^2 \\ q_{Reg} &= \sum_{i=1}^{n} n_i \cdot (b_0 + b_1 x_{i1} + b_2 x_{i2} + \ \ldots \ + b_p x_{ip} - \bar{y}_i)^2 . \end{aligned} \tag{13.19}$$

Dann ist die Testgröße (Zufallsvariable)

$$\frac{Q_{Reg}/(n - p - 1)}{Q_{in}/(N - n)}$$

unter der Nullhypothese H_0 F-verteilt mit $(n - p - 1, N - n)$ Freiheitsgraden. Ein Beweis dafür ist z. B. bei **Nollau, V.** [1975], S. 123ff zu finden.

Mit dem $(1 - \alpha)$-Quantil $f_{n-p-1, N-n; 1-\alpha}$ erhält man die

Testentscheidung:

Im Falle $\dfrac{q_{Reg}/(n - p - 1)}{q_{in}/(N - n)} > f_{n-p-1, N-n; 1-\alpha}$ wird die Nullhypothese H_0 der linearen Regressionsfunktion abgelehnt.

13.5 Aufgaben

Aufgabe 13.1:
In einer Tischlerei werden Bretter mit verschiedenen Längen x_1, Breiten x_2 und Dicken x_3 bearbeitet. Für 6 Bretter wurden die Bearbeitungszeiten y_i [in Sek.] in Abhängigkeit von der Länge, der Breite und der Dicke (in cm) festgestellt:

i	x_{i1}	x_{i2}	x_{i3}	y_i
1	200,8	22,5	4,5	297,9
2	175,7	19,1	3,2	273,5
3	150,4	24,2	3,9	275,1
4	164,8	18,4	6,5	253,6
5	143,7	17,4	5,6	245,3
6	186,4	24,8	7,4	306,4

Es sei gewährleistet, daß eine multiple lineare Regression vorliegt mit der Regressionsfunktion

$$y = \beta_0 + \beta_1 x_1 + \beta_2 x_2 + \beta_3 x_3 .$$

a) Schätzen Sie die Parameter $\beta_0, \beta_1, \beta_2$ und β_3 nach der Methode der kleinsten Quadrate.

b) Bestimmen Sie einen Schätzwert für die Varianz σ^2 der Fehlervariablen.

c) Berechnen Sie das multiple Bestimmtheitsmaß.

Aufgabe 13.2:
Es soll mit $\alpha = 0{,}05$ getestet werden, ob die Regressionsfunktion bezüglich zweier Einflußgrößen x_1 und x_2 linear ist, also die Nullhypothese H_0:

$$E(Y(x_1, x_2)) = \beta_0 + \beta_1 x_1 + \beta_2 x_2 .$$

Führen Sie den Test mit der folgenden Stichprobe durch. Dabei sind die y_i jeweils vier Meßwerte für die angegebenen x-Werte.

i	x_{i1}	x_{i2}	y_{i1}	y_{i2}	y_{i3}	y_{i4}
1	50	80	393,3	292,3	319,7	359,5
2	40	75	275,9	326,1	330,2	365,9
3	30	60	254,9	267,5	315,1	354,9
4	20	50	215,7	176,2	249,4	222,6
5	10	30	133,8	119,1	85,5	143,9

Literaturverzeichnis

Anderson, T.W. [1958]: An Introduction to Multivariate Statistical Analysis, New York-London-Sydney.

Bauer, H. [1991]: Wahrscheinlichkeitstheorie. 4., völlig überarbeitete und neugestaltete Auflage des Werkes: Wahrscheinlichkeitstheorie und Grundzüge der Maßtheorie, Berlin-New York

Bosch, K. [1993]: Statistik-Taschenbuch, 2. Auflage, München Wien

Bradley, J.V. [1968]: Distribution-free statistical tests. Englewood Cliffs, New Jersey

Büning, H.; Trenkler, G. [1994]: Nichtparametrische statistische Methoden, 2., erweiterte und völlig überarbeitet Auflage Berlin – New York

Camp, B. H. [1922]: "A New Generalisation of Tschebyscheff's Statistical Inequality". Bulletin of the American Mathematical Society, 28, 427 – 432

Chatfield, C. [1979]: Analyse von Zeitreihen, München-Wien

Fahrmeir, L. ; Hamerle A. (Hrsgb) [1984]: Multivariate statistische Verfahren, Berlin-New. York

Feller, W. [1968]: An introduction to probability theory and its applications, volume I, 3rd edition, and volume II [1971], New York - London-Sydney

Finney, D.J.; Latscha, R.; Benett, B.M. und Hsu, D. [1963]: Table for testing significance in a 2 × 2 contingency table, Cambridge

Fisz, M. [1971]: Wahrscheinlichkeitsrechnung und mathematische Statistik, Berlin

Gibbons, J.D. und Chakrabarti, S. [1992]: Nonparametric statistical inference; 3rd ed., New York

Hartung, J. H: ; Elpelt B. ; Klöser H. H. [1995]: Statistik, Lehr- und Handbuch der angewandten Statistik, 10. Auflage, München-Wien

Hartung, J. H: ; Elpelt B. [1992]: Multivariate Statistik, 4. Auflage, München-Wien

Hollander, M.; Wolfe, D.A. [1973]: Nonparametric statistical methods, New York

Krengel, U. [1988]: Einführung in die Wahrscheinlichkeitstheorie und Statistik, Braunschweig

Mardia, K. V.; Kent, J.T.; Bibby, J.M. [1979]: Multivariate Analysis, London-New York-Toronto-Sydney- San Francisco

Meidell, B. [1922]: "Sur un Problem du Calcul des Probabilités et les Statistique Mathématiques". Comptes Rendus Hebdomaires des Séances de l'Académie des Sciences Paris, 173, 606 – 608

Müller, P. H. [1991]: Lexikon der Stochastik. Wahrscheinlichkeitsrechnung und mathematische Statistik. 5., bearbeitete und wesentlich erweiterte Auflage, Berlin

Nollau, V. [1975]: Statistische Analysen. Mathematische Methoden der Planung und Auswertung von Versuchen, Leipzig

Nullau, B. u. a. [1969]: Das Berliner Verfahren. Ein Beitrag zur Zeitreihenanalyse. DIW-Beiträge zur Strukturforschung, Heft 7, S. 68ff, Berlin

Pfanzagl, J. [1983]: Allgemeine Methodenlehre der Statistik I: elementare Methoden, 6. Auflage, und [1974] II: höhere Methoden, 4. Auflage, Berlin – New York

Piesch, W. [1974]: Statistische Konzentrationsmaße, Tübingen

Pratt, J. W. und Gibbons, J. D. [1981]: Concepts of nonparameter theory, New York

Puckelsheim, F. [1994]: The Three Sigma Rule. The Am. Stat. 48, 88 – 91

Rao, C. R. [1973]: Lineare Statistische Methoden und ihre Anwendungen, Berlin

Savage, J. R. [1961]: "Probability Inequalities of the Tschebyscheff Type". Journal of Research of the National Bureau of Standards – B. Mathematics and Mechanical Physics, 65 B, 211 – 222

Schach, S.; Schäfer, T. [1978]: Regressions- und Varianzanalyse. Eine Einführung, Berlin – Heidelberg – New York

Scheffé, H. [1959]: The Analysis of Variance, New York-London-Sydney

Schlittgen. R.; Streitberg B. H. J [1987]: Zeitreihenanalyse, München-Wien

Schmetterer, L. [1966]: Einführung in die mathematische Statistik. 2. Auflage, Wien – New York

Searle, S. R. [1971]: Linear Models, New York-London-Sydney-Toronto

Seber, G. A. G. [1977]: Linear Regression Analysis, New York-London-Sydney-Toronto

Seber, G. A. G. [1984]: Multivariate Observations, New York-Chichester-Brisbane, Toronto, Singapore

Statistisches Landesamt Baden-Württemberg [1994]: Statistik von Baden-Württemberg, Band 488, Lange Reihen, Stuttgart

Stuart, A.; Ord, J. K. Kendalls Advanced Theorie of Statistics. London
Volume 1 [1988]: Distribution Theory
Volume 2 [1979]: Classical Inference and Relationship
Volume 3 [1983]: Design and Analysis, and Time-Series

Winkler, W. [1983]: Vorlesungen zur mathematischen Statistik, Stuttgart

Witting, H. [1974]: Mathematische Statistik. 2. Auflage, Stuttgart

Witting, H. [1985]: Mathematische Statistik I: Parametrische Verfahren bei festem Stichprobenumfang, Stuttgart

Witting, H.; Nölle, G. [1970]: Angewandte mathematische Statistik: optimale finite u. asymptotische Verfahren, Stuttgart

Vysochanskÿ, D. F. and **Petunion, Y. I.** [1980]: "Justification of the 3σ-Rule for Unimodal Distributions", Theorie of Probability and Methematics Statsistics, 21, 25 – 36

– – [1983]: "A Remark of the Paper 'Justification of the 3σ-Rule for Unimodal Distributions", Theorie of Probability and Methematics Statsistics, 27, 27 – 29

Tabellenanhang

Tab. 1: Verteilungsfunktion Φ(z) der Standard-Normalverteilung

z	0,00	0,01	0,02	0,03	0,04	0,05	0,06	0,07	0,08	0,09
0,0	0,5000	0,5040	0,5080	0,5120	0,5160	0,5199	0,5239	0,5279	0,5319	0,5359
0,1	0,5398	0,5438	0,5478	0,5517	0,5557	0,5596	0,5636	0,5675	0,5714	0,5753
0,2	0,5793	0,5832	0,5871	0,5910	0,5948	0,5987	0,6026	0,6064	0,6103	0,6141
0,3	0,6179	0,6217	0,6255	0,6293	0,6331	0,6368	0,6406	0,6443	0,6480	0,6517
0,4	0,6554	0,6591	0,6628	0,6664	0,6700	0,6736	0,6772	0,6808	0,6844	0,6879
0,5	0,6915	0,6950	0,6985	0,7019	0,7054	0,7088	0,7123	0,7157	0,7190	0,7224
0,6	0,7257	0,7291	0,7324	0,7357	0,7389	0,7422	0,7454	0,7486	0,7517	0,7549
0,7	0,7580	0,7611	0,7642	0,7673	0,7704	0,7734	0,7764	0,7794	0,7823	0,7852
0,8	0,7881	0,7910	0,7939	0,7967	0,7995	0,8023	0,8051	0,8078	0,8106	0,8133
0,9	0,8159	0,8186	0,8212	0,8238	0,8264	0,8289	0,8315	0,8340	0,8365	0,8389
1,0	0,8413	0,8438	0,8461	0,8485	0,8508	0,8531	0,8554	0,8577	0,8599	0,8621
1,1	0,8643	0,8665	0,8686	0,8708	0,8729	0,8749	0,8770	0,8790	0,8810	0,8830
1,2	0,8849	0,8869	0,8888	0,8907	0,8925	0,8944	0,8962	0,8980	0,8997	0,9015
1,3	0,9032	0,9049	0,9066	0,9082	0,9099	0,9115	0,9131	0,9147	0,9162	0,0177
1,4	0,9192	0,9207	0,9222	0,9236	0,9251	0,9265	0,9279	0,9292	0,9306	0,9319
1,5	0,9332	0,9345	0,9357	0,9370	0,9382	0,9394	0,9406	0,9418	0,9429	0,9441
1,6	0,9452	0,9463	0,9474	0,9484	0,9495	0,9505	0,9515	0,9525	0,9535	0,9545
1,7	0,9554	0,9564	0,9573	0,9582	0,9591	0,9599	0,9608	0,9616	0,9625	0,9633
1,8	0,9641	0,9649	0,9656	0,9664	0,9671	0,9678	0,9686	0,9693	0,9699	0,9706
1,9	0,9713	0,9719	0,9726	0,9732	0,9738	0,9744	0,9750	0,9756	0,9761	0,9767
2,0	0,9772	0,9778	0,9783	0,9788	0,9793	0,9798	0,9803	0,9808	0,9812	0,9817
2,1	0,9821	0,9826	0,9830	0,9834	0,9838	0,9842	0,9846	0,9850	0,9854	0,9857
2,2	0,9861	0,9864	0,9868	0,9871	0,9875	0,9878	0,9881	0,9884	0,9887	0,9890
2,3	0,9893	0,9896	0,9898	0,9901	0,9904	0,9906	0,9909	0,9911	0,9913	0,9916
2,4	0,9918	0,9920	0,9922	0,9925	0,9927	0,9929	0,9931	0,9932	0,9934	0,9936
2,5	0,9938	0,9940	0,9941	0,9943	0,9945	0,9946	0,9948	0,9949	0,9951	0,9952
2,6	0,9953	0,9955	0,9956	0,9957	0,9959	0,9960	0,9961	0,9962	0,9963	0,9964
2,7	0,9965	0,9966	0,9967	0,9968	0,9969	0,9970	0,9971	0,9972	0,9973	0,9974
2,8	0,9974	0,9975	0,9976	0,9977	0,9977	0,9978	0,9979	0,9979	0,9980	0,9981
2,9	0,9981	0,9982	0,9982	0,9983	0,9984	0,9984	0,9985	0,9985	0,9986	0,9986
3,0	0,9987	0,9987	0,9987	0,9988	0,9988	0,9989	0,9989	0,9989	0,9990	0,9990
3,1	0,9990	0,9991	0,9991	0,9991	0,9992	0,9992	0,9992	0,9992	0,9993	0,9993
3,2	0,9993	0,9993	0,9994	0,9994	0,9994	0,9994	0,9994	0,9995	0,9995	0,9995
3,3	0,9995	0,9995	0,9995	0,9996	0,9996	0,9996	0,9996	0,9996	0,9996	0,9997
3,4	0,9997	0,9997	0,9997	0,9997	0,9997	0,9997	0,9997	0,9997	0,9997	0,9998
3,5	0,9998	0,9998	0,9998	0,9998	0,9998	0,9998	0,9998	0,9998	0,9998	0,9998
3,6	0,9998	0,9998	0,9999	0,9999	0,9999	0,9999	0,9999	0,9999	0,9999	0,9999
3,7	0,9999	0,9999	0,9999	0,9999	0,9999	0,9999	0,9999	0,9999	0,9999	0,9999
3,8	0,9999	0,9999	0,9999	0,9999	0,9999	0,9999	0,9999	0,9999	0,9999	0,9999
3,9	1,0000	1,0000	1,0000	1,0000	1,0000	1,0000	1,0000	1,0000	1,0000	1,0000

Tabelliert sind die Werte der Verteilungsfunktion

$$\Phi(z) = P(Z \leq z) \quad \text{für} \quad z \geq 0 .$$

Funktionswerte für **negative** Argumete:

$$\Phi(-z) \;=\; 1 - \Phi(z) .$$

Approximation nach Hastings für z > 0:

$$\Phi(z) \;\approx\; 1 - \frac{1}{\sqrt{2\pi}} \cdot e^{-\frac{z^2}{2}} \cdot \left(a_1 t + a_2 t^2 + a_3 t^3 + a_4 t^4 + a_5 t^5\right)$$

mit

$$t = \frac{1}{1 + b z} ;$$

$$b = 0{,}2316419 ; \quad a_1 = 0{,}319381530; \quad a_2 = -0{,}356563782;$$

$$a_3 = 1{,}781477937; \quad a_4 = -1{,}821255978; \quad a_5 = 1{,}330274429.$$

Für $z > 0$ erhält man dadurch Näherungswerte, die auf mindestens 7 Stellen genau sind.

Tab. 2: Quantile $z_{1-\alpha}$ der Standard-Normalverteilung

$1-\alpha$	$z_{1-\alpha}$	$1-\alpha$	$z_{1-\alpha}$	$1-\alpha$	$z_{1-\alpha}$	$1-\alpha$	$z_{1-\alpha}$
0,50	0,00000	0,75	0,67449	**0,950**	**1,64485**	0,9975	2,80703
0,51	0,02507	0,76	0,70630	0,955	1,69540	0,9976	2,82016
0,52	0,05015	0,77	0,73885	0,960	1,75069	0,9977	2,83379
0,53	0,07527	0,78	0,77219	0,965	1,81191	0,9978	2,84796
0,54	0,10043	0,79	0,80642	0,970	1,88079	0,9979	2,86274
0,55	0,12566	0,80	0,84162	**0,975**	**1,95996**	0,9980	2,87816
0,56	0,15097	0,81	0,87790	0,980	2,05375	0,9981	2,89430
0,57	0,17637	0,82	0,91537	0,985	2,17009	0,9982	2,91124
0,58	0,20189	0,83	0,95416			0,9983	2,92905
0,59	0,22754	0,84	0,99446			0,9984	2,94784
0,60	0,25335	0,85	1,03643	**0,9900**	**2,32635**	0,9985	2,96774
0,61	0,27932	0,85	1,08032	0,9905	2,34553	0,9986	2,98888
0,62	0,30548	0,87	1,12639	0,9910	2,36562	0,9987	3,01145
0,63	0,33185	0,88	1,17499	0,9915	2,38671	0,9988	3,03567
0,64	0,35846	0,89	1,22653	0,9920	2,40891	0,9989	3,06181
0,65	0,38532	**0,900**	**1,28155**	0,9925	2,43238	**0,9990**	**3,09023**
0,66	0,41246	0,905	1,31058	0,9930	2,45726	0,9991	3,12139
0,67	0,43991	0,910	1,34076	0,9935	2,48377	0,9992	3,15591
0,68	0,46770	0,915	1,37220	0,9940	2,51214	0,9993	3,19465
0,69	0,49585	0,920	1,40507	0,9945	2,54270	0,9994	3,23888
0,70	0,52440	0,925	1,43953	**0,9950**	**2,57583**	0,9995	3,29053
0,71	0,55338	0,930	1,47579	0,9955	2,61205	0,9996	3,35279
0,72	0,58284	0,935	1,51410	0,9960	2,65207	0,9997	3,43161
0,73	0,61281	0,940	1,55477	0,9965	2,69684	0,9998	3,54008
0,74	0,64335	0,945	1,59819	0,9970	2,74778	**0,9999**	**3,71902**

Für das Quantil $z_{1-\alpha}$ gilt

$$\Phi(z_{1-\alpha}) = 1 - \alpha.$$

Links vom Quantil $z_{1-\alpha}$ liegt die Wahrscheinlichkeitsmasse $1 - \alpha$.

Quantile für $0 < \alpha < 0{,}5$ erhält man wegen der Symmetrie der Dichte

$$z_\alpha = -z_{1-\alpha}.$$

Approximation nach Hastings für $0{,}5 \leq 1 - \alpha < 1$:

$$z_{1-\alpha} \approx t - \frac{b_0 + b_1 t + b_2 t^2}{1 + c_1 t + c_2 t^2 + c_3 t^3} \quad \text{mit} \quad t = \sqrt{-2\ln(1-q)}\,;$$

$b_0 = 2{,}515517$; $b_1 = 0{,}802853$; $b_2 = 0{,}010328$;

$c_1 = 1{,}432788$; $c_2 = 0{,}189269$; $c_3 = 0{,}001308$.

Die Näherungswerte sind auf mindestens drei Dezimalstellen genau.

Tab. 3: Quantile $t_{n;1-\alpha}$ der t-Verteilung mit n Freiheitsgraden

$1-\alpha$ / n	0,900	0,950	0,975	0,990	0,995	0,999	n
1	3,078	6,314	12,706	31,821	63,657	318,309	1
2	1,886	2,920	4,303	6,965	9,925	22,327	2
3	1,638	2,353	3,182	4,541	5,841	10,214	3
4	1,533	2,132	2,776	3,747	4,604	7,173	4
5	1,476	2,015	2,571	3,365	4,032	5,893	5
6	1,440	1,943	2,447	3,143	3,707	5,208	6
7	1,415	1,895	2,365	2,998	3,499	4,785	7
8	1,397	1,860	2,306	2,896	3,355	4,501	8
9	1,383	1,833	2,262	2,821	3,250	4,297	9
10	1,372	1,812	2,228	2,764	3,169	4,144	10
11	1,363	1,796	2,201	2,718	3,106	4,025	11
12	1,356	1,782	2,179	2,681	3,055	3,930	12
13	1,350	1,771	2,160	2,650	3,012	3,852	13
14	1,345	1,761	2,145	2,624	2,977	3,787	14
15	1,341	1,753	2,131	2,602	2,947	3,733	15
16	1,337	1,746	2,120	2,583	2,921	3,686	16
17	1,333	1,740	2,110	2,567	2,898	3,646	17
18	1,330	1,734	2,101	2,552	2,878	3,610	18
19	1,328	1,729	2,093	2,539	2,861	3,579	19
20	1,325	1,725	2,086	2,528	2,845	3,552	20
21	1,323	1,721	2,080	2,518	2,831	3,527	21
22	1,321	1,717	2,074	2,508	2,819	3,505	22
23	1,319	1,714	2,069	2,500	2,807	3,485	23
24	1,318	1,711	2,064	2,492	2,797	3,467	24
25	1,316	1,708	2,060	2,485	2,787	3,450	25
26	1,315	1,706	2,056	2,479	2,779	3,435	26
27	1,314	1,703	2,052	2,473	2,771	3,421	27
28	1,313	1,701	2,048	2,467	2,763	3,408	28
29	1,311	1,699	2,045	2,462	2,756	3,396	29
30	1,310	1,697	2,042	2,457	2,750	3,385	30
40	1,303	1,684	2,021	2,423	2,704	3,307	40
50	1,299	1,676	2,009	2,403	2,678	3,261	50
60	1,296	1,671	2,000	2,390	2,660	3,232	60
70	1,294	1,667	1,994	2,381	2,648	3,211	70
80	1,292	1,644	1,990	2,374	2,639	3,195	80
90	1,291	1,662	1,987	2,369	2,632	3,182	90

$1-\alpha$ / n	0,900	0,950	0,975	0,990	0,995	0,999	n
100	1,290	1,660	1,984	2,364	2,626	3,174	100
150	1,287	1,655	1,976	2,352	2,609	3,146	150
200	1,286	1,653	1,972	2,345	2,601	3,131	200
300	1,284	1,650	1,968	2,339	2,593	3,118	300
400	1,284	1,649	1,966	2,336	2,589	3,111	400
500	1,283	1,648	1,965	2,334	2,586	3,107	500
600	1,283	1,647	1,964	2,333	2,584	3,104	600
800	1,283	1,647	1,963	2,331	2,582	3,101	800
1000	1,282	1,646	1,962	2,330	2,581	3,098	1000
∞	1,282	1,646	1,960	2,326	2,576	3,090	∞

Für das Quantil $t_{n;1-\alpha}$ gilt

$$F(t_{n;1-\alpha}) = 1-\alpha.$$

Links vom Quantil $t_{n;1-\alpha}$ liegt die Wahrscheinlichkeitsmasse $1-\alpha$.

Quantile für $0 < 1-\alpha < 0{,}5$ erhält man aus

$$t_{n;\alpha} = -\, t_{n;1-\alpha}\,.$$

Approximation für $0{,}5 \leq 1-\alpha < 1$:

$$t_{n;1-\alpha} \approx \frac{c_9 z_{1-\alpha}^9 + c_7 z_{1-\alpha}^7 + c_5 z_{1-\alpha}^5 + c_3 z_{1-\alpha}^3 + c_1 z_{1-\alpha}}{92\,160\, n^4}$$

mit

$z_{1-\alpha} =$ $(1-\alpha)$ - Quantil der Standard-Normalverteilung mit

$\Phi(z_{1-\alpha}) = 1-\alpha$.

$c_9 = 79$; $c_7 = 720\,n + 776$; $c_5 = 4\,800\,n^2 + 4\,560\,n + 1\,482$;

$c_3 = 23\,040\,n^3 + 15\,360\,n^2 + 4\,080\,n - 1\,920$;

$c_1 = 92\,160\,n^4 + 23\,040\,n^3 + 2\,880\,n^2 - 3\,600\,n - 945$.

Formel von **Peitzer und Pratt für n $\geq$ 10:**

$$t_{n;1-\alpha} \approx \sqrt{n \cdot e^{c \cdot z^2_{1-\alpha}} - n}$$

mit

$z_{1-\alpha} = (1-a)$ - Quantil der Standard-Normalverteilung mit

$\Phi(z_{1-\alpha}) = 1-\alpha$;

$$c = \frac{n - \frac{5}{6}}{\left(n - \frac{2}{3} + \frac{1}{10\,n}\right)^2} \,.$$

Diese Formel liefert bereits für n = 3 und 0,5 < q < 0,99 Näherungswerte mit einer maximalen absoluten Abweichung von 0,8 vom tatsächlichen Quantil.

Für $n \to \infty$ konvergiert die Verteilungsfunktion der t-Verteilung gegen die Verteilungsfunktion der Standard-N(0 ; 1)-Normalverteilung mit

$$\lim_{n \to \infty} t_{n;1-\alpha} = z_{1-\alpha} \;;$$

$$t_{n;1-\alpha} \approx z_{1-\alpha} \quad \text{für } n > 30.$$

Tab. 4: Quantile $\chi^2_{n;1-\alpha}$ der Chi-Quadrat-Verteilung (n Freiheitsgrade)

	$1-\alpha$						
n	0,005	0,010	0,025	0,050	0,100	0,250	0,500
1	$0{,}3927{:}10^5$	$0{,}1571{:}10^4$	$0{,}9821{:}10^3$	$0{,}3932{:}10^2$	0,015791	0,1015	0,4549
2	0,01003	0,02010	0,05064	0,1026	0,2107	0,5754	1,3863
3	0,07172	0,1148	0,2158	0,3518	0,5844	1,2125	2,3660
4	0,2070	0,2971	0,4844	0,7107	1,064	1,9226	3,3567
5	0,4117	0,5543	0,8312	1,145	1,610	2,675	4,351
6	0,6757	0,8721	1,237	1,635	2,204	3,455	5,348
7	0,9893	1,239	1,690	2,167	2,833	4,255	6,346
8	1,344	1,647	2,180	2,733	3,490	5,071	7,344
9	1,735	2,088	2,700	3,325	4,168	5,899	8,343
10	**2,156**	**2,558**	**3,247**	**3,940**	**4,865**	**6,737**	**9,342**
11	2,603	3,053	3,816	4,575	5,578	7,584	10,341
12	3,074	3,571	4,404	5,226	6,304	8,438	11,340
13	3,565	4,107	5,009	5,982	7,042	9,299	12,340
14	4,075	4,660	5,629	6,571	7,790	10,165	13,399
15	4,601	5,229	6,262	7,261	8,547	11,037	14,339
16	5,142	5,812	6,908	7,962	9,312	11,912	15,338
17	5,697	6,408	7,564	8,672	10,085	12,792	16,338
18	6,265	7,015	8,231	9,390	10,865	13,675	17,338
19	6,844	7,633	8,907	10,117	11,651	14,562	18,338
20	**7,434**	**8,260**	**9,591**	**10,851**	**12,443**	**15,452**	**19,337**
21	8,034	8,897	10,283	11,591	13,240	16,344	20,337
22	8,643	9,542	10,982	12,338	14,041	17,240	21,337
23	9,260	10,196	11,689	13,091	14,848	18,137	22,337
24	9,886	10,856	12,401	13,848	15,569	19,037	23,337
25	10,520	11,524	13,120	14,611	16,473	19,940	24,337
26	11,160	12,198	13,844	15,379	17,292	20,843	25,336
27	11,808	12,879	14,573	16,151	18,114	21,749	26,336
28	12,461	13,565	15,308	16,928	18,939	22,657	27,336
29	13,121	14,256	16,047	17,708	19,768	23,557	28,336
30	**13,787**	**14,953**	**16,791**	**18,493**	**20,599**	**24,478**	**29,336**
31	14,458	15,655	17,539	19,281	21,434	25,390	30,336
32	15,134	16,362	18,291	20,072	22,271	26,304	31,336
33	15,815	17,074	19,047	20,867	23,110	27,219	32,336
34	16,501	17,789	19,806	21,664	23,952	28,136	33,336
35	17,192	18,509	20,569	22,465	24,797	29,054	34,336
36	17,887	19,233	21,336	23,269	25,643	29,973	35,336
37	18,586	19,960	22,106	24,075	26,492	30,893	36,336
38	19,289	20,691	22,878	24,884	27,343	31,815	37,335
39	19,996	21,426	23,654	25,695	28,196	32,737	38,335
40	**20,707**	**22,164**	**24,433**	**26,509**	**29,051**	**33,660**	**39,335**
41	21,421	22,906	25,215	27,326	29,907	34,585	40,335
42	22,138	23,650	25,999	28,144	30,765	35,510	41,335
43	22,859	24,398	26,785	28,965	31,625	36,436	42,335
44	23,584	25,148	27,575	29,787	32,487	37,363	43,335
45	24,311	25,901	28,366	30,612	33,350	38,291	44,335
46	25,041	26,657	19,160	31,349	34,215	39,220	45,335
47	25,775	27,416	29,956	32,268	35,081	40,149	46,335
48	26,511	28,177	30,755	33,098	35,949	41,079	47,335
49	27,249	28,941	31,555	33,930	36,818	42,010	48,335

n	1 − α						
	0,750	0,900	0,950	0,975	0,990	0,995	0,999
1	1,323	2,706	3,841	5,024	6,635	7,879	10,828
2	2,773	4,605	5,991	7,378	9,210	10,597	13,816
3	4,108	6,251	7,815	9,348	11,345	12,838	16,266
4	5,385	7,779	9,488	11,143	12,277	14,860	18,467
5	6,626	9,236	11,070	12,833	15,086	16,750	20,515
6	7,841	10,645	12,592	14,449	16,812	18,548	22,458
7	9,037	12,017	14,067	16,013	18,475	20,278	24,322
8	10,219	13,362	15,507	17,535	20,090	21,955	26,124
9	11,389	14,684	16,919	19,023	21,666	23,589	27,877
10	**12,549**	**15,987**	**18,307**	**20,483**	**23,209**	**25,188**	**29,588**
11	13,701	17,275	19,675	21,920	24,725	26,757	31,264
12	14,845	18,549	21,026	23,337	26,217	28,300	32,909
13	15,984	19,812	22,362	24,736	27,688	29,819	34,528
14	17,117	21,064	23,685	26,119	19,141	31,319	36,123
15	18,245	22,307	24,996	27,488	30,578	32,801	37,697
16	19,369	23,542	26,296	28,845	32,000	34,267	39,252
17	20,489	24,769	27,587	30,191	33,409	35,719	40,790
18	21,605	25,989	28,869	31,526	34,805	37,156	42,312
19	22,718	27,204	30,144	32,852	36,191	38,582	43,820
20	**23,828**	**28,412**	**31,410**	**34,170**	**37,566**	**39,997**	**45,315**
21	24,935	29,615	32,671	35,479	38,932	41,401	46,797
22	26,039	30,813	33,924	36,781	40,289	42,796	48,268
23	27,141	32,007	35,172	38,076	41,638	44,181	49,728
24	28,241	33,196	36,415	39,364	42,980	45,559	51,179
25	29,339	34,382	37,652	40,646	44,314	46,928	52,620
26	30,435	35,563	38,885	41,923	45,642	48,290	54,052
27	31,528	36,741	40,113	43,195	46,963	49,645	55,476
28	32,620	37,916	41,337	44,461	48,278	50,993	56,892
29	33,711	39,087	42,557	45,722	49,588	52,336	58,301
30	**34,800**	**40,256**	**42,773**	**46,979**	**50,892**	**53,672**	**59,703**
31	35,887	41,422	44,985	48,232	52,191	55,003	61,098
32	36,973	42,585	46,194	49,480	53,486	56,328	62,487
33	38,058	43,745	47,400	50,725	54,776	57,648	63,870
34	39,141	44,903	48,602	51,966	56,061	58,964	65,247
35	40,223	46,059	49,802	53,203	57,342	60,275	66,619
36	41,304	47,212	50,998	54,437	58,619	61,581	67,985
37	42,383	48,363	52,192	55,668	59,893	62,883	69,346
38	43,462	49,513	53,384	56,896	61,162	64,181	70,703
39	44,539	50,660	54,572	58,120	62,428	65,476	72,055
40	**45,616**	**51,805**	**55,758**	**59,342**	**63,691**	**66,766**	**73,402**
41	46,692	52,949	56,942	60,561	64,950	68,053	74,745
42	47,766	54,090	58,124	61,777	66,206	69,336	76,084
43	48,840	55,230	59,304	62,990	67,459	70,616	77,419
44	49,913	56,369	60,481	64,201	68,710	71,893	78,750
45	50,985	57,505	61,656	65,410	69,957	73,166	80,077
46	52,056	58,641	62,830	66,617	71,201	74,437	81,400
47	53,127	59,744	64,001	67,821	72,443	75,704	82,720
48	54,196	60,907	65,171	69,023	73,683	76,969	84,037
49	55,265	62,038	66,339	70,222	74,919	78,231	85,351

n	1 − α 0,005	0,010	0,025	0,050	0,100	0,250	0,500
50	**27,991**	**29,707**	**32,357**	**34,764**	**37,689**	**42,942**	**49,335**
60	35,535	37,485	40,482	43,188	46,459	52,294	59,335
70	43,275	45,442	48,758	51,739	55,329	61,698	69,334
80	51,172	53,540	57,153	60,391	64,278	71,145	79,334
90	59,196	61,754	65,647	69,126	73,921	80,625	89,335
100	67,238	70,065	74,222	77,929	82,358	90,133	99,334

n	1 − α 0,750	0,900	0,950	0,975	0,990	0,995	0,999
50	**56,334**	**63,167**	**67,505**	**71,420**	**76,154**	**79,490**	**86,661**
60	66,981	74,397	79,082	83,298	88,379	91,952	99,607
70	77,577	85,527	90,531	95,023	100,425	104,215	112,317
80	88,130	96,578	101,879	106,629	112,329	116,321	124,839
90	98,650	107,565	113,145	118,136	124,116	128,299	137,208
100	109,141	118,498	124,342	129,561	135,807	140,169	149,449

Für das Quantil $\chi^2_{n;1-\alpha}$ gilt

$$F(\chi^2_{n;1-\alpha}) = 1-\alpha.$$

Links vom Quantil $\chi^2_{n;1-\alpha}$ liegt die Wahrscheinlichkeitsmasse $1-\alpha$.

Approximationen für $0 < 1-\alpha < 1$:

$$\chi^2_{n;1-\alpha} \approx n\cdot\left[1-\frac{2}{9n}+z_{1-\alpha}\cdot\sqrt{\frac{2}{9n}}\right]^3 \quad \text{für } n > 30\,;$$

$z_{1-\alpha} = (1-\alpha)$-Quantil der Standard-Normalverteilung.

$$\chi^2_{n;1-\alpha} \approx n + \sqrt{2n}\, z_{1-\alpha} \quad \text{für } n > 30\,;$$

$z_{1-\alpha} = (1-\alpha)$-Quantil der Standard-Normalverteilung.

$$\chi^2_{n;1-\alpha} \approx \frac{1}{2}\left[z_{1-\alpha}+\sqrt{2n-1}\right]^2 \quad \text{für } n > 100\,;$$

$z_{1-\alpha} = (1-\alpha)$-Quantil der Standard-Normalverteilung.

Tab. 5: Quantile $f_{n_1;n_2;1-\alpha}$ der F-Verteilung

n_1 = Freiheitsgrade des Zählers; n_2 = Freiheitsgrade des Nenners

		n_1									
n_2	$1-\alpha$	1	2	3	4	5	6	7	8	9	10
1	0,990	4052	4999	5403	5625	5764	5859	5928	5981	6022	6056
	0,975	647,8	799,5	864,2	899,6	921,8	937,1	948,2	956,7	963,3	968,6
	0,950	161,4	199,5	215,7	224,6	230,2	234,0	236,8	238,9	240,5	241,9
	0,900	39,86	49,50	53,59	55,83	57,24	58,20	58,91	59,44	59,86	60,20
2	0,990	98,50	99,00	99,17	99,25	99,30	99,33	99,36	99,37	99,39	99,40
	0,975	38,51	39,00	39,17	39,25	39,30	39,33	39,36	39,37	39,39	39,40
	0,950	18,51	19,00	19,16	19,25	19,30	19,33	19,35	19,37	19,38	19,40
	0,900	8,256	9,000	9,162	9,243	9,293	9,326	9,349	9,367	9,381	9,392
3	0,990	34,12	30,82	29,46	28,71	28,24	27,91	27,67	27,49	27,35	27,23
	0,975	17,44	16,04	15,44	15,10	14,88	14,73	14,62	14,54	14,47	14,42
	0,950	10,13	9,552	9,277	9,117	9,013	8,941	8,887	8,845	8,812	8,786
	0,900	5,538	5,462	5,391	5,343	5,309	5,285	5,266	5,252	5,240	5,230
4	0,990	21,20	18,00	16,69	15,98	15,52	15,21	14,98	14,80	14,66	14,55
	0,975	12,22	10,65	9,979	9,605	9,364	9,197	9,074	8,980	8,905	8,844
	0,950	7,709	6,944	6,591	6,388	6,256	6,163	6,094	6,041	5,999	5,964
	0,900	4,545	4,325	4,191	4,107	4,051	4,010	3,979	3,955	3,936	3,920
5	0,990	16,26	13,27	12,06	11,39	10,97	10,67	10,46	10,29	10,16	10,05
	0,975	10,01	8,434	7,764	7,388	7,416	6,978	6,853	6,757	6,681	6,619
	0,950	6,608	5,786	5,409	5,192	5,050	4,950	4,876	4,818	4,772	4,735
	0,900	4,060	3,780	3,619	3,520	3,453	3,405	3,368	3,339	3,316	3,297
6	0,990	13,75	10,92	9,780	9,148	8,746	8,466	8,260	8,102	7,976	7,874
	0,975	8,813	7,260	6,599	6,227	5,988	5,820	5,695	5,600	5,523	5,461
	0,950	5,987	5,143	4,757	4,534	4,387	4,284	4,207	4,147	4,099	4,060
	0,990	3,776	3,463	3,289	3,181	3,108	3,055	3,014	2,983	2,958	2,937
7	0,990	12,25	9,547	8,451	7,847	7,460	7,191	6,993	6,840	6,719	6,620
	0,975	8,073	6,542	5,890	5,523	5,285	5,119	4,995	4,899	4,823	4,761
	0,950	5,591	4,737	4,347	4,120	3,972	3,866	3,787	3,726	3,677	3,637
	0,900	3,589	3,257	3,074	2,961	2,883	2,827	2,785	2,752	2,725	2,703
8	0,990	11,26	8,649	7,591	7,006	6,632	6,371	6,178	6,029	5,911	5,814
	0,975	7,571	6,059	5,416	5,053	4,817	4,652	4,529	4,433	4,357	4,295
	0,950	5,318	4,459	4,066	3,838	3,687	3,581	3,500	3,438	3,388	3,347
	0,900	3,458	3,113	2,924	2,806	2,726	2,668	2,624	2,589	2,561	2,538
9	0,990	10,56	8,022	6,992	6,422	6,057	5,802	5,613	5,467	5,351	5,257
	0,975	7,209	5,715	5,078	4,718	4,484	4,320	4,197	4,102	4,026	3,964
	0,950	5,117	4,256	3,863	3,633	3,482	3,374	3,293	3,230	3,179	3,137
	0,900	3,360	3,006	2,813	2,693	2,611	2,551	2,505	2,469	2,440	2,146
10	0,990	10,04	7,559	6,552	5,994	5,636	5,386	5,200	5,057	4,942	4,849
	0,975	6,937	5,456	4,826	4,468	4,236	4,072	3,950	3,855	3,779	3,717
	0,950	4,965	4,103	3,708	3,478	3,326	3,217	3,135	3,072	3,020	2,978
	0,900	3,285	2,924	2,728	2,605	2,522	2,461	2,414	2,377	2,347	2,323

n_2	$1-\alpha$	n_1 11	12	13	14	15	16	17	18	19	20
1	0,990	6083	6106	6126	6143	6157	6170	6181	6192	6201	6209
	0,975	973,0	976,7	979,8	982,5	984,9	986,9	988,7	990,3	991,8	993,1
	0,950	243,0	243,9	244,7	245,4	245,9	246,5	246,9	247,3	247,7	248,0
	0,900	60,47	60,71	60,90	61,07	61,22	61,35	61,46	61,57	61,66	61,74
2	0,990	90,41	99,42	99,42	99,43	99,43	99,44	99,44	99,44	99,45	99,45
	0,975	39,41	39,41	39,42	39,43	39,43	39,44	39,44	39,44	39,45	39,45
	0,950	19,40	19,41	19,42	19,42	19,43	19,43	19,44	19,44	19,44	19,45
	0,900	9,401	9,408	9,415	9,420	9,425	9,429	9,433	9,436	9,439	9,441
3	0,990	27,13	27,05	26,98	26,92	26,87	26,83	26,79	26,75	26,72	26,69
	0,975	14,37	14,34	14,30	14,28	14,25	14,23	14,21	14,20	14,18	14,17
	0,950	8,763	8,745	8,729	8,715	8,703	8,692	8,683	8,675	8,667	8,660
	0,900	5,222	5,216	5,210	5,205	5,200	5,196	5,193	5,190	5,187	5,184
4	0,990	14,45	14,37	14,31	14,25	14,20	14,15	14,11	14,08	14,05	14,02
	0,975	8,794	8,751	8,715	8,684	8,657	8,633	8,611	8,592	8,575	8,560
	0,950	5,936	5,912	5,891	5,873	5,858	5,844	5,832	5,821	5,811	5,803
	0,900	3,907	3,896	3,886	3,878	3,870	3,864	3,858	3,853	3,849	3,844
5	0,990	9,263	9,888	9,825	9,770	9,722	9,680	9,643	9,610	9,580	9,553
	0,975	6,568	6,525	6,488	6,456	6,428	6,403	6,381	6,362	6,344	6,329
	0,950	4,704	4,678	4,655	4,636	4,619	4,604	4,590	4,578	4,568	4,558
	0,900	3,282	3,268	3,257	3,247	3,238	3,230	3,223	3,217	3,212	3,207
6	0,990	7,790	7,718	7,658	7,605	7,559	7,519	7,483	7,451	7,422	7,396
	0,975	5,410	5,366	5,329	5,297	5,269	5,244	5,222	5,202	5,184	5,168
	0,950	4,027	4,000	3,976	3,956	3,938	3,922	3,908	3,896	3,884	3,874
	0,900	2,919	2,905	2,892	2,881	2,871	2,863	2,855	2,848	2,842	2,836
7	0,990	6,538	6,469	6,410	6,359	6,314	6,275	6,240	6,209	6,181	6,155
	0,975	4,709	4,666	4,628	4,596	4,568	4,543	4,521	4,501	4,483	4,467
	0,950	3,603	3,575	3,550	3,529	3,511	3,494	3,480	3,467	3,455	3,445
	0,900	2,684	2,668	2,654	2,643	2,632	2,623	2,615	2,607	2,601	2,595
8	0,990	5,734	5,667	5,609	5,559	5,515	5,477	5,442	5,412	5,384	5,359
	0,975	4,243	4,200	4,162	4,130	4,101	4,076	4,054	4,034	4,016	3,999
	0,950	3,313	3,284	3,259	3,237	3,218	3,202	3,187	3,173	3,161	3,150
	0,900	2,519	2,502	2,488	2,475	2,464	2,455	2,446	2,438	2,431	2,425
9	0,990	5,178	5,111	5,055	5,005	4,962	4,924	4,890	4,860	4,833	4,808
	0,975	3,912	3,868	3,831	3,798	3,769	3,744	3,722	3,701	3,683	3,667
	0,950	3,102	3,073	3,048	3,025	3,006	2,989	2,974	2,960	2,948	2,936
	0,900	2,396	2,379	2,364	2,351	2,340	2,329	2,320	2,312	2,305	2,298
10	0,990	4,772	4,706	4,650	4,601	4,558	4,520	4,487	4,457	4,430	4,405
	0,975	3,665	3,621	3,583	3,550	3,522	3,496	3,474	3,453	3,435	3,419
	0,950	2,943	2,913	2,887	2,865	2,845	2,828	2,812	2,798	2,785	2,774
	0,900	2,302	2,284	2,269	2,255	2,244	2,233	2,224	2,215	2,208	2,201

n_2	$1-\alpha$	n_1: 25	30	40	50	60	80	100	200	500	∞
1	0,990	6340	6261	6287	6303	6313	6326	6334	6350	6359	6366
	0,975	998,1	1001	1006	1008	1010	1012	1013	1016	1017	1018
	0,950	249,3	250,1	251,1	251,8	252,2	252,7	253,0	253,7	254,1	254,3
	0,900	62,06	62,26	62,53	62,69	62,79	62,93	63,01	63,17	63,26	63,33
2	0,990	99,46	99,47	99,47	99,48	99,48	99,49	99,49	99,49	99,50	99,50
	0,975	39,46	39,46	39,47	39,48	39,48	39,49	39,49	39,49	39,50	39,50
	0,950	19,46	19,46	19,47	19,48	19,48	19,48	19,49	19,49	19,49	19,50
	0,900	9,451	9,458	9,466	9,471	9,475	9,479	9,481	9,486	9,489	9,491
3	0,990	26,58	26,50	26,41	26,35	26,32	26,27	26,24	26,18	26,15	26,13
	0,975	14,12	14,08	14,04	14,01	13,99	13,97	13,96	13,93	13,91	13,90
	0,950	8,634	8,617	8,594	8,581	8,572	8,561	8,554	8,540	8,832	8,526
	0,900	5,175	5,168	5,160	5,155	5,151	5,147	5,144	5,139	5,136	5,134
4	0,990	13,91	13,84	13,75	13,69	13,65	13,61	13,58	13,52	13,49	13,46
	0,975	8,501	8,461	8,411	8,381	8,360	8,335	8,319	8,289	8,270	8,257
	0,950	5,769	5,746	5,717	5,699	5,688	5,673	5,664	5,646	5,635	5,628
	0,900	3,828	3,817	3,804	3,795	3,790	3,782	3,778	3,769	3,764	3,761
5	0,990	9,449	9,379	9,291	9,238	9,202	9,157	9,130	9,075	9,042	9,020
	0,975	6,268	6,227	6,175	6,144	6,123	6,096	6,080	6,048	6,028	6,015
	0,950	4,521	4,496	4,464	4,444	4,431	4,415	4,405	4,385	4,373	4,365
	0,900	3,187	3,174	3,157	3,147	3,140	3,132	3,126	3,116	3,109	3,105
6	0,990	7,296	7,229	7,143	7,091	7,057	7,013	9,987	6,934	6,902	6,880
	0,975	5,107	5,065	5,012	4,980	4,959	4,932	4,915	4,882	4,863	4,849
	0,950	3,774	3,808	3,774	3,754	3,740	3,722	3,712	3,690	3,677	3,669
	0,990	2,815	2,800	2,781	2,770	2,762	2,752	2,746	2,734	2,727	2,722
7	0,990	6,058	5,992	5,908	5,858	5,824	5,781	5,755	5,702	5,671	5,650
	0,975	4,405	4,362	4,309	4,276	4,254	4,227	4,210	4,176	4,156	4,142
	0,950	3,404	3,376	3,340	3,319	3,304	3,286	3,275	3,252	3,239	3,230
	0,900	2,571	2,555	2,535	2,523	2,514	2,504	2,497	2,484	2,476	2,471
8	0,990	5,263	5,198	5,116	5,065	5,032	4,989	4,963	4,911	4,880	4,859
	0,975	3,937	3,894	3,840	3,807	3,784	3,756	3,739	3,705	3,684	3,670
	0,950	3,108	3,079	3,043	3,020	3,005	2,986	2,975	2,951	2,937	2,928
	0,900	2,400	2,383	2,361	2,348	2,339	2,328	2,321	2,307	2,298	2,293
9	0,990	4,713	4,649	4,567	4,517	4,483	4,441	4,415	4,363	4,332	4,311
	0,975	3,604	3,560	3,505	3,472	3,449	3,421	3,403	3,368	3,347	3,333
	0,950	2,826	2,864	2,826	2,803	2,787	2,768	2,576	2,731	2,717	2,707
	0,900	2,272	2,255	2,232	2,218	2,208	2,196	2,189	2,174	2,165	2,159
10	0,990	4,311	4,247	4,165,	4,155	4,082	4,039	4,014	3,962	3,930	3,909
	0,975	3,355	3,311	3,255	3,221	3,198	3,169	3,152	3,116	3,094	3,080
	0,950	2,730	2,700	2,661	2,637	2,621	2,601	2,588	2,563	2,548	2,538
	0,900	2,174	2,155	2,132	2,117	2,107	2,095	2,087	2,071	2,062	2,055

n_2	$1-\alpha$	n_1 1	2	3	4	5	6	7	8	9	10
11	0,990	9,646	7,206	6,217	5,668	5,316	5,069	4,886	4,744	4,632	4,539
	0,975	6,724	5,256	4,630	4,257	4,044	3,881	3,759	3,664	3,588	3,526
	0,950	4,844	3,982	3,587	3,357	3,204	3,095	3,012	2,948	2,896	2,854
	0,900	3,225	2,860	2,660	2,536	2,451	2,389	2,342	2,304	2,274	2,248
12	0,990	9,330	6,927	5,953	5,412	5,064	4,821	4,640	4,499	4,388	4,296
	0,975	6,554	5,096	4,474	4,121	3,891	3,728	3,607	3,512	3,436	3,374
	0,950	4,747	3,885	3,490	3,259	3,106	2,996	2,913	2,849	2,796	2,753
	0,900	3,177	2,807	2,606	2,480	2,394	2,331	2,283	2,245	2,214	2,188
13	0,990	9,074	6,701	5,739	5,205	4,862	4,620	4,441	4,302	4,191	4,100
	0,975	6,414	4,965	4,347	3,996	3,767	3,604	3,483	3,388	3,312	3,250
	0,950	4,667	3,806	3,411	3,179	3,025	2,915	2,832	2,767	2,714	2,671
	0,900	3,136	2,763	2,560	2,434	2,347	2,283	2,234	2,195	2,164	2,138
14	0,990	8,862	6,515	5,564	5,035	4,695	4,456	4,278	4,140	4,030	3,939
	0,975	6,298	4,857	4,242	3,892	3,663	3,501	3,380	3,285	3,209	3,147
	0,950	4,600	3,739	3,344	3,112	2,958	2,848	2,764	2,699	2,646	2,602
	0,900	3,102	2,726	2,522	2,395	2,307	2,243	2,193	2,154	2,122	2,095
15	0,990	8,683	6,359	5,417	4,893	4,556	4,318	4,142	4,004	3,895	3,805
	0,975	6,200	4,765	4,153	3,804	3,576	3,415	3,293	3,199	3,123	3,060
	0,950	4,543	3,682	3,287	3,056	2,901	2,790	2,707	2,641	2,588	2,544
	0,900	3,073	2,965	2,490	2,361	2,273	2,208	2,158	2,119	2,086	2,059
16	0,990	8,531	6,226	5,292	4,773	4,437	4,202	4,026	3,890	3,780	3,691
	0,975	6,115	4,687	4,077	3,729	3,502	3,341	3,219	3,125	3,049	2,986
	0,950	4,494	3,634	3,239	3,007	2,852	2,741	2,657	2,591	2,538	2,494
	0,990	3,048	2,668	2,462	2,333	2,244	2,178	2,128	2,088	2,055	2,028
17	0,990	8,400	6,112	5,185	4,669	4,336	4,102	3,927	3,791	3,682	3,593
	0,975	6,042	4,619	4,011	3,665	4,438	3,277	3,156	3,061	2,985	2,922
	0,950	4,451	3,592	3,197	2,965	2,810	2,699	2,614	2,548	2,494	2,450
	0,900	3,026	2,645	2,437	2,308	2,218	2,152	2,102	2,061	2,028	2,001
18	0,990	8,285	6,013	5,092	4,579	4,248	4,015	3,841	3,705	3,597	3,508
	0,975	5,978	4,560	3,954	3,608	3,382	3,221	3,100	3,005	2,929	2,866
	0,950	4,414	3,555	3,160	2,928	2,773	2,661	2,577	2,510	2,456	2,412
	0,900	3,007	2,624	2,146	2,286	2,196	2,130	2,079	2,038	2,005	1,977
19	0,990	8,185	5,926	5,010	4,500	4,171	3,939	3,765	3,631	3,523	3,434
	0,975	5,922	4,508	3,903	3,559	3,333	3,172	3,051	2,956	2,880	2,817
	0,950	4,381	3,522	3,127	2,895	2,740	2,628	2,544	2,477	2,423	2,378
	0,900	2,990	2,606	2,397	2,266	2,176	2,109	2,058	2,017	1,984	1,956
20	0,990	8,096	5,849	4,938	4,431	4,103	3,871	3,699	3,564	3,457	3,368
	0,975	5,871	4,461	3,859	3,515	3,289	3,128	3,007	2,913	2,837	2,774
	0,950	4,351	3,493	3,098	2,866	2,711	2,599	2,514	2,477	2,393	2,348
	0,900	2,975	2,589	2,380	2,249	2,158	2,091	2,040	1,999	1,965	1,937

n_2	$1-\alpha$	n_1 = 11	12	13	14	15	16	17	18	19	20
11	0,990	4,462	4,397	4,342	4,293	4,251	4,213	4,180	4,150	4,123	4,099
	0,975	3,474	3,430	3,392	3,359	3,330	3,304	3,282	3,261	3,243	3,226
	0,950	2,818	2,788	2,761	2,739	2,179	2,701	2,685	2,671	2,658	2,646
	0,900	2,227	2,209	2,193	2,179	2,167	2,156	2,147	2,138	2,130	2,123
12	0,990	4,220	4,155	4,100	4,052	4,010	3,972	3,939	3,909	3,883	3,858
	0,975	3,321	3,277	3,239	3,206	3,177	3,152	3,129	3,108	3,090	3,073
	0,950	2,717	2,687	2,660	2,637	2,617	2,599	2,583	2,568	2,555	2,544
	0,900	2,166	2,147	2,131	2,117	2,105	2,094	2,084	2,075	2,067	2,060
13	0,990	4,025	3,960	3,905	3,857	3,815	3,778	3,745	3,716	3,689	3,665
	0,975	3,197	3,153	3,115	3,082	3,053	3,027	3,004	2,983	2,965	2,948
	0,950	2,635	2,604	2,577	2,533	2,533	2,515	2,499	2,484	2,471	2,459
	0,900	2,116	2,097	2,080	2,066	2,053	2,042	2,032	2,023	2,014	2,007
14	0,990	3,864	3,800	3,745	3,697	3,656	3,619	3,586	3,556	3,529	3,505
	0,975	3,095	3,050	3,012	2,978	2,949	2,923	2,900	2,879	2,861	2,844
	0,950	2,565	2,534	2,507	2,484	2,463	2,445	2,428	2,413	2,400	2,388
	0,900	2,073	2,054	2,037	2,022	2,010	1,998	1,988	1,978	1,970	1,962
15	0,990	3,730	3,666	3,612	3,564	3,522	3,485	3,452	3,423	3,396	3,372
	0,975	3,008	2,963	2,925	2,891	2,862	2,836	2,813	2,792	2,773	2,756
	0,950	2,507	2,475	2,448	2,424	2,403	2,385	2,368	2,353	2,340	2,328
	0,900	2,037	2,017	2,000	1,985	1,972	1,961	1,950	1,941	1,932	1,924
16	0,990	3,616	3,553	3,498	3,450	3,409	3,372	3,339	3,310	3,283	3,259
	0,975	2,934	2,889	2,851	2,817	2,788	2,761	2,738	2,717	2,698	2,681
	0,950	2,456	2,425	2,397	2,373	2,352	2,333	2,317	2,302	2,288	2,276
	0,990	2,005	1,985	1,968	1,953	1,940	1,928	1,917	1,908	1,899	1,891
17	0,990	3,519	3,455	3,401	3,353	3,312	3,275	3,242	3,212	3,186	3,162
	0,975	2,870	2,825	2,786	2,753	2,723	2,697	2,673	2,652	2,633	2,616
	0,950	2,413	2,381	2,353	2,329	2,308	2,289	2,272	2,257	2,243	2,230
	0,900	1,978	1,958	1,940	1,925	1,912	1,900	1,889	1,879	1,870	1,862
18	0,990	3,434	3,371	3,316	3,269	3,227	3,190	3,158	3,128	3,101	3,077
	0,975	2,814	2,769	2,730	2,696	2,667	2,640	2,617	2,596	2,576	2,559
	0,950	2,374	2,342	2,314	2,290	2,269	2,250	2,233	2,217	2,203	2,191
	0,900	1,954	1,933	1,916	1,900	1,887	1,875	1,864	1,854	1,845	1,837
19	0,990	3,360	3,297	3,242	3,195	3,153	3,116	3,084	3,054	3,027	3,003
	0,975	2,765	2,720	2,681	2,647	2,617	2,591	2,567	2,546	2,526	2,509
	0,950	2,340	2,308	2,280	2,256	2,234	2,215	2,198	2,182	2,168	2,155
	0,900	1,932	1,912	1,894	1,878	1,865	1,852	1,841	1,831	1,822	1,814
20	0,990	3,294	3,231	3,177	3,130	3,088	3,051	3,018	2,989	2,962	2,938
	0,975	2,721	2,676	2,637	2,603	2,573	2,547	2,523	2,501	2,482	2,464
	0,950	2,310	2,278	2,250	2,225	2,203	2,184	2,167	2,151	2,137	2,124
	0,900	1,913	1,892	1,875	1,859	1,845	1,833	1,821	1,811	1,802	1,794

n_2	$1-\alpha$	n_1 = 25	30	40	50	60	80	100	200	500	∞
11	0,990	4,005	3,941	3,860	3,810	3,776	3,734	3,708	3,656	3,624	3,602
	0,975	3,162	3,118	3,061	3,027	3,004	2,794	2,956	2,920	2,898	2,883
	0,950	2,601	2,570	2,531	2,507	2,490	2,469	2,457	2,431	2,415	2,404
	0,900	2,095	2,076	2,052	2,036	2,026	2,013	2,005	1,989	1,983	1,972
12	0,990	3,765	3,701	3,619	3,569	3,535	3,493	3,467	3,414	3,382	3,361
	0,975	3,008	2,963	2,906	2,871	2,848	2,818	2,800	2,763	2,740	2,725
	0,950	2,498	2,466	2,426	2,401	2,384	2,363	2,350	2,323	2,307	2,296
	0,900	2,031	2,011	1,986	1,970	1,960	1,946	1,938	1,921	1,911	1,904
13	0,990	3,571	3,507	3,425	3,375	3,341	3,298	3,272	3,219	3,187	3,165
	0,975	2,882	2,837	2,780	2,744	2,720	2,690	2,671	2,634	2,611	2,595
	0,950	2,412	2,380	2,339	2,314	2,297	2,275	2,261	2,234	2,218	2,206
	0,900	1,978	1,958	1,931	1,915	1,904	1,890	1,882	1,864	1,854	1,846
14	0,990	3,412	3,348	3,266	3,215	3,181	3,138	3,112	3,059	3,026	3,004
	0,975	2,778	2,732	2,674	2,638	2,614	2,583	2,565	2,526	2,503	2,487
	0,950	2,341	2,308	2,266	2,241	2,223	2,201	2,187	2,159	2,142	2,131
	0,900	1,933	1,912	1,885	1,869	1,857	1,843	1,834	1,816	1,805	1,797
15	0,990	3,278	3,214	3,132	3,081	3,047	3,004	2,977	2,923	2,891	2,868
	0,975	2,689	2,644	2,585	2,549	2,524	2,493	2,474	2,435	2,411	2,395
	0,950	2,280	2,247	2,204	2,178	2,160	2,137	2,123	2,095	2,078	2,066
	0,900	1,894	1,873	1,845	1,828	1,817	1,802	1,793	1,774	1,763	1,755
16	0,990	3,165	3,101	3,018	2,967	2,933	2,889	2,863	2,808	2,775	2,753
	0,975	2,614	2,568	2,509	2,472	2,447	2,415	2,396	2,357	2,333	2,316
	0,950	2,227	2,194	2,151	2,124	2,106	2,083	2,068	2,039	2,022	2,010
	0,990	1,860	1,839	1,811	1,793	1,782	1,766	1,757	1,738	1,726	1,718
17	0,990	3,068	3,003	2,920	2,869	2,835	2,791	2,764	2,709	2,676	2,653
	0,975	2,548	2,502	2,442	2,405	2,380	2,348	2,329	2,289	2,264	2,247
	0,950	2,181	2,148	2,104	2,077	2,058	2,035	2,020	1,991	1,973	1,960
	0,900	1,831	1,809	1,781	1,763	1,751	1,735	1,726	1,706	1,694	1,686
18	0,990	2,983	2,919	2,835	2,784	2,749	2,705	2,678	2,623	2,589	2,566
	0,975	2,491	2,444	2,384	2,347	2,321	2,289	2,269	2,229	2,204	2,187
	0,950	2,141	2,107	2,063	2,035	2,017	1,993	1,978	1,948	1,929	1,917
	0,900	1,805	1,783	1,754	1,736	1,723	1,707	1,698	1,678	1,665	1,657
19	0,990	2,909	2,844	2,761	2,709	2,674	2,630	2,602	2,547	2,512	2,489
	0,975	2,441	2,394	2,333	2,295	2,270	2,237	2,217	2,176	2,150	2,133
	0,950	2,106	2,071	2,026	1,999	1,980	1,955	1,940	1,910	1,891	1,878
	0,900	1,782	1,759	1,730	1,711	1,699	1,683	1,673	1,652	1,639	1,631
20	0,990	2,843	2,778	2,695	2,643	2,608	2,563	2,535	2,479	2,445	2,421
	0,975	2,396	2,349	2,287	2,249	2,223	2,190	2,170	2,128	2,103	2,085
	0,950	2,074	2,039	1,994	1,966	1,946	1,922	1,907	1,875	1,856	1,843
	0,900	1,761	1,738	1,708	1,690	1,677	1,660	1,650	1,629	1,616	1,607

n_2	$1-\alpha$	n_1 = 1	2	3	4	5	6	7	8	9	10
25	0,990	7,770	5,568	4,675	4,177	3,855	3,627	3,457	3,324	3,217	3,129
	0,975	5,686	4,291	3,694	3,353	3,129	2,969	2,848	2,753	2,677	2,613
	0,950	4,242	3,385	2,991	2,759	2,603	2,490	2,405	2,337	2,282	2,236
	0,900	2,918	2,528	2,317	2,184	2,092	2,024	1,971	1,929	1,895	1,866
30	0,990	7,562	5,390	4,510	4,018	3,699	3,473	3,304	3,173	3,067	2,979
	0,975	5,568	4,182	3,589	3,250	3,026	2,867	2,746	2,651	2,275	2,511
	0,950	4,171	3,316	2,922	2,690	2,534	2,421	2,334	2,266	2,211	2,165
	0,900	2,881	2,489	2,276	2,142	2,049	1,980	1,927	1,884	1,849	1,819
40	0,990	7,314	5,179	4,313	3,828	3,514	3,291	3,124	2,993	2,888	2,801
	0,975	5,424	4,051	3,463	3,126	2,904	2,744	2,624	2,529	2,452	2,388
	0,950	4,085	3,232	2,839	2,606	2,449	2,336	2,249	2,180	2,124	2,077
	0,900	2,835	2,440	2,226	2,091	1,997	1,927	1,873	1,829	1,793	1,763
50	0,990	7,171	5,057	4,199	3,720	3,048	3,186	3,020	2,890	2,785	2,698
	0,975	5,340	3,975	3,390	3,054	2,833	2,674	2,553	2,458	2,381	2,317
	0,950	4,034	3,183	2,790	2,557	2,400	2,286	2,199,	2,130	2,073	2,026
	0,900	2,809	2,412	2,197	2,061	1,966	1,895	1,840	1,796	1,760	1,729
60	0,990	7,077	4,977	4,126	3,649	3,339	3,119	2,953	2,823	2,718	2,632
	0,975	5,286	3,925	3,343	3,008	2,786	2,627	2,507	2,412	2,334	2,270
	0,950	4,001	3,510	2,758	2,525	2,368	2,254	2,167	2,097	2,040	1,993
	0,900	2,791	2,393	2,177	2,041	1,946	1,875	1,819	1,775	1,738	1,707
	0,990	6,963	4,881	4,036	3,563	3,255	3,036	2,871	2,742	2,637	2,551
	0,975	5,218	3,864	3,284	2,950	2,730	2,571	2,450	2,355	2,277	2,213
	0,950	3,960	3,111	2,719	2,486	2,329	2,214	2,126	2,056	1,999	1,951
	0,900	2,769	2,370	2,514	2,016	1,921	1,849	1,793	1,748	1,711	1,680
100	0,990	6,895	4,824	3,984	3,513	3,206	2,988	2,823	2,694	2,590	2,503
	0,975	5,179	3,828	2,250	2,917	2,696	2,537	2,417	2,321	2,244	2,179
	0,950	3,936	3,087	2,696	2,463	2,305	2,191	2,103	2,032	1,975	1,927
	0,900	2,756	2,356	2,139	2,002	1,906	1,834	1,778	1,732	1,695	1,663
200	0,990	6,763	4,713	3,881	3,414	3,110	2,893	2,730	2,601	2,497	2,411
	0,975	5,100	3,758	3,182	2,850	2,630	2,472	2,351	2,256	2,178	2,113
	0,950	3,888	3,041	2,650	2,417	2,259	2,144	2,056	1,985	1,927	1,878
	0,900	2,731	2,329	2,111	1,973	1,876	1,804	1,747	1,701	1,663	1,631
500	0,990	6,686	4,648	3,821	3,357	3,054	2,838	2,675	2,547	2,443	2,357
	0,975	5,054	3,716	3,142	2,811	2,592	2,434	2,313	2,217	2,139	2,074
	0,950	3,860	3,014	2,623	2,390	2,232	2,117	2,028	1,957	1,899	1,850
	0,900	2,716	2,313	2,095	1,956	1,859	1,786	1,729	1,683	1,644	1,612
∞	0,990	6,635	4,605	3,782	3,319	3,017	2,802	2,639	2,511	2,407	2,321
	0,975	5,024	3,689	3,116	2,786	2,567	2,408	2,288	2,192	2,114	2,048
	0,950	3,841	2,996	2,605	2,372	2,214	2,099	2,010	1,938	1,880	1,831
	0,900	2,706	2,303	2,084	1,945	1,847	1,774	1,717	1,670	1,632	1,599

n_2	$1-\alpha$	n_1: 11	12	13	14	15	16	17	18	19	20
25	0,990	3,056	2,993	2,939	2,892	2,850	2,813	2,780	2,751	2,724	2,699
	0,975	2,560	2,515	2,476	2,441	2,411	2,384	2,360	2,338	2,318	2,300
	0,950	2,198	2,165	2,136	2,111	2,089	2,069	2,051	2,035	2,021	2,007
	0,900	1,841	1,820	1,802	1,785	1,771	1,758	1,746	1,736	1,726	1,718
30	0,990	2,905	2,843	2,789	2,742	2,700	2,663	2,630	2,600	2,573	2,549
	0,975	2,458	2,412	2,372	2,338	2,307	2,280	2,255	2,233	2,213	2,195
	0,950	2,126	2,092	2,063	2,037	2,015	1,995	1,976	1,960	1,945	1,932
	0,900	1,794	1,773	1,754	1,737	1,722	1,709	1,697	1,686	1,676	1,667
40	0,990	2,727	2,665	2,611	2,563	2,522	2,484	2,451	2,421	2,394	2,369
	0,975	2,334	2,288	2,248	2,213	2,182	2,154	2,129	2,107	2,086	2,068
	0,950	2,038	2,003	1,974	1,947	1,924	1,904	1,885	1,868	1,853	1,839
	0,900	1,737	1,715	1,695	1,678	1,662	1,649	1,636	1,625	1,615	1,605
50	0,990	2,625	2,562	2,508	2,461	2,419	2,382	2,348	2,318	2,290	2,265
	0,975	2,263	2,216	2,176	2,140	2,109	2,081	2,056	2,033	2,012	1,993
	0,950	1,986	1,952	1,921	1,895	1,871	1,850	1,831	1,814	1,798	1,784
	0,900	1,703	1,680	1,660	1,643	1,627	1,613	1,600	1,588	1,578	1,568
60	0,990	2,559	2,496	2,442	2,394	2,352	2,315	2,281	2,251	2,223	2,198
	0,975	2,216	2,169	2,129	2,093	2,061	2,033	2,008	1,985	1,964	1,944
	0,950	1,952	1,917	1,887	1,860	1,836	1,815	1,796	1,778	1,763	1,748
	0,900	1,680	1,657	1,637	1,619	1,603	1,589	1,576	1,564	1,553	1,543
80	0,990	2,478	2,415	2,361	2,313	2,271	2,233	2,199	2,169	2,141	2,115
	0,975	2,158	2,111	2,071	2,035	2,003	1,974	1,948	1,925	1,904	1,884
	0,950	1,910	1,875	1,845	1,817	1,793	1,772	1,752	1,734	1,718	1,703
	0,900	1,653	1,629	1,609	1,590	1,574	1,559	1,546	1,534	1,523	1,513
100	0,990	2,430	2,367	2,313	2,265	2,223	2,185	2,151	2,120	2,092	2,067
	0,975	2,124	2,077	2,036	2,000	1,968	1,939	1,913	1,890	1,868	1,849
	0,950	1,886	1,850	1,819	1,792	1,768	1,746	1,726	1,708	1,691	1,676
	0,900	1,636	1,612	1,592	1,573	1,557	1,542	1,528	1,516	1,505	1,494
200	0,990	2,338	2,275	2,220	2,172	2,129	2,091	2,057	2,026	1,997	1,971
	0,975	2,058	2,010	1,969	1,932	1,900	1,870	1,844	1,820	1,798	1,778
	0,950	1,837	1,801	1,769	1,742	1,717	1,694	1,674	1,656	1,639	1,623
	0,900	1,603	1,579	1,558	1,539	1,522	1,507	1,493	1,480	1,468	1,458
500	0,990	2,283	2,220	2,166	2,117	2,075	2,036	2,002	1,970	1,942	1,915
	0,975	2,019	1,971	1,929	1,892	1,859	1,830	1,803	1,779	1,757	1,736
	0,950	1,808	1,772	1,740	1,712	1,686	1,664	1,643	1,625	1,607	1,592
	0,900	1,584	1,559	1,537	1,518	1,501	1,485	1,471	1,458	1,446	1,435
∞	0,990	2,248	2,185	2,130	2,081	2,039	2,000	1,965	1,934	1,905	1,878
	0,975	1,993	1,945	1,903	1,866	1,833	1,803	1,776	1,752	1,729	1,708
	0,950	1,789	1,752	1,720	1,692	1,666	1,644	1,623	1,604	1,587	1,571
	0,900	1,571	1,546	1,524	1,505	1,487	1,471	1,457	1,444	1,432	1,421

n_2	$1-\alpha$	n_1 = 25	30	40	50	60	80	100	200	500	∞
25	0,990	2,604	2,583	2,453	2,400	2,364	2,317	2,289	2,230	2,200	2,176
	0,975	2,230	2,182	2,118	2,079	2,052	2,017	1,996	1,952	1,926	1,908
	0,950	1,955	1,919	1,872	1,842	1,822	1,796	1,779	1,746	1,726	1,712
	0,900	1,683	1,659	1,627	1,607	1,593	1,576	1,565	1,542	1,527	1,517
30	0,990	2,453	2,386	2,299	2,245	2,208	2,160	2,131	2,070	2,032	2,006
	0,975	2,124	2,074	2,009	1,968	1,940	1,904	1,882	1,835	1,807	1,787
	0,950	1,878	1,841	1,792	1,761	1,740	1,712	1,695	1,660	1,638	1,622
	0,900	1,632	1,606	1,573	1,552	1,538	1,519	1,507	1,482	1,467	1,456
40	0,990	2,271	2,203	2,114	2,058	2,019	1,969	1,938	1,874	1,833	1,805
	0,975	1,994	1,943	1,875	1,832	1,803	1,764	1,741	1,691	1,659	1,637
	0,950	1,783	1,744	1,693	1,660	1,637	1,608	1,589	1,551	1,526	1,509
	0,900	1,568	1,541	1,506	1,483	1,467	1,447	1,434	1,406	1,389	1,377
50	0,990	2,167	2,098	2,007	1,949	1,909	1,857	1,825	1,757	1,713	1,683
	0,975	1,919	1,866	1,796	1,752	1,721	1,681	1,656	1,603	1,569	1,545
	0,950	1,727	1,687	1,634	1,599	1,576	1,544	1,525	1,484	1,457	1,438
	0,900	1,529	1,502	1,465	1,441	1,424	1,402	1,388	1,359	1,340	1,327
60	0,990	2,098	2,028	1,936	1,877	1,836	1,783	1,749	1,678	1,633	1,601
	0,975	1,869	1,815	1,744	1,699	1,667	1,625	1,599	1,543	1,508	1,482
	0,950	1,690	1,649	1,594	1,559	1,534	1,502	1,481	1,438	1,409	1,389
	0,900	1,504	1,476	1,437	1,413	1,395	1,372	1,358	1,326	1,306	1,291
80	0,990	2,015	1,944	1,849	1,788	1,746	1,690	1,655	1,579	1,530	1,494
	0,975	1,807	1,752	1,679	1,632	1,599	1,555	1,527	1,467	1,428	1,400
	0,950	1,644	1,602	1,545	1,508	1,482	1,448	1,426	1,379	1,347	1,325
	0,900	1,472	1,443	1,403	1,377	1,358	1,334	1,318	1,284	1,261	1,245
100	0,990	1,965	1,893	1,797	1,735	1,692	1,634	1,598	1,518	1,466	1,427
	0,975	1,770	1,715	1,640	1,592	1,558	1,512	1,483	1,420	1,378	1,347
	0,950	1,616	1,573	1,515	1,477	1,450	1,415	1,392	1,342	1,308	1,283
	0,900	1,453	1,423	1,382	1,355	1,336	1,310	1,293	1,257	1,232	1,214
200	0,990	1,868	1,794	1,694	1,629	1,583	1,521	1,481	1,391	1,328	1,279
	0,975	1,698	1,640	1,562	1,511	1,474	1,425	1,393	1,320	1,269	1,229
	0,950	1,561	1,516	1,455	1,415	1,386	1,346	1,321	1,263	1,221	1,189
	0,900	1,414	1,383	1,339	1,310	1,289	1,261	1,242	1,199	1,168	1,144
500	0,990	1,812	1,735	1,633	1,566	1,517	1,452	1,408	1,308	1,232	1,164
	0,975	1,655	1,596	1,515	1,462	1,423	1,370	1,336	1,254	1,192	1,137
	0,950	1,528	1,482	1,419	1,376	1,346	1,303	1,275	1,210	1,159	1,113
	0,900	1,391	1,358	1,313	1,282	1,260	1,229	1,209	1,160	1,122	1,087
∞	0,990	1,774	1,696	1,592	1,523	1,473	1,404	1,358	1,247	1,153	1,000
	0,975	1,626	1,588	1,484	1,428	1,388	1,333	1,296	1,205	1,128	1,000
	0,950	1,506	1,476	1,394	1,350	1,318	1,274	1,243	1,170	1,106	1,000
	0,900	1,375	1,342	1,295	1,263	1,240	1,207	1,850	1,130	1,082	1,000

Tabelliert sind nur rechtsseitige Quantile.

Für das Quantil $f_{n_1;n_2;1-\alpha}$ gilt $F(f_{n_1;n_2;1-\alpha}) = 1-\alpha$.

Links vom Quantil $f_{n_1;n_2;1-\alpha}$ liegt die Wahrscheinlichkeitsmasse $1-\alpha$.

Ablesebeispiel: $f_{18,12;0,95} = 2{,}568$.

linksseitige Quantile : $f_{n_1,n_2;\alpha} = \dfrac{1}{f_{n_2,n_1;1-\alpha}}$.

Beziehung zur t-Verteilung: $f_{1,n_2;1-\alpha} = [t_{n_2;1-\alpha}]^2$.

Beziehung zur Standard-Normalverteilung: $f_{1,\infty;1-\alpha} = [z_{1-\alpha}]^2$.

Grenzwerte :

$$f_{n_1,\infty;1-\alpha} = \frac{\chi^2_{n_1;\alpha}}{n_1}\,;\quad f_{\infty,n_2;1-\alpha} = \frac{n_2}{\chi^2_{n_2;1-\alpha}}\,;\quad f_{\infty,\infty;1-\alpha} = 1\,.$$

Harmonische Interpolation:

Gesucht ist das nichtvertafelte Quantil $f_{n_1,n_2;1-\alpha}$.

a) Vertafelt seien die Quantile mit dem Freiheitsgrad n_2, nicht jedoch die mit n_1. Mit Hilfe der vertafelten Quantile mit $(n_1' \,;\, n_2)$ und $(n_1'' \,;\, n_2)$ Freiheitsgraden mit $n_1' < n_1 < n_1''$ wird linear interpoliert mit den

reziproken Freiheitsgraden

$$f_{n_1,n_2;1-\alpha} = f_{n_1',n_2;1-\alpha} + \frac{\dfrac{1}{n_1'} - \dfrac{1}{n_1}}{\dfrac{1}{n_1'} - \dfrac{1}{n_1''}} \cdot \left(f_{n_1'',n_2;1-\alpha} - f_{n_1',n_2;1-\alpha}\right)$$

$$= f_{n_1',n_2;1-\alpha} + \frac{n_1''(n_1 - n_1')}{n_1(n_1'' - n_1')} \cdot \left(f_{n_1'',n_2;1-\alpha} - f_{n_1',n_2;1-\alpha}\right).$$

b) **Interpolation nach Laubscher:**

Für die Freiheitsgrade $n_1' \leq n_1 < n_1''$ und $n_2' \leq n_2 < n_2''$ seien die Quantile

$$f_{n_1', n_2'; 1-\alpha}, \quad f_{n_1', n_2''; 1-\alpha}, \quad f_{n_1'', n_2'; 1-\alpha} \quad \text{und} \quad f_{n_1'', n_2''; 1-\alpha}$$

vertafelt.

Dann erhält man mit den reziproken Freiheitsgraden die lineare Interpolation bei zwei Variablen

$$f_{n_1, n_2; 1-\alpha} \approx (1-c_1)\cdot(1-c_2)\cdot f_{n_1', n_2'; 1-\alpha} + (1-c_1)\cdot c_2 \cdot f_{n_1', n_2''; 1-\alpha} + c_1\cdot(1-c_2)\cdot f_{n_1'', n_2'; 1-\alpha} + c_1\cdot c_2\cdot f_{n_1'', n_2''; 1-\alpha}$$

$$\text{mit} \quad c_1 = \frac{n_1''\cdot(n_1 - n_1')}{n_1\cdot(n_1'' - n_1')} \quad \text{und} \quad c_2 = \frac{n_2''\cdot(n_2 - n_2')}{n_2\cdot(n_2'' - n_2')}.$$

Für $n_1' = n_1$ ist $c_1 = 0$, für $n_2' = n_2$ gilt $c_2 = 0$, also Fall a).

Approximationen nach Paulson für $n_2 \geq 3$:

$$z_{1-\alpha} = \frac{\left(1 - \frac{2}{9n_2}\right)\cdot[f_{n_1, n_2; 1-\alpha}]^{1/3} - \left(1 - \frac{2}{9n_1}\right)}{\sqrt{\frac{2}{9n_2}\cdot[f_{n_1, n_2; 1-\alpha}]^{2/3} + \frac{2}{9n_1}}} \quad ;$$

$z_{1-\alpha}$ = $(1-\alpha)$-Quantil der Standard-Normalverteilung.

Tab. 6: Kritische Grenzen beim Kolmogorow-Smirnow-Einstichprobentest

Die Tabelle gibt folgende kritischen Grenzen an:

beim einseitigen Test: $d^+_{n;1-\alpha}$ maximal mit $P(D^+_n \leq d^+_{n;1-\alpha}) \leq 1-\alpha$;

beim einseitigen Test: $d_{n;1-\alpha}$ maximal mit $P(D_n \leq d_{n;1-\alpha}) \leq 1-\alpha$.

einseitig: $d^+_{n;1-\alpha}$	$\alpha = 0{,}005$	$\alpha = 0{,}01$	$\alpha = 0{,}025$	$\alpha = 0{,}05$	$\alpha = 0{,}1$
zweiseitig: $d_{n;1-\alpha}$	$\alpha = 0{,}01$	$\alpha = 0{,}02$	$\alpha = 0{,}05$	$\alpha = 0{,}1$	$\alpha = 0{,}2$
n = 1	0,995	0,990	0,975	0,950	0,900
2	0,929	0,900	0,842	0,776	0,864
3	0,829	0,785	0,708	0,636	0,565
4	0,734	0,689	0,624	0,565	0,493
5	0,669	0,627	0,563	0,509	0,447
6	0,617	0,577	0,519	0,468	0,410
7	0,576	0,538	0,483	0,436	0,381
8	0,542	0,507	0,454	0,410	0,358
9	0,513	0,480	0,430	0,387	0,339
10	**0,489**	**0,457**	**0,409**	**0,369**	**0,323**
11	0,468	0,437	0,391	0,352	0,308
12	0,449	0,419	0,375	0,338	0,296
13	0,432	0,404	0,361	0,325	0,285
14	0,418	0,390	0,349	0,314	0,275
15	0,404	0,377	0,338	0,304	0,266
16	0,392	0,366	0,327	0,295	0,258
17	0,381	0,355	0,318	0,286	0,250
18	0,371	0,346	0,309	0,279	0,244
19	0,361	0,337	0,301	0,271	0,237
20	**0,352**	**0,329**	**0,294**	**0,265**	**0,232**
21	0,344	0,321	0,287	0,259	0,226
22	0,337	0,314	0,281	0,253	0,221
23	0,330	0,307	0,275	0,247	0,216
24	0,323	0,301	0,269	0,242	0,212
25	0,317	0,295	0,264	0,238	0,208
26	0,311	0,290	0,259	0,233	0,204
27	0,305	0,284	0,254	0,229	0,200
28	0,300	0,279	0,250	0,225	0,197
29	0,295	0,275	0,246	0,221	0,193
30	**0,290**	**0,270**	**0,242**	**0,218**	**0,190**
31	0,285	0,266	0,238	0,214	0,187
32	0,281	0,262	0,234	0,211	0,184
33	0,277	0,258	0,231	0,208	0,182
34	0,273	0,254	0,227	0,205	0,179
35	0,269	0,251	0,224	0,202	0,177
36	0,265	0,247	0,221	0,199	0,174
37	0,262	0,244	0,218	0,196	0,172
38	0,258	0,241	0,215	0,194	0,170
39	0,255	0,238	0,213	0,191	0,168
40	**0,252**	**0,235**	**0,210**	**0,189**	**0,165**
Näherung für n > 40	$\frac{1{,}6276}{\sqrt{n}}$	$\frac{1{,}5174}{\sqrt{n}}$	$\frac{1{,}3581}{\sqrt{n}}$	$\frac{1{,}2239}{\sqrt{n}}$	$\frac{1{,}0730}{\sqrt{n}}$

Tab. 7 : Kritische Grenzen beim Kolmogorow-Smirnow- Zweistichproben - Test bei gleichen Stichprobenumfängen ($n_1 = n_2 = n$)

Angegeben sind die maximalen Zähler $z_{n,n;1-\alpha}$ und $z^+_{n,n;1-\alpha}$ der Quantile

$d_{n,n;1-\alpha} = \frac{z_{n,n;1-\alpha}}{n}$ (zweiseitig) und $d^+_{n,n;1-\alpha} = \frac{z^+_{n,n;1-\alpha}}{n}$ (einseitig).

Zur Berechnung der Quantile ist also noch eine Division durch n notwendig.
Die Grenzen gehören zum Ablehnungsbereich

einseitig: $d^+_{n;1-\alpha}$	$\alpha = 0{,}005$	$\alpha = 0{,}01$	$\alpha = 0{,}025$	$\alpha = 0{,}05$	$\alpha = 0{,}1$
zweiseitig: $d_{n;1-\alpha}$	$\alpha = 0{,}01$	$\alpha = 0{,}02$	$\alpha = 0{,}05$	$\alpha = 0{,}1$	$\alpha = 0{,}2$
n = 1	–	–	–	–	–
2	–	–	–	–	–
3	–	–	–	2	2
4	–	–	3	3	3
5	4	4	4	3	3
6	5	5	4	4	3
7	5	5	5	4	4
8	6	5	5	4	4
9	6	6	5	5	4
10	**7**	**6**	**6**	**5**	**4**
11	7	7	6	5	5
12	7	7	6	5	5
13	8	7	6	6	5
14	8	7	7	6	5
15	8	8	7	6	5
16	9	8	7	6	6
17	9	8	7	7	6
18	9	9	8	7	6
19	9	9	8	7	6
20	**10**	**9**	**8**	**7**	**6**
21	10	9	8	7	6
22	10	10	8	8	7
23	10	10	9	8	7
24	11	10	9	8	7
25	11	10	9	8	7
26	11	10	9	8	7
27	11	11	9	8	7
28	12	11	10	9	8
29	12	11	10	9	8
30	**12**	**11**	**10**	**9**	**8**
31	12	11	10	9	8
32	12	12	10	9	8
33	13	12	11	9	8
34	13	12	11	10	8
35	13	12	11	10	8
36	13	12	11	10	9
37	13	13	11	10	9
38	14	13	11	10	9
39	14	13	12	10	9
40	**14**	**13**	**12**	**10**	**9**
Näherung für n > 40	$\frac{2{,}3018}{\sqrt{n}}$	$\frac{2{,}1460}{\sqrt{n}}$	$\frac{1{,}9206}{\sqrt{n}}$	$\frac{1{,}7308}{\sqrt{n}}$	$\frac{1{,}5174}{\sqrt{n}}$

Tab. 8: Kritische Werte für den Wilcoxon-Vorzeichen-Rangtest

	α							
n	0,0001	0,0025	0,005	0,01	0,025	0,05	0,1	0,2
4	–	–	–	–	–	–	0	2
5	–	–	–	–	–	0	2	3
6	–	–	–	–	0	2	3	5
7	–	–	–	0	2	3	5	8
8	–	–	0	1	3	5	8	11
9	–	0	1	3	5	8	10	14
10	**0**	**1**	**3**	**5**	**8**	**10**	**14**	**18**
11	1	3	5	7	10	13	17	22
12	2	5	7	9	13	17	21	27
13	4	7	9	12	17	21	26	32
14	6	9	12	15	21	25	31	38
15	8	12	15	19	25	30	36	44
16	11	15	19	23	29	35	42	50
17	14	19	23	27	34	41	48	57
18	18	23	27	32	40	47	55	65
19	21	27	32	37	46	53	62	73
20	**26**	**32**	**37**	**43**	**52**	**60**	**69**	**81**
21	30	37	42	49	58	67	77	90
22	35	42	48	55	65	75	86	99
23	40	48	54	62	73	83	94	109
24	45	54	61	69	81	91	104	119
25	51	60	68	76	89	100	113	130
26	58	67	75	84	98	110	124	153
27	64	74	83	92	107	119	134	141
28	71	82	91	101	116	130	145	165
29	79	90	100	110	126	140	157	177
30	**86**	**98**	**109**	**120**	**137**	**151**	**169**	**190**
31	94	107	118	130	147	163	181	204
32	103	116	128	140	159	175	194	218
33	112	126	138	151	170	187	207	232
34	121	136	148	162	182	200	221	247
35	131	146	159	173	195	213	235	262
36	141	157	171	185	208	227	250	278
37	151	168	182	198	221	241	265	294
38	162	180	194	211	235	256	281	311
39	173	192	207	224	249	271	297	328
40	**185**	**204**	**220**	**238**	**264**	**286**	**313**	**346**
41	197	217	233	252	279	302	330	364
42	209	230	247	266	294	319	348	383
43	222	244	261	281	310	336	365	402
44	235	258	276	296	327	353	384	421
45	249	272	291	312	343	371	402	441
46	263	287	307	328	361	389	422	462
47	277	302	322	345	378	407	441	483
48	292	318	339	362	396	426	462	504
49	307	334	355	379	415	446	482	526

n	α 0,0001	0,0025	0,005	0,01	0,025	0,05	0,1	0,2
50	**323**	**350**	**373**	**397**	**434**	**466**	**503**	**549**
51	339	367	390	416	453	486	525	572
52	355	384	408	434	473	507	547	595
53	372	402	427	454	494	529	569	619
54	389	420	445	473	514	550	592	643
55	407	439	465	493	536	573	615	668
56	425	457	484	514	557	595	639	693
57	443	477	504	535	579	618	664	719
58	462	497	525	556	602	642	688	745
59	482	517	546	578	625	666	714	772
60	**501**	**537**	**567**	**600**	**648**	**690**	**739**	**799**

Tabelliert sind die linksseitigen Quantile $w^+_{n;\alpha}$ mit

$$P(W^+_n \leq w^+_{n;\alpha}) \leq \alpha \quad \text{und} \quad P(W^+_n \leq w^+_{n;\alpha} + 1) > \alpha .$$

Die angegebenen Grenzen gehören zum Ablehnungsbereich.

Rechtsseitige Quantile erhält man durch

$$w^+_{n;1-\alpha} = \frac{n(n+1)}{2} - w^+_{n;\alpha} .$$

Asymptotische Approximation:

Für $n > 25$ gilt die Näherung

$$w^+_{n;\alpha} \approx \frac{n(n+1)}{2} - z_{1-\alpha} \cdot \sqrt{\frac{n(n+1)(2n+1)}{24} - \frac{1}{48}\sum_{j=1}^{m}(b_j^3 - b_j)}$$

mit $z_{1-\alpha} = (1-\alpha)$ - Quantil der Standard-Normalverteilung mit

$$\Phi(z_{1-\alpha}) = 1 - \alpha ;$$

m = Anzahl der verschiedenen Bindungsgruppen mit jeweils b_j ranggleichen Elementen.

Falls keine Bindungen auftreten, setzt man $\frac{1}{48}\sum_{j=1}^{m}(b_j^3 - b_j) = 0$.

Tab. 9: Kritische Grenzen $w^{(1)}_{n_1,n_2;\alpha}$ für den Wilcoxon-Rangsummen-Test

n_2	α	n_1 = 2	3	4	5	6	7	8	9	10	11	12	n_2
3	0,005	–	–										**3**
	0,010	–	–										
	0,025	–	–										
	0,05	–	6										
	0,10	3	7										
4	0,005	–	–	–									**4**
	0,010	–	–	–									
	0,025	–	–	10									
	0,05	–	6	11									
	0,10	–	7	13									
5	0,005	–	–	–	15								**5**
	0,010	–	–	10	16								
	0,025	–	6	11	17								
	0,05	–	7	12	19								
	0,10	3	8	14	20								
6	0,005	–	–	10	16	23							**6**
	0,010	–	–	11	17	24							
	0,025	–	7	12	18	26							
	0,05	–	8	13	20	28							
	0,10	3	9	15	22	30							
7	0,005	–	–	10	16	24	32						**7**
	0,010	–	6	11	18	25	34						
	0,025	–	7	13	20	27	36						
	0,05	3	8	14	21	29	39						
	0,10	4	10	16	23	32	41						
8	0,005	–	–	11	17	25	34	43					**8**
	0,010	–	6	12	19	27	35	45					
	0,025	–	8	14	21	29	38	49					
	0,05	3	9	15	23	31	41	51					
	0,10	4	11	17	25	34	44	55					
9	0,005	–	6	11	18	26	35	45	56				**9**
	0,010	–	7	13	20	28	37	47	59				
	0,025	–	8	14	22	31	40	51	62				
	0,05	3	10	16	24	33	43	54	66				
	0,10	4	11	19	27	36	46	58	70				
10	0,005	–	6	12	19	27	37	47	58	71			**10**
	0,010	–	7	13	21	29	39	49	61	74			
	0,025	3	9	15	23	32	42	53	65	78			
	0,05	4	10	17	26	35	45	56	69	82			
	0,10	5	12	20	28	38	49	60	73	87			

						n_1							
n_2	α	2	3	4	5	6	7	8	9	10	11	12	n_2
11	0,005	–	6	12	20	28	38	49	61	73	87		**11**
	0,010	–	7	14	22	30	40	51	63	77	91		
	0,025	3	9	16	24	34	44	55	68	81	96		
	0,05	4	11	18	27	37	47	59	72	86	100		
	0,10	5	13	21	30	40	51	63	76	91	106		
12	0,005	–	7	13	21	30	40	51	63	76	90	105	**12**
	0,010	–	8	15	23	32	42	53	66	79	94	109	
	0,025	4	10	17	26	35	46	58	71	84	99	115	
	0,05	5	11	19	28	38	49	62	75	89	104	120	
	0,10	7	14	22	32	42	54	66	80	94	110	127	
13	0,005	–	7	13	22	31	41	53	65	79	93	109	**13**
	0,010	3	8	15	24	33	44	56	68	82	97	113	
	0,025	4	10	18	27	37	48	60	73	88	103	119	
	0,05	5	12	20	30	40	52	64	78	92	108	125	
	0,10	7	15	23	33	44	56	69	83	98	114	131	
14	0,005	–	7	14	22	32	43	54	67	81	96	112	**14**
	0,010	3	8	16	25	34	45	58	71	85	100	116	
	0,025	4	11	19	28	38	50	62	76	91	106	123	
	0,05	6	13	21	31	42	54	67	81	96	112	129	
	0,10	8	16	25	35	46	59	72	86	102	118	136	
15	0,005	–	8	15	23	33	44	56	69	84	99	115	**15**
	0,010	3	9	17	26	36	47	60	73	88	103	120	
	0,025	4	11	20	29	40	52	65	79	94	110	127	
	0,05	6	13	22	33	44	56	69	84	99	116	133	
	0,10	8	16	26	37	48	61	75	90	106	123	141	
16	0,005	–	8	15	24	34	46	58	72	86	102	119	**16**
	0,010	3	9	17	27	37	49	62	76	91	107	124	
	0,025	4	12	21	30	42	54	67	82	97	113	131	
	0,05	6	14	24	34	46	58	72	87	103	120	138	
	0,10	8	17	27	38	50	64	78	93	109	127	145	
17	0,005	–	8	16	25	36	47	60	74	89	105	122	**17**
	0,010	3	10	18	28	39	51	64	78	93	110	127	
	0,025	5	12	21	32	43	56	70	84	100	117	135	
	0,05	6	15	25	35	47	61	75	90	106	123	142	
	0,10	9	18	28	40	52	66	81	97	113	131	150	
18	0,005	–	8	16	26	37	49	62	76	92	108	125	**18**
	0,010	4	10	19	29	40	52	66	81	96	113	131	
	0,025	5	13	22	33	45	58	72	87	103	121	139	
	0,05	7	15	26	37	49	63	77	93	110	127	146	
	0,10	9	19	30	42	55	69	84	100	117	135	155	
19	0,005	3	9	17	27	38	50	64	78	94	111	129	**19**
	0,010	4	10	19	30	41	54	68	83	99	116	134	
	0,025	5	13	23	34	46	60	74	90	107	124	143	
	0,05	7	16	27	38	51	65	80	96	113	131	150	
	0,10	10	20	31	43	57	71	87	103	121	139	159	

n_2	α	n_1 = 13	14	15	16	17	18	19	20	21	22	n_2
13	0,005	125										13
	0,010	130										
	0,025	136										
	0,05	142										
	0,10	149										
14	0,005	129	147									14
	0,010	134	152									
	0,025	141	160									
	0,05	147	166									
	0,10	154	174									
15	0,005	133	151	171								15
	0,010	138	156	176								
	0,025	145	164	184								
	0,05	152	171	192								
	0,10	159	179	200								
16	0,005	136	155	175	196							16
	0,010	142	161	181	202							
	0,025	150	169	190	211							
	0,05	156	176	197	219							
	0,10	165	185	206	229							
17	0,005	140	159	180	201	223						17
	0,010	146	165	186	207	230						
	0,025	154	174	195	217	240						
	0,05	161	182	203	225	249						
	0,10	170	190	212	235	259						
18	0,005	144	163	184	206	228	252					18
	0,010	150	170	190	212	235	259					
	0,025	158	179	200	222	246	270					
	0,05	166	187	208	231	255	280					
	0,10	175	196	218	242	266	291					
19	0,005	148	168	189	210	234	258	283				19
	0,010	154	174	195	218	241	265	291				
	0,025	163	183	205	228	252	277	303				
	0,05	171	192	214	237	262	287	313				
	0,10	180	202	224	248	273	299	325				

n_2	α	2	3	4	5	6	7	8	9	10	11	12	13	14	n_2
							n_1								
20	0,005	3	9	18	28	39	52	66	81	97	114	132			20
	0,010	4	11	20	31	43	56	70	85	102	119	138			
	0,025	5	14	24	35	48	62	77	93	110	128	147			
	0,05	7	17	28	40	53	67	83	99	117	135	155			
	0,10	10	21	32	45	59	74	90	107	125	144	164			
21	0,005	3	9	18	29	40	53	68	83	99	117	136			21
	0,010	4	11	21	32	44	58	72	88	105	123	142			
	0,025	6	14	25	37	50	64	79	95	113	131	151			
	0,05	8	17	29	41	55	69	85	102	120	139	159			
	0,10	11	21	33	47	61	76	92	110	128	148	169			
22	0,005	3	10	19	29	42	55	70	85	102	120	139			22
	0,010	4	12	21	33	45	59	74	90	108	126	145			
	0,025	6	15	26	38	51	66	81	98	116	135	155			
	0,05	8	18	30	43	57	72	88	105	123	143	163			
	0,10	11	22	35	48	63	79	95	113	132	152	173			
23	0,005	3	10	19	30	43	57	71	88	105	123	142	163	184	23
	0,010	4	12	22	34	47	61	76	93	110	129	149	170	192	
	0,025	6	15	27	39	53	68	84	101	119	139	159	180	203	
	0,05	8	19	31	44	58	74	90	108	127	147	168	189	212	
	0,10	11	23	36	50	65	81	98	117	136	156	178	200	224	
24	0,005	3	10	20	31	44	58	73	90	107	126	146	166	188	24
	0,010	4	12	23	35	48	63	78	95	113	132	153	174	196	
	0,025	6	16	27	40	54	70	86	104	122	142	163	185	207	
	0,05	8	19	32	45	60	76	93	111	130	151	172	194	218	
	0,10	11	24	38	51	67	84	101	120	140	161	183	205	229	
25	0,005	3	11	20	32	45	60	75	92	110	129	149	170	192	25
	0,010	4	13	23	36	50	64	81	98	116	136	156	178	200	
	0,025	6	16	28	42	56	72	89	107	126	146	167	189	212	
	0,05	8	20	33	47	62	78	96	114	134	155	176	199	223	
	0,10	12	25	38	53	69	86	104	123	144	165	187	211	235	

n_2	α	n_1 = 15	16	17	18	19	20	21	22	23	24	25	n_2
20	0,005	151	172	193	215	239	263	289	315				**20**
	0,010	158	178	200	223	246	271	297	324				
	0,025	167	188	210	234	258	283	309	337				
	0,05	175	197	220	243	268	294	320	348				
	0,10	185	207	230	255	280	306	333	361				
21	0,005	155	176	198	220	244	269	295	322	349			**21**
	0,010	162	183	205	228	252	277	303	331	359			
	0,025	171	193	216	239	264	290	316	344	373			
	0,05	180	202	225	249	274	301	328	356	385			
	0,10	190	213	236	261	287	313	341	370	399			
22	0,005	159	180	202	225	249	275	301	328	356	386		**22**
	0,010	166	187	210	233	258	283	310	337	366	396		
	0,025	176	198	221	245	270	296	323	351	381	411		
	0,05	185	207	231	255	281	307	335	364	393	424		
	0,10	195	218	242	267	294	321	349	378	408	439		
23	0,005	207	230	255	280	307	335	363	393	424			**23**
	0,010	214	238	263	289	316	344	373	403	434			
	0,025	226	251	276	303	330	359	388	419	451			
	0,05	236	261	287	314	342	371	401	432	465			
	0,10	248	274	300	328	357	386	417	448	481			
24	0,005	211	235	260	286	313	341	370	400	431	464		**24**
	0,010	219	244	269	295	323	351	381	411	443	475		
	0,025	231	256	282	309	337	366	396	427	459	492		
	0,05	242	267	294	321	350	379	410	441	474	507		
	0,10	254	280	307	335	364	394	425	457	491	525		
25	0,005	216	240	265	292	319	348	377	408	439	472	505	**25**
	0,010	224	249	275	301	329	358	388	419	451	484	517	
	0,025	237	262	288	316	344	373	404	435	468	501	536	
	0,05	248	273	300	328	357	387	418	450	483	517	552	
	0,10	260	287	314	343	372	403	434	467	500	535	570	

Tabelliert sind die **linksseitigen** kritischen Werte für die Rangsummen der kürzeren Stichprobe x mit dem Umfang $n_1 \leq n_2$. Im Falle $n_1 > n_2$ werden die beiden Stichproben vertauscht.

$$w^{(1)}_{n_1,n_2;\alpha} \quad \text{maximal mit} \quad P\left(W^{(1)}_{n_1,n_2} \leq w^{(1)}_{n_1,n_2;\alpha}\right) \leq \alpha.$$

Die **rechtsseitigen** kritischen Werte erhält man aus der Symmetrie

$$w^{(1)}_{n_1,n_2;1-\alpha} = n_1(n_1 + n_2 + 1) - w^{(1)}_{n_1,n_2;\alpha}\,.$$

Die Grenzen gehören zum Ablehnungsbereich.

Für die nichtaufgeführten Stichprobenumfänge benutzt man die in Kap. VII Abschnitt 8 angegebene Normalverteilungsapproximation.

Register

Oldenbourg · Wirtschafts- und Sozialwissenschaften · Steuer · Recht